柳宗悦宗教思想集成

柳宗悦宗教思想集成

「一」の探究

書肆心水

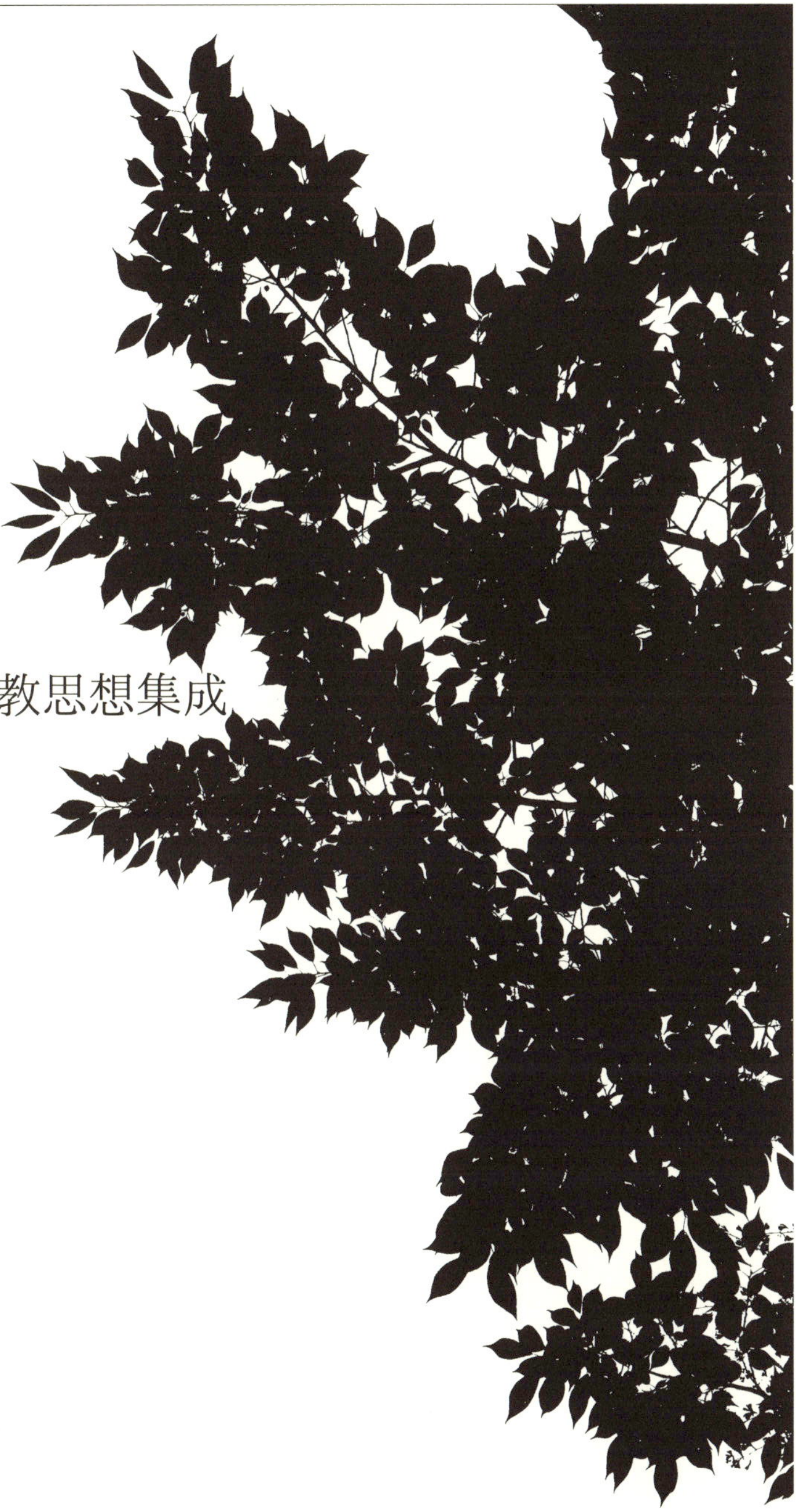

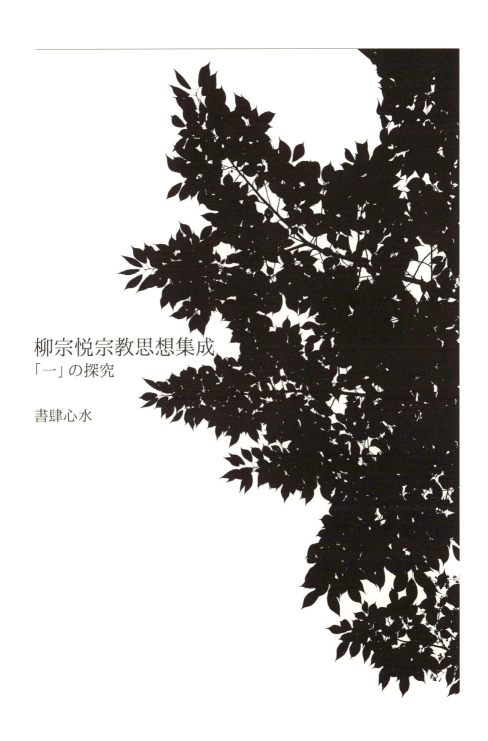

柳宗悦宗教思想集成　**目次**

宗教とその真理

序にかえて　13　凡例　17　第二版序　18
宗教的「無」　19
「無為」に就て　26
「中」に就て　30
種々なる宗教的否定　38
宗教的時間　76
「無限」の意味に就て　86
自我に就ての二三の反省　93
規範と経験　99
宗教的究竟語　102
即如　115
個人的宗教に就て　127

神秘道への弁明　135
哲学におけるテムペラメント　147
哲学的至上要求としての実在　165
神に関する知識　187

宗教の理解

序　210
存在の宗教的意味　212
浄き母マリア　219
神の愛　227
宗教詩「霊の暗夜」　232
神の問題　240
神の存在　255
全一なる神　263
神の理解　267
未来の宗教哲学に就て　273

現代の宗教哲学に対する種々なる疑問　281
宗教的真理の本質　294
宗教の究竟性　305

神に就て

亡き宗法に　322
序　324
神に就て私の友に書き送れる書翰
第一信　神への懐疑に就て　327
第二信　神への理解に就て　340
第三信　神自らと彼の神秘に就て　355
第四信　神への信仰に就て　371
第五信　神の現れに就て　383
第六信　神と吾々との関係に就て　399
第七信　神の愛と救いとに就て　414

凡例

一、本書は柳宗悦の宗教思想論の主著三篇『宗教とその真理』『宗教の理解』『神に就て』（三篇合計四百字詰原稿用紙換算約千二百枚分）をまとめたものである。『宗教とその真理』は一九一九年に叢文閣より刊行され、『宗教の理解』は一九二一年に叢文閣より刊行され、『神に就て』は一九二三年に大阪毎日新聞社・東京日日新聞社より刊行されたものである。本書の底本には筑摩書房版柳宗悦全集を使用し、左記の表記変更をおこなった。

一、新漢字、新仮名づかいで表記した。

一、送り仮名が現代の一般的な感覚では違和感が強いと考えられる場合は送り仮名を加減した。

一、読み仮名ルビを補った。原文にあるルビはすべてそのまま踏襲した。

一、踊り字（繰り返し記号）は「々」のみを使用した。二の字点は「々」に置きかえて表記した。

一、本書刊行所による挿入註釈は〔　〕で括って記した。

一、現今一般に漢字表記が避けられる傾向にある左記の語を平仮名表記に置きかえた（五十音順、送り仮名と活用語尾は代表例）。
愛蘭（アイルランド）、雖も（いえども）、聊か（いささか）、伊太利（イタリア）、愈々（いよいよ）、況んや（いわんや）、印度（インド）、埃及（エジプト）、於て（おいて）、於ける（おける）、和蘭（オランダ）、斯く（かく）、嘗て・曾て（かつて）、希臘（ギリシャ）、基督（キリスト）、茲（ここ）、悉く（ことごとく）、此（この）、是・之・此（これ）、曩に・向に（さきに）、扨（さて）、宛ら（さながら）、併し・然し（しかし）、而して（しかして）、而も・然も（しかも）、屢々（しばしば）、西班牙（スペイン）、其（その）、抑も・抑々（そもそも）、夫れ（それ）、慥か（たしか）、啻に（ただに）、忽ち（たちまち）、独逸（ドイツ）、兎も角（ともかく）、乃至（ないし）、乍ら（ながら）、就中（なかんずく）、為す（なす）、可し（べし）、殆ど（ほとんど）、寔に（まことに）、間敷（まじき）、亦（また）、馬太（マタイ）、儘（まま）、寧ろ（むしろ）、若し（もし）、齎す（もたらす）、猶太（ユダヤ）、羅馬（ローマ）、纔か（わずか）

柳宗悦宗教思想集成　「一」の探究

宗教とその真理

我孫子での四年の生活の思出に
この書を余の姉直枝子夫人に贈る

序にかえて

知友に

長らく余が愛し企てた神秘道に関する著作が、完成される筈の期日は再び延引されて了った。未だにそれを上梓する喜びを得ないのを、約束した自分は心苦しく感じている。

しかし余の怠惰がこの企てを遅延させたとは思われたくない。久しく読書し思索した今日書くべき内容の系統は既に明らかにさえされている。しかし読書は読書を誘い反省は反省を追って、限りなく範囲も内容も広げられた。書かねばならず想われねばならぬ幾つかの事項をそのままにおくのは心残りである。かかる躊躇がその完成を長く遅滞させた。只基教に現われた神秘道に基く概説なら既に早く纏め得たものを、東洋の思想に近づいて以来かかる事をしてはならぬとさえ考えられた。余は深く恐ろしい思想に次ぎ次ぎに接した。思索は思索を追って筆の運びは鈍ってきた。思索が時間を奪うにつれて、余の前に開かれた霊の世界は神秘の深さをいや増してきた。自分は驚異の念に充ちて様々な真理を身に味わおうと求めた。かくて幾分の味わいを得たと思うものを一つ一つに綴っていった。それ等の部分の集りから出来たものがこの一冊である。

この断片を組織ある本に代えて出すのは違約の罪を幾分か償いたい心によるのである。しかしここに集められた或るものは、後に余の本の或る章を形造ると思う。ともかく凡ては同じ心の発現故に、この一書も尚余の未来の企ての暗示になり得るかと望んでいる。しかし系統は無いにしても互いは互いを補遺して一つの云いたい心を云い現わすであろう。貧しい切れ切れのものではあるが、真理を求める心の現われが何事かを人の心に訴えると信じている。

自分は真理の宗教に奉仕する一個の篤い信徒だ。公明な真理はいつか万民の共産にされねばならぬ。かつて宗教はことごとく排他の宗教であった。その真理は或る宗派に限られた所有であった。しかし真理が普遍であるならば、自他の間に挟まるこの障壁はいつか破られねばならぬ。余の努力は真理のうちに人々の愛を結ぼうとするのである。互いの理解に共有の宗教を産もうとするのである。これはいつか果されねばならぬ明確な要求である。人は久しい間東西の結合を夢みた。しかしこの理想は先ず宗教的真理の上に安定されねばならぬ。理解は先ず愛を心とする信徒から出発すべき筈である。余はかかる要求のもとに種々な宗教の真理を尋ねたのである。

既定宗教徒からすれば余は異端者の一人であると云われるかも知れぬ。しかし名目は何れでもいい。余は真理への信徒であるのみで充分である。余は例えば基教の存在が直ちに仏教の非認であるとは思わぬ。一宗の存在が只他宗の排斥によって保たれるのは醜い事実であろう。多くの宗教はそれぞれの色調において美しさがある。しかも彼等は矛盾する美しさではない。野に咲く多くの異る花は野の美を傷めるであろうか。互いは互いを助けて世界を単調から複合の美に彩どるのである。余はこの美を描こうとしてこれ等いくつかの論篇を書いた。或る者は何れの宗教にも徹し得ない愚に終ると云うかも知れぬ。しかし何れかに限るのが道に徹する謂ではない。もし要求が二つの教を共に愛そうとするなら、それも真理への新しい道であろう。要求はいつも新しい真理の創造者であった。未来の宗教は深く個人の要求に基く宗教であらねばならぬ。余は二つの教えを矛盾なく理解し得る道があり得ると信じている。しかもかかる道を徹する事に未来の宗教が生れると信じている。余が異る宗教の何れにも近づこうとするのは、その中位に止ろうとする為ではない。一つの新しい要求による道を徹したいが為だ。只在来の道を踏んで一宗に真理を限るこそ却って相対に終る不徹底な態度であろう。

真理そのものは不易である。しかしものの見方は日に日に新たであっていい。異った個性を経て滲み出るからにはその真理は異った香りをもたらす筈だ。真理を活々させるのは新しい要求の力だ。新しい真理とは新しく身に味わられた真理との謂であろう。

余の思想は長らく固定する苦しみを経た。しかし或る日俄然としてそれが打ち破られる自由を感じた。余の蒙を啓いたのは実に次の問答であった。

「智門祚禅師に僧問う、蓮華未だ水を出でざる時如何、師云く、蓮華。云く、水を出でて後如何、師云く、荷葉」(碧巌録第二十一則)。

感じ得た何ものかが果して禅意に適うかを自分は知らない。(恐らくその密意は尚別個にあるのであろう)。しかしこの問答に接して以来余の思想は流るる如く新しい方向へむいた。余は不言の暗示をここに得て一つの見知らない世界に入った。余は様々な宗教的真理をともかくこの得た鍵によって開いてみた。尚開かねばならぬ部分が無限に残されている感が切にする。もとより余はここに満足する者ではない。かかる見方にのみ没する時余の思想は再び凝固の苦しみを嘗めるであろう。余は早くかかる見方をも打ち破りたい気にかられている。しかし感じ得た現在の真理は幾分かの価値を残して未来への準備を造るであろう。これは或る見方から見たら、かくも考えらるるであろうとの心を伝えるに過ぎない。余は謙遜な心のうちにこれを一つの本に編んだのである。

各篇は独立の題材であるが、むしろ或る見方によって様々な問題に触れて見た結果、多少の重複がある事は免かれ得ない。しかしこれは単な繰り返しであるよりも、或る見方を徹する為の必要な結果であった。むしろ余の見方がどれ程究竟の理解に堪え得るかの試練であった。重複もかくして余の努力の証となるであろう。

さてここに集めたものはごく旧稿を別にして凡て或る宗教的真理を取扱った論文である。宗教的真理とは究竟の真理と云う意味であって、直ちに神又は実在を暗示する真理との謂である。従って内容は「絶対値」を含むが故に或る仮定の上に立つ真理ではない。人は自然律の如きものを絶対的真理と呼ぶかも知れぬが、かかる科学的真理と余の云う宗教的真理とは別事であると分ってほしい。同じ信と呼んでも神を信ずるのと自然律を信ずるのとは全然別個の意味がある。宗教的真理は味わう事によってのみ知らるるのである。直ちに体験が真理の如実な理解である。分別の理知は未分の真理の完き把捉にはならぬ。絶対は既に差別の挿入を許さぬからである。これ等の論文は余自らが理知を越えて信念に活きたい為に書かれたのである。単な知識の提供が余の本旨ではないと知って欲しい。

真に絶対なものは対辞を容れぬ。対辞を許さぬ内容は既にかくかくであると断ずる事は出来ぬ。論理の法則に基いて知識は「彼乎是乎」either or の取捨に終る。知の差別を容れぬ内容はこれに反して「非彼非是」neither nor の無限の連続である。凡ての相対的断案が否定されて後現われる真理である。従って絶対未分の表示である宗教的真理は自ら否定的表現に依托される。さもなくば象徴によってこれを暗示するよりほかはない。宗教的否定が必然余の心を引いた問題である。一般に「否定」とは只消極的意味に終るものとして愛を受けないでいる。しかし積極も消極の対辞なら、人々の愛するその積極は尚相対的内容に過ぎぬ。真意は積極消極をも共に絶する「非彼非是」の否定である。否定とは相対からの離脱である。故に肯定の対辞としての否定と云う意では決してない。

これ等の論文は直接間接神秘道の諸相を画いている。従って余が信ずるこの道へ人々の注意を促すなら、余がこの一冊を出した趣旨も充たされるわけである。

諸友よ、余は今或る転期に近づいたのを心に感じている。これ等純に思索し得たものを一層切実な生活に活かす為に、余は余の生涯の方向を更える事を迫られている。これ等の思索は実にその準備であった。

想えばこの書が街頭に出ずる頃、余は満三十の新年を迎えるのである。歳三十は霊の歴史が記録する恐ろしい時期である。

余はこれ等の論文を省みて過去のものとは云え慚愧の至りに堪えぬ。余は謙譲な意を以てこの一冊を静かに神の御手に委ね、彼の審判を待とうと思う。

千九百十八年十二月一日

我孫子にて

柳　宗悦

凡例

これ等の論文はことごとく改鼠し増訂した。或るものはほとんど稿を改めて書いた。

これ等のうち「個人的宗教」、「自我に就ての二三の反省」、「宗教的時間」及び「聖貧」の四つは帝国文学に寄稿したものであって、残りのものは凡て「白樺」から再録した。その内「規範と経験」は一部をかつて読売新聞に掲載した。最後の「神に関する知識」は、もと「神の本性に就て」と題してその大部分を大阪の雑誌「表現」に寄稿し、後追補して更に「白樺」に「神の理解」と題して再録したのである。これは元来講演の内容であったものを、後に書いたのであるが、只序論に止って完結しなかったのである。しかしその部分が神に関する知識の問題を取扱って一章をなしている故、右の如く更に改題してこの本に入れたのである。

「聖貧」は「種々なる宗教的否定」の一章として書くべきものを、別に離して先に書いた為、今その順次においてみて多少文脈が異っているのは心残りである。

「無限の意味に就て」の一章は、もと「宗教的無限」と題して、その終りの一部に時間的無限をも取り扱ったのである。しかしこの部分を後に切り離して単独に「宗教的時間」の一章を書いた為、原文の凡てを再録するのは重複の恐れがある。故にその時間の部分を棄てて前半のみをここに入れたのである。従って全体としては不備であるが、尚「宗教的時間」の一章の補遺になり得るかと思う。

これ等の論文の中にしばしば「即如」と云う新語がある。この語義に就ては「宗教的究竟語」の一章を読んでほしい。尚即如と神との両語が交互に用いられている個所があるが、後者は只一般の用語として通じ安い所にのみ多く用いたのである。一層厳密な思索を要求する場合には主として即如の新語をこれに代えたのである。

口絵はジォットの筆になるアシジ上院の壁画の四つの象徴画の一枚、「聖フランチェスコと貧女との婚姻」を描いた画である〔本篇扉に掲載〕。「聖貧」の一章はこの絵に現われた主題の解説ともなるであろう。

この書の出版に関して有島武郎、足助素一両君の好意を受けた事を感謝したい。

第二版　序

この書が市に出てからまだ旬日を経ないのに、第二版の序文を書く様になった事を深く読者に感謝する。

この本に納められたものの内、一番古いのは、「哲学におけるテムペラメント」であって、数えれば五年半も前にかえる。想えばこの一篇は余の思想の出発であった。余は理知を越えた何ものか永遠なものを乞い求めて、それを哲学の根柢と見做した。哲学を永遠ならしめるものは純論理の力ではなく、特殊な個人的テムペラメントであると余は厚く信じた。従って余は哲学と芸術との親交に新たな美を甦らしたいと求めた。余の第二の論文「哲学的至上要求としての実在」はかかる心の産物であった。余はこれによって余の思索が新たな世界に入るのを覚えた。

かくて実在の問題は必然神の問題を招いた。如何にして何等の独断を加えず神の認識を得べきであるか、余は新たな自由な出発によって神の意味に接したい心にかられた。必然神の語に聯想される伝習の思想を拭い去らねばならぬ。余が「神」の字よりも「即如」の字を要したのもかかる要求の為であった。

理知によらず、独断によらず、自由な思想を求めた余にとって、自由宗教であった神秘道が如何ばかり厚く温く思われたかは自然であろう。余は先ず基教に現われた神秘道に関する著書及び神秘の文学を少からず耽読した。しかし神秘の古郷である東洋の思想に帰らねばならぬ必要はまもなく迫った。余は多くの異常な思想に触れて、尽きない思索の圏内に入った。余は即如を理解する道を求めた。何人も神秘を味わう事において経験する所謂「否定道」が、又余の最初に通過せねばならぬ道であった。余は否定の道を尋ね歩いた。この本に納めた始めの部分の論文はこの旅の記録であり、余の思想の足跡であった。

余は又新たな道を辿り始めた、しかしこの事は次の著書が物語るであろう。余の心の旅のこの短い叙述も、読者にとって何等かの意味があるかと思って、これ等の言葉をここに添えた。

この第二版においては多くの誤植を訂正した。重ね重ね校正の労をとってくれた橋本基君に深く感謝する。

一九一九年三月十五日　　　　著者

宗教的「無」

「趙州和尚に僧問う、狗子に還って仏性有りやまた無しや。州云く、無」。(無門関第一則)

かつては生れながらに親しみがあったこの思想も、今は西欧の文化に育つ凡ての思索者によって、卑下せられ非難せられ、直ちにこれが東洋宗教の拭い得ない欠損であると迄評されている。不幸にも吾々固有の宗教、特に仏教又は道教の如きは、その教理が消極的否定的と云う故を以て、今はその故郷にすら愛される悦びを得ないでいる。それが宗教的真諦として人々の心に覚醒を促した日は既に過ぎ去ったと迄云われている。再び「無」を説く者があるなら、彼は只亡びゆく昔に戻る者とさえ思われるであろう。この著しい宗教的冥想も今は只歴史に現われた思想としてのみ反省される。研究を旨とする学者はその周囲に集ってはくる。しかしそれが犯し得ない真理として又宗教として彼等に活きているのではない。正当な理解が彼等の批判から、いわんや一般の非難から求め得られようとは期し難い。目して鮮明な欠陥とする所を、余が捕えて強く弁護しようとするのは一見奇異な企てと思われるかも知れぬ。しかし問題は吾々には特殊の愛着がある。丁度人々が生い立ちの故郷を慕う様に、この問題に戻る時吾々には心の故郷に帰る想いがある。そこには今も尚神秘な思想の泉が湧いている。泉は幾千年を流れている。しかし湧き上る水は日に日に新しい。真理はいつも時間を越える。只吾々の優秀な祖先が感じぬいていたその真理が、今弁明の形で保たれようとするのはむしろ寂しい事実である。吾々の任務は凡ての外来の教養を容れて、しかも賦与された固有の使命を果すにある。吾々はいつか吾々自身に帰ってそこに真理を安定させねばならぬ。

この「無」の真理こそ特に東洋の色彩に鮮かである。しかもその宗教の様々な脈絡はこの頂きを中心に集っている。これに達する時吾々は一般の予期を越えて宗教的思想の至極にたずさわるのである。出来得るなら活々とこの「無」の内容を捕え得たい。捕え得たものを暗示し得たら、それが宗教的真理として人の心を引きつける力があると信じている。

一

心はおのずから無限を求める。これは私の行いではない。何ものか抑え得ない力が心にかく迫るのである。宗教心とはこの無限への憧憬であり帰依である。凡て信仰の感激はこの無限に交る刹那の体験である。宗教は密《みつ》に絶対を抱く。絶対の直指にこそ宗教がある。

吾々は省みてこの無限の深さを想う。この時心に読まれる至上の真理がある。かかる真理は直ちに無限なものの暗示である。言葉がこれを伝え得るなら、その言葉には絶対の意を含めねばならぬ。凡て宗教的真理と云われるものは必ず絶対の俤《おもかげ》を伝えねばならぬ。絶対の性を失う時、真理は既に宗教の域を離れるのである。かかる要求によって示すべき絶対の相を、吾等の祖先は「無」或いは「空」と呼んだ。もとよりその意は絶対と同義である。絶対の意を離れては理解し得ぬ言葉であると知らねばならぬ。如何にして彼等がかかる文字を愛したか。「無」とは宗教的に如何なる意を含むのであるか。これ等の問いに以下の数葉は答えるであろう。

言葉は畢竟何事かを定義する。定義は一個の局限である。何事かを断じる時、吾々は或る特殊の性質をそこに固定する。或る色を緑であると呼ぶ時共にそれを赤であると云う事は出来ぬ。さてあらゆる断定が一個の限界を示すならそれは如何にして無限の表示たり得るであろうか。論理の規矩が思惟を支配する間かかることは既に許されていない。法則によれば論理は肯定否定の二律を予想し、その断案は何れかの取捨に終らねばならぬ。答えはいつも「然」か或いは「否」かを要求する。論理は徹底して矛盾を排斥する。「然」であり同時に「否」と云うが如きはそれ自身背理である。故に「然」を選ぶ時「否」は棄てられねばならぬ。一方が真である場合他方は必ず偽である。両者同時に真であり又偽である事は出来ぬ。有はいつも有であって同時に無を意味する事は出来ぬ。善なる字が同時に悪なる意を兼ね含む事は許されない。

さてこれ等の法則から如何なる性質を帰納し得るであろうか。先ず選ばれた或る肯定即ち「然」は必ずその否定「否」の対辞 Antithesis である。「然」は「否」に対しての「然」である。両者は必ず相対的関係に成立する。しかも矛盾律及び排中律が示す様に、両者を同時に肯定もしくは否定し得ない故に、必ず「然」を選ぶ時は「否」は棄てられねばならぬ。両者は反撥し矛盾して決して同一たる事は出来ぬ。その何れにも属せぬ調和と云うが如きものはもとより是認し得ないのである。

さて言葉が一個の限定であり、示された内容が相対であり、しかも必然一方の排斥に終るなら、如何にして無限であり絶対であり調和である至上の真理を示し得るであろうか。事実によればかかる企ては全く不可能である。あらゆる反律を包含ししかも二元を離脱する絶対は言語のよく尽し得る所ではない。如何ばかり高遠な字句も畢竟相対の意に止まるのである。相対的字義を以て絶対的内容を披瀝しようとする企てはそれ自身矛盾である。吾々は字義の持つ有限な範囲に就いて明晰な理解を持たねばならぬ。

凡ての深い体験者は如何なる言語の表明よりも、内心直下の事実が一層切実であり自由であるのを知りぬいていた。言語によって完全に絶対の面目を伝えようとする望みは棄てねばならぬ。如何なる字句も単に複写に止る相対的内容の指示に過ぎぬ。字義は束縛であるが絶対は自由である。真に美わしい自然に対して吾々はいつも叙景の貧しさを知っている。何事にまれ真を画がこうとする時人はその筆の短いのを憾むのである。

宗教はいつも言葉を越える。人々は神を「至善」と呼ぶであろうか、又この言葉が永遠の真理を伝えると思うであろうか。しかし「至善」は「より善」又は「善」への単な比較に終る。いわんや只「悪」への対辞に過ぎぬ。「大」は単に「小」の否定に過ぎなく、「有」もまた「無」の対立である。善悪大小の区別すら容れぬ真の神性が、かかる言葉によって表明し得られたと誰が云い切るであろう。所詮絶対の内容は字義を越える。言葉によって表明し得るものは尚皮浅な内容に過ぎぬ。そこには何の自由もなく開放もない。宗教は言語を容れぬ。凡ての言葉は不足である。あらゆる断定はそれが肯定にしろ否定にしろむしろ神の名を汚すに過ぎぬ。凡ての言葉は中止されねばならぬ。神は「至善」であると云うよりも「善ならず又悪ならず」とこそ云われねばならぬ。共に「否」にも非ず「然」にも非ざる論理的矛盾こそ却って無限なものの暗示である。強いて究竟なるものを説こうとするなら一切の断案はことごとく否定されねばならぬ。これが宗教的思索者の選んだ所謂「否定道」'Via Negativa'である。

ここに否定とはもとより単な肯定の対辞ではない。肯定否定を共に否定し去る否定である。知的理解に基く宗教的思想がその究竟においてこの否定道を選んだのは必然の結果と云わねばならぬ。絶対なものはこれにも非ず彼にも非ず、又その中位にも非ず同一にも非ず、一切のものに非ざる一物である。一切の言葉を越える内容に対しては所詮凡ての言葉を否定し去らねばならぬ。これが否定道の必然な理由である。

大珠慧海の「頓悟入道要門論」に

「善悪、有無、内外、中間に住せず、空に住せずまた不空にも住せず、定に住せずまた不定にも住せず。即ちこれ一切の処に住せず、只この一切の処に住せざる、即ちこれ住処なり。かくの如きを得る者を、即ち無住心と名づく、無住心とは仏心なり」

と。

凡ての深い思索者はかくの如くに説いた。吾々は真に云い得る言葉を持たぬ。云い得るならそれ等の言葉の否定より他にはない。絶対なものはかかる否定の限りない発展である。竜樹が「生ぜずまた滅せず、常ならずまた断ならず、一ならずまた異ならず、来ならずまた去ならず」と云った「八不」が真相である。即如に関する否定はことごとく真理である。エリゲナは「存在しないものは存在するものに優る」と云ったがこれは深い洞察であろう。一切を否定し否定をも否定し去った時無限の意味が僅かに暗示されるのである。古くウパニシャッドが告げた様に梵は「否々」とよりほか云う事は出来ぬ。

絶対の暗示である限り凡ての宗教的真理は絶言絶慮である。「証智の所行は言説の相を離れ、分別の相を離れ、名字の相を離れる」と経は説いた（楞伽経無常品）。一切の知解は不二なものを差別の相に導くに過ぎぬ。断定は相対であり言葉は対辞である。真理は味わわるべきであって知る事は出来ぬ。理知がなし得るのは分析である。大であるか或いは小であるかにある。しかし真理は非大非小である。否、更に非非大、非非小である。かくの如く百非を重ぬるとも尚尽き得ない否定が真理の実性である。「三論」において所謂「百非を絶す」とはこの謂である。何ものか残る所があっては尚不浄である。「無所得」の境が体験の境である。「諸法究竟して所有なし、これ空の義」と云われている（維摩詰経弟子品）。今日の言葉にすれば「直観」である、「思惟以前」である。

次の様な否定はかくの如くにして理解を受けるであろう。「如来滅度の後、有と無とを言わず、また有無と非有及び非無とを言わず。如来現在の時も、有と無とを言わず、また有無と非有非無とを言わず」（中観論涅槃品）。同じ品にまた云う、「得も無くまた至も無く、断ならずまた常ならず、生ぜずまた滅せず、これを説いて涅槃と名づく」。維摩詰所説経に「われ仏を観《み》たてまつるに……一相ならず、異相ならず、自相ならず、他相ならず、無相に非ず、取相に非ず、此岸ならず、彼岸ならず、中流ならずしてしかも衆生を化す。寂滅を観じて又永滅ならず、此ならず、彼ならず、此を以てせず、彼を以てせず、智を以て知るべからず、識を以て識るべからず、晦も無く、明も無く、名も無く、相も無く、強も無く、弱も無く、浄に非ず、穢に非ず、方に在らず、方を離《いか》れず、有為に非ず、無為に非ず、示すことも無く、説くことも無く、施ならず、慳ならず、戒ならず、犯ならず、忍ばず、恚らず、進まず、怠らず、定らず、乱れず、智ならず、愚ならず、誠ならず、欺かず、来らず、去らず、出でず、入らず、一切の言語道断なり」（見阿閦仏品）。

即如は二元を越える。共に二元を否定してのみ僅かに彼を示し得るのである。凡ての対辞が尽きた時自律なものが暗示される。宗教的に否定とは絶対を直下に指す謂である。

二

かかる否定はもとよりあらゆる肯定及びその対辞としての否定が不満足であると云う理解の後に現われたのである。百非を絶するこの否定道はその極致において一字「無」又は「空」と云うよりほかはない。宗教的に「無」とは究竟なるものとの謂である。云い得ずして僅かに云い得る最後の言葉であると知らねばならぬ。

しかも常識は否定の故に「無」の思想を難じている。真理は陰であるよりも光でありたい、神とは神が有るとの謂である、無であるならば認め得る神は無いとさえ思っている。何人も彼等が愛するものの内容から空無の意を棄て去るのに躊わない。彼等はた易く実有の念を想うからである。空無が単に実有の否定に終るなら彼等の思想にも意味がある。しかしその実有も空無の対辞である限り畢竟相対に終るのである。単に有の否定である無が吾々の霊の住むべき世界でないのは自明である。しかしこれが故に無の対辞である有を満足し得る世界と見做すのも錯誤である。卓越した詩人が善をすら選ばず「善悪の彼岸」をと希ったその心を如何に理解しようとするのであろう。吾々の多くの教父等は等しい要求を抱いて世界の真諦に触れようと迫った。彼等が欲したものはもとより「有」の対辞としての「無」ではない。又かかる「有」でもない。かかる差別の彼岸をと彼等は求め尋ねた。

人々は「無」に対して「有」を選ぶ。しかしかかる「有」は二元に落ちた有である。無に対してのみあり得る有である。むしろ無を想わずしては想い得ぬ有である。有無の二つはいつも並在し対立する。彼等が有を無に対して誇る限り、積極と云う故を以て消極を卑下する限り、その内容に絶対値を求める事は不可能である。有はここに自律する有ではない、単に無の対辞に終る相対的有である。相対に堕す故にかかる有は宗教に堪え得る有ではない。神を「有」なりと云うのは神を有限であると云うに等しい。かかる「有」としての神は宗教的に認め得る神ではない。真に「有」が宗教的真諦たる為には、それは何等の対辞をも有せぬ「有」であらねばならぬ。しかし無に対比せずして誰かよく有と云い切るであろう。如何なる言葉がよく「絶対有」を示し得るであろう。言葉は既に約束である。約束は条件である。条件は自律ではない。自律するもののみ絶対たり得るのである。絶対は独立自全である。何ものにも依存するのではない。あらゆる相対を断ち二元を脱し差別を離れるのである。善悪、真偽、有無と云うが如きは相対二元の関係であって絶対値としての宗教的真諦からは遠く離れている。即如においては善不善の言葉すら未だ分れないのである。この時分別は既に何ごとの意味をも持たぬであろう。分別すべき何ものもないからである。経に「諸法は因生に非ず無に非ずまた有に非ず、能所の分別を離る。我はこれを無生なりと説く」と（楞伽経無常品）。

「無」とは有無もなきの「無」である。

有無に彷徨うことは絶対を求める者の耐え得る所ではない。吾々の偉大な宗教家が「無」と呼んだものは人々の云う有に対する無では決してない。宗教的に「無」と呼ぶ時それは対辞を許さぬ無である。有無を絶したその無である。有なくして認め得る無である。自律な無である。一字「無」であると云ったのは凡ての言葉が不足する故である。言葉を否定した無である。無とすら云い得ぬその無である。無を人々が罵る時、彼等はこの無を心に浮べ得ないでいる。罵られるものは有に対しての無に過ぎぬ。有無を越えるものは彼等が云い及び得ぬ内容である。

宗教的に「無」とは有の否定としての無ではない。肯定も否定も共に無きの「無」である。無をすら容れぬ「無」である。あらゆる相対差別からの離脱である。出来得るなら「無」の一字すら用いたくない。「無」もまた仮名である。無に堕する時人はその本意を忘れるのである。

「無」において凡ては尽きる。廓然として取捨する所がない。凡ては自然のままである。不二未分である。一つの思想だに入り得ない。言葉すらないその境である。言葉以前である。沈黙が「無」である。「神に就いて吾々が云い得る最良のことは彼に就いて沈黙する事である」と聖アウグスティヌスは書いた。禅は自ら「不立文字」の教と云い、老子も「不言之教」と書いた。荘子も「大弁不言」、「弁也者不見也」と誡めている。「神秘」の語義は口を閉じ耳を塞ぐの謂である。真の宗教は実に言葉を容れぬ。離言自証にのみその味がある。これが不言の言である。

維摩詰所説経の入不二法門品に最も劇的な光景がある。維摩が三十二人の菩薩に向って如何にして不二の法門に入るべきかを尋ねる。各々のものが説き了った時最後に文珠菩薩が云う、「一切の法において、言もなく、説もなく、示もなく、識もなし、諸々の問答を離るるこれを不二法門に入るとなす」と。答え了って彼が維摩自らの答を求める。

「時に維摩詰、黙然として言無し」

と記されてある。この一黙にこそ千雷の響がある。どこに黙した維摩の如く不二法門を鋭く説き得た者があるであろう。

北本涅槃経第四に云う、「世尊涅槃に入るに臨み、文珠再び法輪を転ぜん事を請ず。世尊咄して曰く、吾れ四十九年かつて一字を説かず。汝再び法輪を転ぜん事を請ず、吾れかつて法輪を転ぜしや」と。世尊の頌に、

「某夜に正覚を生じてより、某夜に涅槃するに至るまで、この二つの中間において、我れすべて説く所なし」（大乗入楞伽経無常品）。

又同じ経に彼は説いて云う、「大慧よ、一切の言説は、文字に堕すれども、義は即ち堕せず、そは有を離れ無を離れ、生なく

体なきを以てなり。大慧よ、如来は文字に堕するの法を説き給わず。……もし人あり法を説いて文字に堕するあらば、皆これ誑説なり。何となれば諸法の自性は文字を離るるを以てなり。これ故に大慧よ、我が経中に我は諸仏及び諸菩薩と与《とも》に、一字を説かず一字を答えずと説く。何となれば一切の諸法は文字を離るるが故に、義に随わずして分別して説くに非ざればなり」。「真実の法は無異無別不来不去にして、一切の戯論皆ことごとく息滅す。これ故に大慧よ、善男子善女人は応《まさ》に言の如く義に執著すべからず。何となれば真実の法は文字を離るるを以てなり」。「多聞とは謂く義を善くすることにして言説を善くすることにはあらず」（同経無常品）。「言説は即ち変異あり、真理は即ち文字を離る」（同経集一切法品）。「我が無上の大乗は名言を超越して、その義甚だ明了なれども、愚夫はこれを覚知せざるなり」（同経偈頌品）。

　真理の深さは文字を越える。教外別伝である。禅は無字を以て悟道の関門とする。只心を以て心に伝え得るに過ぎぬ。宗教的真理とは証明を要しない真理である。説明を許さぬ自律の内容である。離言にして自証である。人々が「かくかく」であると説くに対して聖女ラピアは non-such として神を説きたいと希った。真に「無」の密意を知りぬく時が即如の味わわれる時である。否定がより真実な内面の理解である。多くの宗教家が好んで用いた否定的表現はかかる要求に基くのである。老子はこれを「無名」と云った、又「無為」とも名づけた。ディオニシウスは「暗黒」と呼んだ。聖フランチェスコは「聖貧」と云い、十字の聖ヨハネは「暗夜」と云った。「無住」とか「玄之又玄」とか「寂滅」とか「涅槃」とか「荒野」とか「無知」とか「空耗」とかこれ等凡ての否定的表現は皆「無」の心を伝えたのである。これを単に否定的と云い消極的と云い不活動と評するのは膚浅な見解に過ぎぬ。難ずるものも識らずして彼等の愛する真理に否定の形容を用いている。如何ばかり神又は実在を現わす彼等の言葉が否定的であるよ、絶対 *Ab*solute 無限 *In*finite 無窮 Limit*less* 無制的 *Un*bedingt 無差別 *In*differenz 不可知 *Un*knowable これ等の否定は凡ての宗教家又は哲学者の常語である。

　無の心は何ものも未だ分れない境を指すのである。この境においては未だ真偽の言葉すらない。未生未成の世界である。そこには数の概念すらない。二つのものが無いからである。故に分別の知を加え得る寸毫の余地がない。この境において大小は不二である。善悪は未生である。有無円融である。美即醜、醜即美である。凡ては矛盾のままにして調和である。二なくして二を包むのである。凡てが有り凡てが無いのである。一切を含む「無」である。

　真に「無」なるが故に又よく「有」たり得るのである。真に「否」たる故に「然」たり得るのである。白紙にして始めて一切の色を容れ得るのである。浄きもののみ聖である。嬰児こそ天国に愛を受ける。何ものも無き故に凡てを含むのである。我れを空しくする時我れが充たされるのである。「我が為に死すものは生くべし」と聖者は告げた。死が生である。無為が為である。貧が富である。

無においては何ものの人為もない。凡てが自然のままである。ありのままにして完璧である。自然さの極みである。交え得る作為がない。何事をもなさずして凡てがなされてある。

「無」は至上である。即如と一乗不二であるのが「無」である。無を観じる時人は神の懐に休らいつつある。神に帰るのが無の意味である。この刹那こそ言葉もなき法悦である。凡ての文字も今は貧しい。「空」の一字を人は書いた。「無」であると言葉なく云った。只「否々」と止み難く反復した。「如々」たりとのみ書き残した。最後には黙すべき時が来たのである。「言われざる言葉」が心ににじむのである。余もまた黙すべき時に来たように思う。

（一九一七年二月十八日稿）

「無為」に就て

「涅槃名㆓無為㆒」。（中観論）

新しい時代は古い思想を埋め去った。古今を絶した真理をさえ、時としては過去の扉に封じて了った。しかし永遠な過去はいつも永遠な現在である。それは絶えず湧く新しい泉に等しい。余は埋もれたこの泉の一つから今永遠の水を汲もうと思う。五千余言の「道徳経」は既に二千年の批評を重ねた。しかし今日帰納された結論は只冷やかに彼の価値を局限したに過ぎない。かつては支那最奥の教とまで解されたが今はむしろ不自然な因循な思想としてのみ記憶される。しかし老子自らが明らかにしたのは正しくこれに逆反する自然そのものの教であった。余は彼をかつてこの世に出た最も驚くべき思想家の一人だと信じる。多くの宗教的哲理は決して彼の言葉の右に出ない。余は今ほとんど無用の教と迄目される彼の「無為」の思想に就てここにその真意を捕えたく思う。

人は彼の本旨に従って「無為」を絶対の意味において解さねばならぬ。この態度を守ると否とによって彼に対する理解はその方向を定めるであろう。

先ず「無為」を「為」の否定に解するのは最も甚しい独断である。多くの人はこれを何事もなさない意に解している。しかしこれは許し得ない妄言であろう。「無為」を自律の意味にとるべきなら、それを相対の義に解するのは背理である。怠惰であり不活動であると云う意は一つだにその内に含まれていない。もしも「無為」がかかる「為」の否定であるならそれは単に対辞に終る相対的無為に過ぎぬ。かかるものを老子が彼の哲理の根本と見做したいわれがない。「無為」を一般に'Inaction'と訳すがこの語義がその真意を示し得ないのは自明である。特に宗教的真理において字義による解釈はその理解の破滅である。吾々は「無為」の正当な意義をその絶対値にのみ求めねばならぬ。

カルメライトの修道者十字の聖ヨハネの教が Acosmism 無宇宙論と呼ばれている。この言葉はしばしば軽侮の意に用いられるが、その教には犯し得ない深さがある。一切のものはこの世に実在しない、存在すると見做される宇宙は空である。只実在するのは神のみであると云うのである。神が一切である、神の外に何ものもない。凡ての事象は妄念の所為である。実在たり得ない仮現である。彼が是認したのは神のみである。神に帰るほかに人のなすべき行はない。これを離れた凡ての行為は断たれねばならぬ。彼は厳に戒律を守り只一身を神の内に没しようとした。彼のとった態度には次の意味がある。

純に神の意志のみに余の心を托す時、是認せられた余の行動がある。神を離れて余が行う時余は一事をも行っていない。否余が何事もなさない時のみに凡ては行われているのである。私なる自我は何事もなし得ない。只神のみがなすと云う言葉をつかい得るのである。御心のままに自然のあるがままに凡てを托さねばならぬ。かかる時神の権威が余の内心に輝くのである。余は既に余でない。凡ての事は只神意によって営まれるのである。エックハルトが「完全な霊は神の欲する以外の事を欲し得ぬ」と云ったその趣がある。

老子が「無為」と云った時この意味が明らかに閃いている。自己の安静を説く故に或る者は彼を利己主義者と迄云った。しかし私慾をこそ彼は戒めている。彼は利己の為の凡ての行為が心の自殺であるのを説いた。彼は私の行が公な「道」への驚くべき僭越であるのを感じた。一切は「道」において完全である。人為によってこれを破るものは反逆の罪を犯すのである。凡ての私有な行動は即時に断滅されねばならぬ。これは自己を束縛し自己を病死せしめるに過ぎない。私慾を断って無為である時、自己は開放されるのである。「道」の実現はこの刹那に果されるのである。無為である時自然の法則は滑かに行われるのである。かかる時人は自然それ自らである。彼に自然の美が豊かに開くのである。

「無為」とは自然であるとの意味である。何ものも人為によって傷つけない時、自然の意志が満たされるのである。私の断定は只相対の影を残すに過ぎない。正当な所為とは只自然の命の許に行うことの外にはない。否、真に行われるのは自然のことのみである。ロダンが「芸術は自然の忠実な摸倣にある」と云ったのもその意味である。完全な自然には加えるべき改造がない。否、自然の意志を満たしてのみ余の存在の是認がある。余自らの取捨は既に明晰な自然を却って暗黒に導くに過ぎない。「自ら見ず、故に明らか也。自ら是とせず、故に彰る」（老子第二十二章）と老子は書いた。「万物の自然を輔けて敢えてなさず」（同六十四章）とも書いた。「道は自然に法る」（同二十五章）のである。既に改めるべき未完成な自然はない。余のなすべき事は無為そのものである。無為において余は自然に則るのである。自然と相即である時余に自然の美が輝くのである。実に余が活きるのではない。余の内にある自然が活きるのである。余は凡てなる自然を全く活かす為に、余の所有を絶せねばならぬ。無為にして始めて全てはなされるのである。

「道徳経」は繰り返してこの真理を説いた。「聖人は無為の事に処《お》り、不言の教を行う」（同第二章）と彼は明らかに書いた。無為においてのみ凡ては行われ、不言においてのみ凡ては語られてある。真に無なるもののみよく有である。凡ての東洋の偉大な思想家は「無」の宗教的意義を知りぬいていた。それは何等の否定をも消極をも意味するのではない。恐らくこれ程真の肯定と積極とを意味するものはないであろう。老子は「有の以て利たるは、無の以て用たれば也」（第十一章）と云った。「天下のものは有に生ず、有は無に生ず」（第四十章）とは彼の明晰な答であった。「有」は限界に過ぎない、「無」こそ無限な暗示である。これこそ一切の源である。凡ての流れはそこに尽きない泉を持つのである。「無」は未分未発である。ここに創造の意味が内在せられている。よく未分なもののみ分化の原素である。「無」が有の母である。無為なる時のみ純の活動があるのである。

これは一切をなさぬ故、一切はなさるるとの意味である。「無為」とは限りない「為」である。「道はなすこと無くして、為さざること無し」（第三十七及び四十八章）と彼は強く云った。「聖人は行わずして知り、見ずして明らかに、なさずしてしかして成す」（第四十七章）と書いた。「無為をなせば則ち治らざること無し」（第三章）とは彼の信仰であった。「中庸」にも「かくの如き者、見ずしてしかして彰われ、動かずしてしかして変り、なす無くしてしかして成す」と書かれてある。

私情を加える時、神意は忘れられる。何事かを断ずる時、自然は既に限られてくる。真に神をして神の行を全からしめる為に、「私」の所為は断絶されねばならぬ。私が「なす無き」の状に入る時、凡てはなさるる境に移るのである。余が何事も私になさぬ時、凡ての事は余になされているのである。「無為」なるが「為」である。私有の「為」は「為」ではない。却って「為」の否定である。「無為」が純の活作である。これをおいて考え得る絶対の行為はない。「無為」は自然と相即である。これが神意の自由な遂行である。永遠なものは神の仕事である。余の所為ではない。真になし得るのは只神のみである。聖書には次の如く記されてある。「爾曹われを離る時は何事をも行い能わざる也」と（ヨハネ一五ノ五）。又吾等は次の如く感ぜねばならぬ。「然れど我儕《わなみ》己に由て自ら何事をも思い得るに非ず。我儕の思い得るは神によれり」（コリント後三ノ五）。又預言者も云った様に「吾れはエホバの言葉を踰えて己の心のままに善きも悪きもなすを得ず」（民数紀略一四ノ一三）。余が静である時神は余の裡に動くのである。無為の刹那が余の与えられた激動の刹那である。美感において人は自らを忘れつつある。この刹那に胸の鼓動すら止むであろう。全てが美にゆらぐからである。自らが休む時こそ真に働きつつあるのである。神秘家が「多忙な休息」と呼んだのはこれを指すのである。

ベタニヤの里をイエスが過ぎた時彼を迎えた二人の姉妹があった。彼等は復活したラザロの肉身である。妹のマリアは只イエスの足下に坐って静かに声なく彼の道《ことば》に身を忘れている。姉のマルタはこの悦ばしい訪れを労う為に、饗応《もてなし》に心を急いでいる。彼女はマリアの無為をイエスにさえ訴えた。彼女が妹を働きに誘った時、イエスは答えた、「無くて叶うまじきもの一つをマリアは選んでいる」と。イエスのこの鋭い言葉に余が示し得たい真理はつつまれている。沈黙は宗教を語る。静慮（Contemplation 禅）が法悦である。無為こそは帰趣である。この帰趣において凡ては自然の命に動くのである。余が休止する時余は神と共に多忙である。静かな力を破り得る力はない。静けさが深さである、強さである。レオナルドの絵画はこの秘事を告げている。余は彼の創作を限りなく好む。彼の芸術は未分の芸術である。定義を告げない芸術である。不言の作である。近くにはセザンヌがこの力を示した。黙する彼の一静物には山岳の壮厳がある。余は彼の絵を飽くことなく眺める。余は沈黙の芸術を愛する。

無抵抗主義はしばしば否定された。実際の原理として不可能であり迂遠であると云う意味を以て。しかしこれは宗教的真理として否定し得ない深さがある。無抵抗とは単になす無きの意ではない。又受動消極との意味でもない。これは厳然とした絶対の所為である。一切の所為を余のものならしめない意である。神をして全てをなさしめる意である。自律の所為である。余が何事もなさないとは神意に凡てを托する決断である。余の無為において神の為は全くされるのである。無抵抗の刹那において、何の力がよくその権威を破り得るであろう。無抵抗は無上の能動である。これを越える積極の力はない。これは絶対な行為である。抵抗は単に相対的行為に過ぎぬ。あらゆる戦争に対する口実は宗教を離れる。

抵抗こそは受動である。無抵抗に逡巡はない。これは思惟し得る最も勇敢な態度である。抵抗こそ卑怯の裏書きである。戦争において人は霊を欺くのである。戦争に宗教はない。

如何なる論理が余を攻めるかを知らない、しかし「汝等右の頬を打たれなば左の頬をもこれにむけよ」と云い切ったその真意に宗教の光はゆらぐと思う。不可能であるとか迂遠であるとか云うのは許し得べき批評ではない。

「無為」を教えた老子は二千年の昔にこの真理を説いた。この「不争の徳」を解した彼が剛よりも柔を深しとした意味も理解されるであろう。真に無限を求めるものは「無」の密意を知りぬくであろう。老子の教は自らも書いた様に「不言の教」であった。

（一九一八年三月稿）

「中」に就て

「一色一香無レ非二中道一、中道即法界、法界即止観」。（止観輔行一）

中の観念を宗教的に考えぬいたら、それが如何なる意味を包むか。この問に多少の反省を加えたのがこの小篇の概要である。

一

東洋の宗教思想において「中」の観念は重要な位置を占める。ここに実在を示す哲理が托されたのみならず、これはしばしば実践の目標とさえ考えられた。

仏教において特に八宗の祖師と仰がれる竜樹は彼の思想の根本を「中」の観念に説いた。彼の主要な著書は「中観論」と呼ばれている。この「中論」は後に「百論」及び「十二門論」を合せて所謂「三論」を形造り、遂に支那において「三論宗」拠依の典籍となった。古くこの中論の研究は諸家の注意を集めてインドのみでも七十家の多きに及んだと云われている。（支那に訳された青目の中論釈、無着の順中論、安恵の大乗中観釈論はその僅かな一部に過ぎない）。

梁唐の二代に亘って活きていた僧吉蔵（嘉祥大師）が支那においてはこの中論の復興者であった。嘉祥寺で彼の重要な三論の疏を大成して以来、この論は宗として一代を風靡するに至った。古来仏教を研究するものは必ずこの三論をよぎる。哲理としての仏教の高調がここに見出されるからである。

しかし「中道」は只三論宗に限られたのではない。台家においても「中諦」は厚く説かれた。むしろ「中」の意義を一個の教理にまで進めたのは天台宗においてである。所謂「三諦円融」は天台が説く最も根本的な教理であった。三諦とは空、仮、中の三諦である。又法相宗においてもその教相判釈によって中道を最後の仏説と見做した。所謂「第三時教」がその中道教である。法相宗は自らを中宗と呼んだ。

仏教においてのみならず、老子も「中」の意味を深く見ぬいた。しかし何人も思い起すのは四書のうち最も哲学的に見て深い「中庸」である。子思は彼の思想の根柢をこの「中庸」の意味に托した。彼は「中」の観念を深く反省する事によって徳教としての儒教を哲理の上に安定させた。「中庸」は実に凡庸な思想ではない。支那の古典は埋もれかかっているが、思索者の中にいつか甦るのは「老荘」と共にこの一巻の本であろう。「中庸」は新らしく理解される値がある。もしもかかる日が来るなら一般の意表を越えて異常な真理がこの平易な言葉から湧くであろう。

二

しかし早く三論は嘉祥の後に栄えず、その脈は絶えて今は省る人すら少ない。天台は残るも中諦の教は埋もれている。現実を愛する世は仏説に耳を傾けてはいない。儒教の衰微は云う迄もない。道徳の重荷に堪え兼ねた人はむしろこの教に反抗の気勢を示した。儒教への訣別が心に自由な世界を与えた。「中」と云い「中庸」と云えば只妥協折衷を意味して何等の鋭さがない。イプセンが「一切か然らざれば皆無」を叫んだ時、それは新しい心を波打たせた。「中庸」の教は僅か教室に幽閉された伝習に沈む微弱な声に過ぎない。

根柢的に実在に迫ろうとする者には中位はむしろ懶惰である。中間を聯想し中庸の温和を想う時、それは吾々の霊の目覚めにはならぬ。思想としては徹底を欠き行為としては安易に過ぎる。中に止るとは隠遁と等しい。霊は無限に動く力である。吾々が求めるのは中位凡庸を破り出る鋭さである、深さである。中庸はしばしば想起される様に平凡の異名に終った。

しかし「中」とは果してそう云う意味であろうか。「中観」は、'The Middle View' と訳され、「中庸」は 'The Doctrine of the Mean' と云われているが、かかる言葉は原意を伝えるであろうか。或る者はこれを均等 Equilibrium とか平均 Balance とかを意味するとした。儒教の正統派の理解によれば「中」とは「不ㇾ偏不ㇾ倚」である。又「無㆓過不㆒之名」である。しかしこの有名な程朱の釈は正当であろうか。

宗教的「中」は果して五が八と二との中数であると同じ意であろうか。又勇敢が卑怯と粗暴との中位であるのと等しい義であろうか。又青と赤との間に交る紫の色にも比すべきであろうか。又周囲に対して均等の距離を保つ中心の意に解すべきであろうか。熱からず又冷やかならぬ微温の意を指すのであろうか。傾かぬ秤の針がその心を語るであろうか。中は果して右と左とを予件とする中であろうか。中とは只偏の対辞であろうか。不偏に終る事が中であろうか。両端の譲歩がその面目であろうか。極端の否定がその真意であろうか。折衷が中であろうか。中は遂に徹底し得ない中であろうか。中途に止るとの意であろうか。

もとよりかかる意味が「中」の真の理解であろうとは受け難い。宗教的真を示す「中」は如何なる場合にも相対の意に止ってはならぬ。絶対の面目を伝えてこそ宗教的内容たり得るのである。宗教的に「中」と云えば必ず「絶対的中」であらねばならぬ。竜樹又は子思が彼の信念を披瀝する言葉を、相対の意に止めたと誰が考え得るであろう。しかしほとんど全ての註釈者は「中」の原意を傷つけてこれを相対の意に解した。彼等は「中」を只偏ならざる意にとった。しかし偏不偏は畢竟相対の意を出る事がない。中央とか均等とか見做すのも恐らく厳密を欠いた知解であろう。それは早くも周囲左右を仮定するからである。「中」に絶対値を含めるなら、かかる相対的理解は凡て不足である。宇宙の原理を表示するこの言葉が只中数の意である筈がない。いわんや二分の一とか半とか云う様な考想ではない。徹底し得ない中は既に宗教に堪え得る真理ではない。尚両極を予想し左右を是認する限り、この二つのものの中間は相対的中に過ぎぬ。

彼等の思索は絶対としての「中」を忘れたのである。この哲理の深さを離れた為に、道徳律としての「中」をも只貧弱な意にのみ解した。中庸は只極端を恐れる者の好個の隠家であった。示された中庸は自律する中庸ではない、只左右を顧慮する相対内容であった。単に過不及無きの謂である。吝嗇ならず驕奢ならざることが直ちに節約の徳と云われた。これは只両極を厭い避ける事によってのみ感じられた相対行為である。「中」はその前後を矯める事によって保たれた「中」である。中途に止るむしろ安易な「中」である。しばしば中庸に聯想される凡庸、折衷、妥協、譲歩の意はこの誤った理解に附随する不幸な評価である。しかし子思が生命を貫くと感じたこの道徳律がこの平凡な折衷の義であったと誰が信じ得るであろう。「中」はそれ自身に権威ある「中」であらねばならぬ。「中庸」とは絶対自全の徳であるべき筈である。それ自身に全き「中」のみ許し得る最後の「中」である。

余の求めるのはこの絶対としての「中」である。吾々の優秀な祖先が思索し体認し得たその「中」である。「中」を宗教的に理解したら如何なる内容になるか、これに答えたいのが余の眼目である。

三

有限な字義が無限の内容を示そうとする。しかし言葉は宗教においていつも不足である。無限者は永久の暗示であるが、字句は既約された定義である。定義は一時も相対の範疇を出ることがない。「中」の真意も久しく字義の為に相対の刃に傷ついている。しかし「中」の原意は自律な「中」としてのみ認識されねばならぬ。「中」に関する真の理解を得る為に必然吾々は字義の束縛から脱せねばならぬ。これは字義の攪乱ではない、その内容の建設である。

三論において「中道」は必ず「八不」と共に説かれた。「八不」とは「不生亦不滅、不常亦不断、不一亦不異、不来亦不去」の八個の否定である。その意は究竟なものから凡ての二元相対を絶してこれを否定的に云い現わしたのである。八とは単に概数であって一切の否定をこれに概括したに過ぎない。八不はその意において無限の不である。西欧一般の観念によれば神は存在であり常住であり統一である。しかし東洋の宗教的思索者は用意深くこれ等の相対的名称を否定し去って絶対なものを求めぬいた。神を「有なり」と云うよりも「有ならず又無ならず」と云うのが彼等の答である。生、常、一、来は単に滅、断、異、去の対辞に過ぎぬ。云い現わし得る言葉は「不生にしてまた不滅である」との否定のみである。究竟なものは言語に余る。故に凡ての言葉は否定されねばならぬ。彼等の否定は如何なる肯定も尚不満足であると云う理解の後に現われたのである。これが凡ての神秘家が好み選んだ所謂「否定道」'Via Negativa' である。

しかしこれは単な否定ではない。只肯定の対辞に解されてはならぬ。真意は一切を否定し尽し又その否定をも否定するのである。有に非ず無に非ず、又その中間に非ず、凡ての相対を否定し去り又その否定をも拭い去った所謂「百非を絶する」所に真の否定の面目がある。一字「空」と云ったのはこれを約言した言葉である。これが竜樹の空観であり又一般仏教の哲理である。これは彼等が即如を一切の相対から救い起して理解しようとした必然の結果である。一切を否定する故に「空」である。「空」もまた否定されねばならぬ。故に「空」とは強いて名づけた名である。所謂「仮名」に過ぎない。空に堕するもまた相対である。出来るなら「空」とすら云いたくない。「空」の別名を彼等は遂に「中」と呼んだ。「八不中道」とはかかる要求の言葉であった。吉蔵が彼の「大乗玄論」に「生に非ず、不生に非ず、既にこれ中道也。しかして生しかして不生これ仮名也」と云ったのはこの意味である。「中観論」四諦品の青目の釈に「衆生を引導する為の故に仮名を以て説く、有無の二辺を離るるが故に名づけて中道となす」とある。

三論において「中道」とは如何なる意味であったかは今明らかであろう。「中」は「空」の別名であった。しかも強いて名づけた仮名であった。吉蔵の疏に「中の名を立つるは、理は中不中に非ずといえども、ものをして悟を得せしめん為の故に、強いて中の名を立つるなり」と云っている。恐らく空の否定的表現に対して彼等が僅かに選んだ肯定的云い方であったのであろう。「空」と「中」とはいつも補遺の形にある。

「中」は彼等においてどこ迄も絶対の意味があった。一切の相対的認識を許さぬ究竟の理であった。凡ての対辞を否定し去り、二元への執着を拭い去った趣旨があった。「中」は実に中にも非ざる最後の意味があった。「中」とは云い現わし得ない実相に与えた仮名である。絶対の義を離れてはあり得ぬ「中」である。これが中位又は折衷を意味しないのは自明である。只不偏に対した名で無かった事も明晰である。いわんや半途と云う様な緩慢な意義ではない。

吉蔵は彼の「三論玄義」に四種の中道を挙げた。第一は「対偏中」である。偏即ち相対に向って説く中である。二元に対する一元である。ここに「中」は只「偏」の対辞に終る。故に未だ相対的中に過ぎぬ。「偏に対する中」である。第二は「尽偏中」と呼ばれた。偏に病む者は中を得ない。中を求めようとするなら偏を絶せねばならぬ。「偏を尽すのが中」である。差別は中道ではない。差別をなくなす時が中道である。しかしこれは偏を否定したに過ぎぬ。偏は失われるが尚中が残る。故にまだ中をも絶した絶対の「中」ではない。第三はその「絶待中」である。もと偏と中とは対辞である。もし偏を絶するなら中もまた失われねばならぬ。中に愛着する限りそれもまた偏に過ぎぬ。偏も忘れ中も忘れる時真の「絶待な中」がある。中はここに強いて名づけた仮名である。第四は「成仮中」である。無が有の母である。実から仮が成されるのである。「中」は単な中ではない。自らを表現する中である。中は仮に現われ仮は中に活きる。中仮相即不二である。これを「仮を成す中」と呼ぶのである。「絶待中」と「成仮中」とは一体である。これを体より観じたのが前者であり、用より見たのが後者である。これは恐らく最も明白な「中」の理解であろう。

しかし仮空中の三諦を一層密接せしめてその真意を更に捕えようとしたのは台家の人々である。慧文、慧思、知顗（智者大師）と相伝えて所謂「三諦円融」の教理を大成したのは中道の哲理の帰結であった。「中観論」四諦品にある所謂「三諦偈」が彼等の思想の出発だと云われている。文に云う、「因縁所生法、我《レ》説《ク》㆓即《チ》是《レ》空《ト》㆒、亦名《ヅケテ》為《ス》㆓仮名《ト》㆒、亦是《レ》中道義《ノ》」と。これは空仮中の三諦が円融相即であって三即一である意を暗示した文である。（慧文が中道の理を悟ったと云うもう一つの偈文は竜樹「大智度論」第二十七巻「一心中得」の文である）。

平等は真諦の姿である。絶対なその内容は「空」の一字によって指示するより道はない。差別は俗諦の態である。「仮」とはこの相対の世界を示す言葉である。しかし「空」も「仮」も分れた存在ではない。「空」は「仮」を現じ「仮」は「空」に活きるのである。平等も差別も所詮は不離の境に帰る。「空」と云い「仮」と云うも不二な内容を異る見方から伝えたに過ぎぬ。この究る所は「空即仮」「仮即空」である。かかる区別すら容れぬ内容こそ絶対である。この二而不二なるものを吾々は「中」と名づける。「空、仮」を一つに観ずるのが「中」である。「空、仮」の相対の前に「中」の絶対はなく、又「中」の絶対をおいて「空仮」の相対はない。この三諦は畢竟相即一乗である。これが円融の教理である。これを体認しようとしたのが仏者の実践的理想であった。故に何れに傾くも「中」の真意を離れる。「中」に堕するのも又一つの「偏」に過ぎぬ。「中」を対辞として考える時「中」は死んだ「中」である。「但中」と云って円教で忌み嫌うのはかかる分離せられた「中」である。円融の「中」は「仮空」のままに「中」である。これが所謂「不但中」である。絶対の「中」である。宗教的「中」である。

四

中とは上下の未だ分れない自然のありのままな姿である。有にも非ず無にも非ざる渾一の状である。子思が哲理としての「中庸」を反省した時、同じ「八不中道」の意があり「円融相即」の義があった。「中」は「不」であり未分である。凡ての二元が未だ現われない境を指したのである。彼の言葉に「喜怒哀楽未だ発せざるこれを中と謂う」とある。「中」のその真意はこの「未発」の秘事に包まれている。凡ての区分は人為である。本来あるがままの姿は未分である。差別は後に反省せられた分析である。未発の境においては動くべき思惟がなく考想がない。凡ては淡然として静かである。有無の別もなく又それ等の言葉すらない。子思はこれを呼んで「中」と云った。

「中庸」とは本然である。子思自らの言葉によれば人為に傷つかない「天の道」である。凡てを天意に托する時「中庸」の徳があるのである。「中庸」に活きるときは天意に浸る意である。「天」と不二であるのが「中」である。「中」は中間に止るのではない。道に徹する意である。絶対に自己を没入する義である。老子が「無為」を説いた時同じ心があった。これは一切を天意に任ずる意である。余が「なす無き」とは「天が凡てをなす」の意である。これは天への全き帰依である。この帰依に宗教の生活がある。「中」を守るとは天に帰るの意である。天を離れ道を離れて中はあり得ない。「天の命ずるこれを性と謂い性に率《した》がうこれを道と謂う」と子思は最初に書いた。「道は須臾も離るべからず」とは彼の信念であった。「道」を離れては「中」も無く又徳もない。凡ては二元に終るのである。「道」を離れる時一切は相対に降落する。「中」は「道」に則る意である。「道」に即するのが「中」である。「中」はひとり絶対と同義においてのみ意味がある。これは一切の二元相対を絶した「中」である。あらゆる人為的区別に先だつ「中」である。「中」とは思惟以前である、直観である。それは未分である、未発である。与えられたままの本然である、自然さの極みである。これが老子も説いた自然の教である。「道」とは彼が明らかに云った様に「沖」である。「沖」とは虚を意味する。未だ分れない空しさの境である。子思は「道」を又「誠」とも呼んだ。「誠は天の道也」、「誠は勉めずして中《あた》り、思わずして得《う》」と彼は書いた。これは恐らく最も深い宗教的表現の一つであろう。「野の百合は如何にして育つかを想え。労めず紡がざる也」とマタイは伝えた。「中」はこの自然の美である。自然に融けゆくことが「中和」である。「中」に活きる時凡ては自然に流れるのである。天の御心のままにあるのである。

「中」とは実在の表示である。「中」の意は最後に即如と同義である。畢竟この元素なものにのみ絶対の真理は宿る。分化せられた区別は相対の命数に終る。生に非ず滅に非ず又その中間に非ざる一切の否定が始めて相対からの離脱である。思慮に先だつ未発なる境が絶対である。これは凡ての形容を越える。かくて「空」とは最後に産み得た言葉である。かかる「空」が「中」の真意である。かかる「未発」が「中」の密意である。「空」とは自然なるそのままの姿である。未だ分れない「一」である。無垢な至純な意である。「智度論」に「一切の法の本性は清浄である」と云ったのはこの心を語る。嬰児はいつも「中」の姿である。至純であって何ものをも交えない。言葉はむしろその美しさを汚染するに過ぎない。「中」とは中の字に非ずしてむしろ黙する意味である。何事も云い得ない故の「中」である。老子は多言を戒めている。「中を守るにしかず」と彼は書いた(道徳経第五章)。ここに「中」は「虚」であり「黙」である語義を包む。王純甫の註に云う、「中とは虚なり無なり、言い且つ名づくべからざるもの也」と。「中」は只文字ではない。絶対なものの表示である。

余は中庸は道徳の書であるよりも宗教の書であると思う。後世の儒者は「中庸」を不偏不倚な過不及のない徳と見なした。しかしかかる理解は相対に堕した見方に過ぎぬ。偏を避けることが中庸ではない。真の「中」には既に偏もなく不偏もない。「中」は絶対な「中」である。この「中」に即するのが「中庸」の教である。天と相即でありたいこの深い要求のみ、真に「中」を体認し得るのである。中庸は単な実践的意味ではない。むしろ天に帰る宗教的融合 Unification がその本意である。

五

「中」を宗教的に考えぬく時かかる絶対の意に帰らねばならぬ。必然絶対に伴う凡ての性質をそのうちに認めねばならぬ。「中」は必ず自律する「中」である。何事かを予件として立つ「中」ではない。自から規範の意をおびねばならぬ。「中」は宗教的意味においてそれ自身の「中」である。あらゆる対辞はこれに許さるべきではない。不偏なのが「中」ではない、過不及の否定が「中」ではない。「中」は自律な「中」であらねばならぬ。一切の字句は相対の名称に終る。「中」も字句であるがしかもその意はこの束縛を越える。「中」とは名づけ得ない「中」との意がある。字義を絶する「中」である。「中」が字義に結ばれる時「中」の意を離れるのである。大集経に「二辺を遠離して中に著せず」と云ったのはこの意である。「中」が「空」と共に説かれた意味も今明らかに読まれるであろう。「八不」が中道である。「中」を理解する為に二元はことごとく拭い去られねばならぬ。否かかる否定をも否定し去ったのがその面目である。吾々は云うべき言葉を持たぬ。竜樹が「空」と云い老子が「無名」と云ったのも、僅かにかかる当体を暗示したいからである。

強いて「中」の内容を反省するなら、それは上下を聯想し得ない中、左右を持たない中、前後を許さない中との意である。人は必ず中と共にその両極を想起する。むしろ上下を持たずしてはあり得ない中とさえ思っている。しかしかかる思想は只相対に固着した二元的遺物に過ぎぬ。真に一としての「中」は左右前後の如き二に対比して考えらるべきではない。二のない一が真の一である。一は数ではない。内外を許さぬ「中」が絶対の「中」である。もしかかる「中」が人間の思考に余るなら、それは只絶対なものの表現だからである。これは論理的に思惟し得ないと云う迄であって、この矛盾の命題は不合理であると云う事にはならぬ。上下のない中とは論理的には矛盾であろうが直観としては事実である。論理は矛盾律に終るのである。しかし論理が呼ぶ矛盾こそ時として絶対の暗示である。「中」には論理の及び得ない究竟の意がある。厳密に上下の観念の闖入を受けずして「中」を認識し得る時、始めて正当な「中」の理解があるのである。宗教的「中」は既に左右の両極を許さぬのである。「中観論」観本際品に「もし始終ある無くんば中当に云何ぞ有らん、これ故にこの中において先後共にまた無し」と。人々は中の字義に捕われている。もしこれを脱し得たならそこに上下の念は失われるであろう。中の位置もまた無いであろう。偏もなく不偏もなくまた中もないこの境の体認が、「中」の真の理解である。子思が未発と云ったのはこの意味である。「中」を中位中数の意に解するのは驚くべき独断に過ぎぬ。これは中の字義と始終する相対的見解に過ぎぬ。「中」は上下に対比された「中」ではない。いわんや半途、妥協、折衷の意ではない。否絶対の徹底こそ「中」である。「中庸」は本来過不及のないと云うが如き相対的意味ではない。直ちに天に即する宗教的行為である。「中」は躊いではない、鋭さである。遅疑ではない、直指である。即如との直下の融合である。絶対に即するのが「中」である。

或る者は左右の平均に「中」を認めている。しかしかかる思想は「中」を或る条件に依存さしたに過ぎぬ。自律な「中」の面目はかかる意と何の関わる所がない。「中」はそれ自身の「中」である。左右を許さぬ「規範的中」である。既にこれを測る事すら出来ぬ。「中」に対して用ゆべき秤はないのである。又或る者はこれを中心 Centre として理解する。しかしこれも遂に相対の意に終るであろう。周囲あっての中心に過ぎぬ。聖ベルナールであったか「神は至る処に中心を持つ、しかし何処にも周囲を持たぬ」と云った。この言葉には驚くべき鋭さがある。「中」に就て云い得る最後の一つは周囲を許さぬ中心とのこの言葉であろう。この矛盾に凡ての神秘が包まれている。「中」は真に厳存する、だがその四方は何処にもないのである。

一つの比較によって導くなら右の意は更に明らかになるであろう。凡ての神秘家の時間に対する宗教的理解は「永遠の今」と云うことに帰着する。一般に現在とは過去と未来との中間であると考えられる。しかし真の現在の意義即ち永遠の現在とは、時間的加算又は未来への無限な延長と云う意では決してない。絶対時とは前後に過去と未来とを許さぬ現在との謂である。歳月の離脱である、その追加ではない。「永遠の今」とは過去と未来とを許さぬ規範の意がある。Sollen の時間である。前後を持つ時間は如何に無限に進むも畢竟相対的時間に過ぎぬ。「中」はこの例証によって一層鮮かに画かれるであろう。上下を持つ「中」は唯分析の所産に過ぎぬ。真の「中」はそれ自らの「中」である。二元を考えずして一元が観じられる時、真の一元は理解されるのである。二元に対する一元は尚一種の二元に過ぎぬ。「中」が純に「自律」の「中」として認識される時、真の「中」を心に活かし得るのである。

（一九一八年六月稿）

種々なる宗教的否定

If thou would'st hear the Nameless, and wilt dive
Into the Temple-cave of thine own self,
There, brooding by the central altar, thou
May'st haply learn the Nameless hath a voice,
By which thou wilt abide, if thou be wise,
As if thou knewest, tho' thou canst not know;
For knowledge is the swallow on the lake
That sees and stirs the surface-shadow there
But never yet hath dipt into the abysm,

The Abysm of all Abysms, beneath, within
The blue of sky and sea, the green of earth,
And in the million-millionth of a grain
Which cleft and cleft again for evermore,
And ever vanishing, never vanishes,
To me, my son, more mystic than myself,
Or even than the Nameless is to me.
And when thou sendest thy free soul thro' heaven,
Nor understandest bound nor boundlessness,
Thou seest the Nameless of the hundred names.
And if the Nameless should withdraw from all
Thy frailty counts most real, all thy world
Might vanish like thy shadow in the dark.

Tennyson : '*The Ancient Sage*'

序

光を求める心にとって東洋の宗教は暗い陰とさえ思われている。凡ての真理は否定へと導かれ、心は只苦行に悩む様に考えられる。誰もそれを明るい教えだと云い踏っている。まして濃い影が強い光の証だと云い切った人は少ない。

否定的だと云うこの批評が一般にその宗教を卑下する規準にさえなっている。余はこれを粗笨な独断に過ぎぬと思うのであるが、常識がかく思う理由を知らないのではない。彼等が実相を現わした言葉はほとんど皆否定の調があった。今は愛されない次の数々の言葉、空、無、寂、静又は無為、無名等は凡て古人の思索が果した最後の字句であった。人々はその思想の消極を咎めるが、空観こそ彼等には活きた世の真諦であった。又そこに犯し得ない哲理の深さがあった。それを只暗い陰の教えに過ぎぬと云うなら、彼等はその評をこそ不可思議に感じるであろう。否定は彼等には自然の極みであった。疑い得ない直観であった。例証はあり余る程である。

梵である我は只「否、々」とより外説く事は出来ぬと奥義書は書いた（ブリハダラヌヤカ第三、九ノ二六）。「得も無くまた至も無く、断ならずまた常ならず、生ぜずまた滅せず、これを説いて涅槃と名づく」と「中観論」は説いた（涅槃品第二十五）。「無名は天地の始め」、「聖人は無為の事に処《お》り、不言の教を行う」と老子は告げた（老子第一、二章）。

人々が許した深い句とは次の様な例である。「一切の時に居って妄念を起さず、諸《もろもろ》の妄念においてまた息滅せず、妄想の境に住して了知を加えず、了知無きにおいて真実を弁ぜず」（円覚経、清浄慧菩薩章）。又趙州と彼の師南泉との問答に云う。趙州問う「如何なるかこれ道」。南泉曰う「平常の心これ道」。趙州問う「還って趣向すべきや否や」。南泉曰く「向わんと擬すれば即ち乖《そむ》く」。趙州「擬せざる時如何にしてこれ道なる事を知るべき」。南泉「道は知にも不知にも属せず、知はこれ妄覚、不知はこれ無記、もしそれ真に不疑の道に達せば、猶《な》お太虚の廓然虚豁なるが如し、豈《あ》に強いて是非すべけんや」。趙州言下に理を悟る（景徳伝灯録、巻十、趙州観音院従諗禅師章）。

吾々の祖先の深い思索者は彼等の哲理をかかる否定に托している。「無」こそ彼等には悟道の関門であった。波羅門の教えに起り竜樹の空観に組織され、遂に三論宗として支那に栄えたこの否定道は、老荘の学と共に東洋思想の精華であった。しかし無知な独断は易々としてこの道を難じている。しかし否定の故に東洋の宗教を卑しむのは常識を出ない批判である。これは全然次の三つの真理を等閑にした愚によるのである。

第一に究竟を語る原理の表現は否定法による必然の理がある事を知らねばならぬ。吾々は言詮の及び難い事を説こうとするのである。彼此の差別を絶した一物をそのままに捕えたいのである。かかる場合凡ての対辞は否定し尽されねばならぬ。無上の絶対はよく相対の言葉に現わし得べきではない。凡ての対辞を否定し、又かかる「百非をも絶する」処に否定の主旨があるのである。

第二に無とは決して有に対する無を指すのではない。絶対な無とは有無を絶した無との意である。否定だと難じるのは、それを只肯定の対辞にのみ解するからである。空とはその真意において何等の否定消極をも意味するのではない。むしろ無上の肯定がここに暗示されるのである。「否々」とは否定の言葉に過ぎぬと云うであろうが、僅かの否定をすら意味しないのである。

第三に、かかる否定道を独り東洋の宗教に限るのは事実を知らないからである。基教においても回教においても凡ての深い宗教家は所謂‘Via Negativa’によって神を語っている。冥想に富む思索者は神に関する最後の思想においていつも否定の神秘に帰っている。用いられた彼等の否定的字句の多種において人々は驚きを感じるであろう。否定道は只吾々が占有するのではない。

さて仏教又は道教の否定道に就ては多くが知られ多くが語られてある。余は人々がほとんど忘却した基教の否定道に就て埋もれた多くの真理を発こうと思う。これ等の真理は却って東洋の地に温い理解を受けるであろう。西欧の宗教に現われた種々なる宗教的否定を叙述するのがこの篇の目的である。しかしこれを歴史的に細説するのが余の希望ではない。むしろ否定道に対する余の思索を追いつつ、久しい間余を引きつけた偉大な基教徒の思想を略述するのである。引いては東洋の宗教をひとり否定的と断じる愚を明らかにしたいのである。これが又否定そのものの了解に人々を導くなら余の当面の趣旨は貫かれるわけである。

一　否定の道

余が愛するクラフ A. H. Clough の詩に、

'O Thou that in our bosom's shrine
Dost dwell-unknown because divine;
…………………………………………
I will not frame one thought of what
Thou mayest either be or not;
I will not prate of *thus* or *so*.
Nor be profane with *yes* or *no*;
Enough that in our soul and heart
Thou, whatsoe'er Thou mayest be, art.'

「吾が胸に住む聖なる神こそは凡ての知見に余る。彼が如何なるものにもせよ、余は彼を一つの思想にだに包むまい。神は彼に非ずこれに非ず、然に非ず否にも非ず、凡ての言葉は彼を汚すに過ぎぬ。只吾が霊に神が在る事のみにて凡ては尽きる」。

神は知解に余る。何処にも分別を入れるべき個所がない。神は凡ての否定を含む。一切を越え一切を絶するからである。何事かの断定は限りない彼を限るに過ぎぬ。凡ての否定が僅かに彼を伝え得るのである。神を想う限り思索者はこの否定の道を歩まねばならぬ。余もまたこの歴程を過ぎようとする。必然否定に現われた神の理解が余の心を惹きつけている。余が認めて深い否定の思索と見做すものをこの一章は語るであろう。余は二三の顕著な引例によって最初の注意を促そうと思う。

「神は沈黙によって最もよく敬われ、無知によって最もよく知られ、否定によって最もよく説かれる」と聖アウグスティヌスは書いた。彼を動かしたと云うバシリデス Basilides の言葉に「吾々は実に神が言葉に余るとすら云う事は出来ぬ。これもまた彼に対する一つの断定に終るからである。彼は名づけ得る凡ての名を越える」と（ハルナック教理史第二編第四章）。否定の故に仏教を詰る時人々はかかる言葉を忘れる様である。最悪な否定の例と云われるエックハルトの次の言葉は果して基教への汚瀆であろうか。「爾《なんじ》は神を即如 God as He is として又非神、非霊、非人、非相として愛さねばならぬ」。有限な言葉がよく云い得るのはかかる否定の反覆である。凡ての神に関する冥想はその最後の理解において「空」の一字に帰ってくる。「空」には云い得ない意味の重さがあると知らねばならぬ。

これ等の言葉を多少の暗示としてディオニシウスの著書を繙くなら、驚くべき言葉が次ぎ次ぎに読まれるであろう。彼は聖アウグスティヌスについで基教の神学を築いた最大な人と目されている。著者の生年期又はその人に就て多くの論議があった後、彼は第五世紀の頃、名を Dionysius Areopagite に仮りて著述を残した人であると云われている。

彼は神の理解において躊躇なく否定の道を選んだ。誰か次の言葉を読んで東洋の宗教を想い起さないものがあろう。「一切の原因たる神は一切を超絶する。彼は無有でもなく無生でもない。没理でもなく無智でもない。彼は肉身でもなく形体でもない。又質でもなく量でもなく嵩でもない。彼は住せず見えず又触れ得ない。彼には感覚もなくまた知覚もない。彼には物質の苦悩に基く紊乱もなく喧囂もない。彼は誤った力にも、感覚の諸象にも左右せられる事がない。彼は光を要せず、また変化なく敗滅なく、分離なく窮乏なく流転がない。彼は感覚に属する一切のものと係わる処がない」（神秘神学第四章）。「更に云わば彼は霊でもなく智でもない。彼は想像を持たず主張を持たず理智をも持たない。彼は言語を絶し知解を絶する。彼は数でもなく規定でもない。大に非ず小に非ず、同一に非ず類似に非ず区別に非ず、彼には止なく動なく静なく、又力でもなく無力でもない。光でもなく生活でもなくまた生そのものでもない。彼には存在なく時代なくまた時間がない。また理知がたずさわる対象でもない。知識でもなく真理でもなく、高貴でもなく慧智でもない。彼は一でもなく多でもなく、神性でもなく至善でもない。また吾々が理解する如き霊でもない。彼は子位でもなく父位でもない。また吾々及び他のものに知られている何ものでもない。また存在する何ものでもなく、存在しない何ものでもない。又何ものも彼自身を知り得ず、又彼も凡ての存在をそれ自身において知り得ない。彼は言葉も名辞も知識も持たない。暗に非ず明に非ず、真に非ず偽に非ず、彼は肯定され得べくもなく否定され得べくもない。否、よし吾々が彼に所属する事物を肯定し又は否定するとも、彼自身を肯定し又は否定する事は出来ぬ。

一切のものの完全な原因は凡ての断定を越え、一切を超絶するものは凡ての抽象を越える。かくて凡てのものから絶対に独在するのである」(同書第五章)。

凡てを絶して神の本性を求めたディオニシウスは、彼の組織ある思想においても明らかに否定の神学を説いた。彼は神を理解する二つの道を予想した。一つは肯定の神学、一つは否定の神学である。

彼は第一の神学によって神の様々な流出の姿を見た。(ここに彼がプロティヌスの思想に育てられたのは云う迄もない)。分化しゆく統一、観念から万象へ移る神の降下、内より外に溢れ出る進展、この神の光の流出を彼は第一の神学に説いた。匿れた神は今その蔽いをときつつある。吾々は顕われた自然に神の表現を見つめている。雲を破り出る光によって吾々は太陽を見、照らされた自然を眺める。神の存在の肯定は只この流出によるのである。吾々が凡て神に向って肯定する諸相、即ち絶対、最高、至善の名は表現せられた神を讃える言葉である。これは神への積極的見方である。しかしこれは加えられた反省である。神そのものの示指でない事は自明である。凡て神に関する肯定は如何に美わしい言葉にせよ、神そのものの美には比べ得べくもない。凡ての教理教条は宗教の最後の真理とはならぬ。偉大なものは単な一つの体験に在る。宗教の深さは言葉にもなく理論にもない。神は無限の暗示であって定義ではない。凡ての知は所詮相対であり断定である。「神が如何なるものにもせよ、余は彼を一つの思想にだに包むまい」と歌ったクラフの意味がここに活きるであろう。肯定の神学よりも否定の神学が神の招きである。

これは神に一切の諸性を否定する道である。「物は神の内にあるが、神は物の内にはない」とディオニシウスは書いた。物に名づけ得る凡ての諸性に神が宿るのではない。至善と云うも神には尚貧しい形容である。彼は善悪の区別をすら容れぬからである。否定道とは神の絶対を思想の上に厳密に保持する態度である。神を前に対象とする時「肯定の神学」が残る。神を内面に味わう時「否定の神学」が起る。

凡ての知解は相対的理解に過ぎぬ。神の前に理知は盲目である。彼は云い表わし得る内容ではない。ここに凡ての言葉は否定されねばならぬ。宗教は離言自証である。「凡ての知識の停止によって人は不可知の当体に結ばれるのである。何事も知らずしてしかも心を超えて凡てを知るのである」と彼は書いた(神秘神学一ノ三)。何事も知らないとは心に味わうとの意である。「聖なる無知」とはこの謂いである。「真の意味においてこの非理非想の愚かな智慧にこそ、凡ての心想と理念又は凡ての智慧と理解とが包まれる」と彼は書いた(聖名七ノ一)。彼は神を「絶対の無」「云わざる言葉」又は大胆にも「不合理な心」とさえ呼んだ。古くテルトゥリアヌスは「不条理なる故に吾れ信ず」と云った。この驚くべき言葉には微妙な声がささやいている。

言葉に蘇る神、理知の尽きる神、この境を「聖い無知」と云い「聖い暗黒」と云うのである。肯定ではなく否定こそ神の親しい理解である。

神から流れ出た凡てのものはその故郷を慕っている。神に帰る心が吾々の求めである。神の降下による凡てのものはいつか再び神に上昇せねばならぬ。吾々はヤコブの階段を歩むでいる。帰りゆくこの旅が宗教の旅である。いつか凡てを忘れ神の懐に眠るのである。神に休む時永遠は静かに降るであろう。神と余とこの時に不二である。名づけ得る何ものの差別もない。強いて名づけてこの境を空と云うのである、暗と云うのである。「共に感覚と知解とを越えて神秘な無知の暗黒に入らねばならぬ」とはこの意味である。否定とは忘却である。物を去り自己を忘れ只神に活きるのである。これが否定の旅である。神に帰る行いである。

ディオニシウスは巧みな比喩によって否定の道を説いた。「丁度石像を刻む様に無用の個所を削り、有り余る部分を取り去り、内に匿れた美を光にもたらすのである」。これと同じ様に吾々も凡ての障害を棄て去り、内に潜む神を尋ね求めねばならぬ。否定とは凡てを無にして神をありのままに抱くのである。神と不二でありたい要求である。空が神の理解である。凡ての秘密はここに尽きる。否定の神学は神秘の坤学である。

ディオニシウスに次で吾々の前に現われるのはスコトス・エリゲナ Joannes Scotus Erigena の名である。彼はシャール禿王の朝に活きた人故時代は九世紀である。彼の誕生の地はアイルランドだと云われている。彼は僧マキシムスを学びオリゲネスを好み勅命によってディオニシウスを訳した。西方にこの書が愛されたのは彼の功績によるのである。彼は中世において活々と新プラトー派を復興した。恐らく神秘なその思索において最大な神学者の一人である栄誉を彼は担っている。ディオニシウスと彼とこれにエックハルトを加えて、この三人は基教が与えた冥想的神学の三つの基柱である。彼の出現は実際中世においての驚異であった。凡ての優れた思索者の様に彼は自由と深さと鋭さとにおいて彼の思想を厚く建設した。彼はしばしば邪教徒とさえ呼ばれている。「宿命論」を書いて鮮かに悪の存在を神の名のもとに否認した時、教会はこれを禁止し七十七個所の謬見を数えた。種々な論議の後その中に書かれた邪説は遂に百六個所にまで追算された。しかし今日彼を英国（アイルランド）が世界に与えた最も深い思索者でないと誰が云い得よう。

主要な著書は「自然の段階」'De Divisione Naturae' と呼ばれている。彼は四つに自然を区別してこれに彼の哲学を説いた。類別の法は独創に満ちている。恐らく最も組織された否定の神学である。第一は能造 That which creates にして非所造 That which is not created なるもの、第二は所造 That which is created にして能造なるもの、第三は所造にして非能造 That which does not create なるもの、第四は非能造にして且つ非所造なるものこれである。

第一の自然は万象の本質たる神である。一切の根柢である彼は何ものにも造られず、しかも凡てを造る力である。彼は彼自身から生れ、しかも万象の根源であり出発である。彼は物の内にはない、物が彼の内にあるのである。彼自身は凡ての属性と範疇とを超える。彼は言葉によって現わし得べくもない。彼は物の総和でもなくそれに依存するのでもない。彼は何ぞやと問う事は出来ぬ。彼は何ものでも無いからである。彼は凡てを超え凡ての断定を絶する。何ものをも超える故に無 Nihilum である。

しかし彼は動く神である。万象を造りつつある神である。創生は彼の行為である。彼自身は表現の力である。彼はたえまなく創造する。統一は分化の予想である。一なる神は多の世界を産む。無は有の母である。世界は彼の Theophany である。事物は神の母体から出る。それは神の意志の抑え得ない表現である。神が在るとは神が造ると云う意である。否、創造と神とは分ち得ない。「この宇宙を造らない前に神は存在しなかった」と彼は書いた。一は直ちに多である。綜合は分析を含む。神は造られずしかも造ると云うのはこの意味である。

神に対する知的理解は凡て造られたものによる吾々の断定である。吾々は宇宙を顧みて彼の仕事の美と智慧とを想う。賢い彼を想うのは表現された多種の世界を感じるからである。しかし彼に認める様々な属性は字義に止ると知らねばならぬ。彼に感じる凡ての観念凡ての性質は吾々の反省の所産である。動く彼、現われた彼によって始めて吾々は彼が何ものであるかを云うのである。しかしこれは彼そのものの理解ではない。人は神を神それ自身において知る事が出来ぬ。彼は只彼の創造において知られるのである。彼に関する凡ての知解は外よりのみ許されている。言葉は畢竟形骸に終る。神への肯定は常に相対である。必然否定の神学が神に関するより真実な知識である。

第二は既に造られしかも何ものかを造る自然を指すのである。これは観念の世界である。万象を形造る原理である。この自然は神の意志の表現である。吾々はここに神の思想を読み神の配慮を感じる。万象において一つとして彼の劃策を見ない個所はない。吾々が見吾々が触れ得る世界の精髄はこの神聖な摂理である。吾々は実に考えつつある神を感じる事が出来る。エリゲナの言葉によれば「神は事物が在る故に彼等を考えたのではない。神が彼等を考えし故に事物が在るのである」。神は世界を彼自身の観念から造った。「道《ことば》こそ凡ての事物の本性である」。「思想と行為とは神において同一である。彼は働く事によって見、見る事によって働くのである」。彼が思う故に吾々が在るのである。人間は神に像《かた》どられて造られたと聖書は書いた。「人の聖い霊がある至る処に必ず神の示現がある」とエリゲナは信じた。

神の永遠は無に発する故である。観念の永遠は神に発する故である。摂理は神の流出である。ここに神が彼自身を凡てに贈るのである。世界は神の観念である。しかもこの観念によって感覚の世界が支持されるのである。第二の自然が神による所造でありしかも物質を能造すると云うのはこの意味である。物象は観念の所産である。これが第二の自然から第三の自然に推移する過程である。

第三の自然は感覚によって認め得る物体の世界を云う。これは所造にして非能造の自然である。実在の形骸であり仮象である。常住ではなく無常の世界である。変化と動揺との有限界である。時間と空間とに包まれた宿命の現象である。永遠が時間の上に表現されたものが物質である。従ってそれ自身は実在ではない。物質は非物質者の仮現である、その有限な姿である。凡ての物質はそれ自身に独立な存在ではない。より優れた自然を内に暗示する。もし彼等から非物質的な動因を除去したらそれは何等の意味をすら保つまい。観念を抽象した物質とはあり得ない内容である。或る物とはその内面の意味による事物との意である。彼等は考えられた物質である。神の心慮を受けずして在り得る物質ではない。かかるものはそれ自身背理である。創造はひとり神意による創造である。物質を物質とのみ理解するとき、吾々はそこに神を見る事は出来ぬ。又真の物質をも見る事は出来ぬ。

真の物質の理解は科学ではない、神学である。しかし人々は神による物質の理解を求めていない。却って存在の観念を物質に得てこれを神にあてはめている。しかし存在は神に依存するのであって、神が存在に依存するのではない。存在と云う観念は神の理解としては貧弱である。存在は単に非存在の対辞に過ぎぬ。神の存在の立証は栄誉ある問題ではない。神有りとは尚浅い言葉である。有は所造に過ぎぬ。吾々は未だ造られない「無」の当体を認めねばならぬ。

自然は階段を歩む。感覚の自然から観念の自然に昇り、観念の原形から第一の神へ帰る。神とは己れ自身に原因し又万物の原因である。非所造にして能造である。多を含む一つである。分化を意味する統一である。人々はこれを最後の神と認めている。しかしエリゲナは人々の予想を破って更に究竟のものに考え及んだ。彼は鋭く神それ自身をそのままに捕えようとした。捕え得た神を彼は第四の自然として吾々に説いた。非所造にしてしかも非能造なる凡ての否定に彼は最後の真諦をつきつめたのである。思索者としての彼の深さはこの思想に集まる。

彼は動く神を想い浮べた。統一をその分化の姿に認めた。彼は創造し思想する神に活ける俤《おもかげ》を見つめた。しかし彼は今動かず動かされない神を内に感じたのである。彼の思索は永遠な静けさに達し得たのである。未だ発しない未だ何事にも分れない神そのものに接し得たのである。一と云い多と云うも畢竟吾々の思惟の分析に過ぎぬ。真の一の理解は一と多との未分にあらねばならぬ。一とすら云い得ぬ一であらねばならぬ。神が造ると云う時既に神は限られた神である。神は無為であるとこそ云わねばならぬ。神に対するどの肯定も只神を一つの性質に導くに過ぎぬ。真に自由なものは名目を容れぬ。彼に関する否定はことごとく真理である。彼は一切の言詮を絶するからである。「否々」とより他に云い得べきではない。強いて云い得るなら無名である、空である。彼は造りもせず造られもしない。彼は永遠の寂静である、沈黙である。一切を否定し否定をも否定し去ったのが神の面目である。「存在しないものは存在するものに優る」とエリゲナは鋭く云った。

凡ては神から流れ出るが、凡ては神に復《また》帰るのである。神に休らう時が最後の帰趣である。運命の祝福はこの休止の内に横たえられる。この時神と余との区別すらないであろう。これが純な「一」の経験である。純に一つなる故に名づけ得る何ものもない。一切は無である。否定とは実に神との直接な交合と云う意である。静慮はこの法悦である。この時実に余が在るのではない、神が在るのでもない。二者不二であって云い得る言葉を持たぬ。宗教的経験は未分の経験である。否定の体認である。

神の思想に尚創造の念を交えるのは思索としては不純である。永遠を時間の上に移すのは不正である。神は時間によって理解する事は出来ぬ。永遠は永遠の現在にある。無限の過去と未来とにはない。神は未分である、未発である。凡ての定義は分析に過ぎぬ。神は神にして充全である。神とは説明を要しない神である。実に何ものでもなく何事をもなさない。なさない故に凡てはなされるのである。黙する故に凡ては語られてある。

この章の始めに読んだクラフの歌はこの章の終りにも読まれねばならぬ。

二　神性の「無」

余は尋ねる「貴僧《あなた》は何処から来られましたか」、

僧は答える「何処からも来たのではありませぬ」。

余「貴僧は如何なる方ですか」、

僧「衲僧《わたくし》は何者でもありませぬ」。

余「何かを望まれるのですか」、

僧「何ものをも望みませぬ」。

余「御名を何と云われますか」、

僧「人々は私を無名の荒野と呼んでおります」。
余「貴僧はそも何処から来られ何処へ帰られようとなさるのですか」、
僧「限りない自由が私の住家です」。
余「それは如何なる意味でしょうか」、
僧「分別なく前後なき境に住むの意です。永遠の無に住むで身自ら無となった人は何の分別をすら知りませぬ」。(ズーゾー)

十四世紀の半ば頃ある夏の日ドイツの片田舎でこの様な会話があった。彼はドミニカンの修道僧である。深く「無」の密意を知って不動の真理を身に味わった美しさが察しられる。かかる僧は皆遠く山を越えて主の福音を伝える為にこの世に集った「神の友」Die Gottesfreunde であった。只彼等の故に十四世紀は宗教の花が咲き乱れた時代として今も人の心を引きつけている。

中でも師エックハルト Meister Heinrich Eckhart (1260-1329) は彼の冥想の深さによって基教史に鮮かな一章を添えた。彼の心から汧り出たのは只の言葉ではない、皆心を云い破る鋭い箴言であった。彼の慧智は人々の驚愕に驚愕を積んだ。彼と共にいつも追憶されるのはその法裔であったタウレル Johannes Tauler (c. 1300-61) とズーゾー Heinrich Suso (c. 1300-65) である。タウレルは彼の残した深い静かな説教によって、ズーゾーは詩情に燃えた自叙伝によって彼等の内なる経験を記した。その頃これ等の永遠な中世紀の文学に尚一つの数を添えたのは著者の名を失した「ドイツ神学」Theologia Germanica である。「聖書と聖アウグスティヌスとを除いては」この書程余を動かしたものはないとルーテルは云った。彼等は皆互いを知り互いに集って「神の友の協会」を産んだ。稀有なフランダーの人ルイスブレーク Jan van Ruysbroeck (1293-1381) もその神秘な思想においてこの一群の一人として回顧される。

師エックハルトが教壇に立った時代はダンテが神曲を綴った頃である。ダンテがイタリアの文学を創った様に、ドイツの神学を産んだのは彼であった。彼はその国の思索の祖である栄誉を受ける。彼は新プラトー派の光をスコラ哲学の最後に灯した。その思想において彼は近くアクイノのトマスを継ぎ、遠くディオニシウス及びエリゲナの衣鉢を伝えた。しかも彼は彼自身の天才と熱情とによって一代の宗風を起した。「神は何事をも彼に匿さなかった」とさえ人々は云った。その頃の修道院の歌に「無をぞ彼は語る、彼を知り得ざるものに光は輝かじ」と迄云われた。彼が受けた晩年の誹謗は今日から見れば彼の思想がいよいよ冴えた証であった。法王によって二十八個の邪説を数えられた彼の文集は彼の死後にのみ出版された。彼は所謂「考えるべき以上の事を考えたエックハルト」であった。法王から封じられたその邪説の中に次の様な例がある。(恐らく次の言葉に今日も尚苦しむ人があるであろう)。

「神は無名である。誰も神に就て一ことすら云い又知る事は出来ぬ。よし余が神を善であると云ってもそれは真理とはならぬ。否、余は善であるが神は善ではない。恐らく余は神よりもより善であると云い得るであろう。何となれば善はより善きものに、より善きものは最善なものになり得るからである。さて神が善でないとは彼がより善きものになり得ず、かくて又最善なものにもなり得ないからである。何となれば神は善、より善、最善などこれ等の三つのものを遠く越えるからである。もし又神を賢なりと云ってもそれは真理ではない。余は彼よりも賢いのである。もし又神を有なりと云ってもそれは真理ではない。彼は有を超越した至上の無である。この点に関して聖アウグスティヌスも神に就て吾々が云い得る最上のことは彼に就て沈黙する事であると云った。故に黙して彼に就ては思惑すべきでない。何となれば神に就て思惑する時偽りを重ね罪を犯すからである。汝は神に就ていささかをも知る事は出来ぬ。彼は実に一切の知解を超絶する。或る師は告げている、もしも余が理解し得る神を持ち得るなら、余は彼を神とは認めまい」と。

認め得るのは無の当体のみである。有としての神は思索が許し得る最後の神ではない。至上の要求は神の観念に尚不足である。無き神の認識こそ真の神の理解であろう。エックハルトはかかる絶慮の当体を神性 Gottheit と名づけた。人々が犯し得ないと長く信じていた神 Gott の意をすら彼は破ったのである。彼において肯定の神は否定の神性にその至上の位置を譲った。これは多くの人々にとって驚きであり又許し得ない侮辱であった。しかし休み得ない彼の思索が伝習を破って至上の観念に改造を迫ったのである。彼は有の念を否定し人格の性をそこから駆逐した。これ等は反省が産む二次の追加であると彼は見做した。求めたのは凡てを洗い去った純な一者である。必然神の観念を尽して更に新たなものを甦えさねばならぬ。これは神を瀆すが為の仕事ではない、神の意を更に深めたいのが抑え得ない求めである。

有が純に尽される時自から無に帰る、有無を絶したその無である。ここに凡ての知解は尽きる。尽きる時が宗教の誕生である。無住に住するのが神に活きる真の意である。否定において人と神とは一つに交わる。否定の真意が忘れられた今日、彼及び彼の友は一層回顧されねばならぬ思想家であると余は信じる。

いつも神秘道は神の認識に就て次の四つの信念に活きる。第一は無としての神性、第二は有としての神、第三は神の示現としての人の霊、第四は神と人との直接な融合、即ち神性への復帰である。真諦としての否定が最も鋭く説かれるのは第一の思想においてである。行為としての否定が最も鮮かに活きるのは第四の場合である。

無とは有の対辞ではない、有無未分の意である。無は未発である。未だ何ものも住まない境を云うのである。無としての神性を云う時、エリゲナの所謂「造りもせず造られもしない自然」に想い至らねばならぬ。エックハルトもこれを未成自然 Unnatured Nature と見做した。神性とはこの未成のすがたを云う。凡てを包み凡てを未だ発しない「一切を含む無」である。不言の言である。無音の音である。未だ開かない花、未だ溢れない泉の美である。（禅家がよく「仏未だ出世せざる時如何、云く毫を絶し釐を絶す」。「達磨未だ来らざる時如何、云く清貧長く楽しむ」。「蓮華未だ水を出でざる時如何、師云く蓮華」。これ等の問いは直ちに未分の境を求める同じ心であろう）。アブラハムが未だ世に出ない時に宗教の光がゆらぐ。何ものもなく音なく静かな時が祈りの時である。その時人と神とが直下に交る。交りは結合である。結合は一である。そこには何等の数がない。神性とはこの未分を直指する。否、分未分の区別すら許さぬその未分である。絶対なるものには差別がない。否、そこには差別の観念すら未だ生れていない。許し得る神の真の認識はこの未生の体認にある。神を善と云い有と云うも既生の差別に過ぎぬ。凡て「造られた」ものによる批判である。相対比較を持つ凡ての字句は神性の名を汚すに過ぎぬ。未だ「造らず造られない」神性において有と無とは同一である。善と悪とは不二である。否、かかる区別の言葉すら未だないのである。神性はありのままである。自然さの極みである。無心である。

彼には呼び得べき名目がない。又加え得る知識がない。故に無名である。無そのものである。沈黙それ自身である。彼は音なく「眠り」静かに横たわっている。彼は不可知の暗黒である。犯し得ない静穏である、休止である。彼は茫々として限りない「荒野」である。既に何ものも尽きはてた「空耗」である。吾々は否定としてのみ僅かに彼を示唆し得るに過ぎぬ。彼を肯定する言葉は彼を限る愚かさに終る。只云い得ずして僅かに云い得る言葉は次の様な例である。これ等は凡ての「神の友」が愛し用いた字句である。無 Nothing 無名 Nameless 暗黒 Darkness 沙漠 Desert 空耗 Waste 無底淵 Abyss 荒野 Wilderness 空洞 Emptiness 静止 Rest 又は怠惰 Idleness 昏睡 Dormancy 無知 Ignorance 死 Death 等。しかもその真意は彼等がしばしば云った様に「輝く暗黒」、「静かなる沙漠又は荒野」、「聖なる無知」、「動く静止」である。吾々はむしろ彼等の用いた否定的表現の多様と豊かさに驚くであろう。余は更に否定の教えを彼等の残した著作から引用しようと思う。多くの人々はかつて知らない基教の真理をここにも見出すであろう。

エックハルトは云う。

「神性の内において凡ては一つである。故に吾々は何事をも云う事は出来ぬ。それは凡ての名を超え性を超える。神は動く、しかし神性は動かぬ。この動不動にこそ彼等の区別がある。一切の事物の帰趣はこの永遠な神性の匿れた暗黒にある。彼は不可知であって決して知見され得べきではない」。

「神は彼自身において不可知である。永遠の光なる父は只暗き内にのみ輝く」。

「聖なる本性は静止である。神性は彼自身に休み又凡てのものを彼の内に休ましめる」。

「彼はこれに非ず又彼に非ず、一つにして凡てを越える」。

「彼は成生なき成生、変化なき変化」。

「もしも人が内なる仕事を果そうとするなら、彼は凡てを忘却し不識の境に入らねばならぬ。彼は静穏と沈黙との裡にこそ声を聞かねばならぬ。何人もこの静穏と沈黙とより、より優れた言葉に近づく事は出来ぬ。それは只全き無知の裡にのみ聞かれ知らるるのである。何事をも知らない時凡てが打ち開かれ示現される。かくて吾々は聖なる無知を味わい、かかる無知が至上の智によって高められ飾られるのを知るであろう。かく吾々が純に受動である時、働く場合よりも一層完全である」。

「ドイツ神学」も云う。

「全きものは一本体である。彼自身又彼自身の実在に万物を包含し含有する。全からざるものは理解され知られ又表現されることが出来る。しかし全きものは被造物によって被造物として理解され知られ又表現されることは出来ぬ。故に吾等は全きものに名を与える事がない。彼はその何れにてもないからである」。

「神の本性はこれにもなく彼にもなく、自己なく私なく同格なく同類がない」。

タウレルは説いて云う。

「この聖なる根源に見出される大きな空耗には相なく形なく態がない。それは此処にもなく又彼処にもない。彼は自ら浮ぶ測り得ない無底淵の如くである」。

「この根源は凡ての思想が入り得ない程空耗であり虚空である。……彼は非常に近く且つ遠く、時間もなく空間もなく一切を越えるのである。それは純一不変の自体である」。

「人々は一つの言葉すらない静かな寂寞の内に聖い性質を認めねばならぬ。凡てのものはそこにおいて静かに神秘に又淋しげである。そこには何者もなく只神のみが鮮かにある。如何なる事物も影像もまた空想すらそこには入り得ない。この荒野に就いて主は予言者ホゼアの口をしてかく云わしめている。「我れはかれを誘いて荒野に導きかれの心に語りなむ」と。この荒野は神聖の静かな沙漠である。彼は永えに神の啓示を受けたものをこの内に導くのである。人々は無知と空しい心とを以てこの静かな活ける神性の荒野に入らねばならぬ。……この聖なる暗黒を見つめよ、それは人々の知解に余る溢れる光による暗さである」。

「人は凡ての光を奪う彼自身の深い暗黒に入らねばならぬ。この聖なる暗黒の無底淵をのみ認め凡ての事物を忘れねばならぬ。この不可知にして名づけ難い無底淵こそ救済である」。

同じ「神の友」であったズーゾーも次の様に書いた。

「神は「何処」と云う事を持たぬ。彼は凡てにある凡てである。……この純な赤裸々な単一にある神に汝の眼を注がねばならぬ。かくてこれ又は彼と云うが如き一部のものに意を留めてはならぬ」。

「この聖なる暗黒こそは凡ての光の中の光である」。

「人は内なる眼を開いてこの裸々とした至純をこそ見つめねばならぬ。かかる人は直ちにそれが何ものよりも来らず、前なく後なく又内外より変化を受けず、只至純な存在である事を気づくであろう」。

ルイスブレークの言葉にも、

「人は無道と暗黒との裡に自己を没さねばならぬ。静慮に生きる凡ての者はこの法悦のうちに彷徨って被造物のうちに己れを見出す事は決してない。この暗黒の無底淵において愛する霊は自己に死し、ここに神と永生とが示現される。この暗黒にこそ不可知な光が輝き生れてくる」。

同じ時代に英国にいたハムポールの隠者リチャード・ロール Richard Rolle も「この荒野において恋人は恋人の心に語る」と書いた。

これ等は余が感じて深い否定の言葉と見做す例である。思惟の要求は有としての相に止まり得ない。追求は神の否定に迄及ぶのである。尋ねられたものを彼等は神性と名づけた。これを暗示した様々な表現はことごとく否定の象徴である。差別を絶して未分のうちに神性を認めるものが必然に選んだ経路である。しかし否定はもとより肯定の対辞ではない、自律な否定のみ許し得る絶対な否定である。対辞を許さぬ否定、規範的否定、Sollen としての否定、これのみが神性の姿を僅かに写すのである。

しかし彼等は在来の神の観念から凡ての意味を捨てたのではない。彼等は不動としての神性に次いで、動としての神をも説くことを求めた。ここに有としての神に関する彼等の思想が起る。神があるとは神が己れ自身を自覚すると云う意である。この時静かな神性が動く神として示現される。吾々は余に彼に人格の力を感じている。神とは己れ自身を表現する神である。これは一が多に破れ出るのである。有が無から造られるのである。

これをエックハルトは「神の子の誕生」と見做した。神はたえまなく永遠の相においてその子を産みつつある。ここに主と客との位置、即ち父と子との成生がある。丁度エリゲナが彼の所謂第一自然に説いた「造られず造る」神である。能造の自然 Natured Nature である。神は己れ自身を自覚する事によって観念の世界を産む。ここに統一から分化への推移がある。未分から差別への表現がある。神はたえまなく己れ自身を外にふり注ぐのである。丁度湧き上る泉の様に彼の流れに凡てを潤おすのである。ここに彼の意志が動きここに彼の摂理が基く。神性は「云わざる言葉」であるが、神は「云われた言葉」である。「太初にことばあり、ことばは神と偕《とも》にあり、ことばは即ち神なり」とヨハネは伝えた。ことばとは自覚された神である。自らに反省する彼である。ことばによって万象は劃策され創造される。「神光あれと言いければ光ありき」と記されてある。ことばは表現である。創造である。方《まさ》に造ろうとする神である。

神において考うとは行うの意である。彼は休みなく自らを実現する。世界は彼の思想から生れたのである。この世のものはかつて神によって考えられたものとの意である。彼の配慮は六合に滲透する。凡ては彼の自覚による発現である。この事実が一切の神秘な思索者に次の信念を迫っている。即ち神の直接な示現としての吾等の霊に就てである。

余の霊は神によって考えられた霊である。余の存在は純に神の存在に出発する。余が想う故に彼があるのではない、神想う故に余があるのである。この霊には神の血脈が流れつつある。余の心臓の第一の鼓動は神によって打たれたのである。霊の素因は直ちに神である。そこに潜むこの聖い本性をエックハルトは「小さき火花」Fünklein と呼んだ。「内なる核」、「霊の眼」、「霊の素」、「霊の微光」とは皆名づけ得ないこの聖い性に名づけられた種々の名であった。彼等は神人の同性を信じた。「神の根底と霊の根底とは一質である」。「ここに神の第一存在は又余の第一存在である。又余の第一存在は神の第一存在である。ここに余は余の個性を離れて彼に住み、彼は彼の個性を離れて余の裡に住む」とエックハルトは書いた。

もしこの聖い本性が霊に潜まないなら、どうして吾々は神の手に触れ得るであろう。花の美は種子がその美を宿するからである。この霊にこそ神と人との融合を果す素因がある。しかも凡ての障壁を破って神との直接な交通が只この故に可能である。神は己れ自らの為に人を造ったのである。丁度日向葵が自ら日光を慕う様に人は生れながら神を慕うのである。

太陽を見得るのは太陽の光によってである。神を見得るのも霊に輝く神の「火花」によるのである。これは神が神を求めるのである。吾々は神の意識の中に流れている。神を想うのと神が想うのとは同一である。吾々は只神の御心のままに神を見るのである。神と余とをつなぐ線は円である。人生の旅程はこの円周の上にある。何処をむくも神の故郷に帰るのである。人は常に法円の上を歩む。エックハルトは鋭い幾つかの言葉を残した。

「神と余とは彼を見る刹那において一つである」。

「余が神を見る眼は神が余を見る眼である」。

「神の眼と余の眼とは同じ眼であり同じ視力であり同じ知であり同じ愛である」。

「余の霊には神の全てを抱く力が宿る。余は神よりもより近いものが余の傍にない事を確信する。神は余が余におけるよりも更に余に近い。余の存在はこの神の近接と現存との上に安定される」。

神は人に飢え人は神に飢える。あふれ出る霊の叫びは神が神を呼ぶ叫びである。凡ての宗教は人と神との直下の融合に帰る。この契機にのみ生命の祝福がある。活きるとは神に呼ばれるとの意である。心に燃え上る余の要求は神が余に迫る喚求である。神が招くのと余が求めるのとは相結ばれている。余が戸を叩く音は神が答える声である。余が神に昇るその刹那は神が余に降るその刹那である。余が花を見るのは花が余を見るからであろう。エックハルトも云った様に「余が心を開くのと神が心に入るのとは同時である」。「神は余を彼に引きつけるのに急いでいる」とも彼は書いた。

又彼が云った様に「誰も神ほど人を神の知識に近づけようと熱心に求めてはいない。神は常に準備しているが準備しないのは吾々である。神は吾々の真近くに在るが神から離れているのは吾々である。神は内にあるが吾々は外にある。神は親しくしているが吾々は疎くしている」。しかし神は刻々に迫ってくる。心は彼の追求から逃れる事は出来ぬ。如何に罪業によって人が神を離れても、彼が吾々に迫る速度には及び得ない。トムソン Francis Thompson が彼の "The Hound of Heaven" に歌った様に神は「畏るべき恋人」Tremendous Lover である。彼は休む事なく余を愛する。余は彼の愛を断つ事は出来ぬ。「彼から脱れようとする者は只彼の胸に近づくに過ぎぬ。何となれば凡ての方向は只彼に向いているからである」。

道は神の画く法円を廻るのである。人生の旅路は自から彼に帰ってゆく。「彼から生れた余は又彼に生れねばならぬ」とエックハルトは説いた。「神のものは神に返さねばならぬ」。神が人の霊に憩う様に人も神の心に憩わねばならぬ。凡ての路が首府に集る様に、霊の道は凡て神に向って注いでいる。人は何れの道を択ぶも神はその道を彼自身に導くのである。聖アウグスティヌスの祈りに云う、「主よ、御身は御身の為に余を造り給うたのである。故に御身をおいて何処にも憩うべき箇所はありませぬ」。

純に神の意志は果されねばならぬ。余は余の生命を神の生命に浸さねばならぬ。余が活きず只神のみを余の裡に活かさねばならぬ。否、純に活き得るものは神をおいて他にはない。「我れありと真に云い得るのは只神のみである」とエックハルトは叫んだ。この離れた自我は神の内に寂滅されねばならぬ。余が無為である時神の為が現ずるのである。余が余を忘れる時余は神を覚えるであろう。余は余に死なねばならぬ。この死こそは神においての生である。余及び余のものがある時、余は神を失うのである。余が静かなる時、神は余の内に忙しいのである。余を空しくする時神は余を充たすのである。余が凡てを離れる時神が余に近づくのである。フランチェスコが讃えた聖貧とは神においての富有である。凡ての私有を絶する時余は神を所有し、神は余を所有する。余が何事をも知らない時、余は神を知るのである。「汝の無知は欠如ではなく至上の完全である。汝の無為こそ汝の至上の動作である」とエックハルトは云った。余が何事をも欲しない時、神は余のために凡てを欲している。「神をすら欲するな」とエックハルトは鋭く云った。「完全な霊は神の欲する以外の事を欲し得ぬ。これは奴隷ではない、これこそ真の自由である」と彼は告げた。

再び彼は吾々の心を貫いて云う。

「もしも霊が神を知ろうとするなら、霊自身を忘れ又それを捨てねばならぬ。それ自身を想い煩う間静かに神を想う事は出来ぬ」。

「余は云う、神が余になり余は神にならねばならぬ。ここに彼と余とは合して一つの存在に移る。この存在において一つの仕事が永遠に営まれるのである」。

「汝は汝の「汝」を滅し、彼の「彼」に融け行かねばならぬ。汝の云う「汝のもの」は彼の云う「余のもの」にならねばならぬ」。

「彼は即如として即ち非神、非霊、非人、非相として愛されねばならぬ。彼は純に凡ての二元を離れた清明な統一である。この一の内に深く沈んで永遠に無から無に進まねばならぬ」。

「神と汝との間に何ものをもおいてはならぬ」。

「この結合の福祉を得る時凡てのものは余の裡にあり又神の裡にある。余がある処には神があり、神がある処には余があるのである」。

タウレルもこの融合の時を次の様な否定に述べた。

「吾々は凡てに死し只神のみに生きねばならぬ。常に自己に死するものは神に活きるのである。凡ての被造物の真の死に最も美しい最も自然な生命が匿れている。心に凡ての被造物を滅し又それを断たねばならぬ。この時程永生を捕え得る更に自然な又真実な道はあり得ない」。

ルイスブレークも同じ様に、「この人生を理解しようと思うものは彼自身に死しかくて神に活きねばならぬ」と云った。僅かゲーリッツの靴屋でありしかも霊の王皇であったヤコブ・ベーメ Jacob Böehme も「キリストへの道」と題した小さな本に次の様な会話を書いた。

学徒は尋ねる、「神を見彼の言葉を聞き得る超感覚的生命に如何にして入り得るでしょうか」。

師は答える、「凡ての被造物が未だ住まない境に一時たりともあなた自身を没し得たら、その時あなたは神が語るのを聞き得るでしょう」。

徒、「それは真近くにあるでしょうか又遠いでしょうか」。

師、「それはあなたの裡にある。もしあなたが暫くの間でもあなたの思想と意志とを絶し得たら、必ずやあなたは神の不言の言を聞くでしょう」。

徒、「思想と意志とを失ってどうしてそれを聞き得るのですか」。

師、「あなた自身の思想と意志とを失う時にこそ、永遠の声と姿と言葉とがあなたに現われるのです。ここに神があなたを通して見又聞くのです。あなた自身の聴力や意志や視力があなたを妨げて神を見得ず又聞き得ないのです」。

徒、「神は自然と被造物とを超越するのにどうして彼を聞き又見得られるのですか」。

師、「あなたが静かにし又黙する時、未だ自然と被造物とを造らない時の神に活き得るのです。その状態から神が自然として又被造物としてあなたを造ったのです」。

徒、「自然のうちにある私がどうしたら自然を経、しかも自然を破る事なく超感覚的根源に達し得るでしょうか」。

師、「ここに三つの事が必要になります。第一は神にあなたの意志を捧げ尽し、彼の恵みの源にあなた自身を沈めねばなりませぬ。第二にあなた自身の意志を嫌い、あなたの意志が導く事をなしてはなりませぬ。第三にあなた自身を十字架のもとに従え、かくて自然と被造物との誘惑に堪え得る様にせねばなりませぬ。もしあなたがこの事を行うなら、神はあなたに語り、あなたの捧げた意志を彼のもとに即ち超自然的根源に導くでしょう。かかる時こそあなたは主があなたの内に語るのを聞き得るのです」。

徒、「しかしかくする時私はこの世とこの生命とを共に棄てねばなりませぬ」。

師、「この世を棄てる時、あなたはこの世が造られたその所に来るのです。あなたが生命を失いあなた自身の力が消え去る時、神の為にそれを棄てたその神に、あなたの生命を見出すのです。その神からこそ生命は形造られてきたのです」。

これ等は静かに反省され心に読まれねばならぬ深い答えであろう。

三　聖　暗

十七世紀の古英宗教詩人ヴォーン Henry Vaughan が夜を歌った詩の中に

'There is in God (some say)
A deep, but dazzling darkness; as men here
Say it is late and dusky, because they
See not all clear;
O for that night! where I in him
Might live invisible and dim.'

これは夜イエスを訪れたニコデマスを思い浮べて歌ったのである（ヨハネ第三ノ一）。ここには夜こそ神が心を訪ねる時である、暗い夜こそ輝き溢れた夜であるとの密意がある。ブレークが同じ神秘を歌った詩に、

'God appears, and God is light,
To those poor souls who dwell in Night;
But does a Human Form display
To those who dwell in realms of Day.'

これは神が光りであると云うよりも、日の光には人、夜の光には神があるとの意である。凡て暗夜を輝く神の姿であると歌うのである。

否定によって神を尋ねたディオニシウスは、かつて捕え得た神の面目を暗黒 Darkness と呼んだ。老子が「玄之又玄」又は「襲明」と云った心と同じである。この驚くべき冥想が永く時代を貫いて所謂神秘道を基教に開いたのである。人々はかかる否定の言葉を怪しみ訝るであろう。しかしこれは基教が与えた最も深い教えの一つだと云わねばならぬ。「百非を絶し」て後得たこの言葉がもとより単な光明の否定であるいわれがない。云い得べくば自律な暗黒である、凡てなる暗黒である。反律を許さない内容である。凡ての反律が摂取された否定である。彼自身も云う。「かかる非認は肯定の対辞ではない。神は一切の言義を遥かに越え、肯定をも否定をも共に絶するのである」。暗黒とはその至上な意味において直ちに輝く暗黒との意である。輝き溢

れる故の暗黒である。目眩さの暗さである。暗即光の真意を否定によって云い現わしたのが「聖暗」である。有無不二を空と云ったのと同じである。彼の祈りに云う。

「願くは神秘に充ちた神託の頂きに導き給え。そこは最も不可知にして且つ明晰且つ幽遠である。純一清浄にして不変なる神学の諸々の秘密はこの光よりも目眩い暗黒の裡に示現される。この寂静の裡にこそ凡ての秘事は包まれている。この暗黒は光よりも鋭く輝き、見えず又触れ得ざるもその不可思議な美の壮厳は眼なき霊を照り輝かして止まないのである」。「この神の聖なる頂きに達する時能見と所見とに煩うことなく、神秘な無知の暗黒に入るのである。そこにおいては一切の知解は根絶され触るべからず見るべからざる境に住むのである。この時一切を超越する神の裡に没入し、自己なく他人なく、凡ては不可知なる彼に結合される。凡ての理知を離れるが故に、却って凡ての知解を越える彼を知見し得るのである」（神秘神学第一章）。

「吾等は最も輝くこの暗黒に住まわんと希う。不見不知によって、知見を超える当体を知見し得たいのである。知見によって彼は知見し得べくもないのである」（同書第二章）。

「神聖な暗黒は不可得の光明であり、神の住所である。彼は神異の光を夥しく注ぐが為に、眼には見得べくもないのである。不見不知によって神を知見し得る者は、遂に知見を越え、神が感覚及び理知の世界を超絶せる事を認め得るのである」（ドロテウスに与えし手紙）（以上 Sharp の新訳による）。

凡ての色は黒において一様である。深い暗は曙を告げるのである。暗さが明るさである。暗黒にこそ神が包まれている。「御身は匿れた神である」と聖書は記した。イエスは暗い夜にほしいままに祈った。暗黒は何ものの色にも犯されない只純な一つの色彩である。純一において人は神と交るのである。暗黒は凡てのものの区別を許さない。人と神との間に何者の介在をも許さない。暗黒において凡ては不二である。凡ては逢うのである。目眩い暗とはこの意味である。無が直ちに有であるとはこの心である。ヒルトンもこれを「よき暗さ」と云いズーゾーも「輝く暗さ」と呼んだ。「暗黒」は基教が与えた否定的思想の深い一つである。

凡そ第十四世紀の頃或る庵僧が書いたものに「不知の雲」“The Cloud of Unknowing” と題した本がある。その世紀は神秘文学の黄金時代であった。この書もその時代を深めた霊の本である。その他彼はいくつかの小篇の著者であるが、今は惜しい事に名を失って何事も知る由がない。

彼は彼の味わった宗教の心を雲の象徴に説いた。日を蔽う雲、暗く包む雲が彼には深い神秘を語った。これは宗教が否定の象徴に説かれた一つの疑いもない例である。人はこの不可思議な象徴が何を語るかを彼の言葉に聞かねばならぬ。

「汝の智慧又は意志を絶し只神のうちにのみ活きねばならぬ。……かくする時汝は先ず暗黒に触れるであろう。さながらそれが不知の雲である様に汝は何事をもそれに就て知る事は出来ぬ。只々神へ向う汝の意志が赤裸々な熱情であるのを感じるであろう。この暗黒即ちこの雲は汝と神との間に蟠《わだかま》るのである。かくて理知の光によって彼を知ることをも許さず又汝の性情の愛によって彼を感ずる事をも許さぬのである」（第三章）。

「余が暗黒と云う時、それは知解の欠如を指すのである。……故に余はそれを汝と神との間にある空の雲と云わずして不知の雲と呼ぶのである」（第三章）。

「人は神に就て何事をも考える事は出来ぬ。故に余は余が考え得る凡ての事をおいて、只考え得ないものに余の愛を注がねばならぬ。神は愛され得るが思考され得る事は出来ぬ。愛によってこそ彼は得られ所有される。しかし思考によっては決してかくされ得ないのである」（第六章）。

又彼は書いた、「愛はこの世において神に達し得るが知識は達し得ないのである」と（第八章）。

「この住と有とを無住と無とに比べねばならぬ。よし汝の慧知がこの無に就て思惟し得ないともそれを顧慮してはならぬ。余は実にかかることをより愛するのである。思惟し得ない何事かはそれ自身に価値がある。この無は知見されるよりも内感されねばならぬ。故如何となればそれは人々にとって完き隠蔽であり、暗黒であるからである」（第六十八章）。

神は凡ての知解を越える。知は神の前に盲目である。神は「不知の雲」に包まれている。この暗い雲にこそ活きた神が宿るのである。雲は知を奪うが神をそこに包むのである。そこに理知の刃は折れ熱情の風が漲るのである。思惟し得ない世界こそ神秘の美にゆらぐのである。考え得ないとは愛に溢れるからである。人は何故愛するかを問うであろうか。慾は説明を否む。信は知ではない。人は何故神を信ずるかを云い破る事は出来ぬ。云い得るなら余はそれを神とは認めない。神は離言自証である。絶言絶慮である。解は凡ての否定である。「暗黒」であり又「不知の雲」である。この「静かな雲こそ汝の鏡である」。

マリアが音なく静かに何事をもなさなかった時イエスは「汝なくて叶うまじき一事を選んだ」と告げた。忙しく働くマルタには只過ぎゆく世の出来事を見た。著者はこの物語りを好み語った。黙する時彼の為に神は忙しいのである。人が自ら忙しくする時神は彼を離れるのである。動作は時間と始終するが、静慮は永遠と交るのである。自らを空しくする時神は彼を充たすのである。凡ての事物を離れるとは神に近づくとの意である。彼は「不知の雲」と共に「忘却の雲」“The Cloud of Forgetting”

をも説いた。

「凡て造られた事物と汝との間に忘却の雲を持たない限り、汝は神を遠く離れるのである」。「あらゆる被造物及び彼等の一切の状態は忘却の雲の下に滅し去らねばならぬ」（第五章）。

何物かを余が所有する時、何事かを余が思弁する時、神は去って余を離れるのである。一切は彼の前に否定され、只彼のみが赤裸々にあらねばならぬ。凡てが忘れられるその刹那が神を迎える刹那である。「只神に迫る赤裸々な熱情を措いて心の裡に何事をも働かしてはならぬ。もとより神自らは如何なる特殊な思想にも包まるべきではない」。凡てを忘れ神をすら忘れる時、人と神とは不二である。

同じ著者が残したと云う書翰 “An Epistle of Discretion” にも次の様な否定の言葉がある。

「沈黙も神ではなく言葉も神ではない。断食も神ではなく食事も神ではない。孤独も神ではなく交友も神ではない。否凡てかかる二つの対立は彼ではない。彼は彼等の間に匿れ如何なる霊の働きによっても見出す事は出来ぬ。只汝の心の愛によりてのみ彼に交り得るのである。彼は理性によって知る事は出来ぬ。又思想によって得る事も出来ず、知解によって定義する事も出来ぬ。只汝の心の真に愛する意志によって愛され選ばれ得るのみである。彼を選ぶ時汝は黙するままにして語り、語るままにして黙し、断食するままにして食し、食するままにして断食し、又凡てはかくの如くである」。

又異なる他の書翰 “An Epistle of Private Council” にも「汝が自らに帰る時、ゆく末何をなすべきかを思い煩ってはならぬ。善き思想も悪しき思想も共に棄て、汝の口を以て祈ってはならぬ。……かかる時汝の心は何ごとにも働かず只神に捧げる赤裸々な情熱がある。神及び彼の仕事は如何なるものであるか、かかる特殊の思想を以て神を限る事をなしてはならぬ。彼は只彼自身において知られねばならぬ。さかしき智慧を以て彼を語ることを試みてはならぬ。只汝にひそむ神源を信ぜよ、……この不可知の暗黒を汝の鏡とし汝の心とせよ、神をも汝をも思わざれよ、かかる時汝は霊において神と一体であり不離である。彼が汝の存在であり、汝は彼のうちに在るのである」。

神はこれに非ず彼に非ず、しかもこれにして彼、彼にしてこれである。この否定この矛盾に云い難い宗教の真が保たれている。名づけ得ない彼こそは「不知の雲」である。「聖い暗黒」である。彼は知の暗であり信の光である。彼は知る事なくして心に味わわれるのである。

暗を愛し雲を慕った人々は、又見えない夜に神を見るのである。夜はしばしば神の親しい象徴であった。何人にも妨げられず夜において人は神に逢うのである。知り得ない知の暗において、神を心に知り得るのである。この夜の思想を神学に築いたのは「霊の暗夜」'Dark Night of the Soul' の著者十字の聖ヨハネ St. John of the Cross であった。

彼は第十六世紀の末葉に（1542-91）スペインに出たのであるから、かの聖女テレザと時を同じくし、画家エル・グレコがトレドーに筆を忙しくした頃である。カルメル山の修道院においてその生命を全く静慮に捧げた。彼は戒律に身を守って、凡ての妨げを避け専一に神に交りぬいた。只神の厳存をのみ信じて純な奉仕に一生を送った。彼は三四の本と幾つかの詩を残して吾々に贈った。著書は詩句に始ってその解説に結ばれている。これ等に現われた彼の思想は後世への偉大な遺産であった。或る者はその厳しい調を冷やかに感じている。しかし彼はその否定道において驚くべき冥想の深さを示した。「暗夜」が彼の愛した神の象徴である。その名をとった彼の著書は次の有名な詩句から始っている。（この詩は Lewis, Graham, Symons 等によって英訳されているが余がとったのは最後の訳である）。

'Upon an obscure night
Fevered with love's anxiety
(O hapless, happy plight!)
I went, none seeing me,
Forth from my house, where all things quet be.'

静かな夜見分け難い闇の中に、何人にも妨げられる事なく、神に飢えて家を出るのである。不幸で幸福な瞬間である。日の光に欠け神の光に充ちる刹那である。何ものも彼を導かない、だが闇が彼を神に導いている。彼は外に出るのである、しかし心の内に入るのである。彼は人から離れるのである、しかし神が彼に近づくのである。闇の夜こそは神の時である。夜は光である。聖ヨハネは厚くこの神秘を歌った。

「神との結合に至る霊の歴程は三つの理由によって夜と呼ばれる。第一は霊が出発する個所をかく云うのである。即ち地上の凡ての快楽に対する慾望の根絶である。これは人間の凡ての慾望感覚にとって夜である。第二は霊が旅立つ路をかく云うのである。即ち信仰は只理智からしては夜の如く暗いからである。第三は霊が至る終局地をかく云うのである。即ち神は超絶無限であって、この世においては霊の夜であるからである。神と聖い結合を得んと思うなら吾々はこの三つの夜を通り過ぎねばならぬ」（カルメル山への登昇第二章）。

第一の夜は浄罪 Purgation である。霊の旅の出立ちである。地上の凡ての慾を断って神の天国に入ろうとするのである。神のものを神に返す為にカイザルのものをカイザルに返そうとするのである。只一つの主に仕える為に純に私慾を絶しようとするのである。自己の寂滅をおいて、神の充実を果す道はないと彼は信じていた。彼にとっては神の外何ものの存在も許し得ない事実であった。彼の教えは無宇宙論 Acosmism と呼ばれている。彼は彼の信念を果す為に厳に戒律を守った。彼は基教のストイックであった。彼は苦痛と窮乏とを神の名の為に悦び迎えた。凡てを失うとは凡てを得るの謂である。一切を絶して何ものの存在も認め得ないこの境を彼は夜に譬えたのである。暗夜において凡ては無に帰る。彼には限りない祝福の時であった。只神のみが彼の霊に降るからである。

第二の夜は静慮 Contemplation である。彼はただに感覚の世界を超えるばかりではなく、知解の世界をもここに絶しようとするのである。一切の分別知を去って直下にものを抱こうとするのである。理知ではなく直観である、科学ではなく信仰である。凡ての論理はこの路において休息する。挿むべき分析の余地がないからである。かかる世界は智識にとって不可知である、暗夜である。信仰は真夜中であると彼は云った。知はここにおいては何ものをも差別し得ないからである。凡てが神によって導かるるからである。静かな夜が霊の忙しい時である。

第三は結合 Unification の夜である。神と人とは結ばれて一つである。何ものも相対しない。時間は前後に流れず、心には天地の区別がない。只言い得ない一切を包む無がある。黒暗々として太虚の如くである。これは霊の暗夜である。しかし目眩い暗夜である。曙を告げる夜の暗さである。凡て無なるは凡てを生もうとする創生の刹那である。未だ陰陽の分れない渾一の態である。未だ喜怒の発しない中の境である。絶言絶慮の当体である。吾々はこれをかくかくであると断ずる事は出来ぬ。神は non-such として認められねばならぬ。神は否定によってのみ僅かに云い得るのである。神が「暗夜」であるとはこの意味である。

聖ヨハネが残した次の多くの格言はかくして理解を招くであろう。

「無限を楽しまんとならば、有限の味を求めてはならぬ」。

「無限の知識に達せんとならば、有限の知識を求めてはならぬ」。

「無限の所得に至らんとならば、無を所得せんと求めよ」。

「無限の裡に入らんとならば、汝自身を無にせんと努めよ」。

「汝が被造物に止る刹那、汝が無限への歩みは止る」。

「汝を無限に結ばんとするなら、残りなく有限の事物を棄てねばならぬ」。

「凡てに喜びを得んとせば、無に喜びを求めよ」。
「凡てを知らんとせば、無を知らんと求めよ」。
「凡てを持たんとせば、無を持たんと求めよ」。
「凡てに活きんとせば、無に活きんとせよ」（カルメル山への登昇）。

彼はかくの如く思い、かくの如く活きようとした。戒律は彼において深い意味があった。神の生活を赤裸々に実現するこの世の唯一の道であった。彼が行い得た生活に就て、人々は苛酷に過ぎる中世の修行を思い回している。しかし苦行は彼には歓喜であった。彼は冷やかに暮したのではない。燃え上る焔が心にあった。否定は類いない熱情であった。かくて聖ヨハネは聖女テレザと共にカルメライトの法規を甦らした。いくつかの修道院を神の住家に建てた。

恐らく彼の否定道は却って東洋の地に厚い友を見出すであろう。連綿として続いた基教の神秘道はその否定道において永遠の神秘を守っている。この暗夜の密意が解かれる時、人々は初めて光明を内に見出すであろう。光明に対する最も深い理解はこの「暗黒」を措いて他にないからである。これはパラドックスではない。矛盾ではない、否定ではない、消極ではない。或る神秘が温くこの裡に包まれている。

余は今十字の聖ヨハネと共に彼と時代を同じくした画家エル・グレコ El Greco 1537?-1614 を思い浮べている。恐らく聖ヨハネが愛した「暗夜」の象徴が理解せられたら、それはグレコの理解に対しても新しい暗示を投げるかと思う。グレコの旧教的精神は同じ時同じトレドーに迎えられた聖女テレザ又は聖ヨハネを知って後、一層の慕情を覚ますかと思う。彼こそは修道院の宗教を活々と芸術に移したのである。人々はしばしばグレコの画布を眺めて苦行に溢れた宗教の影を思い浮べている。余は或る批評家が彼を病的であると云ったのを覚えている。聖ヨハネもしばしば同じ批評を受けた。明るさに乏しく否定に悩む禁制の苦行がいち早く眼に映るからである。しかしグレコが書いた旧教の精神は今聖ヨハネの宗教と共に新しい理解を招いている。余はグレコが彼の画布に同じ「暗夜」の色を染めたと思う。彼はこの心を好んで暗い雲に托した。或る著者が「不知の雲」と云ったそのままの心がまざまざとここに画かれてある。

涙にあふれ祈りに活きる聖者を包むものは、この暗い雲であった。如何に影の強さが彼の絵に重大な意味を与えたかをここに味わい得るであろう。濃い影こそ強い光の裏書である。ここに目眩い暗黒がある。光に重い雲がある。彼の画は神に迫るものの熱情である。漲る雲の深い恐ろしさは霊の歴史をそのままに語る。聖者は雲に光を見つめている。眼は訴える如く神の御座を仰いでいる。正に神に交らんとする激動の把捉である。

宗教の画題にのみこの意味を説いたのではない。彼が画いた絵にトレドーの町を選んだのがある。余は風景画としてこれ程否定の神秘を深く示し得た絵はないと思う。ディオニシウスの云う「聖い暗黒」、聖ヨハネが云う「霊の暗夜」、又は或る者が云った「不知の雲」を味わい得たものでなければ描き得ぬ絵であると思う。ここにはカルメライトの法規が動き、旧教の心がにじみ出ている。グレコをかく否定道の画家と見做すのは余の独断に過ぎぬ曲解であろうか。

四　聖　貧

六世紀の昔を今に遷して聖フランチェスコの伝を読む者は、彼の教えに一つの躓きを感じるであろう。彼の生活彼の気品に敬意を払うに吝《やぶさか》でない者すらも、彼が教え「聖貧」"Holy Poverty"――彼の霊の妻であった所謂「貧女」The Lady Poverty に就ては心に逡巡を覚えるであろう。

早くも十三世紀の初め（恐らく千二百二十七年に）今は名を失した一托鉢僧がこの「貧女」を選んで美しい諷喩の文学を残した。（書名は"Sacrum Commercium"と呼ばれてフランチェスコに関する最古の本である）。ジオットがアシジの寺院の天井に描いた四つの諷喩画は人もよく知るであろう。その一つは「聖フランチェスコと貧女との婚姻」と呼ばれている。ダンテも同じ題材をとって至楽界第十一に聖貧の徳を讃えた。しばしば暗黒の時代と呼ばれた中世紀は驚くべき霊の時代であった。宗教も芸術もかかる象徴に動いていたのである。しかもこれは只の教えに終ったのではない。多くの修道者はほとんど字義の如くに貧しく暮した。貧しくしかも異常に楽しく暮した。

基教のみならず凡ての高い宗教は「貧」の思想に深く浸った。宗教は今も尚貧者の厚い友である。毛皮を纏って彷徨い歩いたスーフィー Sufi も同じ「貧」の美に活きていた。凡そ第十世紀の末葉――アシジの聖者の在命時より二百年も昔――スーフィーズム（回教神秘道）に関する最古の論の中に、その著者アル・フジュウィリ Al-Hujwiri が「貧に就て」の一章を書いた事は人々の興味を引くであろう。

無慾を説いた老荘にこの思想が流れている事は疑い得ない。簡粗な法衣に身を守った仏徒が彼等の行為に「貧」の力を体現した事も認めねばならぬ事実である。いつも私慾は破宗門である。しかし「貧」こそ深い宗教の理想であると断じるなら、今の人々はいち早く疑うであろう。よし彼等の愛するフランチェスコから「聖貧」の教えを聞くも、これのみには心を躇うであろう。

今は富の勢いである。貧なれよと聞くのは異常な感がある。禁制は既に過ぎ去った道徳である。貧の教えも過去の声に過ぎぬと人は思うのである。或る者はこれを単に不可能な理想とのみ評し去るであろう。よし善意に解する者も、これを只貧者への同情に終る思想と見做すのである。貧それ自身が理想であるとは不合理である。凡ての民の富有こそ望ましい理想であろう。貧しい者に恵むとは彼等を窮乏から救いたい心ではないか。敢えて貧に導こうとするのは不自然な人情である。いわんや思想としては消極に沈む醜さがある。生命を肯定する者には「聖貧」は遂に受け難い否定的教条に過ぎぬ。奢侈を矯めるのは正道である。しかしこれは貧なれよと云う意ではない。「貧女」との婚姻は畢竟不自然な中世の一象徴に過ぎぬと思うであろう。

しかし果してかかる理解は正当であろうか。今は人々から愛されずとも、聖貧は依然として宗教が与えた最も深い神秘な否定の教えの一つである。余は人々が躊うこの教えを再び反省して、人々に新たな愛を引き起そうと思う。「聖貧」の宗教的真意は如何なるものであるか。この一章は余の答えを述べるであろう。

父ピエトロは吾が子の出家に怒り乱れた。

彼はアシジの僧正の前にフランチェスコをつれ出して最後の審判を求めた。(これはジオットが筆になるフランチェスコ上院の壁画第五枚目の画題である)。古いチェラーノの記録は語る、「僧正の前に引き出された時、フランチェスコは何等の逡巡も躊躇もなく、否人々が口をきり又彼が口をきる前に、彼の衣の凡てをぬぎ棄てて父に返して了った」。集った人々が看視する前で彼は叫んで云った、「今日迄御身を父とこそ呼んだ。しかし爾今《じこん》天なる父のみ吾が父である、私は素裸で主のもとに帰らねばならぬ」と。彼の一生の出発はこの劇的な物語りを以て始まるのである。

一日彼はマッセオと共に托鉢して町を歩いた。幾何かの施物を得て彼等は町はずれの泉のある辺りに来た。彼等の机をなした大きな石に恵みの糧を置いた時、フランチェスコは悦び叫んだ。「おおマッセオよ、吾等は真にかかる至宝を受けるに足りないのである」と。彼は続けて云った。「自分はこれを宝だと呼ぶ、何ものも人為によるのではない、凡ては神の摂理によって備えられたのである。吾々が求めたこのパンにも、この机である美しい石にも、又清らかなこの水にもその力をありありと見る事が出来る。希くは神に祈りたい。彼が聖貧を示現し給う様に。それこそは吾等が凡ての心を以て愛すべき神の優れた恵みである」(Fioretti 第十二章)。

これ等の挿話を活きた挿絵として余は聖貧の真意に近づこうと思う。

人々は尋ねる、貧とは富に飢えた貧である。この飢えはしばしば罪悪の源である。困窮から人々を救い得たら人類はその面目を改めるであろう。「衣食足って礼節を知る」とは真理を伝えた常識である。富有は幸福を伴うのである。必ずしも富への誹謗は貧の讃美にはならぬ。貧は何人も好まない貧である。聖貧とは行い得ない理想に止まる。貧は一つの思想をすら形造らぬであろうと。

しかしかかる貧の意味が宗教的貧であろうか、いつも人々は貧を富に対して名づける。しかもこれを只否定の内容に解している。しかし宗教的真としての貧は絶対な貧との意であらねばならぬ。相対を絶したそれ自身において充全な貧との意でなければならぬ。丁度仏者が云う「空」の真意が有無の別を越えた意味である様に。聖者が貧を讃えた時、富に飢えた貧を讃えたであろうか。富に対する貧は力弱い貧に過ぎぬ。単に富の否定である貧——欠亡に悩む貧に宗教が宿るいわれがない。富に飢えた貪る心をこそ宗教は忌み嫌ったでないか。又宗教こそたえず貧者に対する慈悲を尽したではないか。聖貧とはほとんど人々が云う意味ではない。宗教は絶対な真理を求めるのである。富に対する貧は権威ある貧ではない。自律な貧を理解し得ない限り宗教的意味の貧は遂に捕え得ないであろう。

明確なイエスは鋭く答えた。「人は二人の主に事《つか》うること能わず」と。これは「汝等神と財とに兼ね事うること能わず」との意である。人々が「奇異な言葉」に驚く時「カイザルのものはカイザルに返し、神のものは神に返せ」と彼は告げた。彼の言葉にはよどみがない。汝等只神のみをおのが主とせよとの意である。人は一つの瞬時において二つの世界に住む事は出来ぬ。只純に神に活きる時、只その時にのみ永遠の生命が降る、宗教は人を「絶対」に引きつけるのである。絶対な思想のみが許し得る宗教的真理である。

フランチェスコが聖貧と云った時、かかる厳然とした内容があった。貧とは凡ての私有の念を絶する意である。一切をして神に委ねる意である。自己を神に捧げる意である。カイザルのものをカイザルに返すのが貧である。何ものも所有せず、唯一の所有が神である時これが聖貧である。何ものも彼の手に無い故の貧である。しかし彼の所有する凡てが神である故に聖貧である。貧に於いて凡ての私は忘れられる。只神のみがあるからである。自然を見て美しと感じる刹那、人は自己をさえ忘れるであろう。これが美である。神に凡てを忘れるのが貧の密意である。

信徒が貧を心に尋ねた時、慾を貪る貧を心に浮べたのではない。凡ての私慾を断って神に帰る心の美を愛していたのである。貧は無慾を指すのである。否凡ての慾を只神のみに注ぐ意である。聖貧において人は自己をすら没するのである。貧は彼を束縛する貧ではない。無限の自由がここに味わわれるのである。自然な貧者が聖者である。慾に飢える貧者は富を貪る貧者に過ぎぬ。貧は宗教において憐れむべき貧ではない。霊の永遠な勝利を指すのである。

貧とは正に仏者の云う空である、何ものもない境である。香厳禅師の偈に云う、

「去年の貧は未だこれ貧ならず、今年の貧は始めてこれ貧。
去年は卓錐の地なく、今年は錐もまた無し」

これは深く貧の意を云い破った句である。イタリアの詩人――ダンテを除いてかつてその国に生れた最も深い宗教詩人ヤコポネ・ダ・トーディ Jacopone da Todi の詩に、

'Poverty is in having nothing
And desiring nothing,
Yet in possessing all things
In the spirit of liberty.'

何ものをも持たないとは凡てのものを持つと云う裏書である。無が有である。凡てを欲せぬとは永遠なものを欲する心である。カイザルのものをカイザルに返すその刹那彼は神に帰っているのである。この世に貧であるとは神において豊であるとの意である。聖貧とは富有である。この矛盾の真理に凡ての密意は包まれている。貧なれよとの声は神において富めよとの声である。私慾の富こそ神の眼には恐るべき貧しさであろう。富者が天国に入る事は駱駝が針の孔を穿るよりも尚難いとイエスは例えた。私の所有を貪るものは神の所有を瀆すのである。余が何ものをも求めない時、神は余の為に凡てを求めているのである。余は貧しきままにして富有である。

「完全な霊は神の欲する以外の事を欲せぬ」とエックハルトは云った。真の貧は一切を神に委ねる意である。余は何事をも欲してはならぬ。「神をすら欲するな」と彼は云った。次の異常な言葉は尽し難い神秘を伝えている。「私は真に貴方に告げる。貴方が神の意を満たそうとし、永遠及び神を得ようと求める限り、貴方はまだ真に貧しいとは云えないのである。何ものをも求めず知らず欲せぬ人のみ真に霊の貧しさを持ち得るのである」。

「心の貧しき者は幸いなり、天国は彼等のものなればなり」とイエスは温く説いた。「吾がもの」と云わない時、「神のもの」がここにあるのである。永遠は人為によるのではない。ありのままな姿が神の姿である。「汝等何を思い煩うや、空の鳥と野の百合とを想え」との声が響いている。与えられた自然は神に守られた自然である。貧しさにおいて人は神に恵まれるのである。貧が直ちに富である。富とは神によって富まされる意であらねばならぬ。「王皇も（神を離れては）貧者に過ぎぬ。ソロモンの栄華とソロモンの窮乏とは同じ意味である」とフジュウィリは書いた。神の富と人の富とは別事である。凡ての作為は亡び凡ての自然は活きる。聖貧とは自然な姿の異名である。神が在る姿である。ジャーミー Jami の詩に「自己が死す時只神のみが残る。完全な貧しさこそ神そのものである」と。これが貧に就て云い得る最も徹底した言葉であろう。聖貧とは神の示現である。余の困窮ではない、あり余る余の福祉である。宗教的に認識し得る富有は只この聖貧のみである。宗教は凡てを不二の絶対に導く。貧即富の神秘がここに果されるのである。聖貧とは「富める貧」である。既にこれは貧と富との対辞を越える。相対は絶せられて只一つなる真諦があるのである。貧は否定ではない。限りない生命の肯定である。あり得る最も積極的な事実である。

聖貧において神と余とは相即である。汝等貧なれよとの声は神と余との間に何ものの介在をも許さぬとの意である。余の手に何ものをも持つを許さず、余の心に何ものをも欲すを許さぬ意がある。貧とは規範的な貧である。一切が神威によって命ぜられ一切を神意に任ずる時、貧の富があるのである。この時人は神に帰るのである。彼が在るのではない、神が在るのである。この融合の神秘がフランチェスコの法悦であった。彼は貧に交ろうとした、神の御胸に帰る為に。彼は貧女を嫁る為に山深く尋ね歩いた。（Sacrum Commercium はこの物語である）。今日残された貧女の諷喩《たぐ》は彼の時代においては活きた象徴であった。イエスの媒介に依て彼が貧女と婚姻する姿をジオットは画いた。貧は彼には比いない女であった、彼が心の恋人であった。貧は彼の悦の泉であった。

彼は一時も衰えた貧を知らなかった。貧において彼は豊であったからである。人々は彼の苦難の一生が喜悦の一生であった事を驚くであろう。貧しい彼には凡てのものが神の勢いによる賜ものであった。石も泉も「神の摂理による至宝」であった。彼は神に備えられたままに活きた。彼は神の欲する以外の事を一つだに欲しなかった。聖貧は法悦であった。これに勝る豊有と福祉とは彼にはあり得ない事実であった。悦と一つでない貧しさは彼には醜い霊の墜落に見えた。聖貧は彼にはそれ自身悦であった。美であった。彼の妻であった。

フランチェスコと彼の兄弟は町々に施主を訪ねては日々の糧を求めた。今尚禅僧が托鉢して門に立つのを見るであろう。人はこれを卑しんでいる。しかしその昔において勧化も施与も深い意味があった。

貧しさを求めるとは神を求める心であった。施与を求めるとは真に人を求める意味があった。神を信じると共に、人の慈念を信じたのである。托鉢とは同胞の愛に活きる決意であった。人間にひそむ神に頼る厚い信仰であった。真に私慾を絶して仁愛の世界に活きる意味があった。人間に現われた神の意志に凡てを托する信念であった。貧しさにおいて彼等は神を信じ人を信じたのである。「神の友は只神の匿れたる恵によって活きる」とフジュウィリも書いた。

施主も愛を込めて神を祝しつつ心の印を贈った。敬念に厚かった昔の人々はこの世を愛で活き得たのである。人々は互いの温情に活きた。彼等は僧侶の心を労い、僧侶は人々の霊を守った。互いの愛に活きたのが中世の宗教であった。

人は食を乞う事を卑しいとする。又乞う者の卑しさを悪《にく》む。しかし互いに信じられ信じた昔において凡ては愛の行いであった。只自然なありのままな人情であった。彼等にとって食を求めるのを恥じるのは、人の愛を卑しむに等しかった。フランチェスコの眼には乞食は活きた神の使いの象徴に見えた。彼は憐れな者を恵む為に慈念の限りを尽した。貧者の友である事は彼には神の友である意味があった。彼は癩病者を抱いて接吻した。

施与に活きるとは懶惰であると云う意ではない。フランシスカンの法規を読む者は彼が労働に如何ばかり重きをおいたかを知るであろう。怠る為に施物を求めるのは、彼には富を貪る卑しい心に見えた。彼は日々働き働いて人の愛による糧のみに活きた。これが彼の貧から与えられる幸いであった。限りない温い生活であった。

一切を得る為に先ず一切は絶せられねばならぬ。無が有の母である。「一切の事物の真の死に最も美しく最も自然な生命が匿れている」とタウレルは説いた。貧が生命の誕生である。死とは甦る意である。所有に活きず只神の恩愛に活きるのが聖貧である。これは神に帰る心である。神に帰る時、人は凡てが摂理に備えられるのを知るであろう、自然を愛し人を信じるのはそれが神の所有だからである。フランチェスコは「太陽の頌」を唱い、地の母を歌った。彼は人を信じ人を愛した。愛に活き得るこの世を実現した。彼は喜びの詩人であった。貧しい彼は限りなく豊かであった。「貧しさが神においての豊かさである」と僧アブ・サイド Abu Said は云った。

「聖貧」において人は神と不二である。「貧女との婚姻」において人は新たな力を生むのである。カイザルのものをカイザルに返すその刹那が神に帰る刹那である。余が凡てを失うのと余が神を得るのとは同一である。ジャーミーの言葉の様に「貧が神である」。

五　沈黙

千六百五十三年北英国のスワルスモアで五六の人々の集りがあった。彼等は静かに座して何事をも語らない。しかし空しく音もないその室には何ものか異常な力が満ちる様である。彼等の顔には神を見つめる者の輝きがあった。彼等の耳は何処かに不言の言を聞く様である。沈黙のさなかに打ち響く声が潜む様である。静かな心は何事かに忙しい。彼等の脈搏は彼等の心臓が打つのではない。何ものか匿れた力が呼吸するのである。時として彼等は沈黙のうちに集り沈黙のうちに帰ってゆく。しかし丁度楽しく語り合った後の様に、彼等はこの上もなく幸福に見えた。この集りは彼等の内なる友愛の交りであった。時としてある厳そかな言葉に打たれて感謝の祈りにひざまずくのを見た。時として神の命をそのままに聞いて感激に漲る姿を見た。彼等は啓示にのみ活きた人々であった。彼等の沈黙は言葉に溢れる沈黙であった。ここに云い難い法悦が彼等の心をふるわせていた。自らの言葉を棄てた彼等は神に凡ての言葉を聞き得たのである。沈黙が彼等の宗教であった。かかる「集り」'Meeting'は今も尚愛されている。彼等は人々から「神におののく者」と罵られた人即ちクェーカー Quaker の徒である。彼等自らが「友の会」'Society of Friends'と呼ぶその集りである。

十七世紀の後半は偉大な宗教的天才フォックス George Fox（1624-91）の時代であった。人は彼にユダヤの予言者を想い起している。彼は神の黙示に活きていた。彼は幾度か厳そかな霊感に打たれ神の言葉をそのままに聞いた。彼は只その神命を果す為に彼の法鼓を高く鳴らした。彼は寧日なく旅程を続けた。夥しい土地が彼の宗足に踏まれた。彼は人の心を直指して「内なる光」を甦らした。彼は宗教を形式の教会から離して人々の親しい所有に移した。遥かな天国を近く彼等の内心においた。彼は直截に宗教を心の宗教と解した。教理も聖奠《せいてん》も又凡ての法式も既に二次に落ちる。吾々の求めるのは霊と神との直接な交合である。人はこの簡明な福祉を受ける為に凡てから開放されねばならぬ。自由宗教は認められねばならぬ正道である。凡ての羈絆を脱れて人は直下に神と交らねばならぬ。これをおいて宗教の意義はない。フォックスはかくの如く信じかくの如く伝えた。多くの残忍な迫害が彼及び彼の友に加えられた。しかし彼の思想は故国の霊を覚ましたのみではない、遠く海を越えて北米の地をも風靡した。今日クェーカー宗 Quakerism と呼ばれるものは実に彼が後世へ伝えた遺業であった。

凡てのクェーカーは次の明白な信念に活きる。第一は人の霊に安定せられた神の性への信頼である。彼等はこれを「内なる光」Light Within, Inward Light と呼んだ。人は神の意識において造られたのである。吾が呼吸は吾が作為ではない。吾が個体は私有を意味するのではない。何ものも吾がものと云う事は出来ぬ。神は神自らの為に凡てを創造したのである。一切は公有である。余は与えられた余である。神がある故にのみ余があるのである。彼の光に照らされてのみ辿る道を見分けるのである。「内なる光」を信ぜずして、既にあり得る余の存在はない。余が活きるとは「内なる光」を信ずるとの意味であらねばならぬ。第二はこの故に人と神との直接な交合が可能であるとする厚い信仰である。「内なる光」とは直ちに神が神を見る光であろう。人は彼の霊の内部において神に面接するのである。この存在とは人と神とが愛を語るその場所である。この結合の帰趣をおいて認め得る生命の意味はない。凡てに先んじてこの内性の親しい経験が第一事である。人は与えられたこの福祉を享有せねばならぬ。この悦びの教えが宗教である。第三に神に交ろうとする者は、彼自らを空しくし只静かに彼の示現を待たねばならぬ。沈黙が彼を直下に見る契機である。何事かを語るのは既に神の言葉を奪うのである。何事かをなすのは彼の行為を妨げるのである。思慮も言葉も全て空しくされねばならぬ。かくて神自らの思慮と言葉とを残す所なく受けねばならぬ。如何なる思想も彼を知る事は出来ぬ。ひとり沈黙が神殿の扉をあける鍵である。純に神に交る者は無言の神秘を知るのである。沈黙 Silence が彼等の認めた神への奉仕である。第四に凡ての行為を神命の許に置かねばならぬ。沈黙のうちに心に聞かれた神の言葉はそのままに果されねばならぬ。余の行をして凡て神の行いたらしめる時に是認せられた余の行為がある。人は自らに何事をもなしてはならぬ。否、何事をもなす事は出来ぬ。凡ては神の行為であらねばならぬ。否、神のみ凡てをなし得るのである。神命を受けずして何事かを試みるとも、それは只亡ぶ運命に過ぎぬ。余が耳は只彼に傾ける為に造られたと知らねばならぬ。彼に従うもののみ永遠である。彼が命ずる仕事のみ無窮である。これがクェーカーの抱く簡明な哲理であり直観であり又宗教であった。

天命を道とし無為を行いとした老荘の教えにも同じ信念があった。「不言の教」こそ深い宗意である。「沈黙」の教えは実に基教においては深い霊の歴史を残した。黙然として静かに待つ心に向って、神は愛の心を酬いている。かつて信徒は耳なく神の声を聞いたのである。眼なく彼の姿を見たのである。口を閉じ眼を蔽うことが神秘を味わう意味であった。寂静の密室において神は人を引見した。沈黙において何ものにも妨げられることなく人は神をまともに見たのである。実有に走る心から見ればこの教えも否定に憐む陰の教えと思われるであろう。しかし如何なる批評も内に潜むこの意味の深さを犯す事は出来ぬ。この一章はその意味に就て正しい理解を与え、それと共に多くの信徒が残した沈黙の教えをも読むであろう。

「沈黙」も「寂静」も一つとして消極に終る教えではない。何事もなす無く凡てに冷やかなのがその意味ではない。そのさ中において人はなさねばならぬ最後の一事を果すのである。これは亡滅を説く思想ではない、又敗残の隠れ家でもない。人はこれを生命の欠如と見做すかも知れぬ。しかしそうではない。この密意を知る者は限りない法悦に浸るのである。生命の捷利が彼の所有である。この消極と思われる教えにおいてより、より積極な事実を味わい得る場合はないであろう。この無下の否定と云われるものが直ちに無上の肯定である。自己の寂滅が自己の復活である。空しさが充実であるとは只矛盾に過ぎぬ教えであろうか。

凡ての神秘家は聖ルカが伝えたベタニアに住む二人の姉妹の物語りを次の如くに解した。姉のマルタは主を饗応する為に忙しく働いている。妹のマリアは何事もなす無く静かに主のそばに座っている。「活動」がマルタであるならば「沈黙」はマリアである。マルタはマリアの無為を詰る如く咎めた。しかしイエスの答えは不可思議であった。「否、ここに果されねばならぬ一事がある。今マリアはそれを選んでいる」。彼女の沈黙は破られてはならぬ。何ものもその神秘の深さを犯す事は出来ぬ。この静慮のさ中において神は人に語りつつある。この世においての驚くべき出来事が今現じつつある。これこそ最後の一事である。なくてはならぬ一事である。選ぶべき道は今示されている。飢える如く神を慕う者は、躊躇なく「沈黙」を選ばねばならぬ。イエスの答えは鋭く吾々の決意を迫っている。

黙するとは「無」に住むの謂である。その時一字の言葉もなく一つの思想すらない。凡ては拭い去られ洗い尽され心は赤裸々である。清浄であって何ものをも交えないこの時、只あるがままの自然がある。吾々はこの時「未だ造らず造られない」その自然に帰るのである。自らもなく、凡ての事物もなく、又一つの思想もない。只神のみがそのままに在るのである。余の意が働くのではない、又余自らが何事をもなすのではない。自らを滅し何ものにも黙する時、凡ては神意のままである。凡てが神の行為である。純に神に交ろうとする者は、一つの私行をも残してはならぬ。完き沈黙とは自己に死し神に活きる意である。何ものの声も無いとは全てが神の声であるとの意である。何事もなさぬとは、全てが神になさるる意である。余が黙するとは、直ちに神が語るとの意である。余が口を閉づる刹那は神が余の耳に囁くその刹那である。

沈黙には神の言葉が溢れている。無為において神の力が動いている。この時余が活きるのではない、絶大な存在が活きるのである。静慮が活動の瞬間である。マリアはマルタよりも多忙である。彼女の沈黙は多言の沈黙である、多忙の休息である。イエスはこの秘事を知りぬいていた。人は神に休む刹那より、より激しい活動をなす事は出来ぬ。神における平和とは安逸の意ではない、無限の活作である。沈黙が激動の瞬間である。一切がここになされてある。「なすなくして成さざるなし」とは老子の体験であった。自己の寂滅をおいて自己が充実する場合はあり得ない。自らを失う時と神を得る時とは不二である。真に無にして始めて有である。否定を持たぬ肯定は稀薄である。沈黙を持たぬ多弁は皮浅である。

この沈黙は「静かなる祈り」Orison of Quiet とも云われ又「眠り」Sleep とも云われた。或る時は「啞」とも「聾」とも呼ばれた。凡てを忘れ凡てに眠り凡てに口を閉じる時、余は目覚め余は聞き余は充たされるのである。「沈黙の中に匿れた言葉が余に語るのである」と古人は告げた。

聖ヴィクトールのユーゴー Hugo of St. Victor は次の様に反省した。「静慮の最高の階級には三つの種類がある。これは三人の神学者により三つの名によって呼ばれている。ヨブはそれを「中止」と云い、聖ヨハネは「沈黙」と云い、ソロモンは「休眠」と呼んだ。沈黙は更に三様に分れる。唇の沈黙、思想の沈黙及び理性の沈黙である。霊が完く内なる王国に没し去る時、唇は無言である。この時霊の受ける云い難い悦びが理解に余る故に、思想もまた何事をも云い得ない。又理性も沈黙のうちに没入される。何となれば思想の神殿は聖徳に漲る故に、人間の理性は既になすべきことを持たぬ。この薫りに酔わされつつ霊は天上の福祉に充ちる眠りに入り、至上の光の接吻を受けつつ休止の中に沈み融けるのである」。

モリノ Miguel de Molinos もこの神秘を次の様に説いた。「言葉によらず、求めによらず又思考によらず、彼が真に完き神秘の沈黙に達する時、神は霊に語り霊に交り、その深淵において彼に最も善く最も高い慧智を授けるのである。神はこの内なる寂冢と神秘の沈黙に霊を招いて、最も匿れた心の内に彼自身を語るのである」。

聖女テレザ St. Teresa の言葉にも「これは霊の力の眠りである。……こはこの世の凡ての事物即ち神の所造に対して死する意味に外ならない。これ以外にそれを語りそれを説く言葉を持たない。かかる霊はその時何事をしてよきかをも知らない。語るべきか黙すべきか、又笑うべきか泣くべきかをも知らないのである。これこそは栄光ある無知であり、天上の狂気である。只この中にのみ真の慧智が与えられる。霊にとってこれに過ぎる悦はない。――ここに霊の力は只神を全く所有する為にのみ存在する」。

彼女は更に彼女の経験を細やかに語った。如何に沈黙の刹那が神のそのままな示現であるか、又この「眠り」が如何に事物への意味深い「忘却」であるか、又かかる「全き無知」が如何に深い真の慧智であるか、又「呼吸すら止む」その沈黙が、如何に悦ばしい生活であるか。視力もなく理知もなく意識もないこの刹那に如何に明らかに神の幻像を見、如何に切に神自らの意志に活きるか。これ等の法悦はいつも沈黙を知る者の固い所有であった。

この静けさの宗教に活きたギュイヨン Madame de Guyon も次の答えを残した。「或る者はこの「静かな祈り」を聞いて、これが霊の愚行であり死であり惰慢であるが如く誤って想像する。しかしこの時霊は疑いもなくかつて行った何事よりも、より気高く深く働くのである。何となれば神自らが行為の動力であり、霊は彼の作用として働くからである。……故にこれは怠惰を説くのではない。吾が原動力たる神に一切を依存する最高の活動を説くのである。只彼の内にのみ人は住み動き又その存在を持ち得るのである。この神への従順な帰依こそ霊が本来の純一へ帰る唯一な必要である。……故に吾々は自らを静かにし、只神が吾々を動かす時にのみ動くようにせねばならぬ」。

否定の道であるこの沈黙は直下に神に交ろうとするものの愛した道であった。これは神と霊との間に何ものの介在をも許さぬ謂である。否、純に神のみの示現を乞う霊の求めである。神はいささかも汚されてはならぬ。吾が意志の働きは神の意志を奪うに過ぎぬ。吾が存在への執着は神の領土を犯すに過ぎぬ。凡ての思惟凡ての行為を私の所有になしてはならぬ。所有とは神においてのみ許されてある。自らの呼吸を断ち只神の呼吸にのみ活きねばならぬ。彼を離れて活き得る永遠の生命はない。神への純な奉仕が是認せられた存在の意味である。沈黙とは完全な帰服である。凡てを神に任ずる心である。この時吾々に「静かな祈り」がある。ダビデの詩篇に、

「わがたましいよ、黙して只神を待て、そは吾が望みは神より出づればなり」（六二ノ五）。

言葉を容れぬ真理のみ永遠である。宗教は沈黙に説かれてある。「神国は言《ことば》に在るに非ず能《ちから》に在ればなり」と聖書は教えた（コリント前四ノ二〇）。禅の公案に云う、「五祖、因に僧問う、如何なるかこれ仏。祖云く、口はこれ禍門」（折中録第九十二則）。又云う、「香林遠禅師に僧問う、如何なるかこれ祖師西来の意。師曰く、坐久成労」（碧巌録第十七則）。「吠檀多経註」に次の物語がある。ワクサリン大王が梵の何たるかを哲学者バワに尋ねる。バワは黙然として何事も云わない。王は再度梵に就ての答えを求める。バワ始めて口を開いて云う、「先刻より明答を与えて居るのに、何故に聞き給わぬのであるか、梵は畢竟寂然不動である」と。禅家にとっては最後の一句も尚蛇足であろう。即如は凡ての言語を容れぬ。教理も神学も彼の前には憐れな多弁である。「知者不レ言、言者不レ知」と老子は書いた。沈黙こそ神に就ての最良な言葉である。「神に就ての最も応わしい雄弁とは沈黙である」とフーカーは書いた。「凡ての言葉凡ての知識を越えるものは、言葉なくして語り知識なくして解されねばならぬ。これこそ意識を破し形相を絶する不可思議な沈黙であり神秘な寂静である」と或る者が書いた。かつてエックハルトも「神の仕事と生活とに至る最善にして最高な道は沈黙を守って、神自らをして働き又語らしめるにある」と云った。

人は彼の思想において即如を画いてはならぬ。それに加えられる凡ての証明は残りなく無益である。即如は真に「離言自証」である。証明を要するものは宗教的真理とはならぬ。証明せらるる真理は相対に過ぎぬ。理知は即如の前に盲目である。ここ

では思想の尽きる所が真理の確立である。即如は理知の対象とはならぬ。即如は凡ての疑いを許さぬ。宗教は試みる心を卑しんでいる。「神を試みざれよ」とイエスは告げた。いささかの疑いも信念への傷である。宗教は自から信仰を求める。只赤裸々な心を以て彼を信じ愛さねばならぬ。即如は只信ずるに依ってのみ味わわれるのである。宗教は知に頼むのではない。「信ぜよ、さらば救わるべし」とは不動の宣言である。信仰は理知の所産ではない。知が黙する時信が甦るのである。これは理知の破滅ではない、又理知への無謀な反抗でもない。これは理知の上昇である。その拡充である。加えるべき理知が尽きる時、知は信にその力を譲らねばならぬ。余は証明せらるる真理よりも証明を許さぬ真理を敬う。知が知に終るのは自然ではない。知は信をおいて休むべき個所はないのである。疑いを許さぬ真理こそ独り永遠の真理である。言葉は二つであるが沈黙は一つである。科学は対象に活きるが宗教は相即に活きる。沈黙において即如と余とは未分である。

花の美ですら人の呼吸を奪うのである。まして神の美の感激において、発すべき一言すら無いであろう。美は限りなく多くの形容を受けるが故に美なのではない。一つの形容をすら許さぬのが真の美である。神に交るものは沈黙の密意を知るであろう。静けさが深さである。何処に不言にまさる言葉があろう。或る者は「言葉なき歌」を作った。真の音楽は無音の音であろう。真の美は言葉を容れぬ。芸術は説明の要素を厭う。それは無窮の暗示であらねばならぬ。描写に止る時凡ては決定される。芸術は理知の解説ではない。何ものかより深いものの象徴であらねばならぬ。芸術も宗教も神を画いてはならぬ。匿れた神をこそ画かねばならぬ。フィロは神が次の如くモーゼに云ったと書いた。「汝は余のうちに匿れたものを見ねばならぬ。しかし吾が顔を見てはならぬ」と。何人にも見えない夜の真中に深く閉ざされた帳の中で神と人とは婚姻するとスーフィーの恋歌は綴った。沈黙において霊は見えない神を見るのである。トムソン Francis Thompson の最後の詩に、

‘O world invisible, we view thee,
O world intangible, we touch thee
O world unknowable, we know thee,
Inapprehensible, we clutch thee!’

(*The Kingdom of God*)

神は不見不知である。絶言絶慮である。「知り得ぬ神のほかに、あり得る神はない。余はまことに告げる、これは例外なくそうである。神に就て一言をすら云い得ぬその神こそ吾が神である」(「浄心鏡」と呼ばれた十三世紀の古書から)。世尊は彼が正覚を得てより涅槃に至る迄、その間において一字をすら説かぬと云った。即如に加えられる凡ての思惟は只人為に過ぎぬ。至

上の即如は只ありのままにして充全である。この自然に就て何をか加え得よう。「芭蕉義禅師に僧問う、如何なるかこれ仏。師曰く山は青く水は緑なり」と。余が愛する孔子の言葉に「予言う無からんと欲す。子貢曰く、子もし言わざれば則ち小子何をか述べん。子曰く、天何をか言わんや、四時行われ百物生ず、天何をか言わんや」と(論語陽貨第十七)。吾々は語るべき即如を持たぬ。否定が不易の真理である。この道を説いた余はこの「沈黙」の一章にまた筆を終えねばならぬ。

(一九一八年八月—十一月稿)

宗教的時間

「宗は促延に非ず、一念万年なり。在も不在も無し、十方目前なり」(信心銘)

或る真理を宗教的に理解しようとするなら、この希願に対しては必ず守るべき約束が一つ托されている。凡ての宗教的思索者は必ずこの一事を尽さねばならぬ。すべて或る思想が宗教的真理たる為には、それは純に絶対なものの面目を伝えねばならぬ。或る真理が宗教的内容に堪え得るとは、それが必ず絶対なものを表示するとの意味がある。この究竟の内容を除いては真理は宗教的権威を失うのである。至上の内容を暗示してのみ独り真理は永遠である。故にその理解の深さはそれが如何程鋭く絶対なものの表現として認識されているかにある。宗教的真理の理解とは畢竟絶対そのものの理解である。

今時間を宗教的に考えたら如何なる意味になるか。即ち「絶対時」とも云うべきものは内容上如何なるものであるか、この問に余の答を贈るのがこの一篇である。

一

既に時間の観念が宗教的思想に深く編み込まれてから長い歴史は過ぎた。ほとんど凡ての神学の最後は永生不死の一章に終っている。人々は永劫の思想を厚く時間の上に建設した。如何なる宗教も霊の不滅に対して冷やかではない。儒教の如きは未来の思想に乏しい故に宗教たり難いとさえ云われている。宗教はしばしば彼岸浄土を説く故の宗教であった。この在世を越えて持続する生命の保証が、その教理の与える福音であった。宗教は時間の限りない永続を人間の内心に立証した。一般に永生と云えば死滅する事のない無窮な生命の延長である。無量劫と云い永劫と云う字句も時間の無限な継続との意である。この限りない時間の獲得をおいては、思惟すべき永生の意味はないと思われている。未来の時間はいつも信仰に希望を与えた。そこにのみ生命の永在が托されているからである。人はいつも時間に愛着した。時間のみが彼を永遠に導くと信じるからである。時間の継続を想わずして、認め得る永生の観念はない。霊の不滅とは時間への厚い信頼であった。この永遠な時間の支配がひとり霊の捷利である。来世こそは多くの人々が悦んだ宗教の国であった。

変化に終る無常の現世に満足し得ない人の霊は、常住不変の世界を求めている。不死不滅と云えば少くとも今生の宿命を解脱して、死後尚永続することを指すのである。歳月を破り死を越える生命の無限な時間、これが信仰の要求である。今は科学的にすら死後の存在を立証しようと企てている。生命は死に終るのではない。死は永遠への再生である。かくて人々は復活を信じた。死後住むべき浄土を夢みた、永遠の春である楽園を画いた。何人も限りある命の短さを厭っている。死に終る無常の世を悲しんでいる。不老不死の薬もこの為に求められた。何ものか永続するものにこそ生命の希望がある。無限な時間のみこの秘事を解く力である。永生とは無限の時間である。人はこれを疑っていない。否、恐らく時間的内容を考えずに、永生を想う術を知らないでいる。時間が不死の泉であった。

二

しかし無限な時間とは如何なる意味であるか、何が故に無限な時間を直ちに永生であると見做すのであろうか、時間が果して生命の保有者であろうか、その無限が永生不死の安泰な基礎であろうか、時間の単純な増延は果して宗教的意味を伴うであろうか、これが心の信仰を委ね得る充全な内容であろうか、生命の持続が直ちに不死であろうか。

一般にこれは終る事のない時間、刻々相継承して未来を更に未来に受ける無窮の流れと認めている。従って時間は無限な延長の上に横たえられる。何人もその長さを限る事は出来ぬ。計るとも計り知られぬ永劫の時間である。時間は無限な数に托されている。時間の無限とは数理的に無限であるとの意である。時間は数と不離である。

人は時間の無限性を既に数理なくしては考え得ない。分時歳月はこの数理の適応に過ぎない。長い時間とは必ず数理的に長い時間との意である。永生とは数え尽されぬ生命の時間である。不死とは数理によって認知せられた不死である。吾々は今この数理的無限が内容上如何なるものであるかを知らねばならぬ。人は無限の数に宗教の信を托している。しかしかかる数理の無限さはどこ迄宗教的真理に堪え得るであろうか。果して数理的時間が宗教的時間であろうか。果してこれが余の求める絶対時であろうか。

数的に無限であるとは計量の終る処を知らぬとの意である。算えても算え能わぬ Können nicht 無限である。ここに数的無限は自から二つの性質を具える。第一は計量、第二はその計量の無制限的運行である。従って無限の時間とは最初から算える事を許さぬ Sollen nicht 時間ではない。ここに時間は算えられしかも算え尽されぬ意である。「神は始めなく終りない」と云う時、彼等によれば始終を許さぬとの意ではない。無限の始めがあり無限の終りがあるとの謂である。もしも最初から規範的に計量を許さぬ無限であるなら、それは既に数理的無限ではあるまい。否、かくては無限の時間と云う言葉すら起らぬであろう。数理は常に計量を許し、計量の無限が時間を無限にしたからである。計量して終る処を知らぬ時、人々は始めてそれを無限であると見做すのである。計量を許さぬ無限とは彼等には矛盾の命題に過ぎぬ。

さて、数とはそれ自身計量を予想し増減を内意する。純に自律な絶対数と云うが如きは不可能である。二に対比し得ぬ一はあり得ない。一は既に多を予想する一である。数は差別相対の数である。分化され得る数である。ここに無限が数に関わる限り、かかる無限は相対の意に終らねばならぬ。数を許さぬ無限ではない。只数の無限な増進である。有限の否定に過ぎぬ無限である。それ自らの無限ではない。数理的に理解された時間とは畢竟相対の時間に過ぎぬ。かくて時間はいつも始終の考を残し、生滅の思想を与える。歳月の念は時と共に固着されて離れる事がない。ここに時間はいつも過去未来の観念に追随される。現在とは只その分岐点に過ぎない。その必然の結果、時間に差別の念を入れずしては考え得ないでいる。時間は計り得る時間である。区分し加減し得る相対の時間である。始終長短の区別を否定した時間とはそれ自身矛盾である。しかし時間に前後があるならばそれは差別として解された時間である。数理的無限時と絶対時とは区別されねばならぬ。数を離れない時間にとって自律な時如 Time in itself と云う様な事は決して認め得ない。数理的に無限な時間とは只有限な時間への対辞である。相対たる故にこれも一種の有限な時間に過ぎぬ。

もしも宗教的真理としての絶対時を理解しようとするなら、ここに凡ての相対的内容を許す事は出来ぬ。必然時間は宗教的意味を得る為に数理の束縛から脱れねばならぬ。もとより時間を外延の上に画く試みは許し難い。宗教的時間とは数を容れぬ時間である。ここに始終の念は捨てねばならぬ。過去未来はあり得べき区別ではない。吾々は歳月を数える事すら出来ぬ。計り得る時間は宗教的時間ではない。

しかしかかる数理的差別を除去した時間とは如何なるものであるか、計量を許さぬ時間とは何を意味するであろうか、時間を自律的に考えたら如何ような内容であるか、宗教的時間、即ち絶対時とは何事を指すのであるか。真に無限の時間を理解する為には、在来の数理的理解を根本から覆す必要がある。

三

人は歳月に刻まれる時間の永遠を失しては、既に永生はないとさえ思っている。何人も不死を与える時間の価値を信じている。しかし時間の観念はその厚い信頼に比べては甚だ不明である。人は単に時針が示す故に時間の実在を疑っていない。しかし真の時間の認識が如何なるものであるかは一層精緻な批判を待たねばならぬ。古来時間に関する深い洞察は二つの道を選んでいる。一つは時間を持続的に見、一つは時間を内向的に見た。一つは分ち難い無限の流れに動く時間の真相を求め、一つはこの瞬間の内裡に時間の永遠な性を捕えようと欲した。

第一の道をとったのは古くヘリクライトスであった。近世の哲学においてこの道を特に深めたのはベルグソンである。彼は在来の時間の念を鋭く破壊して、下の様に反省した。一般に画かれた時間は外延の上に在る。人は時間を顧みてこれを空間に移植し、始終を分け時分を刻み、これを順次に並置させて数理的意味に解している。しかしかような時間は、流れ進む不断の時間を単に横断面に静止させて、これを外から反省したと云う迄である。真の時間は同時的時間の追加ではない。分割し得ない有機的継続である。静止ではなく動体である。純粋な時間は時計が示し得る個々の時間ではない。分離し得ない計量以前の「純粋持続」'Pure duration'である。ベルグソンは時間をどこ迄も縦断的進行に解した。横断的空間に画かれた時間を捨て去って、時間の流れをその内面に捕えようとした。かくてこの休む事ない不断の流れを「創造的進化」'Creative Evolution'と解した。ジェームスが「意識の流れ」の内面に等しく「新創」'Novelty'を説いたのも同じ意味であった。共に彼等は創造する時間を解した。

ベルグソンは先ず在来の時間の観念から空間的思想の闖入を排斥した。時間をどこ迄も質として考えた彼は、あらゆる量の念をそこから駆逐した。従って彼は時間の観念を数理的束縛から救い起した。しかも活々した動き進む時間を捕えようとして、静止した並置せられた時間の念を打破し尽した。かくて時間を空間的意味から独立させた。時間を同時的存在から継持的内容に移し更えた。彼は外から時を見守るのではない、身自ら時の流れに棹さそうとした。真の時間は分析し得べくもない。分析し得るものは残る概念である。時間の真相は純粋の持続である。直観がその理解である。時は前に置いて知らるるよりも、内において味わわれねばならぬ。それは停止する存在ではない。連綿として進み動く力である。時間を動として考え、これを純に持続として解したのが、彼が在来の思想に加えた著しい改造であった。彼にとっては外延上に思惟せられた空間的時間は単に反省が産む独断であった。彼は反省以前の時間を追求した。時間から空間の汚瀆を洗滌し、数理の闖入を停止させたのが、彼の栄誉ある功績であった。

しかし一層驚くべき時間の根本的思索は現代よりも却って遠い昔に果されていた様である。第二の見方を選んで時間を最も深く宗教的に理解したのは、神学の祖アウグスティヌスを始め、中世の哲学者特にトマス・アクイヌス等であろう。ベルグソンが時間を継時の内に求めたのに反して、彼等はそれを同時 Simultaneity の内に深めた。ここに同時とは決して数理的に分析せられた個々の同時を指すのではない。綜合的統体としての同時的時間と云う意である。所謂 'Totum Simul' の言葉にその思索が托されている。

時間の無限な増進は単に部分の無限な加と云うに過ぎぬ。かかる無限は有限である。真に自律なものは二元を容れぬ。あらゆる差別はここに断滅されねばならぬ。プロクラスも云った様に真の統体は部分への対辞でもなく又部分の加でもない。部分全体の差別を容れぬ渾一体である。数の意味を持たぬ一である。彼等も時間の統体をかかる意味に解した。数理的時間に固着する始終前後の考は、純粋な時間の念に許し得る性質ではない。彼等の深い洞察は始終の二つを一つに結びつけた事にあった。分時を時間に刻んだのではない。彼等は前後の追迫から時間を救い起した。過去と未来とを現在の内面に融化させた。ベルグソンが持続に時間の実在を求めたのに反して、瞬間のその内面に永遠を捕えようとした。云い得べくば時間を煮つめた。一に多を融かした。同時に継時を集めた。区分を未分に甦らせた。反省によって前後に分れた時間を、本来のありのままな自然に戻した。歳月に時間を読むのではない、歳月を絶してこそ時間があるのである。打ち続くが故の永遠ではない、一時即ちこの同時が永遠である。これが彼等の所謂「同時統体」である。不滅は実に未来に待つのではない、この現在のうちに永遠がある。即ち「永遠の今」'Eternal Now' と云う事が彼等の認めた絶対時であった。不死は到達し得ない邃遠な未来に在るのではない。この現在が不死である。瞬時即永遠である。宗教的時間はこれをおいて他にはない。これはかつて理解された最も深い時間の考と云わねばならぬ。

一つは時間の前進に活きた生命を見、一つは時間の集中に永遠を認めた。一つは発展 Evolution である、他は内展 Involution である。前者は創造 Creation である、後者は内向 Introversion である。一つは神に働くのである、一つは神に休むのである。

四

これ等は共に深い時間の理解である。恐らくその結合が未来に豊かな時間の観念を産むであろう。更に不二な内容を追い求めるなら、分たれたその一面に止る事は出来ぬ。余は先ずベルグソンの道を批判したい。

彼は静的な数理的時間を覆す必要に迫られて、新しくこれを動的継時的意味に建設した。彼はこの意を徹する為に「純粋持続」の言葉を用いた。彼はここに生命の活々とした事実を体認した。歳月が生命の支配ではない、生命は歳月を征服する。時間は生命を数える事は出来ぬ。生命は分ち難い無窮の持続である。動き創る永遠の力である。時間を静止から動体に、同時から継時に甦らせたのが彼の思索であった。しかし動体とか継時とかは如何なる意を示すであろうか、彼等は畢竟静止と同時との対辞である。しかし対辞に終る凡ての内容は厳密な絶対の面目を伝えるにしては不足である。彼は「純粋」と云う形容詞によってその自律的意味を、暗示させたかも知れぬ。しかし持続は只中止の否定に過ぎぬ。時間を一方から他方へ移した迄である。両面を共に絶することが彼の要求ではない。只一面の力説が彼の主張である。横断上に並在する時間を棄てた彼は、止む事ない前進にその実在を見た。しかしこれは再び縦線上に時間を移したと云うに過ぎぬであろう。時間は未だ純に相対の意を絶つのではない。無限の前進の半面である無限の内向はこの内に欠けている。所詮一面をのみ強める時、思想は相対に没するのである。持続と云うも只停止に対する持続であろう。それは尚差別せられた持続である。悪を恐れる善は尚貧しい善に過ぎぬ。不二なものを求めるなら「善悪の彼岸」に至らねばならぬ。分別から未分に入らねばならぬ。静に対する動は半面の価値に過ぎぬ。彼は時間を一方の相対から救い起して、再びこれを他の相対に封じたに過ぎぬ。同時に対する継時、静止に対する動体、これ等はよし「純粋」に考えられるとも、尚言葉の相対的命数を離れ得ない。真に純粋であるならその時は継時動体の言葉すら無いであろう。

彼の明らかにした真理はさながら五祖下の上座神秀が「身はこれ菩提樹、心は明鏡の台の如し」と云った偈に等しい。彼は真理を或る程度迄明晰にした。しかし六祖慧能が「菩提もと樹に非ず、心鏡もまた台に非ず」と云い去った無上絶対の意に尚欠けている。エリゲナの言葉をあてはめれば、彼が明らかにしたのは「造られず造る」時間である。しかし「造られず造らぬ」時間ではない。無としての時間ではない。未分としての時間ではない。

余が求めるのはこの絶対なものとして理解される時間である。凡ての対辞を許さぬ自律の時間である。相即不二の時間である。中世の哲学者が同時統体と見做したその内面の意味は深い理解と云わねばならぬ。しかも字句は不幸にして尚一面に限られる恨がある。同時継時の区別は既に絶対なものにおいては許し得ない。かかる考に堕しては遂に時間の宗教的理解は捕え得ない。絶対の理解に対しては差別の闖入は厳密に防がれねばならぬ。未分なもののみ究竟である。分別を絶してこそ絶対である。楞伽経に「分別を転依するを名づけて解脱となす。こは破滅に非ざるなり。これ故に無辺際と云うを得ず。無辺際とは只これ分別の異名のみ」と(刹那品第六)。無限と云うも有限の否定であるなら、尚一個の有限に過ぎぬ。動と云い静と云うも凡て分別である。対辞を許さぬ内容は黙して語られるよりほかはない。真の時間は言葉を容れぬ。離言の境に時間の実相は味わわれるのである。凡ての言葉は否定されねばならぬ。ベルグソンの如く「時間は動にして静に非ず」と云うべきではない。「動に非ず静にも非ざる」のが時間の真の面目である。純粋の時間には動静の区別はないからである。無が時間である。もしも他の言葉を用いるなら、二つの矛盾する対辞を共に容れねばならぬ。云い得るなら真の時間とは「動にして且つ静」と云うべきであろう。永遠が瞬時と一つなる時真の時間が理解されるのである。「永遠の今」とはこの意を伝えた言葉である。ここには過去も未来もあり得ないのである。

瞬時即永遠と云う事をおいて宗教的時間はない。動静不二である。無なるが故によく有である。休みながらそのままに働きつつある。これが時間の真景である。人はこれを論理の法則に悖る矛盾の認可に過ぎぬと云うかも知れぬ。しかしこれは理知の瓦壊ではない、その解脱である。矛盾であると難ずるのは只分別の知が叫ぶ批評に過ぎぬ。これは真理の否定にはならぬ。余は必ずしも論理の名の為に矛盾を恐るべきではないと思う。時として矛盾の認許は論理的断案が尚不足であると云う理解の後に現われるのである。否、更に正しく云えば凡て矛盾と見做されるものは論理的判断以前の内容なるが故であろう。矛盾とは論理的言葉に過ぎぬ。論理以前の世界においては矛盾はそのままに調和である。否、実にその境において人は矛盾なる観念をすら持ち得ぬであろう。論理的に矛盾であるとは、その内容が必ずしも真理であらぬと云う意にはならぬ。

凡ての両極を相即ならしめる他に、許し得る絶対の観念はない。差別は相対である。時間の上に始終を分け分時を刻む限り、かかる時間が如何に長く延長せられても所詮は相対的時間に過ぎぬ。それは単に有限の反律と云う迄である。かかる時間に永生があるのではない。不死は数え能わぬ時間との意ではない。かかる時間の解脱が真の無限な時間である。時間に与える分析は反省が後に加えた人為的所産に過ぎぬ。あるがままの時間は渾一である。見分け得る何ものでもない。この未分の境のみが絶対時の世界である。かかる時間は実に時間と云う念をすら許さぬであろう。いわんやそこに時間と云う言葉はない。凡ては与えられたありのままである。真の時間は概念以前の時間である。故に概念なき理解のみこれを味わい得るのである。

数理的時間は歳月を数える。しかし宗教的時間は歳月を絶する。過去未来に時間が区劃される限り、生命には死があり無常がある。無量劫においては数えるべき時刻がない。夕の鐘は永えに死の近づきを告げぬであろう。この絶対時の体得において人は時間を越え生命を越える。これが不死である、常住である。只現在があるばかりである。現在にこそ永遠が温く包まれている。これが宗教的時間である。これが永生である。

五

数え能わぬ無限の時間とは、単に歳月の永続である。個々の時間の間には何等の有機的意味を持たぬ。永続 Continuity と永遠 Eternity とは判然と区別されねばならぬ。人々は死後の存在の立証がやがて不死の証明であると考えている。しかしかかる企てが不死の信仰の為であるならば、その結果は吾々を欺くであろう。死後の存在が吾が霊に無限の生命をもたらすのではない。それは単に死の無期延引であって、宗教が認める永生ではない。それは時間的限界の否定であって尚相対的不死たるに過ぎぬ。真の不死とは時間に頼る生命を指すのではない、時間を解脱した不死こそ永遠である。算え能わぬ時間的無限とは只到達し得ぬ時間たるに過ぎない。それは絶対的時間と何の関する所がない。数理的無限と宗教的無限とは全然別事である。前者は単に年紀を数え尽せぬと云う迄であって、数測をすら許さぬ究竟の時間ではない。かかる無限は実に量られた無限に過ぎぬ。只数を限りなく反復する迄である。計量を待って始めて知られる無限は既に第二義である。真の宗教的時間は時間の念をすら容れぬであろう。時空間的に無限と云うが如きは永生の真意ではない。時間に束せられる永劫は、却って永遠の死滅である。無限が時間に計られる限りかかる思想は尚幼稚《ようち》である。真の不死においては数も時間も空間も沈黙されねばならぬ。かかるものが介在する間は理解は尚不純である。少くとも時空間の範疇に限られた有限の無限に過ぎぬ。不死とは自由そのものである。何ものもそれを矯める力はない。死後の存在の立証によって凡ての生命は永続するかも知れぬ。しかしその生命は依然として不死の問題に悩みを重ねるであろう。不死を捕え得たものは死すとも悩みを抱かぬであろう。生命の真義は前後を持つ時間の上にあるのではない。かかる時間を絶した処にあるのである。

永続と不死とは別事である。唯時間の限りない持久と云うが如きは却って決定せられた永遠の死である。これこそ生命によって堪え難い恐怖である。真の不死は尚瞬間においても不死である。かかる不死は時間の量を求めてはいない。量もなきこの刹那が永遠の不死である。永続は死を怖れるものの貪る糧である。しかし時間の量が彼を永遠に導くのではない。不死においては数え得る時間はない。長短遅速の比較すら失われている。永劫は未来にはない、この現在にこそ永遠がある。一瞬間もその内面の意味においては永劫である。万年も単にその経過においては死滅である。絶対時は時計を持たぬ。分時は永生の尺度にはならぬ。一切の尺度計量をすら許さぬ自律の時間こそ不死である。宗教的永遠において歳月は既にその意を失うのである。

進化の意味も只時間の経過に委ねる事は出来ぬ。真の創造は時間の所業ではない。創造するとはものの内面的意味に帰る謂である。進化 Evolution は内展 Involution の意であらねばならぬ。方向は外延にあるのではない。創造とは神が神自身を見る行である。この瞬間に永遠の相を見る謂である。進化とは事物が神に帰る旅である。ルイスブレークは次の様に書いた。「神の出現は時間なき永遠の今にある」。「神は前後を持たぬ永遠の今において彼自身及び凡ての事物を見るのである。この一瞥にこそ彼は彼自身及び凡ての事物を支えている」。エックハルトの言葉にも「時間における創造と神における永遠の創造とは区別されねばならぬ。さながら芸術の作品と、芸術家の心に潜む理想とが異るのと同じである」と。未来の時間が余を神に結ぶのではない。この瞬間において余は神に帰らねばならぬ。神に帰るのが存在の意義である。時間も神に帰る時間である時、真の意味を持つのである。永生とはかかる時間である。瞬時をして永遠たらしめるとは、神に即する謂である。「永遠の今」にこそ神が示現するのである。

六

なべて科学よりも詩歌が鋭い内面の理解である。平静を任じる理知が全く独断を去った例は非常に乏しい。却って特殊な熱情が真理のありのままな理解である。余にはしばしば数行の詩句が多くの学書よりも鋭い哲理の暗示であった。余は余の思索の友であった幾つかの言葉を引用してこの論旨を結ぼうと思う。

ペルシャの詩人――かつて地上に生れた最も深い宗教詩人の一人であるジャラルディーン・ルーミの句に

'Eternal life, methinks, is the time of union,
Because time, for me, hath no place there.'

この「結合の時」において介在すべき時間はない。時間を絶した時永遠は余に降るのである。真の時間の理解は時間の観念をすら許さぬであろう。プラトーンも「第一者は決して時間の中に存在せぬ」と云った。聖アウグスティヌスが「真の永遠は時間なき処に現在する」と云ったのも同じ心であろう。不死を無限の時間に求めるのは不純な態度である。畢竟得るものは時間の限りない追加に過ぎぬ。時間の多量は霊の栄誉にはならぬ。単に有限の否定は絶対の無限を意味せぬ。かかる分別に束せられる間、時間は尚相対の域を出る事がない。真の時間は時間の拘束を破らねばならぬ。歳月を貪る時永遠は遠く失われるのである。エックハルトは「時空間程神の知識を妨げるものはない」とさえ云った。彼は又「霊の内なる働きは時空間によっては理解出来ぬ」と云い切った。エマソンも「霊の示現の前には時間も空間もまた自然も滅し去る」と云った。彼は籬《まがき》に咲く薔薇を顧みて、「彼等は今日神と共にある、彼等に時間はない。これは単なる薔薇である、しかし各瞬間においてその存在は完全である」と書いた。永遠とは時間の持続ではない。時間を絶する刹那が永遠の誕生である。エックハルトの言葉の様に「常に永遠の今に住む者に、神は絶えず彼の子を産むのである」。

「荘子」内編大宗師に「独を見てしかして後よく古今無し、古今無くしてしかして後よく不死不生に入る」と記されている。「独を見る」とは絶対を体認した意味である。真に絶対に没入する時、古今の別はないのである。時は前後を失うのである。これが永遠である。時間の持続が人を永遠にするのではない。不死を未来に待つが如きは幼稚《ようち》な思考に過ぎぬ。アクイヌスは明瞭に書いた「時間は前後を有するが、永遠は前後を有せず又それに拘束される事がない」、「永遠は完全な一瞬時にある、これは無限な生命の全所有である」と。即如を離れて絶対時の意味はない。絶対時とは「結合せられた時間」である。未分の時間である。前後を容れぬ時間である。云い得るなら過去未来を持たぬ現在である。この瞬間である。時間とすら云い得ぬこの刹那である。この瞬間が即ち永劫である。

ブレークの有名な詩句に

'To see a world in a grain of sand
And a heaven in a wild flower
Hold infinity in the palm of your hand
And eternity in an hour.'

無限を掌に握る時一時も尚永遠である。この最後の一行にこそ時間の秘事は包まれている。エマソンの何れかの詩に同じ句がある。

'Can crowd eternity into an hour
Or stretch an hour to eternity.'

近世神学の祖シュライエルマッヘルは最も明晰に宗教の不死を定義した。「有限に在って無限者と一つとなり、一瞬時において永遠となる、これが宗教の不死である」と。凡ての深い神学が吾々に与える永生の観念は、実に「永遠の今」であった。「時は過ぎず又進まぬであろう。全てなる時は只一つなる分ち得ない「今」の内にのみある」と遠くパルメニデスは書いた。プロティヌスも「神は常に永遠の今の中に働く」と書いた。永遠とは永遠の現在を云うのである。それは永えの若さである。「ギリシャ人は時間年期を暗示するのに老翁を用いた。しかしこれは虚想に過ぎぬ。真の時間の幻像は永遠の若者を以て現わさねばならぬ」とブレークは評した。彼の画に「死の扉」と題した一枚がある。死の影に暗い墓の中に、一人の老翁が身をかがめて入ろうとする。だが画家は厳かな死の問をここに止めたのではない。彼は墓上に一人の若者を画いた。彼の顔は悦びに満ち眼は高く天空を望むでいる。太陽は背光の如く輝いて不死の栄光を告げている。云う迄もなく不死に対する信仰がこの一枚に托されている。永遠はそれ自ら不滅である。永えの春である。聖アウグスティヌスが彼の信仰にこの神秘を味わった時、彼は感謝の祈りを神に捧げた。「御身の年こそは只一日である。御身のこの一日とは何れの日でもなくこの今日である。御身がこの今日こそは永遠である」と。その深さと鋭さとにおいてこれに過ぎる言葉はない。

敬念に溢れた古の信徒にとっては不死とは実に神に活きるとの意であった。時の密意は神意に托されてあった。無限の時間を歳月に数えたのは沈む信仰の裏書であった。死の否定が永生ではない。不死は死があっても可能である。死は霊の妨げにはならぬ。「我れを信ずる者は死ぬるとも生くべし」とイエスは告げた（ヨハネ十一ノ二五）。真の永生においては時間が失われる様に、死の障害すら無いのである。死は不死の否定にはならぬ。不死とはそれ自身の不死である。歳月の停止、肉体の消滅は不死の信仰のつまずきにはならぬ。天に長らえるか地に横たわるか、凡て余が信仰の存知しない処である。凡ては神の御心のままである。パウロは「或いは生き或いは死すとも吾等皆主のものなり」（ローマ書十四ノ八）と云った。楞伽経に「大般涅槃は不壊不死なり。もし死なれば応《まさ》に更に生を受くべく、もし壊なれば応《まさ》にこれ有為なるべし。これ故に涅槃は不壊不死にして、諸々の修行者の帰趣する所なり」と（集一切法品第二ノ三）。

宗教は畢竟不死の信念に彼が最後の福音を示すのである。

（一九一八年三月稿）

「無限」の意味に就て

一

心は無限を慕っている。これを離れては休らうべき心の枕はない。宗教とはこの無限を示す教である。直ちに無限に即する時、そこに宗教が実現するのである。この相即を離れては畢竟宗教からの隔絶と知らねばならぬ。

如何なる知行もそれが絶対の色調に染まない限り、これを宗教的と呼ぶ事は出来ぬ。もしも相対を破り出て究竟の域に突き入るなら、心は必ず宗教に面接する。幸いにも神への道は多様である。それの何れを選ぶとも、万民の神は只道を徹する時にのみ彼等の所有である。この無限を知る者にのみ宗教の密意は解かれている。

凡ての破綻或いは福祉はその思想その行為が相対たるか絶対たるかに起因する。これは生命の驚くべき決定である。尚吾々とその目的との間に溝渠が残るなら、その結果は致命の傷であると知らねばならぬ。無限を失う時人は凡てを失うに等しい。ものに即する時のみ、彼は始めて凡てなる彼である。よし巧みに神を説くものがあっても、それが彼の血脈に流れない限り、彼は神に就て一事をも説いていないのである。

吾々はいつか何ものかを絶対の意味において味わわねばならぬ。よしそれが僅かなものであろうとも、それは偉大なものへ打ち開く門戸である。吾々は生れながらに無限を求める。これをおいて安堵すべき心の故郷はないのである。有限から無限への解脱が宗教の本意である。

さて反省は吾々に促している、如何なるものが無限であろうかと。余はここに宗教的究竟を意味する「無限」が、内容上如何なるものであるかを明らかにしたい。人はいつもこの言葉を愛している。凡て究竟を暗示する言葉、不死、不滅、永遠、無窮又はこの無限とは一日も吾々の信念から失わるべきものではない。死滅する事のない生命、一切の限界を絶した実在、又は差別の相を越える至上の神、常住不易の真如、これ等至極の内容のみ心を満たす最後の帰趣である。信仰はそれが永劫の信仰である事を要求する。生命はそれが不死の生命である事を希願せしめる。凡て内心直下の要求は一切の事項をこの究竟の域に高揚せしめようとするにある。無限はいつも吾々の愛する無限である。これに対する愛着を離れては宗教の信は不可能である。芸術の美も不可得である。無限なもののみ力であり真理である。人は有限に包まれながら無限を求めよとて造られている。既に無限なものが内に包まれているのである。吾々の意志はそれがたずさわる凡てのものをこの絶対域にもたらそうと欲している。無限への追慕が生命の嚮動である。

しかしこの内容又はそれに与えた様々な言葉は、不純な意味の追加によって原始の内容を傷つけている。字句はむしろ一般であり単純でありながら、これ等の観念内容は甚しく朧ろげである。余はここに一般の人々が思念する「無限」の内容を批判して、それを正当な審判に委ねようと思う。宗教的真理としての無限は内容上かくあらねばならぬと云う事を論ずるのがこの小篇の眼目である。無限の意味が真に理解せられたら、それは一身の思想に本質的な改造を促すであろう。

二

無限性の内容につれて先ず想い起されるのは数理的性質の無限である。例えば円につれて、無限の多角形を想い、直線を無限に細密な点線と見做す時、吾々は明晰に数理的意味の無限を指しているのである。もとよりこの無限には二方向がある、数の限りない附加増大と減退縮少とである。これ等積極消極その何れにせよ、等しく数の無限的開展を意味するのである。これ等は独立に数学的内容を持つものではあるが、実際多くの人々が、無辺な対象を想う時この数理的意味の無限を想う場合が甚だ多い。人情の限りない細かさを、かの真砂の数に譬えて歌った詩人もある。大能の仏陀を想う時、人々は無量恒河沙を聯想した。高大無辺と云えば、計量に余る数的無限を想うのである。数字はただに数学者のみではない、多くの信徒からも愛された用途であった。しかも彼等は既に千万の単位を以てその数を始めた。菩薩の功徳を称して千手千眼と云い、仏祖の偉大の伝え難きを以て千聖不伝と云った。万法万有とは彼等の常語であった。この宇宙を無尽法界と云ったのも、無限の数に充ちる法界との意であった。始めなく終りない無量劫の神を想う時、人は時間の無限な数的拡張を意味していた。

吾々が思念する宗教的無限に対して、かかる数理的意義の無限がどれだけ深く沁み渡っているかは疑う余地すらない。実際吾々は数的意味を全然滅却せしめて「無限性」を想う事を不可能であるとさえ考えている。無限と云えばいつも何等かの意において数理的無限を聯想する。吾々の思索習慣によって宗教的無限は必ず数理的無限を加味している。否、むしろ無限と云えば吾々はほとんど後者を指しているのである。その結果は数理性を絶した無限を想う事が至難であり且つほとんど不可能とさえなっている。しかしこの数理的無限は果して宗教的無限の面目であろうか。数理性を除却しては無限は何等の意味をもたらさぬであろうか。果して数理的無限は宗教的無限の中心要素たり得るであろうか、宗教それ自身の無限は不可能であろうか。余は先ずこれ等の質問を提供する事によって「無限」思想の不明を解き去りたいと思う。出来得るなら宗教的自律の「無限」を明らかに建設したいと云うのが余の意志である。

神なる観念が多く明晰な理解を欠くと共に、人々は無限と云う観念に向って多くの不純な色調を加えている。余は先ず数理的無限の性質を指摘して、それが内容上如何なる価値を宗教に有《も》つかを明らかにしたいと思う。数的無限とは計量の無制限的運行である。この定限せられる事を知らない計量と云う事実の許に二つの事が是認せられる。第一には計量、第二にはその計量の無制限的展開である。従って無限とは計量そのものを許さぬと云う意ではない、計量してもその運算に停止的制限がないと云う意である。即ち無限数とは局限せられない数の謂である。無限はこの場合「不可測」'Im-measurability' の謂であって「無量」Non-measurability の意味ではない。測算しても尽きる処が無いのであって、測算そのものを許さぬのではない。吾々は同じ数理的意味において神を説く場合がある。「神は始めなく終りない」と云う時、人々は神の前に過去の年月を数え尽す事が出来ず、又等しく未来の年紀をも測り知る事が出来ぬと思っている。神の大能はかかる場合数理的無限の意に多く解されている。神の前に数が無いと云うのではない、むしろその過去と未来とを数測し得ぬと云うのである。「始めなく」と云うのは「無限の始め」があると云う謂であって、「始め」そのものを許さぬの謂ではない。「終りない」と云うのも「終り」を絶した意味であるよりも、むしろ終る所を知らぬ意であって数測それ自身を許さぬのではない、数えても数え尽せぬのであって、始めから数えられぬ意ではない。数え「能わぬ」無限であって数える事を「許さぬ」無限ではない。数理的無限は規範的無限とはならぬ。

吾々は今この不可測なる無限と云う事実から如何程の宗教的結果を得るかを知らねばならぬ。単に数え能わぬ否定的無限がどれだけの宗教内容を形造るであろうか。神は知識によって説明し尽し得ぬ故を以て無限であろうか。否、それはむしろ一種の懐疑的信仰の満足に過ぎぬ。余はかかる態度にも消極的意義がある事を知っている。しかしそれは何等信仰の中枢を形造る力がない。吾々は一層能動的態度を要求する。吾々は何故計量し尽し得ぬ無限よりも、既に計量をすら許さぬ無限を絶対として愛し得ぬであろうか。単に有限の否定に終る無限よりも、更に絶対な無限をこそ愛慕せねばならぬ。犯し得ない規範的無限に対しては、不能に終る数的無限は只微弱な陰影に過ぎぬ。美は限りない多くの形容詞を受ける故に美なのではない。既に何等の形容をすら許さぬ美こそ真の美である。絶対の宗教的無限は、既に無限であると云う事をすら許さぬであろう。神は発端なく終末ない故に無限なのではない。かかる考えは単に因果的関係の無制限的延長であって、むしろ数理的反復、循環に過ぎぬ。神は実に始終する事を許さぬ故に無限なのであって数測的に無限なのではない。神の前には数測もまた不可測も既に無いのである。かかる無限こそ宗教的無限の本質である。

単に数え尽せぬと云う無限は何等信仰の中枢的内容をなすものではない。かかる事実に吾々が一種の感激を感じるのは、それ自身の為ではない。かかる無限が更に神秘な或る者の象徴となるからである。単に抽象された数的無限は無内容である。それが始めて意味をもたらすのは、かかる事実が更に高い無限性の一種の象徴たるからである。数理的無限の価値は象徴としての価値である。吾々は一層本質的な無限の存在をその背後に忘るべきではない。

数理的無限と宗教的無限とが区劃さるべき理由はただにこれ等のみに止るのではない。数理的無限は数の無限な羅列であって、計量の終りない反復に過ぎぬ。それは単に追加の増進であって、その間に何等の有機的関係を要しない。純粋に機械的複合体であって、何等統一体を示すのではない。数的無限は単純に有限の否定と云う迄である。従ってかかる無限は有限に対す

無限の絶対性に比しては、尚有限的意味の無限たるに過ぎぬ。従って宗教の究竟要求としての無限たる事は出来ぬ。

三

数理的無限に関連して必然に想い起されるのは無限なる観念に加えられる空間的内容である。吾々の思想習慣は神を想う毎にかの広大な宇宙を聯想せしめる。高遠な神の御座として何人も天の蒼穹を思い見ない者はない。際限ない空間の広ごりはしばしば宗教的発作の衝動であった。天国浄土は碧空の限りない彼岸にあった。この空間的内容は神を超越の実在と見なして、吾々の地上から彼を天上へ奪い去った。「天帝」とは今吾々の呼ぶ尊称である。「天よ」とは祈りの言葉である。吾々はほとんど空間的意味を離れては彼を呼び得ないでいる。神は宏大であり、遼遠であり深玄である。空間大を捨棄しては示すべき神の性を見出すに苦しまねばならぬ。神はかくて平面に画かれた神である、数的無限の内容につれて吾々は容易に平面的に無辺の神を心に画いている。大なる神とはその結語であった。

空間的無限とは延長的無限 Extensive Infinite である。神は不可思議にもこの延長的神として鮮かに記憶せられているのである。延長が計量の予件である様に、かかる神が数理的にも思惟せられたのは必然の結果に過ぎぬ。しかし延長的に無限と云うが如きは果して宗教的真理の要素たり得るであろうか。余はこの自然に与えられた広大な天空、又は壮厳な山岳や海洋が内心への深い衝動である事を忘れるものではない。これ等は空間の大が吾々に鏤刻する印象である。しかし彼等の美は内面的意味を除いた延長そのものの美ではない。吾々が彼等の前に跪く時、その形体の前に跪くのではない。それが象徴する驚くべき内容を讃えているのである。形体はそこに内在する力の表現である、延長は内容を離れては抽象的形体たるに過ぎぬ。第一者は常に内面の意味であって、空間的無限と云うが如きは既に第二者である。空間は更に高いものの象徴である。外延 Extension は内包 Intension を要求してのみ吾々には意義がある。単に空間的無限大と云うが如きは、第一義の宗教的無限とは区劃せられねばならぬ。

延長的無限は又量的無限である。それは空間を無制限的に占有する静体たるに過ぎぬ。吾々はこの内から量の無限な加を見出すのみであって、何等の活きた生命の動律を期待し得るのではない。この巨大な静体は部分の無限加であって具像的統体ではない。正に統一たる事を切要する吾人の宗教的無限に対して部分の限りない羅列的増加と云うが如きは、甚しく稀薄な内容と云わねばならぬ。宗教的無限の壮厳はかかる無内容の無限たるべきではない。量の莫大は霊の満足にはならぬ。宗教的無限は更に質としての光彩を放たねばならぬ。

延長的無限は単に有限の否定であって無制限 Limitless と云うに過ぎぬ、それは制限を許さぬ Unlimitable の意ではない。従ってかかる無限は只有限の対辞であって、相対的無限たるに過ぎぬ。大は小の対比においてのみ可能である。しかしかかる大は相対的大である。絶対的無限はかかる無限大であるべき筈はない。真の神は大ではない。大小と云う比較をすら絶した神であらねばならぬ。神は偉大であると云う時、既に神の真意からは遠く離れているのである。神の前に大小は無いからである。

四

吾々は「無限」に二様の意味がある事を看過してはならぬ。第一は有限の否定としての無限である。計量し尽し得ぬ無限であって、限界に対する単純な否定的意義である。例えば数理的、時空間的無限はかかる意味の無限であって、定限し得ぬ限りなく終りない不可測のものと云う意味である。その結果は単に終末のない計量であって、計量を許さぬ終末と云う意ではない。かかる無限は有限に対する対辞であって両者は相対的関係に立っている。実際有限と云う事の否定なくしては在り得ぬ無限である。故にその無限は一つに有限の是認においてのみ可能である。無限は有限に対比せずしては意味を失わねばならぬ。有限の否定である故に、有限なくしては始めからあり得ぬ無限である。かくて有限と無限との間には密接な相対的関係がある。従って相対域を脱し得ぬ意味においてかかる無限は相対的無限である。相対的である故に真の絶対的無限とは云えぬ。

この相対的無限即ち凡ての数的時空間的無限の外に吾々は今別種の絶対的無限を求めねばならぬ。少くとも相対的関係に止り得ぬ宗教的要求はそれ自身充全な絶対的無限を追求せねばならぬ。相対的無限は有限に対する対辞であるが、絶対的無限はその本質上何等の対辞たるべきものではない。対辞 Antithesis を脱して綜合 Synthesis の意でなければならぬ。絶対とは独立自全の統一的活動を云うのである。有限の否定を待って成立する無限と云うが如き他律的性質のものではない、最初から有限を容れぬ自律的規範的無限である。既に計量をすら許さぬ無限である。かかる絶対的無限のみ宗教的無限たり得るのである。しかし人々はこの絶対なる意味に向って更に多くの独断を加えて、無限の観念を一層不純ならしめている。彼等は絶対の意味をすら相対的に考えねば止まないでいる。

普通、相対の対辞として吾々は絶対と云う言葉を用いている。例えば楽園に対して地獄を想起する様に、相対と云えばこれに対して絶対と云う反律を想い起している。従って絶対は相対の否定の意に用いられている。従って余が云う絶対的無限も一種の相対的無限に過ぎぬと評するかも知れぬ。しかしその用語の不明とその著しい誤謬とは、先ず絶対を相対の対立として取扱う事にある、もし絶対が相対の対辞であるならば、両者の関係は対立的である。従ってかかる絶対は既に絶対ではなく相対である。対立を許さぬ独立自律の絶対が、相対に対比せらるるなら、既に絶対の性を失っているのである。かかる絶対は一種の相対に過ぎぬのであって尚不純な絶対と云わねばならぬ。しかしこれによって純粋絶対が不可能であると云う事にはならぬ。

次にこの通用語の難点は、相対の否定と絶対とを同一視した処からくる謬見である。相対の否定は、単に相対への対立であって絶対ではない。相対の否定と絶対とはその本質上内容を異にする。前者は単に相対の対辞に過ぎぬのであってそれ自ら相対的性質に止るのである。絶対とは自律自全であって、何等の対辞をも許さぬ絶対であらねばならぬ、「相対」の対辞は「相対の否定」であって、「絶対」ではない。この両者は厳密に区別されねばならぬ。

第三にかかる錯誤は人々が「絶対」なるものを対辞なくしては考えられぬ思考の貧弱に起因する。「絶対」とは常用語でありながら、よくその真意を理解するものは少ない。絶対と、「相対の否定」とは前述の様に区劃せねばならぬ。単に相対の反対と云うが如きは又一種の相対に過ぎないのであって、何等絶対の真の意ではない。反と絶とは自ら明晰な区分がある。「反」Anti とは字の示す様に対立する相対的二者を待って始めて成立する概念である。唯一不二の絶対は、これ等二者の相互的関係を待って存在すべきものではない。「絶」とは反対の意ではない、解脱 Emancipation の謂である。二元的関係の完全な離脱においてのみ可能なる事実である。絶対とは一元的綜合であらねばならぬ。

解脱とは対立的関係の解脱を云うのである、二元界を去って一元を示現する謂である。対立を要するが如きは既に二元的であって一元的とは云えぬ。相対の対辞として人々は絶対を想い起しているが、かかる絶対は既に二元的であり相対的である。何等自全自律の究竟的絶対性を示すものではない。相対の対辞としての絶対は又相対に過ぎぬ。純な絶対は相対の対辞ではない。この相対的関係の離脱においてのみ独り真意の絶対は厳存するのである。真の無限は有限の否定ではない、絶対は又相対の否定ではない。これ等は別に自律の世界を持つのである。この世界においてのみ宗教の光がある。

しかも無限に対する人類の信仰の再度の誤点はその無限を遼遠な未来の上に求める事にある。最高の絶対者は未来の終末、空間の最後にあると考えて、遂には神を遥かな天上に安置したのである。しかし無限者はかかる到達し得ない彼岸に屯するのではない、この現在直下の内面的事実に見出さるるのである。神は高遠な天国にある超越者ではない。人心の内底に深く輝く光である。この事実こそは吾々に類ない歓喜ではないか。人の心の内に宿るキリストは今も尚彼の言葉を重ねて「神の王国は汝の内に在り」と叫びつつあるであろう。

（一九一五年十二月稿）

自我に就ての二三の反省

「我の無我を了せずして、ただ言語に著すれば、二辺に溺れて、自らを壊し世間を壊せむ。」（楞伽経）

一

吾々の祖先の楽園からの墜落に就て、何人もその名を知り得ない著者が、彼の著「ドイツ神学」（Theologia Germanica）の中に驚くべき批評を書いた。「アダムが楽園から追われ、そこから墜落したのは林檎を喰べたからだと云われている。だが私は云う、それは彼が林檎を吾がものだと云ったからである。「吾れ」とか「吾がもの」とか「吾れに」とか云う心があったからである。よし彼が七つの林檎を喰べたにしても、決してそれを吾がものだと云わなかったら、彼は墜落しなかったであろう。しかしそれを彼のものと呼ぶや否や彼はたちまち墜落した、よし、林檎に触れないにしても彼は墜落したであろう」と。

同じ「神の友」'Der Gottes Freund' であった師エックハルト Meister Eckhart は彼がいつもの簡勁なしかも鋭利な言葉で「吾れ」に就てかく云い切った。

「「吾れあり」と真に云い得るのは只神のみである」と。

これ等の言葉が先ず読者の心に幾分の暗示を投げるなら、更に余が加える二三の反省はその理解を一層鮮明にするかと思う。余の考想は尚不足かも知れぬが、しかし自我の存在に対して永遠の基礎を与えたい志に基いている。自我に対する更に大きな肯定を与えたいが為に、余は一般の自我に対する観念を否定して、余の立論を起そうと思う。

人々は自我が四囲の環境に対して特殊な一個の位置を保有するのを疑っていない。さながら海洋にある島々の様に、それは他から孤別せられた各自の存在であると考えている。従って自我をその特殊な性情と形態とにおいて何人も乱し得ない独立の生存であると見做している。人々は鋭い溝を自己と他人との間に掘っている。誰も自我と彼を囲む世界とが差別である事を認めている。自己の意識は只自己にのみ許された意識である。かくて他に対する吾れの存在は疑い得ない事実となっている。

この一般の信念は二つの明らかな結果に吾々を導いている。それは自他の対立と自己所有の念とである。自我とは畢竟他に対する自我である。対立を否定しては自我の存立はその理由を失っている。しかも対立とは自我が他に対して特殊な性情を保有すると云う意である、それは何人にも依属しない独立な自己の所有であると云う意である。換言すればその対立性と所有性とにおいて自我はいつも理解されるのである。

しかしかかる考は如何なる根拠に基くのであるか、それは自我に対する徹底的な考であろうか、厳密な思索及び純粋な経験が許しうる考であろうか、自他の区劃は果して絶対な決定であろうか、如何なる権威に基いて自我を私有であると断ずるのであるか、自我とは何人が許した言葉であろうか。

余の判断によればかかる一般の信念には驚くべき独断が潜むでいる。しかもこの信念の故に人間は長い間罪の反復を重ねている。恐らくこの信念が導く謬見がなかったら宗教及び道徳的罪過は早く地上からその力を失ったにちがいない。

あらゆる自己を中心とする慾望、利己の為の排他の努力、征服の慾求、富有への奴隷、掠奪の行為、凡ての教が駆逐しようとしたこれ等私慾の罪過は凡て誤った自他の区劃、私有の妄念にもとづいている。この独断は唯に不純な思想に止るのみではない、行為に働く力としてたえず醜い陰を人間の生活に投げている。余はあらゆる罪過の大半は凡てこの独断の結果であると考えている。もしも人々が真に自我を理解し得るなら、これ等の行為、否、これ等の思想それ自身が、自我に対する甚しい毀損であると気づくであろう。

自我とはいつも自他の観念に吾々を結んでいる。しかし自他とは果して絶対の差別であろうか、もしもこれを否定し得ないなら自我は畢竟相対的自我である。しかしかかる性質が自我の面目であるならこの内に宗教の永遠な基礎は求め難い。不幸にもかかる自我は絶対の国に活き得ない定命を受けている。もしも自我を宗教的価値に見出そうとするなら、吾々はこの相対の意味を破り出ねばならぬ。絶対なる自我、自律なる自我のみ宗教を産み得る力である。余は自我にかかる意味を甦す為に、人々が思惟する自我の内容を覆そうと思う。しかし余は自我の対立性、その私有性に関する独断を破る為に多くの論争を費すまい。それよりももしここに自律なる自我をありのままに披瀝し得たら、かかる妄想は自滅すべき筈である。少くとも自我は永遠の位置を保つ為にその内容を改造せねばなるまい。真に光である事を示し得たらそれは既に陰たり得ないであろう。余は自我が余のものであると云い得る前に、かかる事が許されているかを知らねばならぬ。

二

ひどい吹雪の日ブランドが山路にかかろうとした時、村のものどもは、彼の無謀さを止めようとした。しかし彼の強く答えた言葉はこうであった。「何者かが自分を招いている、行かなければならない」と。彼はこの時彼自らではなかった。何者かに招かれた使命が彼の霊を振い起した。鮮かに用いられたイプセンのこの筆を冷やかな反省に導くのは余の本旨ではないが、これ等の言葉は余が今画こうとする自我の意味に対して浅からぬ暗示である。試に純な内向 Introversion を自我のうちに加えてみたい。余が認めて最も根本的な自我の意識とする精神の「要求」に就てそれが何を指示するかを深く省みたい。

人々はこの内心の「要求」が只自らの要求に外ならぬと考えるであろうか。要求とは自我が心のままに左右し得る要求との謂であろうか。事実によれば人間内心の切な要求とは要求せざるを得ない無上の要求である。それは不可抑の力である、本然の発作である。要求とは喚求である。何者かの力があって余を衝動するのである。余自らの意志によるのではない、それは止み難い湧き出る霊の泉である。要求は余自身の取捨ではない、厳然とした直下の命令である。余はかかる時余自らを意識するのではない。余自身の内面において余を支持する絶大な無上の力を感じるのである。余は「進めよ」と云う厳そかな声を耳に聴いている。余が進むのではない、余の裡に漲る力が進むのである。パウロは「吾れ活けるに非ず、キリスト吾れにおいて活ける也」と云った。この無上の力こそ自我の規範的面目である。既に規範である、それは自己の私有ではない。自律なる自我の発現である。自律なる力の前に既に自他の区別は失われている。それは渾然とした統体である。「吾れ」又は「汝」と云う差別をすら許さぬ自存の体現である。要求は私慾ではない、私有の感はここに消滅する。それは私を越え私の介在を許さない純な客観の命である。果されねばならぬ事実である。私有な自我の意志ではない。公有な自我の力である。「私は善と云い悪と云う事を神の命以外には云い得ない」（民数紀略二十四ノ十三）と予言者は云った。偉大なる芸術偉大なる宗教は凡て与えられた啓示であった。次の異常な言葉は内心の事実としては自然を告げるに外ならない。「私は日夜神の使者の命の許にある。――私はこの詩を精霊からの直接の命令で書いた。しかも如何なる事を書くかと云う予期なしに十二行又は二十行、三十行を一時に書き下す事もあった。しかも私の意志に反して書く事すらあった。或いはこれを多年の労力の後に出来たと思うであろうが、実際書く為に費された時間と云うものは存在していない」（ブレークの手紙より）。

自我が対立なる自我であるなら、吾々は自らの意志において絶対なる何事をもなし得ないのである。しかし一切は只自性を越えた無辺な力の働きによるのである。意志の自由とは自我の自由と云う意味ではない。私有なる自我が真に公有の自我に托された時、絶対の自由が示現されるのである。「完全なる霊は神の欲する以外の事を欲し得ぬ」とエックハルトは云った。彼はつけ加えて「これは奴隷たるのではない、これこそ真の自由である」と云った。実際行いをして己を離れさす時、真の己は活きるのである。真に存在を神に依存さす時、始めて余の存在は肯定されるのである。吾々は何事も吾々自身において行い得るのではない。又何事も吾々自身の所有ではない。人間の自我は客観的自我である。随意の取捨を許さない規範的価値である。私有を許さない公明の存在である。一切は神の不動な所有である。彼においてのみ絶対の所有がある。他力宗とはかかる教であった。御心のままに任ずる時、吾れに神の力が甦るのである。絶対の帰依こそ宗教の光である。純に神をして彼が心のままに放つ時、そこに始めて完全なる自由が示現されるのである。何事をも吾がものと思う時、神は遠く吾れを去るのである。吾れをして神に没入させねばならぬ。吾が内心に力が湧き溢れる時、人は只無上な命の許にあるのである。この時吾れを破り得るものは一つとしてこの世に存在しない。余はこの公有なる自我において只ひとり自己の面目を感じるのである。他の一切の自我の念は余においては尚不純である。私有なる自我は余の局限に過ぎない、それは余を永えに宗教から離れしめる恐るべき致命の思想である。かかる自我は如何に美しく飾られるとも、何等自律の権威を保たない、余は宗教に堪え得ない自我を長く忍ぶ事は出来ぬ。人は彼が私有の自我を破り出る時、公明の世界に入るのである。

三

人々はかかる思想が自力の教に悖ると思うであろうか、或いは自己を否定する消極の一途に過ぎないと見做すだろうか。しかしかかる自我の滅却は余の主旨ではない。余は人為に基く差別の相を絶して、自律の自我を樹立し示現したいのである。余にとっては自他の区劃は理知の反省が加えた貧しい独断に過ぎない。余は自他はその至純な意味において唯一不二であると思う。他力とは何であるか、全てなる自己を他に見出す謂である。自力とは何であるか、全てなる他を自己に見出すのである。それは唯一の真理を捕える左右の手である。自己を深く掘り尽す時、人は彼が心内に驚くべき力を見出すのである。或る者はこの力に自己を捧げるのである、或る者は自己にこの力を抱くのである。一つは自己を空しくして神の力の全てを現ずるのである、一つは自己を神の力に充たすのである。神の力の全てなる示現においてこの二途は常に相即である。完全なる自己の寂滅 Self-Annihilation と完全なる自己の充実 Self-Fulfillment とはその帰趣において一つである。

時代は個性と云う字を愛している。個性の表現 Realization こそは新しい世紀が標榜するに足りる理想であった。しかし人々は只これを特殊な自己の私有として誇ろうとするのであろうか。しかし真意はそうではない。個性は与えられた個性との謂である。個性の実現とは賦与せられた使命の実現との意である。特殊なる吾が個性とは実に公有の意義を以て認許せられたのである。主観なるこの自我こそは最も客観なる存在である。これは一身が随意に作造し変換し得べき性質ではない。荘厳な使命を持って生れたのである。個人とは何等個別を意味するのではない。万人への真理を果す為の個人である。個人は公人である。真に個性を掘り尽す時、共有の真理が湧くのである。個性をありのままに現ずる時、万人の心に触れ渡る力があるのである。ありのままな個性とは与えられた個性である。与えられた個性とは特殊な天命を受けたとの謂である。何者か絶大な力が余の存在の根拠である。余の身は余一身ではない、余は公有の人である。主観に止るのではない、客観の意があるのである。真の主観は必ずや客観と相即不二である。余自身のものであるならば背律も破戒も余の任意であろう。しかし余の存在には動かし難い法則が流れている。これは桎梏に悩む宿命ではない。無上の法命はそれ自身自由の統体である。この使命の遂行を破り得る力は何ものもないのである。

偉大な個性の芸術は必ず万人の心に触れる。特殊なる主観の哲学も、それが至純である時客観の力をおびる。一仏陀は万世の仏陀である。個人が万有に活き得るのは、そこに自他を越えた公有の生命が宿るからである。凡ての絶対なる宗教的真理においていつも「汝」は「余」である、「余」は「汝」である。吾等は隔るのではない。愛こそは宗教である。

四

如何なるものもより深いものの象徴 Symbol である。より以上なものの暗示 Suggestion である。路傍の木々も只生い立つのではない。河は只流れゆく水ではない。一枝の花も一堆の土もそれ自身に終るのではない。如何なる存在も活動も何ものかの暗示である。より優れたものを示し得ない存在は一つとして許されていない。有限に事象が終末するのではない。凡てのものは彼が象徴の意義において永遠である。一切は象徴である。何事か恐ろしい力の暗示である。世界は正にサクラメント Sacrament である。

凡ての宗教が示し得た真理は有限の世に光り輝く無限の相であった。余は凡てのものが彼の形相において終るとする思想を許し得ない。自然は定義される事を厭う、無限の暗示こそはその生命である。人間の優秀な存在こそ最秀なるシムボルではないか。それはシムボルの内のシムボルである。余は自我をその相対な意味に局限する理由を知らない。吾が自我こそは大なる自我の暗示である。「吾れ」に真理が終るのではない。予言者は神に象られて人は造られたと云った。世界は無限者の表明 Manifestation である。「吾々が神の如くなる為に、神は吾々の如くになった」とブレークは云った。涅槃経の「如来性品」には我の義を指して「我れとは即ち如来蔵の義なり。一切の衆生ことごとく仏性あり。即ちこれ我の義なり」と。

この秘事を知りぬいていた基教徒がいつも愛した言葉、「内なる光」Light within「火花」Fünklein「霊の眼」Soul's Eye これ等の意は今理解されねばならぬ。或る者はこれを「影像」Image と云った、或る者はこれを「心源」Ground と呼んだ。（第十四世紀に栄えた「神の友」の人々、近くはベーメ、更に又凡てのクェーカーはこれ等の真理を最も鮮かに説いた人々であった）。

彼等はたえず自我に包まれた光を説いた。彼等はこの内なる閃きに神と人との愛を見た。有限なる肉身が無限なる力に甦るのも、只この光あるが為にである。吾々は神を離れて神を知る事は出来ぬ。丁度太陽の光によってのみ太陽を見得る様に。吾々が神を求めるのは神自らである。それが吾が力ではない。「神に対する心の知的愛は、神が彼自らを愛するその愛である」とスピノザは云った。「余が神を見る眼と神が余を見る眼とは同じである」とエックハルトは云った。パスカルは神の言葉を次の様に書いた、「悦べよ、既に汝が余を見出していなかったら、汝は余を求めはしなかったのである」と。「神を求めるのは既に神を持っているからである」とデンクも書いた。自我に深く入るとは神に近づくとの謂である。自我は彼が永遠の存在を神に托している。真に吾れに在るものは神であって自我ではない。「神は余が余におけるよりも更に余に近くある」とエックハルトは云った。「汝何処を向くともそこにはアラー Allah の顔がある」とコーランに書いてある。「汝が「アラーよ」と呼ぶ声は、即ち「ここに余が在る」と云う声である」と詩人ジャラルディーンは歌った。

自我と神との相即について最も深い思想を持ったのはウパニシャッドの哲学であった。梵 Brahman 及び我 Atman に関する思想において、彼等はかつてない鋭さを示した。彼等の宗教は次の二つのモットーに托されている。「汝は彼である」と、彼とは梵である。かくて更に云う、「吾れは梵なり」と。この驚くべき言葉こそは敬虔な信徒が熱情を以て云い得た最後の言葉であった。或る人々はこれを許すまじき不敬であると云った。ペルシャの詩人ハライ Hallaj が「吾れは真理である」と叫んだ時、彼は殉教の血を流した。人々は彼が凡ては神であると云った意味を理解しないのである。真に自己を意識する事は神を意識する事である。吾れに在るものは自己ではない、神が存在するのである。「吾れ」の如何なる部分も公の「吾れ」である。凡ての人々の心は又余の故郷である。人々は真にこの公の故郷において同胞である。

五

プラトーンは古く思慕 Eros の教を説いた。利己の罪によって人々は彼が故国から放たれている。しかし心に包まれた一片の愛の印がたえずその故郷を慕っている。人は己の内に帰る時うたた懐郷の情にたえない。自我への執着は長い間吾々を神から隔絶さした。心を欺いたユダは「吾れ」自らであった。「吾れ」は久しくも吾が誕生の地を忘れている。しかし自らを省る時人は故郷の香りにふれるのである。「汝自身を知れよ」とアゼンの聖者も云った。只汝の性質を知れよと云うのではない。汝がそもそも何者であるかを熟知せよと云うのである。人は彼が荘厳な存在に就て明らかな信念を有せよとの謂である。

吾々の凡ての心の希い、霊の作業は只吾が一身の事ではない。吾れを生み吾れを育てた力の意志である。吾が凡ての努力は自然の慈母が余を招く愛の吸引である。人生の行路は故郷への行路である。真理とはこの愛の旅路の記念である。「哲学とは懐郷の情に病む心である」とノヴァリスは云った。「至る処に我が家を求めたい」のが知識の心であると云った。

宗教は吾々を故国に安らえしめる。温いその誕生の地に帰る時、吾々は自を忘れ隔を去って凡ての人々と悦び語るのである。その時既に余があるのではない、他が区別せられるのではない、只一流の愛に凡ては漂うのである。永えの春の風が自然を柔くつつむその時の如くに。

これは自我に加えた二三の反省に過ぎない。しかし示し得た処に宗教の契機は潜んでいる。余はこの絶大な意義を想うて跪きたい。確乎とした不動の基礎を人間の内裡に見出したい為に、余は尚一層自我を破壊して考えぬきたいのである。余の否定は肯定を得たいが為の努力である。真の吾が存在において「汝」と「余」との結合を見たい為である。余が愛するジャーミーの詩に、

'In solitude, where Being signless dwelt,
And all the Universe still dormant lay
Concealed in selflessnes, One Being was
Exempt from 'I'-and 'Thoou'-ness, and apart
From all duality.' (*Yūsuf ū Zulaikha*)

(一九一七年十二月稿)

規範と経験

現代は鋭い幾つかの哲学を与えた。しかし或る立場をとってその思潮を徹し様とする傾きがあって、二つの相対する流れを内面から結ぼうとする企ては、尚未来に托されている。その中で、いつか解かれねばならぬ論争の一つ、即ち規範と経験との対峙に就て、多少余の考を述べたいと思う。

一般に先験と後験、又は規範と経験は疑う事の出来ぬ対峙であると思われている。哲学の方向もその何れかを力説する事に

よって決定される。哲学上、唯理論と経験論とは、既に長い争いの歴史を残した。又分科上よりしても、規範学（論理学の如き）と経験学（自然科学）とは、明らかな学問上の反律とさえなっている。

規範 Norm とは、正にかくあらねばならぬ理法の謂である。経験に先立って与えられた指導であって、これによって経験は整理され遂に知識に構成されるのである。一層哲学的に云えば規範は当為 Sollen の謂であって、これを不とするを許さぬ必然的な内容である。従ってかくあらねばならぬと云う、無上な命令の意を含んでいる。故に規範はその性質上、純に客観的である。一切の真理はこの普遍的基礎に依拠するが故に、始めて一般的真理たり得るのである。従って規範は先験的 Apriori であり、これに対して、経験は後天的 Aposteriori だと云われ、又前者の客観的性質に対して、後者は主観的事実と見做されている。個々の主観的経験は特殊であるが、先験的規範は普遍である。従って経験によって与えられる知識は、この先験的規範によって構成され、整理され、始めて客観的真理たり得るのであると云われて居る。

しかし吾々は、この明らかな対峙を内面から理解する事によって、二つを結ぶ事は出来ないであろうか。未来の哲学はこれを解く任務がある。余には久しい間、凡ての二元を解く鍵は只神秘道にのみ見出されると考えられた。余は今かかる立場からこの問題を捕えて、如何程この対峙を近接させ得るかを見ようと思う。

余は規範を単にある約束的規矩と見なす範疇の如きものに解するのではない。かかる静的形式の概念は却って主観的産物であって真に客観的な規範の面目を伝えるものではあるまい。真に温かい理解をすすめるならば、それは与えられたものの内面的意味であって活々とした無上の権威であらねばならぬ。抑え得ない道徳的衝動或いは宗教的感激を想うならば、その刹那の規範的事実を一層活々と捕える事が出来よう。究竟的至上要求の内裡においては、かかる無上の客観的命令が動き働いている。規範はその純な客観的内容において、自ら動的であり創造的である。吾々を離れた理法ではない。吾々に密着する活きた力である。

吾々が普通経験と呼ぶものも、多くの独断の闖入によってその至純な姿をかえている。一般の信念によれば「かくある」と云う経験から、「かくあらねばならぬ」と云う規範は出てこないと云われている。しかしかかる「有」は果して厳密に理解された「有」であろうか。経験を純粋に考えたら、それは自律な経験と云う様な事になるであろう。絶対自律な「有」は既に理知の対象たる事を許さぬ。経験を感覚的内容の如きものに解するのは、尚これを客観的対象と見なす故であって、純に主観的な経験的統体からは遠く離れている。「有」に対する一般の理解は尚相対的であって不徹底である。絶対経験は自律である。自律なるが故に既に差別を許さぬ。「有」にして且つ又「当為」である。愛は愛であると共に、愛せざるを得ぬ愛である。余は真の主観は真の客観であると思う。規範と経験と、その相対義においては反律であろうが、絶対義においてかかる差別は失われねばならぬ。かくて各々の内容を純粋に徹する事において、両者未分時の面目を理解する事は出来まいか、規範と経験との対立が失われる時はかくて吾々に近づくと思う。

　高調せられた宗教的経験は経験でありながら同時に規範的事実であろう。抑え難い精神要求は、内心の純な主観的衝動であり、且つ又客観的命令である。神を感ずとは感ぜざるを得ぬ謂である。人間の宗教的要求 Demand は一面では神の厳粛な喚求 Call である。約言すれば喚求せられた要求である。シュライエルマッヘルが「要求せられたる自己意識」と云ったのはこれであろう。客観なる主観である。経験でありながら規範である。耶蘇《ヤソ》は求めるものは与えられんと云った。求めると云う事実の内面に既に与えらるべき酬いが温かく包まれている。

　一切の神秘的経験はこの未分者の体得である。彼等は差別の間に和絃の調べを聞いていた。彼等が残した多くの撞着の言葉又は逆論は、彼等には自然な調和であった。論理的矛盾も彼等の理解において統一であった。彼等は一切のものを、その未分時において体験したからである。

　いつも言葉を越える神秘道はその真諦を画く為にしばしば矛盾の表現にその心を訴える事がある。人為的分析によって分たれた二面の対峙を、その未分時において理解しようとする時、吾々は必然差別の内に結合を認めねばならぬ。「多忙なる休息」「赫々たる暗黒」というが如き逆論が却って真理の真面目であるのを神秘家は知りぬいていた。これは論理的には矛盾であろうが事実としては調和である。ものを未分時において理解しようとするなら差別的理解を離脱せねばならぬ。規範又は経験と云うが如きは尚一種の差別的見方であって人為的である。差別は反目である。しかしあるがままのものは凡ての反目の調和である、その離脱である。実在は一切の矛盾する内容を凡て容れる。彼には矛盾すべきものが一としてないからである。

　余が力説しようとするのは、規範と経験とは、その至純な態において不可分離な統体であると云う一事である。吾々はこの未分なものを反省して、規範及び経験と云う二面に理解するのである。なべて一切の判断は比較によって始めて成立する。純に統体なるものは判断の対象たる事は出来ぬ。吾々はこれを分析し比較し始めて一個の知識に導くのである。理知は命数上二面的である。しかし真に一律なるものは、かかる二面の対立に終るのではない。先験と後験と、その未分時においてかかる差別は存在せぬ。あるがままの姿は規範即経験であって、規範対経験ではない。規範と云い経験と云うのは、尚不純な相対的思考の痕跡に過ぎぬ。

　先験と云い後験と云うも、反省につれて必然に許さねばならぬ仮定と云う迄であって、元来あるがままのものにかかる差別があるのではない。かかる区分は既に人工的作為であって、真のありのままなものに対する理解ではない。理知はその命数上比較によって成立する故に、ものを分析して思惟せねば止まないでいる。これも一個の要求ではあろうが、これを以て直ちに実在の理解となす事は出来ぬ。分析は既に作為であり独断である。ありのままなものは差別を容れぬ。かかる実在は常にその未分時において理解されねばならぬ。人々は因襲的に区別的態度を完全なものとして実在の問題に触れようとする。しかしかかる分析は実在の示現にはならぬ、又これに哲学の帰趣を求めても無益である。既にかかる旧套を脱してその未分時にもののありのままな真相を理解したいのが余の要求である。両者を峻別し各《おのおの》の一面を力説し、それを徹底させようと云うのが、唯理論と経験論との各々の抱負であろうが、本来かかる区分は、既に哲学者が実在に加えた第一の独断である。余は哲学の帰趣は実在を何等の独断を加えず、人為を容れず、そのままに理解する事にあると思う。これを二面に区劃する間は実在に触れる事は出来ぬ。もし一面を徹して実在に触れ得たとするなら、その時はかかる一面が失われた時であろう。自律なる実在の理解はかかる未分的理解において始めて可能である。

　余の知る処では、在来の哲学は、規範もしくは経験の各事項に関しては精細であるが、これに比して、その未分時に就ては理解がまだ不徹底である。余の信念によれば経験論はその終局において、必ずや規範的内容に近づき、先験論は遂に経験的事実に触れるであろう。未来の哲学は必ずやこの両者の調和であらねばならぬ。（純粋経験論又は唯理論において近時価値と云う言葉が用いられているのは両者の接近を暗示していると思う）。宗教的事実として、夙にこの調和を暗示したのは所謂神秘道である。余にとってはこの道の理解が宗教のみならず、哲学にとり芸術にとっての、最も根本的な鍵を与える様に考えられる。

（一九一七年六月稿）

宗教的究竟語

序

　余はこの特殊な一章を次の事情を動因に書き起したのである。凡ての因襲と独断とを除去して究竟者を表現するに足りる字句を求めたいのが余の長い間の希願である。それが為に古来文化の民が如何なる表現によってこれを代表させたかを省みねばならぬ。しかしその叙述と批判とにこの筆が終るのではない。これは一般には功用の薄い題目と思われるだろうが、余は今必要に迫られて自ら正当な字句を決すべき時に来たのである。究竟者の内容を尋ねるにつれて、在来の術語に浅からぬ不満を感じてきた余の心が、新鮮な字句を余に要求したのである。

さて余が認めて先ず無謬に近い言葉を採ったとしても、人々はこれに只疎遠な思いを抱くにちがいない。首肯を招く為には必然その解説が必要な様に思える。如何なれば余がかかる字句を求めたか、又如何なる内容を含めてそれが正確を期したかを書かねばならぬ。字義の問題に過ぎぬと思う人があるかも知れぬが言葉こそはしばしば思想の自由を障害した。特に宗教においてそれが甚しい。余が敢えて習慣的用語をさえ破ろうとするのは、こと究竟者に関わる大事だからである。余の要求を汲むに吝《やぶさか》でない人があるなら、何故かかる題目を余が取り扱い、何故新しい言葉の提出に心を労わしたかを解すると思う。正当に云えば新語は余の撰ではない、余に与えられたのである。

一

希くは正当なしかも簡潔な言葉を以て究竟者の内性を表示したいと云うのが余の要求である。しかしその結果を急ぐ前に、既にかかる事が可能であるかと云う問を起さねばならぬ。神を「有」なりと断じる時、人々はこの言葉に対する絶対の信頼を疑っていない。しかしかかる期待には鞏固な根拠は見出し難い。不幸にも言語にはその本来の性質によって絶対内容を表示する事が許されておらぬ。言葉は一個の約束であって、常に決定せられた不易の内容を保持せねばならぬ。その随意な変換は字義の破壊である。「有」の意は同時に「無」を兼ね意味する事は出来ぬ。一切の字句はその一定の意義によって他から孤立する。別義こそ各々の字句の使命である。与えられた字義の不易こそ一切の論理的知識の根柢である。それが自由に変更し得られるなら、一定の断案は望み難く知識は成り立ち得ない。しかし約束の保留が言語の可能であるなら、約束を許さぬ自由な絶対値はこれによって表現する事は出来来ぬ。しかも「有」と云うも「無」に対しての「有」である、かかる「有」は相対的有に過ぎぬ。有無一切を包含ししかも反律を絶するが如き言葉はそれ自身不可能と云わねばならぬ。

字義の約束は区別であり、区別は対立である。他に比較し対立する事によってのみ意義がある。試みに神を目して「一者」と云うもこれは字義として只「多」に対する内容たるに過ぎぬ。一切の対立を絶する自律の「一」はこれによって表明し得べくもない。必然その命数として言語にはいつも相対的性質が残る。何等の対辞なく絶対値を表示しようとする試みは、相対的言語に許し得ぬ企である。絶対値の内容は遥かに言語の可能を越える。如何に美妙な又深遠な字調も、よく真の「一者」を表示するにしては甚だ不足である。言語に対する人間の過信はいつも真理を枯凋せしめる。沈黙が最後の言葉である事を多くの宗教家は知りぬいていた。自由自全なるべき宗教的真諦は約束せられた言語の間に定局せられる事を欲せぬ。沈黙を有せぬ言語は畢竟浅薄である。禅が「不立文字」と云い老子が「不言之教」と云ったのもこの故である。

しかし言葉は又一個の要求である。この要求が認知せられる限り、吾々は言葉により、しかも言葉の束縛から出来る限り脱しようとする最後の試みを企てねばならぬ。この努力は字句がその相対的性質から離脱しようとする企てである。この希願の完全な酬いがほとんど期し難い事は自明である。なべて一切の宗教的真諦は「心を以て心に伝え」ねばならぬ。しかしこれを反省し批判し喧伝しようとする時、吾々の唇には止み難い言葉が起る。「不立文字」と云うもまた文字である。実際宗教は文字より生れては来ぬ。しかし宗教は文字を産むに飽く事を知らぬ。文字は反省の結果である。試みに今究竟者を反省する場合、その内容を傷つけずして如何にこれを呼ぶべきかと云う希いが起る。この試みは所詮は不可能であろうが、しかし又不可抑の要求である。今はその原義に悖る事なく、せめても何等かの暗示を筆に含ませねばならぬ。余自身がこの企を敢えてする前に、人々が如何にこれを尋ね求めたかを省みたい。

二

批判反省は主として知の作用である。知の学としての哲学はこの等しい要求によって、究竟者を表明する為に幾多の字句を与えている。ここには知が基礎である為に、概念の様調が強く説明的内容に勝っている。

何人の頭脳にも容易に浮ぶ様に、一切事象の根柢は一に帰らねばならぬと云う内心の求めがある。この一元的要求は吾々に「一者」The One と云う字を愛さして一元、一切、渾一、統一、又は合一、帰一と云う言葉は凡て一者への信念に基く最も自然な結果である。これは正にあるべき究竟性への最も自然な言葉たるに近い。たしかに哲学のみならず宗教的信仰の基本的観念であり又理想である。しかし不幸な言語の束縛によって「一」は単に「多」Plurality に対しての「一」たるに止っている。真に「一」と云う事に自律的絶対値を含めようとするなら、既に「一」と云う言葉すら云い得ぬであろう、それは畢竟「二」又は「多」に対する「一」を画き得るに過ぎぬ。一元を追う最後の言葉ではありながら尚二元的臭味を脱し得ぬ憾がある。真に自律なる「一」を画くべき言葉は存在せぬ。只定限的内容においてのみこれを愛する事が許されている。余の心を引く最も簡明な言葉であるが、余はこの一字に最後の満足を托す事は出来ぬ。「一」につれて思い起されるのは基本の概念である。究竟者は一切の本の本であらねばならぬと云う思惟要求は必然「本原」Origin の言葉を招いてくる。哲学上しばしば愛された言葉は「本体」であった。しかし本原は開始の予想であって、「本体」ならざるものを既に仮定する。「本体」も所詮は「現象」の対辞である。或いは一面の真理をこれによって伝え得ようが、真に根本的な内容を保ち難い。(Noumenon も一元的要求に出る言葉ではあるが、多くの哲学者は明らかにこれを Phenomenon の対辞とした)。

究竟なものは単に思惟概念に止らず、実際に存在せねばならぬと云う要求によって、吾々は最もしばしば「実在」Reality と云う言葉を選んでいる。スピノザは更にこれを実体 Substance と名づけたが、凡てこれ等は実有 Real Being の理想に基くのであって、一個の平明な要求を代表する。しかしこれも仮象 Appearance に向っての対句である。「有」と云うも言葉はこれに絶対値を含める事は出来ぬ。絶えず「無」と云う対辞の追迫がこの望みを妨遏する。いわんや実際をのみ真諦としてそれを一切の基礎と見做そうとする態度は、既に独断の誹りを免れ得まい。

客観を愛する凡ての哲学者は好んで「一般者」das Allgemeine と云う字を用いている。普遍的内容を唆示する上において、又一個の便宜な言葉たるを失わないが、これによって究竟者の全般は名づけ得べくもない。これは単にその性質の一面の指示であって、しかも明らかに特殊 das Spezielle の対辞である。その間の溝渠を絶した自律の「一般」と云う意にはなり難い。いわんや前の実有の念に比してこれは余りに概念の所産である。

一つにはかかる対辞を脱れ、一つには両者の結合を欲する心から、必然「統一」Unity の思想は現われてくる。これは二元の調和を志すものの自然な発言であり、又正に然るべき性質の結語とも見做す事が出来る。しかしその結果には不幸にも何等の例外を見ない。吾々は容易く「多様」Variety をその傍らに聯想する。統一も不統一あっての統一である。永くこれが安定なものとして真の統一を指示する事は困難と云わねばならぬ。吾々は又好んで「至上者」The Ultimate 又は「至高者」The Highest と云う言葉を選んでいる。一見最も明瞭な表現であるが、それに順じて思索は幼稚《ようち》である。上下、高低の度は単に比較であって自律的内容を含まぬ。数量的思想の闖入は、究竟者を単に相対域に移植したに過ぎぬ。その間に何等の宗教的満足をも尋ねる事は出来ぬ。

詮ずる所如何に究竟者を形容するとも、これが指示する内容は原意に比較すべくもない。あらゆる断定は或いは一面の真理を代表するかも知れぬが、畢竟定限的性質に終っている。総ては対辞の桎梏を離脱し得ない相対的究竟語である。何々であると断じても一見して不足である。「有」と云い「大」と云い「深」と云うも凡て不満足である。これ等の欠損を感じた為、肯定的表現法よりもむしろ否定法を穏当とした跡も見出す事が出来る。絶対者 The Absolute 無限者 The Infinite 不可知者 The Unknowable 無制約者 das Unbedingte 無差別者 das Indifferenze 不変者 The Unchangeable とか云う言葉は、肯定的表現よりも消極的である為に遥かに独断を去る特質がある。しかしこれも特殊な意味を含めない限り最初から対辞を予想しての字句である。共に両者を否定し去ったものと云う意はこれから出て来ない。よしこれ等に特殊な意味を与えて厳密な内容を保存しようとしても字義以上のものを内意する限り、これは一般には通用し難い弊がある。真の面目は「有無」「大小」「深浅」の区劃をすら容れぬものであらねばならぬ。かかる要求の為にはこれ等の言葉も尚不自由である。

凡てこれ等は各々の範囲において一面の真理を表示し得る便宜を失わない。しかしこれから全般の真相を演繹するなら、それは皮浅な誤謬に過ぎぬ。懐疑に発し究理に基くこれ等の言葉は因襲を去った分明な特質を持つが、その根柢を理知に持つ為に、多く概念の様調たるを免かれない。しかも代表し得るものは説明的内容であって、それ以上を満たす事は望み難い。

言語は反省の所産である。反省は実相からの第一の分離である。特にそれを複雑な理知に導く時、多く概念に終って活きた力に乏しい。吾々は哲学的思索の言葉を離れて活きた信仰の分野に入り、そこに愛される宗教的言葉を顧みねばならぬ。

三

最も純に宗教の色調に鮮かな基教が、一般に究竟者を代表する言葉は「神」God の一字である。この慣用語に対して何等因襲的束縛に悩まない余は、むしろ最も一般なこの表現を愛したい志がある。しかし特に基教の神学の為に尚堪え得ぬ二三の独断がいつもこれによって聯想されるのは事実である。

想うに基教において神の内容の最も根柢的な特質は「有」Being の観念である。古くヤーエーは自らをモーゼに伝えて「我は我有るにて在り」I am that I am（出エジプト記第三章十四節）と云っている。泉をイスラエルに発して長く西欧の地に流れた一脈の思想は強く「有」に対する信仰に立っている。これを「無」の東洋思想に比べては異常な興味深い差違がある。（実際の観念に密着する西欧の文明と、想像に耽る東洋の文化との対比がこの宗教によって更に影響された事も省みねばならぬ、これがやがて一つには科学の勃興を、一つには宗教の精神を育てた大きな動因であろう）。実有より外に見出すべき固定の性質は彼等の眼に映るべくもない。抽象よりも実際に、幻影よりも実相に、冥想よりも実有に、一切の真諦はあらねばならぬと彼等は信じ切った。神は有るものであらねばならぬとのこの思想が、直ちに「有」を目してその根本的内容たらしめたのである。思索に富む東洋の宗教家が直ちに退けたこの「有」の一念も、彼等には信仰の温か味によって疑う余地すらなかった。これが批判的立場から見ては、神の内容に加えた大きな独断の第一歩である。

有は存在である。存在の最も明晰な観念は「人格性」Personality をおいて他に求め得られぬ。基教が神の内容に加えた第二の顕著な独断はこの人格的内容である。何人も創生記（第一章二十六節）に記された六日目の神の言葉を想い起してくる。「吾等をして吾等に象りたる吾れ等の像の如き人を造らしめよ」と。'Let us make man in our image, after our likeness' この創造の過程を溯って吾々の人格性を又神に求めようとしたのが彼等の信仰的論理である。人格性を離れては真の基教の神は決して存在せぬ。人格の忘失はやがて実有の無内容に終る。神は人格的神であらねばならぬとの信仰が彼等の固い所有である。これはただに正統的基教信仰の根本であるのみならず、その神学の原理である。これは神の内容を単な思惟から救い起して、これに活きた姿を与えた特質がある。しばしば仏教に対して基教が誇る宗教内容もこの人格性に対する信仰である。実際この一念は思索より遥かにグラフィック graphic である。一般に及ぼす影響、特に実有につく人心にとって宗教を容易道に導く得点がある。しかし人為的内容の附加は独断の闖入である。多少究理に鋭い者にとってこの人格的性質が、自由自全の内容の中に新たな束縛を介在せしめたと云う罪を看過するわけにゆかぬ。神は人格に反せずとするも人格によって局限せらるべきものではない。人格は一個の範囲である。自由なるものは範囲を容れぬ。正に自由自律なるべき神性を人間によって類推し比論する事は、やがて本来の真意の破壊である。エックハルトが「神」の字義に満足し得ずして既に「神性」Gottheit の字を選んだのも思索を追うものの自然な結果であった。別に象徴的見方として考えるならば人格の信仰にも浅からぬ意味がある、しかし理性に基く神学的内容としては独断的思想である。信仰としては成り立つも、思索としては幼稚《ようち》である。神の内容はここに抽象の影を脱するが、新たに一個の教条に束せられるのである。

ユダヤ教においてヤーエー Yahweh エロヒム Elochim アドナイ Adonai 回教においてアラー Allah と云うも凡て神の固有的名称である。字句は何れにしても可であるが、一国一派の名称に終りその性質は余りに人格に過ぎ、内容は人間を基準の比論である。聖典に伝えられる彼等の言葉は甚だ劇的であるが喜怒哀楽人間を出でず、一切の差別を離脱する面目の表言としては甚だ偏頗である。（基教の正統派神学は必ずこの人格的神の思想を厳守する。しかし最も知的思索に勝れた神学者例えばエリゲナ又はエックハルトの如きが神と云うかかる字義に満足し得なかった心の要求もこれによって理解し得ると思う）。

神の内容に加えるこれ等の独断を別として、更に顕著な一個の態度がある。これはしばしば超越者 The Transcendent の名によって代表される。いつも基教徒から愛される観念によれば神は必ずこの世界の外に屯する。この信念は超自然的 Supernatural 見方である。自然と神とは混一して考えらるべきものではない。神は必ずやこの世界を超越するものであらねばならぬ。神を自然に内在すると見る汎神論が基教の神学から忌み嫌われるのもこの理由に基いている。しかしこの思想が神を宇宙の彼岸に追放して万有から隔離せしめた罪を見逃す事は出来ぬ。神と自然とは対律の二元的関係に立っている。超越とは二者の間の新しい溝渠の是認である。しかも決して架橋を許し得ない溝渠である。かくて超越者は遂に到達し得ない彼岸に屯する高遠な神に終っている。威厳は保たれるも近づくを許されず人は彼に触れる希を断たねばならぬ。神の超越性は基教神学の根本原理であるが遥かに人間内心の満足からは離れている。彼等が神を天帝 Heaven と云うも等しい思想態度の結果である。しかし天は常に地に対しての天である。天地は相容れない二元的区分である。天を慕う者が地を忌み、霊を愛するものが肉を矯めたのもこの思想を信じたからである。人々は天空を指して神の御座を想い、地下を目して地獄の苦を説いている。しかしかかる区別が畢竟人為の所産であって真の福祉がかかる分離の悲哀に見出されようとは思われぬ。かかる差別を絶し融合の悦びを心に希う者にとって、天へのみの信仰は畸形である。ブレークは「天国と地獄との婚姻」を歌った。ホイットマンは「霊と肉との詩人」であった、ニイチェは「善と悪との彼岸」を欲した。「超越者」とは決して神の真義ではない。神は天にのみ屯するのではない。

人々は又好んで「上帝」The Ancient of Days と呼んでいる。恐らくこの語原は幽遠な過去に「創造者」The Creator の存在を仮想した結果である。創造者の思想は遠く旧約時代から涵養され今日に及んだ長い伝習的思想である。これは甚だ劇的見方であり、画相に富む色調がある。しかし理知の批判からこの思想が長く看過せられようとは思われない。創造者の是認は、被造物の是認である故に、一個の二元的世界観である。両者はいつも対峙する内容である故に徹底した一元的要求が長く留り得べき真理内容を持たぬ。しかも神を原因者と見做すこの態度は、因果律を脱せぬ思想である。因果律は単に現象界にのみ許し得べき仮定たるに過ぎぬ。神を目して「支配者」The Ruler と呼ぶも同じである。なべて神と万有とを区劃し対比せしめる思想は甚しく人為的独断である。思索するものにとっては堪え得ぬ幼稚《ようち》な観念である。

彼等は神を「主」Load よ「父」Father よと呼んだ。これ等の声には親しさもあり、愛もあり、その心を察しるに難くはない。しかしこれはむしろ情性の字句であって到底理知の要求をも兼ね満たす事は出来ぬ。主と僕と、父と子と、その間には情愛も濃く肉身の血脈にも暖かであるが、かかる比喩から厳密な内容を採取する事は出来ぬ。暗示として浅からぬ意味はありながら、只一宗の用語であって知解の字句ではない。更に彼等は神を目して「愛」Love と呼んだ。これはその暗示において秀れた音響がある。異性の結合、二者の一致に心を訴える一元的要求の発露として滋潤ある言葉と云わねばならぬ。又真に宗教的真諦がこの間に潜む事は疑い得ない。又これが宗教的真理の理解にとって最も温い鍵である事も否み得ない。又宗教上の最も大きな象徴であった事も歴史的事例である。がしかし知的理解をも示す語としては余りに情に過ぎ詩味に勝つ憾みがある。暗示として象徴としてこそ価あれ、これを直ちに知解の語に導く事はその字義の殺戮である。反省の字としては他に何ものかを求めねばならぬ。

基教はむしろ情意の宗教である。特にその芸術的色彩において甚しく、暗示的であり象徴的である。彼等の字義を単に知的に批判する事は誤りである。思索を彼等に要求すべきではない。吾々はそこにむしろ直観の詩句を味わわねばならぬ。幾百年の神学が積み重ねた因襲の重荷は、吾々の理知の開明にはならぬ。字義は不幸にも独断の侵入によって自由を欠いている。恐らく彼等の特異な神学は多くの東洋の宗教家には不可思議であろう。思索は彼等にはまだ不足である。よしその真意において驚くべき内容がある事を知っても。余は特殊な臭味に過ぎる術語を棄ててむしろ公明な意義を新鮮な字句に含ませねばならぬ。余は今東洋の宗教を一瞥すべき時に来たのである。

四

実有に色どられ情意に濃い基教から、むしろ哲理に近い仏教に移る時、等しく宗教でありながらほとんど別種の世界に遭遇する。これ等の比較は何れの点においても吾々の興味を招いている。冥想に秀で知解に富む東洋の思索者には決して人格的神も宿らず、超越者への信仰も見出され難い。知解の徹底はいつも彼等を独断的思想から解放した。用いた言葉は遥かに豊有でありその撰択も厳密である。字義は暗示にあるよりも理解の表示である。彼等は冥想し思索し真義に肉迫した。彼等の思想を代表する言葉にはいつも長い疑惑と追求との背景がある。彼等はあらゆる思想を批判してその絶対値を求める事を忘れなかった。これを現わすべき字句にも周密な用意を払った。西欧の人々には疑い得べくもない「有」の観念をも彼等はいち早く評価し去った。神の超越性は基教徒の要求であるが、如何にしてかかる事が可能であるかと云う問いが先ず仏教徒の批判であった。疑いを許さぬ信仰が基教の生命であるに対して疑い尽す冥想が仏教の特質である。必然前者において字句は肯定的であり後者において否定的である。

しかしかかる否定は肯定の否定に終るのではない、否定をも否定し去る最後の否定である。肯否共に無辺の内容を語るにしては尚不足である。必然彼等が愛した知的表現は只一途より他になかった。彼等はいつもかかる対辞を共に捨て去って、更に別に伝える所があらねばならぬのを感じていた。吾々は経典のほとんど随処にこの適例を択ぶ事が出来る。維摩経見阿閦仏品に「我れ如来を観ずるに……晦なく明なく、名なく相なく、強なく弱なく、浄にも非ず穢にもあらず、方に在らず方を離れず、有為に非ず無為に非ず……知ならず愚ならず、誠ならず欺かず、来らず去らず、出でず入らず、一切の言語道断す」と。人々はこれを否定に終る教としばしば呼んでいる。しかし真意はかかる事にあるのではない。肯定否定の二元を共に離脱しようとする要求に基くのである。彼等の許し得べき字句は「有」でもない、又その対辞としての「無」でもない。無限でもなく有限でもなく又その中位でもない。字句で現わし得べき内容は一切不足である。これを強く感じぬいた彼等は斯る言語を一切棄て去りたい要求にかられていた。しかも言葉を用いる限り、「これにも非ず彼にも非ず」と云うよりほか云い得べき表現を持たぬ。これが言葉に束せられしかも言語の束縛から脱しようとする最後の試みである。これが東洋宗教が特に択んだ知的要求に基く所謂「否定道」の表現である。（Via Negativa と云われるも、厳密に云わば否定でなく離脱の意である）。基教においてもそれが知的内容を容れる時、著しく東洋の色彩をおびている。なべて神秘説の許に集る一連の宗教家は殆どこの「否定道」を撰んでいる。彼等はいつも否定に否定を重ねて、一切を離脱し真諦に迫ろうと企てている。かのディオニシウス・アレオパジテを始め、彼の著書を飜訳したエリゲナ又は彼等の影響に立つエックハルトの如き凡てこの例に洩れない。神学の父である聖アウグスティヌスも実にこれ等の言葉を残した。「神はその統体において一切に存在し又存在せず……彼は最も匿れ最も現われ、最も美にしてしかも強、容易にして難解、不変化にして一切の変化、新に非ず旧に非ず、常に働き常に休む」と。人々は否定的消極的と云う故を以て東洋の思索を難じるが、しかし思索の度において批評家は彼等の深さに比し得べくもない。

かかる態度が凡ての東洋的字句の濫觴であった。冥想が産み出した数々の言葉、無住、無為、無名、否々、空々又は一字無と云うが如き、凡て言葉を絶しようとする最後の言語的表現である。出来得るなら彼等は「無」の一字をすら用いたくないのである。沈黙を彼等は愛していた。それが最も雄弁なのを知りぬいていたからである。「大弁不言」と荘子は書いている。碧巌集に漸源が道吾に道を尋ねた一章がある。答えは只「不ㇾ道《いハ》不ㇾ道《いハ》」であった。梁の武帝が達摩に問うた時、一言「不識」と云われている。聖ヴィクトールのユーゴーは冥想の期を三つに分けた。第一は中止、第二は沈黙、第三は休眠と。凡てこれ等の内に宗教の秘事が温く包まれているのを彼等は知っていた。言葉こそは皮浅である。最良の言葉はいつも沈黙を出ない。「直指人心」においてのみ宗教は活きている。「以心伝心」においてのみ理解がかわされている。心はあらゆる言葉から解脱されねばならぬ。

空滅 Emptiness 休止 Rest 無言 Dumb 無識 Ignorance 暗黒 Darkness 貧困 Poverty これ等の言葉は一見拭い得ない欠陥を持つ様にさえ思われる。しかし彼等の真意を理解し得るなら、これ等の言葉も異常な意味に甦るであろう。真に無にして始めて有たり得るのである。老子もキリストも嬰児を愛した。彼等が最も神に近いのを知っていたからである。無は消極の意を含まぬ、又否定の意にも終らぬ。無なるが故によく有たり得るのである。それ等の奇異な言葉もかくして自然に理解せられねばならぬ。

真に知解を進めるならば、彼等の言葉こそ却って真理の面目の把捉である。思索の結語は「無」の一字を措いて求め得る事は出来ぬ。しかしこれが果して最後の満足すべき表現であろうか。理解はよしその真意を汲むとするも、「無」の言葉にはかくて二重の意義を生じる。一つは有に対しての無、一つは有無を絶しての無。しかし「無」の一字は一般に前者の意であって対句たる以外に何等の絶対値をも含まぬ。一元の「無」は特殊の理解を要せねばならぬ。しかも尚長い歴史の推移によって原意はその外装を変えている。今の人々から一般に愛されるにしてはこの一字は尚難解である。いわんや余りに東洋の色調に過ぎる憾みがある。余もまたこれを避ける前に正に如何なる内容が余が欲する言葉の内に含まれねばならぬかを書かねばならぬ。

五

望むらくは二三の字句を以て、無辺なものの内容を現わし得たいのが余の本旨である。しかも活きた力の表示として概念に過ぎる事なく、且つ情趣と知解とを兼ね備えた字句でありたい。尚出来得るなら慣習に痛まず、滋潤ある新鮮な薫りをこれに加えたい。

先ず余は注意を以て特殊の思想及び字句が自由な内容を殺傷せぬ様に努めねばならぬ。なべて説明的内容に字句を委托さすのは危険である。究竟なるものは定義を容れぬ。あらゆる断定は定限の宣告である。余はかかる桎梏に自由なものを幽閉すべきではない。人為の加味は原意の殺戮ならずとも大きな破壊である。いわんや皮浅な理解とそれに基づく言葉とを以て彼を代表せしむべきではない。先ず一切の独断を吾々の思想から除去せねばならぬ。人格的内容の如きは、尚人為的独断の遺跡である。「超越者」と云うも思惟の速断が致す理解に過ぎぬ。よし善意において「至善者」と呼ぶも内容は尚稚態を免かれぬ。

第二に自全自律なものに対する相対的性質の挿入は愚かな反逆である。しかも一元を二元に引き戻して尚その一面をのみ高調しようとするのが一般の傾きである。本来善悪の区別をすら離脱するものを人は往々「善」と呼んでいる。しかしこれは不完全な相句である。神を大であると云い至上であると云うも凡て比較級を出ぬ貧弱な形容に過ぎぬ。凡て対辞を持つ言葉「一者」「本体」「一般者」「無限者」「絶対者」と云うが如きは、よし一面の真理を伝え得るとしても、これで一切の差別を許さぬものを代表せしめる事は無理である。真の字句はかかる相対的二面の何れをも含み、しかもそれに束せられない何者かの表明であらねばならぬ。これが為に吾々は少くとも二個の内容を要求せねばならぬ。

先ず厳密に一元的内容を保留せしめる努力を試みねばならぬ。言い換えれば二元的性質の離脱を示すべき字句を選ばねばならぬ。しかも第二に二元両面がその内に矛盾なく調和せられるが如き内容であらねばならぬ。約言すれば矛盾を包含ししかもその矛盾の調和であらねばならぬ。しかし不幸にも吾々の論理的知解及び言語の性質はこの二つの希願の何れをも許し得ない。言語はそれ自身において相対的でありしかも一面的である。善は悪の対辞でありしかも区別である。今試みに「善なる悪」

と書いたとする。内より見ればこれ等矛盾の言葉は却って真理の真面目であるが、しかし論理的には決して許されまじき言葉である。

しかしこの二つの要求を満たしたいのは特に東洋の思索者の希いであった。あらゆる二元を脱しようとする試みが彼等に「否定道」を選ばした事は前述した。「有にあらず無にあらず又有無にあらず、その中位にあらず、総和にあらず」とは彼等のいつも止み難い声であった。実際これが論理的に誤謬なくして云い得る最後の知的言葉であった。詮ずる所一切を「無」の一字によって代表さすより外に道はない。しかし一般に「無」は対辞からの離脱としての「無」ではなく、単に「有」の対句である。必然これが仏教に対する甚しい誤解の端緒である。東洋の思想を否定的消極的と評するも「無」を「有」の単なる否定に解するからである。

仏者はこの一字すらもの足りないのを知っていた。果然彼等は一層能動的態度によって論理的言語の破壊に及んだ。彼等は論理に許されまじき言葉によって、その束縛を脱し真の面目を画こうとした。これは知的には解し得ぬ事でありながら、彼等は這裡に真諦の実相が躍如としているのを知っていた。所謂神秘家特に禅家の言葉にかかる事例は夥しい。雷の如き一黙、多忙なる休息、赫々たる暗黒、無音の響、一切を含む無、饒舌なる沈黙、又は橋流れて水流れずと云う如き敢えて矛盾を高調して、這裡に無辺の調和を示現したのである。

これは驚くべき企図である。只無言の理解のみがこの驚愕を同情に、奇異を自然に更え得るであろう。彼等は敢えて玄妙を句に衒ったのではない、これが必然の与えられた道なのである。しかし彼等はこれに終るのではない。「知解道」は既に「無」の一字に尽きている。「矛盾道」はこれ等の逆説 Paradox に充たされている。一つは論理の終末であり一つは論理の打破である。彼等にとっては今理論の解脱が所望である。思索は思索によって絶せられねばならぬ。「最も確実な審判によれば最も抽象的な真理は最も実際的である」とエマソンが云ったが、彼等はその思索を徹する事によって情意の道に逢接した。一転して知的表現から芸術的表現へと突き入った。凡て神秘説を代表し得る思想、わけても禅宗の如き道教の如きは芸術と密な関係がある。あらゆる神秘思想が所謂象徴主義に豊かなのはこれによるのである。禅は実に釈尊が拈華の時、迦葉が破顔微笑したあの詩的物語りを以て始まるのである。凡ての宗教的儀礼は象徴にその起原を発している。これが彼等の好んだ「象徴道」である。

しかし純の象徴は芸術であって知解ではない。一面知的要求によって一元を唆示ししかも象徴によってこれを具体化しようとする要求が吾々に今残されている。抽象に流れず詩美に過ぎず、説明に終らず暗示に豊かな字句をば選ばねばならぬ。

かくて余が如何なる字句を用ゆべきかを披瀝する順次は来たのである。しかし余の要求に対して更に一度冥想に傑出した吾々の祖先の言葉を顧みたい。余は如何に彼等が並ならぬ思索と周密な用意とを以て字句を選んだかを感謝せねばならぬ。

さて余が認めて彼等の深い注意の遺跡であると考える言葉は先ず「如」の一字である。「如」とは「ごとし」であって何ものかの指示 Indication であり、暗示 Suggestion である。「如」は正に象徴的意義の最も簡潔な知的表現である。定義によって局限する事を恐れた用意深い思想家は自からこの一字を愛している。特に仏者がこの表現に好んで思想を託したのは興味深い事実と云わねばならぬ。老子も彼の道徳経に幾度か等しい字を用いた。実際この一字こそ知識的表現と象徴的表現との結合である。仏者は如来、如是、一如、如語者又は如々と強く云った。「如」の内に多くの暗示を含めた彼等は遂にこの字句に新しい意義をさえ加えた。後にこの字は転じて絶対値を意味する不変不動の意にかわっている。「真如」とは彼等の最後の句であった。只余より見れば真の一字があたら蛇足である。大般若経に「常如《ニ》其性《ハ》不二虚妄《ナラ》一、不二変易《ナラ》一、故名《ニク》二真如《ト》一」と。又起信論に「当《ニ》知《ル》一切《ノ》法《ハ》不レ可《カ》レ説《ク》、不レ可《カ》レ念《ズ》、故名《ニツケテ》為《ス》二真如《ト》一」と云っている。

余は先ずあらゆる周密な知的要求としかも象徴的内容とを充たそうとして、彼等が最後に求めた「如」なる一字を排斥する理由を知らぬ。余は余の優秀な祖先が愛するものを愛する悦びを受けようと思う。維摩経菩薩品に「一切《ノ》衆生《ハ》皆如也、一切《ノ》法《モ》亦如也、……夫《レ》如者不二不異」と。「如」は正に余が要求を満たし得る内容に最も接近する。ここには何等の独断もない、暗示によって定義の桎梏が解放されるからである。人はこれを目して把捉し難い不定の表示に過ぎぬと思うかも知れぬが、決定こそ死滅である。只一字「如」にして始めて自由である。これは「有」でもなく又「無」でもない、更に何物かの暗示である。この単な「如し」の字が後に「不二不異」又は「不変不動」を意味するに至った経路に就て余は浅からぬ興味を抱いている。これは実際余が後に見出した驚愕である。しかし余は何等余の慣用において「不二」「不変」の意を加えようとは思わぬ。かく定義すれば既に束縛である、只「如」にしてそれで充全である、これが遥かに暗示的でありしかも鋭妙である。

しかし余はこの一字に対して一層の強度を加えて鮮かにこの意を伝えたいと思う。かかる要求に襲われた時彼等はよく等しい字を重ね用いた。「如々」と云い「空々」と云い「玄之又玄」と云うもこれである。しかし余はかかる旧套を模さず、しかも新しい意義を含めて、余の用ゆべき字を活かしたいと思う。余に与えられたのは「即」の一字である。「即」は「すなわち」であって直下の謂である。二個のものに間隔の介在を許さぬ謂である。間一髪を容れぬ態の消息である。分離を許さぬ規範的命令である。余は真に一元を代表すべき言葉としてこれに勝るものを見出し得ない。これはあらゆる空間的時間的差別相の離脱を内意する、即興、即時、即断と云うが如きもその間に時間的介在を許さぬ謂である。（「即」は「則」と同義ではない。後者は上を承ける説明の接続詞であって直下の謂ではない、又「乃」とも区別せられねばならぬ。「乃」は句調を緩和ならしめる言葉であって、別に上下の間の密着を喚示する意味を持たぬ）。

「即」に異字同義を求めれば「近」、「今」、「同」等にやや近い、しかしこれ等は凡て明らかな対辞を持つ字であって「即」程徹底して一元的内容を暗示する事は出来ぬ。仏者が「即心即仏」と云うのはこの字義の最も明晰な応用である。「即」は何等の継時的説明語ではない。同時的合一を内意する。「即心即仏」と云うも何等両者の関係の説明を意味せぬ。心と仏と本来一体であるべきを「即」によって指示したのである。直下、直指と云うもややこれに近いが尚容易に対辞を聯想する。只一字「即」は規範的に二元を許さぬ絶対値の暗示である。観無量寿経疏妙宗鈔に「即者其体不二」とある。「即」を「不二」と呼ぶのは既に蛇足であるが、「即」の説明としてはこれ以上を出るわけにゆかぬ。余は「即」「如」の二字によって一つは一元的知解を代表し一つは象徴的暗示を含蓄せしめ得ると信じる。言葉は畢竟不敏である。しかし余はこの二字が余の要求に最も温かい糧たる事を感じている。「即ち如し」でそれで満足に近い。諸君よ、諸君は何の語を以てよく究竟者を呼び得るとするであろうか、在来の語は凡て独断に非ずば因襲に悩んでいる。かりにその何れかを選んで彼を名づけて見る。しかしその定義は只彼を一面の内容に局限するに過ぎぬ。それは無辺なものに対する人為的不敬である。あらゆる定義は自然なものの破壊である。凡てはありのままにして充全であり完璧である。言葉でこれを指示しようとするなら、只暗示せしめるより外はない。暗示を芸術に托さず知解に結ばせようとするならば、吾々が云い得る最後の言葉は「即如」である。

用語の如きは既に第二義であると云うかも知れぬ。しかし人は第二義の事においてすら自らを誤っている。慣用は親しみであると共に因襲である。字義の束縛によって人は思想の自由を失っている。字義がもたらした人心の枯死は枚挙に遑《いとま》あらぬ。特に宗教においてその弊害は甚大である。彼等は揺籃の内に字句によって既に心の固定を受けている。用語は第一義ではない。第一義のことは只心によってのみ伝えられる。只反省によってそれを顧みる時吾々には止み難い言葉が起る。しかし言葉によって原意を傷つくべきではない。この為には言葉をこそ謹まねばならぬ。余は反省によって宗教の真諦を画こうとしているのである。必然その究竟者を表明すべき正当の字句を捕えねばならぬ。余はこの希願によって求め得たものをここに叙述したのである。敢えて新を衒うのではない。余の要求がこれを求めさしたのである。新語は余の撰ではない、余に与えられたのである。

(「即如」の訳語はほとんど不可能である、「真如」は鈴木氏によって‘The Suchness’と訳されている。これは甚だ巧みな訳と云わねばならぬ。只多少抽象的な憾みがある。むしろ平明な原調を保つ為にnessと云うが如き語尾を避けねばならぬ。余は試みに「即如」の訳を‘The Likewise’としたい、希くは原義に近いかと思う)。

(一九一七年三月稿)

即如

夜々仏を抱いて眠る、　朝々還って共に起く、
起座鎮《つね》に相随う、　語黙同じく居止す、
纖毫も相離れず、　身影の如くに相似たり、
仏の去処を識らんと欲せば、　秖這《ただこ》の語声是。

(双林傅大士之偈)

実際吾々は即如に就て積極的に語り得る如何なる言葉をも持ち得ない。言葉に現わし得る即如があるなら、それは既に即如とは認め難い。云い現わし得ぬ即如のほかに、あり得る即如はない。「神は間接の名称を好むが、直接に名づけられる事を嫌う」とエマソンは書いた。定義は畢竟何ごとかの限定に過ぎない。即如はいつも文字を越える。現わし得る言葉はいつも不足である。云われざる言葉のみ即如を語るのである。経にも「如来は文字に堕するの法を説き給わず」と書かれている。宗教はいつも多言を戒めている。「予は言う無からんと欲す」と孔子は静かに答えた。

もしも即如を語ろうとするならそれを象徴の意に托するより他はない。宗教も芸術も象徴を愛している。象徴は言葉を持たぬ理解である。それは説明ではない暗示である。概念なき表現である。しかしかかる象徴に即如を示すのがこの一章の試みではない。かく理知に終らず象徴に托さず即如を示したい時、人々はしばしば矛盾の表現を撰んでいる。「赫々たる暗黒」とは彼等の愛した神秘であった。「不言の言」が彼等の聞いた声であった。しかしこれは矛盾を肯定する事によって論理の法則を棄てねばならぬ。只心を以てのみ心に伝え得る言葉である。実に理知は即如に就ては盲目である。即如を光として示し得るのは宗

教の信と芸術の美とのみである。

しかし一度即如を想い回して、それが如何なるものであるかを明らかにしたい時、吾々は哲学に帰らねばならぬ。哲学とは畢竟即如への抑え得ない追憶の情である。かつてノヴァリスはこれを懐郷に病む心に譬えた。哲学は冷やかな批判の心に思われているが、即如を温く想えばこそ哲学があるのである。人は故郷への里数が離れるにつれて、尚その記憶を強めたいであろう。反省はものからの分離であるが、同時にものへの愛着である。反省とは切実な体験に就ての明晰な認識を求める意である。吾々はこの心の故郷を明らかに思い浮べたいのである。信仰はそれが真理として認められる事をも求めている。無意識はいつか意識される事をも求めている。余の試みはかかる追憶を即如の内容に加えるにある。

しかし凡ての分別は未分な即如のそのままな理解とはならぬ。反省に現われる知識は畢竟複写である。反省は反省に終ってはならぬ。分別は差別である。分別の言葉は相対に過ぎぬ。相対であるなら言葉は落度なく即如を描く事は出来ぬ。却ってかかる言葉の否定が即如を示すのである。ここに即如に就ての反省は自から否定的表現に依托される。実に哲学が即如に就て最後に告げ得るのはこの消極的述べ方に過ぎない。少くとも言葉によって示そうとするなら、相対を脱した絶対事はこれを否定的に云い現わすより道はないのである。

即如は断定される事を厭う。彼は一切の性質から自由である。これを「大であり深である」と云うも貧しい形容に過ぎぬ。「大ならず深ならず」と云う方が真意に近い。何が故なら即如は大小深浅の区劃をすら越えるからである。実に彼に関する否定は例外なく真理である。読者はこの一章が否定的内容に止るのを卑下すべきではない。消極的表現は凡ての積極的表現が浅薄であると云う理解の後に現われるのである。古来優秀な凡ての冥想的思索者はこの否定道を撰んでいる。「奥義書」においても「中論」においても、又凡ての仏典においても「老荘」においても、用意深くこの否定に意を托している。基教においても深い神学者は同じ道をとった。所謂偽ディオニシウスの如きエリゲナの如き又はエックハルトの如きはその例である。これは空虚を説くのではない。有無をすら絶した絶対の自由を表示したい要求があるのである。

象徴に委ねるなら別である。又矛盾に言葉を托すなら別である。かかる道によらず余は今思索によって即如が内容上如何なるものであるかを書きたいのである。一層切実に云えば即如はかくかくのもので無いと云う事を明らかにするのである。イスラムの聖女ラビアの言葉に、

'Thou knowest Him as such and such, I as non-such.' 出来得るなら余もまた即如を non-such として説きたいのである。哲学は畢竟宗教を裏から告げるのである。しかし濃い影はいつも強い光の裏書である。もしも否定をつきつめたら、それは明らかな

肯定を予想するであろう。余の企てはこの理知の影を濃く画く事にあるのである。哲学の帰趣は必ずや宗教である。

一

即如の内容は云う迄もなく絶対義において解されねばならぬ。しかし究竟又は絶対とは凡ての思惟が最後に愛する言葉であるが、不可思議にもほとんどこれに対する厳密な理解を保持した場合がない。絶対が一切の対立二元を絶した内容であると知りながら、よく思惟が相対の域を破り出て、絶対を認知し得たことは非常に稀だと云っていい。人は「本体」又は「実在」Nou-menon, Reality を説くが、これが「現象」とか「仮象」Phenomenon, Appearance とかに対比されずして考えられたことはほとんど無い。しかしかかるものが実在であるなら、その実在は単に現象への対辞 Anti-thesis であると云う迄である。かかる絶対は一種の相対に解された絶対に過ぎぬ。これ等は凡て厳密を欠いた絶対の理解と云わねばならぬ。本来あるがままの一律を既に分析した人為的所産である。即如が真に絶対として解されるなら、かかる対辞を持つ内容を認許する事は出来ぬ。余は現象に対せずして実在が理解される時、始めてその絶対義を捕え得るのであると思う。対辞なき内容のみ自律である。即如は純にそれ自らにおいて解されねばならぬ。

一般に「無限」とか「絶対」とか云う言葉も、只「有限」と「相対」との反律としてのみ理解される。しかしこれ等が対辞に過ぎないならば、かかる無限は一種の有限に過ぎなく、又その絶対も尚相対的であると云わねばならぬ。かかる無限は有限なくしてはあり得ぬ無限だからである。有限の否定と絶対とは別事である。真の絶対においては絶対相対の分別すらないのである。カビールが「梵は有限にして且つ無限、又有限を越え無限を越える」と歌ったのはこの意であろう。かかる境は概念以前である。左がなくしてあり得る右である。隻手の声とはかかる意味であろう。その裏面の反律によって得られる正面は絶対な正面とは云えぬ。純に「中」を想わんとするなら決してこれに上下の概念を随伴してはならぬ。真の「時間」は過去と未来とを許さぬ時間である。いわんや歳月に刻み得る時間ではない。「無」もその絶対義においては常に有無共になきの「無」であると知らねばならぬ。いわんや「無」とは有の対辞ではない。純にものをその未分の境に理解する時始めて即如に触れ得るのである。

哲学はしばしば一と二とを峻別した。しかし第一次 Primary とか第二次 Secondary とか云う区別も、何等一に対する真の理解とはならぬ。一般に一は二又は多に対して考えられる。哲学上一元論二元論の争いは全くかかる見解に起因する。しかし真に自律する「一」は対辞を持たぬ。一元が二元の対辞であるなら、かかる一元は尚二元に過ぎぬ。二に対する一は純な一ではない。二元多元の聯想を離れて一元が認識し得られる時正当な理解が許されるのである。即如を「一者」であると云う場合、それは純に自律するものとして理解されねばならぬ。かかる一は如何なる数でもない。一は単位ではない、二になり得る一ではない。即如に数はないのである。数え得る一は相対的一に過ぎぬ。一とは未分を示さねばならぬ。未だ二の観念すら入り得ぬ境である。数なき一である。純の「一」は「無」である。「神は一なる故名づくべからず」とはこの謂である。人は一に執着する。しかし一に堕する時は既に二である。「二は一つに由てあり、一もまた守ること莫れ」と「信心銘」は書いた。一とは一の数でもなく又字義でもない。分別せられた一二は即如の解明にはならぬ。一二の未分時に一としての即如が在るのである。一対二ではない、一即二である。所謂「一に多種あり、二に両般なし」とはこの意であろう。一元と二元との争いは哲学の栄誉ある仕事ではない。一と二とを結ぶのが哲学の本旨である。詩人が「天国と地獄との婚姻」を歌った心は、又凡ての思索者の愛する求めであらねばならぬ。

「無限」The Infinite と有限の否定としての無限とは明らかに区別されねばならぬ。「一者」The One は数えられる一であってはならぬ。「統体」The Whole は部分に対して思惟されてはならぬ。ヘーゲルは Das Endlose と Das Unendliche とは異ると云っている。前者は只否定に過ぎなく従って尚相対的であり、後者のみ真の規範的な当為 Sollen の内容である。プロクラスも統体と云う事には三つの異る意味がある、第一は部分に対する統体、第二は部分の加としての統体、第三は部分全体を許さぬ渾一体である、この第三の統体のみが究竟の統体であると云っている。誌公和尚の「十四科の頌」に所謂「菩提煩悩不二」、「持犯不二」、「静乱不二」、「善悪不二」、「生死不二」云々と云った境が即如の如実な相であろう。もし即如の宗教的意味を捕えようとするなら、これは純粋に二元を越えた意に解さねばならぬ。一とも二とも云い得ぬ一であらねばならぬ。自律する内容のみ即如を示し得るのである。即如とは対辞を容れぬそれ自身の内容である。

如何なる対辞をも許さぬ内容とは、吾々の思想に根柢的な改造を迫っている。究竟の真理はよく相対の言葉が断定し得る内容ではない。在来の即如に就て用いられた言葉「有」、「一者」、「実在」、「本体」と云う意味は先ずその字義を根本から覆さねばならぬ。即如は文字を越える。かかる字義に執着しては闡明し得る即如がない。反省はものを両面に区別する。しかしあるがままのものはその原始において未分である。区別は便宜の為めの作為である。区別に堕する時、人は本末を顛倒する。哲学は字義の争いに終るが、対辞に悩む字義の解脱によってのみ哲理は満たされるのであると知らねばならぬ。ディオニシウスが云った様に知見を離れる時が、却って真の知見を得る刹那であろう。

畢竟凡ての言葉は対辞に傷つく言葉である。吾々は即如に関して何事をも云い得ないのである。凡ての言葉は容易にその裏面を予想する。老子は不言を教えた。禅は文字を立てない。無名とは彼等が与え得た最後の名であった。深い宗教的意識においてはいつも沈黙が最良の言葉であった。吾々は究竟な即如を形容する究竟な言葉を知らないのである。無限であり永劫であると云っても尚微弱な意を伝えるに過ぎない。エックハルトは驚くべき事を明言した。「人間は神よりも優秀である」と。神においてbesserとかbestとか云う比較差別はあり得ないからである。凡ての比較凡ての差別は人為である。即如においては相対も二元もその影を没するのである。即如は如何なる束縛をも許さない。真に自由自律であってその前に何等の対辞をも許さない。これは即如に関して否定的に云い得る一つである。

二

自然は多面な相を示している。それは知にとっても情にとっても驚くべき至宝の蔵庫である。吾々はその美を味わう為に種々な道を選んでいる。一つの花も生物学の充分な対象である。吾々はここに生成の秘密、進化の原論を読む事が出来る。しかしこれに止るのではない。その一ひらの花弁も自然を貫く化学の法則を内在する。しかもそのか弱い姿は物理の学をさえ支えるに足りる力を包むでいる。数理も一日としてこの内に潜まない事はない。ここに科学は彼の尽きない倉庫を持つのである。或る時は又これが歴史の興味深い数頁を飾るであろう。又或る時はその響動に心理の過程をすら尋ね得るであろう。しかし花の秘密は尚これに終るのではない。それはしばしば美しい詩篇に編まれ、又驚くべき画布に活きている。深い洞察にとってはこれが宗教への暗示であろう。吾々は各々の相を見る事によって花の自然に近づくのである。なべて自然に或る理解を求めようとするなら、必然或る立場を選んでそれを極め尽さねばならぬ。

科学もその立場の明らかな例である。その理解に順じて或る者は機械論を守り、或る者は生気論を選ぶであろう。数理もその立脚地の一つである。歴史もその一つである。社会学も心理学も哲学も或る立場の表明である。種々の学派は更に分たれた或る主張に基く明晰な立場である。

山の頂きは一つであるが登る道は多岐である。実在は普遍であるがその様調は多面である。自然は種々な相を呈して吾々に与えられる。従ってこれに近づく道も多様である。科学の存在は芸術の否定にはならぬ。自由の肯定は法則の破壊にはならぬ。各々は各々の立場を守る事によってその真理を保有するのである。さて即如は如何にして闡明せらるべきであろうか。今は即如の理解に対して何れの立場をとるかと云う事が問題である。しかし一層適切に云えば如何なる立場が許されているかと云う一事がより重要な問である。

花は種々な理解を吾々に招くであろう。しかし知り得るその構造も生理も又そこに潜む凡ての法則も、物としての花に加えた分別である。かかる知識の綜合が直ちに花の即如の理解であろうか。恐らく花の真の味識は花を前に置いての観察ではない。花そのものの裡に活きる時、花に宿る即如は理解されるのである。既に分別を容れ得る内容は即如の表明とはならぬ。分別による万言の説明よりも、呼吸をすら奪う美観の刹那がより内面の理解であろう。心が花の美に打たれる刹那、花に就ての反省があるのではない。花そのものがあるのである。この時余は花に活きるのである。余は花を前に置いて或る立場をとるのではない。否、この瞬間には余と花との区別された意識すらないのである。余が在ると云うよりも余の脈搏が花の美に打たれるのである。余と花との間には一すじの隔りすらない。花と余と相即であるこの折に、花の即如を余は味わいつつあるのである。美感の内容は凡ての科学的内容を越える。余は花の或る部分を知解するのではない。余は花の統体を心に味識するのである。如何なる立場による観察が余に美を与えるであろう。美とは何であるかとの理知の解答より、言葉もない美観の刹那がより深い美の理解であろう。即如は果して或る立場を厳守する事によって認識し得られるであろうか。何の立場がよくものそのものの理解となるであろう。

そもそも或る立場を守るとは如何なる意味であろうか、或る立場から見た内容とは、それによって尺度された内容であると云う迄である。これはその立場に依ってのみ許された真理の肯定である。自らの立場を選ぶとは特殊な観察に立つ意味である。或る一定した単位を選んで約束せられたその仮定の上に真理を築く謂である。立場そのものは約束であって自由な変易を許し得ない。吾々はかかる特殊の立場からどうして絶対の内容の理解を予望する事が出来るであろう。ベルグソンは純粋の時間を捕えようとしてこれを縦断面に理解した。しかし彼の継時的理解も或る立場からの見方に過ぎぬ。横断、同時への対辞であるこの内容は尚一種の相対的理解に過ぎぬ。時間の即如はかかる一面に限定されるべきではないであろう。真の絶対な時間は既に継時同時又は動静の分別をすら容れ得ないからである。

即如を味わおうとする者はその未分時において理解を求めねばならぬ。或る立場をとるとは既に区別せられた観察に過ぎぬ。吾々は即如のありのままな面目を或る立場によって示す事は出来ぬ。かかる立場によればかかる理解が加えられると云う迄である。それは即如の本然な表示ではない、特殊な人為的な解説である。元来渾一である即如を分別せられた定義に納めるに過ぎない。即如そのままな理解はかかる立場の何れをも許し得ない。立場をとる暇もなく即如に直接した刹那が、その如実な体認である。反省ではない、直観がより真な理解である。吾々は即如を外に観ずるのではなく、即如そのものに活きねばならぬ。凡ての立場からの離脱のみ即如を如実に味識し得るのである。立場によって得られた真理は複写された即如の諸相に過ぎない。あるがままの即如はかかる分別を絶するのである。立場は一個の途程である。しかし何等の途程すらなく、ものを直下に理解するのが宗教である。即如は自ら宗教を招いている。「神と汝との間に何ものをもおいてはならぬ」とエックハルトは書いた。立場をすら介在せぬ理解が始めて即如の真実な理解である。

かかる意味において単に夢幻の様に思われる芸術は、実証の科学よりも遥に鋭い即如の理解である。芸術とは或る規矩によるものの見方ではない。従って定義であるよりも暗示である。思惟以前の象徴の境が芸術の分野である。芸術は主義を脚下に踏みながら、何等の人為なく加工なく自然の奥底に迫るのである。捕え得た美がよく永遠であり得るのは即如を直下に暗示するからである。真の芸術は自然の説明でもなく又註解でもない。科学が分別に自然を写そうとする時芸術は未分にその美を捕えようとするのである。彼等は人工によって変易すべき自然を持たない。ロダンが「自然はそのままにして完全である」と云ったのは、この未分なる自然、「未だ造られず造らぬ」自然の美を指したのである。かかる信仰は哲学的にも理解されねばならぬ。人工に堕する時、自然は既に未分の境を去って分別に移るのである。立場を選ぶ事によってその一面は披瀝される、だがその統体は隠匿されるのである。芸術も一個の立場であると云うなら、自由さがその立場とも云うべきであろう。

芸術にとって主義は堕落であった。宗教にとっても流派は凝固であった。形式は生命を拘束する。吾々は凡ての手段を絶し介在を破って直ちに即如に触れねばならぬ。立場を撰ぶとはその立場を守るとの約束である。立場を守るとはその立場に限るとの謂である。或る立場に活きる時、吾々はその立場に死ぬのを知らねばならぬ。真の即如の理解は一切の立場を絶するのである。立場のない理解とはものに即する謂である。余が凡てに自由である時、余は即如に活き得るのである。哲学も久しい間即如の理解に対する一つの立場であった。しかし哲学の最後の任務は、即如を何等の立場なく独断なくそのままに理解する事にあるのであろう。立場からの解脱が哲学の帰趣である。

一切の立場を許さぬ時、人は無為であると詰るであろう。しかし美感の刹那は空虚であろうか。否、その時こそは激動の刹那である。吾々が何事をもなさぬとは、神が凡ての事をなすとの謂である。神をして多忙ならしめる為に吾々が休息するのである。これは一切を神意に委ねるの謂である。神の御心のままにと信仰は云わしめている。この時のみ余は即如に活き得るのである。「何等の方法なく神を知る時、余は彼であり彼は余である」とエックハルトも云った。立場なき理解とは概念なき理解である。思惟を容れぬ味識である。直観とはかかる事を意味するのであろう。即如は如何なる立場による理解をも許さぬ内容である。

三

知識は何事かに関する知識である。対象を持たぬ知識はこの世にあり得ない。飽く事を知らぬ知識の前に一切は実にその対象である。しかし一事のみがこの羈絆を脱している。

対象とは既に主客の予想である。即如が余の対象であるなら余と即如とは相対の関係にある。加えられた即如に関する一切の判断は、かくして即如の内なる味識とはならぬ。人は神学が神に関する知識であると見做している。しかし反省せられた神と神そのものとは区別されねばならぬ。神が対象の世界に遷される時神学は成立つであろう。しかし神が対象たるを許さぬ時始めて宗教が活きるのである。即如はその絶対義において既に対象の位置を脱している。知はこの前に臨んで何等の施すべき術がない。神が知にとっての「暗黒」であるとはこの意味である。

何事かに関する知識である以上、それは畢竟間接的知識である。対象の是認は実にこの関係を余儀なくせしめる。ものの内面に即する知識は既に対象の知識ではない。対象化せられるとは分別の域に移された意である。未分である即如は対象化し得ぬ厳然とした内容である。これを対象の域にもたらす時、只反省せられた複写があって即如そのものは遠く去るのである。美に関する解説が美感の事実とはならぬ。宗教も芸術も余に求めるのはかかる直接な体認である。教条や学説は只後に附加せられた説明に過ぎない。一知識よりも一信仰が生命のより切な要求である。霊の福祉は即如を内に抱くにある。即如を余の前におくのではない。即如に余が活きる時、只この時のみ即如の真の理解がある。

知識が何事をもその対象となし得ると思うのは妄想である。又その知識が即如の表示であると思うならば、それは一層許し難い誤認である。対象に待つ凡ての知識は相対である。余と事象とが主客の位置にある間、余はその即如を味わう事は出来ぬ。ものに即するとはそれが余の対象たるを許さぬ意である。対象なき知識が味識である。即如が余の対象である限り余は宗教に触れる事は出来ぬ。即如は一時たりとも対象たるを許さぬ。対象たるを許さぬ内容が即如である。対象たり得る一切のものは絶対に飢える心の糧にはならぬ。分析に基く理知の解明は即如の前にはいつも盲目である。ここにおいては知の明晰も尚不明である。即如は知の明晰を必要とせぬ、自明にして説明に余るからである。

対象を絶するとは、ものの内裡に入る謂である。即如と相即である場合である。反省は真理を画くが、反省を脱してのみ真理に活き得るのである。真理を解するとはこの真理への内生を意味せねばならぬ。知らるる真理は相対である、只味わるる真理のみ絶対である。即如は知らるることは出来ぬ。しかし味わるる即如である。ここに即如は知を越えて信を要求する。

宗教が即如の理解である。

即如は語り得る即如ではない。自然の美が吾々の筆を擱かしめる様に、即如の美は余の口を塞ぐのである。言葉で現わし得るのは只貧しい形容に過ぎぬ。人々は即如の内容に就て知ろうとする。しかし如何なる内容であるかと云う問を吾々が持ち得るのではない。如何なる内容で無いかと云う事を云い得るばかりである。真の理解は言葉に余る。言葉で示し得るのは「否、々」とのみの答である。凡ての「然」は尚浅薄である。

信仰とは神に対する依頼ではない、神に即する内生である。余は見得る即如をも知り得る即如をも持たぬ。余と即如と不二である時、余は用うべき余の眼又は加え得る余の思惟を持たぬ。かかる時余の視覚余の知覚は死して只神の眼神の意識があるのみである。神に没したる刹那、既に失われたる余の眼は何ものをも見る事は出来ぬ。信徒は神を遼遠な彼岸に眺めようとする。天はしばしば彼等の愛の国土であった。しかし彼等が切な宗教の経験に入る時、神の訪れが彼等自らの内心の扉に響くのを知るであろう。既に神を所有せずして神を求める場合はあり得ぬと云ったパスカルの言葉は永遠の真理であろう。神の王国は汝等の裡にありと福音は今も響いている。

吾々の要求は即如を彼岸に持つ事でもない、又吾等の前にそれを見つめる事でもない。即如は既に前後を持たぬ。吾々は彼の前に立つ事は出来ぬ。その理解は只即如に即する時にのみある。それを離れる時知は作られるが信は奪われるのである。「余が活きるのではなくキリストが余に活きる」のが信仰の切な体験である。吾等の呼吸が神の呼吸である時のみ、吾々は真に存在するのである。即如を余が知ると思う時、余はいささかも即如を知らぬ。即如に余が自らを忘れる時、即如は余に味わわれつつある。多くの神秘家が忘却を讃えた意味もここに愛を招くであろう。

云う迄もなく直観とか啓示とかにおいて、より鋭く即如は理解されるのである。これは一層直接な知識である。スピノザが「知的愛」と呼んだのはこれであろう。愛が深い理解である。芸術はかかる意味で科学よりも一層鋭い即如への肉薄である。哲学の帰趣も等しく冥想とか静慮 Contemplation とかの裡に見出されねばならぬ。プロティヌスが法悦 Ecstasy を説いたのもこの故であろう。禅と云う様な境地が凡ての最後であろう。哲学はいつか宗教に迄高揚されねばならぬ。

四

傅大士の有名な偈に次の様な句がある。

「空手にして鋤頭を把り　歩行して水牛に騎る

人は橋上より過ぎ　　　橋は流れて水は流れず」。

むしろ突梯とも見られるこの偈が禅の密意を云い破った句だとは如何なる意味であろうか。宗教はしばしば恐れる事なく矛盾道を歩んでいる。所謂「不聞に聞く」とか、「不言の言」とかに人々は即如の秘事を説いた。彼等が愛したものは「没弦の琴」であった。カビールの句にも「舞は手なく足なくして行われ、琴は指なくして弾ぜられ、耳なくして聞かるるのである。何となれば梵は耳であり聞手である」と。理知はこれ等の言葉を只矛盾として笑うであろう。それが厳守する論理の法則に悖るからである。しかし何の権利が彼等の正確な立論を最後の理解と見倣すのであろうか。

真の絶対は決して相対の否定ではない、又絶対に束される意味でもない。絶対も相対も共に絶せられたるものを、仮りに名づけて絶対と云うのである。さてかかる絶対義における吾々の理解とは如何なるものであろうか。試みに即如を「深遠」であると断じても、それが「皮浅」の対辞であるなら、かかる深遠は相対的内容に過ぎぬ。論理の定める処は「然」であるか「否」かである。「否」なき「然」又は「然」にして「否」と云う如き絶対義はここに許す事は出来ぬ。論理がかかる相対に終るなら、論理は即如の解明にはならぬ。却って矛盾こそ絶対なるもの、暗示であろう。相対に終らぬ自由の面目を云い破ろうとするなら、吾々には次の道があるばかりである。吾々は即如を指して「深遠」であると云い得るのではない、「深且浅」と云い「非深非浅」とこそ云わねばならぬ。人はこれを矛盾道と云い否定道と呼んだ。或る者はこれを理性の死滅と迄悲しんでいる。「深浅不二」とは明らかに論理の理解に余る。深が直ちに浅であるとは判断として自同、矛盾、排中の三律に悖る不合理を犯している。しかし「深にして浅に非ず」と云う合理的判断は即如に向っては何等の解明にもならぬ。それは即如の相対的理解に過ぎない。ここに吾々は異常な結論に達する事が出来る。即如は如何なる論理的判断にも終らぬと云う一事である。

論理は所詮「是乎彼乎」の判断である。「然乎否乎」の決定である。その法則の性質上対立する判断を予件として、その一方の取捨に終るのである。必然論理的内容は徹頭徹尾相対の域を離れる事がない。「然」と云うも「否」なくしてはあり得ぬ「然」である。肯定が否定に対する限り吾々が得る一個の判断は僅かな対辞に過ぎない。内容は決して自律の意味を保有する場合がない。如何に精細な立論と如何に正確な論理とによって即如の内容を帰納し得たとしても、それは遂に相対の桎梏を破り得ない。人々は神の存在を立証しようと企てている。しかし立証せられたものが如何ばかり精密であろうとも、それは概念以後の相対な神である。神そのものの光に対しては虚弱な影に過ぎない。即如はいつも論理を越える。理知は決してこれを闡明し尽す力がない。もし対辞を許さぬ内容が即如であるなら、それは論理が示す「彼乎是乎」の取捨ではない。「非彼非是」の否定である。「彼即是」の矛盾である。かかる場合論理の解脱が真理の確立である。

この不可思議な表現が却って即如に就て正当に云い得る最後の言葉である。ホイットマンが「余は肉体の詩人であり、且つ精神の詩人である」と歌ったのはこの深い要求を示すのである。「余は共に善であり悪である」と彼は恐れなく告げた。ブレークが「天国と地獄との婚姻」を歌ったのもかくして理解されるであろう。

凡ての二元を共に容れこれを一元の調和に包むのが即如の面目である。彼において真偽の区別はなく善悪の分離はない。二極相即である。カビールが云った様に生が死であり、右手が直ちに左手である。矛盾はそのままにして調和である。差別が平等である。主と客とは未分である。如何に論理の法則を破るともこれが本来あるがままの面目である。論理が矛盾と呼ぶものもここには諧調である。これは論理の破壊ではない、その解脱である。

人は法則による論理が知識に最後の確立を与えると信じて居る。しかもこれ以上に鞏固な不動の内容はあり得ぬと考えている。しかし説明し得ない事は時として説明し得る事よりも一層鞏固な論拠である。かかる場合それは説明をすら許さぬ自明の真理である。論理は分明を誇るであろうが、しかし心の満足し得るのは論理に待つ分明ではない。論理をすら絶する自明の事実である。自明であって既に疑いを許さぬ真理である。分明は不明の対辞に過ぎぬ。自明であって始めて自律である。科学は分明の世界を産み、宗教は自明の世界を与える。余は二つの世界を共に愛する。だが心は只後者においてのみ満足せられるのである。

即如は実に証明し得るが如き即如であってはならぬ。論理的に知解し得られる即如は尚皮浅である。自明なもののみ永遠である。即如は論理を越える。彼は証明し得ない場合においても尚不動の真理である。

五

何事かを理解しようとする時、吾々は範疇 Category を要求する。この概念の形式によって事象を整理し一つの系統に導こうとする。人々の思惟の要求によって範疇の数は自ら異り又その性質も異ってくる。さて凡ての問題は或る事象が如何なる範疇に依属するか、又如何なる形式によってこれを理解し得るかと云う事に帰着する。しかし即如に関して吾々は一層根本からこの問を出す必要がある。ここではむしろ如何なる範疇によるかとの問よりも、果して範疇そのものが即如に対して認許し得べきかと云う問がより重大である。

範疇は概念の形式である。しかし如何なる形式に即如が順ずるであろうか。形式は規矩である。もしも一定の法則によって計り得る内容であるなら、それは既に相対化せられた内容である。吾々は先ず即如に加えるべき範疇を無益に尋ねねばならぬ。定不定を破って差別を絶する即如に対して、既に加えるべき分別は無いのである。範疇は一個の差別である。よし或る範疇が即如に対して見出されるとも、それは他の範疇に対する意味において、尚一面に限られた特殊の差別に過ぎぬ。即如はただに自らを当てはめる範疇を許さないのみではない。既に範疇その事を許さぬのである。

試みに存在の根柢であるとする時間空間の約束を選んだとする。問題は空間的又は時間的に理解される即如の内容である。しかし時空間と云うが如きは即如の何を説明し得るであろうか。単に外延の所有は静止した無内容の裏書である。人は即如の大と深とを想うかも知れぬ。しかしかかる空間的内容は単に数の無限大と云う迄である。量の莫大は吾々が最後の驚愕にはならぬ。実体のない妄像が吾々の信頼を欺く様に、内容を離れた空間の尨大は信仰への偽りである。吾々は平面に描き得る即如を持たぬ。空間の形式は絶対なるものに向っては何事の解明をも与え得ない。その無限は単に有限の否定に過ぎぬ。空間に束縛せられた思想は尚相対の域に終る貧しい限定である。即如の存在は空間と何の関する所がない。しばしば神に加えられた空間的形容は幼稚《ようち》な思想の痕跡に過ぎぬ。

人は又時間の延長においても即如の無限を理解しようと求めている。永遠不死の思想はいつも時間の永続的意味に理解される。しかし単な時間の継続はその停止を否定した迄であって、決して時間の絶対的理解ではない。しかも時間の機械的追加は数の増大であって内容の拡充ではない。真に許し得る永遠は瞬間においても尚永遠であらねばならぬ。時間を延長に解する時歳月が残る、それを強度に考える時無限がある。永生は時間の追算を許さぬ。即如に前後はなく過去未来はあり得ない。それは全く時間の形式を越える。宗教的に不死とは無限の未来ではない、永遠の今である。過去と未来とを持たぬ現在である。一瞬時をして直ちに永遠ならしめる時、即如の相があるのである。云い得るなら時間を絶してこそ即如は理解されるのである。時空間の形式は即如の理解に対して何等の光明をも投げ得る事がない。エックハルトは「時空間程神の思想を妨害するものはない」とさえ云った。

かかる形式によって即如の理解が遅延されたのはこれのみではない。恐らく因果の範疇は人々を今も尚傷つける刃である。吾々は往々神を創造者として記念する。これは果によって因を求める思考の趨勢が産む必然の結果である。しかし因果律を即如に加え得るなら、吾々は止ることない因の因に対して徒らに循環の路を踏まねばならぬ。創造者とは単に果を説明し得る迄であって因の解決にはならぬ。因果律それ自身が遂に創造者に止る事を許さぬであろう。即如は何ものかにてあるのではない、無がその面目である。無住とはかつて温く理解せられた言葉であった。エリゲナの所謂「造られず造らぬ」自然が最も深い即如の認識であろう。

しかも創造者を遼遠な過去に置く事によって人は劃然とした溝渠を自然と神との間に掘っている。画かれた創造の歴史は象徴としてこそ意味があるが、自然の理解にとっては新たな独断である。万有は製作ではない、直接な即如の表現 Manifestation である。もしも詩人の鋭さがあるなら「一粒の砂にも野の花にも」即如を直下に感じ得るであろう。創造の真意は内展 In-volution である。即如の自覚である。自覚せられたものが自然である。万有と即如との間に墻《かき》を築くのは人為の所産である。両者は因果の関係にあるのではない、即接である。万有の内面に直ちに即如が躍如として活きるのである。余は神を遥遠な天外におく思想の幼稚《ようち》を忍び得ない。詩人トムソンが歌った様に「地の裡に天があるのである」。ここに創造の真意がつつまれている。即如は因果の差別を言下に絶するのである。

範疇に容れ得べきものは有限の態に過ぎぬ。真に無限なものは自由である。自由が即如である。これに向って束縛すべき何ものもない。彼は上下なく前後なく、所謂「不来不去　不断不常」の否定である。吾々は既に把捉すべき即如を前に持つ事は出来ぬ。吾々自らが即如に活きつつあるからである。彼は聴手なる歌手である。彼は自由自律である。何ものの対立をも許さない、何ものの形式にも順じない、何ものの知解にも終らない。彼は右にして左、大にして小、善にして悪である。彼は全一切である。凡てはその内に摂取される。矛盾がそのままに調和である。二元も一元である。三祖が歌った様にこれは「有即是無、無即是有」「一即一切、一切即一」の境である。実に即如に関して吾々は云い得べき言葉を持たぬ。「言語道断」である。沈黙がこの時最も鋭い饒舌である。一切は即如に休止する。この神秘を知りぬいた人はこの境を「多忙な休息」と呼んだのである。「赫々たる暗黒」と云ったのである。

（一九一七年十二月稿）

個人的宗教に就て

一

磔刑せられた聖徒の画像が遠い受難の昔を語りながら幾つとなく寺院の硝子を飾っている。信徒は尽きない崇仰の想をそこに集めて静かに瞑目する事を怠っていない。だが描かれた顔は苦悶の情に満ちて、眦《まなじり》は下り頬は痩せ色は青ざめている。時として四肢は釘づけられ、時として体は幾十の矢に刺されている。鮮やかな血の滴が冷やかな皮膚を流れている。しかしこれは死の苦しみを語るが為ではない、殉教の荘厳を記念して長く信仰の焔を吾々の心に燃したい為である。人々はこれ等の画像を仰ぎ見て栄誉ある古史を想いかえしている。だがこれ等の追憶には痛ましさと悲しさとがにじんでくる。燃えたつ心にもいつか慄きがある。受難者は喜べよとは彼等に語っていない。信仰の証《あかし》も温かい自然の賜物からは離れている。誰かかかる事例がこの世に反復される事を望むであろう。そのもの凄い姿は霊の不自然な捷利である。殉教の歴史には不撓の信念が刻まれているであろうが、そこには宗教の陰が暗い色を投げている。人は再び望むまじき光景を寺院の裡に眺めている。

宗教は互いを愛せよと教えるが、憎みが宗派の間に絶えないのは事実である。共有であるべき真理はこれが為に反目し、同胞でありたい人間はこれが為に区劃せられた。神への道は幾つかの流れに定められて、各々は他を排そうと企てている。霊の自由な開放をこそ求める宗教は、自らを堡塁の内に固めて他の教を破ろうとする。呪いの言葉の為に彼等の唇は乾いた事がない。かつて僧日蓮は他宗への罵詈を彼が題句とした。モハメットはコーランを示すと共に片手に剣を忘れていない。営々として企てられる伝道は凡て自宗の喧伝である。肉の争いはむしろ瞬時の激怒に終るが、霊の争いは止む事なく心に追随する。人間が忍んだ虐殺の事例はほとんど宗派の為にであった。今尚アルメニアから運命の惨事がしばしば聞えてくる。遠い昔にかかる殺戮が暇なく反復された事は想像するに難くはない。愛が憎みを購うとは矛盾である。だがかかる矛盾が調和を求める宗教の一面であった事は拭い得ない事実である。

或る人はこの醜さを厭って真理の帰一を乞い求めている。宗教の統一はしばしば繰り返えされた理想であった。思想の分割は再び綜合せられねばならぬ、反目は人間の意志ではない、宗教は平和を全くするが為である。流派を絶した公有の宗教こそ、吾々が理性と感情とに叶い得る唯一の宗教である。畢竟凡ての分岐は一つに帰らねばならぬ。この理想への信念は実現せられねばならぬ信念である。宗派の区別は言語の多様と共に人文への阻礙であった。或る者はかかる理想を果し得ない夢想に過ぎぬと評するであろう。だが夢想にしても凡てのものに対する統一は人間の忘れ得ない一個の要求である。分離とその反目とは吾々の愛を引きつけていない。

しかしこの要求を容易に打破しようとする障礙が存在する。理想は帰一であろうが個性は特殊である。平等な真理とは個性への否定に過ぎまい。位置の差違、寒暖の異変によって自然自らが特殊の様態を示している。人は自然を母として、血をその土地に承いでいる。北方の憂愁、南方の歓喜は与えられた性情の対立である。さなきだに東西両洋はその歴史を異にし、人種は一層これを区別し、しかも国風と家風とは更にこの差別を錯雑にする。先天的決定と後天的境遇とは人間を育んでその特殊な個性を形成する。平等の理想は抽象し得られ様が、特殊が現実の姿である。多様な個性はむしろ多岐な宗派をこそ要する様に見える。その統一は却って自然への無益な反抗ではあるまいか。個性の否定は一切を空無にする。その肯定的表現こそは自然の意志であろう。畢竟この差違は帰一を不可能にし、又永く未来においてもこの理想を破るであろう。要求は統体を愛するとも、異る性情は流派を更に区別する。吾々はここに矛盾する二個の要求に逢着する。一つは異宗の調和を求める心、一つは個性の自律を認めたい希いである。前者は一般の樹立、後者は特殊の是認である。吾々は如何にして争いの宗派を脱し、しかも各々の個性を保有すべきであろうか、想うに未来の宗教はこの二つの対立する希願を如何にして共に活すかと云う事を解かねばならぬ。

二

試みに厳格な理性の批判に訴えて、宗教の要素とも見られる一般の原理を帰納する。合理的と云う意味を以てこれは何人も信頼すべき内容であると主張する。しかしかかる批判が果して統一の根柢たり得るであろうか、帰一ならしめようとする理想は必ずや普遍の理に立たねばならぬ。しかしかかる抽象の原理が果して信仰を伴うであろうか。学としては吾々の感興を引くに足りる充分な内容を保持するとも、これは純に知の仕事であって信の分野ではあるまい。宗教を理知が築く原理の上に建て様とする一切の企ては、さながら木の実を岩上に植えるに等しい。帰一の理想は抽象の形骸を脱がねばならぬ。それは知識の樹を持ち得るとも生命の樹を望み得まい。

更に或る者は既成宗教の一つを撰んで、一切の人類をこれに順化させようと試みている。しばしば放たれた伝道者の嘆きは一切の人間が未だに基教化され得ない事実であった。或る仏教徒も等しい事を夢みて、宗風の微弱を悲しんでいる。しかし彼等の希望こそは恐ろしい僭越である。色様々な花の春を、只灰の一と色によって染めぬこうとする企てに近い。イエスを解する者にとって釈尊の生誕は呪いであろうか。野には紫の菫と黄の蒲公英とが共に咲いている。彼等は自然の美を汚すであろうか。宗教を一宗に限ろうとする慾望は、人類を平等の図形に容れようとする無謀な企てである。

この企ては彼が択ぶ宗教が他のそれよりも優秀であると云う信念に基いている。しかし如何なる理由がこの解答に根拠を与え得るであろう。所詮彼は理性の批判に還らねばならぬ。ここに再び宗教は理知の盾に守られる危期に近づいてくる。仏耶両教何れが優越であるやは、吾々が心霊の栄誉ある問題とはならぬ。これ等の比較対照は又一個の興味深い学術であろう。しかし吾々が今欲するものは知識ではなく信仰である。しかも一般的に理知を以て何れの宗教がより深遠であるかを定めるのは、得られない解答を望むに等しい。よし明晰な理論が彼に一個の宗派を選択せしめたとしても、彼が購い得るのはその神学であって宗教ではない。かつて或る人々は牡丹と蓮花と何れが美であるかを云い争っている。しかしかかる時既に美感は彼等の心から消え失せている、残るものは無味な言葉の遊戯に過ぎない。千万の客観的理論も一美感の温味に比べては何の力があろう。

純な理知が宗教を産まない事はしばしば告げられている。或る者はこれに対して「感情」に「直観」に宗教の泉を見出している。更に又このロマンティシズムの態度に比して、特に近世に理解せられた「意志」の内容が宗教の泉であると見做されている。余は作為せられたこの知情意の区分を捨て、一層有機的な「要求」の言葉を以てこれに換えようと思う。ここに要求とは内心に萌えでる抑え得ない要求である、要求は実に喚求である、何者かが吾れに下す規範的命令である。湧きあふれる自然の求めである。よく宗教が永遠であり得るのは、それがかかる与えられた何者か無上の要求に依るからである。要求は単に利己の要求ではない、私を産む更に大きな力の要求である。何者か無限の力が吾れを通して求めるが如くに見える。吾れは活き満たされねばならぬ。個性の表現は実に余が利慾に基くのではない。

個性は与えられた個性である。遼遠な過去に生を自然に発した吾等人類は、今尚この母の懐に温められて、生を長く子孫に承ごうとする。各々の者は各々の住む自然によってその性情を分有し、特殊な事情の許に特殊な個性を涵養する。想うに自然はその多面な様調によって、無限に異る個性を創造し、再びこの特殊な個性を滲透して彼が無限の相を示そうと企てている。与えられた個性とは許された個性との謂である。個性の実現こそ自然の意志であらねばならぬ。個性は私有の個性ではない、既に使命をもたらす為の個性である。

宗教の多岐は多岐な個性の要求である。余は個性を否定する宗教の存在を是認する理由を知らない。特殊を無視した一般の宗教は単に架空な構想に過ぎない。或る者は豊かな詩情に恵まれている。或る者は冥想の力に優れている。或る者は知解に秀で、或る者は異常な想像に富んでいる。人々は彼が個性の気質に基いて彼が宗教を持たねばならぬ。宗教が真に個性に密接する時、彼には既に動かし得ない絶対の宗教がある。一切の偉大な宗教家は、彼の個性が明白であったと云う事を告げている。個性に与えられた使命の意識が、ひとり心を甦らす無限の力である。

人は彼が性情を過ぎる事なくして宗教に近づく事は出来ぬ。何れの宗派を選ぶべきかと云う事は、何れの宗派がより勝れりやと云う知の問いではない。何れの宗派が余の心を引くかと云う意味である。ここに純な理知の審判が無益である事は云う迄もない。如何に精細に宗派の価値が比較されるとも、それは心の宗教とはならぬ。人は与えられた本能を背景とする個人的気質 Temperament に托して彼が宗教を見出さねばならぬ。人は理知が常に判断への最もたしかな案内者であると考えている。だが懐疑を容れ得ぬ理論はこの世に存在せぬ。それはよし分明であろうとも自明ではない。実際吾々にとって直接な真理は固い理論の内にあるよりも、軟い人情の裡に潜んでいる。気質の取捨は自ら絶対であって、理論に待つ事を要しない。知によって情を矯めて純理の道に歩いても、それは内心の求めを欺いている。試みに深遠である理由を説いて仏教を余が選んだとする、しかし宗教はかかる態度を求めてはいない、余は余の気質が仏教に合うが故にと云う単な答えにおいて充分である。理知は動かし得るとも動かし得ないのは人情である。真に人情に基く要求こそ絶対の根拠である。説明し得ない事はしばしば説明し得る事よりも一層強固な理由である。実にそれは説明をすら許さぬ自明の真理である。

かつて詩人コールリッジは人は生れながらにしてプラトニストであるか然らずばアリストートリアンであると云った。実践につく心から儒教は生れたであろうが、冥想に優れた者は仏教を生んだ。詩情に豊かなものは自らイエスの教を慕うであろう。人々は生れながらにして彼が性質を異にする。多岐な宗派はかかる多岐な心の求めによって現われている。個性の特殊を無視して宗教を帰一ならしめようとする努力は自然への無益な反逆であろう。幾千年の間仏教の血を承いだ東洋の人々は自ら冥想の教えに故郷を見出すであろう。基教によって世界宗教を統一しようと云う試みは、単に人情の自然を破って異郷の食を強いるに過ぎない。よしこれが実現せられても、人々はその不消化に健康を傷つけるであろう。人々は各々の故郷を愛していい。活きた美は愛にあるのであって理にあるのではない。

さてかかる多様な宗派への是認は、宗派の反目の是認であろうか、余が求める宗教の調和はこれが為に打破せられるであろうか、吾々がこの是認によって得られる著しい結果は唯一なる宗教の樹立でもない、優秀な宗派への選択でもない。他の宗派への肯定的認許である。各々の存立に関する互いの理解である。反目からの離脱である。宗教の統一とは帰一と云う意味ではない。理解による結合と云う意味である。新たな宗派の建設は単に反抗の気運に基くのではない、より深い要求の発作である、未来においても新たな要求は更に新たな宗教を生むであろう。異宗派の是認のみ宗派を結びつける。他宗の存立は余の信仰のつまずきにはならぬ。聖フランチェスコと共に六祖恵能が与えられたのは感謝である。アウグスティヌスの神学と共にガザリの神学は余の前に輝いている。プロティヌスの「エニアード」と共に馬鳴の「起信論」は余の愛を招いている。誰が仏陀の前にイエスの生誕を、又は孔子の出現を呪い得るであろう。ルネサンスの盛代にレオナルドとミケランジェロとを共に持つ事は矛盾であろうか、吾々が持ち得る最も恐ろしい想像は恐らく一切の世界が一色によって塗抹されると云う事であろう。多様とは特殊の是認と相互の調和とを内意せねばならぬ。反目が理解に遷る時、そこに宗風の調和がある。余はその真意において仏耶両教が矛盾する理由を知らぬ。それは等しい真諦が異った色によって画かれたに過ぎぬ。或る者は紅の花を好んでいい、或る者は緑の森を愛していい、山に沿うて河が流れている、何人もその美を感じるであろう。はてしない沙漠にのみ彷徨う時人は自然の寂しさに堪えないであろう。耶蘇《ヤソ》がこの世に生れなかったら人間はその悦の半ばを失ったであろう。しかも仏生会は凡ての人々が祝福していい日である。

三

しかし余が求める問題は宗派の問題に終るのではない。流派は宗教にとって既に第二次である。それに伴う一定の教条儀式、或いは教風は積極的宗教の予件であろうが、それは宗教そのものの精華ではない。真に自由な宗教の面目は常に流派の定限を越える。吾々の気質は如何なる宗派を択ぶも自由である。しかし吾が内心の自由は宗派の為に束縛さるべきではない。宗派の別は中心へ至る途程の差である。凡ての特殊な宗風慣例は只その道に附随する異る景色に過ぎない。富岳の頂は一つであるがこれに登る道は多岐である、吾々は好むその一つの道を選んでいい。しかし道は途程である、方便である、第二次である。手段に吾々を束する時目的は遠く失われている。しばしば反復せられた宗派の争いはこの愚かな終末に過ぎない。

頂きが一つであるなら、その頂きは何を示すであろうか、吾々は宗教の精華に問題を進めねばならぬ、第一義のことこそ、宗教が関わるべき内容である。吾々が認め得べき宗教の帰趣とは人と神との直接な親交である。

この契機をおいて別個に宗教の意味があるのではない。内心の平和、温い法悦は只これに伴う恵みに過ぎない。これは流派を問わず凡ての宗教が共有すべき筈の至宝である。この直下の経験において人間は即如に触れる、人はこの時心の故郷に帰るのである。慈母の温情を心の脈に感じるのである。世の神秘を吾れに実現するのである。

教条又は儀式が既に第二次であり、神との直接な親交が第一義の真諦であるなら、吾々はこの直下の事実に直ちに迫り得ないであろうか、又歴史上かかる態度が宗教に起らなかったであろうか。しかも宗教の形式は宗派の差別であるが、かかる親交は凡ての宗教が共有する精華である。もしこの精華へと迫るならば流派の差別を脱して直ちに公有の宗教そのものに面接し得ないであろうか、かかる運動はかつて形式に枯死した宗教を新鮮にしなかったであろうか、余は活々としたこの事例を所謂神秘道 Mysticism に見出している。

宗教が時として形式に沈んだ時、内なる光を高揚して神を直下に味わおうとしたのは常にこの一連の宗教家であった。彼等がただにこの真理を宣伝したばかりではない、切に事実の上においてこの真理を示現した。彼等はいつも体験にその宗教を捕えようとした。彼等は絶えず脈流を越え形式を脱して価値そのものに迫った。彼等が即したのは自由であった。神秘道とはいつも自由宗教との意を含むでいる。この流れはいつも形式の塵埃に沈んだ宗教を洗滌した。神との直接な親交において宗教そのものを全くした。彼等は主義を捨てた。そうして宗教を自由そのものの中に建設した。これはただに基教を飾った事例のみではない。遠く新プラトニズムを祖とし、ディオニシウス・アレオパジテを始めとし、所謂「神の友」又はカルメライトの諸聖、又はベーメ、テレザの道は基教のみならず等しく回教の内にも現われている、所謂スーフィーと呼ばれた詩人又は宗教家はこの同じ流れをとった。東洋においてむしろ凡てがこの道であった。奥義書の神秘道を始めとして、仏教に現われたほとんど凡ての諸宗、又は支那に栄えた道教はこの道を代表する。神秘道はここに宗教の精華を示すのみではなく、それが共有の宗教である事をも告げている。

ここに一定の信条儀式を有する伝統的宗教を歴史的宗教（或る者はこれを積極的宗教又は既成宗教と呼んでいる）と名づけ得るなら、この個性の切な経験に見出し得る宗教を個人的宗教と呼び得るであろう。一切の神秘道は著しく個人的宗教である。或る批評家はこの故を以て神秘道を反歴史主義と見做している。しかし神秘道が退けたものは歴史主義であって歴史そのものではない。彼等はもとより歴史に現われた宗派とその宗風とに彼等の宗教を托する危険を知っている。彼等が要求するものはむしろ純な内なる光である。彼等は主義を厭う。反歴史主義もまた主義に過ぎない。彼等が求めたものは一層自由な内容である。キリストの歴史的意味に宗教がかかるのではない。彼等はキリストがかつて存すると否とに拘わらず人は宗教的であらねばならぬと信じている。彼等はキリストの歴史的意義を否定しようとするのではない。しかしかかる信条に信仰をおくよりも、宗教を一層人間そのものの内面に近づけようとするのである。仏者は仏陀がいると否とに拘わらず仏者であらねばならぬ。仏者とは宗教家の謂であって単に門徒と云う意味ではない。吾々がより求めるものは宗教であって宗派ではない。真に個性の脈搏を打つ個人的宗教であって名称的宗教ではない。吾々は既成の宗教を否定する理由を知らない。しかし一層宗教を自然の心に帰らしたい求めがある。宗教そのものは歴史的名称を離脱する永遠の内容である。

かつて神学者ヘルマンは歴史的キリストの人格に基く啓示なくしては宗教そのものは不純であるとさえ云った。しかし余の要求は一層自由を欲している。ルーター派に属する信徒にとってはその神学は有力であろうが、これはただにキリスト以前又はキリスト教以外の宗教を否定すると云う結論に近づくのみではない、宗教そのものを一面に限ろうとする驚くべき独断に終っている。一枝の花にすらキリスト自らは神の啓示を見た、真の宗教はかかる裡にある。彼が如き一定の神学的図形に托されているのではない。希くは太陽も地球も、又は貧しい野の草すらも宗教の光りでありたい。

キリストはかつてキリスト教を標榜したであろうか、聖フランチェスコが偉大であったのは彼が一宗の開祖であると云う意味にあるのではない、又特にキリスト教徒であった為でもない。これ等も彼の偉大の一要素ではあろうが、彼の神聖は犯し得ない内面の宗教的経験そのものに安在する。宗派的生活は宗教を産まない、真に直下の体認において宗教的生活が満たされるのである。凡ての教徒はその宗旨故に宗教家たり得るのではない、その味わった個人的宗教経験の深さによるのである。よしヘルマンが真の宗教家の唯一生活はキリストの人格的啓示に基くと云っても、吾々は仏陀や、孔子や、又は恵能や白隠やの宗教的生活を否むわけにはゆかぬ。要は個性が体得した宗教的経験であって宗旨の作為ではない。或る異教徒は基教徒よりも遥かに基教徒であろう。流派は単に名目に過ぎぬ。今の多くの僧侶よりも聖ポーロは真の仏者であった、今の多くの伝道者よりも親鸞は遥かに基教徒であった。

四

宗教は直接な要求の宗教であらねばならぬ。現代に中世の宗教をもたらそうとする企てはか弱い詩的憧憬の所産に過ぎぬ。或いは唐宋の宗風をそのままに伝えようとするのは単に時代を古えの為に殺すに過ぎない。吾々は切実に現下の要求を活かさねばならぬ。これをおいて吾々に触れ得べき直下の宗教はない。現代の要求を経由せずしては、宗教は只美名に過ぎない。時は進む事を求めている、時の意志を無視して現代に活かすべき宗教は存立しない。古代は今の吾々を活かす時にのみ意味がある。時代が真に現下の要求に活きる時、そこに新しい宗教は生誕する。

人々は伝統を無視し歴史を否定すると云う意味を以て個人的宗教が単に敬虔への反逆である事を唱えている。しかし伝統に束せられず、歴史に死なない個性の自由な実現はいつか果されねばならぬ、あらゆる迂遠な煩瑣、一定の信条、固定の儀式を越えて、その内核との直下の接触が今吾々の要求である。凡ての面帕を脱し溝渠を絶して、ものをありのままに捕えたいのが吾々の意志である。長い間作為せられた教義と道徳とは吾々を隔離し、国家を区別し、神と人間、人間と自然とを隔絶した。今個人は個人を欲している、人は自然を恋している、吾々はその間に何等の墻《かき》をすら設ける事を欲しない。愛は純一に果されねばならぬ、真理は簡明である筈である。あらゆる形式を越えて直接に宗教の精華へと迫りたいのが吾々の切な要求である。これは歴史への反抗ではない、新たな歴史の復活である。

凡てのものの単純化、これは長い間煩雑な文化の重荷を忍んだ人間の霊から溢れ出る要求の叫びである。吾々は凡ての障壁を破って神を吾が内に抱きたい。単純に率直に赤裸々に真理の光を吾が内に体得したい。凡ての形式を去って直接にものの核に触れ得たい、吾々は神を吾が前に置く事を欲しない、内なる心に神を味わいたいのである。理論は反省の後に吾々に従うであろう、古人の経験は吾々に暗示を与えるであろう、しかし吾々は一層吾が内心において宗教を示現せねばならぬ。宗派は吾々の好悪によって選ばれるであろう、だがこの中核を離れては宗教は空無に等しい。神への即接――この純一 Simplicity に現代の要求は集注する。

吾々はかくて歴史への否定者であり既成宗教への反逆者であろうか、丁度後期印象派の画家が伝習を重んじたアカデミシアンにとって無謀な狂人に見えた様に。しかし何れが精神の要求において真であり、何れが歴史の創造者であったかは今に分明である。宗教もそれが新たな生命を一層直接な内心の要求の内に見出さねばならぬ。余はこの歴史的宗教より個人的宗教への推移が現代の要求であり又未来への発展であるのを確信する。

自由を心とし個性の平明な実現を志したこの活々とした要求の宗教はかつて神秘道の名によって呼ばれている。凡ての形式を越えて神との直接な簡明な親交を求める吾々にとってこの一連の思潮は浅からぬ感銘を招いている。吾々はここにただに宗教の精華を見るのみではない、これは凡ての宗教に見出し得る共有の流れである、ここに凡ての宗教は互いを理解し互いを結んでいる。吾々は宗教の統体をここに感じ、しかも自由な個性の実現を見出している。更に尚ここに現代の要求は反映する。

幸いにも信仰において吾々は自由である。何等の伝習に悩む事なく、宗教を真に内心に発し得る恵みを吾々は保有する。自由宗教、個人宗教はこの裡から生れ出ねばならぬ。これは歴史的宗教への反逆ではない、新たな歴史の創造である。時間が宗教を歴史的にしたのである。宗教の興起は凡て個人的であったと云わねばならぬ。一切の宗祖はかかる創造者であった、伝統を越え自ら時代を劃した個人的宗教家であった。

（一九一七年十月稿）

神秘道への弁明

序

厳然とした内容を保ちながらも、宗教は今だに弁明の辞を重ねている。しかしかかる必要は早く去らねばならぬ。久遠の真理は非難に傷つく真理ではない。四囲を躇う弁護の言葉こそは薄弱な立場の裏書である。かつて太陽はその光を放つのに一言の弁疏を加えたろうか、山岳は声なくして安らかに横たわっている、宗教もまた万年の基礎を人間の内裡に横たえている筈である。否、未だかつて人間が地上に生れ出ない最初のその日から宗教は永存する。これに対する多くの懐疑も誹謗も、また弁護の辞柄も、その安泰な存在に何の動揺をか加え得るであろう。宗教は権威ある自律の宗教たるべき筈である。

しかし時として時代はかかる弁護をすら欲している。真理がしばしば弁明の形式で発言せられたのは淋しい必要であった。「アポロギア」Apologia は古くプラトーの世に終ったのではない。近くはニューマンが企てた弁明の声もまだ吾々の耳朶に残っている。近世神学の祖シュライエルマッヘルも彼の宗教論を「弁護」の一章を以て書き起した。余はこの一篇が等しくアポロギアの為であるのを悲しむ。しかし余が愛するこの題材は長い間誤認の許に受難の苦を重ねている。余は自から保護の位置に立たねばならぬ。しかし正当な弁護は早くかかる事の反復をこの世から除きたい心に基いている。弁明はそれが最後の弁明でありたい事を希っている。

いつか真理は光として説かれねばならぬ。人は彼の信念において強大であるべき筈である。自由には強さの美があるが、顧慮には陰の悩みがある。輝く光は雲に対して訴えの辞を設けはしまい。暗雲の帳を越えて彼はゆるやかに光っている。宗教はいつか人生の太陽でありたい。凡ての弁明が無益になる時こそは、やがて宗教が白光を放つ時であろう。余は未来にこの願望を抱いて、今は弁明の言葉を敢えて余が愛する真理の上に加えたい。

一　神秘と不明とに就て

神秘と云えば何人も把捉し得ない模糊とした内容を聯想する。不分明と云う批評の追随によって、かつては温い理解を托するに足りたこの言葉も、今は却って侮りの的である。よしこの字を好んで選ぶとしても、僅かに心を幽妙に頼る陰の意味に終っている。光としてこれを説く者は既に理知を失したと云う誹りを免れ得ない。神秘とは只理知の刃を恐れる者が、敢えて幽玄に身を委ねる隠れ家であると云われている。神秘への愛着は理性の敗滅であり、不明への信頼である。丁度日光を厭い夜陰を喜ぶ梟の様に、知解を避けて不明に安んじる心には常に陰の醜さがある。もしも幽玄の名によって理知を排するなら、それは懐疑への満足と云う思想の停止に過ぎぬ。もしもただ不明に托して神秘を語るなら、それは単に許し得ない独断を許したと云う迄である。かかる態度は知としては何の解明を与えず、情としては只不安を購うに過ぎぬ。特に勃興した科学的気運に際して、かかる神秘道は何の帰依をも受ける筈がない。凡てが理知によって批判されるこの時代に、神秘と云えばむしろ明らかな侮蔑の意がある。科学があらゆる超自然的内容を知識の国土から駆逐し去ろうとする今日、或る者はこの字義と共に遠く昔の魔法 Magic をさえ聯想する。占星 Astrology と試金 Alchemy とに命数を定めたこれ等凡ての霊術は今は只面白げな追憶に過ぎない。科学が尚も精密に入ろうとする未来に対して、神秘道は只無意味な復古の教であると見做されている。畢竟一切は知によって解決せられねばならぬ、人間の理想と満足とは不明なものの完全な討伐にある。これが彼等の所有する大きな抱負である。人々は云う、神秘はいつか分明に代らねばならぬと。実際神秘道が受ける何事よりも著しい不幸はこの不分明と云う意味の聯想である。

果して神秘がこれ等の不順を伴うなら、余の理性もまたかかる批評の味方でありたい。何人か不明への信頼に宗教を求め得るであろう。光を慕う木の芽は陰の地から出ようとする。解明を幽閉する凡ての教えは只疾病に悩む信仰に過ぎぬ。これ等の非難が正当であるなら、神秘は早く地上から失われねばならぬ。しかし余は充全の理由を以て神秘に久遠の生命を甦らそうとするのである。

もとよりこれ等の頁はかかる非難に対する弁明の為である。しかし以下の解答は敢えて超自然を挙示し、又は科学の価値を卑下する事によって神秘の堡塁を築こうとする企ではない。不可思議と云う事はものの内容を深めはしない。不明への弁護は不明を追加したと云う迄に過ぎない。精密科学に対する凡ての非難はただに余の理性のなすべき事でないのみならず、かかる態度は人文の開発にとって無益な反逆である。少くとも吾々の真理は理知以下の内容であってはならぬ。理性の破壊は決して信仰を温め得ない。科学を否定する事によって宗教の樹立を図るのは妄念である。只しかし一般の科学者が理知の名の許に信仰の自律を疑うのを、一層激しい妄念であると余は断じるのである。

理知は懐疑に厭く事を知らぬ、実際疑問こそ真理への発足である。神秘もまた理知の対象として他と何の選ぶ所がない。かつては疑惑を絶した信仰の事項も今は一個の平明な分析の資料である。知は一切を疑いの対象とする。この傾きは怪しむに足りない。だが驚くべき事実は、理知が理知自らの内容に対して未だかつて徹底した何等の批判をも試みないと云う矛盾である。理知は凡てを知識に活かそうとするが自らに関してはほとんど無知に近い。科学が理知に立脚する限り科学者のなすべき第一の義務は、理知に関する明確な概念の獲得にある。凡ての科学書はその第一章を科学批判に始めねばならぬ。余は彼等から神秘に就ての正当な理解を期待する前に、理知そのものに就ての明白な解答を所有したい。余は科学が宗教に加える一切の妄念は、切に理知に関する理解の不明に基くのであると考えている。彼等が充全なものとして絶対の信頼をおこそうとする理知に対して、余は少くとも一層批判的でありたい。

果して知解が真理に絶対値を与えるだろうか、理知の解明が唯一の分明な真理へ導くであろうか、分明が信仰を托し得る最後の理由であろうか、これ等を反省する事こそ理知の務めであらねばならぬ。もしこれ等を会得し得るなら宗教を科学に移そうとする彼等の企て、特に又神秘の自律を否定し去ろうとする彼等の批評を正当な審判に持ち来す事が出来るであろう。果して神秘は不明の別辞であろうか、只不可解なるが故に神秘であろうか、この信仰の懐抱は科学への否定であろうか、神秘の道は理知を恐れる道であろうか。これ等の批評こそ先ず分析せられねばならぬ。人々にとっては理知が神秘へ加える刃である。しかし余は神秘こそ理知へ加えるべき刃であると信じている。吾々は既に科学以下の内容に就て弁ずべき言葉を持たない、余の注意は少くとも理知の水平線より始まらねばならぬ。しかも理知の優秀を信じる今日、それは一層高い見地から批判される必要がある。

頂きは一つであるがこれに登る路は多岐である。もしもその路を唯一であると断じるなら、人々はその穉愚を笑うであろう。しかしこれは比喩に止るのではない、ここに一切のものは理知の対象たり得ると云う考想がある。少くとも理知が触れ得ない世界の存在を認許し得ないなら、科学者のこの抱負は実に世界を一面に開展しようとする異常な企てである。真理は凡て科学的であらねばならぬとするのが彼等の思潮である。出来得るなら、神をも理知によって購いたいのである。もしもこれを購い得ないなら、神の存在は否定されたと云うがその傲然とした結論であろう。しかしこれは多様な世界を只一面に局限したものの見方である。立体であるべき世相が平面によって伝えられたと云う迄ではあるまいか。余は異る世界の存在を示す為に次の例証を選ぼうと思う。

科学の趨勢は明らかに神話的擬人法からの脱出である。昔人間の吉凶を語らった自然の現象は、漸く神話の手を離れて、批判を理性の哲学に求めた。しかし霊の事に属したこの第二の見方が、物質に奪い去られる日はまもなく来た。自然哲学の名称が科学の名によって示されて以来、特殊な事象も遂に幾何かの普遍的法則に還元された。この人間からの離脱と自然の独立とが科学の与えた教えである。主観から客観へ、感情から理知へ、想像から実証へ、特殊から一般への推移、一言で云えば擬人法からの離脱が科学の方向である。一切の法則は太初からの法則である。人間が地上にあると否とを問わず果されねばならぬ法則である。個人の自由な作為ではない、既に決定せられた自然の計画である。科学の美は機械の美である。

しかし美はこの一面にのみ終るだろうか、吾々の傍には正にこれに反逆する美の世界が厳在する。この世界において機械は醜である、決定は死である、法則は邪である、美を与える力は反省ではない、直観である。この鋭い対比を示すのは芸術の世界である。科学に対し芸術の目途は個性への貫入にある。人間への滲透がひとり芸術を清浄にする。美は実に個性の美である、人間そのものの表現である。黙する万有によく人間の心を読む時、彼こそは詩人である。尽きる事ない人間の象徴、これが芸術の世を通じる不断の流れである。科学は人間を離れようとし芸術は人間に入ろうとする。法則は個人を退け詩美は一般を排する。自然の運行に自由の介在は紊乱である。芸術の作動に規矩の闖入は破滅である。芸術は自由を心とし、凡ての定義を厭う。永遠の暗示こそその生命である。機械は芸術において醜の醜である。

さて人はしばしば反省する、何れの世界が真実であろうかと。この二つの流れは鋭い対比である。しかし人は何が故に対立を避けてその一面をのみ撰ぼうとするのであろうか。理知を以て芸術を空に感じる時、科学者は世界を一面に見る罪を犯している。時として芸術の真を保存する為に、科学の偽を称えようとする。しかしそれは芸術家の誤認である。多様な世界が吾々に与える教訓は各々の世界の分有に関する自覚である。想うに科学者の任務は先ずそれが所有する分野に就ての謙譲な承認であらねばならぬ。分野は限界である。実に科学的真理はこの限界においての真理である。吾々は古今を通じる法則の永遠性を疑う事は出来ぬ。只かかる真理が常に科学的である事を忘るべきではない。一切は理知の対象であろう、只かかる場合それが理知の単位に基く計量である事を看過してはならぬ。単位は特殊の約束である。科学的約束に立つ真理が、何等全般の又唯一の真理でない事は自明である。理知が持つべき第一の自覚はこの分野に関する明確な理解であらねばならぬ。

問題は必然理知そのものの内容に帰ってくる。知解の所業は分析である。分析は比較に及んでここに知識を構成する。必然一切の科学的知識は相対を原則とする。吾々が持つ運動の概念、空間の知識、音響、色彩、一としてこの約束の従順な保有でないものはない。所詮その内容は「彼」に対する「是」であり、その帰結は「然」であるか「否」かである。断定は畢竟相対の性質を出ない。これは理知が保存する論理の法則そのものに原因する。論理は二個の矛盾する内容の対比に発して、その何れかの撰択に終る。自同、矛盾、排中の三法則が与える約束は、対立の予件に基く取捨である。これは一切の論理的断案がその命数上相対的比較によって始めて可能であると云う裏書である。科学は畢竟この差別知の範囲を出ない。永遠普遍と目せられる科学的真理も、この条件を具備しての真理である。その分明もまた差別の域を出る事がない。凡ての科学的知識は一定の限界と一定の約束とに立脚する固定的知識である。必然世界及び人生の理解を科学の一門によってのみ尽し得るとする態度は、只科学の隆盛に伴った変態な気運に過ぎない。理知の過重は時として理知の殺傷である。

ここにもし差別相対を絶する内容があったなら、科学的理解はこれに対して可能であろうか。必然沈黙が科学のとるべき正当な態度である。しかし人々は如何なる問題も知の対象であり得るとしばしば考えている。だがこの妄想が自らを裏切る時は幾何もなく来るであろう。理知の力は是対彼の差別に終る。是彼の彼岸を求め、然否の一致を求めようとする要求に対しては理知はその刃を納めねばならぬ。人は差別に不満である、相対を脱し絶対を慕い、二元を去って自律につく心こそは宗教である。絶対は差別を許さぬ、無差別を追う心が宗教心である。理知の差別によって宗教の位置を奪おうとする企ては理知に欠けた暴逆に過ぎない。理知によって破られたものは信仰ではなく理知自身である。知解が産む真理は宗教において尚不足である。人はこれをしも尚唯一であり最後である理由と見做すだろうか、知の分明すら力なくせられる別種の世界を否む事は出来ない。実に宗教の使命はかかる世界の示現にある。

人々は知解し得ないと云う故を以て神秘を難じている。不分明と云う聯想も理知を無視した内容と云う意味である。だがそれは理知的に不明であると云う迄に過ぎない。理知的に不明であると云う事はそのものの分明性を直ちに否定する事とはならぬ。かかる不明は凡て或る立場からしては不明であると云う迄である。知解が差別を示すなら綜合を示すのが神秘である。無差別な内容が差別にとって不明であるのは、理知の不足をこそ示すが神秘への非難にはならぬ。論理的理知が神秘を単に不可解と評するのも只自然な帰結に過ぎない。差別は綜合ではない。相対的態度は絶対値の理解を許さぬ。神秘は実に論理的意味において可解の内容ではない、だが同時に不可解の世界でもない。可解をも許さず不可解をも絶した不許解の世界である。神秘を直ちに非科学的として卑下するのはこの不可解と不許解との錯誤に基いている。実に神秘は科学的でもなくまた非科学的でもない。既に科学的知解を許さぬ規範的内容である。

知解し得べき程の真理はまだ相対の真理である。絶対を心とする宗教は差別を言下に絶する。知解をすら許さぬ厳然とした自明の真理であってこそ信仰に価する。解かるべき真理はそれに対して不なるべからずとの意であって、不なるを許さぬ規範的謂ではない。神秘は規範的要求である、差別知を容れぬ価値である、知の分明をすら越える統体である。いわんや知解以下の不分明ではあり得ない。神秘とは知を絶した世界である。

人々は理知によって証明し得べき真理が信ずるに足りる唯一の真理であると考えている。時としてかかる要求は神の存在をすら証明し様と企てている。しかしこれは閑かな仕事に過ぎない。宗教は立証せられると否とに関わらず厳存する宗教である。吾等が内心の求める所は自律の真理である、証明し得ずとも尚存在するが如き内容こそ余の心を托するに足りる。実に証明をすら許さぬ真理であって始めて絶対である。証明を待って明らかな真理はよし確信を購っても信仰を産まない。自然の法則を信ずと云う事と神を信ずと云う事とは全然別義である。証明し得べき真理は科学に止る、証明を許さぬ真理であって始めて宗教を示現する。分明は只理知の事に属する。明晰と云う事をすら許さぬのが神秘である。それは明不明を越えた内容である。これを漠然とした不明の義に解するのは只貧弱な理解の痼疾に過ぎぬ。理知の明晰は単な差別である。自律なる明晰に比べては尚陰に等しい。何人が神秘を不明と呼び得るであろう。自明がその面目である。神秘は既に知解を許さぬ、それは批判し得べき対象とはならぬ。自明なるが故に只認許せらるべき自律の内容である。神秘は凡ての疑いを容れぬ。信仰は試みる心

を卑む、「神を試みざれよ」とイエスは云った。ブレークの歌に、

'He who doubts from what he sees
Will ne'er believe, do what you please.
If the sun and moon should doubt,
They'd immediately go out.'

自律なる分明、それが神秘の世界である。否、明不明の区劃をすら許さぬ未分の境こそその意味である。科学は分別を旨とし、宗教は未分を心とする。知の分明は矛盾を避け、信の敬念は矛盾を絶する。理知は分析に事相を理解し、神秘は統一に真諦を保持する。絶対はひとり未分の裡に宿る。差別は本然の姿ではない。是と云い彼と云い、明と云い暗と云うも凡て貧しい区別に過ぎぬ。一切は淡然として言語を絶する。真に離言自証がその面目である。分明への執着はそもそも末技である。

科学の真理は知解すべき真理であるが、宗教の真理は体得の真理である。知解の法則は三段の論法であるが、神秘の理解は一段の直観である。理知は真理を前に置くが、信仰はそれを内に抱く。第三者としての観察に知識があり、第一者としての合一に体得がある。前者は知る事によって味わわれ、後者は味わう事によって知らるるのである。科学は云う、「吾々は知る」と、しかし宗教は云う「吾々は味わう」と。真に即如に関して吾々の知は何の知る処がない。しかし吾々の心は独りそれを味わう。クラショー Crashaw が「聖テレサ」Sainte Teresa の歌に、

'She never undertook to know
What death with love should have to doe;
Nor has she e're yet understood
Why to show love, she should shed blood;
Yet though she cannot tell you why,
She can Love, & she can Dy.'

解く事を許さぬ内容を認めるのは科学への侮蔑であろうか。否、これこそは知の否定ではなくその解脱である。世界が理知の差別に終るならば科学は自らの桎梏に悩まねばならぬ。未分の世界こそ吾々が追い求める心の国土である。人は生れながら相対の域に安んじる術を知らぬ。宗教はかかる求めの示現である。想うに未だ分れない太初のその深みに、吾れ等の心は生を

発している。人々はこれを省みて長い間分別の労を重ねた。だが心はたえずその故郷を慕っている。人はこの未分の郷を神秘と名づけた。吾々はいつか分別からの解脱を遂げねばならぬ。この悦びは只神秘の味わいにおいてのみ満たされている。しかし理知に慣れた人々は差別を離れた故を以てこれに不明の罪を数えて居る。しかし未分なるもののみ自明である。神秘の自明に比べては理知の分明は尚陰に近い。「明」を絶対義に解する時、それは神秘と云う事を離れては思惟し得べくもない。

神秘とは事を秘する意でない、密に親しむ意である。不明なるが故の神秘ではない、自明なるが神秘である。明と云い不明と云うも只貧しい言葉に過ぎぬ。自律なるものの前に理知は沈黙せねばならぬ。更に説くべき差別の相が無いからである。三祖「信心銘」に「虚明自照、心力を労せざれ。非思慮の所識情測り難し。真如法界、他なく自なし」と。

二　神秘道と流派とに就て

この思想の脈流を人々は主義 ism の名によって伝えている。流派に基く規定の桎梏から脱れて自由な道を憧れたこの思潮を、神秘道とこそ云うべきであろうが、習慣は語尾に主義の字を添えてこれを神秘主義（説又は論）Myst*icism* と呼んでいる。恐らく嘲る者が与えた侮蔑の意に萌した言葉であろうが、しかし一般の用語として今は長い経歴を残している。信仰を破って自由を呼び覚ましたこの一連の思潮は、何れの宗教史をも飾る活々とした事例であった。思想の固着に信仰の死を見た彼等の理解は主義に限られる事の愚を知りぬいていた。永遠に流動する自由の真内容こそ彼等の尽きない求めであった。実際長い間の歴史において或る信徒が主義の態度に彼の信仰と理論とを托したかも知れない。しかしこれは真の宗乗に活きるものの主旨ではなかった。神秘主義とは只便宜の為に人々から選ばれた習慣的用語であって、字句は何等その内容を指示するものではない。禅宗と云い禅学と云うもまたこの不幸な例に洩れない、宗教はいつも言葉を越える。言葉はしばしば誤解の発端である。

直下の衝動によって、神（即如）との親交を内なる心に経験するのが神秘道の本旨である。多くの神秘家が吾々に示現し得た永遠の真理は、心に輝く「内なる光」'Light Within' であった。この信念によって二重の可能が吾々に示されてある。一つには人間に賦与せられた神性の是認、二にはこれによって可能である人間と神との親交である。一葉の地に落ちるすらかつて摂理を離れていない、いわんや人間の創造は神が労いの印である。これこそは罪に傷つく吾々の心すら、神との直接な親交を受け得る実の証明である。次の驚くべき言表は神秘を知る者のモットーであった。

'God becomes as we are, that we may be as He is.' ——Blake

彼等は波打つ鼓動を以て内なる心に輝く神を見つめている。有限の身にも無限への連鎖がある。この事実は完全に示現せられねばならぬ。この切実な神の体認こそ彼等が味わい得た久遠の法悦である。信仰の帰趣、宗教の精華が只このうちにのみ潜むのを彼等は堅く信じていた。これをおいて他に認め得べき信仰の意味は存在しない。神によって許された神との親交、人生の至極はこの永遠な瞬時に包まれている。抑え得ない求めに応じて彼等が切に迫ったものはこの最後の直接な体験である。彼等はこの根本事にのみ不二不動の宗教があるのを確信した。

しかも彼等が宗教の精華に対するかかる理解は、これを何等の作為なくして体験しようとする要求を産んだ。いつも彼等の心はこの人と神との即接に向って急である。純に信仰をこの内に集め、又唯一なる宗教をこの内に建てようとしたのが彼等の企てである。生命の本核に直下に触れ得たいこの希願に対しては、精密な信仰の階梯はむしろ迂遠である。吾々は宗教の純一を信じる。果さるべき宗教の帰結は簡明である筈である、これに加えられるあらゆる考想は純一の相を錯雑に現すに過ぎない。ものはその周囲に学説を集める、しかし吾等の心には思弁よりもその核に直に入ろうとする要求がある。凡ての面帛を脱いで赤裸々な真諦に触れ得たい心がある。千万の教義の疏註よりも一体得にこそ宗教の閃きがある。これ等神との直接な親交、至純なる経験を心とするのが神秘道の意味である。

必然宗教は真に吾が身に関わる宗教であらねばならぬ。吾が内心に関わり得ない一切の外事は、生命にとっては既に二次である。ここに宗教は個性に密接する。果されねばならぬ一事は与えられた個性の表現である。かくて宗教は内なる宗教である。内面の意味をおいては凡ての教条も形式も又救主すらも唯の空名に過ぎない。流派は単にその形骸であってその精華ではない。欲するものは内に味わう価値である、外を飾る名目ではない。宗教は内心の宗教であって流派の宗教ではない。この直接な個性の内的宗教が神秘道の宗教である。

主義は言論と運命を始終する。理論は変換し得べき理論に過ぎぬ。如何なる思弁をも許し得ない不二の信仰は、その基礎を移動すべき主義の上におく事は出来ぬ。主張は限界である、あらゆる流派は一個の規定であり制限である。宗派は必然反目を内意する。あらゆる主張はこれに対立するものに向っての態度である。畢竟主義は相対の業を出る事がない。それは何等自律の内容たる事が出来ず、唯批判し得べき対象たるに終っている。吾等が欲するものは一切の判断をすら許さぬ規範的事実そのものである。既に如何なる拮抗をも許さない自律の体験こそ絶対である。宗教の根柢は只この一事にのみ安在する。教条は只後に附加せられた形式である。もしも宗教が或る特殊な神学によって決定せられるなら、それは心の桎梏であっても開放にはならぬ。宗教は束縛すべき為の宗教ではない。それが一定の形式に沈溺する時信仰には只枯凋がある。神学は理論として主義を要求する、しかし宗教は帰趣として主義の離脱を喚求する。知識は畢竟差別を与えても、綜合を離れている。ものを未分に理解する時のみ真理の体得がある。主義は分別であり相対である。宗教は自ら永久を追い、内面につき、根本に帰る心の求めである。何事よりもこの精華をと追い慕う時、彼は正しく神秘道に歩みつつあるのである。

宗教は真に離言の道である。それは凡ての言語を絶する。即如は定義せらるるを許さぬ。断定はものの内容を局定する。無限の自由であるべき絶対の面目はこれによって表示し得べくもない。凡ての批判反省はこの渾一の態を分析して平面にもたらす差別知に過ぎぬ。凡ての差別を絶する時にのみ彼に完全な自由がある。一切の形式、一切の主義はむしろ自由の拘束である。

自由に即する心が彼等の心である。この心の切な事において神秘家は人々の要求を越える。神学は宗教への弁疏であろうが、活きた宗教そのものは弁疏を脚下に踏んでいる。神秘経験は言説の堡塁に依拠するのではない。知識は吾々を美わしく装飾する、しかしそれは霊の量ではない。かつてパスカルが云った様に宗教は「心」の事に属する。権威は内に湧くのであって外に在るのではない。

彼等は厳かな霊の示現の前に、一切の教条、儀式、聖典をすら第二次とする。これ等各々の価値を忘れるのではない。只かかる事にのみ拘束せられる時、宗教の真諦が失われるのをより明らかに知っている。神秘道は長く院制主義 Institutionalism に止る事は出来ぬ。彼等はこれによって規定と院制とを卑下し去ろうとするのではない。只彼等はより直接な宗教的内容に憧れている。正統派に所属する凡ての信徒、又時として純な学者すらも教会帰依 Churchmanship を以て信徒の本旨とさえ見做している。彼等にとっては教会員 Churchman たる事が宗教家たる所以である。しかし教会は神の国を示現すべき途程ではあっても、信仰はこれに終末すべきではない。吾々は教会を否定すべき理由を知らないが、教会に束せられる理由を更に知らない。教会は目的に達すべき一つの方便ではあっても、吾々の目的そのものとはならぬ。吾々内心の要求は一層直接的である。何が故に目的そのものを直に捕える事が許されないであろう。神秘道とはたえずかかる要求に迫った一脈の流れである。

批評家はこれが為にしばしばこの道を目し反歴史主義と呼んでいる。内心直下の体験を宗教の本質とする者にとって伝統と歴史とが既に第二次であるのは云う迄もない。しかしこれ等の態度を反の字によって示そうとするのは誤解である、自由を欲する彼等にとっては反歴史主義も又一個の束縛である、一切の拘束を絶して真に自由なる面目に活きる時、永遠の宗教が示現せられるのを彼等は信じている。歴史に沈み、歴史に反するのは共に彼等の満足し得ない態度である。彼等は一切の条件を絶して宗教の核に急ごうとするのである。神秘家にとって彼と神との間には何の介在すべきものがない。

外囲よりも内なる光を慕ったこれ等の態度を、宗教の枯凋に対する単な反抗的気運としてのみ認めようとする学者がある。

彼等はこの思潮が信仰を覚醒した数々の例を忘れはしない、しかしこれを異例な発現として宗教の精華が別個にある事を称えている。もとより変態は正当な宗教を伴い難い、しかし神秘とは果して異変の態であろうか、果してこの気運は反抗をその心としたであろうか。これ等の批評は只不足な理解を告げるに過ぎない。余は自然を示すが故にこそ神秘を愛するが、その変態の為にこれを弁じるのではない。

神秘道は人為の所産ではない、厳然とした必然の事実である。神秘家は生れながらの内なる光に発した事においてのみ神秘家である。彼等の安らかな信念は与えられた人間そのものの本質に潜んでいる。神秘とはこの自然なものの別名である。彼が生れながらの本性に活きる時人は自ら神秘家である。神秘道はものを有りのままに見ようとする態度である。あらゆる人為を脱して事相をその本来の意味において理解しようとする道である。如々な本然な面目において真諦を抱こうとするのがその心である。神秘道は自由道である。それは一切を開放する、人間そのものの自由を復生する。否一切のものにかかる自由の活機を認めるのがその至悦である。凡ての束縛は先ず離脱せられねばならぬ。人工の作為に傷つく時彼等は人間を離れ神を離れ、宗教を失うのである、神秘道の永遠な基礎は主義の上に建つのではない、人間そのものの内に安在する。

彼等の必然な経験がよく永久であり普遍であるのは只この与えられた本然の表現によるからである。人間そのものに立つ事において彼等の経験は真に人間の共有の財産である。神秘道はその個性の直下なる経験において宗教の精華を示し、人間に立脚する事においてあらゆる宗教の神秘道である。この二重の真理は吾々に何を語るであろうか。

もしも神との直接な親交が宗乗の帰趣であるならば、神秘道はかかる帰趣である。それが如何なる形式をとるにせよ、この事実において一切の宗教的経験は神秘的経験である。しかも共有の宗教がこの道に見出され得べき悦びを吾々は持っている。人間本性の要求に基く事において、神秘道はあらゆる宗教の共産である。それは一宗一派にのみ許された神の恵みではない。彼等は人間に活きる公有神秘家であって宗派に限られた専有神秘家ではない。人々はこの共有の宗教を理解する事によって一切の宗教に敬念を抱く事が出来る。多くの信徒は自己の宗派を固守する事によって排他の醜さから脱れ得ないのである。何故凡ての宗教を貫通して流れる共有の至宝を愛し得ないであろう。神秘道はあらゆる宗派を一つに結ばしめる。救いの専有は基教にのみ許されるのではない。神は基教的であると共に仏教的である。真理は常に回教的であり、儒教的である。余は正当な凡ての宗教はその根柢において調和さるべきものと思う。争論は理解の不足に過ぎぬ。

神秘道は主張ではなく傾向である。理論ではなく気質である。組織たるよりも開放である。思想たるよりも精神である。定義たるよりも暗示である。規矩たるよりも創造である。形式たるよりも流動である。彼等の危期は神秘道を主義に托す時にある。理論が生命の位置を奪う時、宗教は言葉の宗教に死滅する。偉大な宗教家は凡て言葉を謹んでいる。彼等には沈黙が最良の言語であった。かの圜悟《えんご》の「碧巌集」が広く愛された時、嗣子の大慧宗杲《だいえそうこう》はこれを凡て焼きすてて了った。この大胆な努力は言辞に基く宗教の絶滅を志したからである。

一般の理論を旨とするよりも、特殊な個性の求めに起つこの宗教は、必然その方向において多面である。神秘道の多様は個性の気質に基くのであって主張の分岐ではない。如何なる神秘家も他の神秘家によって一つの拘束をすら受けない。彼等は彼等自身においての神秘家である。時として彼等の道は冥想的であり又情的である。如何なる道も彼等の各々を妨げない。彼等は自身において自由であり自他の関係において自由である。神秘道においては彼等は各々の個性を実現する。かかる実現においてのみ相互の理解がある事を知っている。彼等は彼等自身の内部生命の樹立者である。人間そのものの宗教として彼等はいつも宗団を越える、人間は宗団よりも根本的であり、内容は遥かに広汎である。

実際神秘家が或る時代に一団をなして起ってきた事は事実である。例えば十四世紀にドイツに栄えた「神の友」、又は英国に起った「クェーカー」宗の如きはその実例であろう。しかし彼等は何等宗派に自己を防備したのではない。厳然たる個性の要求に出発した信徒である。同じ求めに活きた彼等は互いを愛し互いに集い合った。しかしそれは党派を夢みたのではない。彼等の道を流派の名によって呼ぶのは誤りである。主義からの離脱をこそ彼等は希っていた。おのずから集った彼等は流派の名を避けて自らの群れを「友」と呼び「会」と云った。「神の友」‘Friend of God’「友の会」‘Society of Friends’「愛の家庭」‘Family of Love’ とは彼等の好んだ名であった。実際神秘家の一団に名づけられた宗派の名目は彼等よりも他人によって名づけられた侮蔑の称号であった。クェーカー Quaker とは神の前に「慄く」人々である。或る者は誹りを以て彼等を所謂「神霊家」Spiritualists と呼び、「探索者」Seekers と呼び又は「誇言者」Ranters と呼んだ。かの回教の神秘道をスーフィーズム Sufism と云うも、それは何等 ism の道ではない、「毛皮」を纏う人々との意である。

神秘道が一個の宗派でない事を主張する時、批評家は禅宗、又はクェーカー宗を指摘するかも知れない。実際偉大な系統をさえ引いて今日に続く禅宗の如きものをこの例に悖ると見做すかも知れない、しかし真の禅者が繰り返し繰り返し云った主旨は禅に差別知を認めない意味であった。何人か呼んで禅宗と云い禅学と云ったかを知らないが、それは単に名づけられた称号に過ぎぬ。禅において派流、学知は許すべきでない。禅は只一字禅において既にあり余るのである。出来得るなら彼等は禅の一字さえ用いたくないであろう。禅の五家分立も何等根本の分岐ではない、只異る人格の表示であって、むしろ禅が如何なる様態にも現われ得べき自由の裏書である。人々がその性に基いて平等の真諦を見守るに過ぎぬ。名目は何等充全に内容を語るものではない。禅は自ら標榜する通り不立文字直指人心である。彼等は説くを許さぬ絶対事を自ら持っている。「無」と云うのも只這般の消息の反映である。

かのフォックス Fox によって創設されたクェーカー宗 Quakerism も一個の宗派の形に終るものと評すかも知れぬ。しかしそれは只沈黙の法悦を知るものの一団である。その教えこそはあらゆる形式に反抗して、ひとえに「内なる光」を求めようとする態度である。彼等は流派に自らを囲む宗団ではない。その心を愛し合った「友の会」'Society of Friend' である。主義は分離の予想である。何ものが流派の許に永続するであろう、只活きるものはかかる説議を絶した内心直下の経験である、宗教は只この根に栄えてのみ花に飾られるのである。かの神秘道とはその語義において口を塞ぎ眼を被うの謂である。（一九一七年八月稿）

哲学におけるテムペラメント

I charge that there be no theory or school
　　founded out of me,
I charge you to leave all free as I have left all free.
　　　　From '*Myself and Mine*' ——Whitman

この小篇で明らかにしようとする論旨は、むしろ簡易な常識的批判の範囲を出ない。しかし多くの批評家はしばしばこれを看過して空しい論争の痴愚を重ねている。自分はここに哲学上（もしくは一般思考上）の論理的立論（Logical Argument）と、哲学者（もしくは一般思想家）の個人的テムペラメント（Individual Temperament）との関係を論じようと思うのである。内容は思想態度の問題に終っているが、しかも哲学の価値に就て、一つの見方を開き得た事をひそかに信じている。

一

一般の信念に従えば、理知を主として立つ哲学は徹底して論理的正確を必要とする。吾々が哲学的立論を行う時は、必ずその知的思考に数学的精緻を加えて、明確に理性の活動を階段的秩序に開展しなければならない。そうしてその立論はいつも客観性と普遍性と必然性とを具えた冷静な理論的断案に終らねばならない。しかも種々の思考はそれ自らに一つの体制的排列を要求する。故に哲学的思考の理想は、その思想内容を一般的図形に構成する事にある。一言で云えば哲学的体系（Philosophical System）の組成にある。

偉大な哲学者と云う名誉は、いつも広汎な体系を持つ哲学者の頭上におかれている。体系の壮大は直ちにその哲学の雄大と、その哲学者の偉大とを聯想させる。従って哲学に対する人々の尊敬と信頼とは、ほとんど彼等の立論に潜んでいる論理的正確性の上にある。かかる思想の習性から、吾々は一切の哲学（もしくは広く一般思想）の価値を、ほとんどそこに包まれる論理的客観性の多寡によって評価しようとする。一般的妥当性に乏しく、客観的に非論理的であり、且つ何等の体制的系統をも欠く哲学は、直ちにその思索の不正確と幼稚《ようち》とを予想させる。故に一切の思想内容はほとんど論理的一般性を標準として批評され評価される。もしもその哲学的思想の結論が、客観的一般的内容に乏しい時、人々はその立論の哲学的価値を卑下する事に決して躊躇しないでいる。

従って哲学的思索併びにその批評の方向は、凡て論理的正確性に向って集注される。その見解の一致も反目も凡てこれを焦点としてその周囲に廻転する。かくて哲学的論争は、いつもその思考の結論が論理的に真であるか否かの問題に終っている。実に真理を愛する為に立った哲学者は、真理を得る為の論理の争いに身を浸している。不幸にも哲学ほど反目と争闘とに充ちた歴史を持つものはない。議論は議論を重ねて吾々は止まる術を知らない。幾百代の祖先が今日吾々に残した賜物は、帰決する事が出来ない問題の無数を、数え尽し得ない程の多くの書籍に記載した事実である。かの科学の様に夥しい資料が幾つかの単純な法則に節約されて、それが永遠の真理として承認されるのに反して、哲学はほとんど論理の戦場に傷ついて、永遠の真理を示して長い捷利の誇りを得る者はほとんど稀と云わねばならない。

かのターレスが紀元前六百年の昔に、水を以てこの宇宙の原質とした時代から、二千有余年後の今日、流動を以て自然人生の本質を説こうとするベルグソンの哲学に至る迄、哲学的論争はさながら永遠の波動に終る海水の宿命にも比較し得られる。汀に立って止む事ない彼等動乱の反復を、人々は寂しみの心を抱いて見つめている。いつの時に吾々は平穏な真理の霊水に浴し得るであろうか。明確な論理的立論は却って不明な渾沌の世界をのみ与える様にさえ考えられる。

しかも今は哲学的不安の時代である。ただに吾々は反目する多くの哲学的立論の雑然たる排列を前に見るばかりでなく、実証を慕う吾々の心は科学の力を忘れる事は出来ない。二千年を経由した今日の哲学史が吾々に供給するものは、科学が吾々に示した確乎とした法則の如きものではない。一切の結論はむしろ一般性を欠いて、彼は永遠の客観的真理を今尚示し得ないでいる。むしろ吾々は永劫の安住を哲学に見出す事が許されない事実である事を知るばかりである。人々は漸く哲学を離れ科学に一切の説明を求めようとあせっている。そうして今は科学に対する信頼の時代に遷っている。

しかしこれ等の訴えは果して正しいものであろうか、しかも人々が疑う様に哲学はその存在の意義を棄てて科学にその務めを譲らねばならないのであろうか。自分は哲学に対するこれ等の見方が謬見に基く事を明らかにする事によって、哲学の使命に新しい価値を甦らしたいと思うのである。ここには少くとも従来の見方に対して三つの疑問を挿む事が出来る。果して哲学本来の要求は、客観的真理の論理的獲得にあるのであろうか。これは自分が提供する疑問の第一である。第二に吾々は哲学的思索の価値を直ちにその論理的内容の価値に還元する事が出来るのであろうか。第三に哲学に恒久の生命を与えるものは只その立論の論理的正確性のみであろうか。

実際論理的正確性が哲学的思考に重大な価値を与える事は否み得ない事実である。しかしかかる論理的意義が如何なる点迄哲学の内容を形造るのであろうか。自分はこの問題に対して明らかな答を与える事によって、ここに哲学の価値に新しい光明を見出したいと思うのである。

二

在来の期待によれば、人々は哲学の恒久性をその結論の論理的価値に求めようとしている。論理的価値とはいつもその内容が必然的であり且つ客観的真理を示す事を予想させる。主観的断案に充ちて只特殊な独断に止まるものは、いつも避け難い論理的誤謬に終らねばならない。論理的正確性はいつもその立論の価値内容を左右する力がある。しかし吾々の想像がよく許し得る様に、一定の規則と約束との許に成立する明晰な論理的思考が、二個の離反する内容に逢着する時、その真為正邪を判明する為には、しかく多くの困難を感じないわけである。一と一との加がいつも二であると云う事を思考の法則が示す様に、論理にとって二者の是非を決定する事はむしろ簡易な事の様に思われる。しかし理性に基く冷静な立論を標旨する哲学的思考の論理性が、今尚判明な客観的断案を下す事の少ないのは、むしろ不思議な事実と云わねばならない。想うに哲学的内容の凡てが論理的価値に終るべきものであるなら、哲学的真理は、既にアリストートルの時代に終っていたかも知れない。何故なら吾々は思考の働きに対して、一定の破る事の出来ない法則を持っているからである。従って純に論理的に思考を進めるなら哲学の統一はむしろ容易な様に考えられる。しかし何が故か凡ての人は、今尚各々異った哲学を持とうとしている。

いつも論理は哲学に一定の客観的真理を下す事を命ずる。しかし哲学者は各々の主観的立論を固持して、それに客観的価値を見出そうとする。吾々は何の素因が明晰であるべき哲学的真理に、錯雑と混乱とを与えているかを見ねばならない。哲学的動乱に対して不安を抱く吾々はその素因を見出す時、哲学に新しい容色を見出す事を禁じ得ないのである。

哲学が古来二つの対峙する学説にたえず充たされている事は何人も知っている。一元論と二元論と、観念論と実在論と、唯心論と唯物論と、経験論と主知論と、機械論と目的論と、絶対論と相対論と、かかる相反の原理は実に哲学史をあむ経緯の糸になっている。理性に立つ人間の理知が、しかも静淡を旨とする哲学的思索が、更に又一定の論理を持つ吾々の批判力が、かかる反対の思想を送り迎えるのはむしろ奇異な現象と云わねばならない。何が故に是非真偽の判断に起る哲学が、かかる愚昧を長く重ねているのであろうか。極は極を拒み、表は裏に背き、右は左を離れようとする。谿が永えに山を予件とする様に、哲学はいつも反目の哲学を聯想させる。しかし二千年の哲学が争いの跡を見守る時、しかもまた新しい戦いの叫びを今自らの唇に挙げようとする時、自分は著しい事実の存在を注意する事が出来る。

もしも思考の論理性が哲学内容の始めであり終りであるならば、哲学が一定の図形的範疇に安じる為には、多くの時間を費さない筈である。しかし哲学的内容は遂にその思考の論理的内容と同一ではない。吾々の精神的要求が論理の円周を破り出ようとする憧憬は、人々が思念しているよりも幽遠な根柢を持っている。吾々本然の要求は遂に純知的の領域に帰趣の地を見出す事は出来ないでいる。想うに人生の内容は限りないものを包むが如くに見える。しかも個性は各々無窮な拡張と充実とを得ようとあせっている。人は有限の身に生れながら、無限を追い求める様に造られている。しかも凡ての人はその各個の存在に永遠の是認肯定を与えねば止まないでいる。実に人生第一次の原理は、凡ての人がその各個の存在を否定し得ない事実である。凡ての哲学的思想の分離と錯雑とは、それが哲学者各個性の要求に動かし得ない基礎をおいているからである。一般的原理に立つ論理は少くとも一定の客観的形式を得ようとする。しかし特殊的原理に立つ個性は自己の特性を通じてこの自然人生に触れようとする。前者は一様を後者は多様を要求する。いつも哲学的主張の反目はこの二つのものの接触から起る。哲学の一般的統一は論理の理想である。しかも個性の存在は王冠を自らの頭上におこうとする。彼は客観的帰一を、これは主観的統制を企図する。実に純粋論理は一切の主観性を排除して客観的真理を与えようとする。しかし個性の偉大な抱負は主観的真理に一切の客観的価値をおこうとするにある。一般的約束は個性の堪え得る所ではない。彼は凡ての論理的規則を包含して、しかも尚飽きる事を知らず自由な翼を翺って無限に高遠なものを追い慕ってゆく。拭い得ない一事実は人生の内容が一般的論理的内容を遥かに越えている事である。

かくして哲学の論争は実に哲学そのものの本質をさえ示現する。一切の反目はその基礎を幽玄な人生内容の事実においているのである。只一般的客観的真理に凡ての信頼をおこうとする人々は、その不統一を嘲って遂に哲学の価値を否認しようとする。しかし新たな是認はこの不可思議な事実に底深く宿っている。人々が哲学に向って訴える不信任の第一の誤謬は、哲学を只純粋に静的な理性批判と見なして、その価値の凡てを思考の論理的内容に移そうとする処にある。哲学的思索を衝動して哲学に動因を与えその方向を定めるものは果して何の力によるのであろうか。しかもその哲学に価値と権威とを与えるものは何の力であろうか。前にも云った様に、一般の思想によれば哲学は冷静な理知を出発として、吾々に純粋な客観的真理を与えるものとされている。従って哲学の価値も権威も、凡て思考の論理的内容から起るものとして、そこに信頼の凡てをおこうとしているのである。しかし多少の反省によって知り得る様に、偉大な哲学はむしろ動的起因を深く内在して、個性の抑え難い特質をその背後に潜めている。事実が告げる明瞭な真理は、哲学者各個性の特質、即ち彼等のテムペラメント（気質）が、凡ての哲学的思索を衝動して、その方向を決定する基本的動因となっているのである。

　哲学の第一次的基礎は哲学者の個人的テムペラメントであると自分は認めている。吾々は決して自己を離れて、抽象的客観的真理を得るが為に思索するのではない。又個性の特質に何等の関与をも持たない一般的普遍的原理を見出そうと企てているのでもない。又その思想の方向は冷静な純知の働きが決定し命令するのでもない。凡ての哲学的思索は尽きない具像的テムペラメントを源泉として湧き溢れてくるのである。吾々は論理的に先ず理性を以て最後の心的活動とみなす故に合理主義（Rationalism）を主張するのではない。かかる抽象的判断に先立って、理性を重んじる具象的テムペラメントがかかる学説を要求するのである。吾々は学理的に実際的効果を最も緊要な事実とするが故に、実際主義（Pragmatism）を唱導するのではない。実際的経験を慕う動かし難いテムペラメントの衝動が、かかる哲学を人々の口に叫ばしめているのである。かの主知論はドイツに栄える、その国民は深く理知のテムペラメントを持つからである。経験論は英国に生い立つ、その国民は実際的テムペラメントに優れているからである。吾々にかく思索せよと命じるものは吾々のテムペラメントである。吾々の個性を充す思想の獲得に吾々を動かすものはテムペラメントである。かくて吾々の哲学を歓喜悲哀、一元二元、主知経験、何れかの方向に決するものも吾々のテムペラメントである。これに従う一切の論理的立論は、テムペラメントが進む足を安定にさせる努力にすぎない。既に方向と性質とはテムペラメントの既決する処であって、吾々の凡ての理論は、只個人的テムペラメントに偉大な客観的価値を与えようとする吾々の理知的作動である。哲学は実に単純な抽象的真理を見出そうとするのではない。各個性の存在に対する偉大な肯定的立言である。哲学の多様は実に哲学そのものの一本質を示すのであって、引いては各人の個性の要求が各々無限である事を吾々に告げているのである。

しかし人々はかかる事実を喜ぶよりも、個人的テムペラメントの不統一と動揺的性質とに信頼の想いを棄てて、只そのうちに見出し得られる僅かな一般的客観的真理にのみその哲学の価値を帰そうと求めている。従って哲学の理想はあらゆる個人的テムペラメントから脱離する事であって、ひとえに客観的普遍的原理の獲得に急ごうとしている。哲学の価値は漸くその論理的内容の価値に還元されて、本来の資質は失われようとしている。多くの批評家が抱く一般の趨勢は、哲学を静的抽象的学理の一部門と思惟して、しかもその見解から起る要求が充たされない今日、更に不安を抱いて哲学の意義をも卑下しようとする。学派の多岐と学説の幽遠とは哲学を一般の人心から隔離さして、科学の力がこれにかわってその位置を占めようとしている。しかし哲学を傷つけるものは哲学自らでない、彼を葬るのは世の多くの無智な批評家である。彼等は一つには個性に基く哲学本来の深い意義を忘れて、二つにはこれを単な抽象的学理として只そこにのみ価値を認め、三たびその理論の不統一を悲しんで凡ての信頼を擲ち、四たび実証の学に頼って凡てを科学の力で説明しようとする。

しかし哲学は凡ての批評を越して、その真意義を発揮する時が来なければならない。棄てられた哲学の生命を甦らして、その価値が新たに固く樹立される時が来なくてはならない。何が哲学に永遠の生命を与え、何が哲学に新しい権威を生むのであろうか。自分は人々と共に立論の論理的内容の価値を是認すると共に、人々に反して更に尚テムペラメントを愛し、そこに哲学が根本の力を得る事を明らかにしなければならない。

三

どんな抽象的概念に哲学を築いても、そこには何等かのテムペラメントが潜んでいる。テムペラメントが立論の方向と内容とを衝動する力だからである。哲学上範疇の問題は至難な事に属する。しかしこの把捉する事に困難な範疇の内容もしくはその数は、理知よりもテムペラメントが定めたのである。実に人々の個性の要求によってその性質は変りその数は増減しその名目も変更する。何処に客観的な範疇の数があるであろう。特殊な個性の要求がその数を定めるのである。哲学の組織もその体系も只理論が定めるのではない。ヘーゲルとベルグソンの哲学の相違は彼等のテムペラメントの相違である。

自己をおいて哲学には一切の出発がない。個性の深い衝動によって、自己の存在に偉大な知的肯定を建設しようとする企ては、哲学真性の抱負である。個性を経由する事なしに、吾々は何等の明晰な人生観世界観を画く事は出来ぬ。自己を離れ自己の要求をおいて、哲学は何等の力をももたらさない。彼にとってあらゆる特殊性を排除する客観的態度は許されない事実である。個性は哲学にとって永えに絶える事のない神前の灯火である。燃える焔の光によって彼が四囲は色彩に充ちて、その光景は明確に彼の視線に触れる。この衝動の灯火がその力と光とに燃え上る時、彼が世界は栄光を四囲に反映する。この個性の光を失う時周囲には只暗黒と朦昧とが残されてくる。その焔の鮮かな色彩こそは彼のテムペラメントである。焔の色に従って凡ての世界が彩られる様に、テムペラメントは世界に自己の色彩を投げる。登る旭日の真紅の色をテムペラメントに持つ者には、世界は希望の世界にうつる。詠嘆の月光をテムペラメントに持つ者にとっては世界は寂寞の色調に漂う。哲学の多岐は、多岐な個性に基く多岐なテムペラメントの彩る処である。個性にひそむこの特質を棄てては哲学は何ものをも産み得ない。詮ずるに哲学は個性を充実させるが為の哲学であって、個性はそこに無限な実現を得るのである。彼はテムペラメントに出でテムペラメントを充すが為に理知が企てる荘厳な肯定的作動である。吾々は自己充実の偉大な抱負と希願とをおいて、哲学に身を浸すの愚を学び得ない。もし吾々の哲学的企図が具像的要求を離れて、只一般的抽象的理論を追うなら、残るものは把捉し得ない空洞の響きであって、吾々は活きた生命のある何ものをも捕え得ない。人々の思念する想像を越えて、哲学は実に客観を主観により、一般を特殊によって咀嚼し去ろうとするのである。彼は一切の個人的テムペラメントを開展して、そこに論理的立論の客観的価値を認許させようとするのである。主観的価値は常に第一次であって、その偉大な効力が、遂に客観的権威を産むものである。一般的真理とは偉大な主観的真理が呼び起す本然の結果であって、彼は動かし難いテムペラメントにその濫觴を持つのである。

　論理は却ってテムペラメントの衝動によって開発される。凡ての偉大な哲学的思想の価値は、それが抽象的一般的な客観性をおびるが故ではなく、特殊的個性色に彩られた強い理論に基くからである。吾々は決して純粋論理から出発して吾々の思想を構成するのではない。理論はテムペラメントに基く個性の動かし難い事実によって決定されるのである。真理は吾々を離れて、吾々の前に排列せられてはいない。真理は必ず個性の実際的経験を通過してのみ現われてくる。人々は立論に生命を与えるものは論理的内容にあると思っている。しかしテムペラメントこそは論理に生命と確実性とを与えているのである。実に何者の力によっても左右し得ない厳然たるテムペラメントは、それ自身に鞏固な密着性を持つ永遠の論理的内容を喚起してくる。弱いテムペラメントの傍に決して強い論理的立論は現われない。いわんや只個性を離れて抽象し来った論理それ自身には何等の力何等の権威をも内在しない。偉大なテムペラメントは凡て個性の実験を滲透してくるが故に、絶対的確実性をその理論的立言に与えるのである。具像的経験の事実を持たず又は自己のテムペラメントと合一していない理論は一つとして人を動かす力を産まない。一切の哲学的確実性と権威とは、抑制する事の出来ないテムペラメントの本然の叫びから湧き出るのである。実に人々の想像に反して、哲学的立論に恒久性を与えるものは個人的テムペラメントである。何故ならば、個性に基くテムペラメントは何者の前にも屈し得ない事実であって、しかも最も具像的実有の経験だからである。

かの幾何学が動かし難い公理に基いて凡ての理論を開発する様に、哲学は動かし難いテムペラメントに基いて一切の思考を開展する。実際的個性色の明瞭な立論は、哲学を貫く滾々たる流れである。凡ての理論の沃野は、その流水に潤いを仰いで緑草の衣を着るのである。哲学の美観は実にそこに内在するテムペラメントの美観にある。その論理も体系も、荘厳なテムペラメントの力を内在するが故に偉大なのである。体系は決して単純な論理の理想から造られるものではない。たえず動的な個性の要求を待って開発するのである。かかる見方は一般の批評家を悦ばさないかも知れない。しかし事実はいささかも自分の言説を破ってはいない。理論は理論によって改造し得られる。しかしテムペラメントはこの世界の何ものによっても打破する事が出来ない。哲学に永遠の威力を与えるものは実に客観的理論にあるよりも、むしろ主観的テムペラメントにあるのである。

倫理学史を繙く時吾々はカントの所謂無上命令（Der kategorische Imperativ）の学説に逢着する。カント以後倫理学の発達は、多くの優秀な学説を産んで今日に及んでいる。しかし自分の経験に従えば今日の学説としては不満足なこのカントの思想程、自分の心を底から動かしたものはない。自分はカントのこの言葉を読む毎に荘厳な哲学的権威の前に跪かざるを得ない。吾々は理論的にかのグリーン等に基く人格実現の学説が遥かに勝っている事を知っている。しかしその権威の偉大において自分はカントの精神に崇仰の念をささげる事を禁じ得ない。彼の学説は理論として破られる宿命を持っている。しかしカントの学説にひそむテムペラメントは、実に久遠の生命を持って今尚吾々に厳粛な畏敬の念を起させる。彼が立言の価値は論理的誤謬を持ちながらも、一切の矛盾を包含して、尚も悠々たる威厳を以て吾々に臨んで来る。カントの哲学の偉大は単にその立論が論理的精緻を極めている為ではない、又その哲学が壮大な体系を持っている為でもない。彼が個性に量り知る事が出来ない深いテムペラメントを宿しているからである。彼が哲学の権威も正確も、凡て彼の鮮かなテムペラメントの厳然たる衝動によったのである。

吾々は又最も美わしく深いスピノーザの哲学を択んでくる。この一ユダヤの哲学者も吾々に無上の教を垂れている。彼は強い究理心に襲われて、静かに厳そかに思索し追求し、彼が思想に数学的正確を与えるが為に、その哲学書に幾何学書の形式を摸している。しかし彼が偉大は決してこの単な数理的探求の事実にあるのではない。彼が偉大は残りなく彼のテムペラメントにあり、彼が権威は一にその敬虔なテムペラメントにある。彼が心身に関する学説、もしくは本体に関する原理は、今日の鋭い批評から逃れる事は出来ない。しかしどうして吾々はこの哲学者に限りない愛慕の情を感ぜずにいられよう。吾々は彼の書を通じて彼のゆかしいテムペラメントに手を触れて、その温かみに恍惚たる情趣を味識する事が出来る。ノヴァリスが云ったこの「神に酔った哲学者」は実に人類の貴宝である。もしも哲学一切の価値がその純知的論理内容に還元されるならば、スピノーザは過ぎたスピノーザである。しかし彼は今尚吾々の傍にあり、今尚吾々の心に限りない法悦を与えている。理論は過ぎゆく、しかしテムペラメントは永在する。この事実こそは吾々に深い福祉を与えている。

吾々は哲学史上どんな哲学を択んでも、それが偉大なテムペラメントに基く時は、どんな非論理的、非実証的理論にも、尚絶大の価値を見出す事が出来る。何故ならその哲学に潜む霊の要求は、その哲学が与える実証的論理より遥かに偉大であり神秘であるからである。近い時代において自分はその実例としてフェッヒナーを好んで択びたい。

かの無心に想われる花にも、かの無生に想われる星にも、凡て精神の存在を認めた詩的世界観が、厳密な科学的方法を好んだフェッヒナーの思想である事は、一見して矛盾の様にさえ思われる。見るが如くに書いてある彼の「死後の生活」は、冷やかな理知に生きるものには単な空想とより想われない。しかし客観的に論理の正確を欠く彼の世界観は、哲学として吾々に何等の価値をも権威をも持たないであろうか。テムペラメントの意義の省みられない今日の哲学界にとって、彼の世界観は実に花の如く星の如く吾々の前に輝いている。フェッヒナーは古今を通じて最も偉大なテムペラメントを持った哲学者の一人だかからである。想うに彼の思想がいつか科学者の間にも是認せられる事は自分のひそかに信じている処である。理論的構成はいつか改造される日が来るかも知れない。しかし一切の彼の思想は悠然として彼がテムペラメントの上に安住の床を得ているのである。単純な理論は決して彼の平安を乱す力がない。

ここに吾々はテムペラメントの内容が、哲学的権威の起源そのものである事を想わざるを得ない。吾々が威力の前に跪く時、又は権威を以て吾々自らが臨む時、そこにはテムペラメントの具像的動力が粛然として吾々を襲い吾々を熱しているのである。哲学は実に個性色の鮮かな起源を持つものと云わねばならぬ。

四

人生の内容は常に論理の内容を越える。論理が吾々に既定的真理を示そうとする時、人生は吾々に創造的真理を与えている。生命の活動が既約的機械的行動に終らない限り、論理的内容は又生命の衝動と共に開発される。そうして人生に関与する真理は進化的発展を容れる如くに見える。

もしもこの宇宙の凡ての事項が、物質の世界に見られる様な機械的制約に成立しているなら、凡ての自然人生に関する真理は固定的な宿命を受ける。科学者の功績による自然法は、多くの実在論者が主張する様に完全な客観的固定的真理であって、その法則を乱す事は吾々には許されていない。過去現在未来を通じて科学的真理は常に同一の内容と意味とを持っている。もしもこの自然が只科学者の示す様な法則の世界であるならば、永遠の生命を持つものは必ず一定の固着的性質を持つ客観的真理である。吾々は猥りにその間に主観的独断を入れて、その恒久性を乱す事は出来ない。一切の真理は決して個人的テムペラメントによって左右する事は出来ない。凡ては一般的に客観的に抽象的に決定されているからである。従って真理とは只見出さるべきものであって、造らるべき者ではない。吾々の思索は単に自然に対して受動的位置に終るのである。機械論が主張する様に、吾々は決して法則の世界に対して自由の活動を営み得ない。個性とは偶然的存在であって、何等特殊な意味を持ってはいない。一切の運命は客観的に機械的に約束的に固定されているとせねばならない。

しかしこの自然は科学が示す様な法則の世界に限られてはいない。生命の世界に吾々が触れる時、凡てのかかる形式は打破されて、そこには自由と創造との世界が現われてくる。彼等の活動はたえず約束の世界を越えて、自由に向上し前進しようとする。一切の作動は個性を経由して自己の世界を創造しようとする、生命の世界とはいつも創造の世界を意味している。従って彼には静的停止がない、たえず進化し運動し改造する。一定の規定に安堵するには、彼の要求は余りに限りなく、彼の憧憬は余りに高遠である。彼の作動はたえず自由と発展とに栄える。創造的進化は生命の実質であって深い根柢を人生そのものに潜めている。

従って吾々は法則の世界に「見出さるべき真理」を持つのみならず、生命の世界において「創らるべき真理」を持っている。吾々の個性にとってこの事実より悦ばしい福祉を贈るものはない。凡ての偉大な哲学者宗教家芸術家の事業は、凡て創造の名誉を持っているのである。もしもこの世界が計画された図形であって、一切の事項が只機械的関係に止るならば、吾々の希望の運命は悲哀の宿命に終らねばならない。しかし個性は幸いにもその裡に創造的自由の力を深く内在している。

これ等の立論が容易に吾々を導く様に、吾々は今二つの明らかな事実に逢着している。第一は一切の創造的活動が必ず個性を経由する事であり、第二は個性の発展と共に真理が創造的発展を容れる事実である。

真理とは凡ての主観的特殊性を排除した純客観的一般性をその内容とする様に思われている。彼は先ず凡ての個性的関係を脱離しなければならない。自分は真理が常に客観的権威を必要とする事を否もうとはしない。しかし凡ての人生に関する知識は、個性の内容に密接な関係を持つ事を明らかにしたいのである。云い換えれば偉大な真理とは、いつも偉大な個性の実経験によって獲得されたのである。個性の内容をおいて如何なる真理を吾々は捕え得るのであろうか。一切の人生に関する真理はかつては経験であった。真理の真の理解は只思惟の力、悟性の作動によってのみ得るものでは決してない。体得された真理のみ永遠である。真理を語り得る者は、只その創造者のみである。抽象的思惟は只その概念的記載を与えるに過ぎない。真理は吾々を離れて決して吾々の前に羅列されているのではない。凡ては個性の泉から湧き、内より外に溢れるのである。真理を宿すものは個性であって、個性の表現が直ちに真理の創造である。偉大な真理は決して卑しい個性からは生れてこない。真理は常に天才の創造にかかる。それが客観的価値を具有してくるのは、その内に権威ある個性の力が漲っているからである。それは抽象的論理に成立するのではない。真理はたえず個人的テムペラメントの衝動を受けて表現される。真理の生命は一つに個性の内容に依っているのである。

思考の過程に関する心理的観察は、吾々にかかる事実を供給している。人生の荘厳な問題に対して吾々が思索し、探求し、真理を愛慕する情に駆られる時、吾々を動かすものは単純な抽象的知的思考の作用ではない。むしろ荘厳な感激と、無限の渇仰に充ちる情意の衝動である。しかも吾々が与える立論はかかる個性の内容に始終して開発される。従って哲学的立論の発展は、個性の創造的表現に伴っている。個性の向上は思索の向上を意味し、思索の向上は真理の向上を意味する。彼はいつも個性の内容と共に創造進化の性質を帯びてくる。彼は静的の性質を持たず動的の生命を負って、たえず個性に作動し、たえず実際的効果を及ぼしてくる。実に真理は個性の内に建設される。彼は既定的内容を越えて、無限に向上するテムペラメントの内容に一致する。

近世においてこの思想から、一つの哲学を樹立しようと企てたのはプラグマティズム（Pragmatism）であって、テムペラメントの価値に対する哲学的思想の最も著しい現象である。彼はただにその主張内容においてのみならず、近世人心の実際的効果を追うテムペラメントを背景として立つ哲学である。吾々は彼自身をテムペラメントの哲学とも目し得られる。真理の内容に自由な進化を肯定して、その人生に及ぼす実際的効力を第一義とするその主張は、哲学史上における最も大胆な叫びであって、多くの新しい世界を吾々に提供しているのである。この哲学が示す様に真理は凡て個性を通過した時始めて価値的事実になってくる。個性に対する実際的効果を持たない真理は、吾々にとって空虚な一個の抽象的概念に過ぎない。彼は個性に作動し始めて生命の力を獲得する。彼はいつも自己と共に働き自己と共に向上する。彼は過去に決定せられているのではない。未来に尚創造的生命を持っている。

実に哲学は既決的真理の発見ではない、個人的特性の表現である。自己の生命の拡張と充実とに対する無限の努力である。彼はいつも個性の強い色彩によって、世界を自己の光で被わねばならない。哲学は自然人生に対する自我の表現（Expression）であって、印象（Impression）の記載ではない。凡ての真理は只個性によって存在の価値を具えてくる。詮ずるに個性の存在は凡ての四囲に対して第一義的位置にある。永遠的客観的真理とは、徹底して個性に忠実な主観的テムペラメントによる真理である。即ち実際的経験と生命と始終する真理である。そもそも吾々の偉大な抱負は、個性に基く主観的立論をして、一切の客観相をおびる迄に自己を拡充さす事にある。自己の拡充はやがて真理の拡充である。従って真理は個性の向上と共に向上し、個性の内容の改変と共に改変される。時として吾々の思想は強烈な意志から出発する。意力ある真理はそこからにじみ出される。時として吾々の思索は無限の憧憬に充たされる。真理の内容は情緒に浸ってくる。時として吾々の立言は予言の叫びを伴なう。日星河岳の文字はかかる時に湧き出てくる。咏嘆と渇仰と、悲哀と法悦と、真理とは凡てかかる背景を潜めている。彼は決してテムペラメント無くして吾々に与えられない。

もとより主観的立言は、時として矛盾に被われる事がある。しかしそこに明らかなテムペラメントが宿る時は、常に美しさを止めている。時として高度の憧憬は、現実の実証から離れてくる。しかしそこに鮮かなテムペラメントが潜む限り、尚匿れた神秘を宿している。例えば多くの芸術的感能に襲われて、美と完全とを追う心からこの自然人生を見ようとする時、哲学はロマンティシズムの傾向をおびる。彼等の立論は大胆な想像と、幽玄な美想とに抱擁されて、吾々に美の世界を示そうとする。純知的立脚地から見れば、そこには何の客観的もしくは科学的実証もない。しかし彼等の思想には驚く程吾々を引きつける力がある。吾々は彼等の広大な見知らない世界に逢着して、驚嘆の眼を以てそれを見つめている。プラトーンの示す世界はかかるものであった。プロティンの説いた世界もかかるものであった。ブルーノーもベーメも、近くはシュライエルマッヘルもシェリングも、ロッツェもフェッヒナーも凡て美と完全との世界を吾々の前に残している。吾々は彼等の思索を通して彼等の人格の前に跪く。吾々は彼等の理論を越えて彼等の偉大なテムペラメントに触れる。かくて今尚吾々は動かされ吾々の心の喘ぐのを感じる。あらゆる静穏な理論を過ぎて、吾々は限りない憧憬に自己の個性を開放する。実に彼等の哲学が只の理論的価値に終っていないのは、偉大なテムペラメントに出た哲学だからである。

五

吾々は理論的立論が如何なる基礎をテムペラメントにおいているか、又テムペラメントが如何なる価値を吾々の思索に与える事が出来るかを見る為に、ここに純正の哲学を離れて一般の思想界を省みたい。

かの科学的立論においてすら、テムペラメントは深い関係を持っている。真理を恋い慕う異常なテムペラメントによって、科学者は吾々に様々な真理を与えている。先ず如何なる真理の是認を仰望するかによって、彼等の理論はその方向をさえ変えるのである。吾々は生物学上の問題に二つの異説を持っている。一つは機械論であり、一つは生気論である。彼等は共に夥しい資料を提供して、実験と理論とによって自己の学説の真である事を証明しようとする。しかし彼等の争論は決して単純な理論的争論に終っているのではない。彼等の方向を決定するものは理論にあるよりもむしろその科学者の持つテムペラメントの衝動である。一つは分析的科学的テムペラメントを持ち、一つは綜合的宗教的テムペラメントを持つ。生気論者が主張する理論は、観察と実証とを外にして尚生命の肯定を憧がれ、その価値の無限を知る心から湧いているのである。理論は互いに争いを積んでゆく。しかし彼等の立論の是非を決定するものは、恐らくは抽象的理論ではない。彼等の立言に内在するテムペラメントがいつか最後の審判を行うにちがいない。人々が機械的世界観に満足し得ないで、自由と創造との心に漲る日が来るならば、機械論は遂に否定を受ける。もしも人心が生命の自由な活動を機械的約束に導く事を喜ぶならば、生気論はその存在に否定的運命を受けるのである。

ダルウィンと並んで記憶されるワレスの著書に「宇宙における人間の位置」(Man's Place in Universe)と云う本がある。今日の天文学からすればむしろ突梯とも見られるこの学説は、多くの科学者から彼の名誉を毀損するものと評されている。しかし吾々は彼の立論に対して尚尊敬の意を抱く事が出来る。人間の価値の無限な事を是認しようとする抑え難いテムペラメントに駆られて、彼は人間の位置を宇宙における最高の位置においたのである。彼が「ダルウィニズム」(Darwinism)の最後の章が一般の進化論と異る事は広く人の知っている処である。齢九十に達した時彼は最後の生物学的著書「生命の世界」(The World of Life)を公にして彼の楽天的世界観をその結論に書いている。想うに彼の理論はいつか改造せられその価値を失う時があるかも知れない。しかし彼の主旨がいつか人々の上に捷利を得る事は自分の信じている処である。彼を笑う多くの科学者よりも、彼は事実において後世に偉大な遺産を残しているのである。(この頁を書きおえてから程なく自分はこの大科学者の訃音に接したのである。自分はこの偶然な数行が彼の死に対する追悼の言葉としては余りに短かい事を恐れている。ワレス(Alfred Russel Wallace)は千八百二十三年に生れたのであるから今年九十歳である)。

更に吾々が一般の思想界に入る時、テムペラメントの色は鮮かさを増してくる。かのトルストイの如きは十九世紀に出た最大なテムペラメントの人である。吾々は純粋理論の立脚地から彼の言説に含まれている謬見を指摘する事が出来る。しかし彼のテムペラメントの前には何人も跪かねばならない。彼の立言には時として明らかな誤謬がある。しかし一つとして偉大でないものはない。彼は彼の誤謬においても彼の偉大を保っている。彼が思想は今日の吾々にとって充分な満足に価するものではない。しかし彼の人格は模範的光栄を永く歴史に止めている。彼が生涯を通じて奮闘した不断の道徳的向上に対して、吾々の首は自から下ってくる。彼の伝記を読む毎に、しかも彼の晩年と臨終とに夕陽の荘厳を見る時、自分の眼はいつも涙にぬれてくる。彼が言葉は凡て彼の血から湧いている。彼の容貌は彼の経験が彫刻した創作である。彼の生涯は個性の表現の偉大な痕跡である、彼が論説は時として極を越えている。しかし彼のテムペラメントは明瞭な弁明を彼等に与えている。彼の獅子吼は凡ての彼の理論に密着性を贈っている。彼が説は時として粗野に過ぎている。しかし凡て強い権威がある。理論的立言に対してテムペラメントが如何に多くの影響を持つかは、トルストイが吾々に最良の例証を与えている。

ニイチェもまた、彼の思想の危険性によって多くの批評家から退けられている。しかしもしも個性を離れた純理論的見地から彼の価値を批判しようとする人があるなら、彼はニイチェの価値に就て何事をも知っていない事を表白している。しかしかかる時代は早く過ぎなければならない。吾々は彼の幾多の矛盾する思想の背後に実に明確な終始一徹したテムペラメントの偉大を認める事が出来る。彼は神を呪っている、しかし彼は最も神を慕った人の一人である。彼は弱者を卑んでいる。彼は無限に強者を憧がれていたからである。彼の思想には何等の哲学的体系がない。しかし個性から湧き出た彼の思想には強大な確実性がある。彼は一つとして軽浮な言葉を放ってはいない。彼の異常なテムペラメントは彼に敵し難い捷利の力を与えているのである。如何に彼の言葉に誤謬があり撞着があっても、彼のテムペラメントは凡て彼等を包含して、彼等に永えの弁明を与えている。只学究に終る哲学者が汲々として客観的真理を摸索する時、ニイチェは悠々として自己の理論を千歳に活かしているのである。

人々はよく哲学者としてのメーテルリンクの価値を論じている。しかしこれ程愚昧な批判はない。只知識をのみ追う人が彼の思想に哲学的精緻を危ぶむ時、メーテルリンクの思想はあらゆる彼等の期待を越えて、悠々たる神秘の衣を纏って、美と完全との世界を吾々に示している。理論は彼を評価し得よう、しかし彼には消し難いテムペラメントの価値がある。もしも彼のテムペラメントを洞察するならば彼の言説ないし彼の戯曲は凡て吾々の愛慕に価する。

ここに又鮮かなテムペラメントの人ストリントベルヒを挙げるならば、吾々は更に明瞭な智識を捕える事が出来る。この率直な一徹した直観的思想家は、自己の本然なテムペラメントが命ずるままにその生涯を直線的に進めている。彼はこの貫徹を妨げるものを残りなく切りすてている。彼が思想は一切の複雑を摂取しながらも、それをストリントベルヒと云う単一の焦点に引きつけている。彼は決して自己を離れて一般に通じる平等の思想を称えなかった。彼は只自己の個性の特殊性を最高の位置において、全般をそれで併呑しようとした。ストリントベルヒは遂にストリントベルヒを拡充さした。彼のテムペラメントは彼の思想のアルファでありオメガである。もしも客観的見地から彼を見るならば、彼は只一人のストリントベルヒであって、残る万民は何等彼に関する処がない。しかし事実の示す処によれば一個のストリントベルヒは遂に万民のストリントベルヒである事を失っていない。否、彼はよく一個のストリントベルヒに透徹した故に、万民の個性に接触し得たのである。吾々は彼の思想に、「人間」の最も深い反映を認める事が出来る。彼が思想は特殊的である。しかし凡て確実である。何人の力によっても破壊し得ない固執性を持っている。彼は彼を貫徹さす事によって時処を征服して永遠の記念碑を人類の思想に残したのである、彼は高くから人を睥睨している。人は遠く彼を仰いでいる。かかる権威の獲得は凡て彼の恐るべきテムペラメントの力である。

テムペラメントが理論に確実性を与える動因である事を知った吾々は、テムペラメントがよく二個の矛盾した思想をも調和さす事を知らねばならない。ストリントベルヒは女を卑しんでいる。彼程真に女を愛した人はないからである。トルストイはベートーヴェンの音楽を批難している。しかし彼はその音楽者の曲を聴く毎に涙を流したと云われている。ニイチェは弱者を卑下して超人の力を讃えている。しかし彼の性質は婦女の様な優しさを止めていたと云われている。イエスは「権威ある者の如くに」人々に語った。しかし彼は神の前に何人よりも謙譲であった。もしも彼等の言葉が字義通りに解釈せられるなら、彼等は偏屈な例外的主張を残したに止まっている。多くの世の批評の愚昧は、只かかる字義的理解の不惑から起ってくる。吾々は彼等のテムペラメントを見る事によって、奇異に思われる彼等の思想が実に自然であって、しかも必然的な確実性を持っている事を知るのである。あらゆる彼等の特殊的奇癖は、彼等のテムペラメントによって永遠の討征と捷利とを得ている。理論の是非を決定するものは理論ではない意力に充ちたテムペラメントである。ホイットマンの詩に

'Do I contradict myself?
Very well, then I contradict myself;
I am large—I contain multitude.'

吾々は実にテムペラメントを理解する事によって又相反する二個の命題をも共に是認する事が出来る。ホイットマンは、自己を讃美する。フランシスは自己を謙遜する。吾々は両者のテムペラメントを知る事によってこの二個の相反した立言を共に尊ぶ事が出来る。しかも吾々は両者に説明を越えた深い調和がある事を遂に認めざるを得ない、凡ての相反する立論に生命を与えるものはテムペラメントであり、テムペラメントが偉大な時は凡ての相反する立論に調和が現われる。深遠と生命と権威とを理論に与えるものはテムペラメントの力である。テムペラメントを欠く時は如何なる精緻な立論も凡て空漠であり卑賤である。理論の勝利は論理的内容によるよりも更にテムペラメントの力に依っている。理論と理論とは勝負を定めない。常に最

後の審判はテムペラメントの力にある。

一般の思想界を去って、芸術の世界に来る時、吾々は更に強くテムペラメントの意味を知る事が出来る。かの画家もかの詩人も抽象的理論を待って作画し作詩するのではない。テムペラメントの動くままに直覚を出発として創作する。理論的整頓から始めようとする時、いつも彼等は生気を失って、やがては芸術の枯死に終ってくる。彼等の凡ての価値は只一つに彼等本然のテムペラメントに依っている。偉大な作品は凡て必然的であり直感的であり動律的である。彼等は内心の要求の命ずるがままに、さながら流水の自然なるが如くに創造する。彼等はいつもリズミカルである。テムペラメントの流動と共に流動する。

六

二千五百年の昔に世はプラトーを生んでいる、しかし彼は尚今日のプラトーである。彼が哲学は幾千の批評を受けて、哲学は昔日の姿を更えている。しかし偉大なテムペラメントの哲学者プラトーは今尚人々の愛慕を受けている。歴史は変遷して彼が母国は瀕死の床に横たわっている。しかし一小島ミローの土中から発掘された一女神の石像が、今尚順礼者の足を引きつけている様に、彼プラトーの哲学書は今尚人々の崇拝を負って、吾々の心を動かしている。哲学が深いテムペラメントに基く時、彼は逐に芸術的生命を得てくる。プラトーは実に彼の芸術的思想によって長えの美と力とを吾々に示しているのである。

テムペラメントの本然的衝動によって開発される哲学は、かくて創造的作品の生命を得てくる。哲学は抽象的思索によって形造られるより自発的直感の衝動によっている。彼は倦まず創造の真生命に入ろうとする。哲学はここに一個の芸術的作品である。哲学と芸術と、一つは知により一つは情により両者は相容れないものの如くにさえ思われている。しかし両者の関係は密に接している。共に個性の要求の自発的表現であって、一つは真に対し一つは美に対する情意の無限な追慕によるのである。哲学に芸術的内容の存在を認める時、哲学は又新しい意義と価値とを吾々に示してくる。

哲学は一面においてそれ自身芸術的所産であると自分は考えている。しかも哲学の生命と権威とはテムペラメントから湧き出る芸術的内容によるのであると自分は信じている。芸術は憧憬の心から起る。想うに愛は芸術の生命である。美を追う心は美を愛する心である。かの哲学者が敬虔な心に充ちて、思索し探求し真理を追い求める時、彼等もまた真を愛する心に充ちている。彼は愛の世界に活きてその悦びと悲しみとを綴ろうとする。かくて哲学者は自から芸術的心情に活きている。彼が叫ぼうとする真理は、かれが愛の心の創作である。テムペラメントの命じるままに、彼が思索の方向を定めて個性の表現を志す時、彼もまた芸術的創造に身を委ねているのである。彼が真理の世界は彼の美の世界である。彼が抱く世界観は彼が愛する世界の

実に哲学に内在する活きた芸術的力である。もしも哲学が只の究理的内容に止るなら、彼等は決して長い生命を保ち得ない。プラトーもカントも永遠に葬られる過去の産物に過ぎない。しかし彼等は優れた芸術的光輝に充ちて今尚吾々の前に立っている。かの古いエジプト又はギリシャの彫刻が、いささかの価値をも落す事なく、吾々の賞讃と感嘆とを今尚集めている如くに。

哲学に芸術的価値を認める時、しかも哲学の恒久性はその芸術性にあると見る時、個人的テムペラメントが哲学にとって如何ばかり重大な役を演じているかが分る。しかし人は哲学に対してかかる考えを入れる事を悦んでいない。むしろ各人に異るテムペラメントの存在を厭って、哲学的思想の不統一をその罪に帰そうとする。彼等に従えば哲学的不幸の凡ては、テムペラメントの多岐とそれに起因する哲学的錯乱とによっている。かくして人々の哲学に対する不安と不信とは、哲学思想の煩瑣と不統一とにあるのである。

しかし凡ての人類の生命の活動に一切の統一的帰趣を見出そうとする事は、人間の愚かな夢想に過ぎない。各々の哲学者は決して図形的一般統一に向って歩を進めているのではない。却って個性の自由な限りない発揮に向って努力しているのである。人は帰一の理想を追うが、もしも一切のものが帰一せられたならば、人々は個性の存在を滅却させねばならない。吾々にとって多くの哲学がある事は吾々の安寧を少しも破ってはいない。試みに哲学が早くアリストートルの時代に統一されたとする。吾々は限りない悲哀に充されるであろう。歴史はカントを産まず、スピノーザを与えず、ヘーゲルを失いショーペンハウエルを奪うのである。しかもこの自己の存在をも遂に否定せねばならぬ。かくて哲学は未来を失い、思想の発展は許されない希いに止ってくる。そこには何等の開発がなく希望がない。只一切の思索に停止があり反復があるばかりである。反復は吾々の生命にとって最後の恐怖である。

吾々が今日多くの哲学者と多くの学説とを持つ事は与えられた恩寵である。相反する哲学を持つ事は少しも吾々に悲哀を与えていない。レオナルドの絵画を尊ぶと共にミケランゼロの彫刻を讃え得る様に、又シャバンヌとセザンヌの異る芸術を共に是認し得る様に、又ブレークの詩が決してホイットマンの詩の存在を妨げない様に、又凡ての戯曲がシェクスピアーに尽きていない事が吾々の幸である様に、多くの哲学者と多くの学派はただに吾々にとって悦であるのみならず、引いては吾々個性の発展の永遠な是認を意味している。吾々はかくて自己のテムペラメントに生い立ち、自己のテムペラメントに共鳴する哲学に悦びの糧を得る事が出来る。哲学の多岐は吾々の自由を肯定し、人類の思想の向上と発展とを促がしている。哲学統一に対する空想は、只吾々に悲哀と死滅との光景を示すばかりである。

しかも人々は哲学が究竟の理知的解釈を与えない故を以て、その価値を呪おうとしている。しかし吾々を呪うものは哲学ではなく、かかる要求である。哲学は一般の為の哲学ではない、客観的抽象的一般的究竟の真理を吾々に与えようとするのが哲学本来の任務ではない。哲学は個性の為に存在する哲学である。彼は個性の内容を拡大し、充実し、実現するが為の哲学である。彼は究竟の答を外に待つのではない、絶対の価値的真理を内から産もうとするのである。彼は無限に向って個性を延長しようとするのである。人生を一定の形式に納めようとするのではない。

かくて遂に哲学的懐疑は、満足の糧を与えない事を、人は嘲けるかも知れない。しかし疑う事は、固定的な答を得るよりも、更に自己の世界を拡張する為である。吾々は疑うと云う事によって必ず新しい世界に触れる。よし答を吾々が得ないにしても、人は既に疑いと云う作動を獲得している。疑いは決して失いではない。想うに懐疑は人生の大きな所得である。そこには決して空しい消耗はない、懐疑には常に報酬がある。彼は吾々を衝動し前進せしめる。領土を開放し増大する。懐疑のない安住は人生の停止である。疑問のない所に向上はない、創造はない、自由はない。吾々は憧憬の心に充ちながら限りない領土に向って歩み歩む。必ず何ものかを捕え得て歩む。疑うとは既に得るの謂である。

吾々の要求は限りないものを追っている。決定せられた解答に吾々は満足する術を決して知らない。内心の要求は把捉し難い程の神秘の世界を憧がれている。有限の身を抱きながら、吾々は達し得ない極に向って倦まず歩を進めている。しかしかかる事実は吾々の存在に何等の悲哀をも与えてはいない。吾々が想像し得られる最大の寂蓼は、吾々の慾望が停止し、吾々の世界に限界がおかれる事である。幸にもアダムの子は無限の野に放たれて、無限の慾望を心に許されている。彼にとっては懊悩は無限である。しかし希望も無限である。人生の旅程には蹉跌がある。しかし無窮の前進と向上とがある。実に吾々のテムペラメントは一切の束縛を破って自由の呼吸に活きようとする。無限に志す人生の内容は、一定の論理をも越えてつき進もうとする。永遠の慾求、飽く事を知らない渇仰、限りない世界、一つとして吾々に歓喜を与えないものはない。疑い、求め、進み、造る、人生はかくせよと吾々に命じている。かくの如きは真に荘厳な無上命令である。

吾々が哲学的要求にかられるのは、個性の確実な充実を憧がれているからである。吾々は無限の慾望を抱いて、動かし難い個性に基くテムペラメントに自分の哲学を建設しなければならない。自己を離れて哲学に生命はない、権威はない。真理はいつも自己の経験にある。哲学は畢竟個性の深い直接経験の学である。古句に'*Nur was du fühlst, das ist dein Eigenthum*'

（一九一三年十一月稿）

哲学的至上要求としての実在

序

これは余の哲学的信仰を披瀝する最初の論文である。

余は哲学の攻究者として何等正統派に属する者ではない。余の哲学に対する一切の熱情はこの学術に対する正統な学歴によって起ったのではない。余は究理の衝動をほとんど全く芸術及び宗教に対する感激から得ているのである。余の知識は何等古ギリシャ又は近世ドイツ哲学に依存するのではない、余にとってはルネサンスの巨匠又はオランダの最大の画家が一デッサンこそ限りない思想の蔵庫であった。人々が傍系であると誇った世々の神秘家の著作にこそ、余にとって限りない真理があった。余は定義せられた哲学よりも、暗示せられた思想に余の心の友を見出したのである。余は幸いに自由に呼吸し自由に反省し得たのである。

哲学者としてのかかる異端的経歴こそは、余の今も尚感じる名誉である。余は余の内心の切実な要求に基く事によって、学究の冷さから救われたのである。余は所謂哲学者の運命にしばしば起る醜さから幸いな離脱を遂げている。哲学の学者は世に集る。しかし彼等と哲学者とは区別されねばならぬ。しばしば正統派と自ら呼ぶ宗団が亡び逝く宗教を伝える様に、哲学も正統な形式に沈む時、末期の哀れを示すであろう。

余は哲学に新しい美を甦らしたい心に駆られている。哲学は元来抽象の辞句に終るべきものではない。哲学者は彼の哲学において人間の生命に新しい感激を呼び覚まさねばならぬ。余は始め究理的要求から、一切の詩味を抑圧して余の立論に出来るだけ論理的冷静を加えようと欲したのである。しかしかかる事は正統派的哲学に没頭している人々によって既にあり余った方法である。抽象的冷却に終る事は余の内心の要求の堪え得る所ではない。余は哲学美なるものを是認する。余は余の若年より来る名誉と特権とを無に帰するに忍び得ない。嬰児は嬰児たる事を恥じてはいない。余は余の眼前に閃く美の世界に至上の栄誉を感じている。哲学と芸術と宗教とは三位一体であらねばならぬ。この理想を実現し得る力は只若い哲学者の手にのみ委ねられている。

読者はこの篇が説明よりも断定的語勢に過ぎるのを指摘するかも知れぬ。しかし実在を語る事は既に規範的命令的真理を語るに外ならぬ。余は特に実在に関する一切の知識は読者の心を迎える為に告げらるべきではないと想う。太陽は媚を呈してその光を発しているのではない。

一　哲学的実在

知ろうとする意志は愛そうとする意志である。真理に知が飢え渇くのは、真理に愛の招きがあるからである。知識とは我と物との間に起る理解である。真理は自己を対象中に見出す時にのみ発現される。この知的要求の帰趣は同時に情意の満足せられた状態である。真理において主客は合一し融和する。知の悦びはここに愛の悦びである。真に知るとは真に愛するとの謂である。対象は自己に活き、自己は対象に活きる。永遠の真理とは常に主観的事実であり、且つ又客観的権威である。特殊性と普遍性とはここに一体である。

抽象的思想は自からその抽象性に満足せられるべきものではない。思想の正当な過程は円周を画いている。事実を分析する思索は遂にその綜合に帰ってくる。思惟要求の方法は知である、しかしその満足は愛である。思想は円環の路程を踏んで内展する。真理の方向は内にある、彼は外に放棄せられてあるのではない。その求心の力を破る時、思索に冷却と破滅とが加えられる。神の都ジェルーサレムは無限に延長せられた不可測な直線の上にはない。神の都は帰り得べき都であらねばならぬ。

'I give you the end of golden string;
　Only wind it into a ball:
It will lead you in at Heaven's gate,
　Built in Jerusalem's wall.' ——Blake

究理の衝動に起つ凡ての哲学的精神は、真理に内生する時においてのみ慈愛ある最後の審判を受ける。哲学的知識とはその真意において常に哲学的味識である。Wissen の世界から既に Kennen の世界に還っている。最高の哲学的経験は必ず美的恍惚、又は宗教的法悦と等しい状態を表示する。幽遠な抽象の世界に入って彼等が実際に活かそうとするものはこの悦ばしい具象の世界である。彼等の正当な意志はこの自然と人生とを久しい静寂から新たな熱情に呼び覚まそうとする事にある。「深遠な審判によれば、最も抽象的な真理は最も実際的である」と云ったエマソンの言葉は吾々の新しい理解を招いている。内感 Empathise し得ない真理は、その存在を一日も許されていない。理論は実現せられるが為に告げられねばならぬ。真理の存在は遂に切実な味識であり愛である時にのみ可能である。真に知るとは味わうとの意味である。

哲学最後の知識がかく情意を以て満足せられた理知であるならば、かかる理知の世界は吾々に究竟の世界を示現する。理知はそこにおいては真そのもの美そのものを体認する。哲学的至上要求としての実在はかかる時吾々の心に閃くのである。吾々が呼んで実在の知識と見做すものは厳密な意味において真善美そのもの、更に切実に云えば神そのものの知識である。哲学的究理の心とはかかる実在を恋慕するの情愛である。この愛を知る凡ての哲学者の顔には悦びの微笑みがたえず浮んでいる。彼等の知の要求はこの愛の要求に基いている。吾々が究めようとするのは厳粛な真の世界である、しかし美は一日もその世界から奪われてはいない。吾々が追い求める実在の世界は思慕 Eros の世界である。

哲学的思索の方向は実在に向けられている。思索には抑え得ないこの実在嚮動 Reality-tropism による力がある。吾々が思念し経験し得る最も切実なこの当面の目的をおいては、哲学は只永遠の彷徨を続けしめる迷園 Labyrinth である。中心からの分離は悲惨な最後を予想せしめる。神に対する憧憬を除いては宗教は一個の空洞である。実在に対する愛着を忘れては哲学は死の沙漠に過ぎぬ。花が美に傲る様に哲学は実在の思想にその誇りを示さねばならぬ。実在は吾々の心を引きつける愛の問題である。この思慕の情を離れる時思索には只抽象的理知の遊戯がある。生命は焔を燻らして冷やかに凝固し消滅する。実在に如何なる色彩を染めるかは、その理知の運命をさえ支配する。哲学に現われた様々の ism（学派）はこの実在を如何に見守るかによって決定せられる。（実在を「我」に限界する者は Solipsism（唯我論）につき、これを観念に求める者は Idealism（観念論）を迎えている。又物自体（Ding an sich）に事物の客観的本体を是認しようとする者は Realism（実体論）を愛し、万有を只心と観ずる者は Spiritualism（唯心論）を説き、物質を唯一実在と見做す者は Materialism（唯物論）を固守している）。その何れの学派を択ぶにせよ、哲学者の帰る故郷はこの実在の故郷である。吾々は愛を持つ国土を求め慕っている。吾々の眼には実在の幻像が朧げに現われ浮んでいる。理知はその世界を模索する不断の努力である。幻像は慈母の温みを内にふくめて人の近づくを待ち侘びている。思索は帰省の心である。ノヴァリスが残した断片録に余の最も愛する哲学の定義がある。

'Die Philosophie ist eigentlich Heimweh, ein Trieb überall zu sein.'

哲学の世界は思慕の世界であると余は想う。古くプラトーンが Phaedrus に述べた思想はかつて言い放たれた真理のうち最も美わしく深い思想である。実在は理解せられる為に人間に愛の心を与えている。哲学はその誕生をこの思慕の心に発している。実在はたえず絶大な求心力を以て人間の知情意を引きつけている。この焦点に自己を移入する事が思索の帰趣であり又生命の法悦である。かくて凡ての学説はこの中心的事実を理解するものであらねばならぬ。もしも哲学が何等の光をも実在の真景に与え得ないなら、それが如何なる論理的精緻を有するにせよ、吾々にとってその哲学は無意味である。実在の真相に矛盾すべき理論は吾々の思索圏内から駆逐せられねばならぬ。哲学に起り得べき凡ての辞句、又はその風調は実在の讃歌たるべき使命をおびている。ダビデの詩篇に流れた人間の血脈は又哲学書の内に躍り流れねばならぬ。かつて万能な神を語る時人間が底知れない感激を感じた様に、実在を語る筆は自から宗法の至悦に水滴らねばならぬ。神に放つ矢が愚かにも己れの胸を突きさす様に、実在に対する理論の反逆は哲学の亡滅である。実在は哲学的至上要求である。凡ての理論はこの要求を満たす時においてのみ是認せられねばならぬ。実在の思想において哲学者は自己を懺悔する。猶予せられない神の審判の声は、刻々に吾々の頭上に響き渡っている。

哲学がその濫觴を思慕に発し、帰趣を内生に果すならば、哲学の問題はただに理論の問題であってはならぬ。更に多く事実の問題 'Quaestio facti' であらねばならぬ。認識論は只論理的内容に終末すべきものではない。形而上学は只理知の体系に止るべきものではない。凡ての理論哲学は直接生命の学としての権威を具有せねばならぬ。（ベルグソンが「創造的進化」の序文に「認識論の生命論とは不可分離である」と云ったのもこの意味に理解せらるべきである）。彼等が理解すべきものは名目よりも価値である。形態よりも意義である。哲学の抽象的理論は具象的事実と結合されねばならぬ。彼は理知の対象としての実在を過《よ》ぎって、生命の要求としての実在を理解せねばならぬ。その説明が第三者としての説明に始まるにせよ、その終るべき処は第一者としての内生である。理論と内生とは和絃の美を示さねばならぬ。知識は味識たることを要求する。知能は既に直観への昇揚を内意する。知は愛を抱かねばならぬ。哲学は理知であると共に恍悦（Illumination）であり、説明であると共に覚照（Enlightenment）であらねばならぬ。哲学は人々に福祉を贈るべき使命を帯びている。哲学は「活きんとする意志」を新しく活かさねばならぬ。体感、味識、内生、愛、これ等の言葉は哲学者の最後の愛を招いている。

余は再び云う、実在が吾々の哲学的至上要求であり、又哲学の方向がこの中心を指す限り、哲学の内容は実在に閃き輝く法光を理解するものでなければならぬ。もしもその理論がこの至悦を破る刃であるならば、彼等が画く世界とは内生し得ない虚空の概念に過ぎぬ。彼等の示す真理は遂には自滅する理知の産物である。真理とは直ちに内生であらねばならぬ。実在は生命に実現せられた究竟の世界である。これを事実に判すれば恍惚の境である、法悦の事実である。実在はその至極において神そのものを示現する。哲学者は正に刻むべき神の姿を心に画いている。理論の凡ての鑿はその一立像を造る為にのみ石を刻まねばならぬ。最も偉大な哲学は同時に神の詩歌であり宗教である。哲学には美があれ、預言があれ。神の権威は自からその思索的辞句に含まれねばならぬ。

二　実在の本性

実在の内容は生命の至上要求を満たすものでなければならぬ。実在を語る時哲学者は彼の生命の荘厳な帰趣を語っているのである。実在に関する思想において哲学者は自己の上に最後の批評を下しつつある。彼が要求の深さこそは直ちに彼が画く実在の深さである。実在の内容はやがて個性の内容に帰る。余は余の実在に関する思想において神の審判を受けつつある。いつかは凡ての人も猶予なくこの審判を受けねばならぬ。

余は実在を厳密に価値の世界に求める。内心の至上要求に呼応すべき実在の内容は価値を離れた概念に止まるべきではない。名目、比較に止る一切の知識は実在の完全な観念たり得る事は出来ぬ。実在は最も切実に純一な価値を表示せねばならぬ。抽象的概念もしくは形態に止る物体に不動の実在を求めようとする哲学的努力は、最後の是認を享有すべきものではない。概念は反省対比に起る最も冷静な名目的批判に過ぎぬ、名目は永遠に名目性を反覆する。名辞は実在に附せられた仮相である。人は形体ある事物を顧みてそこに具象性の最も平明な姿を認めている。しかしかかる思想は単に思考の幼稚《ようち》を示すに過ぎぬ。吾々が呼んでその形状、素質と見なすものは吾々の思惟の反省的所産であって、純粋な具象的価値そのものではない。実在とは名状し得る物体ではない。既に吾々の名辞形容をすら許さぬ価値的事実そのものであらねばならぬ。実在は定義される事を嫌う。無限の暗示であってこそ余の要求に堪え得る実在である。価値は形態ではない。活作である。（芸術としての音楽に対する最高の理解は物理学的もしくは美学的知識によって成立するのではない。既に一切の反省思惟をすら絶した音より溢れ出る美そのものの体感にある。それは価値的事実であり純粋の具象的経験である）。

思惟の前に開ける世界は差別の世界である。思惟は既に主客の対立を予想する。思惟判断においては自己と対象とに対立的関係がある。物心の分離に成立する理知であって、その合一に示現される内生ではない。価値であり活作であるべき実在はその真意において既に対象として止まり得べきものではない。吾人の至上要求は差別からの解脱を請求する。実在は批判的概念、もしくは形態的物質中に止る事を排斥する。彼は対象ではない、目的それ自身である。道程ではない、帰趣である。手段ではない、終局である。相対ではない、絶対である。名目ではない、意味である。存在ではない、活作である。実在は対比にその存在を待つのではない。それ自身において完全の意味を満しつつある究竟の事実である。実在はあらゆる差別相を駆逐し滅却する。哲学的要求としての実在は独立自全の活動であらねばならぬ。自全は自律である。第三者はこれを乱す何等の力もなく、又それを補足する何等の権威もない。実在は実在においてアルファでありオメガである。充全である、円融である。常にそれ自身において安定な絶対性を保有する。哲学は厳密に実在の観念から、あらゆる対比的差別的観念を絶滅させねばならぬ。従って実在を思惟もしくは形態の世界に見出そうとする哲学的思索は、吾人の要求の忍び得る所ではない。思惟の世界は差別の世界であり、形態の世界は対立の世界である。生命の至上要求として充全であるべき実在は、一切の対当的区劃を絶滅した第一義のものであらねばならぬ。対峙的関係は絶対的至上に到達しようとする努力の途程である。差別分離は尚矛盾、模索の世界である。生命が最後の平和を充たすべき処はかかる試みの世を過ぎて、主客の争いが終る処であらねばならぬ。要求拡充の実在においては物心の差別も融和に微笑まねばならぬ。我と云い非我と云うかかる態度は既に実在そのものの真景からは遠く離れている。生命が拡充せらるる処は、一切を包含する融合渾一の境である。自我も自然もその対峙を滅して統一ある価値の事実に遷らねばならぬ。主観は客観に没し、客観は主観に活きねばならぬ。凡ては滅するが故に、凡ては新たに甦るのである。これを裏面より観ずれば寂滅である、非有である。仏陀が呼んで涅槃と云ったのはこの究竟の世界である。これを表面より見れば充実である、有である。キリストが呼んで愛と云ったのはこの世界である。実在はかかる統一的活作である。彼は部分の加ではない。渾一的全体である、綜合である。その示現や必ず有機的である。否、有機無機を越えた未分者である。

実在こそは自由である。吾々が思念し得べき自由とは、この実在を離れては不可得である、又不純である。自全なる実在のみ自由である。凡ての決定論は実在の説明において沈黙を強いられている。余は永遠の活作、絶対の価値に対して自由を是認する事を躊躇する理由を知らぬ。自由は実在において証明を要しない事実である。

理知は常に証明を求めている。人間は一切のものがいつかは理知によって証明せらるべき事を前提する。しかし余は只一事においてこの夢想が破られる事を知っている。理知はいつか理知を絶滅すべき期に逢着する。その時人間は一切の思惟を棄て去って、その対象に自己を没してくる。その時対象は理知によって立証されるのではない。理解によって肯定されるのである。既に対象ではない。言語弁明を絶した絶対事実の境に遷るのである。その時人は実在の美酒に酔ってくるのである。実在は証明によって示現されるのではない。愛によって理解せられる究竟の事実である。余は理知の証明が実在の中において沈黙せらるるのを知っている。愚昧な人間は神の実存に対して証明をと求めている。しかしこれが思想の超過症に基く妄想である事を誰か疑い得よう。神の実存は内心の無上要求による荘厳な事実であらねばならぬ。神は凡ての理知的証明を脚下に絶滅する。神は対象たるべきものではない、内生する事によってのみ理解し得られる厳然たる価値的事実である。神は愛であると云ったイエスの言葉はここに全く理解せられねばならぬ。

実に余が求める実在は愛そのものである。そこに一切の差別は融合し、対立は抱擁する。残るものは只悦び光る愛の事実である。余は敬虔な心に満ちて、哲学的至上要求としてのこの実在が宗教的至上要求としての神そのものに一致する事を書き添えねばならぬ。神は実在の姿 Eidos である。実在において人は常に神の幻像 Vision に面接する。神は遼遠たる天上の彼岸に屯するのではない。実在に吾々が内生する時、我が心臓は神の気息に波打つのである。耳に響く鼓動の高さは悦ばしくも我が内から響くのである。神は人間と隔離する超越的存在ではない。神は既に吾々の前に在る事をすら許されぬ。理知が高遠な追求によって神を前に捕え得たと信じる時、彼が吾が内心の裡から光り輝く事を誰か否み得よう。神は常に吾々と一体ならんことを求め給う。神は我との間に罅隙《かげき》を作る事を許し給わぬ。神は愛としてのみ吾々に示現される。愛において吾々は神を味識するのである。神に対する知識とは神に対する愛である。愛のみ真の理解である。哲学的要求としての実在とはこの理解の世界である。渾一と云い融合と云うのは只この愛によってのみ示現し得られる。神は主と客とを愛に結び、物と我とを一つに流れしめる。吾々は既に神を離れて神を語るのではない。神の懐に温められつつあるのである。パウロはこの時「吾れ活けるに非ず、キリスト我に在りて活ける也」と云っている。ベーメはこの真理を「人は神の気息によって造られる」と云い破っている。吾々が活きるのではない。神の気息に吾々が活きるのである。

　信仰は神に対する無限の追慕である、信仰は最も温かい理解である。理解とは愛の情である。愛こそは実在である。哲学は遂に宗教を抱いてくる。

　実在とは神の閃きである。実在の知識は神の知識である。余は凡ての知識が何等かの程度において実在の知識を分有する事を信じる。余は知の対象として成立すべき一切の問題はその根柢において神の問題を内意する事を信じる。一切の知識は棄てらるべきものではない、「何事かを知る事は常によき事である」とゲーテは云っている。凡ての知は神の故郷に帰るべき思慕の情を潜めている。凡てのものは実在の世に甦る事を恋い求めている。自然の深い希願はこの至上事実の承認である。

　自然を理解しようと試みる者は実在を理解せねばならぬ。実在の知識は一切の知識の根柢である。実在の理解は哲学的智識の開展である。凡ての思索はここに理解の鍵を得て彼が訪ぬべき扉を漸次に開くのである。彼は実在から分化せられた諸々の現象を語る前に、実在そのものを味識せねばならぬ。神学は直接神の知識を持たずして何等の思想をも与え得ない。実在に関する理解の渾沌はやがて自然に関する理解の混迷を導いてくる。恐らく凡ての学派の是非はその学説の承認する実在に関する理解によって最後の審判を受ける。哲学者は実在の思想において自己を表白する。神を語る時、宗教家は彼自らを評価しつつあるのである。

　もし懐疑の追求が遮断せられる境があるならば、それは実在の域においてである。理知は何の権威あってその存在を疑うとするのであろうか。実在に対する遅疑は神に対する逡巡である。この絶大な事実に放つ反逆の矢は遂に自らの胸の上に落ちねばならぬ。吾々の原素的衝動は、実在又は神に対する厳粛な要求である。この切実な心の要求こそは神の喚求である。喚求 call は不可抑である。この生命の権威には抗し得る何ものもない。凡ての哲学者はこの内心の召喚に答えねばならぬ。余はこの抑え難い生命の意志に偉大な使命を感じている。要求の消滅は生命の死滅である。恐らく人は彼の思慕が如何ばかり多く神に向けられているか否かによって運命を決定する。哲学者は彼の実在に関する観念において彼の価値を表白する。神の証明、実在の立証は彼等に対する無上要求の内に既に内在する。吾々の生命が活きつつある事によって神の実存は最後の証《あかし》を示しているのである。神に対する愛は神に対する知識である。「ヤーエを畏るるは知識の本なり」とソロモンは歌っている。実在の愛慕は哲学の出発である。

三　実在の成立

かかる渾一的統体としての実在は如何にして可能たり得るであろうか、余は愛としての実在が如何なる道程を経て実現せられるかを究めねばならぬ。問題はここに哲学的思索の圏内に深く入ってくる。しかしその答えは一般の想像よりも遥かに重大でありしかも詩趣がある。吾々は今実在が顕現せられる足跡を親しく省みて、自然が如何なる神秘を内に潜めているかを知ろうとするのである。余はこの問題に答える為に抽象の論理よりもむしろ次の例証を以てその立論を起そうと思う。試みに余は画家セザンヌによって残された一枚の画布を読者と共に眺めてみたい。多少温かい芸術的理解があるならば、彼の一静物画は直ちに驚くべき感情を吾々に目醒ましてくる。その貧しい外装を通して、静物の心とも見做すべき力が躍如として観者の眼を閃き過ぎると思う。吾々の親しい理解は彼の筆が既に事物の仮象 Appearance を過ぎて、物如 Thing-in-itself とも呼ぶべき基本の世界を表現している事を告げている。画家は只黙する壺又は果物を捕えてその描写に筆を止めたのではない。現わされたものは彼等の精、更に平明に云わばそこに内在する実在の光華である。彼はこの究竟の芸術を果す為に何等人為的理想をすら加えていない。人はむしろその形体の奇異と色彩の異常とにしばしば驚いている。しかし彼によって画かれた素朴なその静物は凡ての必然性を保有してさながら山岳の如き荘厳と安泰とを示している。吾々はここに平易な事物さえ彼の精霊との接触によって神聖な光りに輝くのを感ぜざるを得ぬ。彼が画いた静物は宗教的真を示す静物である。かかる権威は今吾々によって更によく理解せられねばならぬ。

想うに筆が彼の手に委ねられる時、彼は異常な心の発現によって彼に面する静物中に自己が没入していたのである。彼の全個性は対象の内部に拡充し飽和して渾一の境に漂っていたのである。恐らくそれ等の静物も画家の個性と融化する事によって、その物的束縛をすら絶滅し得たのである。実現せられたものは画家の精であり事物の華である。彼等は既に対峙する二体ではない。現存するものは統一せられた価値的活作である。彼は物に活き、物は彼に活きたのである。彼等は共に一体の実在に甦って、流るる如く音律的美の世界に活きている。画家が表現しようと試み果したものはこの切実な純な内生の感激である。外囲の写実ではない、事象にひそむ意味の世界の表現である。物それ自体をさえ露出し得たこの奇蹟に対しては、あらゆる讃嘆の辞を捧げねばならぬ。

芸術の価値は只その美によって限らるべきものではない。かつて詩人キーツが「美は真であり、真は美である」と歌った事がある。余は芸術が真の世界の表現としても幽遠な価値を具有する事を認めている。(余にとっては自然と芸術とはただに哲学にとって驚くべき暗示を投げるのみではない。彼等は具象化せられた哲学そのものである。余が哲学の衝動を美に求めるのは、そこに最も多く真の世界がある事を味わうからである)。美としての芸術は又哲学的にも理解せられねばならぬ。実在の芸術は又実在の哲学である。余はセザンヌの画布を想い起す事によってここに実在に関する哲学的反省を鮮かに加えようと思う。先ず加えらるべき問いは、かかる実在が如何なる過程を経て体現せられるかにある。余は直ちにこの統一的究竟の事実が常に一つの条件を必須として実現せらるるのを認めている。

統一は対立を内包とする。幾許かの反省によってこの事実が底深く自然に充ちているのを知る事が出来る。実在はその意味を完了する為に、いつも主体客体の対立を予件として成立する。静物が彼等の沈黙を破って、その精その物自体をも吾々の前に露出し得たのは彼等が画家に面接し得た喜びによるのである。認識せらるるの幸いは彼等が認識主体を前に持ち得る時にある。画家がよく全個性をも表現し得る至悦は、彼の前にその心を托すべき自然が横たわっているからである。画家は常に自然のうちに恋人を見出している。実在が体現せられるのはかかる主客が対立の喜びを見るからである。ここに両者(画家及び静物)は一個の(実在と云う)意味の世界を示現する為の二個の(主体及び客体と云う)相関的存在である。対立は関係であり依存であり、既に相互の思慕を内意する。愛としての実在が現われるのはこの二つのものに恋慕の情があるからである。世は幸いにも一面に終る悲しみから永遠の離脱を遂げている。実在の福祉は孤独にその姿を現わさない。実在は双対 Pair を求めている。余は物心の交、心身の和、男女の愛が、実在の世界に認許せられた久遠の律法である事を信ずる。ホイットマンは余の心を歌っている。

'I will make the poems of materials, for I think they are to be the most spiritual poems.'

'I am the poet of the Body and I am the poet of the Soul,
The pleasures of heaven are with me and the pains of hell are with me.'
'I am the poet of the woman the same as the man.....
And I say there is nothing greater than the mother of men.'

想うに実在はその意味を表現する意志に飢えている。彼はあり得べき凡ての機会を捕えてその飢えを満たしている。自然を被う物心の二体とはその意志の発現 Manifestation である。実在は自然を思慕の自然に致す為に両性を与えている。神は美の実在に自然を甦らす為に花には美の姿を、人には愛の心を与えたのである。彼等には顧られ顧る互いの悦びがある。認識は愛を事物に目覚ましてくる。認識の世界には一つとして実在の光りに欠けたものはない。(余は認識論を論理の限界に決定する哲学的態度を容れる事は出来ぬ。在来の認識論 Erkenntnistheorie は既に Erkennen (味識) と云う辞句の味わいを忘れている。味識とは事物の内面的了解である。実在内生の事実である。認識論は常に実在又は神を闡明すべき使命を果さねばならぬ)。認識とは既に物心に横たわる温かい関係を内意する。凡ての事物はこの認識の圏内に在って、彼等の内性を披歴する機会を得ているのである。認識の心は凡てを拉して実在に活かそうとする事にある。知覚の方向は必ずその終局において実在に向けられている。知覚する者と知覚せられる物との対峙は、共有の至宝たる実在界に彼等を活かす為である。天国と地獄との相愛を歌ったブレークにも次の言葉がある。「もしも知覚の戸を清めるならば、凡てのものは無限を示してくる」。

愛なる一を現わすが為に、思慕の双があるのである。二つに別れるのは一つならんとする心である。一つなる実在は二つなる物心によってその意味を果すのである。統一は差別の礎に安定な意味を保っている。円球とは両極の最も完全な発現である。和絃は二絃を予想し、対立は和合を慕っている。円融の実在は相対の理を法としてこの世界に顕現するのである。余は宇宙の一切の事項がこの極性 Polarity の原理によって、各々の存在に永遠の意義を潜めている事を確信する。余は立論に一層の明晰を与える為に、世界にこの極性が失われる日を想像したい。直ちに恐るべき虚空の世が亡霊の如く吾々の前に現われてくる。

もし世界が単一性に終るならば世界は無に帰らねばならぬ。もし一切が黒色と云う単彩に塗抹せられるなら、ここにいち早くも消滅するのは黒色と云う概念そのものである。黒色が色彩としての意味を保有する為には必ず他の色彩との対比を須要とする。黒色は一つの極として、他の極の存在を予想してのみ可能である。現象界において如何にこの対立の二元的関係が精緻に編まれているかは幾多の実例によって指摘する事が出来る。一切の自然事象はこの原理をおいては哀れな沈黙の運命を永遠に続けねばならぬ。あらゆる観念はその誕生を相対律に発している。同速度を以て進む二個の物体間には運動の観念は消滅する。行く雲も飛ぶ鳥も何ものか静止するものに対比し得る時にのみ飛翔の意味を果すのである。光は暗きに輝き、音は静けさに冴えるのである。丹青の布は色調光度の複雑な統体である。楽律もまた高低強弱の対性にその美を発している。一切の力学的現象は只この原理に服従する時にのみ可能である。比重が平均化せられるならば重量は事物から奪い去られる。対立抵抗は自然をしてその意味を保有せしめる要律である。善美の理想さえも、邪醜の世にのみ栄えるのである。地を否むのは天を否む矛盾である、肉を矯めるのは霊を刺す痴行である。もし一切の現象が物質に還元せられるなら、物質は如何にして存在し得るであろう。もし世界が凡て観念であるならば、それが観念たる事を如何にして知り得るであろう。唯物、唯心の各哲学的主張が世界を一面に限る時、彼等は再び起ち得ない破産にその運命を終えたのである。一切を単一に限る世界観は、現象を全然不可解な領土に導いて、明瞭な自然に人為的不明を与えるに過ぎぬ。自然の進化はただに盲目的なるに止らず、進化そのものの意義をさえ理解する事は出来ぬ。自然からこの極性を排除しようと企てる者は、渾沌の世を賞するディレムマに身を終えている。余は神が一元の実在に自然を甦らす為に、物心の二元を創造し来った事を驚きの眼を以て見つめている。

物心の両極は自然に永遠な密着と切合とを与えている。一方の否定はやがて自然の否定である。物は心を待ち、心は物に活きている。彼等には相関の神秘がある、補助の和合がある。霊に対して肉を殺す時、不可思議な諷刺によって屠らるるものは霊自らである。天国と地獄とには永遠の婚姻がある。物心の離婚は自然に許されまじき反謀である。心も物もそれ自らにおいては半である、彼等は円融としての実在を示現する為に共に合して一つに遷らねばならぬ。神は心の物的表現に活き、物の心的統体に活きる。彼等はその発生の端初において相愛の教えを受けたのである。進化とはかかる神意を体現するが為の生命及び物質の発展である。進化には意味の不断な表現がある。進化 Evolution はその真意において内展 Involution である。自然は今この栄誉ある神の創造の途上にある。物質なくしてはかかる表現を得ず、生命なくしてはかかる発展を得ない。「対立なくば進歩を見ない」とブレークは云っている。二元的対立は一個の意味を表現するが為の必須的条件である、自然は神意を果す為に世界に双対の愛を与えている。余は自然がこの愛に飽和している事を信じる。

'Nature, with endless being rife,
Parts each thing into 'him' and 'her,'
And, in the arithmetic of life,
And, in the arithmetic of life,

余は凡ての愛の詩句に明晰な理由がある事を認めている。既に単純な言語においてすらこの双対の辞句に溢れている。如何に対辞が広汎な域に普及しているかはむしろ想像の外である。相対の原理はほとんど無意識に達する程、普遍的であり根本的である。試みにかかる辞句を枚挙するならば人はその数の煩わしさに病まねばならぬ。天地、東西、上下、左右、遠近、高低等空間に現われる対立、又は深浅、強弱、美醜、陰陽、明暗、貧富、新旧、遅速、善悪、真偽等質量の差違によって生じる対比、又は因果、始終、受動能動、肯定否定、綜合分析、具象抽象、主観客観の如き概念的対句、或いは性より現われる男女、物心、無機有機、動物植物の如き、かかる相対的名辞は事象の無数と共に無数である。人々は争いの言葉を発する時にすら愛の言葉を用いている。双対の関係を離れては凡ての文字、文学は空虚である。（文法上にも興味ある幾多の事項を注意する事が出来る。凡ての名詞及び代名詞は必ず極性の一つを表示する。主辞及び賓辞は両極の対立である。凡ての形容詞、副詞、動詞はこの対立間の関係を表示する。余は物心の間に彼等を包摂する関係の世界があるべきを思う。例えば「余が薔薇を見る」と云う時は、余と花とは対立し、「見る」と云う動詞において両者は関係の世界に入っている。「見る」「認識する」と云う時は既に美又真の感情を伴ってくる。ここに吾々は実在の圏内に踏み入るのである。実在は既に自然の中に飽和されている。余がさきに「凡ての知識は何等かの程度において実在の知識を分有する」と云ったのはこの故である）。

円球は美である。彼は至る所に極性を保つからである。円かな球にも比すべき神は常に又凡てにこの極性を保っている。人は自然に現われる二元的対立を見守る時一元の神を見つめているのである。対立は反抗ではない、依存である。神は密切な結合の上に祝福を与えている。人類は早くこの結合の意味を自然に読まねばならぬ。人は人を恋い、物は物を引き、凡ては神に向っている。全自然はかかる二つの流れに漂う韻律の現われである。全宇宙は二つのものが互いに恋い慕う愛の花園である。思慕は自然の心である。

実在は絶えずその立像を現わそうと試みている。実在はその抑え得ない意志を体現する為に自然を産み育んだのである。自然の進化は実在の開発である。人間の創造には神の君臨がある。上帝はその栄光を地に示す為にその聖い「気息」によって人を産んだのである。自然の歴史には厳かな摂理がある。その内展の過程は燦然たる光華に満ちている。事物の存在はその誕生を神意に発している。自然に現われるあらゆる極性は、その祝福を告げる為である。対比はその発生上の意味において、実在体現の使命をおびている。凡ての両極には求心の力がある。神は円球の如く凡てを内に引いている。思慕とは神に対する思慕である。自然は再び実在に甦らねばならぬ。「神のものは神に返せよ」とキリストは鋭く云ったではないか。神より流れた事物は神に帰る事を慕っている。ジェルーサレムは必ずや帰り得べき都である。余は神の懐の温かきを想う。人は幼時母の胸に養われた幸いを忘れるだろうか、子が親を愛する事は自然の情である。いわんや人が神を愛する事はその至情である。神は事物を神に導く為にその姿を彼等の思慕に現わしている。彼等が安堵の地は彼等の旅路にはない。神の故国にある。余はプラトーンと共に神の故郷を思慕する一人である。余の愛するブレークの句に、

'God becomes as we are, that we may be as He is.'

（余はここに実在が如何にして示現せらるべきかを書いたのである。自然に存する極性をその成立予件とする余の見方は二元論の問題を新たに産んでくる。しかし両極とは互いの分離排除を意味するのではない。二元とは一元を追う為の相互依存の現象である。二元の背後は常に一個の意味即価値的絶対者を予想しているのである。一元を内意せぬ二元はこの世に全く存在せぬ。余の二元的極性の思想はここに全く二元論の離脱を内意するのである）。

四　実在の神性

二つのものが拠る処には必ず収穫がある。互いに求める心は何ものかを得ようとする力である。彼等はその存在を意味の世界に活かそうとするのである。あらゆる有形の物体はその形骸を越えて価値の世に甦る事を求めている。物は物に終り、心は心に枯れる事を恐れている。彼等はよく孤独の寂寥を知りぬいている。自己を閉ざすにしては彼等には余りに強い愛の衝動がある。彼等は神の招きに応えねばならぬ。凡ての樹木が日光を慕うが如く、自然には実在に対する嚮動がある。彼等が住む形態の地には既に天の心の飽和がある。糧は神の糧である。彼等の住む地の間には既に神の故郷がある。余はフランシス・トムソンと共にこの地は天国の中にあるべきを想う。「地の美は肉を着た天の美である。かの天を示す神霊の裡に地は横たわっている。神の裡にこそ創造と云う偉大な思想は安置せられている」。

余は凡ての確信を以て世界を形而下に限る思想を駆逐する。余は「地」なる観念に「天」なる観念を挿入すべき事の正当なるを想う。形態の世界は無形な天の心に安定せられている。自然には実在の霽気の滲透がある。余は事物を想い起す時神を想い起す事の必然であるべきを信じる。余は十分な信念を以て豊饒な実在界をこの自然そのものの内面に是認しようと思う。エマソンの句に云う、「よし一切のものが奪い去られるとも、余は尚余と永遠者との関係において一切のものを保有する」と。

人はこの世界を時空間に排列して、一切のものが因果の関係にその運命を終るべきを想っている。自然の研究者が好んでその理知の尺度とするものは量である、質である、空間である、時間である。彼等がその探求に挿入する思想は常に因果の原理

である。しかしかかる思想態度は対象を形而下に限る時にのみ許さるべき事である。人間の理知は一切のものに因を訪ねようと試みている。しかし世界観が因果律に服従する時彼は実に循環の背理を重ねるに過ぎぬ。因果の約束は実在の前に沈黙せねばならぬ。科学は自然をこの因果律によってのみ説こうとする。しかしこの原理は神もしくは実在なる事実を自然の圏内から排除しようとする貧弱な思考態度に過ぎぬ。因果律には避け難い終焉がある。それは或る約束に立つ限界に過ぎぬ。人は何の権威あって神に理知の刃を加えようとするのであろうか。理知が神を理解したとする時、理知は既に神の裡に絶滅せられているのである。実在の内生とはこの理知の解脱を指すのである。（今日も尚、宗教或いは道徳において因果的思想に固着している説教者がある。人間の究竟行為を因果的に説明しようとする態度はただに幼稚《ようち》であるのみならず甚だ醜である。酬いられんが為に吾々は神を信じるのではない。善は売買の行為ではない）。

　余は実在又は神の思想に対して、あらゆる約束的思想の闖入を排斥する。余は明晰に時間、空間の念をすらこの究竟の世界から放逐しようと思う。人は時空間の存在がさながら究竟の事実であるが如く見做している。しかしこの法則は約束律である以外に何等の権威をも有すべきではない。形而下の事項を対象とする科学者がこの原理を彼等の説明に適応するのは至当である。しかし形而上の問題に接触する哲学者は何の稚気を以て彼が画く実在に時空間の約束を認めようとするのであろうか。約束は数的関係である。余は自然を数量によって理解し去ろうとする機械的思想に満足する所以を知らぬ。実在は量ではない、活作である。形態ではない、意味である。彼は既に時空間の定限から永遠の離脱を遂げている。（余は所謂「心霊現象」に多大の興味を感じている。その夥しい材料はことごとく時空間の束縛を離れている。余はかかる現象を只の妄想、もしくは迷誤として斥ける思想を受け容れる事は出来ぬ）。

　実在の世界は意味 Sinn, Meaning の世界であり、価値 Wert, Value の世界である。物心の愛を示す相関の世界である。多くの哲学者は実在を物質に求め或いは意識に求め又は彼等を超越する彼岸の境に求めている。しかし実在は物的又は心的の名によって呼ばるべきものではない。いわんや彼等から隔離された遼遠な域にあるのではない。実在は物心の融合せられた相関の世界にある。その光りは内在 Immanence の光りである。神は凡てにこの光りを放つ為に一切の事物にその力を満ち充たしている。実在は潜勢力 Latent power である。エックハルトが「神は常に備え、神は吾々の傍に在り、神は内部に在り、神は吾が家に在る」と云った言葉もここに理解せられるのである。

　人は凡て神のものを物質もしくは精神の範疇に入れている。しかし余はその何れの範疇にも局限し得ない価値の世界を肯定する。この実在の世界においてこそ物心は各々の区劃を絶滅し愛の活作に新たな生命を起すのである。実在に甦る自然の光華には時空間に対する永遠の解脱がある。実在は歴史を消滅する。彼にあるものは永遠の「今」'Eternal Now' である。過去の反復ではない、永遠の新鮮である。実在には不断の新創 Novelty がある。実在は不死である。（ベルグソンは彼の持続 Duration の考えにおいて時間に新しい理解を与えた。彼の哲学的先進であったジェームスは彼が哲学を新創 Novelty の観念の上に築いた）。

実在は自然の意味である。彼は物の形によって表明せられ、又は心の名によって代表せらるべきものではない。実在は一切の名辞をすら許さない無辺の自由である。彼は時間方処の約束をすら滅してこの宇宙の一切に飽和し浸透する。もしここに理学的言葉を許すならば、実在の本性は可入性 Penetrability である。彼は至る処に在り凡ての時にある。彼は一切の固形を離れた絶対の流動である、韻律である、音波である。余は神は音楽的であると想う。余は美わしい音楽を聞く時しばしば死の本能を感じる。神は音楽に托して余を迎えるであろう。神の故郷は必ずや美わしい音楽又は美わしい花園そのものである。（余は信徒が愛する楽園、浄土の思想にもその根柢には至当の理由があるべきを想う）。

もし余に形容を許すならば神は透明 Transparent であると思う。静穏な水は凡ての姿を映じている。そこには底知れない深さがある。澄む水は凡ての汚瀆を洗滌する。神は彼の透明に凡てを映じ凡てを浄くするのである。（余は洗礼の起原に就て何事も知らぬ。しかし透明な水は自ら神の心の象徴であると思う。ただにキリスト教のみならず。清水が神前に使用せられる事は普通事である）。透明は凡ての説明を不可能にする。そは凡て無にして凡て有であるからである。無垢と聖浄と自由との神は彼を透明の血と肉と衣とに被いつつあると思う。実在の世界は透明の世界である。かの守銭奴すら花を美わしと感じる時、吾れを忘れている。我を忘れるの時我れは透明の世に活きている。物心の融合、思慕の喜びはこの透明の悦びである。愛は最も純一な感情である。透明な愛において吾々は透明な神に一致する。余は余の愛するエマソンの句をここに引用したいと思う。自然の美に至悦を感じる時、「余は透明の眼球となり、余は無有になり、万有を見、普遍的実体の大流は余の裡を貫流し、余は神の一部又はその一分子となるのである」。彼は又更に鋭い言葉を以て云っている。「吾が地球は神の眼より見れば透明な一個の法則であって事実の集団ではない。法は事実を融解してこれを流動的たらしめる」。

実在は既に対象たり得べきものである。人が彼を理解したとする時、人は彼に内生しつつあるのである。人は神を味わうのである。彼に就て語るのではない。凡ての説明は神において中止せられねばならぬ。神に没入する刹那吾々の呼吸は既に奪われつつある。最も深い雄弁を告げる為に神は常に沈黙に現われるのである。カーライルはこの沈黙の秘密を解いていた思想家である。吾々は何の名によって神を呼ぼうとするのであろうか、「神は無名である」とエックハルトは叫んでいる。余はこの叫びが神に対する最良の名である事を感じている。聖オーガスティンもまた「神に就て言い得べき最良なことは彼の前に沈黙する事である」と云っている。神は前に語らるべきではない、内に愛せらるべきである。知の終局は愛である。人は恋人に何故愛するかを問うであろうか。接吻は説明を否む。いわんや神の抱擁において凡ては沈黙する。愛は宗教である、愛は科学ではない。（恋は人を盲目にすると云われている。この事は恋の罪過と見做されている。しかし凡ての美感理智を絶滅し我れを忘れしめる事において盲目的である。盲目的は必ずしも無目的ではない。却って目的それ自らに合一する場合がある。人はしばしば恋によって神に近づいている）。最も深い知は常に愛であり、愛は常に鋭い理解である。真理とは理知と直観との合一する状態である。最も偉大な主観は最も広汎な客観に一致する。神は愛の状態にあって知と情と、主と客とを融合する。知の完了は説明の沈黙であり、沈黙は内生の開発である。神は黙して味わわるる事によって深く知らるるのである。神は理を絶するが故に一切の理を抱くのである。余は無有たり得るもののみ真の有であると想う。寂滅は復活である。涅槃は救済である。（余は認識論における合理論と経験論とがその終局において矛盾するとは思わぬ。知と愛とは最後の合一を要求する）。

もし強いて神の姿を画けよと云う者があるなら、余はジオットーと共に只円を画こうと思う。もし能うべくば球を刻みたい。一切の平衡を持して円融の相を示すものは球体である。彼には無限の適応があり自由がある。微細な接触も彼の心を動かすに足りる。しかも凡ての点は彼を支える柱である。如何に切断するも示されるものは円形である。周囲には絶対の平滑があり、しかも構造には無限の平衡がある。人は円球に一点の変化をも犯し得ない。余はその形の豊饒と温暖とを絶愛する。神は正しくこの充全の相を示すのである。何者もその神聖を犯し得る力はない。彼は彼自らにおいて無限に自由であり、無限に堅固である。余は神の幻像がこの円かな姿に宿ると思う。ヴォーンの歌に、

'I saw Eternity the other night
Like a great Ring of pure and endless light
All calm, as it was bright.' ——Vaughan

更に余に神の意味を求める者があるなら、余は只一の字を書こうと思う。神は渾一体 Oneness である。一切の多様を摂取して一つに流れしめる。神において常に多は一つであり、差別は平等である。彼において一切の事物は同胞の歓喜に遷るのである。一なる神に凡てはその源泉を発している。余は実在なき自然を想像する事は出来ぬ。渾一の否定は擾乱の承認である。原素的第一義的究竟の事実をおいては、自然の多様は不可解である。一は統一である。愛である。一 One は神を象徴する。ブレークは山も河も森も石も一つに結ばれた人であると云った。

神は無限の光明である。余は多くの神秘家が神を光に譬えた心を知っている。如何に実在に活きる時、事物が輝き照らさるるかを感じている。恍悦 Illumination 又は覚照 Enlightment は神の心を示すべき温かい辞句である。神の頭には背光がある。信仰は照らされた心である。神は暗い影にその姿を映さない。人は熱烈な多くの信徒が光の力、太陽を讃美する心の感激を理解せねばならぬ。凡ての光には信仰の影像がある。幾多の詩人は晴夜星を仰いで神の心を読むだのである。青白く輝く月光にも人間の限りない訴えがある。光りは神の姿である。

余は伝説が仏陀の体に八荒の輝きがあったと告げるのを自然であると想う。余をしてキリストの相貌を画かしめるなら希くは彼の周囲に燦爛たる光を放たしめたい。かつてシェレーが歌った様に永遠は白光に輝くのである。

'The One remains, the many change and pass;
Heaven's light forever shine, Earth's shadows fly;
Life like a dome of many-coloured grass,
Stains the white radiance of Eternity.' ——Shelley

光は法光である。この心に活きる時、人は如何に無上の至悦を感じるであろう。余は更に又神秘的経験に伴う恍憬 Rapture 法悦 Ecstasy 又は歓喜 Joy の心を歌わねばならぬ。余は神の面貌に絶えず微笑みのあるのを知っている。ウパニシャッドが告げる様に凡ての事物は永遠の歓喜にその誕生を発したのである。「吾れは幸なり、喜びは吾が名なり」とブレークは歌っている。何故キリストが嬰児に天国の俤《おもかげ》を認めたかは明らかに理解せられねばならぬ。人は常に神の嬰児である。

'Sweet Infancy!
O fire of heaven! O sacred Light!
How fair and bright!
How great am I,
Whom all the world doth magnify!' ——Traherne

祝福 Blessedness 福祉 Felicity 幸福 Happiness これ等の言葉は又哲学者の愛を受けねばならぬ。彼の筆が哲理を語る時、彼は実在の讃歌を綴りつつあるのである。哲学は真理を美としてもまた幸としても示さねばならぬ。

五　実在の世界

吾々はかかる実在の福祉が如何にしてこの世界に現われるかを見ねばならぬ。栄光と見做される凡ての人文はこの実在の光華によって永遠の生命を捕えている。吾々が崇仰する一切の偉人は例外なく神の選民である。吾々が愛慕する一切の事業はことごとく神の頌歌である。余は自然の進化には必ずや神の進化が伴うと想う。この刻一刻は実在の拍節 Tact である。この絶大な真理に悦び溢れた時ホイットマンは歌っている。

'I hear and behold God in every object.....
I see something of God each hour of the twenty-four, and each moment then,
In the faces of men and women I see God, and in my own face in the glass,
I find letters from God dropt in the street, and every one is sign'd by God's name.'

余はかかる至悦の迸《ほとばし》りが字義的にも真理であると思う。実在は喜ばしくもその姿を至る処に示すのである。何人にも楽しく現われるのは芸術によって表現せられる実在の世界である。吾々は多くの芸術家によって自然が如何に夥しい美を示したるかを知らねばならぬ。貧しい一静物すら山岳の荘厳を内に潜めている。森も河も吾々に語るではないか、何人も彼等がさしのべる手を握らずして過ぎゆく事は忍び得ない。余は芸術は愛の会堂であると想う。凡ての信徒がそこに神を讃え幸の一日を送る様に、芸術は凡ての人々を悦びのうちに集めている。何人も美の前には争いの鋒を納めて居る。芸術において人は楽しむのである。彼は彼の悦ぶ故郷をそこに見出すのである。彼は神に帰りつつあるのである。

偉大な芸術家は彼等の心血の異常な働きによって広汎な未知の世界を彼等の前に見つめている。彼等は他の彼等を対象の中に見出している。事物は彼等の姿を映す鏡である。彼等はその凡てを自然の内部に浸している。彼等はその呼吸の高さを自然の裡に聞いている。彼等の身は画く花の床に横たわっている、心は画く森の精に遷っている。彼等と自然との間には何等の障壁すらない。「帳にしては自然は余りに薄い。上帝の栄光は至る処に破れ出る」とエマソンは書いた。自然はその高調において既に対象ではない。自然の美は外に見らるるのではなく内に味わわれるのである。美は凡てを融解する。凡ての事物には人の心を容れるべき室房がある。愛とはこの房中に自己を見出した喜びである。偉大な芸術は凡てこの結合の芸術である。芸術はその至純において常に実在の芸術である。哲学も実在の思想において凡ての人を一体に結ばねばならぬ。事物は吾々の前に横たわっている。天も地も人の愛を招いている。人々は何故自然が美の衣に装うかを理解せねばならぬ。

彼等の美の装いは実在の世に活きようとする本能の発現である。自然の原素的力は活きようとする意志である。実在に甦ろうとする抑圧し得ない本能の力は彼等の中に溢れている。年々歳々春花の微笑むのはこの飢えをいやす為である。彼等はその凋落の葉にすら色を染める為に秋の紅いを装うのである。余はラスキンと共に種子は花の為にあるべきを想う。かかる事は無益な妄想ではない。自然の心は彼女の美に読まれ得ると想う。そこにも荘厳な神への嚮動がある。かつてカントは天の星を仰いで崇仰の想いに跪くと云った。余はこの一句にカントの偉大が最も美しく、暗示せられていると思う。万巻の哲学がその最後の頁を終る時人は遂に黙して祈りに跪くであろう。余は可憐な一枝の花にも凡ての哲理は含まれていると思う。彼等は人の訪れを待ち詫びている。虫の訪れにすら花には悦びの笑いがある。彼女は人の一瞥にすら愛の満足を感じるであろう。ゲーテの詩「菫」にこの情を歌った句がある。恐らく詩人が綴った様に野に咲く菫は牧童の足に踏まれる時にも愛の飢えを満たすであろう。いわんや愛せんとする意志は人類が保有する永遠の至宝である。人は何故にしかく長き躇いを愛に加えるのであろう。意志は愛に活きようとする意志である。凡てのものは愛さるべき為にあるのである。凡ては互いに語りたがっている。

'Stranger! if you, passing, meet me, and desire to speak to me, why shold you not speak to me?
And why should I not speak to you?' ——Whitman

愛の世界は只芸術家のみの世界ではない。かの冷やかと見做されている科学者にすら天啓は降ると思う。一物体の落下すらニュートンの眼の愛に、永遠の真理を産み得たではないか。科学者が暗夜、天に星を仰ぐ時、彼等は冷やかな星に対しているのではない。彼等がその運行の探求に余念ない時、彼等は星にその心を宿しているのである。彼等がアトムの微に心を注ぐ時、彼等はその小微物に情人を迎えているのである。法則とは科学者と自然との間に結ばれた愛の記念である。彼が理知によって法則を知る時、彼等は法則を味わいつつあるのである。恐らく科学者とは法則の招きに誘われる芸術家であろう。芸術家が美の招きによって自然の懐に入る様に、科学者は法則の愛に招かれて自然の裡に活きるのである。冷やかな彼等も既に間隔を絶して対象中に自己を見出している。発見とは対象との合一である。自然と彼等との最後の融合が法則であり真理である。余は科学者もその探求の高調において甚だ芸術的であると思う。余はポアンカレーと共に科学の研究にも直観の力が鋭く働いているると思う。科学者は活きた実在を図形の上に構成しつつあるのである。かつてコールリッジは「詩文の対辞は科学である」と云った事がある。しかし余は彼等がその終局において友愛の手を握る事を知っている。かつてホイットマンは「一枝の葉は星の万年の働きにも劣らぬ」と云った事がある。この言葉はかのケルビン卿がミニオネットの花を顧みて「天の星よりも多くの神秘を宿す」と云ったのと同一ではないか。「一つの花にも神の存在を理解する者には、その一微物は全世界よりも尚貴いであろ」とエックハルトは云った。余は最高の科学は最高の詩歌と一致すると想う。詩人の鋭い直観がいつか科学的にも理解せられる事を余は確信する。真は遂に美であり、美は遂に真である。

余は善と云う考も等しくこの実在を離れては思惟し得べきものでないと想う。道徳は至上事実としての善を肯定せねばならぬ。善は一言にして云えば個人の客観化である。道徳は個人と個人との抱擁に起る。彼等の密着をおいて善は凡ての意味を失わねばならぬ。個人が他人の裡に活きる時善は最後の祝福を受けるのである。善は人を人に結ぶ愛の力である。吾々が他人を憐む時吾々は他人に自己を移しているのである。分離、隔絶は人間の嘗める悲哀であり恥辱である。善は人を人に結ぶ愛の力である。人の間に結ばれた愛の帯を破る者は、悪の罪を犯すのである。これは善であり美である。何故ならそこには主客の対峙は消失して両者の関係は渾一的実在の状を示すからである。善は実在に一致する。善はそれ自らにおいて絶対である。人はよく善に報酬を求めている。しかし善は善において一切の価値と意味とを内意するのである。最初にして最後の報酬は善それ自身の裡に内在する。もしここに報償の念を入れ得るなら、善為とその報償とは同時的である。神に対する祈禱は報酬の予想ではない。善は絶対自全の力である。善行為は実在内生である。この時個性と個性とは至純な愛に神の福祉を受けているのである。善には荘厳な無上事実がある。カントがかの星に対すると共に崇仰の念に打たれたのは人間にひそむ道徳律であった。余は彼の所謂無上命令（Der Kategorische Imperativ）に基く道徳説に永遠の真理があるのを是認する。善は又人間の厳粛な至上要求である。（近世の人文において、この荘厳な真理を、生活の上に実現した巨大な人はトルストイである。余は彼の一生を繙く毎にカントの言葉を想い出し、又人間に潜む「道徳律」に厳かな感じを抱かざるを得ぬ、彼の思想は批評を免れぬとしても、彼の一生は凡ての批評を無価値にする）。善為には神の意志の完了がある。善において人は人を抱き又神を抱くのである。善は愛である。善は美である。（しばしば道徳と芸術とは反目の争論を重ねている。しかし余は善と美とが矛盾するものとは思わぬ）。

信仰とは何を意味するであろうか。個人が絶対者を抱こうとする無限の本能である。実在に対する思慕、神に対する崇念は彼等の抑え得ない熱情である。宗教とは人間と神との逢接である。無辺の帰依は無辺の昇天である。その時一小自我は宇宙の根柢に融合するのである。既に事物が在るのではない。只神なる実在があらゆる荘厳を以て顕現せられるのである。自我も自然も渾一に遷って永遠の意味が漂茫として流るる如く万有を浸すのである。光華の境である、至楽の状である。余は必ずや一切の人間生活がその究竟において宗教に面接すると想う。美の感激も、真の闡明も、善の行為も共にその終局において神の内生を表示する。人文の栄光はその宗教であらねばならぬ。人間の誇りは彼の神であらねばならぬ。万有は既に神前にある。

'Each is not its own sake,

I say the whole earth and all the stars in the sky are for religion's sake.' ——Whitman

実在はその顕現に必ず温く親しい過程を択むでいる。この至楽の刹那を形容すべき言葉を数え得るなら、恐らくは恋句に終るであろう。抱擁 Embrace である。接触 Contact である。思慕 Eros である。親交 Intimacy である。愛着 Attachment である。情愛 Affection である。和絃 Accord である。結合 Union である。献身 Devotion である。共鳴 Resonance である。応答 Response である。内感 Empathy である。同情 Sympathy である。（この最後の字をベルグソンは好んでいる）。一言にして言えば神と人との婚姻である。神としての実在は常に愛そのものである。

これに反して人間が経験する凡ての悲哀はこの結合の破壊に基いている。関係の断絶は自己の破滅であり自然に対し神に対する汚瀆である。人間の罪業は凡て分離から起る悲惨な結果である。反目争闘は自然の意志に対する愚昧な反逆である。人文の擾乱は知と情との反目にある、肉と心との隔離にある、天と地との区分にある、自然と人間との疏遠にある。凡ての噪音は和絃の美を破るからである。自然は愛せよとの教えの許に対立の性を得たのである。二つのものは反く為ではない、一つに結ばれる為である。人が人を屠るのは余りに惨憺である、自然の意志に悖る罪を犯すからである。肉体の苦行は背理を想わせる、心霊を傷つけるの矛盾を犯すからである。自己を偽る事は醜くある、自己を幽閉するの愚に終るからである。天才を誹謗する者は貧弱である。彼は非難に自己の空虚を表白するからである。自然に愛を感じないものは白痴である、彼は美の招きを棄てるからである。自己を愛さない者は卑しく見える、貧しい個性を以て他人に近づくからである。神に冷やかな心には死の相がある、人にして木石に近いからである。人は神意の愛を充たさねばならぬ。神は別離の悲哀を知っている。神は凡てを彼に招くのである。明日炉に投げ入れられる草にすら彼は愛を注いでいる。東洋の聖者は神の前に殺生を謹んでいる。彼等は神の悲しみを知るからである。

'A robin redbreast in a cage
Puts all Heaven in a rage.'
'A skylark wounded in the wing
Doth make a cherubim cease to sing.' ——Blake

哲学者は彼が実在を忘れる時、神の眉に顰みがあるのを知らねばならぬ。かつて詩人が歌った様に地の花を傷める時、天の星をも傷めつつあるのである。

吾々は神に更に深い心を捧げる為に吾が個性の拡充を志さねばならぬ。神はその偉大を示現する為に偉大な個性を択んでいる。充全な実在は充全な個性によって味わわるる事を待っている。吾々は個性を広汎な自然に活かす為に自己に無辺な昇揚を与えねばならぬ。個性を閉塞する一切の行動は神の名の許に切り棄てられねばならぬ。個性の隠匿は神の幽閉である。無辺な自然を抱こうとする者は、自己に無辺な開放を与えねばならぬ。個性の自由な表現は神の宏大な抱擁である。表現とは自己を外界に露出し、個性を対象に活かすのである。その時主観は客観化され、全個性は全自然に一致するのである。神に没入する状態である。裏面よりすれば自己滅寂である、忘我である。表面よりすれば自己拡充である、永生である。最大な主観は常に最大な客観であり、最大な個人性は常に最大な社会性である。高貴なアリストクラシーは宏大なデモクラシーである。ニイチェはホイットマンである。(余は個人主義と社会主義とは同一な理想を他面より見つつあるのであると思う。真の個人主義は真の利他主義である。自己を拡大する時、彼は他人を拡大しつつあるのである。今日客観的真理と見做されているものも、かつては一個人の主観的真理であった。偉大な人間は、万民の人間である)。

個性の無辺な拡充において、吾れは自然そのものを抱いている。かくて一小自我は宇宙の一切に飽和するのである。宇宙意識 Cosmic consciousness はかかる時悦ばしくも吾れに照り輝いてくる。吾れは至る処に他の吾れを見出すのである。凡てのものは吾れにとって同胞である。ホイットマンはこの友愛の心に活きた詩人である。彼は一切の人に一切の物に愛を感じたのである。聖フランシスが鳥に向って「我が姉妹」と云った心もここに了解せられるのである。彼の有名な「太陽の頌歌」はかつて謳われた最も深い自然の讃歌である。太陽も月も水も火も又は地も彼にとっては慈母であり兄弟であり姉妹であった。キリストも神を「吾が父」と呼び自らを「神の子」と呼んだ。この天の幕屋に憩う凡てのものは神の血において同胞である。凡ては実在の子である。古インドの宗教はこの心に溢れ漲っている。彼にとっては行く雲にも、流れる川にも人の言葉があった。かつて雷鳴に神の忿怒を感じた人間の恐れは、只意味ない妄想であろうか、余は彼等の思想にも犯し難い神聖があると想う。画家が樹木を画く時、彼はその枝に幹に人間の gesture を感じるのではあるまいか。余は人間を自然に見出す時、美感の高調が与えられるのであると思う。最高の芸術は何等かの点において象徴的である。それが如何なる題目を択ぶにせよ、彼等にはいつも人間そのもの、深い象徴がある。(例えばかの溌溂とした一切の原始的芸術は甚だしく象徴的である。又近くホッホの作品の如き何等理想画的分子はないが、著しく象徴的である。彼が画く焰の自然には焰の画家自らが活きている)。

自然に愛を感じる者は、自然に人間を見出しているのである。自然には親しげな相貌があり、応答がある。笑いと怒りと喜びと悲しみとは只人の世に限らるるのではない。自然には人の心がある。実在には人の霊がある。神は人間に屯するのである。

Are Men, fathers of multitudes, and Rivers and Mountains
Are also Men; every thing is Human, mighty! sublime!' ——Blake

想うに自然は愛に漲り溢れている。愛は神に帰る心である。人は神の故郷を何処に求めるであろうか、ジェルーサレムは彼等自らの裡にある。思慕は美わしい円周を画いている。愛の旅路は神への旅路である。人は悦ばしくも彼の誕生を神に発した事を悟らねばならぬ。創生は神意である。余は愛に飢える。自然も愛に飢えるが如く見える。余は何を以てこの飢えを人に充たし得ないであろう。

'I am he that aches with amorous love;
Does the earth gravitate? Does not all matter, aching, attract all matter?
So the Body of me, to all I meet, or know.' ——Whitman

一切の事物並びに一切の人間は生れながらにしてプラトニストである。

（一九一五年一月稿）

神に関する知識

序

凡そ人が思念し得る最高の問題こそは今諸君の前に提供するこの問題である。実際如何なる論題もこの究竟題材に比しては尚部分に過ぎぬ。また如何なる解答もこの巨大な疑問に対しては尚貧弱である。がしかしこの題目こそは吾々の理知にとって又生命にとって至大の栄誉である。何人もいつかこの問題に触れずしては世の真諦に達する事は出来ぬ。いつか又何れかの道を踏んでこの第一義の事実を体験する事は吾々の心に漲る力強い要求である。

凡ての河がいつか太洋に注ぐ様に、一切の事項は求心的に神の焦点に集中する。如何なる流れを選ぶにせよ、吾々は自然の厳かな意志の許にいつか神の太洋に乗り出でねばならぬ。事は至難である。しかし吾々に取てこれ程の祝福はない。余は望みを抱いてこの栄誉ある題目に漸次肉迫して行こうと思う。しかしこの最高の問題に対して吾々は相応わしい用意と決意とを持たねばならぬ。何人か神を語る事に名誉の感激を覚えないものがあろう、同時に何人か彼の答えに傲慢を感じ得るであろう。

所詮は神を語る者は、その偉大に対する感激と、それを表明する言葉の不敏とに終らねばならぬ。この講演はむしろ余の思索の懺悔であって、何等充全な解答を諸君に与えようとして志したものではない。或る生理学者は彼の知識を以て生物の人造を夢みた。しかし生物に関する如何なる精密な科学的研究も、与え得るのはそれに関する知識であって、生物そのものではない。同じ様に如何に深遠な神に関する知識も、吾々の内に神そのものを示現し得るのではない。神に就ての知識は畢竟神に就ての知識である。余は諸君に神を示すが如き夢想を抱くものではない。只人性に関する理解に対して生理学が必要である様に、神に対する理解には神学もまた緊要であろう。ここに神学とは広い意味で凡て神に関する知識を指したのである。只ハッラーがハッラーの生理学を残した様に、余もまた余の所有する神学以外のものを諸君に与える事は出来ぬ。凡ての動作、言語も畢竟はその人の以上をもまた以下をも示すものではない。いわんや神を語る時人は彼自らを最も露骨に告白するのである。余は一つには望みを抱いて一つには謙遜の心を以て、この講演を神の審判に委ねようと思う。後日恐らく余はその内容の幼稚《ようち》を正すであろう。否、諸君と共に更に一歩を進めたい為に今余の現在の哲学的信仰を披瀝するのである。現在は未来の母である、嬰児こそは人の父であろう。吾々は吾々の貧しさに盲目であってはならぬ、しかしそれが為に希望をも失うべきではない。

所論を進める前に論者のなすべき義務として先ず論題の内容範囲と、次には論歩が選ぶべき方法とを簡明にしておきたいと思う。正しく云えばこの講演が取扱う内容は「神の理解に関する論理的知識の限界」と題すべきである。如何にして神は知らるるか、彼を知るとする論理的知識は如何なる内容であるか。その限界は如何、これ等を論じて神の本性を分明にしその理解を全くしたいのが余の意志である。

神の内容が無辺であるにつれてそれに近づく途程も恐らく無数である。花を譬えにその要旨を歌う事も出来よう、又色彩も音響も、神を示すに足りる道であろう、余がここに選んだ道は究理の一途である。誰が神を宗教の専有物と云うであろう。哲学の帰趣もまた神の内に在る。多くの宗教家は感情の上にのみ神を見出している。しかし誰が究理の心と感情とを離婚せしめたのであろう。かかる分離は只人為的であって、むしろ神への無数の道を只一面に局限した思想に過ぎぬ。究理もまた生活である。哲学者は彼の究理心に神を生活せしめているのである。

その性質上余はこの道を踏んで進む一人である。必然余がここに神を説く色調は哲学的である。しかし余は所謂哲学の正統派に属する者ではない。余はむしろ大胆にもその根本義において哲学の孤立を否定するのである。しかしこれは哲学に対する侮辱ではない、むしろ哲学の名誉の為にである。余は哲学と宗教と芸術と、更に又科学をも含めた一者の学を明らかに樹立させたい志にかられている。これ等四者の分離は人文の方程としては是認すべきであるが、帰結としては許すべき事ではない。

余はこの統一的学の存在を新たにもたらそうと考えている。この学の基礎として余は宗教もしくは哲学に現われた神秘説 Mysticism の立場を採っている。従ってこの立論も神秘説に立脚する認識論的見解である。例えばロイスの様な哲学者は哲学として神秘説は不可能であると云っているが、余はこれに反して哲学の根本的基礎は却って神秘説の上にのみ見出さるると信じている。これによって哲学が宗教又は芸術に対して如何なる関係に立つかを理解し得ると思っている。しかしこの事は別に論ぜねばならぬ。余は直接諸君の心に訴えて余の本論に今入ろうと思う。

一

夥しい寺院又は教会とこれに帰依すると称する人類はその数において幾千万あるか分らない。しかし不思議にも神に関して明晰な理解を持つ者をどれだけ見出し得よう。彼等の信仰は単純に伝習的であって、その内容を意識する者の数は微弱な率に終っている。多少批判的に思い惑う者の声は何であるか、信徒からは卑しとされる神の存在に就ての疑惑である。しかしこの懐疑的態度は伝習的信仰よりは遥かに進んでいる。信徒に向ってすらも多少鋭く詰問するならば、その答えには躊躇が見える。しかしこの躊躇は神に関する一層優れた理解の発端である。習慣の信仰に満足し得ない多くの人類が神に思い惑う時、何事よりも第一に神の存在に就て知ろうと企てている。この企てはたしかに伝習からの離脱であり、又神に近づく第一歩である。がしかし余の見地によればかかる態度も尚不徹底である。彼等の欲する処は何であるか、信仰は神の存在の確立において始めて可能であると云うのである。これは一見思考の正当な要求の様に思える。最も精密な知識を与えると云う科学は凡て実験と云う方法に依っている。物質不滅則は最初から信じられたのではない。吾々は誤りのない実験と数測とによってその事実を知るのである。知る故にこの法則を信じるのである。実際科学的信仰に対してこの実験的知識が重要な根拠である事は争われない。同じ様に事実を尊ぶ吾々の習性は、先ず神の存在を知らねばならぬと考えている。従ってその存在の論理的又科学的証明が彼等の要求である。しかしかかる態度は正当であろうか。余は簡潔に批判の鋒をこれに向けようと思う。

人は神がいるならそれを信じようと云う様な態度をとっている。彼等が信仰問題に対して逢着する最も困難な題目は何であるか、「神は存在するか否か」と云うことに帰着する。しかしその結果はどうであろうか、残るのは只二途より外にはない。一つは存在を証明し得るなら信ずると云うのである。一つには証明し得ないなら信じ得ぬと云うのである。彼等が当面の努力はその存在如何の問題に集中する。一面から見れば神の存在はその証明の可能に依頼される事になる。これは一見奇異に見える、しかしこれが神に対する人類の最も普通な態度である。

時として彼等はその存在の証明に向って精細な断定をさえ下す、しかしかかる事が証明し得たと仮定してもその結果はどうであるか。彼等は証明し得た故に神を信仰すると云うだろうか、それならそれは条件付き信仰と呼ぶ事が出来よう。証明の可能を条件として現われる信仰だからである。諸君はかかる信仰のみが絶対信仰であると思惟するだろうか、事実はこれと正反対である。凡て或る条件の許に立つ事実は相対的である。一方が破れるなら必然他方も破れねばならぬ。如何なる客観的理由が諸君の証明をして条件でないと云わしむるだろう。かかる信仰は相対的信仰たるに過ぎぬ。只絶対的事実においてのみ満足せられる宗教は、かかる条件附きの信仰の上に樹立されるわけがない。彼等の態度に従うとしたら証明の不可能は宗教の否定と云う単純なしかも浅薄な結論に終ってくる。証明出来なければ更に又その証明を理解し得ないなら吾々は信仰を放棄する迄である。しかしこれが果して信仰の面目であろうか。神の存在は立証の有無にかかるのであろうか。甚だ哀れな事実がここに起ってくる。仮りに諸君が精密な立論の許に現今吾々に満足し得る証明をなし得たとする。しかしこの事実すらも不幸な運命に終る事は必然である。事実によれば吾々の理智は尚発展の階梯にあるではないか。恐らく吾々は尚持つべき多くの真理をまだ開かずにいる。知性に訴えて証明の確立に努力するとしても、それは何等絶対不変の信仰を産むものではあるまい、更に理知が発達して前の証明の不足を知るに至れば、在来の信仰は夢の様に過ぎねばならぬ。これは余の想像ではない、しばしば歴史が嘗めた悲惨な傷であった。それは事実である。例えば科学が急速の発展をとげた十九世紀には著しい信仰の動揺があった、凡てが実験によって提供され世界が一層物質的に批判された時、多くの伝習的信仰は打破せられたではないか。彼等は新しく得た理知を以て証明し得ない幾つかの問題に逢着した。彼等の問う処は依然として「神は存在するだろうか」と云う疑問の反覆であった。

しかし神の信仰はかかる問を以て始まりその答えによって定まるものであろうか。神は存在を証明の可能不可能に托しているだろうか。それは甚だ危険である、何故なら吾々は実際証明出来ないかも知れないからである。かかる不可能が可能でない事をどうして保し得よう。諸君古来何人が神の存在に不変的証明を与えた者があろう。もしかの聖アウグスティヌス以降中世の熱心な宗教哲学者の立論もしくはかのデカルトの有名な神の存在に関する新証明が充全な立証であるならば、吾々はそのままにそれを信ずればよいではないか。もし既に証明し得ているなら、吾々の義務はその証明の繰り返しに止まればよいわけである。そうすれば神は既に存在する事になるからである。しかし人類が今尚神の存在を想い煩うのは何が為であろうか、未だこの世には万民不変の共有なしかも永遠な証明がないからである。誰が果して充全不二の証明を与え得るであろう。多くの人が信仰を得ていないのも訝るに足らない。彼等の不信仰は哀れにも証明が未だ出来ていないからである。

しかし不幸な結果はこれのみではない。仮りに何人かが理性を満足さす程の証明をなし得たとしたならその結果、果して信仰は湧き溢れるだろうか。ここに最も都合の悪い一事が絶えず吾々に附き纏っている。それは外でもない。各人その個性テムペラメントを異にすると云う動かし難い一事実である。その容貌の異質と共に吾々の感情、又は理知すらもその色彩は異っている。他人は証明し得たと云っても吾々には不足である場合がある。他人の信仰がどうして吾々の信仰になろう。よしその信仰を条理的であると想像しても精細に同一に理解し得ぬ時もあろう。他人の理解は直ちに吾々の理解とはならぬ。吾々は全然自ら「神は実際存在するのであるか」と自己の理知に訴えねばならぬ。他人の証明は吾々にとって何等絶対の力を持つものではあるまい。所詮は各々この難関を切りぬけねばならぬ。必然証明は多岐多様となるではないか。唯一不二の証拠とは只人類の妄夢であろう。諸君がその信仰を存在の証明の上におこうとする限り、かかる障害は踵をついで亡霊の様に諸君を追うであろう。

ここに問題を複雑にする事が更に一つある。これは互いの個性気質の相違から来るのではない。今度は知識そのものの性質に起因する障害である。知識は必ず二種の対立的内容を包含する。それは何であろうか、定律、不定律と云う論理に現われる互いに矛盾した二項である。論理的断案が一種なら事は容易である。しかし断案にはいつも「然」「否」と云う肯定否定の二面がある。「有る」と云う断案は只「無い」と云う反律に対してのみ意味がある。肯定とはいつも否定の対立としての肯定である。純粋に反律と云う事なくして正律は存在しない。裏のない表と云う事がそれ自身背理である様に「然」は「否」なくしては有り得ぬ「然」である。肯定は畢竟否定の否定である。「有」と「無」との間には相対的関係がある。この二面的事実は単に理論上然るのみではない。人文史上に絶えず相反の二潮流を起したのもこの事実に源を発している。一つの真理を肯定する者があれば、吾々はほとんど安全にそれを否定する者の出る事を予想していい。一定不二の思想と云う様なものは永続し難い。人はこの二つの潮流の何れかに加わっている。論争は避け難いその結果に過ぎぬ。理知を尊ぶ唯理論があれば必ずこれに反して直観を愛する経験論が起ってくる。唯心論と云えば唯物論を直ちに聯想する位である。天国に対して地獄を恐れ、善に対して悪を思い、美の傍に醜を避けようとする。正を慕う者は必ず他方の邪を棄てねばならぬ。この対立はいつも不可分離である。「神はある」と或る者が証明した時、「有」の対峙として「無」と云う反論が既に予想されるではないか。従ってかかる「有」は相対的な「有」ではないか。諸君が神の存在を証明したとするとき、その証明こそは「不証明」と云う事の対峙に過ぎないではないか。求めて得たその解答は何等それ自身絶対な断案ではあるまい。吾々は反対名辞をすら許さぬ一切の相対性を絶した神をこそ求むるのではないか。諸君の努力は諸君を欺くとも、霊の救いにはなるまい。「神は存在するか」と云う第一質問はむしろ徒労である。「神は存在する」と云うその解答も不満である。「神は存在せぬ」と云う否定も浅薄である。証明し得ると否とに拘わらず諸君の努力に対する酬いは貧しい。それは態度の誤謬から起る悲劇である。諸君の願望は甚だ不当であり、その信仰は条件附であり、その証明は相対的である。更に優秀な内容に対しては、たやすく瓦解する貧寒な思想に過ぎぬ。諸君は「神がいるなら信仰する」と云う様な幼稚な下級な態度を一刻も早く放棄せねばならぬ。

しかもかかる万難を排して諸君が神の存在に関する知識を得たとして見よう。しかしそれでも満足は得られまい。不幸にも諸君の得たのは神に関する知識であって神そのものではない。これは実際余自身が親しく嘗めた苦悶であった。この事実は吾々をほとんど失望の淵に陥らしめるではないか。神は果して不可解であろうか、余はそうは思わぬ。

先ず収穫を急ぐ前に吾々は土塊に鋤を加えねばならぬ。余は諸君の態度を解剖し開拓しつつ漸次に諸君と収穫の悦びを共にしたいと思う。

諸君の目下の要求は神が存在するか否かを知ろうとするのである。それなら先ず諸君の理知詳しく云えば論理的知識は果して神を知る能力があるか。又知り得るなら如何なる点迄知り得るのであるか、先ずこれを究めねばならぬ。さて問題は吾人の知力は無限の可能性を有するか、即ちそれは絶対者としての神を知り得る力を有するか、もしそれに限界があるならば奈辺に存するのであるか、哲学上かかる知識的認識の可能性及び性質を研究する部門を認識論と呼ぶのである、さて余のとるべき道は今諸君の立脚地を認識論的に批判する事にある。

二

凡て知識と名付くべき程のものは、それが必然的且つ普遍的真理たる為には論理的正確性を保有せねばならぬ。非論理的であり又無論理的である知識は吾々の信頼すべき真理とはならぬ。諸君が神の存在に関して充全な証明を得ようとするなら、吾々は先ずその知識から論理的正確性を要求せねばならぬ。只一個人にのみ又は只一条件のもとにのみ意味を保つ知識であるなら、更に又それが何等の法則秩序をも踏まない知識であるなら、それは万民の共有財産たる価もなく又万年の真理たる力もない。凡て論理の閾を下る知識は躊躇なく切り棄てねばならぬ。さて余がこれから取り扱おうとする問題は諸君が仮りに得たとする論理的知識の内容に関する批判である。もし諸君が神の存在の証明を充全な論理的根拠に依托したならば、それから吾々が何を導き得るかを考えねばならぬ。諸君の抱負は必ずやそれによって神の存在を確立し示現せしめようとするのであろう。諸君は誇りを以てその論理的内容を指示して、神の実在が動かすべからざる事実である事を喧伝するであろう。しかし余の観察は諸君の主張よりも一層緻密であることを要求する。問題は論理的知識の性質に就てである。云い換えれば如何なる点迄論理的知識は実在を知り得るかと云う一点である。果してその力は神を示現し得る程無辺であるか。然らずばその限界は如何。所詮論理的知識の可能性に関する問題が起ってくる。今吾々に哲学的に興味ある問題は、知識が論理的であるか否かと云う事よりも、論理性そのものの内容である。諸君が神の存在を論理的知識に依拠させようとする限り、吾々は先ず知識そのものの内容性質に関して知る処があらねばならぬ。一言で問うなら諸君の知識は果して神そのものを知り得る力があるかと云う事に帰着する。吾々は先ずこの問題に肉薄せねばならぬ。何故ならこの認識の問題は凡ての学の出発だからである。問題は微妙である、しかし専門的難渋に染まる事なく、容易に諸君の理解を招こうと思う。理論はいつも乾燥に響くがそれも熱情を充たす一途と知らねばならぬ。

凡そ真理への道は二つある。真理を対象としてこれを外部から観察しようとするのはその一途である。これは間接知とも云い得よう、凡ての概念はこの知識を代表する。しかし知識はこれに尽きるのではない、知識が直接真理そのものの体認である場合がある、これは真理そのものの内面に入る謂である。この一途は前者に対して直接知と名づけ得よう。例えば直観的事実はこの知識の紛う事ない表明である。或る者は一方を記述的知識 Knowledge of Description と云い他方を体得的知識 Knowledge of Acquaintance と呼んでいる。普通知識と云えば前者を指すのであって、後者はこれに対して味識とも云い得よう。この真理への二途は従って吾々の態度に二様の著しき色調を染めている。一方は純粋に理知の法則を踏んで実在に至ろうとするのである、理性を信頼する者が概念の道を辿って順礼の旅を続けるのは自然である。

哲学史上合理論 Rationalism 特に唯理論 Intellectualism と名づけられるものはこのテムペラメントを代表する著しい思想潮流である。彼等は理論的である。理知に対する絶対信頼とそれによる理論の正確が彼等の抱負であり、引いては彼等が信じる不変の獲得である。彼等はその動かし難い証明によって、実在を指摘するのに憚らない。凡て理論の正確なく、云わば合理を欠く一切の断案は彼等が厭い嫌う知識である、彼等は先ず知ろうとする要求にかられている。次にはその充全な知を以て実在を捕えようと志している。もとよりその道の可能である事を彼等は疑っていない。

実際この一途はただに哲学の専有のみではない。むしろ広く一般の事項に対して好んで適応される方法である。特にそれが何等かの依頼に関する場合には人々はいつもその経路を要求する。理に合えるか否かは信頼の有無に関わってくる。今吾々が論じる神の存在に就いても諸君がとる態度は合理法である。先ず要するものはその存在に対する合理的証明である。信仰はその解答による結果に過ぎない。諸君は多くの場合実証論者（Positivist）に近い、その信仰の基礎を出来得べくんば、科学的実証の上におこうとするからである。かかる実証は諸君が以て最も合理的と見做す知識だからである。よし科学に傾かずとも理知を愛する事においてこれはもとより合理論者又は唯理論者が好んで択ぶ真理への一途である。

しかし知識は理知の支配にのみあるのではない。又理論をのみその正確な出発とするのでもない。知識が鮮かな事実を基礎として成立する場合がある。これは飛躍的であり一層直観的である。この場合吾々は実在を前に取り扱うのでなくして実在を内に味わうのである。知識は対象に関する知識ではなくして対象を絶した第一者の知識である。実在の知識ではなくして既に実在の体得である。吾々は岸に立って流れを見る行人ではない、流れに棹さす舟人である。

しかし諸君の態度は一途ではない。少くとも諸君の信仰は神の存在の証明の後に来るのであるから直接的直観的理解ではない。一層理知的である所以は諸君が信仰に先立って先ず神の存在に就て知り又それを論理的秩序のもとに証明しようと企てているからである。しかもこの企ての成功において、始めて諸君は神を信じると云う態度をとっている。もしこの理論的知識が人間の最後の知であり、且つその機能が究竟的であるなら、諸君の態度は唯一道であり、従ってこれに挟むべき疑問の余地を見ない。しかしこの点が今余の批評の標的である。吾々は吾々の論理的知識を全然信頼する前に、先ずその内容機能分域に就て考察する処がなければならぬ。余は今簡明にこの問題を解説しようと思う。

論理的知識又は記述的知識とは何事かに関する知識である。この関係を離れてはもとよりかかる知識は不可能である。何故なら対象のない知識と云うが如きはそれ自身背理である。従って論理的知識は必ず何等かの論ぜらるべき対象の存在を予想する。約言すればかかる知識は対象の是認においてのみ可能である。対象の絶無は引いて知識成立の不可能を内意する。

如上の要件から吾々が容易に演繹し得る一つの事実がこの対象的知識の性質として附きまとっている。即ちかかる知識の成立は二個の世界、即ち立論する主体と論議せらるる客体との存在である。吾々は何事かに関して立論するのである、この「関して」と云う関係は直ちに主客の対立を指示している。従って吾々は対象に関して得た吾々の知識と、対象そのものとを同一視すべきではない。論理的内容は永遠に関係の世界に止るのであって、第一者としての対象そのものの内容ではない。単に記述的間接的知識であって、対象自体を表現する体得的知識ではない。論理的知識と実在との間には渡り得ない間隔がある。吾々はこの事実を理解する事によって、かかる知識が相対的知識である事に気づくのである。何事かに関する知識である故に対立的であって、何等絶対的知識を表示するものではない。知識はこの場合遂に相対域を越えない二元的関係にある。吾々の知識と実在そのものとは同一物ではなく、既に一元を離れて二元界に遷っている。論理的判断の可能はかくて相対界に止っている。

右の反省によって理解し得る様に、知識はかかる場合実在そのものの内面的味識ではなく、それを抽象し来たった外面的知識である。

吾々が要するものは絶対者としての神である。しかもそれに対する信仰は直ちに絶対者の第一者的把握であらねばならぬ。絶対者を既に相対的知識において理解するならば、それは既に第二義の神である。その理解もまた第二義の複写に過ぎぬ。吾々は神を神そのものとして体認せねばならぬ。神に関する間接知は吾々が要求の糧たるにしては余りに貧しい。吾々の切に欲する処は神を第一者として体認するにある。云い換えれば神と吾れとの対立的関係を絶せねばならぬ。真の神は吾々の対象たるべきものではない。直下の経験と云うが如き具像的事実は既に対象に関する知ではない。第一者としての味識である故に、それは対立的関係においてのみ可能である論理的知識の圏内に入る事は出来ぬ。もし知識がそれを取り扱うなら、それは既に直下の経験からは遠く離れて、その表象を対象としているのである。物自体の知識とは内面的理解を指すのであるから対象知識とは区分せられねばならぬ。論理的知識はものの「前」にあるのであって「内」にあるのではない。内よりの理解とはものそれ自体との合一によって始めて体得せられるのであって、外面よりの考察は只吾々に対象に関する知識を与えるに過ぎぬ。批判は既に後の事に属する。真の味識には批判もまた言葉すらも表われぬであろう。花を見て美わしいと感ずるその直下の経験時には「美わし」と云う批判すら起っていない、花は吾々の前にあるのでなくして心の内に活きているのである。花と吾れとには何等の間隔もない。両者は未分の境地にあって只美の流れに流れつつあるのである。「美わしい」と云うのは既に花を前においての考察である。美感の刹那こそ活々した直接知である。かかる感激の瞬時と反省的考察とは区劃されねばならぬ。前者は味識であり、後者は記識である。

凡てかかる記述的知識の起原は対象から自己を分離さす事に基いている。ものに自己を対立せしめて起る知識である。両者が渾一体に流動する未分の境地はここに分割され二分されるのである。自己の分離は知識を産む、しかし実在を現わし得ない。個性は真理の批判を産む、しかし個性と外囲との渾一においてのみ真理の体現がある。諸君の論理的知識こそは実際精密な神の存在に関する批判を産むであろう、しかしそれは批判であって神そのものの体得とはならぬ。諸君がもし神そのものを内に抱こうとするならば、諸君の理知的努力はいつか諸君を欺くであろう。それは神に関する合理的知識であるとしても、神そのものの内面的理解ではあるまい。

かかる知識は外面的であり、対象を前に許しての知識である。畢竟相対二元の関係においてのみ可能なるに止まっている。得るものは間接知であって直接知ではない。第二知識であって第一知識ではない。如何にしてかかる相対的知識が絶対者としての神を理解し得よう。

三

吾々は論理的知識の価値を云為する前に、先ずその性質に就て明晰な知識を持たねばならぬ。真理を論理的体系の上に築く者が、いつも誇りとする所はその正確性である。論理的知識の正確とは思惟に潜む一定の自然法の運行によって獲得される。正当な知的判断及びその内容によって吾々はその知識を論理的と見做すのである。従って論理的とは一定不変の形式の許に成立する知識を云うのである。吾々の思惟もまたかの万象の生命と同じ様に一定の自然法を踏むでいる。古くアリストテレスによって闡明されたこの論理的判断の根拠は次の三法則に基いている。

第一は自同律 Law of Identity. 'A is A.' である。思惟の運行に際してその名辞に内容上の動揺を附加するならば、吾々は一定の結論に達する事は出来ぬ。物はそれ自らと同一であらねばならぬ。人は常に人である約束の許にのみ人に関する立論は行われるのである。第二は矛盾律 Law of Contradiction. 'A in not not-A' である。或る物を肯定するならばそれを同一事情の許において否定する事を許さぬ。人間が動物であるならばそれは同時に植物たる事は出来ぬ。一旦肯定された事実を同一状態の許に更に否定する事は既に背理である。もしこれ等を認許するならば断案は到底矛盾錯誤の圏内を脱する事は出来ぬ。第三の法則は所謂排中律 Law of Excluded Middle. 'A or not-A.' であって、或る者を肯定するか然らざれば否定するかの二者何れかであって、その何れにも属しない第三位の間容を許さぬ意である。例えば河は流れるか流れないか何れかであって両者を共に肯定しもしくは共に否定する事は出来ぬ。即ち中間位の状態を許さぬ謂である。「然」に非ずば必ず「否」であり、「是」であるか「彼」であるか必ずその一つである。

如上の三法則即ち自同律、矛盾律、排中律は思惟の根本的三原則であって、対象の如何を問わず推論の根柢とならねばならぬ。もとより吾々の知識が論理的正確性を保有しようとする限り厳密にこれ等の法則は履行せられねばならぬ。余は今この簡短な序説を過ぎて更に当面の問題に入ろうと思う。余が先に明らかにしようと努めた事は論理的知識の可能性が間接知を脱し得ない事であった。故に既に余が問う処は諸君の神に関する知識が論理的であるか否かと云う事ではない、非論理的である事にもとより吾々の満足がある筈がない。しかし論理的たる事にも余は満足し得なかったのである。余は更にこの意味を明らかにする為に論理の法則を閲して、論理性そのものの性質を分明にしようと思う。余が神の問題に対して諸君の内心に要求するものはもとより矛盾の所説ではない。しかし同時にその論理的整頓でもない。諸君から更に一層深い神の直接知を要求する為に、論理そのものの価値を先ず批判しようとするのである。余が神の存在に関する論理的証明を信頼し得ないのは、実に論理そのものの性質に起因する。

もしこれ等三法則から導き得る結果に就て多少の思慮を与えるならば、吾々は論理的知識の限界に就て尚明瞭な概念を捕える事が出来る。これ等の三律が明らかに示す様に論理的思惟は必ず二個の対立し矛盾する事実の存在を予想する。即ち甲が甲である為には、それが同時に非甲であってはならぬ。又甲は甲であるか或いは非甲であるかその何れかである。この場合甲はいつも非甲に対しての甲である。甲と非甲とは二者相対し矛盾し一致する事を許さぬ。故に論理的真はいつも偽に対しての真である。吾々は論理の圏内においては裏面を考える事なくして表面を考える事は出来ぬ。一方の是認はこれに対当する他方の否定においてのみ可能である。吾々はここに二個の対立界を持つのみならず、それが互いに矛盾界である事をも知るのである。しかも一判断を得ようとする吾々は真理の名の許に一方の確立の為にはこれに矛盾する他方を破棄せねばならぬ。矛盾律が示す様に「然」は同時に「否」たる事は出来ぬ。排中律が示す様に答は「然」であるか、「否」であるか必ずその何れかである。又自同律が示す様に「然」は「然」であり「否」はいつも「否」である。約言すれば「然」は永遠に「然」であって「否」は不変に「否」である。両者を同時に肯定しもしくは否定する事は出来ぬ。これ等は互いに矛盾し一致せぬ判断であって吾々は必ずその何れかを撰択せねばならぬ。論理は畢竟真偽の取捨に対する律法に外ならぬ。

さて諸君が今これ等の律法を遵奉して、神に関する正確な論理的断案を得たと仮定したい。もとよりそれが神の存在に関する肯定的解答であってもまた否定的決議であっても何れでもいい。余の目途とする処はその断案の論理的内容にあるよりも、諸君が信頼し来った論理的過程そのものにあるのである。諸君は神を知ろうとするに当って先ず知識の論理性を要求しそこに根拠をおこうと企てている。しかし余はこの根拠に就て二三の反省を諸君に要求したい。果してその根拠は一身の信仰を依頼する程安定な基礎を保有するものであろうか、もし然らずば諸君は全然別種の永遠な根柢を求めねばなるまい。問題が問題である、吾々は至上の神に就て確乎とした信仰を捕えようと欲しているのである。皮浅な根柢から吾々は一日も早く脱せねばならぬ。

今述べた様に論理的判断はその成立に際して甲乙二個の対比を予想する。所謂定律 Thesis 不定律 Anti-thesis の対比によって吾々は是否の判断に進むのである。吾々は真を確立すると同時にそれが偽の対律である事を知らねばならぬ。悪に対しての善であり醜に対しての美である論理的法則が、常に相対律を予件とする事は明晰な事実である。「然」は自律としての絶対的「然」ではない、「否」に対比しての相対的「然」である。一方の肯定は他方の否定によって決定せらるるのである。独立自全の真と云うが如きは論理の圏内で取り扱い得ない真である。論理の世界は二面的である。吾々は偽を心に画く事なくして真を思惟する事は出来ぬ。この無限な二面の羅列が事象の無限なると共に始終し、論理の運行と共に追随する。「然」「否」はこの論理的二元性を象徴する代表語である。論理が吾々に与えるものは実に是か彼かである。右か然らずば左である。

論理が吾々の眼前に表示するものはこの相対立した二個の異る世界である。しかもこの二面の指摘に論理の使命が終るのではない。更にその何れかの撰択によって結果を与えるのである。二個の世界とは論理上の意味においては矛盾する世界との謂である。甲と非甲とは一致し得ない矛盾であって、論理はその間に劃然とした区別を立てている。これ等の調和はむしろ論理的思惟の運行停止であって、それは既に知識の構成的要素たり得ないのである。甲は永遠に同一の甲であらねばならぬ。その自由な変換は甲の破壊である。従って甲の意義を保有しようとする限り、吾々はこれに反する一切の矛盾性を駆逐せねばならぬ。必然甲の前にはあらゆる乙（非甲）を排斥する。吾々は論理において一つには対立し矛盾する二個の世界を予想すると共に、一つにはその一方の否定によってのみ他方の確立を得るのである。対立し矛盾する二者が同時に肯定されもしくは否定さるる事は論理上の不可能事である。吾々は「然」を得るに際して必ず「否」を棄てねばならぬ。論理は徹底的に矛盾の並在を排斥する。実際この論理上の要求に基いて吾々は劃然とした判断を下す事に躊躇しないでいる。多くの宗教家が楽園浄土の前に地獄を恐れたのはこの故であった。又かの道徳家が善を愛する為に悪を忌み嫌ったのはこの為であった。精神の王国を慕った人々が肉体を矯め苦しめたのも、二個の矛盾する世界を並存せしめ得ない彼等の論理的要求によるのである。世界は二面的である、そうしてその一方の真を確立する為に他方の偽を切断せねばならぬのが論理的人類の仕事であった。

故に論理の世界は二面的であり、その判断は一面的である。二面的であると云うのは「然」はその対比としてこれに矛盾する「否」の概念を呼び起すからである。判断が一面的であると云うのは「然」を肯定する為には必ず他方の「否」を排斥するからである。畢竟論理は「然」「否」の対比に起り、その何れかの排斥に終るのである。如上の事実から吾々は明らかに二つからなる結論に到着する。即ち第一は論理の世界は対立的世界であって、自律絶対の世界ではないと云う事実である。もしもその世界が始めから一元絶対であるならば、対比によって可能である論理の成立は最初から不可能である。何故なら絶対とは一切の対比を絶した謂だからである。神を絶対者と見做すならば、何の権威を以てその絶対な神を論理的対象となし得るであろう。もしこれを許すなら迷誤は既にその出発にある。吾々は既に絶対者としての神を忘れて、神を相対域において取り扱っているのである。しかし誤謬はこれのみに限るのではない。第二に論理的判断は対立する二者から真を得る為に必ず何れかを撰択せねばならぬ。論理が与えるものはこれであるか彼であるかである。両者を共に肯定しもしくは否定する事は論理的法則の許し得ない罪過である。所詮は一方の排斥である。矛盾の調和と云うが如きは論理のかかわり得ない領域である。論理的真の世界は一面に極限された世界である。その色彩は常に単色に終っている。

しかしもしここに矛盾をも共に摂受包含する一事実があったならば、論理は如何なる態度をこれに加えるであろう。法則に従うその結果は、単に論理の沈黙と云う事に終るではないか。実際かかる事が無い事をどうして保し得よう。絶対なるものに真偽の別はないであろう。「夫《レ》道《ハ》未《ダ》三始《ヨリ》有《ラ》二是非一也」と荘子は云っている。しかし論理が裁断するものは真か偽かである、善か悪かである。しかし「善悪の彼岸」を仰望する者にとってこれ等の解答は不満足ではないか。「是非之彰也、道之所二以虧一也」と云った荘子の言葉は深遠である。論理はいつ迄煩雑な撰択を営もうとするのであろうか。既に取捨をすら許さぬ絶対事に対して吾々は何の権利を頼りに論理の刃を加えようとするのであろう。実際対立を予件とする論理は統一者に対して無力を表白するに過ぎないではないか。よしその絶対事を対象としてこれを論理的秩序においたとしても、それは絶対本来の統一的面目を支持する事は出来まい。示し得るものはその分析的結果である。論理は矛盾を排斥する、しかし矛盾が却って真理の面目である場合には、論理は再び沈黙せねばなるまい。かかる場合は単に吾々の妄想ではない。多くの神秘家が彼等の最も深い経験を伝えた言葉はむしろ論理的矛盾の言葉であった。多少禅に親しむ者は、かかる矛盾の驚くべき場合がしかも夥しく呈出されているのを知るであろう。人々はそれ等を単に論理的誤謬として棄て去るであろうか。しかし論理を絶した或る境地を認め得るものには矛盾の言葉も尽きない霊の光に輝くであろう。

諸君が欲するものは絶対者としての神であろう。然るに諸君が探索しつつあるものは論理的神である。しかし「神は存在する」と云う諸君の勝ち誇る断案も、また「神は存在せぬ」と云う否定的詠嘆も共に「存在せぬ」「存在する」と云う事の対立語に過ぎない。これは単に反面の状態を認許した上の条件的対当的信仰である。吾々が欲するものは神の「絶対的有」であって、無の否定として相対的有ではない。論理判断は何を諸君に酬いるであろう。それは多大の努力の結果であるにしても、その知識には一切の矛盾をすら抱擁する洋々とした面目はない。それは単に「否」の否定としての「然」を与えるのみであって、その「然」の声には絶対の響がない。吾々が欲するものはあらゆる相対性を絶した絶対的神である。吾々が信仰に価する真の神の存在は単に「存在せぬ」事の否定としての「存在」ではない。自律自全の神の存在である。絶対的存在である。論理が証明し得るものは相対的存在に過ぎぬ。

四

論理的知識がよし正確な規定を厳守したとしても、遂に神そのものの知識たり得ないと云うのは、それが何等直接知即ち絶対知を意味しないからである。換言すればかかる論理的知識は単に神の複写知たる範囲を出ない。それは畢竟神の知ではなく、神に関する知である。もし吾々が一層明らかにその性質を研めるなら、それが如何ばかり実在の真景から離れているかを知り得よう。吾々は論理的知識の限界を更に明瞭にする為にここにその性質とも見做すべき三つの大きな特色を挙げねばならぬ。第一かかる知識は分析的である、次には抽象的である、第三には静的である。もし神が綜合であり具像であり且つ動的であるならばこれ等の性質が神そのものの内容を示すにしては甚しく欠如する事あるを知らねばならぬ。

論理的判断は与えられた資料を前に置いてこれを分析し比較し、一定の正当な形式の許に整頓して一個の秩序ある観念に導くのである。しかしかかる知識は畢竟資料を対象としてこれを外面より観察し研鑽して始めて得る知識の構成に過ぎぬ。これを直ちに実在の正当な知識と見なすのは、吾々の企図の超過である。分析の総和は単に単位の器械的結合と云う事であって、何等具体的綜合を意味するものではない。立論に一定の秩序排列を加えるのであるから又一種の綜合知であると見做すかも知れぬが、かかる論理的知識の綜合は分析されたものの器械的結合と云う迄であって、有機的と云う意ではない。かかる知識は吾々に単位要素を明らかにし且つ相互の関係を示し得るではあろうが、それは統体の分割化及びこれ等の再度の結合に過ぎないのであって、その具象的面目ではない。実在を分析し反省の助力によって再び原形を築造しようとするこの論理的理解は遂に複写に過ぎぬ。これを譬えれば花ではなく造花である。花弁と枝葉と又は蕊と幹との部分的資料の結合によって始めて得る造花である。分析の結果による各単位又はそれ等の相互関係はこれによって分明であろうが、造花は遂に造花である。或いは一個の建築美はこれに伴うであろうが如何にしても花そのものたる事は出来ぬ。彼等が吾々に与えるものは単位の結合であって有機的綜合ではない。それは機械的総和であって活きた統体ではない。論理的理解は数理的理解と見做す事も出来よう。諸君が高価な論理によって購い得たものはかかる造花である。それも美わしくはあろう。しかし心ある花に比べては、死の冷やかさを感ぜねばならぬ。

次にかかる理知の働きが概念的である事も否定出来まい。吾々は個々の事実をあるがままに経験し内感するのではない。事実を対象としてこれを分析し比較し、それから導き来った一般的性質を取扱うのである。経験の活きた姿ではなくそれを概念化した形である。実に吾々は概念する事なしに比較判断を行う事は出来ぬ。概念はそれ自身抽象性をおびている。抽象はここに具象の対辞であるが、必然論理的知識が抽象的概念である事によって、具象的有機的事実そのものの真景とは遠く離れねばならぬ。いわんやかかる対立を絶した絶対者としての神そのものが、論理的理解の容喙を許さぬ事は自然の数に過ぎぬ。故に論理的知識が吾々の唯一の正当な知識であるならば、吾々が最後に購い得るものは神の分析的抽象的概念であって、決して至上の絶対者彼自身ではない。（カントが認識論の限界を現象界に限ったのもこの故であろう。彼が実在そのものの認識は不可能であると云った意見には満足し得ないが、彼の様に認識機能を悟性の概念的範疇に限るなら、その結論は不自然ではない）。実に諸君は何の要求に駆られて神を体験する前にその存在に論理的証明を与えようとするのであろうか。諸君が易からぬ努力によって把え得た概念の報酬が、直ちに具像の神そのものであると夢みるのであろうか。諸君の前に立つ影像は神を語るに足りる結構の大と美とを持つ事はあろう、しかしそれは遂に冷やかな黄銅に刻まれた神像である。彼は黙して語らいもせぬ、口は親しく開かず足は歩みを許すまい。吾々が真に欲するものは神である、神の複写ではない。満足するに足りるものは実有であろう、仮想ではあるまい。概念にはそれ自身の美も用もあろう。しかし概念に止る吾々の心は醜であり破滅である。吾々はこの概念に更に高い何者かに高揚する意志を投ぜねばならぬ。概念をして概念に死なしめるのは吾々自身の罪過である。

しかし局限せられた論理的知識の性質は尚これに止るのではない。概念的判断の主要性とも見做すべきものはその静止性である。具体的事実の動的活作を部分に切断しこれを静止的状態に還元せしめるのがかかる知識の働きである。実際静止せしめずしては何事をもなし得ないのである。もし真に動き生長し活きる統体それ自身に移るならば、吾々は既に観察批判等もろもろの知識作用を離れ、第一者として事実そのものの内面に入っているのである。吾々は既に立論すべき対象を失し比較すべき部分を持たないのである。故に知識成立の必然な内意として吾々は事実を動性から静止へと導き、これを分割し比較し始めて一個の観察判断を成し遂げ得るのである。前にも云った様に真の花は活き育ち栄えるが造花は永遠に静かである。それは弁と葉と幹との部分的結合であって、その間に有機的関係はない。吾々の論理的知識もそうである。神の存在に関する所謂証明もまたこの定限を破り得ない。諸君が得るものは静止的神であって活体としての神ではない。真の実在は純に動的である。それに関する吾々の反省的知識は只分析的静止的たるに過ぎぬ。この事に関するベルグソンの考えは甚だ徹底的である。「真に活動する変化的活動は絶対的に不可分離である」と云ったが、これを敢えて静的状態に還元し、それを部分に分離し比較したのが吾々の持つ神に関する知識である。しかしこの場合有機的連続は既に遮断されて新たに部分の結合からなる概念が起るのである。故に論理の世界は静止の世界であって、動律としての実在界なるものを表明する事は出来ぬ。（ヘーゲルが彼の弁証法で論理の前進を称えたが、それは論理的概念そのものが動的と云う意ではない。判断を行う意識の統一作用の前進と解さねばならぬ。彼の所謂綜合は単純な論理的意味ではない)。

しかし論理もまた一種の要求であるから、吾々はその価値に就て盲目たるべきではない。しかし同時にその分野に関しても明晰である必要がある。吾々は今その限界に就て語っているのである。しかし人はその論理の内容の如何なるものかを詳かにする前に、それが受けるに足りるよりも至大な信任をそれに与えている。諸君の多くは信仰の基礎をすら論理的知識の上に置こうと企てている。しかも証明に対する諸君の要求はただにこれに止るのではない。立証が単に論理的であるばかりではなく、更にそれに科学的根拠を与えようとするのが新たな要求である。一般科学の発達に促されたこの要求が果して何処迄効果を納め得るであろうか、等しく分析と比較とに基く観察と実験とによって、一般的抽象的概念の世界を構成する科学が、只かかる純粋科学に止るならその企ても失敗に終るであろう。科学の限界の破壊によって思想超過の重荷に苦しまねばならぬからである。神の存在が「証明」と云うが如きものに依拠するとは余りに貧弱ではないか。信仰に足りる神とは純粋に自律神であらねばならぬ。「神は実にその存在を証明し得ない」と云う場合においても尚存在する神であらねばならぬ。吾々の論理的科学的証明に依拠するが如き神であるなら、「証明し得た」と云う場合にも尚信ずるに足らぬ神である。諸君が理知によって求むる神は神たり得ない神である。

今迄云った事で明らかな様に論理的知識は活きた事実を静止状態に還元してこれを分割し対照して得たのであるから、事実の内面的体験もしくは実相の把捉を意味するのではない。従って何等その価値内容に触れる事なく只外廓を画いて事実に符合する様に形式化したものに過ぎぬ。活きた生命ある生物に対して生物学生理学が示す処は、その解剖的分析と部分の相互関係の機械的説明とである。それは生命の意義価値と云う第一義の問題に対する解答ではない。単に外相の記述、原形の複写再現である。しかもその活動を一定の形式の許に表明しようとする要求から、立論は思惟の法則により、内容は自然法の範疇に正すのである。しかも吾々はそれを表明する為に表現法として言語の符牒に拠らねばならぬ。吾々の知識はここに二重の複写によって伝えられる。人は日常の事として甚だ冷やかであるが、この言語の問題は一般の予想よりも吾々の思索の上に重要な関係を占めている。

言語は吾々の有する思想の象徴的記号である。この記号の媒介なくしては知識の表明は不完了である。吾々は何事かに関して知識を持つのみならず又それを語らねばならぬ。知識はその構成において先ず論理の制約を受け次にその表明において言語の約束を受ける。吾々はここに再度の複写を思想に加えるのである。これが論理的知識の内容を一層に錯雑にする。具象的経験は純一であるが、これを表明する言葉は複雑である。古来議論とし云えばほとんど言葉の意味に対する議論ではないか。便宜の為に設けられた言語が、吾々の思想に錯雑と遅滞とを与えて、永い争闘の歴史を今尚続けるに至った事は著しい事実である。思惟反省は覚醒の第一歩ではあるが同時に実在からの第一の隔絶である。言語表現は第二の発展であるが同時に再度の追放である。自由たるべき内心の事実は、その論理的知識において定限を受け、言語の表明において更に束縛を与えられる。

論理的知識は反省に反省を加えた知識である。いわんやその表明である言語が印象的直接的色調から離れる事は必然な数である。冷静な理論は詩歌たり難い。よく二三の語に深い秘密を含めた詩歌の簡勁に対比して、理論的言語が迂遠に響く事は止み難い傾向である。それは遂に反省された思惟の符号であって、内面的直下の知識ではない。言語の末枝に没頭する人間は神から遠く放たれている。言語で云い現わし得べきものは単に対辞に過ぎぬ。「白」と云えば白ならざるものの対辞である。絶対的白色と云うが如きものは言語で云い現わすべき術はない。言語はそれが表明する字義の内容によって既に束縛を受けるのであって、絶対自由をそこに見出す事は出来ぬ。流水は常に流水であり、緑葉はいつも緑葉である。それ以外に自由な内容を包摂する力はない。「橋は流れて水流れず」と云うが如き禅語は字義よりすれば全然矛盾である。しかしかかる矛盾が却って実在の真面目である場合には字義は遂に沈黙せねばならぬ。禅は自ら「不立文字」と云っている。老子は彼の教えを目して「不言之教」と云った。言語は単に外相を伝え得るに過ぎぬ。荘子も「弁也者有ㇾ不ㇾ見也」と云っている。人は実在の真相を言語に伝えようとするが、その極致に至る毎に筆を擲つのである。それは単に相対の力であって絶対事を叙し得ないからである。自然の美を写そうとする時人は「筆の短きを喞《かこ》つ」のである。「名状し難い」のである。それは「言語を絶する」からである。数万言も神を示現するにしては力余りに貧弱である。

これは実際日常吾々が経験する事実ではないか。もし実在の内面的知覚即ち知的直観なる事実があるならばそれは必ずや言語符号の束縛を超越したものと云わねばならぬ。もし形而上学が実在の思想にその帰趣を果すなら、それは又言語の範疇を脱した直下の事実に安泰な基礎を置かねばならぬ。(カントは形而上学を現象界の学に限ったから、在来の形而上学を学としては否定するに至ったのである。ベルグソンが「真の形而上学は符号を必要とせぬ」と云ったのは深い洞察である。が形而上学の極致は符号を容れぬと云った方が更に穏当でもあり理解し易くもあろうかと思う)。

実際便宜の為に設けた言語符牒の為に却って便宜を破った実例は甚だ多い。論争は無益にも言語上の出来事であって、よく事実の内意を汲む者は少ない。彼等は字句に拘泥する事によって本末を覆している。言語は単に便宜上の約束的方法に過ぎぬ。しかしこの単な符牒手段の為に、目的をすら犠牲にした場合は少なくない。甚しい思想の誤解は、この手段方法を直ちに目的と考えて、言葉の表明を事実そのものと見做す事が甚だ多い。「開く花」と云えば人はこの字句以外に何等の内容をもたらし得ないでいる。これを絶対的内容と見做してそれが直ちに事実そのものであると考えている。しかし言葉は単に符号であって花の事実そのものと同一たるのでない。開くと云うも凋れると云うも花を前に置いての符牒である。花の内に感じる事実ではない。禅家が蓮花を見て「荷葉」と云ったと云うが、言語上には矛盾でありながら、事実上には一層鋭い答えと云わねばならぬ。吾々は「花」と云う言語によって、一定の約束された内容を固守するが、禅家は「花」に対してこの限界を遥かに脱している。彼等が体験するものは花の心である、一定の花ではない、自由の花である。神は神と云う言葉によって定限された神ではあるまい。いわんや「神は在る」「神は無い」と云う言葉によって一層定限され改縮された神ではあるまい。在ると云うも無いと云うも凡て神においては無関係である。真の神は神と云う名称をすら許さぬ神なのである。この秘事を知りぬいた東洋の偉大な多くの冥想家が神を「無名」「無住」「無」と云ったのは深い考えと云わねばならぬ。只彼等の意を徹すれば希くば「無」と云う一字をすら用いたくないのである。多くの神秘家が彼等の至上経験を語るに当って否定的字句を用いたのにも深い意味を見出さねばならぬ。特に東洋の思想家はこの一事において遥かに鋭い経験がある。しかし所謂 *Via Negativa* は凡ての神秘家の愛した道であった。しかし彼等の思想を単に否定的と云う批評を以て難ずるなら、それは批評の貧弱を語るに過ぎぬ。否定は彼等において単純な否定ではない。「おお沈黙よ」とエックハルトは讃えた。沈黙こそは万言にも優る言語である。真の宗教は言語を許さぬ宗教である。禅宗はこの真理に対して特に著しい発達を果した一派とも目し得よう。

真に神を味わおうとするなら、「神」「存在」「非存在」等と云う言葉を根本的に覆す必要がある。吾々は何等の束縛なく、純に自由な至上者の核と一体とならねばならぬ。理論に束せられず言語に約されず、ありのままな姿を捕える時、神は始めて内に味わわるるのである。

五

余は如上の立論が論理的知識に対する否定的見解と云う故を以て、諸君の容易な反駁を招くかと思う。余が諸君の前に指示するものは遂に神の不合理性と云う事に過ぎぬと難ずるかも知れぬ。しかしこの非難は余の真意の誤解に基くのであって、余の見地の罪過に依るのではない。もしかかる疑惑が余の立論につれて想起せられるなら、それは恐らく余の言語の不足に拠るのである。余はこれを補足する為に論理に対する吾々の態度の様々を画いて余のとる一途を希くは示し得たいと思う。

実在又は神が論理的内容を越えると云うのは、その限界を脱すると云う意であって決してそれが不合理的であると云う謂ではない。不合理なる神がどうして吾々に満足を与え得よう。神に絶対性を要求する吾々がかかる不完成の神を認許し得る筈はない。さて余が云ふ論理的にも非ず又不合理にも非ざる神とは既に矛盾であらうか。少くとも言葉には矛盾を含むが、事実においては決してかかる撞着がない。余は以下にこの意味を解説して、言語上の矛盾をも出来得るなら拭い去らねばならぬ。

論理的性質に関する吾々の態度にも様々な様調がある。先ず第一は無論理的 Non-Logical 態度である。諸君は容易にこれが余の択ぶ態度ではない事を知るであらう。知識に何等の構成的連絡もなく、又は秩序階段を欠くものが吾々にとって有意義であるわけがない。少くとも吾々の知識は狂人の錯誤を正当のものとして受け容れる事は出来ぬ。かかる態度は既に吾々が論ずべき圏内にすら入る事は出来ぬ。余が云ふ神を解する真の知識が、かかる無論理的性質のものでない事は諸君も容許せらるる事と思ふ。余は論理的限界に満足する事は出来ぬと云ったが、それは何等無論理的態度を迎合する謂ではない。実際論理的内容にすら達し得ぬものが、論理的性質を卑下する事は出来ぬ。論理性の皆無と云ふが如きは知識そのものの不可能に外ならぬのであって余の論ずる範囲ではない。

しかし諸君は余をして非論理的 Illogical 態度をとるものと見做すだろうか、これも誤っている。非論理的神を余が画くならば、かかる神こそは単に不合理と云ふ事の裏書であり、引いては論理的内容にすら達し得ぬものであらう。論理的性質にすら満足し得なかった余が非論理的内容としての神に満足し得る理由がない。余が目途とする所は知識の完了にこそあれ、その破壊ではない。かかる完了が非論理的意義において成立するとはもとより矛盾である。余は何等非論理的態度において模糊とした暗夜に神を封じようとするのではない。神の幽玄は不明にあるが故ではない、明晰をすら越えるからである。非論理的知識は単に不明に基く思惟の錯誤に過ぎぬ。

さてもとより非論理的内容に満足し得ずしかも且つ論理的限界を離脱しようとする余の思惟要求は、一層諸君の理解を混迷に導くかも知れぬ。諸君が恐らく余の立脚地に就て次に想い起す事は余の反論理的 Anti-Logical 態度と云ふ事であらう。しかし不幸にも諸君のこの判断は何等余の本旨を捕え得たものではない。余の明らかにしようと努めた事は論理性の限界であって、その排斥ではない。その価値を無視し又は反抗する立場を以て無益な刃をそれに加えるのは余が採る立場ではない。否余は却ってそれが受くべき、正当の価値に就て判断を加えたつもりである。限界の確認は決してそれに対する反目を意味するものではない。反目こそは未だ相対域を脱し得ぬ態度である。絶対を求める者にとって反目の立場が何等の糧をも産まない事は自明である。吾々が欲するものは排斥的否定的態度よりも一層能動的積極的立場である。論理的価値内容を否定する事によって、論理的内容は決して拡大されるものではない。余の立論は論理性への非難もしくは反対を意味するのではなく、却ってその正当な領域の認許にあったのである。その限界の錯乱を避けるが為に論理性の内容に関する批判は必要である。論理以下のあらゆる事項は余の既に顧る所ではない。無論理、非論理、反論理は吾々の批評にすら達し得ない。余が希望の標的は少くとも論理の準線を出でねばならぬ。余は実際論理以下を語らず更に又論理そのものに帰結を見出そうとしたのでもない。論理以上の分野に就て語っているのである。それは決して論理の皆無の主張でもなく、不合理の承認でもない。更に又反抗の気運に乗じてその卑下に終るのでもない。これ等よりも遥かに優秀な階段に就ての真理を披瀝しているのである。

諸君はこれによって余の真意に一層近づかれた事と思う。余が先ず語るものは、否、語り得るものは少くとも余の主題に関する論理的知識である。否、更に余はこれ以上のものを諸君に語る使命を持つにしても、これ以下の暗黒を提供しようとする者ではない。余は神秘と云う名の許に不合理を説くのでもなく、幽玄と云う形容を附して不分明を深しとするのでもない。否、余は諸君が明晰を以て信頼する論理的内容にすら、不明な個所を見出しているのである。余の切に求むるものは、最も鮮明な神にこそあれ暗黒の神ではない。

さて神の存在を知ろうとし、これに論理的証明又は科学的立証を与えようとするのが諸君の不断な抱負であり企図である。従ってその努力の色調は疑いもなく論理的 Logical である。更に又一切をかかる論理的立証の許に導いてそこに安泰な信仰を見出そうとするのであるから、これを汎論理的 Pan-Logical 態度とも名づけ得よう。実に諸君が安定なものとして信頼するのはこの論理主義である。しかし理性が最後に満足すると予想するこの主義が、一層高い見地から批判される時は遂に吾々の前に到来した。実際吾々の要求はこの階梯に満足し得なくなったのである。余の如上の立論はかかる要求に基いた批判の陳述である。然らば余の立脚地は如何なる名の許に呼ばるべきであろうか。前述の様にそれが無論理的でもなく、非論理的でも又は反論理的でもない事は既に分明であろうと思う、しかし同時に余の要求が論理的にも満足し得なかった事も事実である。

恐らく諸君は余の態度を超論理的 Trans-Logical とでも呼ぶであろう。これは「超越」と云う字義の内容によるが、余にとっては尚不幸な字句と云わざるを得ない。凡て或るものが超越的であると見做す場合人々はいつもそれを分離された独立体と観じている。現象と実在と又は論理と超論理とは永遠に渾一し得ない間隔を以て割かれている。この思想は超越者に高遠な意味を与える力はあっても、何故かかる独立者が万有と関係するかを説き得ない。超越が隔離の意であるならば、それは各自に寂寥を残すのみであって世界は二元に帰すのである。しかしかかる状態が少くとも吾々の要求でない事はたしかである。より優れたものを内に宿す事は吾々の喜悦であっても、それを達し得ない彼岸に眺める事は悲哀である。超越に何等内在の意味が無いならばそれは吾々に無干与な名目に過ぎない。単に論理的内容を越える知識は又吾々の実有となり得ない知識である。吾々が真に欲する知は、少くとも論理性を離れたものであってはならぬ。がしかしこれに制限せられるものであってもならぬ。一切の論理的内容をも包含ししかもその局限に制せられない無限の知であらねばならぬ。かかる知のみ始めて吾々に満足を与え得るのである。

さて余が認めて神の知識と見做すものは少くとも論理的内容の全般を摂受してしかもその限界を離脱する事においてのみ現わるる知識である。吾々はそれを知的直観と呼ぶ事が出来よう。この究竟の経験において既に論理の批判は許されぬのである。この直下の知識は何等論理的対象たり得ないからである。これは既に一個の規範的絶対的知識である。余はかかる知識を絶論理的 Hyper-Logical と呼ぼうと思う。絶は離脱 Emancipation の意であって、否定、排除もしくは空無の謂ではない。吾々はこの境地において既に論理的間接知から離脱して直接知への没入を達しているのである。余が神の名の許に要求しようとする知識はこの論理性の脱絶である。この脱絶においてのみ知識の完了は果されるのである。しかしこれは論理の卑下によって、強いて知識を幽玄に導く為ではない。むしろ論理的知識の最後の栄誉の為にである。「夫大道不レ称」と荘子は云っている。称とは対立の謂である。真理の内には区分は許されぬ。実在の前に分別知は必ずや沈黙する。沈黙はここに消滅の意ではなくむしろ復活と見做さねばならぬ。論理はその任務を終えて更に優越な階梯に甦るからである。これは論理的知識、実験的科学の亡滅ではない。否、むしろその育揚を内意するのである。対象的知識は目的それ自らに入り、分析は綜合に、抽象は具象に、静止は動律にへと甦るのである。

神の理解は必ずや絶論理的である。純に論理的である理解は第一者としての神そのものの理解ではない。それは単に神を対象にもたらしての批判的知識である。それは吾々が神に就て持ち得る理解の補助たるに過ぎぬ。単に論理的内容が尚神の理解において欠く処があるならば、吾々は既にその閾下の一切の知識に満足し得べき筈がない。神は真に合理的である。それは遂に論理の批判をすら許さぬ程に合理的であり明白な実在である。神の理解が絶論理的な所以は、それが論理の規矩によって決定されるよりも一層深く合理的だからである。（ヘーゲルが「世界は合理的である」と云ったのはかかる意味において理解されねばならぬ。彼の合理性は論理性と同一ではない）。

論理性 Logicality は単に合理性 Rationality の一初期に過ぎぬ。真の神の理解はもとより非論理的ではない、しかし論理的にも決して終っていない。神は常に絶論理的である。これが神の合理性の最も深い一面を暗示する。これはその模糊とした形貌の裏書ではない。否、それが論理性に終ればこそ模糊である。人々は明確な事実は論理的内容にあると思惟している。しかし更に一層明確な事実が絶論理的内容である事を理解し得るものは少ない。マァテルリンクは「神秘でないものは永久たり得ない」と云ったが、神秘と云う事実にこそ永遠なものの万年の根柢が横たわっているのである。

（一九一五年十二月稿）

（この章の第四節の初めの部分は今からすれば不満足であるが、最近の余の思想は「宗教的時間」の内に訂正されてあるからそのままにおいた）。

（千九百十五年十月少数の学習院学生の前においてなしたる講演の一部）。

宗教の理解

序

この書は私の前著「宗教とその真理」の後に、又私の来るべき著書「宗教の世界」の前に置かるべき性質をおびる。それ故前者からの発展であり、後者への準備である。

ここに納めたものは前の著述と同じ様に、宗教の諸問題に就て、時折に書いた断片の集輯である。最初から一巻の著書として書いたものではないが故に、云おうとする主旨に多少の反復があるのは免れないであろう。今度上梓するに際して凡てに筆を加えた。この書は私が三年前「宗教とその真理」を著わして以来、私の思索が何を摸索し、又如何なる過程を経て進んだかを物語るであろう。ことごとくが未だ途上にあるのを私は知っている。しかし多くの者も私と共に順礼の半ばに在るし、又更に多くの者はその門出に在るであろう。それ故これ等の断片的思想も或る人々には補佐ともなり又鼓舞ともなるであろう。吾々は互いに求め互いに語り合い互いを助けて、神の都へと一歩一歩確かな足を運んでゆかねばならぬ。

この本は自から三篇に分れ、又各々四個ずつの断片によって一つの思想を現わしている。第一は神の愛と吾々の存在との関係に就て、第二は神の存在とその理解とに就て、第三は宗教哲学の諸問題に就てである。

書き方からすれば、私は第一編にある様なものを好む。マリアの一章に読者は多少私の女性に対する考えを読むであろう。しかもこれ等のものは自から断片的性質に終る。しかしそれは芸術的発作が私に多量に来ない場合は書けない。しかし私の頭を最も痛めたのは第二篇の神の問題を取扱った部分である。しかもこの至難な問題への僅かな暗示を与え得るに過ぎない。或る解決の閃きが私に強く感じられたものを綴ったまでである。如何にして考えられない神を考えるべきかと云う大きな矛盾に立って、遂に考えるを許さないその事が、究竟なものの存在の自証となっている事を感じたのである。

第三篇は特に未熟である。だが来るべき宗教哲学を異った地盤の上に建設しようとする私の努力である。試みに過ぎぬのを知ってはいるが、しかし私は試みを試みる勇気を持たねばならぬ。その中の最後に納めた「宗教の究竟性」は恐らく私が今迄書いたものの中で、最も簡潔に私の思想を綜合した一篇であって、来るべき私の著書の基礎である。私はこの一篇を自分では最も愛している。

この著書の刊行に続いて、前述の様に「宗教の世界」と題した一書を出すであろう。これによって私は今迄の思想を綜合し、且つそれを多少なりとも組織立て、来るべき宗教哲学の序説ともしたいと志している。さきにも書いた様にその本の準備としてこの書を手にせられる事を望んでいる。

千九百二十二年秋九月、朝鮮に旅立つに際して

柳　宗悦

追　伸

この書を編するに当って、或る章の清書は服部清子姉の労によった。校正の折私は朝鮮に居た為、その煩雑な仕事の凡ては足助素一兄、能勢道子姉及び私の妻の労に負うた。ここに厚い感謝の心をお伝えする。

存在の宗教的意味

千九百二十年八月三十日朝記す。

昨夜、余の心に次の様な考が浮ぶ事によって、余はその眠られぬ一夜を、楽しく過す事が出来た。

一

余は外なる存在とその内なる意味との関係を、宗教的に内省（Introvert）する事によって、次の考えに導かれている事を、ここに書こうと思う。

或る真理が宗教的と云われるのは、如何なる性質に依るのであるか。

余は或る真理が宗教的に深く且つ確実であるとは、それが神に就ての精密な知識に合するが故ではなく、全く神によって保証せられた真理なるが故であると思う。充分な人知が神を審く時に与えられるのではなく、却って神によって人知が守られる時、真理が宗教的性質をおびるのである。故にかかる真理の確実性は人知の後に現われるのではなく、実に人知を許さぬ人知以前なるが故であろうと思う。

或る真理に神の保証を待つと云うが如きは、如何にも空漠な考想の様に思われるかも知れぬ。しかし真理が絶対値を含む場合、即ち宗教的と云われる為には、何かそこに究竟的基礎がなければならぬ。神の保証とは絶対的保証と云う意味ではないか、神をおいてそれ自らを保証するものを、他に求める事は出来ぬ。「吾が」証明と云うが如きものは相対的内容に過ぎぬ。神に支えられずして、あり得る宗教的真理はないと思う。真理を指して絶対であると云い得るのは、只それが神によって保持される真理だからである。宗教的真理は余の所産でもなく余の所有でもない。神が所有する真理である。確実な余の知識が保持する真理ではない。すべて宗教のことに就ては、「吾れ」とか「吾がもの」とか云う言葉を謹まねばならぬ。

ここに宗教的真理とは、科学的真理の如きものを云うのではない。凡て実在性を表示する究竟な真理と云う意味である。一としての真理である。一とはもとより数理の一ではなく、宗教的一である。かかる一は凡ての分別に余り、これを対象となし得ない自律の内容である。かかる一が人知によって明らかにさるるを待たぬとは、既にそれ自身が自明な一であるからである。かかるものが真理たるのは吾々の知識の保証によるからではなく、それ自身がそれ自身を保証するからである。云い換えればそれは神に保証せられた絶対な真理である。吾々はかかる究竟的基礎を神の他に求める事は出来ぬ。自証の真理を宗教的真理と云うのである。ここに神に支えらるるとは真理の外に神があると云う意味ではあらぬ。真理そのものが直ちに神の現われであると云う意味である。それ故宗教的真理に活きるとは神に活きるとの意味がある。

かかる真理は自証なるが故に、吾々の概念によって立証し得る何ものでもあらぬ。それはいつも思惟以前の理解を喚求する。宗教が感情に温まり、直観に深く訴えるのはかかる故であろう。宗教的真理はいつもそれ自身の真理である。Truth-in-itself即ち「真如」である。自明自証の真理である。疑いを許さぬ真理である。信じるほかはない真理である。宗教が信仰を招くとはかかる意味があるからではないか。余は信ぜねばならぬ真理は知り得る真理よりも、より確実であると思う。理知によって信仰の位を潰してはならぬ。信仰の世界を只夢みる様な想像の世界だと思うであろうか、否、信仰の世界よりも、より具像な世界を吾々は持つ事は出来ぬ。自明な世界より、より明らかな世界を何処に持つ事が出来よう。疑い得ない神より、より疑い得ないものを何処に捕え得よう。余に如何に豊かな空想があっても、神の深さと確かさと又その明るさとを越えるものを、空想する事は出来ぬ。見えない神を見える物質より、より具体的であると云い得ない者は、宗教の真理を味わう事は出来ぬ。

しばしば宗教的真理は理知によって弁護され又侮蔑される。しかし理知によって完全に守護され又は否定され得る宗教的真理は何処にもないであろう。それは常に自律自証である。それは審かれ得る何ものでもあらぬ。自らにおいて具足する自律の真理である。一瞬の躊らいをだに許さぬ自明な真理である。それは最初から犯し得ない真理との謂ではないか。かかるものは凡て神聖である。思議し得る内容ではあらぬ。かかる真理は権威を以て余が心に臨むのである。それは「信ぜんとする意志」を余に招いている。信ぜざるを得ない力である。それは余に一身を献げ一命を委ねる事を求めている。いささかの狐疑も躊躇も神国においては致命の傷であろう。イエスは試みる心をきらった。試み得る真理であるならば、それは宗教的真理ではあらぬ。「見ずして信ずる者は幸福である」とイエスは鋭く云い切った。見えない内容が見得る形よりも遥かに明るく見える時、神が心に降るのである。究竟な当体はいつも思惟を越え見分を超える。それは吾々の論理が肯定し得る何ものでもなく、又否定し得る何ものでもない。それはそれ自身において「洞然として明白である」。人知にとっては暗黒であろう。しかし信ずるものにとって、それは「赫々たる暗黒」と呼ばれている。

神の保証による真理を何の権利を以て疑うのであるか。疑うを許さぬ究竟な内容をこそ、絶対的真理と云うのではないか。

宗教的真理は実に思惟の対象とはならぬ。対象化し得る何ごとかは相対の内容に過ぎぬ。宗教的真理の前に凡ての思議は無益である。古人は「虚明自然なり、心力を労せざれよ」と戒めている。

しかし「神の保証」と云う様な言葉は、神に信じ入らぬ者には最初から意味を持たぬかも知れぬ。かかる場合には思索によって「それ自身の世界」と云う事を内省するより他ないであろう。真に自明な自証な内容に迄吾々の心がよく徹するなら、その時突如、かつて見慣れない世界が彼の前に開展するにちがいない。しかし自律とか自明とかは最初から思惟に余り経験に現われない無内容の裏書きに過ぎぬと云うかも知れぬ。しかし真に思惟が尽きる所が悟道の関門である。思惟に余り経験に現われぬ境にこそ、却って真理の究竟性が依存するのである。人は経験に現われないものを無内容であると云い過ぎてはならぬ。経験以前の世界が、即ち先験の境が真に未だ何ものも分れない「一」の境である。真理が宗教的に確実であるとは、経験の後に在るからではなく、経験の前に自在するからである。人はかかる事が思惟し得ない故に無であると評するであろうか。しかしかかる「無」が却って究竟な真理の当体であるのを如何にしよう。よく古人も云った様に、

「よし汝の慧知がこの無に就て思惟し得ないとも、それを顧慮してはならぬ。余は実にかかるものをより愛するのである。思惟し得ない何事かはそれ自身に価値がある。」(The Cloud of Unknowing ch. 68)

余はよく思議し得るものに信仰を托してはならぬ。思惟を許さぬ境に神が在るのである。「景徳伝灯録」第十四巻、薬山惟儼禅師の章に次の様な問答がある。

「師座する次で、僧有り問う、兀々地に什麼《いずれ》をか思量せん。師曰く箇《こ》の不思量底を思量せよ。僧曰く、不思量底を如何か思量せん。師曰く、非思量。」

真に思量を絶し、「非思量」の境に入る時、却って彼に見得る真理があるのである。経にもこの事を細かに説いてある。

「文殊利菩薩の言く、世尊、非思量の境界はこれ仏境界なり。何を以ての故に、非思量の境界中に文字有ること無し、文字無きが故に弁説する所無し、弁説する所無きが故に諸《もろもろ》の言論を絶す、諸の言論を絶する者、これ仏境界なり。」(文殊師利所説不思議仏境界経)。

神は思量し得る何ものでもないが故に無である。実にこの無に住する心が仏心である。この分別し得ない自明の境は、真に心の帰依を招いている。これは絶対の境であるが故に、只信じる事によってのみ味わわれるのである。しかしこれは盲目的信仰ではあらぬ。信仰によって吾々は目的それ自身に融合するのである。目的から離れた信仰と云うが如きは、それ自身自家撞着な考想に過ぎぬ。信仰の生活において程吾々は確実な生活を営み得る事は出来ぬ。「無」に帰るその刹那において程、真に

「有」を捕え得る場合は何処にもあらぬ。

二

かかる神の境に凡ての根柢があり目的が内在する。あることが永遠であり不動であるとは、それが自律する内容に基礎をおくからであろう。如何なるものも神の保証を待ってのみ絶対たり得るのである。吾が生命が宗教的たり得るのは、その生命が神国に故郷を持つからであろう。余の存在は余から出たのではない。余は余を吾がものと云う事は出来ぬ。余の許された存在は、神の認許による時のみである。神の保証を待たずしては、何ものも真の存在を得る事は出来ぬ。見ゆる存在は見えない神に依存するのである。外は内に保証せられてのみ、外なる存在を得るのである。認め得ない世界によって、認め得る世界が支持されるのである。非思量の刹那において真の思量があるのである。「我は己より来るにあらず、神われを遣し給えり」とイエスは云った。有が有の母ではない。無が有の真の母である。老子も云った様に「無名が天地の始」である。

実に或るものが事実として存在するのは、その内に含まれる意味に保持せられるが故であると思う。内なる意味なくして、あり得る外なる存在を想う事は出来ぬ。しかし一般には存在が意味を持ち来すのであると云われている。それはしかし本末の顚倒であろう。存在は存在によって現われるのではない。何ものか不動の基礎があって、許し得る存在が現われるのである。存在は後である。意味が先である。「神に象どられ」る事によって、余が造られたのである。余の存在する事によって、神の存在を想い得るのではない。神が存在する事によって余の存在を想い得るのである。神の存在を想わずして有り得る余の存在はあらぬ。余は余の力で神を知る事は出来ぬ。余が神を想うのも神の力によるのである。神が余をして神に引きつけるが故に余は神を愛し得るのである。プロティヌスがよく譬えた様に、太陽の光なくしては太陽を見る事は出来ぬ。

人は肉体があって精神がある如く見做している。よしこれが常識に又科学的見方に適うとしても、この事は精神の表現が肉体を要すると云う迄であって、肉体が精神よりも先在すると云う意にはならぬ。余は却って肉体こそ精神に要求せられた肉体であると思う。意味があって存在が喚求されるのである。意味にこそ存在が依拠するのである。外が内を創るのではない。却って内によって保たれる時、外があり得るのである。余の心の故郷は創造以前に在る。創造によって余の心が生じたのではない。ヨハネによればイエスはかく云ったと云う。「まことに誠に汝らに告ぐ、アブラハムの生れいでぬ前より我は在るなり」と。彼は又神に祈って云う。「父よ、まだ世のあらぬ前にわが汝と偕にもちたりし栄光をもて、今御前にて我に栄光あらしめ給え」。又他の個所に「世の創《はじめ》の前より我を愛し給いしにより」と云う句が見える。ヤコブ・ベーメが「未だ何ものも創られない境」

に神を見ると云うのも同じ心であろう。無住のその境に、余が真の住所があるのである。「仏未だ生れざる時如何」とも仏者は問うた。蓮華の未だ開かないその境にこそ、蓮華があるのであろう。余の存在は、存在する以前に何ものかに守られてある。物こそ心に支えられた物である。物それ自身であり得る物をこの世に思う事は出来ぬ。見えない心こそ見える物の故郷である。

トラハーンの詩に美しい句がある。

Long time before
I in my mother's womb was born,
A God preparing did this glorious store,
The world for me adorn.
Into this Eden so divine and fair,
So wide and bright, I come His son and heir.

人はイエスなる存在から、クリストとの意味が現われたと思うであろうか。余はイエスがクリストになったのでなく、クリストがイエスになったのであると思う。人としてのイエスが彼自身において何事かをなし得たのではない。彼自ら繰り返して云った様に、彼は彼を遣わした者によって教えたのである。「わが汝等にいう言は己によりて語るにあらず、父われに在して御業をおこない給うなり」と彼は一度ならず云った。メッシヤの意味なくして、想い得るイエスの存在はあらぬ。彼は神に遣わされた事によって、あり得るイエスである。彼の行いや又教えは一として彼自身のものではなかった。彼の深さは彼が神の使であった故であろう。イエスを「神の子」と云う時、肉としての父母ヨセフやマリアの前に、その言葉を怪しむであろう。かくて「人の子」であるイエスをより明らかに思うかもしれぬ。しかし人それ自らが神の意志によって与えられた事をどうして否定し得よう。人が真に人である意味を果す時、彼は人の子であるよりも、更にもっと神の子である。イエスの存在を語る時、キリストであるとの彼の意味がより明らかに認得されねばならぬ。これを高調したヨハネの筆の深さをいつも余は想う。「ロゴス肉となれり」と云う彼の言葉には犯し得ない深さがある。イエスの存在は神に支えられた存在である。神の子としてのイエスを想わずして、想い得るイエスの存在はあらぬ。もし神の喚求がなかったなら、生れ出る彼の存在は無かったであろう。クリストが肉づけられた人を吾々はイエスと呼ぶのである。マリアが神託によってイエスをみごもったと云う事を浅い意に解してはならぬ。権化 Incarnation と云う事を空想の所産と思うかも知れぬが、しかし権化の意なき存在こそ、最も具体的意義を欠くであろう。余は存在と云う事を真に具体的ならしめるのは、存在が権化せられた存在であるからであると思う。内に要求せられない外は只の形骸に過ぎぬ。キリストの意なきイエスは只の名目に過ぎぬ。イエスは自らヨセフよりも神が真に父だと云う事を深く意識していたにちがいない。マリアはヨセフの妻であるよりも更に尚神の妻である。「神の子」でない、「人の子」は最初から生命を持たぬであろう。人の父よりも神が一層切実な「吾が父」であろう。余はイエスが神の子であると云う事を疑う余地を持たぬ。かかる理解をこの世から離れたものと思ってはならぬ。吾々はかかる事実より、更に具体的な事実をこの世に持つ事は出来ぬ。信仰は見えない世界が見ゆる世界よりも一層確実であるのを告げている。凡ての存在はこの見えない無上なものの象徴である。余は神意を想う事なくして存在を想う事の不合理であるべきを想う。神の先在によって余の存在が可能たり得るのである。

かく思うならば、吾々の真の存在は、見える自然よりも、見えない力に一層深い根柢を持っている。「誠に吾々は地に在るよりも天にある」とノールウィッチのジュリアンは書いた。又「吾々は知見のものよりは未見のものに、より近く関係する」ともノヴァリスは書いた。「神は余が余におけるよりも更に余に近い」とエックハルトは書いた。又「神が人を神に近づけようと欲する程熱心に、何事をも人は欲していない」とも書いた。肉体なくして精神があり得ないと云う事よりも、精神がなくしては肉体があり得ないと云う事の方が、より切実な事実であろう。余は存在よりも意味の世界に一層具体的な関係を持つのである。経験の世界が確実であるならば、先験の世界は一層確実であらねばならぬ。意味の世界の現実に比べては、存在の現実は影の如きものであろう。地は無常であるが、天は常住である。見えない世界が見える世界よりもより具像である。外なる存在の確立は内なる意味に依存する。意味の世界程、真に如実に現在するものを他に持つ事は出来ぬ。

人は彼の存在があって、始めて想い得る神があると云うかも知れぬ。しかしこれよりも一層真実なことは、神が余を想う事によって、余が存在すると云う事実である。人は神を愛すると云う、しかし神が人を愛する事の方が如何にそれよりも切実であろう。スーフィーであったバヤジッドの次の言葉は如何ばかり深い真理であろう。「余が神を愛したのであると想像したが、神が余を愛する事が先である事を心付かざるを得ないでいる」。ヨハネも彼の書翰で「我らの愛するは、神まず我らを愛し給うによる」と書いた。真に余が神を忘れている刹那も、神は決して余を忘れないであろう。罪深い吾々の心をも、神はその住家となし給うのである。ヴォーンに次の句があったのを余は覚えている。

'My dear, dear God! I do not know
What lodged thee then, nor where, nor how,

But I am sure, thou dost now come
Oft to a narrow, homely room,
Where thou too hast but the least part,
My God, I mean my sinful heart.'

余の存在とは神に想われる事によって支えらるる存在である。余が想う故に神があるのではない。神が余を想う事によって、余があるのである。余が神を想い得るのも、神が余を想うからである。彼なくして余は彼を想う事は出来ぬ。神を想うのと神が想うのとは結ばれてある。余が神を想うとは、神が己れ自身を想うとの意であろう。ジャミーが彼の論文「閃く光」Lawā'ih において云った様に「神は自ら恋する事によって恋せらるる神であり、自ら求める事によって求めらるる神である。」

何人も神の力によってのみ神を見得るのである。神が何処にあるかを人は尋ねるであろうか。既に神が吾が心に働く事なくして、どうして神を求め得よう。神はこう告げているとパスカルは書いた、「悦べよ、もしも汝が既に神を見出していないなら、汝は神を求めはしなかったであろう」。デンクの言葉にも「神を離れて、人は神を求むる事も見出す事も出来ぬ。神を求める時、既に人は神を持っているのである。」

余が存在する事によって、余が何事かをなし得るのではない。神の行為が働く事によってのみ、余に許された行為があるのである。余と云う名によって、如何なる行いをも傲ってはならぬ。神の命を離れて、あり得る美しき行いを余は想像する事は出来ぬ、余は余のものではなくして、神の所有である。神のみ真に何事かをなし得るのである。「完全な霊は神の欲する以外の事を欲し得ぬ」とエックハルトは云った。彼は附言して、「これは奴隷たるのではない、これが全き自由である」と云った。凡ての行いをして神のものたらしめる時、余に認可せられた行いがある。ここに余が何事をもなさぬとは神をして凡てをなさしめるとの意である。「なす無くしてなさざる無し」と老子が書いたのはその心である。「吾れ自ら何事もなし能わず」、「まことに誠に汝らに告ぐ、子は父のなし給うことを見て行うほかは、自ら何事をもなし得ず」とイエスは告げた。旧約聖書にも「我はエホバの言をこえて、己れの心のままに善きも悪きもなすことを得ず、我はエホバの宣う事のみを言うべし」（民数記略二十四ノ十三）と記されてある。師ガマリエルの祈りに云う、「主よ希くはさながら我が意志であるが如く御身の意志を行うことを許し給え、それ御身が吾が意志を、御身の意志であるが如く果し給う為に」。

真に自ら在り自ら立つものは神のみである。余は余の存在をそれ自らに保持する事は出来ぬ。「吾れあり」と云う事が「神あり」と云う事に一つである時、余に許された存在があるのである。吾が心も吾が身も神のものである事を覚える時、神の幸が余に降るのである、彼が意志こそ吾が意志であらねばならぬ。余の意志が神の意志である時、余に不撓な意志が湧き出るのである。神がよく喚ぶ故の吾が意志であらねばならぬ。かかる命なくしてあり得る聖なる意志はあらぬ。神の意志が余に降り、余の意志が神のものに高められる時、余に完くせられた存在があるのである。存在が意味に浸る時、物が心に静まる時、外が内に帰る時、有が無に交る時、ここに驚くべき神秘が現ずるのである。権威の力が湧き溢れるのである。犯し得ない聖さが輝くのである。

浄き母マリア

一

ユダヤの人達がかつて呟《つぶや》いたその愚な言葉を今の人々も同じ様に繰り返している。「汝はヨセフの子ではないか。吾々はその父や母を知っている。それなのに、どうして「吾れは天より降れり」と言い得るのだ」（ヨハネ六ノ四二）。彼の浄い生れは否定される様に見える。「汝等呟き合うな」とイエスが答えているにも拘らず（ヨハネ六ノ四三）、彼が処女から生れたと云う信仰は笑いを以て葬り去られる。いわんや浄い聖母と云う教えから深い意味を汲もうとする人はない様に見える。僅かにそれを信じる人があれば、それは浅い感傷的な心によってのみ讃えられる。あの一徹に字義的にこの教義を固守する一群の教徒を除いては、誰も「処女懐胎」'Virgin Birth'（マタイ一ノ一八―二五、ルカ一ノ二六―三八）を真面目な題材であるとは考えていない。聡しい信徒はかかる奇蹟を除いた合理的な基教をと慕っている。処女から生れずとも、イエスの深さに少しの拘わりもあらぬと主張する。

この教義への否定は三つの明らかな根拠に立つ事が出来る。第一に吾々は自然法を放棄して迄、これを信ずべき客観的理由を持たぬ。承認するにしてはその科学的事実が淡いのを如何にしよう。あり得べからざる事は、直ちに深いことの意味にはならぬ。厚い信仰は科学を否定する事によって樹てらるべきであろうか。信徒は自然法を覆し得る程の有力な左証を持たぬ。

第二に福音書それ自らに著しい記述の矛盾がある。例えば、イエスに与えられた神聖な系譜（マタイ一ノ一―一七、ルカ三ノ廿三―卅八）それ自身が、処女からの出生を否定する様に見える。聖書の中で、いつも古い典拠として信頼されるパウロの書翰やマルコによる福音書は、この事を少しも録していない。しかも記事は伝説の部分であって、目撃による叙述ではない。これ等の困難を吾々はどう切り抜けたらよいのであるか。マタイ（一ノ一八―廿五）及びルカ（一ノ廿六―三八）の文献だけでは、根柢が甚だ薄い様に見える。

第三にこの伝説は古い預言を充たそうとした心の所造であると考えられる（マタイ一ノ廿二―三、イザヤ七ノ一四）。特にこの教えは原始時代において、宗祖を神聖視する者の、必然な想像的所産であるとも考えられよう。吾々は類似する伝説の数多くを持っている。無批判的な時代においてかかる事を疑う心を人は持たぬ。しかし今の吾々も同じ様に考えねばならぬであろうか。

かかる批評は甚だ実らしい真理を吾々に示しているではないか。吾々はむしろ聖書それ自身から、かかる否定を補佐し得る根拠を見出し得るとも云える。ともかくこの教えを肯定しようとするなら、吾々は更に実らしい論拠を探さねばならぬ。

古来肯定する者は、二つの方面においてその弁護を求めた。第一は超自然力の承認による。この力を認める事によってこの教義に何の困難もあらぬ。万能の神が力ある御業を行い得ぬと、誰がよく云い得るのであるか。教徒は長い間この思想を保持した。今も尚或る信徒においてこの保持に変りはあらぬ。彼等は云う。科学はこれを否定する力を持たぬ。科学の有限性によって、よく尺度し得る無限の世界はないからである。神は自然を乱す事なき超自然の力である。

第二の弁護は処女の懐胎が、いつかは科学的にも立証され得べきものだと見做す主張である。未完成な今日の科学は何事をも断定する力を持たぬ。しかし完全な科学が未来にこの事を保証し得ないと誰が云い得よう。既に一性受胎の例を生物に見出し得るではないか。処女懐胎の可能は只未来の科学を待つばかりである。今日立証し得ない事を直ちに誤謬であると思ってはならぬ。吾々はこれを否定する前に、もう一度今日の科学が、かかる権利を持つかどうかを吟味せねばならぬ。聡しい否定のどこに絶対な根拠があるであろう。吾々は吾々の信仰を放棄する確かな理由を何処にも見出す事は出来ぬ。

しかし超自然とは如何なるものであるか。宗教を科学によって守護しようとする態度は何を語るのであるか。吾々は答え能わぬ答えの前に来る様である。どこ迄これ等の非難や弁護は正しいであろうか。比べるならば吾々の理性は著しく否定の方に傾く様に見える。しかしそれだからと云って、処女マリアへの信仰は意味なき戯事であろうか。どうして理性に逆らう事なくこの信仰に不動の根柢を見出す事が出来るのであるか。

私はここに真実な一つの新しい理解を開こうと思う。この見方は不思議にも共に非難者や護教家によって見失われている見方である。もとよりその真意は宗教が古いとともに古いであろう。深い宗教的思索者に既に幾度も味わわれた真理に過ぎない。しかし私はこれによって理性に叛かず、理性に満たされ、しかも理性を越える宗教の深さを、幾分かは新たに伝える事が出来ようかと思う。

私は卒直に私の考えを前以て述べよう。

ヨセフはイエスのまがいもない父であった。しかし神は更に尚まがいもないイエスの父であった。マリアはヨセフの妻であった。しかしそれ以上に神の愛を受けた神の花嫁であった。神の花嫁をこそ処女と呼ぶのではないか。神の愛は人の愛よりも更に近く彼女に交る。彼女は地の母である。だがそれ以上に浄き母マリアである。

二

省みながら聖書を読むと、ヨセフがイエスの父でなかったと云う論拠は甚だ弱い。誰にも気づかれる様にイエスに与えられた神聖な系譜はダビテ（ママ）からヨセフにへと伝えてある（マタイ一ノ一—一七、ルカ三ノ廿三—三八）。福音書は「ヨセフはダビテの家系また血統なれば」（ルカ二ノ四）と記し、又は「イエスは人々の思える如くヨセフの子なり」（ルカ三ノ廿三）と記した。同じ書が神託によってイエスが処女から生れたと云うのは、明らかな矛盾ではないか。同じ筆は又繰り返してイエスの両親に就て語った。同書二ノ二七には「両親その子イエスを携え」と明らかに記した（二ノ四、四三、四八も同じ）。又或る時は「その父母」とも書いた（ルカ二ノ三三）。マリアはイエスに向って「汝の父と我と」と呼びかけた（ルカ二ノ四八）。又同じ処女の教えを説いた「マタイ」はイエスを「大工の子」（十三ノ五五）と呼び、彼には肉親の弟ヤコブ、ヨセフ、シモン及びユダがあり又姉妹があった事を記した（マタイ十三ノ五五、マルコ六ノ三）。「ルカ」の四ノ二二には「これヨセフの子ならずや」とさえ記されている。これ等はむしろイエスが地の父をもって生れたことを告げるまがいもない言葉ではないか。強いてこれ等の言葉を否むで、イエスの誕生から、ヨセフの名を奪おうとするのは無理があるであろう。又どうしてヨセフを父と呼ぶ事がイエスの聖さを汚し、マリアの浄さを汚すと考えられるのであろうか。私はあの大胆な詩人ブレークが、彼の宗教詩「永遠の福音」において歌った様に、次の如く強く言おう。

「狭い心を持った内気に見えるあの純粋な処女からイエスが果して生れたろうか。もしも彼が罪に就て深く身に味わいたかったら、彼の母は娼婦だっていいではないか。丁度体に七つの悪鬼を持っていたマグダラのマリアの様な女でもいいではないか」。

私はマリアの身がヨセフに交ったと云う事に、醜さを想う事は出来ぬ。ヨセフを父としてイエスが生れたと云う事に何の卑しさがあろう。事実はただに自然によって保証されているのみならず、聖書すらもこれを保証する様に見える。私は正統派の伝統に反して、ヨセフをイエスの父であると見做す批評家に組する一人である。

だが私は批評家に反し、イエスの母が処女であったと云う教義を新しく守護する信徒の一人である。私は矛盾を説くのではない。どうして地の親を持ったイエスが、更に尚天の親を持ち得ないのであるか。ヨセフが父であるならば、なぜ神を更に尚イエスの父だと呼び得ないのであるか。人の誕生に神の御心が働かないと云うか。ましてイエスの現われに神の「御告げ」がなかったと云うか。果してヨセフの交りが、神の交りを奪い得たと思うか。地の力は天の力を汚し得ようか。マリアはヨセフと交った時、処女たるの力を失ったろうか。神に像《かたど》られて人は造られると書いた聖書の言葉は嘘であろうか。凡ての女性は神に愛せらるる神の妻ではないか。ヨセフが夫であるならば神は更に尚マリアの夫であろう。神の妻を浄きマリアと呼ぶのではないか。浄き女をこそ処女と呼ぶのではないか。ヨセフの妻たるマリアのどこに、神の妻たる意味を奪う力があろう。浄さは只神の愛によって浄められる浄さではないか。マリアは人の妻であった。しかしより尚処女であったと私は思う。私は一見しては逆理だと思われるこの考えを述べる前に、もう一度地の女マリアに就て語ってゆこう。

　マリアは地の女であったと私は思う。それも聖書の言葉を通してうかがえば、むしろ心低い女であったであろう。私は彼女が深い賢い女であったと云う明らかな左証を持つ事が出来ぬ。イエスの並ならぬ教えを解き得る程の鋭さが彼女にあったと誰が保証し得よう。使徒すらもしばしばイエスを見誤ったではないか。「おんなよ、我れ汝と共に何をなし得んや」（ヨハネ二ノ四）とイエスは母に告げた。彼が神なる父のことに務めた時、「両親その語る所を悟らざりき」（ルカ二ノ五〇）と聖書は飾りなく書いた。彼の一家はむしろ彼の仕事を解し得なかったのではないか。「われ地に平和をもたらさんが為に来れりと思うな」「我が来れるは人をその父より、娘をその母より、嫁をその姑より分たん為なり」（マタイ一〇ノ三四―五）とイエスは云い切った。この大胆なしかも真実な教えは、彼が親しく嘗めた苦しみから来たのではないだろうか。理解なき家族はしばしば偉大な心への痛みであった。「人の敵は彼の家の者どもなり」（マタイ一〇ノ三六）と彼は明らかに云った。マリアが只の賤しい一人の女に過ぎなかった事は甚だ実らしい様にみえる。有形な事実は彼女を神聖視する何等の基礎附けをも与えはしない。

　だが尚もマリアを聖きマリアであるとするのは誤りであろうか。私は尚もマリアの浄さを想う信徒の友である。私は逆理を説くのではない。なぜ一人の存在をよしそれが地の形において深い姿でないにしても、並ならぬ存在であると云い得ないのであるか。どうして地の低い行いが、神の高い心をも汚し得る力を持つと思うのであるか。どうして人に与えられる神の限りない愛を訝るのであるか。よしマリアが理解なき女であったとしても、神は彼女に対する愛を棄てたであろうか。何人も神の愛から離れる事は出来ぬ。彼女も神に愛せられた者の一人である。神の愛を受ける程の凡ての存在は、並ならぬ存在ではないか、私はここにマリアが並ならぬマリアであったと云う私の見解を尚も進めてゆこうと思う。

三

凡ての存在は神に想わるる存在である。如何なるものも神のゆきわたる愛から離れる事は出来ぬ。詩人が讃えた様に一粒の砂にも世界があり、一枝の花にも無限がある。まして人の心においてそうであろう。人が神を恋する如く、神も人を求め給う。この貧しい肉体も神は彼の住家となし給うたのである。「人が神の如くなる為に、神は人の如くになり給う」と詩人は書いた。神の想いを離れて、人は彼の存在を想う事は出来ぬ。否、神が余を想うことなくば、余は神を想う事は出来ぬ。神は凡ての方処において、又凡ての瞬間において人を愛し給う。人は彼の有限の愛によって、神の無限の愛を計る事は出来ぬ。神の愛は全き愛である。愛が神である。如何なるものも彼の愛を弱める事は出来ぬ。よし凡ての者が神に叛くとも、尚神は彼等を愛し給う。地の行いは彼の心を殺す程の力を持たぬ。

よしマリアが地の女であったとしても、彼女は神の愛から遁れる事は出来ぬ。ましてイエスの母である彼女が、神から憎みを受けたとどうして思い得よう。否、マリアにこそ神の想いが集ったとも云い得よう。彼女は彼女自らにおいては只の女に過ぎぬ。だが神に愛せられる事において、聖くせられた女であった。人は地の行いを通じてマリアを卑んではならぬ。神に想わるるイエスの母として彼女を想わねばならぬ。マリアは自らにおいては何者でもあらぬ。地の母としては心低き女でもあろう。しかし神に想われるマリアは完きマリアである。人は何れに彼女の存在があると思うか。「吾々は地にあるよりも、より多く天に在る」と比丘尼ジュリアンは云った。地のマリアはマリアの存在を支える力ではあらぬ。聖きマリアに活けるマリアの姿がある。マリアは聖母マリアであった。

如何なる女も神の愛に交る事において処女である。マリアはヨセフに交る事において妻であった。だがこの事がどうしてマリアを処女と見る事の躓《つまず》きとなるのであろうか。ヨセフにマリアは交る。だが神は尚近くマリアに交る。ヨセフが地の父であると云うのを否むのは偽りである。だがそれが為に、神がイエスの父である事を否むのは、更に大きな偽りである。凡ての者は神を父とせずしてはこの世に来る事は出来ぬ。神に交る凡ての女を吾々は処女と名づける。処女とは神の妻である。恋人を持たぬと或る女は云うだろうか。しかし彼女は常に又何処においても、永えに彼女を裏切らない一人の恋人を傍らに持っている。その恋人は影が身に従う如く、何処を向くともいるであろう。詩人はそれを「畏るべき恋人」だと名づけた。彼が何人でもなく神であると云う事を信ぜねばならぬ。よし彼女がそれを知らないとも、神は常に彼女を忘れないであろう。如何なる女も神の抱擁から逃れる事は出来ぬ。凡ての女は神の妻である。マリアもかくして神の妻である。神の妻を指して聖母と云い処女と云うのではないか。ヨセフの妻であると云う事が事実なら、彼女が処女であると云う事は更に明らかな事実である。余は処女と云う事よりも、より具体的な意味をマリアのうちに見出す事は出来ぬ。

人々よ、何故マリアの処女たる事を疑うのであるか。疑うのは神の愛の深さを知らないからだ。存在の意味が如何なるものであるかを想い至らないからだ。マリアにヨセフの妻である以上の意味を見出し得ないからだ。生命の真の故郷が此岸にあるよりも、彼岸にある事を認めないからだ。そうしてかかる彼岸が、真実に此岸よりも尚近く吾々の内裡にある事を信じないからだ。ノルウィッチの比丘尼ジュリアンが云った様に「吾々自身よりも神の方が吾々のま近くに在る」。人妻である事よりも、処女たる事に、マリアの生命がより確実に保たれている。処女の意味を除いたマリアとは只の名目に過ぎぬ。

信徒よ、何故ヨセフの交りに恐れを抱くのであるか。その事がマリアの浄さを潰すと思うのであるか。否、地の行いは神の愛を潰す程の力を持たぬ。ヨセフの妻たる事は、マリアの処女たる事を破る程の力ではあらぬ。人の愛がどうして神の愛を越え得よう。ヨセフを恐れるのは、まだ限りなき神の愛を信じないからだ。神が人を愛そうとする意志を枉《ま》げ得る程の行いはあらぬ。ヨセフが交ったとて、どこにマリアの処女たる事が破れたしるしがあるか。神がかつて彼女を手離したとどうして思い得るのだ。マリアは神に恋せられたマリアであった。神の恋人を処女とこそ云うのではないか。

浄さは神の事である。人の事ではあらぬ。男に交らぬ女を処女と人は名づける。しかしそれが直ちに浄さを意味する事にはならぬ。男に交らずも神に交らぬなら彼女は汚れた女である。凡ての女は自らにおいて処女たる事は出来ぬ。只神の愛に浄めらるる事においてのみ処女である。凡ての女よ、神を恋せよ、神の恋に自らを浄めよ。かくする時凡ての女は処女の浄さを受けるであろう。処女と云う事実から、神の愛を引き離して考える事は出来ぬ。どの女も神の愛に浄めらるる事において処女である。いわんやあの神のいとし子イエスの母であるマリアにおいてそうである。吾々はマリアにおいて浄き女の権化せられた姿を見る事が出来る。彼女は浄き母の象徴である。彼女において神に愛せらるるものの浄さを想う。マリアは人類の浄き母の現われである。

四

かく思うならば、見える地の国よりも、見えない天国こそ、吾が生れの故郷であろう。そうしてあの遥か向うの彼岸に横たわると思われる天国こそ、この地の岸辺よりも吾々の近くにある。否、吾々の心の裡にあるとこそ云わねばならぬ。吾々は地上に在るよりも、より確かに天国に在る。ガリラヤのナザレよりも、ユダヤのベツレヘムが真にイエスの生れた地であると私は想う。身はナザレに生れたにちがいない。しかし東に星が現われたのはベツレヘムの空である。イエスの出生の地をナザレからベツレヘムに移した古伝説をむげに笑い去ってはならぬ（マタイ二ノ一、ルカ二ノ五―七）。歴史的批評はナザレを択ぶ。しかしかかる事実は、イエスがその宗教的真意においてベツレヘムに生れたと云う事の妨げにはならぬ。地上の伝記は「イエスはナザレに生る」と書かねばならぬ。しかし神の国において綴られる伝記は明らかに「ベツレヘムに生る」と記すであろう。聖書をかかる書だと人は思わないだろうか。

　信仰が何事であるかを味わっている人は、イエスの浄き生れを強く想い得るであろう。マリアが地のマリアであるにしても、彼の信ずる天のマリアへの何の妨げにもならぬであろう。宗教の世界においては浄き母のみが真の母である。イエスの真の母は、ヨセフの妻であるよりも処女マリアであった。地のマリアではなく天の聖母であった。イエスは美しくも云ったではないか「わが母とは誰ぞ」、「誰にても天に在す我が父の御意《みこころ》を行う者は、即ちわが母なり」と（マタイ十二ノ四六―五〇）。天に在す神に浄められたる女、彼女がイエスの母であった。かくして浄き処女を、イエスの母とこそ呼ぶのである。

　同じ様に地の伝記は「イエスの父の名はヨセフなりき」と正しく書くであろう。しかしより真なる父の名は「神」と呼ばれているとイエスは云ったではないか。過越の祭の後、両親《ふたおや》が三日の間さまよって、やっとイエスを宮の中に見出した時、イエスは何と答えたであろう。「我はわが父の家に居るのである」と（ルカ二ノ四一―五一）。神が彼の実の父であり、神の宮居が彼の真の家であった。神に向って「わが父よ」と如何にしばしば親しげに話しかけたであろう。彼の真の父は神であり、真の母は処女であった。神の妻を処女と云うのである。処女を聖母と云うのである。私は処女と云う事を離れては、母と云う真の意味を考える事は出来ぬ。浄き女は処女であり、処女が浄き母である。

　聖フランシスが出家した時、父ピエトロに彼の衣の凡てを返し、そうして彼は断乎として云い切った。「これからは天なる父のみが吾が父である」と。凡ての人は彼が宗教的生活に入る時、神の子である事を意識するであろう。人の子に止る時、イエスの父はヨセフであり母はマリアである。しかし神の子である時、彼の父は神であり、母は浄き母であり処女マリアである。何れが真実な父と母とであるか。宗教の世界に活きる人はかかる惑いを有《も》たぬであろう。彼等は浄き聖母マリアを讃える信徒である。マリアの処女たる意味を知りぬいている信徒である。信仰がアベ・マリアと云わしめる心の必然さを私は否む事が出来ぬ。

　イエスなる存在が、只地の存在であるなら、そこには幾許の意も無いであろう。しかし存在は権化せられた存在である。内なき外はあらぬ。意味を含む事のない存在は、あり得ない存在である。神の子の肉づけられたものを人の子と呼ぶのである。

クリストの現われをイエスと名づけるのである。彼は遣わされたイエスである。クリストの意なくば、イエスなる存在はあらぬ。イエスがクリストとなったのではあらぬ。第四福音書の記者は、この事を如何にしばしばイエス自らの口を通じて説いたであろう。「我は己より来るに非ず、真《まこと》の者ありて我を遣し給えり」（ヨハネ七ノ二八及び八ノ四二）。「我は一人ならず、我と我を遣し給いし者と偕《とも》なるに因る」（同八ノ一六）。「我自らは何事をもなし能わず」（同五ノ三〇）、「我は己によりて語るに非ず、我を遣し給いし父自らが、我が言うべきことと語るべきことを命じ給いし故なり」（同十二ノ四九）。「われ父より出でて世に来れり」（同一六ノ二八）。ここに父とは天なる父である。彼はヨセフの子であるよりも、より深く天なる父の子である。それなら彼がより明らかに処女の身に宿った事を想い得るではないか。マリアに交るものがヨセフのみであるなら、生れ出るクリストはないであろう。人の子はイエスたり得るかもしれぬ。しかし神の子でなければクリストとなる事は出来ぬ。浄き処女マリアに孕《みごも》る子供をこそ、神はイムマヌエルと名づけられた（マタイ一ノ二三、イザア七ノ一四）。イエスの存在から、クリストとの意味を奪い、天なる父を除き処女たる母を取り去るなら、何処にも活けるイエスを見る事は出来ぬ。これ等の事実がないならあの深い偉大な宗教的天才はこの世に与えられなかったであろう。

「ロゴス肉となれり」とヨハネは書いた。凡ての存在は象徴せられた存在である。権化の意味なき生命はあらぬ。誰も彼の存在が意味に交えられた存在である事を悟らねばならぬ。イエスは彼自身のイエスではあらぬ。見知らぬ浄い体から出て、肉づけられた人をイエスと呼ぶのである。彼の生れの故郷は地の一隅ではなく、天の園生である。そこはまだ有限の地が現われる以前の国土である。ヨハネが彼の後から来るイエスを目して「我れより先にありし」者だと云ったのは、誤った答えであろうか（ヨハネ一ノ十五と三〇）。又「アブラハムの生れ出でぬ前より我は在るなり」（ヨハネ八ノ五八）とイエスは大胆に告げた。ヨセフとマリアとの子としてイエスが生れる前に、既に早くクリストとの意味が彼に約束されていたのである。彼は彼の真の存在が創造以外の世界にある事を知りぬいていた。地の親が彼を産むだのではない。創造を司る神が太初において彼の出生を準備したのである。「まだ世のあらぬ前に」彼は神と共にあったのである（ヨハネ一七ノ五）。神が「世の始めより彼を愛し給うた」（同一七ノ二四）事を彼は如何ばかり感謝したであろう。人は地の親が彼を産むだのだと思ってはならぬ。彼の生命はアブラハムよりも以前の即ち創造以前の神の、御意によって約束されているのである。マリアが神託によってイエスを孕ったと云う事を訝り詰る事は出来ぬ。

五

凡ての女よ、神を恋せよ、恋人を神に有《も》てよ。何人よりもよき恋人である彼の愛を受けよ。彼との交りを慕えよ。臆せず神の愛に深く浸れよ。彼の愛に浴する時、凡ての女は処女である事を意識するであろう。彼の愛に浄められるその福祉を、心の心から受けよ。否、神の愛からは遁れ得ないその運命の密意を讃えよ。

しかしその愛を低い感傷を以て迎えてはならぬ。愛は深さである。神の愛は畏ろしい迄に透き徹るであろう。どうしてその量り得ない愛を、か弱い心が理解し得よう。人々よ、深き厳かな神の愛に用意せよ。畏るべき恋人が彼である事を知れよ。賤しい低い心によって知り得る彼の愛がない事を預期せよ。

私は聖ベルナルドーや又は多くのスーフィーが愛の神学において、又恋歌において神を讃えた心の深さを想う。神は永えな花婿であり、処女は永えな花嫁である。ソロモンの雅歌が人の口から絶える日はないであろう。女には美醜の差があり善悪の別があろう。しかし女性と云うイデアの世界は不変であり無窮である。人類は永えに処女に礼讃する。彼女を恋う心は神を恋う心である。彼女なくして人は温まる事が出来ぬ。あの太陽さえも女性ではないか。観音は女人の美貌に微笑むでいる。処女のない信仰や芸術を想う事は出来ぬ。近世の懐疑が処女を見失った時、芸術は基教から去ったではないか。「ファウスト」を結んだ句に偽りはあらぬ。人は女性において美しさを知り、処女において浄さを知り、聖母において更に深さを知る。彼等の中に神の愛の活ける姿が見える。

凡ての人よ、神の愛を受くる処女の浄さを歌えよ。夕ぐれアンジェラスの鐘がなる時、あのマリアを讃えよ。汝が掌を胸に合せて、アベ・マリアと口号《くちずさ》む時、汝は人類の母に逢いつつある。聖く深き零気が棚引く霞の様に汝を被い包むであろう。その時凡ての人類は、あのラファエルの絵に見る様な幼いイエスとなって、聖母の膝の上に抱かれつつあるのを覚えるであろう。

（一九二二・一・二四）

神の愛

或る寒い夕方、私は一つの古書から、次の様な物語りを読んで、心を熱する事が出来た。

その古書が書かれた時代は聖フランシスがまだ活きていた頃に溯る。所はイタリアではなく英国のドルセットシャイアーのタレントと呼ばれる片田舎である。十三世紀の始め頃であるから、今から丁度七百年も前である。一つの本が僧庵において書かれた。本の名は「尼僧清規」“Ancren Riwle”と題されて居るが、誰の著書であるかは今日知る由がない。考証家の凡てが傾く説に従えば、その書はその地に住んで居ったリチャード・プーアー僧正の筆だと云われる。日夜踏まねばならぬ比丘尼たちの規則に就て、細やかに彼の意見が述べてある。本は序文の外に八章からなる長文の宗教的思索が順を追って添えてある。著者が古典にも通じた学者であり、且つ深い冥想の人であったと云う事が明らかに察しられる。恐らく古英文学において、重要な位置を占める一著述であろう。とも角中世的な香りの強い、神秘な本であると云う事は争い得ない。遠く時代を隔てた今日の吾々にも非常な暗示と驚嘆とを与える。深く宗教を味わったものでなければ、とても書けないと思う真理のかずかずが、無邪気に卒直に書かれている。その頃は基教の黄金時代であったとも云えよう。西欧のほとんど何処の地にも休む暇なく大きな伽藍が建立された。ただに教えにおいてのみならず、芸術においても永遠なものを人類に記念した時代である。イエスにつぐべき幾多の聖者や又は福音書につぐべき幾多の聖浄な本が書かれたのもその時代である。宗教が真に修道の宗教となって、多くのものは僧庵にこもり彼等の冥想深い時日を過した。心には熱情があり、信仰には強さがあった。神の姿や神の言葉が地上の人のそれよりも、より明らかに見え、より明らかに聞えた時代であった。今日それ等の一群の人々は庵僧とか、隠者とか、修道僧とか云う名によって回顧される。隠遁する彼等はこの世の仕事の只一つをも持たない様に見える。しかし唯一なる仕事、なさねばならぬ究竟な仕事が彼等の手に握られてあった。「多忙な休息」と古人が呼んだその生活が、彼等の真に味わった生活であった。

さてこの本は前にも書いた様に、出家し隠遁した比丘尼へ伝える清規である。だが著者は静かなむしろ冷やかな規律を叙する場合にも、熱烈な情を込めて書いた。一見すると冷たく思われるこの本も、しばしば焰に燃え上っている。私は終から次の章、即ち第七章の「愛」と題したものから、次の挿話をここに選んでこよう。古書だと云う遼遠な想いが、きっと読者から去るだろうと私は考えている。文意はこうである。

「城は敵に包囲せられた。城には一人の女が残っている。彼女の土地は敵に蹂躙せられ、彼女自身ももはや危らくみえた。然るにその国の近くに彼女の美に悩む一人の王があった。愛を求める王の心は限りない様にみえた。王はしばしば一人の使を、又多くの使を派した。時として麗わしい宝玉を、時としては美味な糧を贈った。又時には軍勢を送り、落ちようとする城を保護した。だが彼女は何等の思いを返す事なく、只それ等のものを冷やかに受けた。王は空しく彼女に近づく事に悶えた。「貴女に何かこれ以上欲しいものはないか」。王は待ちきれず自ら城を訪ねた。王はこの世にも美しい王であった。より美しい美貌はあり得ぬと世に噂された。王は最も美しき言葉を以て話しかけた。恐らくかかる声を聞いたならば死者でも甦るにちがいない。王は女の前で種々なる奇蹟や驚くべき事の数々を行って見せた。彼は自らの力や自らの王国に就て語った。そうして彼女に女王の位を捧げようと希った。だがこれ等の凡ては無益であった。（おおこれに過ぎた侮蔑がどこにあろう。なぜなら彼女は彼の婢となる価さえない女であった）。しかし王の温順な心はそれをも忍んで、尚も彼女に強い愛を注いだ。王は遂に最後の言葉を彼女に告げた。「貴女の城は今攻められている。敵は非常に強い。もしも私の援助がないならば、彼等の手から貴女が逃れる道は残っていない。又恐るべき死から逃れる術も残っていない。私は貴女を愛している。私は貴女の敵に向って、戦を開こう。そうして貴女を殺そうとする者の手から、貴女を救おう。しかし私はその戦いにおいて私が致命の傷を受けねばならぬのを知っている。しかし私は只貴女の愛を得たい為にその運命を喜んで受けよう。私は貴女に心から望んでいる。貴女に示した私の愛に対して、貴女は私を愛して下さい。私が死んだ後からでもいい。なぜなら私はもう私の生きている間に貴女の愛を受ける事が出来ないからだ」。王はこの事を遂に決行した。彼は戦いそうして彼女を敵から救い出した。だが王は敵に捕えられ酷く取り扱われた。そうして虐殺された。だが彼は奇蹟によって、死から生に復活した。（もしこれでも尚彼女が彼を愛しなかったら、それは最も邪《よこしま》な性を持った女だと云い得ないだろうか）。

その王の名はイエス・クリストと云った。」

私はこの終りの一行を読むに至って、胸の躍るのを覚えた。私は室を歩きつつ幾度か読み返した。読者も同じ事をして下さるだろうか。どこにこんな卒直な胸を刺す様な至純な話があるであろう。イエスの心がひしひしと迫る様に覚える。同じ古書は筆を改めて次の様にも書いた。

「ここに一人の母と彼女の愛する一人の子供とがあった。不幸にも子供は重い病いに悩むで、もはや医薬の道も残っていない。只神の告げによれば、母の血を絞ってそれに浴みる時のみ、病は癒えると云われる。母はこの時どうしたと思うか。彼女の愛は真剣であった。すぐ自らの体から血を汲み絞って、子供に浴みさせた。

罪ある者の為に、イエスは同じ事をしたではないか」

この単純な卒直な言葉に、真理が燃えている。煩雑な神学も雄弁な説教も、この素朴な二三の行より、より強くはイエスの心を告げ得ないであろう。

神は神において全き事をなし給う。神は如何なる時にも如何なる人にも、又如何なる行いに対しても、神の全き行いを現わし給う。善き者にも悪しき者にも、正しき行いにも邪な行いにも、神は唯一の同一の全き愛を賜り給う。

余が神を如何に深く思うとも、神が余を想い給うその厚さに及ぶ事は出来ぬ。余が神を愛する故に神が余を愛するのだと人は想うか。しかし神が余を愛するのは、余が彼を愛するよりも先である。否、余が神を忘れる時でも、神は余を覚え給う。否、余が神に叛く時も、神は余を愛している。否、余が罪によって神を潰す時も、神は余を浄めている。余は彼を離れようとする。しかし神は更に多く余に近づこうとする。「余が余におけるよりも、更に神は余に近い」とはこの意味である。余が彼から遁れようとしても、彼が余を追いかけるその速度にかつ事は出来ぬ。余がよし神を憎むでも彼が余を愛する度より、より強く憎む事は出来ぬ。神は愛である。全き愛である。絶対の愛である。彼の愛を受けるのは、人間の宿命である。如何に冷やかに神を取扱かっても、彼は神に憎まれるわけにはゆかぬ。それをいやだと云っても神は愛し給う。神を殺しても、神は尚その愛を続け給う。神の愛を殺し切る程の刃は存在せぬ。「弥陀の本願をさまたぐるほどの悪なきが故に」と親鸞も告げた。

人々よ、或る者は神に愛されていないと想うか。だが或る者を愛し或る者を憎むとは人間の推量に過ぎぬ。人は有限な人間の尺度に依って、無限な神の深さを測ってはならぬ。愛されるとか愛されぬとか云う受身の言葉は人が用いる言葉に過ぎぬ。神にあるのは只愛すと云う能動的な言葉のみである。神の愛に迷いは存在せぬ。神は残りなく愛し給う。憎みを入るべき寸毫の余地をも許し給わぬ。神に憎愛の二はあらぬ。彼の愛は憎みを想う事なくしてあり得る愛である。左なき右である。究竟の愛である。神は究竟である。究竟ならざる神は神ではあらぬ。憎みある神は神ではあらぬ。神は罪ある者をも愛し給う。否、罪あるが故に、尚も厚く愛し給う。凡ての存在は神に想わるる存在である。

罪の赦しは確実である。神はその愛を示すのに場合を選ばぬ。或る場合とは人の国にある出来事に過ぎぬ。神は如何なる大罪をも、即刻に躊躇なく赦し給う。神の愛に躊躇はあらぬ。不断なる赦しの用意が彼の心に充ちている。赦しには限りなき神の恵みがある。神に人は赦しを希うか。人に催促せられて彼は赦すのだと想うのか。赦しは求められ又求むるものではなくして、神において既に果されている事実である。神は人の求めを待ち給わぬ。赦しは神が赦すのであって人が求める事によって赦されるのではあらぬ。神は凡てを赦し常に赦す。求められずとも神は赦す。神の赦しを止め得る罪はあらぬ。神は全き神である。神の赦しは確実である。人々は救われるだろうかとか、救われまいかとか云って今尚迷うだろうか。それは神を知らないからだ。神は救うのである。何人をも救うのである。例外なく救うのである。永遠に救いつつあるのである。かつて救ったとか未来にも救うだろうとか云うが如きものではあらぬ。彼の救いは永遠なる現在にある。無限に救いつつあるのである。宗教は救済の意味を極めねばならぬ。神は真に救主である。一切の救い手である。実に救わんが為には神は神の凡てを捧げ給う。喚求せらるるならば自らの生命を賭して迄も吾々を救い給う。神は常に吾々の為に死を用意し給う。死す事によって尚救いを果し給う。ゴルゴタにイエスが血を流したのを、只死んだのだと思うか。彼は殺されたのではなく、救わんが為に生命を賭したのである。贖罪の教義のどこに嘘があるか。神は救いつつあるのである。その救いつつある無限な意志をイエスの死において見る事が出来る。救済は確実である。人が神を信ずると否とに拘らず、神は救済を果し給う。これを疑うのは吾々が疑うに過ぎぬ。疑わるとも否定せられるとも、神は救いを果し給う。神の存在は否定せられても尚厳存する存在である。肯定とか否定とかは人間の微弱な思考の働きに過ぎぬ。神はある。有るだろうかとか無いだろうかとかは人間の空しい思惑に過ぎぬ。神は究竟である故、神における「有」は無と云う反律を持たぬ「有」である。神があるのは神自身の動かし得ない意志である。吾々は彼の存在を妨げる何の力をも持たぬ。吾々の思惟によって是認し得るが故に、神の存在が許されるのではない。肯定否定の吾々の理論は、神の存在と何の関わりもあらぬ。神は如何なる場合でも如何なる者をも例外なく愛し、赦し救い給う。これを阻止し得る力を吾々は持たぬ。「畏るべき恋人だ」と詩人は神を名づけた。この神の恋を誰が止め得よう。よし吾々が冷やかであっても神は心に燃えている。否、冷やかであればある程神は益々燃えている。彼の愛を破り得る憎みがどこにあろう。彼の聖さを犯し得る罪がどこにあろう。善人を神は愛す。しかし悪人をも神は愛す。否、悪人なるが故に尚神は彼を愛する。「善人なおもて往生を遂ぐ、いわんや悪人をや」と親鸞は書いた。これ程明らかな、これ程信実な言葉がこの世にあり得ようか。

人は浄土を疑うか。天国の有無に今尚迷うか。それは神を信じないからだ。浄土とは神の国だ。神が在り、住む国だ。有るかとか無いかとかは吾々の疑いに過ぎぬ。だが疑わるるとも在るのが浄土だ。疑われても尚あるものを、どうして疑い得るのだ。浄土とは信ぜらるべき浄土だ。現世は疑いの現世だ。迷いがあり憎みがあり罪がある現世だ。しかし浄土は神の住む国土だ。愛があり赦しがあり救いがある。それは空想の世界でもなく仮定の世界でもない。又主観の世界でもなく模糊とした世界でもない。空とか実とか、主観とか客観とか、明とか暗とかは再び人間の分別に過ぎぬ。神は究竟である。究竟の世界には定律、反律の二はあらぬ。対辞なき世界である。既に神が在り、神が愛すと云うのは、無上な権威であって、疑う余地を許さぬ。愛とは既に愛すると云う権威の君臨である。神が在ると云う事実の前に、無いと云う人間の言葉は許されておらぬ。神は犯し難い神聖である。人々は無条件に信じ入らねばならぬ。神は神自身において永劫な不変な確実な神である。この見えざる神より、より確かな者がどこにあろう。彼が住む浄土よりも、より真実な世界がどこにあろう。凡てのものは神の愛によって保証せられている。浄土に甦るべき事を約束されている。これを約束する者は誰だと思うか。裏切る事を知らない、憎みを許さぬ、凡てを赦す神、彼自身ではないか。吾々の存在は神に恋されつつある存在である。人はこの恋から遁れる事は出来ぬ。

（一九二二・一二・一一朝）

宗教詩「霊の暗夜」

一

グレコが残した一枚の風景画「トレドの光景」を私は又も見つめている。私はこの畏ろしい画を見る毎に、霊の厳かな出来事を想う。三百五十年の昔、一つの都が宗教の力に燃え上っていたのがありありと見える想いがする。流れる生命の河が深い谿を穿ち、地は確かな信仰の巌に固められて町を支えている。神が憩う寺院の塔が数多く聳え立って、高い強い壁が幾重にもその都を守っている。雲もさか巻く様に霊の嵐を起している。トレドの風景だと題されてはいるが、街の景色であるよりも、心の恐るべき光景である。

画家がこの一枚の画布を画いていたその頃、恐らくその画きつつあった僧庵の一つに、つれられてきた一人の罪人があった。聖女テレサが時の王フィリップ二世にその許しを乞い希ったに拘らず、教えを乱すものとして苛酷な刑を宣告された。それは千五百七十七年の年の暮であって、縛られているのは（今日こそ偉大な一人の聖者として仰がれている）十字の聖ヨハネ San Juan de la cruz であった。教父ヨセフの残した古記録によれば、彼が入れられた牢獄は僅か三畳の室であった。四方には一つの窓もなく、只上の方に小さな切口があった。夕ぐれ近く点心の頃、彼は牢獄の食堂で水とパンとをとる事を許されていた。それが終れば所刑の時間であった。終生傷痕で終った彼の肩は、その時その時に忘れられずに加えられた鞭の犠牲であった。血がにじんだ彼の衣は着更える事をすら許されなかった。かくして彼は毎日毎日ほとんど日の光を見る事なく、八ヶ月を暗い冷い室で過した。顔は青ざめ肉は落ち死も迫っている様に見えた。しかし罪人は不可思議な罪人であった。彼は何等の反抗を示す事なく、その苦痛を進んで迎える様に見えた。そうして鍵の音が冴え響いて重い戸を開ける時、看守はいつも戸が開くのも気づかずに、禱りつつある者の姿を見た。心のみが活きている衰えた瘠せた姿を見た。

かくして日々の処刑の為に生命の終りが近づく様に見えた。しかし凡てのものが静寂に帰った或る夜、或る力がその衰えた体を立たせて、彼を牢獄から逃れさせた。破り得ない鉄柵や、高い壁や知らない道を、深い真夜中にどうして事なく過ぎて行ったか、誰もそれを語る事は出来ぬ。彼は神の御告げによったのであると自ら語った。

彼が光に導かれて過ぎた小路も、又は彼が辿りついたカルメライトの僧庵もあのグレコの絵のどこかにあるのであろう。暗い嵐につつまれたトレドの町を画いた時、画家はむしろその町に起りつつあったこの驚くべき出来事を画いていたとも云えよう。そうして世界が永遠の一枚の画をグレコの筆から得ていた時、世界は又同じ様に同じ時に同じ町から一つの詩歌を得ていたのである。今日スペインが世界に贈った最も深い宗教詩は、その頃その牢獄の中でその聖者によって心に綴られていたのである。

私はグレコの絵を好むと同じ様に、ヨハネの詩に畏ろしさを感じている。私はそれ等を味わう毎に宗教が生命に喰い込んでいたその時代を想う。あの古風なほとんど昔と変らないトレドの町に、かつては三人の慕わしい人々が同じ時に住んでいたのである。カルメルの清規を甦らした聖女テレサとその法嗣となった聖ヨハネとドミニカンの画伯グレコとはトレドの名と共に永く消えないであろう。

二

宗教詩「霊の暗夜」の著者十字の聖ヨハネは十六世紀の後半（一五四二―一五九一）にいた偉大な修道僧であった。彼は律宗の僧としてその典型的な一生を送った。彼は厳かな苦行によって、残りなく肉体の拘束を脱しようと求めた。人々は度の過ぎた彼の修業に冷やかな思いをすら感じている。だが彼の心の焔の熱さを誰が知り得よう。彼は純に霊の力に甦り、神への全き帰依を果そうと努めた。その努力に現れた燃え上る彼の意志を誰が否み得よう。静かに厳かに酷しく戒律を身に受けた彼は、心においては豊かな、否、むしろ焔の様な熱い想いに活きていた。地の事には冷やかであり、むしろ進んで苦しみをこそ受けようとしたが、しかし天の事には激する心に燃えていた。なぜなら彼にはこれより美しいとは思われぬ一人の恋人がそこに住んでいたからである。神の子イエスは彼の花嫁であった。彼はこの恋に浸っていたが故に、冷い牢獄も婚姻の空として迎えられた。かくして彼は詩人となるべき境遇に自らを見出していた。幾つかの詩歌が、不滅な詩歌がその苦難の月日において彼から生れた。

詩は暗さに味わわれた悦びの讃美であった。しばしば深い宗教的思索者によって味わわれたあの「聖暗」と「愛」との二つの象徴が、彼の心の住んでいた世界であった。その暗い苦しい牢獄の中で、神の恋に燃えていた彼には、如何にこの二つの神秘がひしひしと味わわれたであろう。

「聖暗」の思想が基教に深く入ったのはディオニシウス・アレオパジテの「神秘神学」からであろう。彼によって神の深さは暗さに譬えられた。人の知にとっては説き得ない玄の境だからである。余りに光に満ちるが故に眩くして何ものをも見得ないのである。「赫々たる暗黒」又は「よき暗さ」であるとそれは呼ばれた。ヨハネがこの深さを味わった時、彼は「夜」にそれを譬えた。「霊の暗夜」が彼の愛した世界であった。光を持たない暗い獄屋が彼にとっては如何に神の世界そのままに感じられたであろう。人もない何者もないその室で、彼は只彼の恋人と二人ぎりでいる悦びを受けた。暗さとは何ものもあらぬ謂である。何ものもあらぬとは、只神のみがいるという意味である。

「愛」の神学は早くもソロモンの雅歌に起り、聖ベルナルドによって深められ、遂にヨハネの詩歌に及んだのである。愛は一である。二つの心が一つに流れる様である。人と神との抱擁は冷やかな言葉では画けぬ。否、如何なる言葉もその温かさに及ぶ事は出来ぬ。「愛」が、更に又「恋」がその真景である。宗教の極致は愛の法悦によって体得される。神は人の恋人であり、人は神の恋人である。

これ等の主要な二つの思想が、これから語ろうとする詩の主題である。

残された三十二個の詩歌のうち、彼の名を永遠に残さずにおかないのは、なかんずくこの「霊の暗夜」と題した一つであろう、彼自らもこの詩を深く愛した様である。彼の二つの主要な著書は 'Subida del Monte Carmelo'「カルメル登山」及び 'Noche oscura del Alma'「霊の暗夜」と題され共に右の詩の註解である。その鋭い心霊の解剖において、これ等に比敵し得る本はこの世に多くはないであろう。宗派の何れを問わず、凡ての教徒から読まれねばならぬ本であると私は考えている。私はその主題である八章からなる詩歌に就て筆を続けてゆこう。

三

詩は次の様な胸を圧する句を以て書き起された。

(1) In a dark night,
With anxious love inflamed,
O, happy lot!
Forth unobserved I went,
My house being now at rest.

「暗い真夜中に、燃え上る愛に悩みながら、誰にも気附かれずに外に出るのである。吾が家は今静けさに帰っている。おお、如何に幸いな機縁であるよ。」

悩む愛とは神を恋う心である。恋は燃え上る恋である。暗き夜とはもろもろの慾を断ち切った聖貧の境である。総てを棄てるとは、総てを神に求めようとする心である。彼は出家して神を訪ねようとするのである。人は眠り凡ては寂静に帰っている。彼の旅立ちを妨げる何ものもこの世にはあらぬ。これほど祝福せられた場合が他にあるであろうか。

(2) In darkness and in safety,
By the secret ladder, disguised,
O, happy lot!
In darkness and concealment,
My house being now at rest.

「闇の中にしかも安らかに、装いを換えて見えない階段を昇ってゆくのである。闇の中に深く匿れて、吾が家は今静けさに帰っている。おお如何に幸いな場合であるよ。」

外は暗くあるとも、彼は神に護られている。今や身を法衣に換えて、神の梯子を辿ってゆくのである。顧れば吾が家はまだ眠りに沈んでいる。これ程悦ばしい命数がかつていつあったであろう。ヤコブが夢みたと云うこの梯子ほ天に繋がれているではないか。

(3) In that happy night,
In secret, seen of none,
Seeing nought myself,
Without other light or guide
Save that which in my heart was burning.

「この幸いな夜のさ中に、密かに誰にも見られずに、又何ものをも見ずに進むのである。照らす光は何処にもあらぬ。だが心に燃える焔ばかりが私を前に導いてくれる。」

暗くして彼の囲りには何ものもあらぬ。悦ばしいこの真夜中に只あるのは神ばかりである。彼は彼を導く灯火を求めぬ。燃ゆる光が彼の心から溢れ出るからである。内なる光のみが人を神の都に近づけるのである。

(4) That light guided me
More surely than the noonday sun

To the place where He was waiting for me,
Whom I knew well,
And where none appeared.

「その光は日の光よりも尚輝かしく、私を待ちわびる神の御許に導いてくれる。私が知る親しい神のほかに誰もそこには居ないのである。」

彼は神の光に照らされている。暗くとも彼の足に躓きはあらぬ。日の光も神の明るさに及ぶ事は出来ぬ。道は見失われずに踏まれている。彼は彼を待つ神に逢いに行くのである。辿りゆく所には誰もあらぬ。只彼を待ちわびる神ばかりがいる。愛は光である。愛は一である。

(5) O, guiding night;
O, night more lovely than the dawn;
O, night that hast united
The lover with His beloved,
And changed her into her love.

「おお、吾れをかくも導く夜よ、おお、暁よりも美しき夜よ、おお恋人を恋人に、彼を彼女に結ぶその暗き夜よ。」

光よりも輝かしき暗さ、聖暗の境に今は彷徨うのである。この夜こそは人と神とが逢う室房である。晨よりも尚美しいその真夜中において、深い愛の契りが交されるのである。今や二つの霊が一つの霊に流れようとする。この融合の刹那こそ幸の極みではないか。

(6) On my flowery bosom,
Kept whole for Him alone,
There He reposed and slept;
And I caressed Him, and the waving
Of the cedars fanned Him.

「花咲く吾が胸に神は憩い休み給う。そは神の為にのみ設けた褥である。かくして胸に彼を抱く時揺ぐ香柏もそよ吹く風を送っている。」

既に外に求める神はあらぬ。彼は吾が内に来り休み給う。彼が活きるのではあらぬ。神が彼に活きるのである。彼の胸は花咲く神の褥である。柔かき雰囲気が彼等二人を包むでいる。人々が呼んで多忙なる休息と見做す場合が彼に与えられているのである。

(7) As His hair floated in the breeze
That blew from the turret,
He struck me on the neck
With His gentle hand,
And all sensation left me.

「塔からのそよ吹く風に、神の黒髪が棚引く時、彼は御手もて静かに吾れを撫で給う。凡てが忘れられる失心の刹那である。」

凡てを忘れる刹那が神を覚える刹那である。人は神に楽しみ、神は人に親んでいる。母が子を撫でる如く、神は人に御手を触れる事を愛し給う。この愛において人は自我を越える深さに活きる。

(8) I continued in oblivion lost,
My head was resting on my love,
Lost to all things and myself,
And, amid the lilies forgotten,
Threw all my cares away.

「尚も凡てを忘れ空しくし、吾が頭は恋人の上に休らうのである。何ものをも離れ、自らをも離れるその時、凡ての瀆れはあの白百合の中に浄め去られる。」

神と抱き抱かれる時、人は凡てを忘れ自らを忘れ、かくて神をすら忘れるであろう。空しいこの時こそ、凡てが満たされる瞬間である。瀆れし身は何処にもあらぬ。拭うが如き白百合が彼を語る姿である。

四

私はこの詩を限りなく好む。稀に見る典型的な宗教詩ではないか。深さが恐ろしい迄に現われている。あの真夜中に神の光に導かれて、牢獄を出た彼の直下の経験が、凡ての言葉を貫いている。

句は句を追って如何に如実に信仰の生活を物語っているであろう。神秘を味わった凡ての思索者が数えたあの順礼の足跡、即ち幾つかの過ぎねばならぬ谿間、越えねばならぬ道、登らねばならぬ階段が、美しくもここに歌われている。一節が一節を重ねる毎に、心はいや深い世界に進んでゆく。

第一齣は云う迄もなく発心の初程である。求道の心に燃えて、身を棄て世を棄てる場合である。神の姿を見たいばかりに、出家して涯しなき旅に出るのである。固い意志にとっては、この世の牢獄も、もはや彼を妨げる力とはならぬ。精進苦行のこの境は地の人からは夜と呼ばれる。なぜならそれは「地上の凡ての快楽に対する慾望の根絶である。これは人間の凡ての慾望と感覚とにとっては夜である」。これは霊が味わわねばならぬ最初の暗夜である。浄罪の階段を踏まぬものは、神の宮居を訪う事は出来ぬ。

第二齣は身を法衣に着更えて宗門に入るのである。密められたヤコブの階段が高く天に連っている。新しい第一歩は始るのである。地の眼からすれば何ものも見えぬ真夜中である。しかし神に守られた彼の足に躓きはあらぬ。信ずる者には輝く夜である。彼は神を行く手に求める。しかし神は遠きに在す神ではあらぬ。見よ、彼が歩くのではない、見えない御手が彼の手をとって昇るのである。人が神を愛するより先き、神は既に人を愛し給う。

第三齣は凡ての神秘家が心に知る「内なる光」を歌うのである。心は何処を指して彷徨うのであるか、それは外に出る旅ではあらぬ。内に帰るのが順礼の旅である。外に一物もないとは云え、内に凡てがあるのである。如何に幸福な暗夜であろう。そこに何ものもないとは、神のみがあるとの意味であろう。否、凡ての者が神である。神のほかに、何ものもなき故の暗夜である。故に輝く暗夜である。内なる光に照らされて、辿り行く道が見えるのである。識るもののみに識らるる幸いな歴程ではないか。

第四齣はその光の明るさを歌う。見えない内なる光よりも、より光る光りはあらぬ。かかる光は地上には匿された暗さである。「信仰は理知から見れば夜の如く見える」と聖者は書いた。これは第二の暗夜と呼ばれる。知にとっての暗夜である。だがこの暗いと思われる信仰の世界より、より明るい世界はあらぬ。彼は第一には慾を棄て第二には驕る知識をも棄てる。その時こそ神に凡てを得るのである。暗き夜には何ものもあらぬ。只彼が恋し彼を恋する神ばかりがいるのである。光は彼をその恋人に誘う。

第五齣では味わわれる法悦を語る。彼を恋人に導くその暗夜を歌う。所謂「聖暗」への讃歌である。第三の最後の夜である。

何故それが暗さであるか、「超絶無限の神は、この世においては霊の暗夜である」。余りに深きが故に説く事は出来ぬ。説くを許さぬ玄の境である。それは暗さとこそ呼ばれねばならぬ。眩くして何ものも見えぬ。輝き溢れる暗さである。「赫々たる暗黒」と呼ばれ「聖暗」と呼ばれるのはこれが為である。かかる暗さのさ中において、神と人とは一つに交る。聖暗が融合の刹那である。

第六齣はその結合の悦びを歌う。もはや外に求むる心もなく又求めらるる神もあらぬ。彼の心が花咲く神の褥である。神は来ってそこに休む、休み且つ眠るのである。神が彼の心に静かに宿る。そよ吹く風に、心なき木の葉さえも神を扇いでいる。平和な様ではないか。求める心は休む心に迄深まらねばならぬ。しかしそれは徒らな休らいではあらぬ。神と心とが繁く語り合う饒舌の沈黙である。

第七齣は進んで遊戯の境である。今は神と抱き抱かれつつ遊ぶ。温き御手が襟もとに触れる時、心は悦惚として凡ての意識すらあらぬ。神は来って我に遊び、我れは往いて神に楽しむのである。憐む心もあらぬ、求むる心もあらぬ。知る心もなく語る心もあらぬ。凡ては今遊ぶ心に迄高められる。母の膝の上に無心に戯れる昔が還る。陶然として神に酔うのである。神を意識する心は、いつか神に凡てを忘れるその境に迄来らねばならぬ。

第八齣は忘我の境である。無為寂静の境である。何ものもなく我もなく、その無もなき皆空の浄さを歌う。ここには残る一物もあらぬ。凡ては聖さに充たされているからである。否、今は聖さそれ自らであるが故に、聖さをすら求めぬ。求める物もなく求める我もなく求める神すらあらぬ。この境に沈まぬ間、人は彼の濆れを拭う事は出来ぬ。この浄さを何にか譬え得よう。あの蓮華はその活きた姿であろう。あの白百合こそはその浄さの徽であろう。

一に悩み、一を慕い、一に進み、一を捕え、一に入り、一に交り、一に融け、一に楽しみ、一に遊び、一に忘れ、一をすら忘れる時、人は順礼の最後を終るのである。

——もし読者にしてこの詩歌に心を引かれるならば、彼には Lewis の書いたヨハネの伝記は刺激多いものであろう。又聖者が残してくれた四つの著書は生涯の友となるであろう。ここに掲げた英訳は Lewis の筆になったのである。詩歌をその原語で読まないならば、恐らく何ものをも読まないのに等しいかもしれぬ。しかしスペイン語を知らない私は、中で正確だと云われる訳に頼るよりも道がない。このほか読んで美しいのは Symons の訳である。二巻のテレサ伝を書いた Graham 夫人の訳がある事をも書き添えておこう。——

（一九二二・二・一四）

神の問題

一

触れよう触れようとして、今迄触れなかったこの問題に、遂に触れる時が私に来たように思う。私の宗教的思索が常に預想した所の神の存在を、単に預想に止めずに、今問題に迄進めようとするのである。

だが劈頭に私は一つのDilemmaに逢着しているのを省みないわけにはゆかぬ。今神を一つの問題とすると云うが、問題化し得ないものが神ではあるまいか。なぜなら思惟の対象となるものは凡て相対の域を越えないからである。判断は肯定と否定との二律を要求し、思惟は思う主と思わるる客との二体を預想する。神が「一」であるならば、彼は二つに判かるる事を許さぬであろう。二の世界に移すならば、それは既に「一」であり得ないではないか。実に神を対象として取り扱う時、人は神ならぬものを取り扱いつつある矛盾に陥るのである。

私はこの避くべからざる窮境をどう越えたらいいのであるか。神の問題は永えに思惟の世界から放棄すべきであろうか。しかしそれは不可知な彼岸に神を封じ去った迄で、私達の生命に交る温い神の理解とはならぬであろう。私はこの間に立って如何に処置すべきかの試練に逢いつつあるのである。

昔エックハルトは「考えるべき以上のことを考えたエックハルト」として、その著書を法王から封じられた。私もまた考えるまじき事を考えようとしつつあるのであろうか。しかし自然が吾々に活きよと命じているその声の中には、考えよと云う声も交っているではないか。私自身には考えぬくべき力が無いかも知れぬ。又神も私に究竟に就て考える事を許さぬかもしれぬ。しかしなぜ私にかかる力がなく、又神がそれを許さぬかを考える自由だけは許しているであろう。見知らぬ声があって私にそれを考えよと命じている。喚ばれているならば何か使命があるのであろう。私は考えを前に進めなければならぬ。人類が永い間思い苦しんだ最後の問題、神の存在に就て私も考えるべき時機に到達した。

二

誰も神の存在を証明したく希う。それが証明せられる時の悦びを想う。しかし人は神を証明する前にかかる事がどうして成立するかを省みたろうか。又証明せられた神とは、如何なるものであるかを想った事があるだろうか。これを省みずして証明を企てようとするのは如何にも粗笨であり不用意ではないか。人は彼の証明が無限に確実であると云う事をどうして保証し得たのであるか。

世の人は証明を愛し、証明せられるものに頼る。見える形を求め、示される徴《しるし》を請い、確かなる証《あかし》を希う。幾度人は神の存在に保証をと求めたであろう。論証は種々な形において考えられ企てられた。もしこれが成功するならば、その時こそ神は信じられねばならぬと考えられた。実に多くの人々が信仰を持ち得ないのは、満足すべき神の証明が未だにないからである。

しかし信仰が証明に依存すると考える彼等の態度、又は論証そのものが、最後の確実さを与えると見做す彼等の信頼、これ等の事それ自身は如何なる基礎に立っているのであろうか。少しく思索を精密に進めるならば、彼等が頼ろうとするその論証が、その本質上有限の閾域を越え得ない事を早くも知るであろう。

ここに論証とは論理的証明との義である。それは法則に基くが故に普遍であり客観であると云われる。しかし論理の世界とは、種々なる世界の一つの場所を占めるに過ぎぬ。それは一個の世界であって唯一なる世界ではあらぬ。論理的確実は只論理の世界においてのみ確実であり普遍であると云う意に過ぎぬ。

さて、論理の法則は、その本質上矛盾する二個の世界を許す時にのみ効果を持つのである。その三法則である同一律も矛盾律も、排中律も共にこの事を預想する。何となれば同一と云う事は、二つのものがあって後云い得るに過ぎぬ。矛盾と云う事は二つのものが対する事によって起る矛盾である。排中と云う事も、その左右に二つのものを許してのみ云い得るに過ぎぬ。一律の世界に建ち得る論理の家はあらぬ。論理が可能となるのは、かかる二元の世界を最初から許すからである。

かかる論理的法則に依拠する判断も実に二の世界を出でぬ。それは真に対して偽を撰ぶと云う事に過ぎぬ。否定に対して肯定すると云う事に過ぎぬ。判くと云う事は分けると云う事である。或る一つの断案を選ぶとは、二つのものからその中の一つを選ぶと云う意である。選ばれた一つは選ばれないものへの対辞である。如何にその断案が真であり微であろうとも、それは相対的断案に過ぎぬ。

次に論理的思惟の対象とは何を意味するのであるか。対象の世界とは如何なる性質を持つのであるか。対象とは思う主体に対する客体である。主客の二を預件とせずして思惟は成立せぬ。故に論理の世界は二律の世界である。従って思う主体も対象化せられる客体も共に相対の世界にある。一歩この世界を越えるものは実に思惟の対象とはならぬ。故にかかる超越的世界においで思惟は成立せぬ。

これ等の性質から吾々は誤りなく次の事を云い得るであろう。もしも論理的神が神であるなら、彼は唯一なる神ではなく、ただ一つの神に過ぎぬ。もしも神を論理の世界に入れ得るならば、それは相対化せられた神に過ぎぬ。もしも神を論理の判断に委ねるならば、彼は分れた二としての神に過ぎぬ。もしも神を論理的思惟の対象となすなら、神は相対の域に降った神に過ぎぬ。人々は論証せられる神を求める。しかし論証せられた神が如何に哀れむべき貧しい神であるかを気附かずにいる。人々が論証する事によって神を確かに握ったと思う時、神は実に神の性質を放棄しているのである。神に証拠を求めるものは、虚空を求めるのと等しい。かつて証明された神はなく、今も証明し得る神はなく、又永えに証明される神はあらぬ。否、証明され得る如き神はもともと神ではあらぬ。神は肯定され得る何ものでもなく、又否定され得る何ものでもあらぬ。もしこの世に神に関する知識が可能であるなら、それは論理の範疇を越えたものでなければならぬ。

人は論理の確実さに執着する。しかしそれが確実なものとしての力には、極限がある事を知らねばならぬ。客観的であると云う事は、論理的にのみ客観的であると云う事を忘れてはならぬ。ある内容が真に確実であるとは、客観的なるが為ではなく、主観客観の二を越えた基礎を持つが故でなければならぬ。論理の相対性に究竟なものを求める事は出来ぬ。論理的根拠は、確実なるものの全部ではなく僅かその一部に過ぎぬ。論理性が合理性の一切ではあらぬ。

神の存在に関する証明は、それ自身徒労であるのみならず、恐らく又無意味であろう。有限な判断の上に神を見出したとて、それがどうして無上な神であり得よう。驕る知が神を証明したと思う時、実は神ならぬものを証明しているに過ぎないではないか。神の問題は論理的認識論の携わり得るものではあらぬ。

人々よ、何故にかく迄証明を愛するのであるか。見ゆる証拠を愛するとは、無限の世界が心から離れている徴ではないか。証明に依存する事によって理解せらるる神は何処にもあらぬ。証明がこの世を支配する時、神はこの世から隠れるのである。

昔ユダヤ人は徴 Sign を請い、ギリシャ人は知慧 Wisdom を求めた。しかし今の人は証明 Proof を求める。一度はキリストにおいて、一度は仏陀において、無上なものが固く握られたに拘わらず、人々は疑うまじきことを尚も疑おうとしている。彼等は見える形を求め、思い得る知識を愛する。しかし形而上の世界に活き得ない者は、神の世界を見る事は出来ぬ。

吾が知識と云うが如きものに幾許の力があろう。もし永えな知識と云うが如きものがあり得るなら、それは神が所有する知識でこそあらねばならぬ。人々は絶対な証明をと求める。それなら何故人間がもつ有限な証明を放棄しないのであるか。この世に絶対な証明と云うが如きものがあるなら、それは神のみが持ち得る証明ではないか。それ自身において完くせらるる証明、自律する証明、かかるものこそ永遠の保証ではないか。もし真に確実な証明を握ろうとするなら、あの東洋において深く味わわれた「自証」の世界に迄入らねばならぬ。自証とは自明との意がある。自明なるが故に分明にせらるる余地を残さぬ。自証なるが故に分別せらるる必要を持たぬ。かかる無上な証明、即ち自証せらるるものは吾等の知の世界にはあらぬ。それは只神のみがなし能う保証である。

そうであるなら、何故に人は神の存在の証明を、神自身の保証に委ねないのであるか。自証に優る証明が何処にあろう。吾が知が企てる証明と云うが如きものは、既に権威を持たぬ。この世に真に完き不変な神の存在への証明があるなら、それは神自身が自身の存在を証明するその証明でこそあらねばならぬ。神の存在に永遠な不動な証明を求める事が人類の希願であるなら、吾々は早くその保証が神自身によって果されん事を希わねばならぬ。否、神のみがかかる事をなし得るのであると信じ切らねばならぬ。

三

しかし古来選ばれた神の存在の証明のうち、最も有力であると見做されるものを、一応省みる必要があるであろう。証明は三つの大きな道をとって現われた様に考えられる。

第一は因果律に基いて、万象の原因としての神を認めようとする。世界が結果であるならば、必然結果を生ずべき原因がなければならぬ。かかる原因の究極は自らにおいて原因するが如きものでなければならぬ。即ち自因するかかるものを神とこそ呼ぶのである。神はこの場合宇宙の創造者として理解される。故にこの論証は一般に宇宙論的立論 Cosmological argument と呼ばれている。

第二は宇宙の目的としての神を追尋する。万象は目的の許に意匠せられ画策せられたものでなければならぬ。宇宙の法則を思い進化の途程を見るならば、そこに何等かの目的ある意志が働いているではないか。かかる意志そのものに神の存在を認知しようとする。故にこの論は、目的論的立論 Teleological argument と名づけられる。

しかしこれ等の立論は厳密な意味の論理的証明と云うよりも、むしろ心情に要求せられた主張である。哲学的に見て最も深いものを求めるならば、第三の実体論的立論 Ontological argument に来なければならぬ。この立論はカントの如き有力な哲学者から反対せられてはいるが、恐らく神に関する論証としては最も深きものであると私は思う。この思想は古くはプラトーの観念論に発し、中世紀においてアンセルムスによって大成せられ、デカルトにおいて深く哲学に入り、近くはライプニッツ及びヘーゲルによって支えられた思想の流れである。なかんずくその代表者はアンセルムス Anselms と、デカルト Descartes とである。

基教を普遍的原理の上に基礎づけようとしたアンセルムスは、神の存在を又確実な論拠の上に見出そうと努めた。彼の著 Proslogium に書かれたその有名な立論は真に単純にして明晰なものであった。この世に神の観念がある事は否定する事が出来ぬ。何となればそれを否定する時も、神の観念を持っているからである。さて、神の観念とは如何なるものであるか。神とはより以上の優れたものを考え得ない最高なものとの義である。もとよりこの観念の中には存在すると云う属性も含まれている。何となれば実在しないならばそれは完全な者ではあらぬ。故にかかる最高なものは観念たるに止らず、存在するとの意があらねばならぬ。観念に止るものと、実在するものとを比較するなら、後者の方が一層完全である。故に神は単に観念に在るのみならず、実際にも在るものでなければならぬ。完全なる神との観念には、実在する神と云う事が既に約束せられている。愚な者は神無しと云うかもしれぬ。しかしかく云う時彼は既に神なる観念を持っている。そうして神の観念は必然神の存在を内意する。故に神無しと云う時、彼は実に神の存在を肯定しつつある矛盾に陥っている。

その時の僧ガウニロ Gaunilo は、「愚な者」の為に弁護してアンセルムスの思想を批評した。観念は必ずしも実在を伴うものではあらぬ。例えば吾々はかつてあったが今はない世にも美しい、否、より美しいものは他にあり得ぬと思う程の美しい島を観念のうちに持つ事が出来る。アンセルムスによればかかる島は今も現にあると云わねばならぬと。アンセルムスの答えはこうであった。かかる比喩は力を持たぬ。何となればかつてあったとか、島とか云う如き観念は、完全と云う内容を必然に伴いはしない。しかしながらひとり神の観念においては、必然に完全なる者、実在する者との意が内意される。神なる観念があることによって、神が存在する事は必然に立証されているのである。

近世哲学においてこの立論を一層深めたのはデカルトであった。アンセルムスが神の観念にその立論の出発を得たのに対して、デカルトは我の有する神の観念にその論拠を進めた。吾々は思いつつある存在である。思うと云う事は否定する事が出来ぬ。何となれば既に思う事なくしては、思う事を否定する事が出来ないからである。さて、思うとは思う主体を預想する。思いつつある我は、存在しつつある我である。我れ思う故に我ありとは自明な事と云わねばならぬ。しかし我れ思い疑うと云う事はそもそも何を意味するのであるか。もし吾々が完全であるなら、ものを疑うと云う事はあり得ない。故に我れ疑うと云う事は、我れ不完全なる故に疑うと云う意がある。然らば不完全と云うことは如何にして知らるるのであるか。もし完全と云う事がなければ、不完全と云う事はあり得ないであろう。故に完全と云う観念が吾々にある事も又否定し得ないことである。

さて、神の観念とは最も完全なる者との観念である。しかも完全と云う観念には実在するものと云う事が含まれている。何となれば実在しないものは既に完全なものではないからである。丁度谷なき山を思い得ない如く、吾々は実在せざる完全者を思う事は出来ぬ。神の観念に実在するものとの義が必然に伴うのは、丁度三角形の内角の和が二直角に等しいと云う事を必然に伴うのと同じである。或る者は反駁して云うであろう。翼ある馬と云う事を観念として持つ事は出来る。しかしかかるものは決して実在しないと。しかし吾々は同時に翼なき馬と云う観念をも持つ事は出来るが、実在せざる神と云う観念を持つ事は出来ぬ。かくして完全者と云う観念には、必然に実在する者と云う事が約束せられてある。

さて、吾々は不完全な存在であるが故に、完全なる神はその実在の度において、遥かに我れに優っていると云わねばならぬ。故に因果律によって不完全なる我が、完全なものの原因となる事は出来ぬ。何となればもし原因が結果よりも実在の度において少ないならば、結果における剰余は、無から生じたと云う不合理に陥らねばならぬ。故に我は神の観念の原因となる事は出来ぬ。我が自ら原因となって神を思い得るのではない。却って神が在って我に神の観念を与えるのである。故に神の観念は我における神の啓示である。かくして我が神と云う観念を持つ事によって、神が実在する事は明らかに知られるのである。我れ神を想うと云う事よりして、神ありと云う事は必然に隠約される。神が存在しないならば吾々は神と云う観念を持つ事は出来ぬ。神の存在と神の観念とを二つに分つ事は出来ぬ。

スコラ哲学者の中で最も理性を重じたアンセルムスにより、又近世合理論の祖であるデカルトによって、これ等の論証が企てられたのは必然な結果であった。しかし論証し得ざる事柄に対して、この論拠が有力であるのは、恐らくこれが思弁的論理に依るよりも、多く直観的根拠に依っているが故ではあるまいか。デカルトにおいて「我れ思う、故に我あり」と云う事が推論ではなくして直覚であった様に、「我れ神を思う、故に神あり」と云う彼の立論は、同じ様に必然な自から明らかな根柢に依ると見做すべきものであろう。しかし私はこの有名な論証がどこ迄真であるかを省みねばならぬ。

四

アンセルムスが云った様に、何人も神の観念から離れる事は出来ぬ。何となれば、既に神の観念を持たずしては、神の観念を否定する事が出来ないからである。何等かの内容において、吾々が神の観念の保有者である事は事実である。しかしかかる観念が、たとえ完全と云う観念であっても、かかる完全と云う観念そのものが、完全であると思ってはならぬ。否、吾々は実に不完全な「完全と云う観念」を持ち得るのみではあるまいか。厳密に云って、不完全なる吾々が、完全なるものを考え尽す事は出来ぬ。それが出来得るなら、吾々自身が完全でなければならぬ。デカルトは不完全に対比して、完全なる観念は必然に得られると云うが、不完全に対する完全は相対的完全ではないか。完全とは単なる不完全の否定ではなく、より多く実在の度を持つと云う積極的理由があるとデカルトは主張する。しかしより多き度に現われる実在は比較であって、尚相対的実在ではないか。吾々がもつ完全と云う観念はそれ自身不完全の域を出る事が出来ぬ。不完全なる吾々が持つ観念と云う事が、直ちにそれを証しているではないか。実在と云う事を想わずして完全を想い得ないと云っても、吾々が持つ実在とか完全とか云う内容は、ことごとく相対的理解を越えないではないか。もし仮りに完全な「完全と云う観念」があり得るなら、実体論的主張は真理として承認し得るであろう。しかしそれは許されざる前提である。吾々は完全と云う観念を完全に持つ事は出来ぬ。云い換えれば吾々には不完全な完全を想い得るのみである。かかる不完全なものがそのままに実在するとも、吾々の求める神とはならないであろう。

完全とか不完全とかは凡て相対の意を出ない。故に吾々が持つ完全と云う観念において、全き神の観念を見出そうとする事は許されておらぬ。吾々の思想の中に完全と云う事があるのではない。却って吾々の思想は完全なるものを限定したものに過ぎぬ。真に神が完きものであるなら、それは吾々が云い得る完全とか不完全とかの言葉を越えたものでなければならぬ。(実に私がかく云う事において画いている神の観念も、又相対の域を出てはいないのである)。

試みに吾々が持ち得る完全と云う観念、即ち最高の観念と云うが如きものを考えて見よう。例えば万能とか至善とか実体とか、又は無上とか無限とか絶対とか云う事が思い起されるであろう。そうしてこれ等のものこそ神の正しい属性であると考えている。実に最高な属性の無限の集団において神を心に画くのである。しかしかかる観念が吾々に現われる時、果してそれ等の性質を、対辞なくして考え得るであろうか。それ等の内容はやはり、不能とか至悪とか虚無とか又は無下とか有限とか相対とかに対してのみ考えられているのである。それ等のものは対比とか比較とかの境を脱する事が出来ぬ。吾々が画き得る凡ての属性は相対的である。しかし相対の加は究竟を産む事は出来ぬ。五十度の温度と五十度の温度との加は、百度の熱にはならぬ。神は属性の総和ではあらぬ。否、究竟なものが神であるなら、神は一切の相対的な属性を越えたものでなければならぬ。属性において示さるる神は、有限の相を示すに過ぎぬ。私はエックハルトの有名な言葉をここに引用しようと思う。

「さて、留意せよ、神は無名である。誰も神に就て知り得ず又一言をも云う事は出来ぬ。それに就て異教の学者が云った事がある。吾々が第一者に就て知り又断定している事は、第一者そのものが何であるかと云う事を示しているのではなく、むしろ吾々自身が何であるかを示しているのである。何となればかかるものは凡ての吾々の言語や知解を超越しているからである。もしも私が神は善なりと云っても、それは真理ではあらぬ。私は善であるが神は善ではあらぬ。私は更に尚云い得よう、私は神よりもより善であると。何となれば善はより善きものに又より善きものは最善なものになり得るからである。さて、神は善ではあらぬが故に、より善きものになる事は出来ぬ。又より善きものになり得ぬ故に、最善なものにもなる事は出来ぬ。これ等の三つのものは神からは遠く離れている。何となれば神は善、より善、最善の凡てを超えたものだからである。又私が神は賢なりと云っても、それは真理ではあらぬ。私は彼よりも賢くある。もしも私が神は有なりと云っても、それは真理ではあらぬ。彼は有を超越した至上の無である。これに就て聖アウグスティヌスも云っている。人が神に関して云い得る最上の事は、彼の内的判断の知識を離れて沈黙すると云う事である。故に沈黙し神に就て想い煩ってはならぬ。何となれば神に就て思い煩う時、汝は偽りをなし罪を犯すからである。もしも汝が罪なきを欲し、全からんとするならば、汝は神に就て思い煩ってはならぬ。神に就て何事をも知る事は許されぬ。何となれば神は凡ての知解を超えているからである。或る師は告げている。もしも私が理解し得る神を持っているなら、私は決して彼を神とは認めまいと」。(Pfeiffer : Eckhart. p. 318)

読者もこれを読んで彼は考えるべき以上の事を考えていると思うだろうか。この部分は法王から邪説として黒表に封じられたものの一つであった。しかし否定し得ない思索の深さがここに在るではないか。人は神によき属性を与える事によって彼を心に画いている。しかし吾々は神に如何なる性質をも与えてはならぬ。凡ての性質は、神の性質ではなく、吾々が画き得る不完全な性質に過ぎぬ。完全と云う観念を完全に持つ事は許されておらぬ。吾々が持ち得る不完全な完全を以て、神を判じる不敬を犯してはならぬ。神は凡ての思惟、凡ての言葉を遥かに超越する。否、かく云う私の言葉によっても、その深さを尽す事は出来ぬ。

私は神の存在と云う。しかし神において存在と云う事は属性ではあらぬ。「神は存在者である」と云う事は、字義的には主辞と賓辞とから成立した一つの文章である。そうして賓辞は主僻の属性を表わすものと解されている。しかし真意はそうではない。神は賓辞 Predicate を許さぬ主辞 Subject である。一般に存在は非存在の対辞と解されているが、存在に究竟な意を求めようとするなら、吾々は存在に対し非存在と云うが如きものを考えてはならぬ。神があると云う場合、かかる「あり」は「ない」と云う対辞を反面に許さぬ究竟の「あり」である。故に神ありと云う事は、対辞 Anti-thesis を許さぬ正辞 Thesis である。故に神において存在と云う事は自在と云う事である。「神に存在あり」ではなく、「神あり」である。かかる「あり」は対辞でもなく又賓辞でもあらぬ。「神あり」とは正辞のみにて主辞のみにて完全する一つの文章である。かかるものはその理解に向って如何なる存在の範疇をも許さぬ。神には吾々が画く存在もなく非存在もあらぬ。只自在のみがあるのである。

自在するものは自在する。吾々が神の存在を証明する事によって、神の存在が承認されるのではない。又吾々の理知がその存在を否定し得たとしても、神の存在が否定されているのではない。又吾々が神の存在に就て何事をも知り得ない事によって、神の存在が暗黒にされているのではない。自在するものは自在するのである。

五

吾々は吾々が持つあらゆる神の観念が、不完全であると云う事を謙譲に承認せねばならぬ。しかし吾々は尚もここに止まらず、実に神に関する一つの知解も、吾々に許されていない事を承認せねばならぬ。即ち吾々の思惟による知識がただに不充分であるのみならず、かかる知識そのものが既に神の前には成立しない事を是認しなければならぬ。かかる承認はカントによって主張せられ、スペンサーにおいてその極に達した不可知論 Agnosticism に私を導く様に見える。しかし私はその、暗黒な結論に止まり得たのではない。同じ道を追求し、却って全く異る世界に導かれた事を漸次に叙述してゆきたく思う。

私は仮りにプロティヌスの言葉をかりて究竟なものをここに「一」と呼ぼう。もとよりかかる「一」が数理的な意味における一でない事は自明である。何となれば数理的な一は多に対する一であって、相対の意を出ないが故に一種の二である。故に宗教的「一」は分ち得ない一、どうあっても二の世界に移す事を許さぬ「一」である。ただに二つに分ち得ないのみならず、これに対峙するものを前後に許さぬ。古人が「円輪なき中心」と云ったその趣きがある。又は「未発なる中」と云うが如き意味がある。

然るに吾々の思惟とか判断とかは如何なる性質を持つであろうか。前にも書いた様に、思惟は只対峙の世界にのみある。それならば「一」が思惟の世界には、どうあっても入らない事は自明ではないか。判断は真偽の二、肯定否定の二、彼此の二を待たねばならぬ。そうであるなら判かるる「一」は何処にもないであろう。「一」は偽に対する真ではあり得ない。故に「一」は真偽の二を超えたものであらねばならぬ。即ち吾々の知はただに相対的であるのみならず、「一」に向っては成立し得ない知である。思惟の対象たるを許す神は何処にもないのである。対象化し得ないものが「一」である。実に吾々が神に就て何事かを考えている時、神でないものを考えていると云う矛盾に陥っている。私はこの事を尚も緻密に考えてゆこう。

私は今対象化し得ないものが神であると云った。しかし厳密に云うならばかかる言葉それ自身が同じ様な矛盾に陥っている。何となれば神は対象化し得ないと云う時、やはり神を対象として云っているのである。もし真に対象化し得ないものなら、対象化し得ないとすら云う事は出来ぬ。神を思う事は出来ぬと私は云う。しかし既に神を思うに非ざれば、かく云う事は出来ないではないか。故に真に神が思い得ないものであるなら、思い得ないと云う事も思い得ない筈である。故に「神を知る」と云う事が自家撞着であると同じ様に、「神は知り得ない」と云う言葉も自家撞着である。かくして一切の判断は神の前に成立しない。神を肯定する事も否定する事も吾々には許されていない。否、実に許されていないとすら云う事は出来ぬ。吾々の判断は常に同一線上を循環する。少しでもその域を出る事が出来ず、少しでも神そのものに触れる事は出来ぬ。否、私のかく云う言葉もまた、その循環の中に在るのである。

それならば神を解そうとするものは、この哀れむべき思惟の循環を断絶しなければならないではないか。神はこれでもなく彼でもない。右にもなく左にもなく、又その中間にもない。否、かかる否定の凡てにもない。否定もまた否定されねばならぬ。「存在しないものは存在するものに優る」と云ったエリゲナの言葉の深さを想う。私はアレオパジテのディオニシウスに発したこの「否定道」に尽きぬ深さがあると想う。又竜樹を中心として起った空観、無限なる否定に真如を追った般若の諸経、又は嘉祥においてこの極頂に達した三論の宗旨に、偉大な真理を見出さざるを得ないでいる。かかる無限の否定は遂には思惟の沈黙に入らねばならぬ。何等の学説、何等の教理にもよらない禅宗が、かくして三論宗から更に発展して現われた事を私は意味深く思う。仏教は言葉においては空観であり、沈黙においては禅定に入った。唐の沙門大珠慧海の「頓悟入道要門論」に云う。「何を以てか宗となし何を以てか旨となす」、「答う、無念を宗となし、妄心を起さざるを旨となす」、「只この無念、これを真念と名づく。菩提は無所念なり。無所念とは即ち一切の処に無心なるこれ無所念なり」、「即ちこれ無念なり、無念を得る時、自然に解脱す」。

経はかつて真如を如何なる言葉で説いたと思うか。金剛経は実に単純に賢明な言葉を私達に残した。「一法の説くなきを、説法と云うのである」と。楞伽経にも美しい仏陀の言葉がある。

「某夜に正覚を生じてより、某夜に涅槃するに至る迄、この二つの中間において、吾れすべて説く所となし」。（大乗入楞伽経無常品）

驕る知識も神を判く事は出来ぬ。聡しい言葉も神を云い破る事は出来ぬ。

吾々は神を知る事は出来ぬ。否、知る事は出来ぬとすら云う事は出来ぬ。私達が神に就て何事かを考えつつある時、実は神ならざるものを考えつつあるのである。考えられた神は既に対象の世界にある。対象の世界は二の世界である。二の世界であるならば、そこは神が在す世界ではあらぬ。吾々は神ならぬものを神として想いつつあるに過ぎぬ。知識に誇るものは、神の居ない世界に神を判いているのである。人は神を疑う、しかし疑われつつある神は神ではあらぬ。人は神の存在を否定する。しかし否定されるものは神ではあらぬ。無神論者の主張は自己背反である。あの鳥を射ようとして空に放った boomerang によって、自らの心臓を射られた者と同じである。彼は思惟の世界における自殺者である。

六

しかし私が思惟を超越した世界に「一」を認める時、丁度カントの「物自体」に向って加えられたと同じ様な非難を受けるかもしれぬ。「一」がもし真に思惟の認識を超越したものであるなら、どうしてかかるものの存在を認識する事が出来るのであるか、これを許すのはそれ自身矛盾である。「一」が思い得ないものなら、「一」と云う考えもあり得ないではないか。のみならず、「一」と云う前に既に「一」と云う何等かの思惟が働いているではないか。「一」と云う思惟があって始めて「一」と云う言葉が生ずるのである。最初から無批判的に「一」を許すのは独断に過ぎぬ。かかる「一」は思惟されているが故に、かかるものを思惟を超越した「一」と云う事は出来ぬ。思惟していない「一」なら一と云う事も出来ぬ。これ程明瞭な矛盾はないではないかと。もしも私が「一」と云う時、何等かの思惟が働いているなら、実にこの批評は誤りなき真理である。しかし吾々が宗教的要求から「一」と云う時、それは決して思惟の言葉ではないのである。否、批評家の批評をそのままに借りて云えば、思惟しない「一」に外ならない。故に「一」と云う事を許すのは、もはや思惟ではないのである。しかしかく云う時それが驚くべき独断であると思うであろう。又批判を欠くが故に根柢なき内容であると思うであろう。しかし思惟が認識の一切の根柢であるならば、これは云う迄もなく独断である。しかし思惟の立場からして独断的であるのみではあるまいか。この批評は認識の根拠を思惟に限る所から来た批評ではあるまいか。思惟の生活が、吾々の思想の唯一の生活であると思うが故ではあるまいか。もしここに思惟以外の世界があるなら、思惟からしては矛盾であり独断であるものも、或いは調和ある事実となりはしまいか。例えば詩歌の世界と云うが如きは、科学からすれば真実な世界ではないであろう。しかしこの批評は科学的世界が唯一な確実な世界だと見做す僭越から起るのであろう。

実際私が「一」と云う時、それはただに思惟の言葉でないのみならず、思惟によってはどうあっても知解されない内容に外ならぬ。「一」を許す前に「一」と云う思惟が働いていると云うが、前にも書いた様に、思惟されつつある又思惟され得る一は「一」ではなく一種の二に過ぎぬ。「一」を思惟していると云う事こそ自家撞着である。否、私が思惟によって「一」を考える事は、思惟なくして「一」を考えるよりも困難である。否、全く不可能であるとさえ云い切る事が出来る。故に「一」と云う言葉はどうあっても思惟の言葉ではあり得ぬ。思惟によって語ろうとしても、語り得ないものが「一」である。「一」を思惟で語る時、「一」でないものを語っているに外ならないからである。「一」は言葉ではない。強いて用いた仮名である。仏者がかかるものを止むなくして、「無」と呼び「空」と呼んだその理由には、必然さがあるではないか。名づけたくないが故に「無名」と云ったのではないか。無名とは実に「意路不到、言詮不及」の境である。思惟によって云い得る「無名」の二字はあらぬ。

前にも書いた様に、「一あり」と云う事は、「一は存在者なり」と云う様な主辞と賓辞とからなり立っている内容ではあらぬ。賓辞を許さぬ主辞、主辞のみにて全き文章をなす内容を意味するのである。故にそれは只の言葉ではあり得ない。否、言葉たるを許さぬ内容である。「一」は思惟が働く事によって後に現われるものではあらぬ。分別未生の時にある「一」である。思惟によっても思い得ず、言葉によっても画き得ぬ。強いて名づける時、思惟としても言葉としても最も至純な「一」なる字が止むなく選ばれるのである。

しかし或る人は詰るであろう。思惟によらないでは何ものをも考え得ないが故に、かかる「一」があるとしても畢竟虚無であり無内容ではないかと。実際東洋の思想はしばしばこの様な非難を受けた。しかし批評が「無内容」と云う性質を「一」に与えている時、やはり「一」を思惟の対象として云っているのである。しかし対象となり得る「一」はないが故に、「一」を無内容と謗る時、「一」ならざるものを謗っている愚に終っている。吾々はかかる批評をこそ無内容と呼び得るであろう。吾々はもはやかかる批評に苦しめられる時を持たぬ。否、それは吾々を苦しめる僅かの力をも持っていないのである。

七

しかし吾々はここにおいて、遥かに重要な反省を自らに加えねばならぬ。即ち思惟によらない世界が、如何にして認許せられるのであるか。吾々は神が思惟の対象とならない事を学んでいる。しかし思惟の対象たるを許さぬと云うそのことは何を意味するのであるか。神に関しては思惟の働きが停止するとは如何なる謂であるか。直接神を問題となし得ないとしても、何故問題となり得ぬかは一つの問題となるであろう。もしも神が真に知り得ないものであるなら、なぜ神を知る事が知に許されていないかを考えるべきであろう。神の究竟性そのものは対象とする事は出来ぬ。しかし神の前に余義なくせられる思惟の有限性が、何を意味するかは学の対象となるであろう。

神は理知にとっては封じられた神である。しかしそれは神が自らを封じているのではなく、理知が神の前に自らを封じているが故ではあるまいか。神が暗黒なのではなく、理知に暗黒さがあるからではないか。それならば如何なる時に、理知がその力を主張する事が出来ないのであるか。何故思惟がその働きを無限に働かし得ないのであるか。一般に論理的思惟の世界に限界がある事は是認せられる。しかし限界そのものは何を意味するのであるか。又相対とか有限とか云う概念は如何にして可能となるのであるか。先ずこれ等の事が明らかにされねばならぬ。もし思惟の極限性が何を意味するかが理解せられたら、やがて思惟が携わり得ない世界が、即ち思惟を超越した世界が、即ち知るを許されない神が何を意味するかに就て、一つの智慧を得る事が出来るであろう。云い換えれば思惟を越えた一つの無辺な世界を認許するに至るであろう。

知り得ないと云う事は、永えに吾々の理解から神を放棄しろと云う事にはならぬ。まして知り得ない世界が、直ちに暗黒な無内容な世界との意味にはならぬ。人は神を断えず求める。かくも求める事を想えば、神も人に逢う日を心待ちしているのであろう。只吾々の理知がその恵ある折を妨げているのではあるまいか。理知のみが吾々の唯一の世界であるなら、神に逢い得る望みは薄いであろう。しかし理知を遥か超越した一つの世界をこの世に認め得ないであろうか。私はかかる世界を信仰の世界と呼びたいのである。しかしこの事を云う前に、なぜかかる世界を認めるに至るかの必然的な経路を語らねばならぬ。

私はもはや思惟又は判断そのものが、その本質上相対的内容を出ない事を語る必要はなかろうと思う。且つ又思惟による認識能力が只現象界においてのみ適応し得る事に就ても、書く必要はないと思う。それ等の事は哲学上既に確定された問題だと見ても差支えはない。しかし相対性そのものは何を意味するか、思惟による認識能力の限界とは何を語るのであるか。

普通、相対と云う観念を持ち得るのは、これに対して絶対と云う観念を思い浮べ得るからであると云われる。従って相対と云う時は言下に絶対と云う対辞が約束され、又絶対と云う時は相対と云う事がその反面に想起される。右と云う観念は左と云う観念に対比してのみ考えられる。従って相対が可能となるには絶対が反面になければならぬ。かくしてある人は後者を以て直ちに究竟な宗教界と見なし、相対界があるからには、絶対界が実在すると云う様な事を主張する。しかしかかる断定は甚だ粗笨な根柢を持たないものである事は云う迄もない。相対に対する絶対は、畢竟対辞的内容に過ぎないのであって、云わば相対的絶対である。かくてかかる絶対は又一種の相対に過ぎぬ。故に吾々が求める「一」の世界が、かかる意味の絶対界とは何等の関係もない事が明らかであろう。

且つ又相対に対して想い起される絶対は、畢竟相対的絶対であるが故に、相対成立の基礎たる事は出来ぬ。相対は絶対に依存する事によって有り得ると云われるかもしれぬが、しかし同じ意味で絶対も相対に依存しているのであって、全く相互関係を出でぬ。相対成立の基礎と思われている絶対は、何等かかる性質を持たぬ。かかる絶対は相対の基礎ではなく却って相対に依存するに過ぎぬ。相対も絶対も共に相対である。故に吾々は相対が可能となる根柢を他に求めなければならぬ。相対は根柢ではなくして、依存である。相対の根柢が相対そのものの中にあり得ない事は自明である。ここに根柢とは他を支持し、他に支持されず、自らが自らを支持すると云うが如きものでなければならぬ。即ち対峙する世界を周囲に許さぬそれ自身に立つものでなければならぬ。故にかかるものはその本質上、相対性を超越したものであると云う事が知られるであろう。相対と云う事実に相対と云う意味を与えるものは、当然相対と云う事実を超越したものでなければならぬ。かかる世界を私は仮りに究竟の世界と名づけよう。そうならば相対性が可能であると云う事は、必然究竟性の存在を預想するではないか。究竟の世界がないならば、相対の世界はあり得ないではないか。相対界が確実な世界であるなら、更にその根柢たる究竟の世界は確実ではないか。しかしここに窮竟と絶対とを混同してはならぬ。絶対は相対の対辞に過ぎぬが、究竟は如何なる対辞をも持たぬ。それ自身に立つが故の究竟である。相対的な思惟によって知り得ない「一」が、又は思惟からしてはしばしば無内容であると見做される「一」が、却って思惟よりも確実なものであると云う事を漸次に暗示し得たかと思う。「一」とは実に究竟な「一」との謂ではないか。

八

現象を超越した世界、即ち「一」とか実体とか、又は神とか呼ばれるものが、一般に思惟の対象とならぬと云う事は承認される。しかし多くの人はかくして不可知論に陥り、神を知り得ない彼岸に放棄する。だが「知り得ない」と云う事は、吾々の希望の緒を断つ刃たり得るであろうか。私はこの「知り得ない」と云う言葉を、不幸な且つ又不用意な言葉であるといつも思う。私はここに「知り得ない」と云う代りに、「知るを許さぬ」と云う言葉を用いよう。そうして「能わぬ」世界と、「許さぬ」世界との相違を画き、「許さぬ」と云う事から何が内意されているかを述べようと思う。

単に神を知り得ぬとか、知り能わぬとか云う事は、思惟そのものが成立しないのではなく、思惟の働きが或る度以上を越えて進む事が出来ぬと云う意味である。「神を知るを得ぬ」と云う事は「神を思う、しかし知り能わぬ」と云う事である。この場合既に思惟が働き、只その働きに限りがある意である。それは最初から思惟の理解そのものを許さぬ事とは厳密に区別されねばならぬ。

然るに上述した様に、「一」は如何なる思惟の対象でもあらぬが故に、「一」は知る能わざるものではなくして、知るを許さぬものだと考えねばならぬ。単に能わぬ事であるなら、或いは能う時が来るかもしれぬ。不充分なる現代の人知では知り能わぬものも、いつかは知り能う機を得るかも知れぬ。しかし真にどうあっても知るを許されぬ事には、時間もなく方処もあらぬ。それは如何なる場合にも如何なる条件の許にも知るを許さぬと云う無上な意が含まれている。

例えば人は明日を知り得ぬとか、月の半面は見能わぬとか云う事は、知るを許さぬと云う意ではあらぬ。それはある事情の許にあるが故に知り能わぬに過ぎぬ。もしも事情が変り、人知が進むならば或いは幾許なりを知り得るかもしれぬ。しかし神の場合には、「もしも」とか、「或る条件が変れば」とか云う事を許さぬ。神は思うとも思い得ないと云うが如きものではあらぬ。最初から思わるる事を許さぬのである。

「能わぬ」と「許さぬ」とは全く別事である。不可解と不許解とは区別されねばならぬ。前者は思惟する事によって後知らるる限定である。しかし後者は思惟する時をすら持たぬ制限である。前者においては思惟における主客の二がある。後者にはかかる主客はあらぬ。

「知り能わぬ」世界は吾々に、暗黒を示すであろう。不可知論者はかかる暗黒に神を封じた人々ではないか。しかし「知るを許さぬ」世界は吾々に何を語るであろうか。

「能わぬ」とは知が「能わぬ」のである。しかし許さぬとは、知を越えた或る力が知に「許さぬ」のである。許さぬとは既に思惟を超越した世界の存在を暗示する。許さぬとはFiat 厳命である。カントが云ったImperativ 命法の力がそこにゆらいでいるではないか。神が思惟に向って知るを許さぬと云う声は、既にDecree 神命である。哲学においてしばしば用いられたSollen 当為と云う言葉は、かかる世界をこそ指すのであろう。

かかる世界は究竟の世界である。それは思惟の対象とはならぬ。思う事だに許されておらぬ。いわんや疑い得る世界ではあらぬ。凡ての思惟はここに尽きる。しかしそれを空な世界だと思ってはならぬ。思惟の相対を超越するとは、実に究竟な実体の世界をこそ暗示するではないか。それはあらゆる相対の性を離脱するが故に、自体an sich の世界である。自体なるが故に自律し自存する。自存するとは自明であると云う意ではないか。吾々は自存するものより、より確実なより明らかな存在者を想う事は出来ぬ。かかるものをこそ神と呼ぶのではあるまいか。神の存在の証明は神自身が自身に加える証明において、既に完全な証明を得ているのである。神の存在は疑うとも疑い得ようのない事ではないか。否、実に疑うを許さず、疑いの対象とならず、疑うの余地なき、信ぜらるべき、自存する神との義ではないか。

厳命Fiat の世界は権威の世界である。思惟は無条件にそこにおいて沈黙せねばならぬ。只あり得るのは無心な承認ばかりである。無心な承認をこそ信仰と呼ぶのではないか。「知り得ぬ」世界は神を吾々から棄てしめるであろう。しかし「知るを許さぬ」世界は、直ちに信仰の世界をこそ暗示するではないか。「許さぬ」とは神命である。知を挿む余地をすら持たないとは、直ちに無上な世界が閃くからである。吾が知に沈黙が来るとは、神の声が聞えるからではないか。

かつて実体論的立論は次の様に説いた。「我れ神の観念を有す、故に神あり」と。しかし私は云おう。「吾れ神を思うを許されず、故に信ずべき神あり」と。これは実に余の知が企てる証明ではあらぬ。神の知慧が自らに加えた証明である。

知り能わぬ世界は暗黒の世界である。しかし「知るを許さぬ」境は自明の境である。自明なるが故に疑いの余地を残さぬ。疑いなき故に信ぜらるる世界である。信仰の世界が神の在す世界である。

宗教の世界を語るものは、あの記念すべきカントの言葉をいつも想い起すであろう。「信仰に位置を与える為に、知識の不当な要求を制限せざるを得なかったのである」。この主旨が印象深く心に触れるのは、実に神の意志によって保証せられている事実を語るからである。神は神の摂理深き意志を以て、理知に彼自身を現わすのを許さない事において、信仰に確実な世界を与えつつあるのである。

余が神を思う事によって、神の存在が証明さるるのではない。余に神を知る事が許されない事において、疑う事だに得ぬ神の存在が自証されているのである。

（二二・四・六）

神の存在

一

時代は著しく実証に傾いている。誰も神の存在をすなおに受け容れようとはしない。傲る知識はむしろ進んでそれを否定する様にさえ見える。信じ得る神があるならば、それは見えない神ではなく、姿ある神であらねばならぬと考えられる。形とか徴とか見える世界が彼等の愛する住家である。誤りなき真理とか、確かなる保証とか、それが彼等の求める国土である。かくて神もまた彼等の愛するかかる確かな場所に来らねばならぬと考えている。神が在るならばその徴《しるし》を与えよ、その証《あかし》を示せよと人は云う。神が具象の実在でないならば、生命にとって何の益もあらぬと考えられる。目前に現われるもの、即ち実際とか効験とか、如何にこれ等の事が崇められているであろう。あの形象を越えた世界の学問、形而上学においてすら、如何に価値とか資格とか云う言葉が愛されて来たであろう。かつては疑惑だに起らなかった神の存在が、今はむしろ凡ての疑惑を集めている。躓かずに神の存在を受け容れる人はほとんどない様に見える。

この躓きには二つの原因があると私は思う。第一に見えない世界は信じ難いからである。第二に証《あか》し得ない世界は、認められにくいからである。人は見ゆる世界、証せられた世界のみが確実な頼り得る世界であると思う。しかしもしも私がここに、見える世界と、証《あかし》される世界とが、如何に不充分なものであるかを描く事が出来たら、再び形を越えた世界への追慕を甦らす事が出来はしまいか。又は神に形を求め証を捜すその事が、如何に意味ない努力であるかを指摘する事が出来たら、人はその不当な要求を謙遜な心のうちに撤回する事が出来はしまいか。神の存在とは何を意味せねばならぬかを私は考えてゆこう。

二

神を思う時、人は存在する神を思う。存在と云う観念を失っては、神の問題はあらぬとさえ云い得るであろう。信ずるとは単なる神の是認ではなく、存在する神への是認である。否、神を否定する者でさえ、存在する神との念を離れる事は出来ぬ。何となればこの観念なくしては、既に神の存在を否定する事が出来ぬからである。信ぜぬ者の否認も単なる神の否認ではなく、存在する神への否認であろう。それが肯定的な答えにしろ否定的な答えにしろ、論争は存在の問題に向って集中する。

信仰ある者はしばしば主張する。存在は神においてあらねばならぬ属性である。完き者との観念のうちには、必然存在する者との意が含まれてある。存在しないならば、既に完き者ではあらぬ。存在は神においてなくてはならぬ性質である。故に神とは存在する神であらねばならぬと。

信仰なき者は常に詰るであろう。もし存在があるならば何処に神が居るのであるか。存在は具象であらねばならぬ。見得る神の姿、聞ゆる神の声、又は現わるる徴《しるし》、確かなる証《あかし》、これ等のものが目前にあらねばならぬ。かかる実証がない間、人は神の存在を確認するわけにはゆかぬと。

長い間信仰の弁護も非難もこの存在の観念に集中せられた。しかし不思議にも神における存在と云う事が、当然何を意味すべきかを省みる人は少ない様に見える。私の考えでは論争は存在に関する彼等の思想の不徹底から来ているのである。試みに信じる者の存在と云う観念の中から、属性としての意味をとり去ったらどうなるであろう。反対に信ぜぬ者の存在と云う観念から見ゆる姿と云う性質をとり去ったとしたらどうであろう。神の理解において属性と云う考えが不純であり、見ゆる姿と云う考えが意味なきものである事を反省し得たら、実に論争すべき何ものも残らなくなりはしまいか。実際神の存在はかかる性質を越えて理解されねばならないのである。即ち存在に究竟的な意味がある場合、それは一つの属性でもなく又見ゆる形、証《あかし》さるる真《まこと》と云うが如きものであってもならぬ。私はこの事を明らかにする事によって、誤られた神の存在の観念を正しき内容に導こうと思う。信ずるものが肯定するその存在、信ぜぬ者が否定するその存在、これ等の二つの観念が共に誤られた内容を含むでいる事を指摘したく思う。これが明らかにされたら争うべき存在の問題は消え去ると私は考えている。

三

神を存在すると見做す時、一般に存在は神の持つ性質、即ち属性 Attribute として考えられる。存在を欠くならば既に完き神とはならぬ。存在は神においてあらねばならぬ性質として主張される。神に就て尋ねられる時、いつも吾々の口に登るのは、神が持つかかる属性である。例えば神が何であるかを云おうとする時、実在とか、完全とか万能とか云う念がすぐ浮ぶであろう。これ等は神に属する性質であると考えられる。むしろかかる属性を通さずしては、一言すら神を云い現わす事は出来ぬ。神は実にかかる無上な属性の集団として意識される。

しかし吾々の思惟が画き言葉が示す属性に、果して完き神を現わし得るであろうか。不完全な吾々は神に就ての完全な観念を持つ事は出来ぬ。出来得ると思うのは妄想であろう。属性において神を思う時、吾々は神を不完全な相において解しているのではあるまいか。完全な神が吾々の不完全な観念の中に入り得ようか。神を思う時、却って吾々は不完全な観念の中に神を限定しているのではあるまいか。凡ての属性は相対的内容を越える事が出来ぬ。彼等は反面に対辞を予想してのみ可能である。あらゆる属性は有限な自然界に見出さるる性質に過ぎぬ。吾々は事物が持つ性質を以て神の深さを現わしてはならぬ。否、かかる性質によって残りなく現わさるる神はあらぬ。

例えば神を最高なものと云う時、人はこれが誤りない判断であると考えている。しかし無上だと思うこの属性も、神に向っては尚不充分な性質ではあるまいか。エックハルトがかつて注意した様にそれは只高きもの、より高きものへの比較を出でぬ。比較し得るものは相対に過ぎぬ。いわんや最高とは最低と云う対辞なくしては思い得ぬ観念であろう。対立するものは二元である。既に最高と云う時、吾々は吾々の観念において神を限定する。即ち最高ならぬ神を云い現わす矛盾に陥らねばならぬ。

しかも神はかかる属性の無数の加であるとも思ってはならぬ。何となれば相対の和はやはり相対に過ぎぬ。如何に無数な属性を神に就て思うとも、それは完き神の観念とはならぬ。かつてプロクラスも注意した様に統体は部分の総和ではあらぬ。二つの五十度の温度の加は百度の熱にはならぬ。

神はかくかくの性質を持たねばならぬと吾々は云う。しかしこの時吾々は実に属性に依存する神を思いつつあるのである。かくして吾々は、究竟が相対に依存すると云う自殺すべき思想に陥らねばならぬ。神が神である為には神は自律する。何ものかに依拠する神は神ではあらぬ。神は属性に依る事において在るのではない。属性を越える事において自ら在るのである。自律と云うのは神の属性ではあらぬ。属性を超越するが故の自律である。

そもそも吾々が考え得る存在とは非存在への対辞ではないか。非存在の否定が存在である。そうであるならかかる存在は相対な存在ではないか。かかる相対的な存在が、既に神の存在たり得ない事は自明である。真に究竟な存在であるなら、存在とか非存在とかの範疇を越えたものでなければならぬ。即ちかかる究竟的存在は自在と云う意でなければならぬ。しかし自在は自律であるが故に、属性ではあらぬ。故に神があって、存在なる性質を持つのではなく、存在自体が神である。「神あり」と云う言葉は「神は存在者なり」と云うが如き、主辞と賓辞とによって成立つ一つの文章ではあらぬ。ここに「あり」と云う字は神の属性 Attribute を現わす賓辞 Predicate ではあらぬ。「あり」は存在自体を示すのであって、「神」と「あり」とはここに同一語である。これを二つの言葉に分ける事は出来ぬ。神は賓辞を許さぬ主辞、属性を超越した自体である。

神において「在り」と云う言葉は「無し」と云う対辞を反面に許さぬ。非存在を思う事なくしてあり得る究竟な存在である。対辞なき正辞である。かかるものに向って、属性としての内容を思うのは誤りである。

むしろ神においては存在も非存在も存在せぬ。エックハルトによってそれが「荒野」と呼ばれ、タウレルによって「沙漠」と名づけられたのは、この消息を洩らすものであろう。そこには何ものも形あるものは住まない故に「無」である。大乗の仏教において「無住処」と解されたその思想を私は深きものと想う。仏心とは「無住心」であると彼等は観じた。吾々が画く住処と云うが如きものに神の住処はあらぬ。自存するものを存在の範疇に入れて解してはならぬ。神はあらゆる存在を越えるが故に、そこに存在を思う事は出来ぬ。神の境は何ものも住まない境である。「一切の処に住せざるが、即ちこれ（神の）住処である。」（慧海、頓悟要門論、上）

神があると云う時、人は彼が何処にあるかを詰るであろう。しかしそれは浅い問いに過ぎぬ。しかじかの場所に在る神はあらぬ。かかる場所に限られる神の存在はあらぬ。自存するものは場所をすら越える。人が存在と云う念において神の確かさを保証しようとする時、神の確かさは既に自存する事によって、人の保証を待たないのである。

四

私は見知らぬ神の本質を、幾分かは暗示する事が出来たであろう。しかし多くの者はかかる神が、具象的性質を欠く無内容なものに終りはしないかを恐れるであろう。そうして真に神があるならば、それは吾々に示される顕《あら》わな神であらねばならぬと思うであろう。しかしこの杞憂は見ゆる世界の貧しさを知る事において、早くも消え去るだろうと私は思う。路傍に棄てられた小石にも、人はその存在を疑わない。しかもその存在が確かである事をまで疑わない。それは目に見、手に触れ得るからである。しかし愚な者でも小石の存在はた易く信ずるが、賢い者でも神の存在を信じる者は少ない。何となれば顕わな形において誰も神を見得ないからである。しかし見えない世界を不確実であると誰が云い得るのであるか。凡て形とか徴とか目前に示されるものを、人は確かなものであると思う。しかし確かであるとは物象として確かであると云う意に過ぎないではないか、かかるものはかつて変易する命数から免れた事があるだろうか。人類はそれ等のものが無常であるからこそ、物象を越えた世界に常住なものを求めたのではないか。顕わな形に神を捜す時、彼は神を物象の世界に求めているのである。しかし神は小石が存在する如き意味において存在するであろうか。多くの者は実にかかる事を希う様に見える。見えないと云う事が、幾度信仰の躓きとなったであろう。

しかし時間と空間との経緯に編まれたものは、有限な性質から逃れる事は出来ぬ。形態の世界に永遠な確実さは保証されてはおらぬ。かかる相対なものが確かであり、且つそれが唯一の確かなものであると思うのは余りに貧しい理解ではないか。見えるが故にその確実さを信じるとは如何なる謂であるか。形なきものを夢幻に等しいと笑うだろうか。しかし少くとも形あるものに究竟の相はあらぬ。それは時間の流れに流れ、空間の一部に限られたものに過ぎぬ。一つの姿に一つの徴に示される神があるなら、それは既に究竟な神ではあらぬ。

信仰が薄らぐ時、人は信ずべき世界を嘲う為に、顕わな徴を神に求め聖者に求めた。神又は神の使者であるならば、驚異すべき不思議を目前に行えと人々は詰る。「悪しき不義なる代は徴《しるし》を求める」とイエスはしばしば嘆じた（マタイ十二ノ三十九、十六ノ四、ルカ十一ノ二十九）。かかる意味においての神の徴が何処にあろう。徴なくば神を見えないのは、神が何ものであるかを知らないからだ。神に顕わな徴はあらぬ。徴を許す神はあらぬ。徴に神はあらぬ。

神の存在と云う時人はすぐその存在に形あるものを聯想する。人は木を画く如く、神を人の形において画く。あの楽園である天国を画く時でも、地上の景色を画くではないか。それが理想の花に咲き乱れるにしても、人はそれ等の花を地上から摘み集めるに過ぎぬ。それ等の美は美であっても、無辺な神の美への貧しい描写に過ぎぬ。しかし神の美は、見ゆる美の凡てを越える。見えない神を、見ゆる事物より、より明らかに見ない間、人は神の国に入る事は出来ぬ。

見えない故に神を信じないとする民衆の態度には、何等の頼るべき根拠もあらぬ。見えない事は神の否定にはならぬ。神は形において、現われにおいて自らを限る事を許さぬ。吾々もまたかかるものにおいて神を限定してはならぬ。感覚で見ゆる神があるなら、私はそれを神であるとは認めまい。見えないと云う事は信仰への躓きにはならぬ。「見ずして信ずるものは幸なり」とイエスは告げた。ディオニシウスが「聖暗」と神を呼んだ心を私は慕わしく思う。見ゆるを許さぬその世界にこそ究竟の光が輝くのである。目には暗いと思われるその夜こそ赫き渡る暗さである。

神は此処にあるとか彼処にあるとか、一部的存在を持たぬ。全きものに一つの限られた場所はあらぬ。彼は又かかる姿にてとか、かかる形にてとか呼ぶ現われを持たぬ。神の存在は種々ある存在の中の一つではあらぬ。凡てなる彼に一つの限られた様はあらぬ。私はここにあのイエスの明確な言葉を引いてこよう。

「神の国いつ来るべきかをパリサイ人に問われければ、イエス答えて言い給う、

「神の国は顕《あらわ》な様にては来らず、又「見よ、此処に、」「見よ、彼処に」と人の云い得べきものにも非ず。見よ、神の国は汝等の内にあればなり」」(ルカ十七ノ二十一)

五

神を見えない世界に認める時、人は知の明るさを以て、かかる神の暗さを誇るであろう。「知の解明を得ない神は信ずるに足らぬ。知り得る神のほかに信じ得る神はあらぬ。神に形を見得ないなら、見えない神が如何なるものであるかを説かねばならぬ。見えなくとも証せられた神でなければならぬ。論証せられた神のみが確実な神である」。批評は繰り返しこの事を主張する。実際信徒も不信徒も、神の存在の証明に彼等の論争を集めている。証し得ないなら遂に信ずべき神はあらぬと考えられる。多くの者が神に疑いを懐くのも、かつて充分な神への証明が果されていないからである。又いつ果されるとも望み難いからである。

しかしこの疑いも論証そのものの性質を知る事によって、その根柢を失うであろうと私は考えている。又解くを許さぬ神の本質を味わう事によって、却って証明の企図が意味ない事を悟るであろうと思う。神はただに顕わな姿に向って自らを匿すのみではない、実に凡ての知にとっても「不知の雲」に閉ざされている。しかしこれは神が不明な為ではなく、理知がその限界

を越え得ないからである。限界を越えるものを、理知によって判く時、不明だと云う誤認が起るに過ぎぬ。

人々は理知の力を信頼する。理知の判断は論理の法則に基く故に普遍な価値を持つと考えられる。普遍とは客観的と云う意味であって、何人も論証せられたものに叛く事は出来ぬ。それ故人々は理知に保証せられたものの確実さを信じている。神の有無も正にかかる保証に委ねられねばならぬと考えられる。神を守護するものも証明であり、否定するものも証明である。この証明がない間、口にすべき神はないと考えられる。実に多くの人々は証明が信仰の基礎であらねばならぬ如く感じている。

しかし理知が神に向って加えるこれ等の要求は果して正当であろうか。論理的思惟の働きに誤りがなくとも、かかる思惟そのものに極限があるではないか。又論理そのものも矛盾する二つの世界を仮定して立っているではないか。神を思惟する時、人は無批判的に神を対象としているが、神は対象を越えた内容ではないだろうか。知の確実さが無限であると思い、知が一切を知の対象となし得ると思うのは二つの大きな妄想ではあるまいか。カントがそれを「不当な要求」と見做して以来、思惟による認識の域は限定せられた。吾々は現象を超越するものにその働きを進める事は出来ぬ。比較と分析とを預件とする思惟はそれ自身二元の世界を出る事が出来ぬ。又かかる思惟の働きも主客を要するが故に、客体化し得ないものを知識の世に入れる事は出来ぬ、かくして吾々は二つの認めねばならぬ性質を理知に見出す事が出来る。理知の証明そのものが相対的性質を出で得ない事がその第一である。証明し得るものは対象化し得るものに限られている事がその第二である。吾々は第一の事実によって論証に対する過ぎた信頼から免れる事が出来る。第二によって、神そのものを思惟の中に認める事が不当であると云う事を知る事が出来る。前者の理解は理知の極限に関する謙遜な承認を吾々に誘うのである。後者の理解は神が対象化し得る何ものでもない事を認知せしめるのである、そうならば神を思惟の対象とし、判かれた知識を唯一の確実なものと見做す事が、真に意味ない事を悟るであろう。神の問題を知の問題としている時、神ならぬものを問題としているに過ぎぬ。何となれば神を対象化する事によって、神を現象の域に降しているからである。しかしかかる時神は既に相対の神に過ぎぬ。相対の神は神ではあらぬ。

証明し得る神の存在があるならば、それは既に神の存在ではあらぬ。神を証明し得る証明もなく、証明によって証明され得る神もあらぬ。神を肯定し得る肯定はなく、又彼を否定し得る否定もあらぬ。究竟な神は判断の二に現わるる事を許さぬ。分別は神を二に裂くが、二に裂かるる一としての神はあらぬ。

理知が確実であるのは論理の世界においてのみである。それを確実なものの唯一だと思ってはならぬ。論理性は合理性の凡てではあらぬ。却って僅かその一部に過ぎぬ。人々は理知の分明を明るさの最後だと思ってはならぬ。それは判かれた明るさに過ぎぬ。判からるるを許さぬ自明なものこそ、明るさの最後であろう。対象し得ないとは自律するとの謂である。自律の世界は自明な世界である。かかる世界を宗教の世界と呼ぶのではないか。それなら明るいと思われる理知の分明よりも、より明るいものが神の世界ではないか。吾々は自明なものより、より明るいものを持つ事は出来ぬ。神を暗黒であると思うのは、分明の世界を知って自明の世界を知らないからである。神が自らを閉ざしているのではあらぬ。知に神の明るさを知る力が無いからである。神が理知に知られるのを許さないのは、神が黒雲に蔽われているからではない。むしろ知が相対の雲に包まれているからである。神が知に暗く見えるのは自明な眩い輝きに溢れているからである。自明なる故知を挿む一つの場所をも余さないからである。

私はここに大胆なしかも真実な幾つかの紀念すべき言葉を古書から訳して添えておこう。十三四世紀と云えば中世紀において基教思想の黄金時代であった。宗教においても芸術においてもそれが深さの頂きに達した。誰も気附くであろうが、その時代の文化には、著しく東洋の思索や美術と深い一致があった。人々は次の言葉を読んで、かかる想いを切に抱くであろう。

「誰からも知り得ぬ、又知られ得ぬ神のほかに、あり得る神はあらぬ。否、否、真に例外はあらぬ。神に就て一言すら云い得ぬその神が、只唯一の吾が神である。」(Mirror of Simple Soul. p. 24)

「私が神に就て如何に考え又神が何であるかを、貴方は尋ねる。しかし私は知らない。これ以上私は答える事が出来ぬ。神自らに就て誰も考える事は出来ぬ。故に私は考え得る凡ての事を棄て、考え得ないものをこそ愛そう。何となれば神を愛する事は出来るが考える事は出来ぬ。愛によって彼は得られ又握られるかも知れぬ。しかし思惟によっては決して出来ぬ。」(Cloud of Unknowing p. 88-9)

「住処と有とを、無住処と無とに比べよ。汝の智慧がこの無に就て思議し得ないとも、それを思い煩ってはならぬ。私は実にその無をこそより愛するのである。思議し得ざる何事かはそれ自身に価値がある。この無は見られるべきではなく、むしろ感ぜられねばならぬ。」(Ditto p. 290)

「或る師は告げている。もしも私が理解し得る神を持っているなら、私は決して彼を神とは認めまい。」(Pfeiffe: Eckhart p.319)

十六世紀にいたあの聖女テレザの法嗣となった十字の聖ヨハネの次の言葉は、神に就て云い得る凡ての事の結末であろう。

「この人生の上にしばし与えられる神の恩寵のうちで最大なものの一つは、吾々が神に就て全く何事をも知り得ぬと云う事を、かくも明晰にかくも深遠に吾れ等に知る事を許し給うたと云う事である。」(St. John of the Cross : Spiritual Canticle p. 61)

(三二、四、一〇)

全一なる神

一

神にしかじかの性質はあらぬ。性質において定められる神は有限の神に過ぎぬ。有限の神は神ではあらぬ。吾が観念において神を画くのは、神を有限の相に封じるに過ぎぬ。或いはこれも神の持つ一相であると人は云い張るかも知れぬ。しかしかつて用意深い仏者が注意した様に、神には「一相もなく異相もあらぬ。」しかもまた無相であってもならぬ。単なる無相はやはり一相に過ぎぬ。吾々が画き得る相は神を容れるにしては余りに小さく且つ浅い。否、それは神の座となる事は出来ぬ。何となれば神は「此処」とか「彼処」とか云う一部的座を持たぬ。

一つの思想において神を限ってはならぬ。否、一つの思想に限らるる神はあらぬ。神を判いてはならぬ。判かるる神は何処にもあらぬ。神の深さを味わおうとするなら、浅い吾が知識に頼ってはならぬ。十四世紀の頃、今はその名を失ったが或る僧が友にこう書き送った。「さかしい智慧を以て神を語る事を試みてはならぬ。神をも汝をも思うな」と。卒直なゆかしい忠告ではないか。

神を真に思おうと想うなら、思い得る神を想ってはならぬ。思いを許さぬ世界にこそ神が在るのである。人は思い得ないものを恐れてはならぬ。「思議を許さぬ何事かはそれ自身に価値がある」と古人は書いた。しかしここに誰もが陥り易い誤謬に陥らぬ様に心得ねばならぬ。思議し得ぬからと云って、神を思議し得ぬと云う時、人は再び神を思議しているのである。神は思い得る何ものでもなく、思い得ざる何ものでもあらぬ。それは肯定に現われ又否定に現わるる如何なるものでもあらぬ。云うも彼に叛くのである。云わざるも彼に逆らうのである。神を理解しようと思うならば一転期が吾が心に来らねばならぬ。

肯定も否定も無いが故に、又分別も思議も許されぬが故に、神はより深い理解を吾々に要求する。試みに神を「全一」The Whole であると呼ぶ時、そこに如何なる内容が来らねばならぬか。私はそれを顧みて見よう。思惟の規矩を越えない間、吾々は「全一」なる意を解する事は出来ぬ。

「全一」に人は或る相を求めてはならぬ。しばしば人はこれを全体とか凡てとか云う意に解する。しかしかかる定められた相に「全一」はあらぬ。局限せられる内容は完全さを現わす事は出来ぬ。不完全なる理解に理解せらるる「全一」はあらぬ。「全一」はかくして判かる内容とはならぬ。論理の規則によって確められたと思う判断も、「全一」に向っては不確かである。思惟によって確かに理解せらるる「全一」はあらぬ。

或る者は部分に非ざるものを「全一」であると見做すであろう。しかしかかる「全一」は部分の対辞に過ぎぬが故に「全一」ではあらぬ。何となれば対辞は相対的内容を出でぬ。相対な全一は「全一」ではあらぬ。「全一」は部分と云う対辞を持たぬ。「全一」は部分ではあらぬ。しかし部分に非ざる或るものでもあらぬ。

「全一」を或る者は部分の総和であると考えるかもしれぬ。しかしこれは空間を予想する幾何学的概念に過ぎぬ。時空間の範疇に入れ得るものは相対の性質を出でぬ。総和は数理によって理解せらるる内容である。しかし数理は二を持ち多を予想するが故に「全一」の理解とはならぬ。「全一」は分割し又増加し得るものではあらぬ。部分の加は「全一」を産まぬ。有限と有限との和は依然として有限である。Cの音を無数に集めても決してDの音にはならぬ。総和と「全一」とを混同してはならぬ。凡てかかる理解の不足は、「全一」を神が持つ属性であると見做すが故であろう。しかし神はいつも定められた性質を遥かに越える。「全一」は神の持つ性質ではあらぬ。神があって「全一」なる性質が伴うのではない。いわんや「全一」なる性質に依って神があるのではない。全一自体が神である。「全一」は属性ではあらぬ。自体である。自体の世界を究竟の世界と呼ぶのである。神は全一自体である。自体を一つの性質として判いてはならぬ。判き得るものは既に自体ではあらぬ。自体である故に属性たるを許さぬ。

ここに二つの道があって、いつも誤る神の理解に吾々を導いている。第一は神を神ならざるものから差別して見る見方である。例えば「全一」は部分に非ざる或るものであると解するが如きがそれである。即ち部分の否定が「全一」であると考えるのである。しかし部分と差別せられた「全一」は決して真の「全一」ではあらぬ。何となれば差別は相対する二つのものを許してのみ可能である。しかし相対する「全一」は、自律せざる「全一」であるが故に、もともとかかるものは「全一」ではあらぬ。故に他のものから差別せらるる「全一」は何処にもないのである。「全一」は部分ではあらぬ。しかし部分から差別せらるるものでもあらぬ。差別せられたものは相対に過ぎぬ。「全一」は部分でもなく部分から差別せられるものでもなく、又かかる凡てを否定した或るものでもあらぬ。

しかし「全一」が部分から差別せられたものでないと云う時、それが部分と同一であると云う意に終りはしないかを恐れるであろう。実際神はかくかくの内容と同一であると云う考え方が、神に関する正しい理解を吾々から遠ざけている。これが吾々を躓かせる第二の誤謬であると私は思う。差別の世界に究竟がないのと同じ様に、同一の世界にも究竟は存在せぬ。なぜなら同一の概念は差別のそれと同じ様に、二つのものを予想してのみ可能たるに過ぎぬ。同一は二つのものの存在に依存する。唯一なる世界に同一の念はあらぬ。或るものと同一であると云う事は、それが唯一のものでない事を表示する。故に「全一」は何ものとも同一ではあらぬ。同一たるものを他に持たぬ。「全一」は差別せらるる何ものでもなく、又同一たり得る何ものでもあらぬ。神は実に何ものからも離れてはおらぬ。しかし同時に何ものにも住んではおらぬ。「無住之住」と名づけるのはかかる境を指すからであろう。凡て究竟を解こうとするなら、論理を越えたかかる道を進まねばならぬ。

二

「全一」を上の如く解する事によって、余は神が如何なる風に啓示せられるかを次の様に語る事が出来るであろう。

神は部分なき「全一」である。もとより部分の否定が神ではあらぬ。神は凡ての部分を越える。神に一部分なるものはあらぬ。彼は限られた部分において彼を現わす事はあらぬ。神は如何なる時においても、如何なる所においても、彼の「全一」を現わし給う。神は彼を分割する事なくして、常に万物の各々に「全一」なる彼を啓示する。何となれば一部的な神は何処にもなく、神に一部なるものがないからである。只有限な吾々が相対的な眼を通して見る時、彼を局部に観ずるに過ぎぬ。凡ての思惟も凡ての言葉も、「全一」なる神を一部の相に限定する。分つ事なき神を部分に割くものは吾々の分別の所業であって神自身の行為ではあらぬ。

もし神が彼自らを分つなら、又神に一部なるものがあるなら、彼は部分の総和とならねばならぬ。かくして神は有限に依存する無限とならねばならぬ。しかしかかる総和や無限は「全一」なるものではあらぬ。神には部分もなく総和もなく又有限もなく無限もあらぬ。「全一」に差別はなく対辞はあらぬ。吾々には局部がある。自然には部分がある。二があり多がある。しかし神には全き一があるのみである。分つ事なき一切があり、数えるを許さぬ唯一があるのみである。神は一個ではあらぬ。唯一である。神は宇宙の至る所において彼の「全一」なる美を啓示する。宇宙には区別があり個々がある。しかし神は自らを個々に分つ事なく、彼の「全一」を個々の自然に示現する。自然の一部々々に神が在るのではなく、神の「全一」に自然の各部が在るからである。吾々の肉体に神が限られて在るのではない。神の内に吾々の存在が開放されているのである。吾々の観念の中に神が在るのではなく、却って神の観念の中に吾々が在るのである。余が神を想う事によって神があるのではなく、神が余を想う事によって余があるのである。エリゲナがかつて鋭く云った様に「神は事物が在るが故に彼等を考えたのではなく、神が彼等を考えた故に事物が在るのである。」事物を通して、又は吾々が思惟を通して、彼を見るならば、神は一部として解される神である。しかし一度この有限の絆から離れるならば、「全一」のほかに神はあらぬ。人々よ、部分的な吾等の観念の中に「全一」なる彼の深さを封じてはならぬ。「全一」なる神の美しさを以て、一部的吾々の存在を浄めよ。感謝せよ、吾々の部分的な存在は「全一」なる神の裡に横たえられているのである。濱れた罪ある者をも神は彼の裡に受け容れ給うのである。

慧き思想において又貧しき思想においで神は異って見えるかもしれぬ。しかし「全一」なる神において一切のものは平等である、兄弟である。何となれば、凡てのものは「全一」なる神の心から離れる事が出来ないからである。吾々の愛がよく神を愛し得るのではない。神の愛が厚く凡ての者を愛しているのである。吾々の愛には厚さもあり、薄さもあり、濃きもあり弱きもあるであろう。しかし神の愛は全き愛である。差別ある愛ではあらぬ。何人も何物も彼の全き愛から脱れる事は出来ぬ。何となれば吾々が罪によって神を汚しつつある時も、神の愛に変りはないからである。「全一」なる神の愛に乱れはなく薄らぎはなく大小はないからである。

自然には階段があり差違がある。吾々には強弱があり、上下があり多寡がある。しかし神にかかる区別はあらぬ。人間と事物との間には逕庭がある。しかしそれ等のものが住む神に階程はあらぬ。凡ては神の「全一」において兄弟である。吾々の世界には争いがあり苦しみが残る。しかし神の世界において凡ては平和である。一切は神において結合される。「全一」なる彼の裡に分割せられた吾々の存在はあらぬ。

エックハルトは大胆に云う、「神において一切のものは一つである。天使から蜘蛛に至る迄」と。この言葉はしばしば誤った汎神論の主張として批難せられる。即ち天使と蜘蛛とに差別を認めず、神の心に順次を認めぬ無謀な考想として排斥される。しかしエックハルトの真意に誤りはあるまい、実に人間や事物には差別があり階段がある。しかし神は「全一」である。「全一」において凡ては結合される。万有は神において一体である。差別の相において神を見るのは吾々である。神は此処に多く現われ、彼処にかかる差別はあらぬ。彼は二に分たれる事なき「一」である。部分を許さざる「全一」である。しかし神の愛に少く現われると思ってはならぬ。大小を想うのは、只吾々の思惟の所業に過ぎぬ。しかしかかる差別を通して、神の美しさを画いてはならぬ。彼は大小の差を越え場所の別を越える。神に憎愛の二はあらぬ。

この世において天使と蜘蛛とには区劃があろう。しかしそれ等の凡てを受け容れる神の世界に等級はあらぬ。彼は「全一」であるが故に差別を越える。差別あるこの世のものは彼に帰る時一に融ける。

汎神論に誤謬があるならば、それは神の中に事物の差を認めない点にあるのではなく、むしろ事物に神が住むと見做す点であろう。しかし既に書いた様に事物があって神があるのではなく、神があって事物があるのである。事物の中に神があると云うよりも、神の裡に事物があるのである。部分の中に「全一」の一部が見出されるのではなく、「全一」の裡に部分の凡てが活きるのである。自然即神と云うが如き汎神論的思想に余は満足する事が出来ぬ。

吾々の思想は神を限定する。しかし神は常に吾々を自由にし釈放し救済する。吾々は彼を時として見逃すであろう。又見誤り見忘れるであろう。しかし神が吾々を見る眼に誤りはあらぬ。彼はいつも吾々を知り覚え、又想い愛している。吾々が神を知るよりも、神が吾々を知る事の方が、どんなに確かであり真実であろう。吾々のか弱い生命は神の御手の確かな支えによって、永劫の存在を受ける事が出来るのである。

エックハルトの敬虔な言葉は云う「汝が神を求めるより、遥か無限に強く神は汝を求め給う」。如何に人が神を愛するとも、神が人を愛し給うその強さに及ぶ事は出来ぬ。

（一九二一・六・一五）

神の理解

一

まだ見ないうちに桜はもう散り始めた。萌え出る春にも逢わずに、私はうす暗い一室で日夜を過ごしている。人は私を見て愚な者だと云うであろう。まして究竟な問題——考えるまじき問題に就て考え惑う者の迷いを嘲るであろう。私も思わず筆を擱き書を閉じて自らの不明を顧みたことが幾度であろう。信ずる神があるならば、何の要で重ねて神を思索しようとするのであるか。時としては真理を捕え得たと感じ、私は興奮しながら筆を続ける。しかしすぐ後に失望の寂しさが私を追いかけてくる。もしや不可能な事を可能だとする無理を犯しているのではあるまいか。進めば進む程わが知が如何に醜く思えたであろう。悩む自らを心の鏡に映して眺める。その間、時は何ものをも止めずに流れてゆく。知る事なくして信じ入る者の幸いをどんなにか想ったであろう。

かつてデカルトとライプニッツとは神の存在に論証を与える為に腐心し努力した。だが同じ頃いたスピノザは一度だにそれを試みなかった。彼には神の存在は自明な出発であって、知識の帰結ではなかった。哲学史を繙いてここに気附いた時、如何に「神に酔うた」その人を心憎くも慕わしく想ったであろう。信仰が厚いならば思議すべき神はない筈である。神は無心な者を愛しているではないか。徒らに思索を重ねてもそれは益ない事ではあるまいか。私はかくして筆を捨て本を納めて室を出ようとした。外には春が私を待っている様に思えた。だが去ろうとしたその時、私を引きとめる者の声をま近くに聞いた。声は私の机の上に置かれた'Summa Theologica'の中から響いてきた。私は驚きの眼を見張って、その一冊を胸に抱き上げた。私は又鼓舞されて再び室を閉ざした。そうして思索の旅路を新たに続けた。私は又勇気づけられて前へ進み出した。私は信じ且つ思い得る者の深さを考えた。思う事によって更に信を深める者に与えられる恵みを想うた。一目でもエルサレムをわが心に見たいからである。しかし私の様に順礼の足を遅々として運ぶ者は、道を見失ってはならぬ。何れの道が神の都へ私を繋ぐのであるか、何れの道が誤りに私を誘うのであるか。達し得ぬ者は、道を見失ったが故であろう。私は私が索し得たと思う正しい道に、道しるべを建てておこう。それは来るべき旅人にとっては或いは役立つかも知れぬ。

神を正しく理解しようとするには、如何なる道をとらねばならぬか。この事がこの小篇で私の云おうとする主旨である。

二

要求せらるる神は、究竟な神であらねばならぬ。究竟ならざる神は神ではあらぬ。神を解そうとするなら、吾々は彼を究竟の意において解さねばならぬ。プロティヌスの言葉によれば「一」として解する事である。スピノザに従えば「永遠の相」においいて観ずる事である。エリゲナによれば「造られず、造らぬ」境に神を見ねばならぬ。老子によれば「無名」において神の名を読まねばならぬ。竜樹に従えば「空」において「不」において又「無所得」において神を見ねばならぬ。子思によれば「未発」において神を見出さねばならぬ。「聖暗」とか「暗夜」とか「荒野」とか呼ばれる境が無上な境である。イエスによれば「顕《あら》わな状《さま》」にて来る神の姿はあらぬ。又「此処に、彼処に」と云う神の場所はあらぬ。所謂「無住所」が神の住処である。

かかる神が思惟の対象とならぬ事は自明であろう。分別された神であるなら、二に裂かれた神である。しかし二の世界に移された神は既に神ではあらぬ。故に最初から思い疑い得る神はあらぬ。もしも知によって解き得る神があるなら、誰もそれを神と認めてはならぬ。故に否定し得る神もなく、否定さるる神もあらぬ。否定された神は神ではあらぬ。知り顔に神を説く者も愚かであるが、誇り顔に神を誇る者も愚かである。神は「然り」にもなく、「否」にもあらぬ。かかる判きに現わるる神はあらぬ。「神を試みるな」とクリストは教えたではないか。梵に就てはかつて「一字をも説かず」と仏陀も云ったではないか。神は判く知からは匿されている。神は永えな神秘である、奥義である。

しかしかかる究竟な神を不可知な暗黒なものだと思ってはならぬ。かく思うのは既に神を判いているからである。暗黒だとして判かる神は何処にもあらぬ。暗黒な神は既にあり得ぬ神である。それならばかかる神を如何にして解する事が出来るか。吾々は判く事なくして彼を解さねばならぬ。かかる時吾々に与えられる道は只二つよりないと私は思う。そうして二つは互いに補佐して全き一つの理解となるであろう。神へ導く第一の道は二の理解を越える事である。第二の道は「一」に交る事である。二の理解とはポーロの言葉を借りれば「この世の智慧」である。相対的理解である。「一」の理解とは「神の智慧」である。究竟的理解である。神を見ようとするなら「この世の智慧」を越えねばならぬ。かくて「神の智慧」において神を見なければならぬ。吾々を神に導くこれ等の二つの道に就いて、私は更に深く省みてゆこう。

三

ここに二を越えるとは、相対の理解を断つと云う意味である。有限に座して究竟に遊ぶ事は出来ぬ。二に沈みながら「一」に入る事は出来ぬ。神の理解を妨げるものはいつも二の刃である。相対の理解において、味わい得る究竟はあらぬ。如何にかかる理解が精密であっても、吾々は相対の道を循環するに過ぎぬ。有限を重ねても究竟にはならぬ。二は「一」を量り得る尺度とはならぬ。しかし人は如何にしばしばこの僭越な罪を犯して顧みずにいるであろう。神に関する吾々の意見がこの相対の域を越える事は極めて少ない。しかし「この世の智慧」によって「神の智慧」を知る事は出来ぬ。

ここに吾々を二に沈ましめるものが三つある。一つは理知である。一つは言葉である。一つは私慾である。モリノが三つの沈黙を人に勧めたのも同じであった。吾々はこれ等の三つの為に神から遠く離れるのである。なぜならばこれ等が吾々を相対の杙《くい》に縛る三つの綱だからである。

人は理知によって神に交る事は出来ぬ。判く二によって示し得る「一」はあらぬ。「この世の智慧」は二の限定を越える事が出来ぬ。知に傲る者に神は近づき給わぬ。「一」なる神は永えに二なる知に自らを匿している。ポーロが神秘においてのみ神を語ると云うのはこの意味である。神は多くの賢き知を求め給わぬ。無心なものをこそ愛し玉う。

「これ等の事を賢き者と聡き者とに匿し給いて、しかも嬰児に示現《あらわ》し給うことを、御身に感謝す」とイエスに告げた。パリサイ人は彼の親しい友ではなかった。貧しき漁夫とか、無心なる児供とかが彼のまわりに集《つど》うた。

吾が知識と云う如きものを誇ってはならぬ。かかる有限な知は神の住家となる広さと深さとを持たぬ。二に堕した知の保証に幾許の力があろう。証明せらるる神は何処にもあらぬ。精しい知識も神の前には勢いを持たぬ。「神は世の智慧をして愚かならしめ給えるに非ずや」とポーロは書いた。神の前に吾々は吾々の知識を慎まねばならぬ。何事をも審《さば》き得ると思うのは誤りである。この世には証明を要しないものが一つある。否、証明する事を許されぬものが一つある、それは神である。神は知によって二に分別する事が出来ぬ。判くともそれは神への真《まこと》の知識とはならぬ。

相対の知をどこ迄も離脱しようとする時、ここに大乗においての空観が与えられ、基教においては所謂 'Via Negativa' が与えられる。人はかかる理解を否定的だと云ってはならぬ。二に対する無限な否定は、一への無限な追求である。神を知ろうとするなら、吾々は最も少く吾々の知識を持たねばならぬ。この世における神に関する最後の知識とは、実に一つの知識をも神に就て持つ事が出来ぬと云う知識である。神をかくかくのものだと断じてはならぬ。神はむしろ聖女ラビアが云った様に Non-such として又は十字の聖ヨハネが云った様に What not として解されねばならぬ。神の理解は一切の判断からの離脱を請求する。二の分別によって解し得る「一」としての神は何処にもあらぬ。

言葉は又吾々を二の世界に沈ましめる。言葉は畢竟対辞を持つ言葉に過ぎぬ。示し得るものは相対の世界である。神は常に言外にある。言葉は自由の相を示す事は出来ぬ。言葉はものを定義する。言葉によって究竟な神を語る事は出来ぬ。いわんや言葉で神を知る事は出来ぬ。言葉はものを限るのである。限らるる神は何処にもあらぬ。宗教において言葉は一つの罪である。神は多くの滑かな言葉を求め給わぬ。沈黙をこそ神は愛している。神に交る時人は禅定に入るのである。老子が云った様に「不言の教」が宗教である。クエーカーは正しい信徒である。宗教は沈黙の宗教である。神に就て多く語る時、人は神に就て何事をも語っていないのである。聖書は文字ではあらぬ。文字なき境に入り得ぬものは、神の書を読む事は出来ぬ。

第三に吾々を神から遠ざけるものは私慾である。二を越えようと思ったら、私慾を越えねばならぬ。自己のみを愛するものは二に沈んでいる。彼は他に対し他を排し他を憎むでいる。自我に閉じる時、人は同時に神をも封じるのである。利己心は破宗門である。吾々が呼んで罪と見做すものは多く私慾に基いている。罪とは神からの分離である。罪は二である。争いが醜いのは二つに分れるからである。殺戮が悪であるのは自他を二つに断つからである。二の行いを神は嘉し給わぬ。神に逢おうとする者は、私慾を断たねばならぬ。小さき自我は神を迎える室房とはならぬ。宗門に入ろうとする者は、浄罪の階段を踏まねばならぬ。悔い改めぬ者は天国に入る事は出来ぬ。

神に交ろうとする者は、神から離れしめるこれ等の力に打ち勝たねばならぬ。神に近づき得る者が稀なのは、これ等の暗い力に虐げられているからである。否、これ等の力によって神をも判こうとしているからである。しかしかかる二の世界に味わわるる神はあらぬ。傲る知識によって知らるる神はなく又多き言葉によって示し得る神もあらぬ。いわんや小さき自我に現わるる神はあらぬ。

四

第一の道は二の理解を越える事を吾々に求める、有限な吾々の知や言葉や行いに最も少なく頼るべき事を示している。この事はやがて神そのものに最も多く頼るべき事を内意する。かくして第二の道が吾々に示されている。有限な理解が神を計り得る尺度でないならば、吾々は誤りなき理解を神の持つ尺度に求めねばならぬ。「この世の智慧」が愚かであるならば、神を知る為には「神の智慧」をかりねばならぬ。神の深さを真に知り得る智慧があるなら、それは究竟な神の智慧そのものでなければならぬ。吾々の立場と云うが如きものは唯一なる絶対な立場ではあらぬ。この世に絶対な立場があるならば、それは神のみが持つ立場である。神を解そうとするならば、神そのものの立場に入らなければならぬ。「一」に交る事が神を味わう第二の道である。

宗教において何故に直観とか体験とかが要求せられるかは、必然な理だと云わねばならぬ。真に神に交る悦びは、それ等の事実をおいて他にないからである。「神は何等の媒介なくして知られねばならぬ」とエックハルトが云ったのは真理である。「神は人と一つならん事を急いでいる」とも彼は書いた。神は思う事によって知らるるのではなく、活きる事によって味わわれるのである。仏教徒は如何に「即」の一字を好んだであろう。基教徒は如何に「愛」の一字を好んだであろう。「即」も「愛」も二つのものが一つに交る謂である。知はものを分けるが、愛はものを結ぶのである。神を知るよりも神を愛する事の方が、如何に優れているであろう。愛は知に優る智慧である。知る事よりも更に多くを知るものが愛である。愛とは神に即する事である。即するとは神の智慧に活きる事である。神が持つ智慧のみが、神を知り得る智慧である。吾が知と云うが如きものをその前に誇る事は出来ぬ。

神の事は神に委ねねばならぬ。信頼し得るものに神よりもより安全なものは他にあらぬ。人は吾が理知の保証と云うが如きものを、無限に信頼してはならぬ。この世に絶対な証明と云うが如きものがあるなら、それは自らが自らを保証すると云う如きものでなければならぬ。神を思うならば、自体の世界を思わねばならぬ。相対な理解は究竟の認識にはならぬ。神を理解しようとするならば分明の世界に執着してはならぬ。分明ではなく自明の世界が神の世界である。神の存在を知ろうとするなら、吾々が持つ存在の範疇に神を入れてはならぬ。自存する神をおいて他に神の存在はあらぬ。神の実在を論証しようとするならば、証明にこだわってはならぬ。自証の境に迄進まない間、解さるる神はあらぬ。神に関する吾々の理解の貧しさは、神を吾が思惟において見るからである。神を神において見ないからである。吾れに頼って神を判くからである。二を信じて「一」を忘れるからである。自律の相に神の姿を見ないからである。神そのものの立場に帰らない間、吾々は唯一な不変な立場を得る事は出来ぬ。かかる唯一な立場に入らない間、解し得る究竟な神はあらぬ。

吾々は吾々の世界を以て神の世界を判じてはならぬ。例えば神の愛を解そうとするなら、それを吾々の愛によって推度してはならぬ。人は神にも愛があり憎みがあると思うであろう。正しき者を救い、罪ある者を罰すると思うであろう。しかし神に憎愛の二を許すのは恐るべき独断に過ぎぬ。反面に憎みを予想する愛は全き愛ではあらぬ。全き愛に憎みはあらぬ。神は全き愛を以て愛す。正しき者も邪まなる者をも愛す。神の愛を破り得る程の悪はあらぬ。愛するとは神の意志である。何ものもこれを枉《ま》げる事は出来ぬ。神に憎まるるものはこの世にはあらぬ。彼の愛から何人も離れる事が出来ぬ。凡てのものは神の恋人である。例外なくそうである。愛は切な神の本願である。

或る者は救われ或る者は救われぬと人は云う。しかしかかる神学に余は満足する事は出来ぬ。それは人間の有限な感情を以て神の心を計ったに過ぎぬ。救うと云うのが神の絶対な意志である。この意志を躓かし得るほどの暗い力は何処にもあらぬ。神は救うのである。人が拒むとも救うのである。神の恵みをつゆ疑ってはならぬ。神の恵みにもれはあらぬ。或る者は救われぬと誰が云い得るのだ、人は己が審判を以て神の意志を判いてはならぬ。浄土を約束しているものは神であって人間ではあらぬ。

神の事は神に任ぜよ、最上な知識があるなら、それは神の所有だと思え。最高な言葉があるならそれは神のみが用い得る言葉だと思え。最良な意志があるなら、神のみが果し得る意志だと思え。「無心」を愛し、「沈黙」を愛し、「無為」を愛し、「聖貧」を愛せよ。最も少く有限の自己に活きる時が、最も多く究竟の神に活きる時だと思えよ。凡てを神に任ずる時が、凡てが神になされる時だと信ぜよ。知よりも信が遥かに深き智慧であると切に感ぜよ。

神を知り得るものはこの世の智慧ではあらぬ。神の智慧のみが神を知り得るのである。

（一三・四・一三）

未来の宗教哲学に就て

一

確実な智識はいつも実有の念が濃い時に栄えると私は思う。空無の思想はいつも豊かな想像を誘うが、具体の念を吾々から遠ざけている。思想に劃然とした東西の別が現われたのは、主としてこれ等の異る方向に各々が道をとったからであろう。色即是空と観じるにしては、西欧の人々には余りに実有への信頼があった。具体への愛着があった。東洋では空と観じられた真諦も西洋の人々には有としての神に考えられた。かくして凡てのものが形ある姿をとって意識せられた。もとより物象は空しい物象ではない。それは形体ある実存の世界である。実際を愛した人々には必然想像よりも理性が強く尊重せられた。かくして確実な知識をと欲するのがその要求であった。実存の世界即ち自然が、彼等の注意を引いたのは言う迄もない。自然科学はかかる心によって養成せられ追求せられた。科学は精密な知識による科学であった。空観や想像に心を育てる事を求めた東洋に、自然科学が発達しなかったのは極めて自然な結果であった。科学は実有の念に伴って必然西土に栄える運命があったと私は想う。

確実な批判に基くと云う意味においての学問は、かくして凡て西洋の人々の所有となった。自然科学は云う迄もない、組織ある研究による凡ての学は吾々に注意される事なく、西欧において著しい発達を遂げた。特に前世紀における科学の勃興は急速な変化を文化に起した。科学的文明はただに人々の生活を更えたのみならず、幾多の思想に新しい刺戟を与えた。精密な科学においてその偉大な一面は代表せられ、誤られた唯物観においてその弊は代表せられた。

東西の交通が又その文明によって容易にせられてから、東洋にも驚くべき新文化の襲来があった。何れの国も多少なりその影響を受けないものはなかった。特に日本は早く又激しくその感化を受けた国であった。最近この国において程、西欧の文化が移入せられ讃美せられた国はないであろう。在来の伝習に対する反抗がこれに加担して、西欧の文化は躊躇する事なく吾々の生活に入った。若い時代は仏教に対する多くの執着なく、基教の信仰を喜び迎えた。儒教の如きは只教室においての古典として吾々の間に想起される。なかんずく多くの注意が科学に向けられた事は云う迄もない。東洋に欠けたこの新しい学問は流れる様にこの国に入った。そうして科学的精神が尊ばれると共に、凡ての学問に科学的方法が採用された。かかる場合にほとんど一切の学問において西欧に範をとる事に何等の躊躇を感じる事がなかった。これが一国の文化にとって名誉な態度であるか否かは別として、かかる自己に執着のない態度が、所謂「急激な開化」を吾々の間に産んだ。人々は吾々が進歩的であると云う事を明らかに承認した。この激変を思うと吾々にはほとんど過去の歴史が無いかの様にさえ見える。

今日吾々の所有する学問がほとんど凡て西洋の学問であるのは云うを俟たない。厳密な意味で「学」を持たない吾々は、恐らくかかる事情を余義なくされていたであろう。古来東洋に秩序ある学問が全く無かったわけではない。支那朝鮮の天文学の如きはその時代としては誇るに足りる発達があったであろう。インドの因明学の如きは、むしろ精細な知識に関する反省が吾々の間にあった事をも告げている。しかし否定の真理が豊かになるにつれて、実有に対する研究は吾々の心から漸次離れて来る。物質への組織だった研究は遂に栄えず、引いて科学的文明に非常な遅滞を来した。今日それを意識する吾々は新しい敬慕を西欧の学問に感ぜざるを得ないでいる。吾々は西洋の学を追い、それを継承し、出来得るなら同じ組織ある研究法を以てその学を更に発展せしめようと志している。物質に対する正確な知識を呼び覚ます上にも、また物質文明の発展に対しても、又あらゆる知識を正確にする為にも、これは取らねばならぬ吾々の態度として認められた。

二

私はここに純正自然科学に対して、かかる態度を批判する多くの意向を持たない。しかし新しい学問の一つとして承認される宗教哲学に就て、私は私の見解を述べる機会を得たく思う。

学としての宗教哲学が、他の学問と同じ様に、西欧の所有である事は云う迄もない。東洋においてはかかる特殊な学としての部門がなかった。故に今日吾々の間においての宗教哲学者は、ほとんど、否、全く西洋に歴史を持つ宗教哲学の研究者として立っているのである。それ等の人々は純に西洋の宗教哲学を継承するが故に、東洋に省るべき宗教哲学があるとは考えていない。又多少考えるにしても、西欧の思想の前にその価値を棄てる事に躊躇しない。従ってそれ等の人々が建設し展展させようと努力するものは、全く西洋の思想に生い立った宗教哲学そのものである。彼等はこれが客観的な宗教的真理の理解に吾々を誘う唯一の道だと信じる様である。しかし果して今日のこの様な趨勢は正しいものであろうか。私は真にそれを疑う一人である。

なべて学問はその研究法と題材とによってその内容が決定される。今日研究法と云えば科学的研究法に範をとらないものはない。宗教は科学的観察による歴史学から又心理学から、又近くには社会学から考察された。しかし純正科学と異る宗教哲学が、尚科学的研究法の外に深い内省的観察を要するのは云う迄もない。科学的方法は普遍であるが、内省はむしろ個性の特殊な深さによって決定される。特に宗教の如き深さの世界に向ってはこの必要が多いであろう。しかし個性から滲み出される内省を要するなら、吾々はどうして内省の方法を迄範を西洋にとらねばならないのであるか。果して東洋の冥想的思索は宗教哲学を発展さす上において無益であろうか。

この事は研究の題材を思う時益々明らかにされるであろう。西洋の宗教哲学が、主として基教に現われた経験を取扱っている事は事実である。吾々もまた題材をかかるものにのみ求めて研究を進めるべきであろうか。果して東洋には異常な特殊な宗教的経験がなかったであろうか。又かかる経験において特に深い世界にまで入った事実はないであろうか。難渋であるとしばしば称せられるのは、一面深さがある証拠ではないだろうか。東洋に現われた幾多の宗教的経験を反省する事は新しい発展を未来の宗教哲学に寄与する事はないであろうか。又は東洋の思索によって、却って西欧の思想の欠如を補い又は改造する場合がないであろうか。

そもそも宗教哲学は宗教を理解する事によって、信仰を人々に目覚まそうとする希望を内に持つであろう。人々は如何なる故に西洋のそのままな宗教哲学が直ちに吾々の所有にもなると思うのであろうか。学としてもその本来の性質において自然科学とは異っている。西欧の思想そのままが直ちに普遍な思想たる事は出来ぬ。特に宗教において人はその人情や、血の奥に流れる性質に深く訴える所があらねばならぬ。何故に学者は西洋の宗教哲学をそのままに発展さす事において、吾々の信仰を呼び覚まそうとするのであろうか。又かかる態度によってどうして吾々の固有の思索に正当な理解を持ち得ると思うのであるか。

又ひるがえって思うならば、特に思想に関する事においては、将来東西の結合と云う事が、最も意味深い結果を持ち来すのではあるまいか。然るに特に重要な宗教に関する学問において、只一方の思潮のみを承認すると云う事は自然な態度たり得るであろうか。いわんやこの東洋に在って東洋の思想を省みず、時としてはその価値をさえ卑下する思想態度が、果して温い糧を吾々の心に贈るであろうか。吾々の個性や特殊の思索を反省する事なく建設せられる思想は、永久な吾々の所得たり得るであろうか。自己の本性を傷つける事なく外来の思想を受け容れる事が真に吾々のとるべき態度ではないであろうか。西洋の宗教哲学は果して改変される必要なくして吾々の親しい所有となり得るであろうか。

三

人々は学としての宗教哲学が東洋になかったと云う事を主張する。しかしこの事は事実であろうとも、これが直ちに東洋に深い宗教的真理が思索されなかったと云う意味にはならぬ。只それが組織的に学術として考究されなかったと云う迄であろう。否、学問の上に宗教を安定せしめる必要がなかった程、宗教はより深く吾々の性質に入りぬいていたとも思えるであろう。私はそう思う事がより真に近い見方であろうかと思う。特にインドの人々の如き、どれだけ多く西欧の人々よりも宗教的な血を受けて生れているであろう。宗教哲学はないにせよ、宗教的真理が如何に深くそれ等の人々の信仰に握られているであろう。彼等の豊かな想像はかつて西欧の人々の夢にだに想わない深い思索に、彼等を導き入れた事はないであろうか。宗教的真諦に就て西欧の思想家が常により深く思索したと誰が云い切り得るであろう。もし云い切れないなら、どうして多くの暗示を東洋の宗教に受ける事をしないであろうか。

物質的な米国を想う毎に私はこの感を切に抱くのである。ジェームスの如きは真に尊敬すべき思想家の一人であったと私は思ってはいるが、しかし彼のとった研究法が組織あり論理があり、新しい見方があり深い内省があったと云う迄であって、彼が取扱った緊要な宗教的経験のむしろ豊かな材料も東洋の宗教的経験のごく一部に過ぎはしないかとさえ私には思えるのである。

私はキリストや又は偉大な基教徒の深い生活を忘れる者ではない。しかし東洋にこそ種において量において尽きない宗教的経験や思索があったと私は想うのである。否、学としての宗教哲学がなかったにせよ、東洋の宗教はしばしば宗教でありながら同時に宗教哲学であった事を忘れるわけにはゆかぬ。奥義書に育てられたインドの宗教的思索はもとより、支那の大乗仏教において、特に三論とか天台とか華厳とかにおいて、驚くべき広汎な且つ幽玄な思索が果されているではないか。かかる思索の宗教が吾々に豊かであるなら、何故それが今日の宗教哲学に意味を持ち来さないであろうか。果してそれ等の思索によって一層の改造と発展とを期待する事が出来ないであろうか。西欧の宗教哲学をそのままに継承して、そこに現われる問題のみを問題とする事が、未来の東洋の宗教を救う所以であろうか。又そこに討議せられた問題のみが真の問題であって、東洋の宗教的思索は決して新たな根本を忘れ去っていいであろうか。吾々は天台や華厳等の哲学が恰もこの世に無かったものの如くそれ的問題を呼び覚ます事がないであろうか。如何なる大胆な発言が「ない」と云い切り得るであろう。

今日の宗教哲学の三個の大きな根柢は、実にギリシャ哲学と基教神学と、これに哲学としての値を深めたカントを中心とする批判哲学とであろう。換言すれば今日の宗教哲学は全く西洋哲学と基教神学との上に建設されている事を知らねばならぬ。即ち凡ての東洋の宗教や思索は何等関与する処がないのである。否、時としてそれが取扱われている場合においてすら、ほとんど全くその価値を卑下した場合にのみ限られている。西洋の人々によってかかる態度が採用されるのは当然かも知れぬ。しかし東洋人である吾々迄が東洋の宗教を等閑に附する事は正当な道であろうか。真にそれによって未来の宗教哲学を改造する余地がないであろうか。果して多くの西欧の（又は日本の）宗教哲学者が云うが如く、仏教の如きを真の宗教でないと云って棄て去るべきであろうか。特に思索において基教は仏教よりも卓越したと断定し得るであろうか。私はしかく考える事を甚だ不自然であり不正当であると思う。

四

特に思想を深めようとするならば、今後東西の両洋が互いの長を贈り互いの欠を補佐する事が、緊要であろうと思う。今日迄ものの見方は、一方の長を徹する事にのみ注がれている。しかし究竟な真理が一面に限られていると思うのは誤りである。真理も円相を画くのである。「二」の真の認識は互いに逢う事のない直線の一端を極める時に吾が所有となるのではない。或る一点が常に円の上にある時、云い換えれば何処にも一端がない時、真に究竟な「一」を体得し得るのである。「私は物質を歌う、それは霊的であるが故に」とホイットマンは歌った。かかる見方に矛盾があるであろうか。二而不二と観じる時に、「一」もまた二も真に吾々に理解されるのである。私は特に未来の宗教的思想において、この事が明らかに認得されねばならぬと考えている。

東西の人情や思索や文化がほとんど凡て対峙的関係にある事は誰も気づくであろう。その間に例外がないとは云えぬ。しかし著しい対比が吾々の前に現われている。想像と理性、直観と理知、寂静と能動、幻像と実在、無と有、内と外、心と躰、如何なる摂理がこの対比を東西にもたらしたのであろう。これは深く反省するに足りる出来事であると私は思う、未来結合の「二」に吾々を導こうとして、この分離が過去に与えられたと思うのは、誤った想像であろうか。ともかくこれ等の二つの力が結ばれる時異常な結果が現われると云う事を信じるのは誤った見方であろうか。

私は東西の宗教思想において、最も顕著な対比をなすものは、「絶対」に関する思想であると思う。そもそも宗教哲学中の根本問題である「絶対」に就て人類は如何なる思索を持ったであろう。一方にこれを代表するのは、西欧の人々によって理解せられ愛慕せられた神 God の観念である。しかしこれに対して一方に深く思索せられたものは東洋の人々によって理解せられた神性 Godhead の観念であろうと思う。私の眼にうつる著しい事実は実にこれ等二個の対比である。神の観念は最も深く且つ温く西欧の地に生い立ったと私は思う。それはいつも「人格的」'Personal'な、親しい「父」'Father'としての神であった。親しく吾々に語り吾々の為に涙をもつ活きた神であった。これに対して東洋で最も発達したものは、いつも越人格的な神性の観念であった。如何なる有限の相をも持たない至上の当体であった。一方は「実存」する「有」としての神であるが、一方は「空」としての「無」としての究竟であった。一方は動いて一時も止まぬ河の流れにも譬え得よう。一方は静かに黙する湖水の趣きがある。人々が冥想に心を没するのも、凡ての汚瀆を拭い去ったその何ものもない寂静に、心を沈めたいからである。この区別は風俗や人情や芸術や、又は血の流れに迄深くしみ込まれている。人々が熱い愛に生命を説く時、吾々は寂しさの美しさを味わおうと希った。濃い彩や、渋い陰のうちにも各々の情趣が現われている。人々が道徳的戦いに生命を献げる時、吾々は静かな黙想にこの世の帰趣を求めつつあったのである。実に基教と仏教との対比はかかる背景に囲まれながら吾々の前に浮び出ている。

多くの人々はこの対比を見る時、一方を棄てて一方を選ぶ道をとろうとする。実際が重んぜられる今日の風潮の中に、「無」の宗教が受け容れられないのは止み難い傾きとなった。人々は東洋の宗教を只否定的であり消極的であると云い切る事を憚らない。この批判は常に浅く又易く人々から受け容れられた。今日東洋の宗教が振わず、却って西欧の思想が迎えられるのはかかる批判によるからである。しかし真に「一」を求め、又「一」を味わい、「一」に交る事が宗教の帰趣であるなら、更に又「一」の真の認識が宗教哲学の最後の希願であるなら、一端を求めて、円相を棄てるかかる理解に満足する事が出来るであろうか。

私は「無」の理解なき「有」の観念は未だ二に堕した考えに過ぎぬと思う。もし「動」がその内に「静」を欠くならば、それは決して「一」として理解せられた「動」ではないであろう。「静」に対する「動」は真の絶対な「動」とはならぬ。「無」なるもののみ真に「有」たり得るのである。真の「一」は「動にして且つ静」であらねばならぬ。裏面より云えば「動でもなく静でもない」境に「一」の面目があるのである。私が敬慕するエリゲナが云った様に「創らず創られぬ」究竟の観念を解せずしては、「創られず創る」神を知る事は出来ぬ。「無名」を知る時のみ「有名」の意が解かれるのである。真に「多」を理解しようとするならば「一」に交る迄その思索を進めねばならぬ。人格的神の観念が吾々に暗示する処が非常に深い様に、空としての究竟を解せずしては、真に神の絶対性を認得する事は出来ないであろう。基教徒は、人格的要素を欠くとの理由で仏教の思想を軽視する様であるが、それは僅か半面を見た考えに過ぎぬ。思索としての基教神学は幾多の教示を仏教から受けねばならぬ。私は特にその空観において深い反省を東洋の宗教から受けねばならぬと思う。

真にこの宇宙の至上の真理を竜樹の如く又老子の如く深く考えぬいた人は少ないであろう。彼等の空観や不言の教えを消極的等と評し去る浅果さを再び重ねてはならぬ。彼等の思索には真に犯し得ない深さがある。これと同時に吾々は三論宗や道教が人類の宗教として永く栄えなかった理由をも忘れてはならぬ。基教の人格的神観に就て吾々は特に厚い理解を持つ必要があろう。もしこれ等東西の思潮を内面から結び得たら、吾々は驚くべき真理の所有者である幸福を受けるであろう。

五

人々は東洋の伝習的思想に対する只反感から、その価値を無益に棄ててはならぬ。又深い批判をも経由する事なく基教のみがひとり宗教であるかの様に思ってはならぬ。又宗教哲学と云えば、西洋の学そのままで充分であると思う如き稚愚を重ねてはならぬ。今後の宗教哲学は深く東洋思想を省る事によって改造され発展する幸福を持たねばならぬ。文化はいつも「一」の理想に向って進むであろう。もっと深く東西の宗教は矛盾する事なく内面から結合されねばならぬ。東洋に在って東洋の思想を裏切る如きは、宗教の正当な本流に対する空しい反抗に等しいと私は思う。

西洋の人々にとっては、全く異邦のもの Exotic と云う感がある東洋の思想は、解し難く親しみ難い所があるであろう。それはさながら密教の如くに外来の者に対して封じられた想いがあるにちがいない。しかし吾々の様な特殊な時代に生れて、幼い時から西洋の文化を受け、しかも血を東洋の流れに受けた者にとってかかる秘密が永えに封じられているのではない。東西の思想を内から理解し、それを一つに結び、未来の文化を創造する事は吾々に不可能であろうか。否、かかる使命が吾々にはあると私は思うのである。これは吾々に与えられた最も名誉ある特権である。私はその恩寵を空しくする事は出来ぬ。

しかし今日不幸にも日本での優れた宗教哲学者の凡ては、西洋宗教哲学の継承者である事に矛盾を感じていないかの如くに見える。基教や西洋哲学には厚い同情があっても、ほとんど凡ての人は東洋の思想には冷やかである。従ってそれ等の人々に厚い理解を求める事は出来ぬ。否、それ等の人々から聞き得るのはしばしば東洋宗教に対する誹謗の声に過ぎない。

私は以下の例証において礼を失するかを恐れるが、石原謙博士著「宗教哲学」の如きはその不幸な一例であると思う。この書は西洋の思想をよく咀嚼し、それを明晰な叙述において紹介した点において、入門の好著であると私は想う。しかしこの書の価値は右の様な意において認められるべきものであって、これが東洋の人によって書かれたと思う時、幾多の不満の感が残されてくる。著者は既に基教徒であるが故に仏教及び他の東洋宗教には素養も少く経験も持たないのであろう。これは信仰の事であるが故に私は論ずる事を欲しない。しかし何故かかる資格を以て仏教を論ずる大胆を敢えてしたのであろう。東洋宗教に関する誠に貧しい一章がその中に書かれている。それは只仏教に対する先入の見方によって、少しの執着もなくその価値を卑下し去ったと云うに過ぎない。「かくて仏陀によって純粋な宗教は未だ理解されなかった」と著者は高言した（同書一四二頁）。著者が如何に深く「純粋な宗教を理解している」かを私は知らない。「何れにしても仏教は貴族的な頗る晦渋難解な哲学と単純な卑俗な民衆的宗教との間に、又迷宮の如き概念の累積としばしば迷信と結び付こうとする知識の拒絶との間に常に動揺している」。私はこの著書が西洋思想をよく咀嚼している事を書いたが、しかし不幸にもその咀嚼が西洋人の東洋思想に対する偏見に迄及んでいる事を注意しなければならぬ。もしこの本が匿名の著で外国文によって書かれているなら、誰もこれが東洋の人によって書かれたと思う者はないであろう。著者はその思想態度においてほとんどドイツの学風から外に出た事がない。これは一層その理解を特殊なものに限っている。もしも宗教と云う事が著者の云っている如く、真に個性から溢れ出る活きた信仰の事実であるならば、私はこの著書において余りに著者の活きた信仰に逢う折を持たない。それはほとんど凡て他人において考えられた宗教に過ぎない。吾々は現代の宗教哲学への入門としてこれを読む事は出来る。しかし未来の宗教哲学に対しての多くの暗示を求める事は出来ぬ。いわんや東洋の人によって書かれたと云う意味をここに見出す事は出来ぬ。

私は未来の宗教哲学が東洋思想を深く反省する事によって改造され発展する事を信じる一人である。否、むしろかくする事においてのみ、真に究竟な真理を捕え得るのであると信じている。私は幾多の未知の真理がこれによって開発される事を疑わない。思索に豊かな東洋思想は種々な西欧の思想に大きな暗示となるであろう。私は或る禅宗の修行者から、「自分には奇蹟の問題はいささかの苦にもならないが」と云ったのを聞いた事がある。私はその人が如何程深く奇蹟を解しているかを知らないが、かかる言葉は時として真相を語ると思う。多くの西欧の人々に解し難い幾多の基教上の難問が却って、東洋の人々の親しい所有になっている場合があると思う。例えばヨハネの伝えた福音書の或る思想を真に註釈し得る者は却って東洋の人々ではないかといつも思う。未来の正当な文化は東西の結合によって果されねばならぬ。しかもかかる結合の根柢はいつも宗教の上に安泰されねばならぬ。東西が宗教のうちに融和する事が人類の運命とその幸福とを保証する最も確かな道であると私は信じている。

（一九二〇・七・十七日朝二時半）

現代の宗教哲学に対する種々なる疑問

一

私はここに現代の宗教哲学に対する様々な疑問を簡明に列記してゆこうと思う。疑惑に止まって、これに代る解決に乏しいと評さるるかもしれぬが、しかし正しい疑惑こそは吾々を誤りなき真理に導いてくれる。哲学において正当な疑問はそれ自身価値がある。疑問を失う時、思想は停滞し、沈澱し遂に退歩する。

現代の最も進んでいると思われる宗教哲学が、トレルチによって代表されていると看做す事は、先ず異論のない事であろう。彼はカント学徒である。「今日の宗教哲学の問題は原理上、カントの道を歩むべきだと信じる。」と彼は卒直に書いた。彼のみならず今の哲学はほとんど皆カントの学説によって支配されている観がある。カントの哲学上の立場と云えば、無論彼自身によって創立された批判的立場である。故にその影響の許にある凡ての学徒は、皆批判論に対する敬虔な信徒である。それ故現代の宗教哲学と云えば批判的宗教哲学と云う意味がある。そうしてトレルチはその代表者であり、日本でそれを求めるならば京都の波多野博士がその忠実な支持者である。

古来長らくの間争い続けていた哲学上の二つの学派、即ち経験論と合理論との対立が、批判論によって綜合せられ、それが未来に豊かな実を結ぶ事が誰からも予想せられる。実に多くの学徒が信じる様にカントを離れては正しき道は失われるとさえ想えるであろう。カントを未来に進めるために先ず「カントに帰れ」と人々は警告した。カントは今や哲学上の活きた偶像であって、誰も彼の思想に礼讃する。彼の主旨は反抗せらるべきものではなくして、更に発展せしむべきものであると考えられる。かくして批判論は哲学上の本道として、その秀でた権利を吾々の前に主張する。しかし批判論の主張や理解は果してどこ迄宗教の本質を明らかにし得るであろうか。そここに吾々は宗教への充分な理解を期待していいのであろうか。勝ち誇る批判論者の前に、私はもう一度その力を吟味してみたいのである。必然この小篇は批判的宗教哲学者の前に提出する卒直な疑問の言い現しである。

神の観念を離れて、吾々は宗教を思う事は出来ぬ。しかも神の観念は究竟性と云う事を離れては意味をなさぬ。究竟でないならばそれは相対の内容に終るであろう。無辺なものとして要求せらるる神は必然究竟なるものとの謂であらねばならぬ。それならば宗教の諸問題は実に究竟性そのものを中心として集ってくる。或る真理や行為が宗教的と呼ばれるのは、それが何等かの意味において究竟な根柢を持っているからである。宗教性と云う事と究竟性と云う事とは不可分離の関係にある。故に宗教哲学の根本問題は究竟性の問題であると云い得るであろう。もし宗教の究竟性が理解せらるるならば、吾々は神に就て永生に就て世界に就て明確な理解を得るであろう。もし究竟性に関する理解や態度が厳密を欠くならば、吾々は宗教を「永遠の相」において味わう事が出来ぬ。真に宗教の世界を一の世界として味わい得ると否とは、究竟性に対する吾々の理解の如何によって決定せられるのである。

しかし今日迄究竟性に就て、宗教哲学者はどれだけ徹底した理解を示したであろうか。彼等の思索や立場や用語は果して透徹した疑い得ないものであろうか。これを想う時、私は現代の宗教哲学に大きな疑いを懐かざるを得ないのである。

二

先ず第一には吾々の認識の出発である思惟に就て考えねばならぬ。デカルト以降認識論は、「疑い」「思う」事を以て認識の出発とし、且つ思い判く事は必然に真理の可能を予想すると解している。疑いが基礎であると云う理由は、「疑い」を疑う時、やはり疑いと云う事が残るからである。従って疑い想う事は、疑いようのない事柄である。かくして同じく真理の可能も許されねばならぬと主張される。何となれば、よし真理を否定し得ても、かかる否定が新たな真理となるではないか。かくして認識の可能は是認せられ、凡ての真理問題はここに出発して論議される。

宗教の真理ももとより思惟の法則に依る事によって確立されると考えられる。しかし果して究竟な真理の認得が、思惟によってかち得られるであろうか。思惟に流れる法則がかかる真理の基礎たる事が出来るであろうか。思惟は究竟を理解する唯一な且つ正当な道であろうか。

そもそも疑い想う事は、それ自身の性質からして明らかに示される様に、思う主体と思わるる客体との二を予想する。対象を要求する事なくしては思惟は成り立ち得ない。然るに究竟は常に一であって、それ自身の性質からして、対象化し得ない内容ではないか。対象たり得るものは既に二の世界に在る事を予想する。かくして究竟に向って思惟を加えると云う事はそれ自身背反ではないか。よし究竟を思うとしても、思われつつある究竟は反省せられ対象とせられた究竟であって、真の究竟ではあらぬ。思惟の道を通して知り得る究竟はないであろう。吾々が論理的知識に依拠する限り、吾々の認識には限界がある。かくして究竟の前に立って吾々の知識はその有限性を悟らねばならないであろう。究竟を認得しようと思うならば、必然思惟を超えたものが要求せられねばならぬ。思惟はどこ迄も反省であり二次であり相対である。かかる有限の思惟を以て、無限の究竟を解こうとし、又解き得ると思うのは妄想であろう。いわんや思惟の法則を以て宗教的真理の基礎づけをしようとするが如きは、無謀な僭越な企図ではないか。究竟は知的理解を越える事を吾々に要求する。

そもそも認識論において思惟の働きに最初から二個の独断が加えられていると私は想う。思惟が一切のものを思惟の対象となし得ると考えているのはその第一である。デカルトは一切を疑おうとし、又疑い得るものとして彼の考えを進めた。だが疑いの働きは只一つの事において、その力を主張する事が出来ぬ。即ち疑おうとしても疑いの対象となり得ないものが一つある。それは云う迄もなく究竟そのものである。吾々は一切を疑い得ると思うけれども、究竟のみは疑う事は出来ぬ。何となればそれは対象化し得ないものだからである。対象化し得ないものを疑う事は出来ぬ。かくして究竟は思惟にとっては永えに匿された神秘である。

かく云う時、究竟を許す前に、究竟への思惟が既に働いているではないかと評さるるかも知れぬ。しかし思われたる究竟は既に究竟ではないが故に、究竟は思惟する事によって解されているのではない。吾々が究竟を思うと思っている時、実は究竟でないものを思いつつあるに過ぎないのである。思惟されている究竟はもともと究竟ではあらぬ。故に私が究竟と云う時、それは思惟によって語っているのではない。否、思惟によって語ろうとしても語り得ないものが究竟である。

第二の独断は疑いを根本的な認識の出発と考える点にあるであろう。デカルトは一切を疑い、遂に疑うと云う事のみは疑おうとして疑い得ない事であると主張した。この主張は今日も厚く継承せられている認識論の根本的仮定である。しかし疑いを許すと云う事は、やがてその疑いも疑いの対象となる事を予想する。即ち疑いは対象界にあるのであって、疑う事によって吾々は対象界を超越する事は出来ぬ。疑いと云う働きを無限に残す迄であって如何にしても相対的関係を断つ事は出来ぬ。疑っても疑い得ないと云う事は、恰度数字に於いて無限は計っても計り得ないと云うに等しい。しかしヘーゲルがかつて注意した様に、'Das Endlose' と 'Das Unendliche' とは異るのである。数的無限は単に有限に対する無限であって、相対的無限に過ぎぬ。同じ様に疑い得ないと云う事も相対的意味を出ない。「疑い能わぬ」ものと「疑いを許さぬ」ものとは混同されてはならぬ。前者は対象界にあるが、後者は対象化し得ない世界である。疑うと云う事は疑い得ないと云うが、それは無限に疑いの働きがつづくと云う迄であって、疑いが停止すると云うわけではない。しかし疑いが停止する時こそ、疑い得ようのない境地に入るのである。かかる疑いを許さぬ境をこそ吾々は究竟の世界と呼ぶのである。即ち、真に疑い得ず、又疑う事を許さぬ絶対な境は

解こうとするのは許すべからざる矛盾ではないか。宗教の理解は自から思惟に止まる事を許さぬと思う。「疑い」そのものではなくして、疑いの対象たるを許さぬ究竟の世界である。もしそうであるなら疑い思う事によって、究竟を

三

或る一つの学が成立する為には、方法論が明らかにされねばならぬと云われる。ここに方法とは、その学が依って立たねばならぬ立場とか、見地とか、根拠とか云う意味である。経験論においては事実が、合理論においては理知が、その立場であり方法である。そうして批判論がとろうとする所のものは云う迄もなく先験的批判である。

一般に方法が明らかでなく又正しくないと云う事は、やがてその立論が秩序を欠き確実を失う事を予想せしめる。多くの学説の争いは実にこの立場の争いであるとも云える。何れもよき立場たるを信じて自己の思想を主張する。しかし不思議にも今迄立場そのものが、何を意味し、如何なる性質を持つかに就ては省みられずに終っている。私は今日の宗教哲学における批判的立場を吟味するに当って、批判論そのものよりも先ず立場そのものが如何にして許さるべきであるかを省みねばならぬ。

立場は常に二つの事を吾々に要求する。それは第一に、より優れた立場であらねばならぬ。第二にその立場は厳密に支持されねばならぬ。即ちとろうとする立場は他の欠点を補い、これに換り得る程のより善きものであらねばならぬ。しかもまたその立場は動揺するものであってはならぬ。一つの立場をとり同時にこれに矛盾する他の立場をとると云う様な事があってはならぬ。吾々には種々な相反する立場を同時にとる自由は許されていない。

これ等の予想から吾々は次の結果を学ぶ事が出来る。一つの立場は他の立場の存在を必ず予想する。それ故立場とは種々なる立場の一つである。即ち立場は唯一なる立場ではあらぬ。よりよき立場は可能であっても、絶対な立場はあらぬ。従って一切の立場は相対的な立場である。批判的立場が如何に秀れてあっても如上の様な有限的性質から離れる事は出来ぬ。

次に又予想されねばならぬ性質が更に一つあるように見える。立場とは対象あっての立場である。対象化し得ないものに向って吾々は何等の立場をとる事が出来ぬ。立場とは何ものかに就て思い判く事を予想する。しかも一定の固有な特殊な見地に依るのである。もしも一度究竟の世界に来るならば、立場は直ちにその不自由な限定ある性質に苦しまねばならぬ。

私が云おうとする所は、それが経験的立場にしろ批判的立場にしろ、立場を固守するなら、究竟をその無上な相において理解する事が出来ないと云う事である。必然究竟を理解しようとするならば、吾々は立場を超越せねばならぬ。少くとも立場そのもの、有限性に就て明確な承認を持たねばならぬ。

しかし私はここに三つの反対が起る事を予期する事が出来る。立場を超える事が可能であっても、それは立場を超えると云う一つの立場となるではないか。又次に立場を否定する事は、やがて学の不成立を意味し、宗教哲学をして不可能に陥らしむるではないか。又第三にかかる見方は宗教哲学と宗教とを混同しているのではないかと。

四

しかし立場に立つとは、或る見方からものを限定するに過ぎぬ。しかし限定せられた究竟は究竟ではあらぬ。属性において神を言い現わす事が不充分であるのと同じである。従って宗教の真の理解は限定するものの見方を去って、ものを開放する自由な理解に迄進まねばならぬ。これも自由な立場と云う一つの立場であると云われるかも知れぬが、もしそれが一つの立場であるならもともと自由の相において観じているのではあらぬ。吾々はかかる限定から脱する為に、先ず立場に無限な否定を加えねばならぬ。何ものかが残るなら不純である。実際かかる考えによって究竟の真諦に迫ろうとしたのは、我法二空を説いた大乗の仏教である。基教においても所謂「否定道」によってこれが追求せられた。しばしば偉大な宗教家が告げた様に、驕る知識によって知り得る神はないのである。

しかしかく云う時、立場の否定はやがてその学の不成立を意味すると云うであろう。しかし私の考えではあらゆる立場が、あらゆる思惟が、あらゆる判断が、有限であると云う知識は成立する。この事はそれ自身一つの根本的な学を成立させる。かかるものの力を無批判的に許して一切を審こうとする時こそ、却って学問は瓦解すべき時期に遭遇する。私の考えでは宗教的真理を人知で審く時に宗教哲学が成立するのではない。却ってかかるものが人知を超越すると云う事を承認する所に宗教哲学の出発がある。神は判断の対象とはならぬ。故に厳密に云って神に関する学問は成立せぬ。しかし何故それが学問として成立せぬかと云う事に関する学問は成立する。人はこれを消極的な学問に過ぎぬと評するかも知れぬが、しかし神に関するあらゆる知識よりも、かかる知識が尚不満足であると云う知識の方が一層根本的である。即ち吾々の持ち得る最後の深い知識は、その限界に就て知識自身が自身に加える謙遜な承認でこそあらねばならぬ。吾々は神を知ると云う事は出来ぬ。しかも神を知らないとだに云う事すら出来ぬ。知らないと云っているのは、やはり何事かの性質を神に就て知ろうとしている言葉に過ぎぬ。究竟なものに関しては、有《も》ち得る肯定も否定もあらぬ。否、かくとだに云う事は出来ぬ。かくして吾々が益々知り得る事は限られた知識の性質に就てである。かかる考えを甚だ消極的であると評するかも知れぬが、私の考えではこれ程根本的な出発はない。大なる肯定は大なる否定によってのみ得られるのである。

近世の認識論は余りに論理的認識の力を過重し、それを宗教の真理問題に迄あてはめようとする。しかしカントの思想において一層重要視せらるべきものは知識の限界に関する彼の考えであらねばならぬ。未来の宗教哲学は認識論に基礎をおくよりも、認識の限界に関する承認に基礎を置かねばならぬ。それは宗教を知ろうとする不遜な慾望の上に立てらるべき学問ではなく、知るを許されぬと云う謙譲な理解の上に成立さるべき学問である。知り得る世界の獲得よりも、知るを許されぬ世界の把捉の方が、如何ばかり深く如何ばかり偉大であろう。

かく考える時究竟の理解に二途ある事を気附くであろう。（この二途はその終局において更に一つに交るであろう）。第一は吾々の立場に無限の否定を加える事であり、第二は究竟そのものに無限に近づこうとする努力である。前者において吾々は有限な知識を棄て、後者において吾々は神そのものの無限な智慧に交る事が出来る。もしこの世に唯一な絶対な立場と云うものがあるなら、それは神が所有する立場と云うが如きものであろう。吾々の有限な判断を離れて、神の無限な智慧に入るとは、唯一な立場に入ると云う謂ではないか。

宗教哲学は人知の上に建設せらるる時に成立する学問ではなく、かかる究竟な智慧に基礎附けられる時に、成立する学問である。神や宇宙に関する聡しい知識を与えるのがその学問の主旨ではない。反対に、どこ迄も人知の限界を認め、出来得る限り神の知慧によって凡てを観じようとする理解を与えるのがこの学問の主旨であらねばならぬ。かく云う時、私は理性を否定する者の様に解さるるかも知れぬ。しかしそうではない。神の智慧と云うが如きものより、より理性的なものはないと思う。私が立場を越える境に進まねばならぬと云うのはかかる意味である。これは決して宗教哲学を瓦解せしめる事にはならぬ。否、これによって更に確実な保証を得るであろう。

吾々は吾々の賢い知識を誇って神はかくかくのものであると云ってはならぬ。否、かくかくである神は何処にもあらぬ。吾々が云い得べき事は神はかくかくのものではあらぬと云う事のみである。神に関するあらゆる否定は常に真理である。これでもなく彼でもなく、又それ等の否定の何ものでもあらぬ。究竟なものはしばしば云われた様に「空」であり「無名」である。聖女ラビアが云った様に 'Non Such' として解されねばならぬ。吾々の思惟が関与し得るものは只 such の世界に過ぎぬ。かかる思惟の力によって宗教の究竟性を判き、進んでそれによって宗教に確かな基礎附を与えようとするが如きは本末の顚倒であろう。

古来、方法とか立場とか、学説とか云うものを取らずして、宗教の真意を味わおうとした凡ての思想は、私には絶大な興味があり暗示がある。神秘道に私が心を引かれているのは一つはかかる理由によるのである。仏教では禅宗又は真宗の如き、学説によらない宗教が私の心を多量に引きつけている。神学のある宗派は、すぐにその反対の学説の可能をも予想し得る故、恐ろしいものではない。沈黙の宗教は常に私の心を激動せしめる。

以上は宗教哲学の出発に対しての私の根本的疑問であるが、私はこれから現代の宗教哲学が主張しつつある種々なる思想の二三に向って、私の疑惑を簡単に述べてゆこうと思う。

五

宗教哲学が宗教心理学と異なる点は、後者が種々な事実又は個々の経験を対象として取扱うに反して、前者が一般的真理又は普遍的価値を問題とするにあると云われる。それ故真理や価値の問題を取り扱う宗教哲学は、必然認識論と密接な関係を持たねばならぬ。吾々は真理の学を一般に認識論と呼び慣らわしている。さて、今日最も進んだ認識論はさきにも云った様に、新カント学派によって代表される。それ故今日の宗教哲学は、新カント学派の認識論の上に立つ事によって深められると考えられる。トレルチが重要な位置を持つと云うのは、批判的認識論を基礎として、その宗教哲学を建てているからである。

認識とは正しき思惟の謂であって、正しき思惟を得る為めには論理的規範に依らねばならぬ。しばしば云われる通り、かかる意味で認識論と論理学とは密接な不可分離な関係にある。否、新カント学派の主張する所によれば、認識論は厳密に論理的要求から発すべきものであって、この要求が純であればある程、認識を確実にせしめ得るのである。それ故宗教認識もまた論理的基礎の上に建つべきものとして考えられる。

しかし果してこの出発は正当なものであろうか、さきにも論じた様に宗教哲学の根本問題は詮ずる所究竟性の問題である。然るに究竟性とはその本質上相対化し得ない内容であって、知に向っては永えに匿されている一つの神秘（mystery）である。然るに論理性と云う事は、それが持つ法則の性質から明らかに認知される様に、相対性そのものに外ならぬ。矛盾律とか排中律とかは言下に二元を予想する。判断は真を選ぶが、それは偽に対して真を選ぶと云う事に外ならぬであろう。論理的判断になくてはならぬ肯定否定の二律は相対性の最も明らかな表示ではないか。人は論理には明らかな限界がある事を承認せねばならぬ。論理性が普遍であると云うのは、かかる限界内において普遍であると云う意味に過ぎない。

さて、宗教哲学の主要な問題が究竟性にあるなら、吾々は相対的な論理的認識論によって、如何にしてそれを解する事が出来るのであるか。究竟性を相対性によって解そうと云うが如きはそれ自身矛盾ではないか。もしも認識論が厳密に論理的要求に発すべきものであるなら、認識論はその有限性に就て明確に承認する所がなければならぬ。しかも有限的理解は究竟性の問題の前には沈黙を守らねばならぬと云う謙譲な承認をも持たねばならぬ。従って、もし窮竟的真理を認得しようとするならば、吾々は必然超論理的要求から発せねばならぬ。私の考えでは、宗教真理の問題は、現代の認識論では到底満足に解決せらるべき者ではないと思う。カントが認識の限界を認めた考えは更に温く深く理解せられねばならぬと思う。

科学的真理と云うが如きものに対して、現代の論理的認識論は鋭く且つ正しい理解を吾々に与えている。しかし同じ真理と呼ばれても、科学的真理と宗教的真理とは同一の標準によって理解すべきものではないと私は思う。今日の認識論は価値体系と云うが如きものを考えて、種々なる真理は皆これに依属し、互いに並在しているものと考えている。しかし私の考えでは、宗教的真理は究竟の真理であって、体系中の一部を占めると云うが如き相対のものではなく、却ってかかる体系の凡ての根柢となるべき真理と云うが如きものであると思う。一部を占める真理は究竟の真理ではあらぬ。前述の様に宗教の問題は詮ずる所究竟の問題より外にはない。一つの宗教的真理が成立するのは、究竟的根柢によるが故でなければならぬ。今日の認識論が主張する様な真理の根柢即ち先験とか、規範とか、普遍とか云う内容は、まだ二に堕した考えであると思う。最初から先験と後験とを峻別し、規範と経験とを区劃し、価値と事実とを区分するが如きは、尚人為的分別であって、そこには無理があると思う。思惟すると云う事において、かかる区別が必然に要求せられた迄であって、かかる区別のない、未だ二を発しない究竟の境に、かかる差別を挿入する事は出来ぬ。実に今日の認識論の最大な欠点は、二元的相対的痕跡をまだ多量に残している点にあるであろう。相対の世界を理解する上には、これで差支ないであろうが、一度究竟の世界に来るならば、それは力なくせられるであろう。

六

一般の哲学者から承認されている様に、批判哲学の特質又は功績と看做すべきものは、哲学の問題を事実問題から権利問題に高めた事にあるであろう。即ちしかじかの事実に止まらず、しかあるべしと云う規範の世界を論じ、かくして存在と云う事よりも当為に、個々の経験と云う事よりも、普遍な理法に問題を進めたのである。かかる規範の世界は、単にかくあると云う事ではなくして、かくあらねばならぬ資格を要求する。即ちそれは一つの権利要求であって、正にかくあるべき妥当な価値の主張である。しばしば云われた様にそれは個々のものによって左右されない、又個々の経験を超えた所謂先験的な当為である。凡ての知識はこの不動な理法に則る事によって、確実な根柢を得、一つの真理となるのである。在来の様に外界の事実に合する時に真理となるのではなく、内なる法則に基礎づけられる事によって客観的知識、即ち真理となるのである。

かくして宗教的真理も同じ権利の問題として取扱われる。即ち宗教的真理が何人からも承認される普遍性を得るのは、全く先験的な妥当的価値に依拠するからであると云われる。かくして宗教は価値体系中に確実なる一つの位置を占め得ると考えられる。

しかし果して宗教的真理は、しかあらねばならぬと云う資格、即ち妥当的権利によって確立されるのであろうか。私が前にも疑った様に、先験とか普遍とか客観とか云う根拠は、究竟的なものではなくして人為的分析が産んだ相対的理解の所産ではあるまいか。今日の人は妥当と云う様な字を好むが、妥当とは他に対して己が保持する一つの資格と云うが如きものに過ぎないではないか。権利とは究竟的権利ではなくして、何ものかに対する主張や要求である。権利の世界は未だ相対ではないか。己れを主張すると云うが如きは言下に己れならざるものの存在を予想するであろう。又人々は価値と云う字を愛している。新カント学派において価値と云う内容は、ものの値打ちと云うが如きプラグマティカルなものではなくして、則るべき目的とか、理想とか、根柢とか云う意味であろうが、しかしそれは尚評価せられた理想に過ぎぬであろう。それはまだ人為的思惟によって判かれた内容である。しかし真に究竟なものは価値づける事すら出来ぬ。即ち評価する事の出来ぬ内容であろう。価値ではなくして価値をすら超えたものであろう。それは Valuable なものではなく Invaluable なものではないか。私はかかる相対的な内容に究竟な真理の根柢を求める事が、それ自身許すべからざる撞着であると考えている。

いわんや論理的真理は只偽に対する真であろう。偽の反面を持たずしてはあり得ぬ真である。断案も肯定否定の二律を要求する。かくして得られた答えは、論理的には確実であろう。しかしそれは誤に非ざる正しさに過ぎぬ。

ここに真理は相対性を超える事が出来ぬ。真理それ自身と云うが如きものは論理の世界にはあらぬ。真理に究竟の性を求めようとするなら、吾々は誤に非ざる真から、誤を許さざる真に迄進まねばならぬ。即ち否定を反面に許さざる肯定、偽なくしてあり得る真と云うが如きものに到らねばならぬ。それ自身にて立ち得る真理を宗教的真理と云うのである。偽なくしては思い得ぬ真は宗教的性質を有《も》たぬ。まして論理の確証による真理と云うが如きは、未だ相対に堕した真理である。宗教的真理は証明の後にある真理ではなく、証明を許さぬ自証の真理である。

かくして私の思想を卒直に述べるならば、宗教的真理は権利の世界にあるのではなくして、権利をすら超えた権威の世界に在るのであると思う。換言すれば宗教の問題を取り扱う時、吾々は権利問題から更に権威問題に迄進まねばならぬと思う。

宗教の真理が他と区別せらるべき点は、単に客観的に万人から承認せらるべき性質を有《も》つのみならず、同時に帰依せらるべき真理と云う意味がある。それは知らるる真理であると云うよりも、直ちに信ぜらるる事を求める真理である。故に吾々の生命に直接触れ又活きてくる真理である。生命はそれによって深められ浄められる悦びを受ける。

凡て宗教の事はかかる権威の光に満されている。究竟性は無上なる性質と云う意であって、一つの資格と云うが如きものではあらぬ。究竟とは必然「神聖なもの」との意味がある。犯し難き権威であってこそ究竟である。権威の前に人は思惟の権利と云うが如きものを主張する事は出来ぬ、権利は資格ある条件を求めるが権威は如何なる条件をも許さぬ。権威に向っては無条件な承認があるばかりである。人は驕る知によって宗教を解する事は出来ぬ。無心にして受け容れられる時、宗教が彼に体認されているのである。もしも真理の問題を権利問題に止めるなら、解し得る宗教的真理はないのである。

七

誰もが気附く様に、現代の哲学特に新カント学派の哲学が、吾々に与えた顕著な問題の一つは、歴史学の意義に就てである。歴史学が当然持つべき特質を指示し、それが自然科学と異る一領域を占める事を明晰にした点にある。即ちそれは科学の如く経験的事実のうちに一般的な同質的なものを求めようとするのではなく、現実を特殊的な異質的な事実そのものにおいて理解しようとするのである。しかもかかる事実の漫然たる記載が歴史の任務ではなく、吾々はそれを文化的価値にてらし、意義あるものを選択し、それを合目的な進化発展の過程として観じようとするにある。即ち繰り返さざる現実の目的へ向う発展の足跡を認識する事が真の歴史である。

認識論と共に発達した歴史に対するかかる理解は、前者と共に深く今日の宗教哲学にも影響した。吾々は正しく宗教史を理解する事によって、宗教を活きた事実として解する事が出来、しかもこれによって宗教を抽象的概念に封じる危険から脱れる事が出来る。吾々は只学説においてのみ吾々の理解を進めるべきではなく、活ける宗教史によって、その本質を具体的に認得せねばならぬ。宗教はどこ迄も具体的な事実としての宗教でなければならぬ。史的根拠を欠く宗教はその最も高い形において「理性の宗教」となり得る事はあっても、吾々の生活に如実に関与する宗教とはならぬ。ここに歴史的宗教が重大な意義を持つ事は論を俟たぬ。

かくして歴史哲学が明らかにする様に、宗教の理解に対する吾々の採らねばならぬ態度は、先ず宗教史に現れる個々の異質的な事実を対象とし、これを妥当的価値に依拠して取捨し、それを合目的な実現の過程として認識する事にあると云わねばならぬ。この見方はただに歴史の本質に関する鋭い一つの見方であるのみならず、今後よく宗教の理解を理論的概念から救い起す力となるであろう。

しかしこの見方そのものに誤りはないとしても、吾々はこの見方において宗教の本質を残りなく理解する事が出来るであろうか。又かかる歴史、即ち時間に現れたる事実に、果して宗教の真の姿があるであろうか。又活ける事実と見做すその歴史的現実が果して宗教の最後の力強い基礎となり得るだろうか。人々は活ける現実の事実に愛着する。これなくしては宗教は抽象的形骸であると云う。この言葉に誤りはない。しかし果してかかる現実的事実それ自身が最後の確実なものであろうか、吾々は歴史よりも更に活きた具象的な世界を有《も》っていないだろうか。この事は深く考えられねばならぬ。私は宗教の究竟性を想う時、どうしても史的理解に満足する事が出来ぬ。いわんや歴史を無視する抽象的理解には不満である。

　吾々は宗教をその本質において理解しようと思うなら、歴史的現実と云うが如きものに止まってはならぬ。あのスピノザが深く解した様に「永遠の相」においてものを観ずる時、宗教の世界が認識されるのである。歴史に止る事は時間の相においてものを見るに過ぎぬ。それもある具体的な世界を示すであろう。しかしかかる具体性は最後のものではあらぬ。私は時間を超越した世界の認識が、真の宗教の認識であると想う。歴史は時間に始終する。もしも宗教の本質が歴史性にあるものならば、それは時間的宗教に終らねばならぬ。しかしそれはスピノザが解した永遠の相における宗教と如何に異ったものであろう。私はスピノザの理解に動かす事の出来ぬ深さがあると思う。

　時間の上に現れる歴史は、個々の繰り返さざる異質的事実を与える。しかしかかるものは却って永遠な究竟なものを、平面の上に投写し、それを時間的に解したものに過ぎぬ。真の究竟なものには個々もなく普遍もなく、反復もなく更新もあらぬ。時間に現れた世界の認識は、相対界の認識とはなっても、永遠界の認識とはならぬ。史的事実と云うが如きはむしろ永遠を相対化した場合に過ぎぬ。中世紀において解された同時統体 Totum Simul 又は永遠の今 Eternal Now と云うが如きものが、宗教的永遠界の真景である。これを現実の相において見る時、前後の別が生じ過去と未来とを持つ時間的歴史となるのである。故に歴史的観察が吾々をして宗教の根本的理解に導くのではなく、歴史を越えた世界の認識に迄進む事によって、始めて「永遠の相」において宗教を解する事が出来るのである。異質的な繰り返さざる世界の認識と云うが如きは、歴史的認識に止るのであって、かかる見方によって宗教の本質に触れる事は出来ぬ。丁度論理的認識論に止る時、宗教の究竟性を理解出来ないのと同じ様に、歴史哲学に止る時、吾々は宗教の永遠性を見失わねばならぬ。究竟への理解は超時間的即ち超歴史的理解を吾々に喚求する。

　もとよりここに云う超時間的世界と、あの普遍界と云うが如きものとを混同してはならぬ。後者は繰反さるる一般性と云うが如き抽象界に過ぎぬ。しかし超時間界にはもともと同質とか異質とか、反復とか変化とか云う如きものはあらぬ。「永遠の今」があるのみである。抽象的一般性には、反復する過去のみがあって発展の未来はあらぬ。歴史的異質性には変化ある過去があり未来がある。しかし超時間的究竟性には過去も未来をも許さざる永遠の現在があるのみである。芸術とか宗教とかの深さは全くこの第三の特質によると私は解している。

芸術史には進歩があり変化があり発展がある。しかし美そのものは時間を越える。如何に優れた彫刻が現代に現れても、遠いギリシャの作品の価値にはいささかの動揺もあらぬ。否、むしろ日増しにその美が驚きを以て認識されるであろう。そこには「永遠の今」の美があるではないか。ギリシャ彫刻の美は歴史的にも価値があろう。しかし更に尚超歴史的意義において価値がある。歴史的価値と云うが如きはその価値の僅か一部に過ぎぬ。

宗教においても同じである。或る人は宗教は自然や人生に対する原始的理解であって、いつか科学がこれに代るべきものであると考えている。なるほど歴史的には宗教に発展もあり、変化もあろう。しかし失われるものは超時間的性質を有《も》たぬものばかりである。科学はそれを改造する権利はあろう。しかし超歴史的世界に来る時、主張し得べき科学的批判はあらぬ。科学によって宗教を代えようと云うが如きは、宗教の本質の何ものであるかを全く知らぬ愚さによるのである。

仏陀やキリストは史的には如何に古い人であろうとも、時間を越えた究竟性において、いつも新たな人類の師である。かかる聖者に時間的生命はあらぬ。「永遠の今」に住む人をこそ聖者と呼ぶのである。歴史的発展の為に過去に葬り去られる仏陀が何処にあろう。宗教史には進化があろう。しかしその進化によって見失われるイエスが何処にあろう。宗教は歴史的である事にその最後の価値を持つのではない。超歴史的内容に不動の基礎を持っているのである。私は発展とか進化とか云う事は究竟界にあり得べからざる性質であると思う。究竟は完全であってより佳き世界を要せぬ。発展の世界は有限の世界である。有限の世界であればこそ発展を要するのである。

かく考えるならば吾々は宗教を理解しようとするに当って史的理解に止る事は出来ぬ。もとより時間の上に実現された発展の過程の正しき認識も重要ではあろう。しかし発展をすら越えた永遠界の認識が、尚一層宗教の理解によって緊要である。宗教哲学は正にかかる任務を果さねばならぬ。現代の宗教哲学は歴史を容れ事実を尊ぶ事に終って、未だ充分に超時間的理解、即ち永遠の相において宗教を解しておらぬ。私の考えでは、時間の上に現れる歴史的事実は、最後の確かな事実ではあらぬ。私は時間を超える究竟界より、より具体的な世界を想う事は出来ぬ。見えない世界が見える世界よりも一層具体的である。宗教の世界はイエスも云った様に「顕わな見ゆる状にては来らぬ」。浄土がこの現実の世界より、より確かな吾々の真の住家である。

八

今日の宗教哲学が企てつつある任務の一つは、宗教に文化上における正しい位置を与えようとするにある。即ち第一には不動な普遍な根柢を宗教に見出す事によってそれが存在する確実な理由を示そうとする。第二には宗教が他の文化と区別せらる る特異性と独立性とを見出す事によって、宗教の位置を明らかにしようとする。先にも書いた様に今迄果し得た事は、宗教の本質を論じてその特異性を認め、しかもそれが妥当的価値に依存する事を承認し、従ってかかる価値体系中に、一定の必然な位置を宗教に与えた事にあるのである。即ち宗教は科学や倫理や芸術と並在（Juxtapose）して、文化の中に一つの位置を占めると考えられる。

しかしかかる理解は宗教に一つの位置を与える事において成功したであろうが、私はかかる理解を甚だ不徹底なものと思うのである。何となれば特異性とか独立性とか云う事は、他と差別せられる性質であって、必ず対立するものを予想し、相対的内容に終ってくる。究竟性に立つ宗教は差別せられ、対比せらるべきものではなくして、かかる一切の差別を超越するが故の宗教であると思う。それは自存すべきものであって、他に対して独立すると云うが如きものではあらぬ。特異性を認めると云うが如きは、宗教の究竟性を理解せぬ見方に過ぎぬ。かかる考え方は宗教を相対の域に降す無益な主張に過ぎないであろう。究竟性とは種々なる性質の一つではなくして、一切の性質の基礎となる絶対なものでなければならぬ。

宗教を価値体系中の一部を占めるものと見做す如きは、全く宗教の究竟性に関する理解の欠乏によるのである。もし他の文化と並在すべきものであるなら、吾々はどうして無上な権威ある並びなき宗教を理解する事が出来よう。宗教は一部的場所を占めるものではなくして、一切の場所の基礎であり根柢である。即ち一切の文化が宗教に基礎づけられる事において、文化は正しき意味を保有し得るのである。もし宗教が文化の内の一つの個所を占めると云うが如きものに終るなら、それは究竟な宗教ではあらぬ。一切の人間が正に帰依すべき何等の理由をもそこに見出し得ないではないか。現代の宗教哲学が是認しようとする宗教の位置は、実に宗教の為に求むべからざる位置であると云わねばならぬ。科学は文化上の一つの場所を占める。しかし宗教にはかかる部分的場所はあらぬ。

究竟は一である。宗教的一は区分するを許さぬ一である。宗教に特異性を求めると云うが如きは、それを他と差別しようとする二元的理解に過ぎぬ。しかし宗教は差別せらるべき宗教ではあらぬ。権威ある宗教はその左右に並在するものを許さぬ。一切の文化は宗教に帰服する事によって、その存在の意味を果すのである。現代の宗教哲学は無上な宗教の権威に関して理解する所が尚貧しく且つ乏しい。

宗教は唯一なるそれ自身の世界である。他に対する只一個の世界ではあらぬ。

宗教的真理の本質

この篇で私が取り扱おうとする事は、宗教的真理の本質に就てである。云い換えれば如何なる真理を指して宗教的と呼ぶのであるか、又何が故に或る真理が宗教的と呼ばれ、他の真理から識別されるのであるか。真理が宗教的と云われる時、如何なる特質があらねばならぬか。かかる事を深く反省したいのが私の願望である。この問題を究める事はただにその真理が如何なるものであるかを私に教えるのみならず、かかる真理の理解、即ち人々が呼んで信仰と名附けるものの性質に就て正しい見解を私に与えると思う。引いては今も尚多くの者を苦しめている知識と信仰との関係に就て、光ある答えにまで私を導くと思う。真理の問題は認識論によって取り扱われる。故に私もここに認識の問題から出発せねばならぬ。

一

思惟の世界に入る時、人は審判の座に着くのである。デカルトがかつて信じた様に、凡ては彼の審きの前に置かれてある。否、判《(ママ)》らねばならぬ位置に自らを見出すのである。しかもカントが云った様に彼の思惟には「かくあらねばならぬ」と判き得る権利さえあるのである。権利とは資格である。これは彼がみだりに選んだ資格ではあらぬ。彼の存在に先んじて彼に用意せられた権利である。彼は思惟に内在するその権利によって彼の凡ての知識を吟味し整理し、かくして統一あるものに構成する。この先天性は彼の思惟が依らねばならぬ法則であり規範である。彼が忠実にこの規範に則る時、彼は正しい審判を果すのである。判かれた内容はその先天的法則に基礎づけられて、妥当する世界に入るのである。この妥当する知識を人は真理と呼び慣わしている。かくして真理は人と時と処とを越える。正しく判かれた真理は客観性と一般性との確実さをおびる。それは万民が共有する真理である。思惟の世界において人は普遍の世界を楽しむのである。真理に自他はなく国境はあらぬ。真理に活きる時人は狭き自我を越えるのである。

真理に潜むこの深く細かな内容を人々に気附かしめたのは、人類的な思索者カントの功績であった。真理を学ぶ程のものは彼に師事せねばならぬ。人は彼によって思惟の意味を知り、認識の何ものであるかを学ぶのである。今日の趨勢を見るとたしかに彼の思想の或る局部は異常に発展せられた。しかしこれが為に重要な彼の主旨の或るものは見失われたかの感がある。人は彼が啖示した方向に進んで真理の性質を極めようと求めた。種々なる真理は彼のとった見方から批判せられた。かくして最後の真理――宗教的真理に来た時、これも同じ立場から説かれねばならぬと考えられた。人は躊躇する所なく宗教的と呼ばれる真理をもまた認識の圏内において理解すべきものである事を預想した。従ってそれもまた論理的要求において判かるべき真理の一つであると考えられた。宗教的真理が妥当なものとして成立するのは、やはり宗教的アプリオリに依拠するが故であると思惟される。それが真理として是認されるのは、規範的根拠を持ち、客観性を得、普遍性を得るからである。それは権利に活きる真理である。従って宗教的真理は他の真理と並んで、共に一つの真理体系を形成する。宗教はかくして文化の中に正当な一部の場所を占めると考えられる。宗教的真理も畢竟他の真理と共に知解される真理である。

しかし認識の道に急ぐ者のかかる理解は、止るべき境を越えた所がありはしまいか。それは認識の能力に対する過度の信頼ではないだろうか。カントがその能力を定限した貴重な主旨を忘れた所がありはしまいか。彼は宗教の世界を迄認識の対象界に入れたであろうか。真理が宗教性をおびる場合、それは既に認識論的性質を越えた或るものを示してはいないだろうか。純論理的要求において理解し得る宗教的真理があるであろうか。

認識作用に関するカントの学説は偉大である。だが宗教の問題に入る時更に重要なものは、却って認識能力の限界に対する彼の主旨ではないだろうか。真理は論理的要求から知解され思惟さるる真理である。しかし宗教的真理も同じ理解によるべきものであろうか。この前に立って認識がその能力の不足を感じる事はないだろうか。同じく真理と呼んではいるが、それは別個の理解を要求すると思い得ないだろうか。それは妥当する認識の圏内にあるが故に確実であるのではなく、却って思惟の理解を許さぬが故に不変なのではないだろうか。私はいつも想う、宗教の世界を思惟によって知ろうとする試みは、吾々の正しい努力ではあらぬ。どうして宗教の世界は思惟を超越するかと云う事を知ろうとする方が、より正当な希願である。宗教は what として解されるよりも、whatnot として解される事を求めている。知らるるが故の宗教ではなく、むしろ知るを許さぬが故の宗教ではないか。論理的認識の界内に宗教的真理があるのではなく、かかる認識の彼岸にそれがあるのであろう。カントが美しく云った様に、「信仰に位置を与える為に、知識の不当な要求を制限せざるを得ないのである」。審判の座に着く者は、与えられた則を越えてはならぬ。「不当な要求」に陥る時、彼によって理解さるる何ものもあらぬ。彼は一切を判き得ると思ってはならぬ。思惟の働きは無限ではあらぬ。判くを許されないものがある事を謙遜に承認せねばならぬ。彼は彼の思惟における権利を無上に信じてはならぬ。それは只思惟の世界においてのみ許された資格に過ぎぬ。しかし思惟は一切の世界ではあらぬ。思惟の権利は如何なる世界をも支配し得る権威とはならぬ。権威は自由であるが資格は約束に過ぎぬ。思惟の限界を越えてまでその資格に力があると思ってはならぬ。かかる有限な力を以て究竟の深さを測ってはならぬ。測り得ると思う時、彼は「不当の要求」に自らを誤っているのである。誰も彼の思惟においては凡てを判く王である。しかし凡ての王も神の前には従である。人はこの位置を顚倒してはならぬ。宗教のことを思惟によって全て解き得ると思う時、彼が不敬でないとどうして云い得よう。認識の限界に対する承認のみが、彼に正しき認識を与えるのである。

果して宗教的真理も他の真理と同じ様に、思惟の審判に委ねられているであろうか。これを認めると否とは彼の宗教哲学に異る方向を与えるであろう。私はこの重要な問題を深く考えてゆかねばならぬ。

二

何を指して宗教的であると見做すのであろうか。如何なる根拠があってものが宗教的となり得るのであるか。真理が宗教的である為には、如何なる意味が内に含まれねばならぬか。

宗教的とは神的との義であろう。もしも神と云う字が不明に聞えるなら、私は究竟と云う言葉をこれに代えよう。究竟とは無上な意味である。「一」である。人々が呼んで「聖きもの」又は「権威あるもの」と見做す世界である。かかる義なくしては宗教的意味をなさぬ。真理が宗教的であると云う事は、その真理が究竟性に基礎づけられていると云う意味がある。かかる基礎なくしてはその真理は他と識別される理由を持たぬ。宗教的と云う時、人はそこに神的な根柢を認めねばならぬ。究竟性が宗教性である。

究竟なものは必然にあらゆる相対の義を超越する。それは対立する何ものをも前に許さず、又何ものによっても対立される事を許さぬ。権威あるものと呼ばれるのはかかる意味があるからである。それは犯し得ない無上な全体である。神聖であって、何ものもこれに対し得るものはあらぬ。聖きものは独在する。彼のみがあって、彼に並び得る何ものもあらぬ。かかる意味で神的なものは唯一なるものと解されねばならぬ。究竟は一である。唯一にして一切である。一である故に二となるを許さぬ。それは分ち得る何ものでもなく比べ得る何ものでもあらぬ。分別の二と比較の対とは一の世界にはあらぬ。かかる一に基礎づけられた凡てのものを、吾々は宗教的と呼ぶのである。

しかし私が認識論に帰る時、宗教的真理はかかる究竟の基礎を持つものとして考えられているであろうか。果して何等の独断なく一を一として取り扱っているであろうか。しかし認識の本質そのものからして、かかる事は不可能に見える。思惟は分別においてものを二に裂くからである。真理が宗教的である時、果してそれは思惟による認識の圏内に入り得るだろうか。一度究竟の世界を考える時、如何に今日の認識論が種々な独断に満ちているかを気づくであろう。人々からほとんど不可抗であると思われている批判的認識論に対して、私は私の疑いを卒直に述べねばならぬ。

私の考えでは思惟の世界はどこ迄も限界ある相対の世界である。その限界内において今の認識論の優秀な価値を否む事は出来ぬ。しかし一度それが究竟の問題に触れる時、私はそれによって何ものをも解明され得ないのを感じている。思惟はその本質上相対の性を持つが故に、それによって吾々はものの基礎の基礎を求める事は出来ぬ。私は先ず思惟から何が予想せられるかを吟味せねばならぬ。

有限の世界に身を受けた吾々が思惟の世界に入る時、心においてもまた二元に降るのである。否、正しく云うならば二元を許さずしては成立し得る思惟はないのである。思惟がその作用を遂げ得るのは全く相対する二個の世界を予想するからである。この事を許さずして思惟はなく判断はなく立論はあらぬと私は思う。私は思惟が成立し作用し表現せられるに至る五個の場合において、それが受ける命数を考えてみようと思う。

第一認識が成立する為には、認識する主体と認識さるる客体とを許さねばならぬ。吾々は考えるものなくして考えると云う事は出来ぬ。思惟自体と云うが如きものはあり得ないであろう。凡ての思惟は対象を必要とする。主客の二を預件とせずして成立し得る認識はあらぬ。対象は対立を予想する。吾々が思惟に入る時、吾々は二元の相対する世界に入るのである。二を許さずしてはあり得ぬ思惟である。故に真に一として自律するものは思惟の域に入る事は出来ぬ。人は無上な神をも思惟の対象となし得ると思うかも知れぬ。しかし対象化せらるるものは相対なものに過ぎぬ。人が神を疑おうとする時、彼は神ならざるものと疑いつつある矛盾に陥いるのである。客体となり得る神は何処にもあらぬ。宗教の世界は永えに知から匿されている。神秘であるとそれが呼ばれる事に必然さがあると知らねばならぬ。

第二に思惟は反省であってものの出発ではあらぬ。第一義なものは今日呼んで純粋経験と云うが如きものであろう。思惟は後にこれに加えた反省に過ぎぬ。思惟は一切のものの基礎ではあらぬ。かくして思惟はそれ自身二個の相対する世界を仮定する。思惟は仏者が巧みに名づけた様に分別である。字が示す如くものを二つに分つ事において思惟は働くのである。思惟とは判きである。判くとはものを二つに分つ意である。分つ事なくしては思惟は自滅する。従って分ち得ないものを思惟する事は出来ぬ。思惟は分析である。例えば普遍自体と云ぅが如きものは思惟の考え得る所ではあらぬ。普遍は特殊に対してのみ一つの意味をもたらすのである。A priori と云ぅ事は A posteriori に対してのみ意義がある。思惟は対律を要求する。自律するものは分別に入る事は出来ぬ。分別されるものは自律ではあらぬ。分ち得る究竟はないが故に、思い得る究竟は何処にもあらぬ。

従って第三に思惟の対象である客体も差別せられた客体に過ぎぬ。甲は非甲に対してのみ意識せられる。吾々は左右を分ち黒白を区別し本末を対立させる。あらゆる対象界は差別界である。かかる世界においてのみ思惟は成立し作用する。差別を許さぬ世界に思惟を働かす事は出来ぬ。差別の世界は矛盾の世界である。矛盾律とか排中律とか云ぅ論理的法則が可能であるのは、矛盾する二、左右の双があるからである。矛盾を越えた世界に加ぅべき論理の判きはあらぬ。

第四に思惟するとは判断する事である。是非を分つのである。一つの断案を得るとは、正しきものを選び、誤れるものを棄てる意がある。誤りを反面に持たざる正しさと云ぅが如きものを想ぅ事は出来ぬ。答えは常に然りと否とに区分される。肯定と否定とは常に対峙する。判断は真偽の二を予想してのみ可能である。自律する真と云ぅが如きものは、吾々の断案に入る事は出来ぬ。吾々が誇りを以て真理と見做すものも、実に相対的意義において真理であると云ぅに過ぎぬ。思惟による認識の成立は約束せられた成立である。真に無仮定にして自由な認識であるならば、分別する事もなく判断する事もないであろう。論理の法則に依存するのは、対立する二があり矛盾する多があるからである。一律の世界に論理の法則はあらぬ。

第五にこれ等の相対的理解によって導き出される凡ての言葉は、又二の言葉である。言葉は対辞である。字義は相対性を越える事が出来ぬ。言葉はその字義においてものを断定し定義する。言葉は約束である。約束なき言葉において吾々は何ものをも言い現す事が出来ぬ。しかし約束であり断定であるが故に、それは一つの限定である。凡ての言葉は有限であって自由を持たぬ。一度吾々が究竟の世界に入るならば、言葉が如何に不自由であるかを悟るであろう。故に凡ての宗教家は字義において語らずに、象徴において語ろうと欲した。

これ等相対の世界に思惟が約束せられてあるなら、究竟なものをその理解の中に入れる事は許されておらぬ。「聖きもの」への理解は永えに思惟に向って匿されている。もしも認識が思惟に局限されてあるなら理解される宗教的世界はないであろう。吾々の判断に宗教的真理を委ねる事は正当な所置であろうか。思惟の世界に入るならば既に「一」の基礎を失わねばならぬ。「一」の基礎を失ぅならば、それをどうして宗教的と呼び得るであろう。もしも判断作用が認識を可能ならしめる唯一の道であるなら、かかる認識に現れ得る宗教的真理はないであろう。しかし思惟のみが認識の唯一の作用であるとは誰が定めたのであるか。ここに拭い得ぬ独断があると私は思う。

しかも思惟によって予想される対立の世界には何等の作為もないであろうか。凡ての分析は、反省である思惟それ自身の性質から導き出される作為であろう。批判論者は「かくあるもの」と「かくあらねばならぬもの」とを峻別する。特殊なものを一般なものに対立せしめ、個々を普遍に、経験を規範に対峙させる。又後験に対して先験を、存在に対して当為を、事実に対して権利を差別する。かかる見方は明晰な世界に吾々を導く上に、優れた理解ではあろう。しかしこれ等の区分は思惟によって必然に要求せられた迄であって、ここに尚幾多の人為と独断とがないであろうか。分析せずしては思惟し得ないからではあるまいか。

人は事実の世界と規範の世界とを峻別する。だが本来かかる区別はあり得るだろうか。それは思惟を唯一の世界と見做す処から来た作為ではないだろうか。もしも経験を純粋に解くならばそこに果して前後の別があるであろうか。思惟するが故に分別せられるのではないだろうか。一度思惟を越え、分別の境を離れるならば、かかる二が必然なものとして受け容れられるであろうか。思惟の世界において、又は思惟以下の世界に対して、かかる区別は一つの権利を伴うであろう。しかし無上な「権威ある」世界に来て迄、それに絶対の信頼を置き得るだろうか。思惟が唯一な最高な世界であるなら、凡ては分別において判かれねばならぬ。しかしかく思うのは「知識の不当な要求」であろう。

この事は特に宗教の問題において注意せらるべきであると私は想う。何となれば今のほとんど凡ての宗教哲学者は、今日の認識論において誤りなく宗教的真理を取扱い得ると考えているからである。私は私が主張する宗教的真理の特質に就て筆を進めねばならぬ。

三

今日の認識論に従う時、宗教的真理も妥当する客観性を得、万人から承認さるべき資格を得た様に見える。もとよりかかる理解は宗教的真理に正しい存在の理由を見出そうとするよき意志に基くよき努力であったにちがいない。しかしかかる見方にもう疑い得る余地はないであろうか。果してかかる説明は宗教的真理へのよき保証であろうか。

真理には種々なる真理があろう。或るものは数理的と呼ばれ、或るものは歴史的と又或るものは科学的と呼ばれるであろう。しかしそれは内容の差であって、真理と云う形式においては共通である。即ち種類は多く相対は異っても、凡ては真理体系中に並在する。丁度人種は異っても、人間と云う事において一様であるのと同じである。多くの哲学者は宗教的真理を種々なる真理の一つであると考えている。

しかし宗教性と云ふ事が究竟性であるならば、そこには唯一性があらねばならぬ。唯一なるものと只一個のものとは混同されてはならぬ。種々なる真理の只一つに過ぎないならば、それは「一」としての基礎を持たぬ。かかる基礎を欠く時それは最早宗教性を持たないではないか。他の真理と並在し得るならば、それは相対の存在であらねばならぬ。かかるものにどうして無上な権威を認める事が出来よう。かかる理解は宗教的真理に一つの場所を与える事において成功するであろう。しかしこれによって究竟な基礎をそこから奪い去るではないか。宗教的真理を他のものと並立して理解する事は浅い見方に過ぎぬ。それは一個の真理ではなくして唯一の真理である。唯一とはこれに並在し対立するものを許さぬ謂である。他の真理と宗教的真理とを同一の標準において解する事は出来ぬ。

一般に正しき認識即ち真理たる為には客観性を持たねばならぬと考えられる。かかる妥当する性質が可能となるのは先天的規範に依存するが故であると解されている。この考えは思惟に関する鋭き見方であると私は思う。しかし前にも疑った様に、経験に前後を分け事実と規範とを峻別するのは、作為なく独断なき考えであろうか。又客観的なる事がものを確実ならしめる最後の根拠であろうか。主観客観の対立それ自身に絶対な意味があるであろうか。客観と云う事は相対の世界においてのみ、確実な事の根拠となるのではないだろうか。一歩相対の世界を出る時、どこに主客の別があるであろう。客観とか普遍とか云うが如きは未だ二に堕した見方に過ぎぬ。ある内容が絶対に確実であるとは、客観的な故ではなく、主客の二を越えるが故であらねばならぬ。主客の二もなき世界を究竟の世界と呼ぶのである。客観的な真理と云うが如きは、真理の凡てでもなく又最後のものでもあらぬ。それはむしろ究竟な真理を思惟によって限定した姿に過ぎぬ。思惟の分別には作為がある。認識論者は如何に A priori と云うことを愛しているであろう。しかしかかるものが不自由な束縛として意識される場合がいつかは来るであろう。宗教の理解においてかかる見方は新しい一つの拘束である。

宗教の真理が真理として承認せられるのは客観性を持つが故ではあらぬ。それは究竟性を持つ事によって自存する。故にそれは他の真理と同一視せられる何ものでもなく、同時に差別せられ対立せらるる何ものでもあらぬ。客観とか普遍とか云う事は宗教的真理の確実さを保証する力とはならぬ。それ等のものは相対的保証に過ぎぬ。

判断において吾々は真偽の世界に入る。判断とは偽に対し真を選ぶ働きである。この時論理の法則は吾々の歩みを過ちに陥らしめない様に吾々を指導する。論理への依存が厚ければ厚いほど吾々の判断は洗練される。かくして得られた真理は誤謬でないが故に、何人からも承認される客観的知識として是認される。

しかし宗教的真理も同じ様に誤にあらざる真理であろうか。これは重要な問いであると私は想う。もとより真理であるからには誤謬であってはならぬ。しかし同時にそれは誤に対する正として解すべきものであろうか。誤に非ざる真、誤謬の否定としての真理、偽に対する真、かかるものは凡て相対義に終る真理ではないか。宗教的真理が単に誤に非ざる真理であるなら、私はそこに究竟性を見出す事は出来ぬ。それは反面を予想する正面に過ぎぬ。それは偽に対する真ではあろう。だがかかる真は偽の反律に過ぎないではないか。正邪真偽は対辞に過ぎぬ。判断は肯定と否定との間を往復する。人々が誇りを以て真理と呼びなすものも相対の意を越える事が出来ぬ。故にかくして得られた真理は究竟的真理ではあらぬ。宗教的真理はかかる真理の何れでもあらぬ。

宗教的真理は単に誤に非ざる真理と云うが如きものではあらぬ。それは誤を許さざる真理である。偽と云う対辞を持たざる真である。左なき右である。古人が呼んで周円なき中心と云った趣きがある。偽を思うことなくしてあり得る真である。否定の反律を予想する事なき肯定である。科学的真理は誤を避ける。しかし宗教的真理は避けるべき誤を最初から持たぬ。宗教においては真偽の二字はあらぬ。古人が「唯揀択を嫌う」と云ったのはかかる意味であろう。判断は撰択である。しかし究竟の世界には判断すべき真偽があらぬ。宗教的真理は真に対する偽ではあらぬ。しかし共に偽に対する真であってもならぬ。真偽の別なき真である。偽を許す事なくして自らあり得る真理である。宗教的真理は自律する真理である。真自体である。

かくして吾々は次の特質を学ぶ事が出来るであろう。自律するが故にそれは自明な真理との意である。分明にされる真理ではなくして、自らが自らの明さを保証する真理である。誤りを許さぬ真理なるが故に、人はそこに疑い惑う暇を持たぬ。真理自体より他に何ものもあらぬ。宗教的真理はその自明性において濁在する。かかる自律性や独一性なくして、吾々は真理を宗教的と呼ぶ事は出来ぬ。かかる意味において他の多くの真理と並在するものではあらぬ。一つの場所を占めるが故にこの存在が認められるのではあらぬ。全き存在であるが故に一つの場所と云うが如きものを持たぬ。

諸々の真理は証明せられた真理である。しかし宗教的真理は真理の証明に依存してはおらぬ。人は証明せられるものを確実なる唯一のものと考えている。しかしかかる確実さは相対界において効果を持つに過ぎぬ。

一度究竟の世界に入るならば何処に証明されるものがあり、又証明し得るものがあろう。証明それ自身が相対の義を越え得ないからである。論理的理知によって理解し得ないものを不明であると云って棄ててはならぬ。不明なのは理知に限界があるからである。証明さるる凡てのものは有限なものに過ぎぬ。人は究竟なものを迄証明し得ると思ってはならぬ。それはただに証明の力に余るのみならず、実に証明する事をすら許さぬ。何となれば究竟は自明なるが故に分明にさるる必要を持たぬ。自明なものを理知で観ずる時不明であると云われるに過ぎぬ。丁度太陽の光の眩さを見る時、何ものをも見得ない暗さを感じるのと同じである。宗教的真理は証明される事によって確実となる真理ではあらぬ。証明を許さぬ自明さによって自らの確実さを保証する真理である。それは古人が名づけたように自証の真理である。自証の真理を宗教的真理と云うのである。

四

私はここに本質的に異る二様の真理がある事を主張した。二様とはもとより対立するとか差別せられるとか云う意ではあらぬ。一つは相対依存の真理であり、一つは絶対自存の真理である。吾々はこれ等のものを並在せしめて考える事は出来ぬ。何となれば後者は比較し得る何ものでもないからである。一個の真理と唯一の真理とは同一の世界にはあらぬ。

前者は正しき真理、客観的真理と呼びなすものを指すのである。それは論理的であり立証せられる真理である。誤に非ざる真理、偽に対する真を示すのである。

後者は真偽なき真理、究竟の真理である。それは証明せらるる必要なき自証の真理である。誤を許さざる真理、偽に対せざる真、誤謬を反面に持たざる真理、自明なる真理との義である。宗教の世界に真偽の二はあらぬ。「有無を見ざる、即ち真の解脱なり」と涅槃経は記した。

今日認識論が明らかに主張するものは前者である。しかし私は後者をこそ宗教的真理の本質と解している。そうしてかかる理解を通じてのみ、満足に信仰の意味を解し得るのであると考えている。かくして吾々にとっての重要な問題——知識と信仰との関係に就て、光ある理解へと吾々を進め得るであろう。

私は宗教的真理が自証の真理であり自明の真理である事を説いた。かくして読者はそれが論ぜらるべき真理でない事を理解されるであろう。それは思惟によって解し得る真理ではあらぬ。判かれ疑わるる何ものでもあらぬ。吾々はそれを理知によって知る事は出来ぬ。知って後理解せらるる真理ではあらぬ。判断を認識の唯一の作用とするなら、かかる認識論によって理解さるる宗教的真理はあらぬ。判かれ論ぜられ分別せられ明らかにされるものは、ひとり真偽の世界である。しかし真偽の二を許さぬ宗教の世界において、かかる審判は何等の力をも持たぬ。

かく云う時批評家は私が不可知論（Agnosticism）に陥っていると見做すかも知れぬ。しかしそうではない。却って理知が明らかにする世界よりも、尚明るい世界に吾々は入りつつあるのである。人は思惟し得るものを又は判別し得るものを最後の明るさだと思ってはならぬ。いわんや思惟し得ず知解し得ないものを直ちに不明であり不確実であると思ってはならぬ。自明なものよりも、より明るいものが何処にあろう。自証の真理よりも、より確実な真理が何処にあろう。それを知り得ないのは、自明であって知の働きを許す余地を止めないからである。知り得ぬのは暗いからではなく眩いからである。判断を越える世界は不可知の世界ではあらぬ。知るをすら許さぬ自明の世界である。

何の思惑が何の懐疑がかかる世界において力を持とう。自明である真理の前に持ち出だすべき論理や分別はあらぬ。それは知るをだに要せざる真理ではないか。人はそこにおいて判く一瞬の時間をすら持たぬ。それを知る為の過程は何処にもあらぬ。時もなく処もなくそのままに受け入れられねばならぬ。自証の世界に対するかかる承認をこそ、信仰と呼ぶのではないか。

自明な真理は権威ある真理である。人はその前において己れの知を主張する事が出来ぬ。権威は無条件な承認を要求する。権威に打たれる無条件な承認をこそ信仰と名づけるのではないか。シュライエルマッヘルが「絶対従属」を宗教的生活の本質と解したのは正当な理解であると云わねばならぬ。宗教的真理は単に妥当する権利を持つ真理と云うが如きものではあらぬ。権利は一つの資格に過ぎぬ。全き資格ではあらぬ。近世の認識論は問題を事実から権利に高めたと云う事を誇る。しかし権利はまだ最後の基礎ではあらぬ。権利から権威に深まるに及んで吾々はものの根柢の根柢に入るのである。権威ある真理をこそ宗教的真理と呼ぶのである。私がかつて書いた様に、それは細心に構成せられる真理ではなく、無心に是認せらるる真理である。或る資格を持つ権利の上に主張される真理ではなく、あらゆる資格を越えた権威を持つが故の真理である。それは価値の世界であるよりも、価値づける事を許さぬ境である。

人は宗教の世界において自らの知を驕ってはならぬ。神の前に誇り得る吾々の知識はあらぬ。パウロが云った様に神の智慧の前に如何に人の知は愚かであろう。宗教の真理とは神に支えられる真理との義である。究竟な真理である。より明らかな真理はあらぬ故に信じ入るべき真理である。論ぜらるる真理は知らるる真理であるが、判くを許さぬ真理は信ぜらるべき真理である。自証なものより、より深き証明を持つものが何処にあろう。私はより確かな真理を他に思う事が出来ぬ。そこにはもはや思惟を挿入すべき少しの場所もあらぬ。信ずるほかなき真理である。確かな世界は知り得る世界ではなくして、信じ得る世界である。人はいつも保証を求める。それならばなぜ自証するものを求めないのであるか。人知の保証と云うが如きものに絶対の力はあらぬ。宗教的真理は神に保証せられた真理である。

かく考えるならば、明るいと思われる知識の世界よりも、より明るいものが信仰の世界である。知識が確かであるならば、信仰は更に尚確かである。否、比較し得ぬ程確かである。確実ならざる信仰と云うが如きものは存在せぬ。説き得ない故を以て、人はしばしば信仰の不明を想う。しかし理知からしてそれが不明だと思われるに過ぎぬ。説くを許さぬ何事かは、説き得るものよりも一層確実である。それは自証の世界だからである。自証とは究竟的保証ではないか。信仰こそ全き知識である。

知によって神の国をうかがう事は出来ぬ。宗教的真理の理解は直ちに信仰を要求する。信ぜずして解し得る宗教的真理はあらぬ。信仰は全きものへの作為なき理解である。信仰は無心である。清き心を持つもののみ神国に入るのである。幾度か聖者は幼き者を讃えたであろう。無垢なるもののみ信仰に活き得るのである。知識を誇るものは如何に神の国から遠ざかるであろう。知によって宗教をまで判こうとする時、聖さを瀆す罪から免れる事は出来ぬ。かつて耶蘇《ヤソ》が告げたように聡き者にこそ凡ての神秘は匿されているのである。

宗教の世界は自明な世界であるが故に信ぜらるべき世界である。信じ入るよりほかなき世界である。信仰とはかかる権威への絶対帰依である。しかしかかる帰依を束縛だと思ってはならぬ。究竟に帰依するとは究竟と一つに活きるとの意である。究竟の自由に甦る意である。帰依より、より深き自由はあらぬ。人は無条件なかかる服従を盲従であると思ってはならぬ。無条件と云う事は盲目的と云う事ではあらぬ。否、目的自体である究竟そのものに交る謂である。神への服従は、目的への服従である。信仰は盲従ではあらぬ。

科学的真理は知らんとする意志を要求する。しかし宗教的真理は信ぜんとする意志を喚求する。知識は相対界における理解である。しかし信仰は究竟界における理解である。信ぜずして味わわれ得る宗教的真理はあらぬ。知識は信仰の場所をまで犯してはならぬ。知識を越える信仰は知識に又知識以下に沈んではならぬ。知識は分明な即ち誤りに非ざる真理への理解である。信仰は自明な即ち誤りを許さざる真理への理解である。吾々は各々の特質を明確に承認せねばならぬ。それは並在すべき一系統の真理ではあらぬ。故に対立し矛盾する何ものでもあらぬ。知識対信仰の問題はあらぬ。信仰の究竟な世界に対とか反とか云う字はあらぬ。そこには二がない故に矛盾する何ものもあらぬ。

知識は知らるる真理を吾々に与える。信仰は味わわるる真理を吾々に贈る。神の真理は説く事は出来ぬ。説かるるが如き相対のものではあらぬ。しかし説かれずとも味わわれている真理である。味識は知識よりも深き理解である。かかるものを不合理であるとか背理であるとか、又は不可知であるとか云って棄ててはならぬ。論理性は合理性の総てではあらぬ。信仰こそ合理的要求の帰趨である。生命に深く固く味わわるる体験である。

信仰に入るとは、人の知慧を越える意である。人の知慧を越える時、彼は神の知慧に交るのである。己の心を空しくするとは、神の心に己を充たす事である。無心は無知ではあらぬ。信仰をこそ全き知識と呼ばねばならぬ。

（一九二二・七・一〇）

宗教の究竟性

序

宗教の本質はその究竟性にあると私は想う。かく云う時、これはむしろ平明な断定として、多くの人々からも承認されると云う予期をさえ持つ事が出来る。しかしかく思われるにしても、言い易くしかも最も解し難いその内容が、かかる人々の凡てによって深く且つ正当に理解せられると云う予期をも持つ事は出来ぬ。宗教の真理を闡明しようと志す人々によっても、しばしば究竟に対する理解が見失われている様に見える。又は信仰を保持する教徒の間にさえ、究竟な世界に活きていると云う無上な権威や法悦が沈められている様に見える。もしも宗教の究竟性が、もっと明白にもっと卒直に体認せられているなら、宗教の力はこの世にもっと輝き充ちる筈だと私は想う。引いては、かの宗教哲学も、もっと徹した道を吾々に示し得るのではないかと想う。

果して如何なる理解が、この偉大な問題に堪え得るかを私は知らない。しかしこの根本的性質に就て認得する所が無い限りは、信仰も思想も、畢竟は有限の淵に沈まねばならぬ。故にそれに堪えられると否とに拘わらず、何人もその認得に向って努力すべき宿命を負っていると私は感じている。故にこの問題に対して凡ての者は謙譲でなければならないが、同時にその理解に就ての発言をも躊躇してはならぬと思う。

究竟なものを追い求めると云う要求は、要求と云うよりもむしろ喚求である。究竟を求めるのは単に私自身の選択ではあらぬ。見知らぬ力があって私に求めよと命じている。真に深い要求は私が欲すると云うよりも、かくせよと神が私に喚求するのである。神が私を通して神を求めるのである。恐らく神の力なくしては、何人も神を知る事が出来ないであろう。又知ろうとする意志すら吾々にはないであろう。究竟を求める者は究竟である。美しい思索や、深い信念とは、いつも神から出て神に帰る円輪の上に在るからであろう。この神が画く周円の上を歩む事が、人生の旅程であると私は想う。

種々なる論拠に先んじて、卒直に究竟を表明する道を選ぶことが、一層私の云おうとすることを読者の心に近づけるであろう。宗教は多くの弁護を求めない様に思う。特に究竟の理解は論証の後に認得されるのではないであろう。それは長い論理的過程を経て後、帰納される事によって明らかになるのではない。むしろそれは直下に近づく事を求める様に思う。しばしば偉大な宗教家が断言した様に、知って後それが信ぜられるのではなく、信じる事によってのみ知らるるのである。信じるとは直下に交ると云う意がある。ここに早くも究竟が信念の世界と密接な関係がある事が暗示せられていると想う。

究竟とは犯し難いものとの意味である。何ものもこれに対峙し得ない「権威」である。又は吾々の宗教的意識が「神聖」と呼び慣わして来たものを指すのである。その前に臨んではこの世の如何なる者も「吾が権利」を主張する事が出来ぬ。凡ての者は無言のままそこに奉仕する。吾々に許されるものは絶対な帰依のみである。だがよくエックハルトも云った様に、それは奴隷たるのではなくして、真に自由を得ると云う意味である。「神聖」への帰依をおいて、他にあり得べき絶対の自由はない。自然によく従うものが、自然をよく支配する様に、神聖への全き服従が、全き自由の獲得である。

それ故に、もしこの究竟をだに解する事が出来るならば、吾々が望む自由の世界、絶対の世界、即ち宗教の世界へ入る事が出来るであろう。究竟の世界とは宗教の世界と云う意である。宗教が凡ての文化の目的であるのは、全くその究竟性に立つからである。私は今その究竟を卒直に、「神聖なるもの」と呼んだ。そうしてそれが無限の奉仕を万民に求める事を述べた。読者は早くも究竟性に立つ宗教が、何故帰依を常に求めるか、又は信仰を説くかを看破らるるであろう。宗教の世界は信じ入るべき世界との意である。信じ入るとは無条件に信じ入るとの謂である。無条件にとは盲目的にと云う意ではない。目的に即する謂である。神聖なものの前に吾々は条件を持ち来す力を持たぬ。権威に打たれる刹那は、吾が小さき主観が絶える刹那である。その時あるものは至純な帰服のみである。かかる無条件な帰服を吾々は信仰と呼ぶのである。究竟とは信じらるべき究竟との意である。信仰を離れて吾々は究竟を知るべき術を持たぬ。それ故に究竟な真理を尋ねる事が哲学の目的であるなら、哲学の終局はいつも宗教である。云い換えれば知識の帰趣は信仰である。これは知識から信仰が導き出されると云う意ではない。帰趣とは帰りゆく意である。信仰が知識の基礎である。信ぜずしては、真に知り得る何ものもないのである。知識の世界は広くもあり、確かでもあろう。しかし信仰の世界は更に無辺であり更に確実である。知り得る世界は、信じ入る世界の僅か一部に過ぎぬ。

私はあの美しい思索者であったプロティヌスに従って、究竟なものをここに「一者」"The One"と呼ぼう。そうしてこの単純な「一」'Oneness'と云う観念から、宗教的に何が示されるかを、学ぼうと思う。究竟な一とは如何なる意味であるか。それは先ず「二でない」と云う意である。しかし意味がここに止るのではない。もしそれだけなら、二の否定に過ぎない故に、尚二に対する一であろう。かく相対的であるなら、かかる一はやはり一種の二である。故に次いでこれが意味せねばならぬ性質は「二に対する一ではない」との謂である。云わば二と云う対峙を持たない一である。ここでかかる一が全く数の意味を持たぬ一だと云う事が分るであろう。二とか多とかに対しない一故、数え得る一ではあらぬ。故に又二に分ち得ぬ一との意味である。比較とか分析とかは二を許してのみ可能である。しかし私は一を究竟の相において考える時、もう一歩思索を深めねばならぬ様に思う。一は右の如き性質を持つが、しかしそれではまだ一に対するあらゆる対峙をとり去った迄であろう。吾々にはまだ一が残されている。「一」を「或るもの」と思ってはならぬ。何ものかである「一」は既に限られた「一」であろう。真に対辞の世界を超越するとは二を棄てると共に一をも棄てる意でなければならぬ。一に執着するとは二を嫌うのであろう。二を厭いつつある一はまだ相対の一に過ぎぬ。吾々は一に対する二を棄てると共に、二に対する一をも棄てねばならぬ。かくして許し得る究竟的一とは無限の「不」と云う意味がある。仏者はかかる故に常に一を「無」であり「空」であると呼び慣わしている。かくして宗教において、「否定の道」は「消極の道」ではなく「究竟の道」だと云う事が厚く理解されるであろう。

だが私はここに一つの注意を添えよう。究竟なものが「無」であり「空」であると云っても、もしもかかる「空」に又執着するならば、更に二に堕するのである。「空」を選ぶなら「実」を愛するのと何のかわる所がない。「一」に著するなら「二」に終るのと何の選ぶ所がない。宗教の世界は憎愛の反律を越えるのである。「ただ憎愛なければ、洞然として明白なり」と「信心銘」に書かれている。有名な龐居士の臨終の言葉に深くこの事が説かれている。「ただ願くば諸の所有を空じ、切に諸の所無をも実とする勿れ」と。「一」とは一の字ではなくして僅かに与えた仮名に過ぎぬ。「無」も無の字ではなくして強いて名づけた名に過ぎぬ。かかる理解が究竟の相において解された「一」の真意である。

私はここに注意を転じて、如何にせばかかる「一」が吾々の心に認得されるかを省みようと想う。問題を「一」の性質から「一」の認識に転じてみたい。かくする事によって吾々は宗教の究竟性を尚鮮かに見る事が出来るであろう。さきに私は「一」が対辞を持たず、又分ち得ない一であるとの意味を明らかにした。この事から吾々は明瞭な一つの結果に導かれているのを知る事が出来る。対辞を許さぬとはその前に対立するものを許さぬとの意である。これを裏から見るならば一は対象化せられぬ一との意である。もし吾々が一を前に置いて知ろうとするなら、吾々は一を対立の関係に引き下げるに過ぎぬ。かかる相対の対象となり得るなら、相対の性をおびねばならぬ。吾々は「一」を前に眺める事は出来ぬ。「一」の何処にも前後がないからである。対象の世界には認め得る「一」の姿はあらぬ。「神の国は顕わな状にては来らず」とイエスは告げた。フイロが云った様に神はこう吾々に告げるであろう、「汝は余のうちに匿れたものを見ねばならぬ。しかし吾が顔を見てはならぬ」と。見えない世界を見る者が、宗教の心を味わうのである。

試みに「一」を前に置いて、それを知ろうとするなら、如何なる結果が吾々に起るかを省みよう。かくする事によって如何に吾々が「一」の真景からいよいよ遠ざかるかを知り得るにちがいない。「一」を前に置くとは、即ち対象とするとは、「一」を反省するとの意であろう。ここに反省とは思惟であり、思惟とは判断である。判断は偽に対して真を選ぶ作用である。判断の世界は分析であり、二律である。吾々はここに分ち得ない「一」を分つと云う矛盾を犯さねばならぬ。判断によって「一」を分つ時、「一」からは遠く離れるのである。かく思うなら判断によって知らるる「一」はないであろう。「一」を対象の世界に移すとは、「一」を二に移すに過ぎぬ。反省せらるる「一」は、独断に傷つく「一」に過ぎぬ。さて、前に対象とする事が出来ず、これを判断の二に分つ事が出来ないならば吾々は如何にしてかかる「一」を認識する事が出来るのであるか。

与えられる道は一つよりないであろう。それは「一」と吾々との間隔を断つ事であらねばならぬ。吾々は思う主もなく思わるる客もない境に入らねばならぬ。これは反省以前の世界に帰るとの意である。判断の二を超えるとの謂である。吾々は外に眺め得る「一」を持たぬ。「一」は只内より見られねばならぬ。内より見るとはそのものに活きるとの意である。「一」の認識は「一」に交るとの意である。「一」に即するよりほかに「一」を認得する道はあらぬ。仏者は「相即」の字を如何に深く愛したであろう。「即する」と云うことを情より云うならば、「愛する」と云う意味であろう。愛とは結ばれるのである。「一」は愛によってそのままに認識される。読者は基教が愛の宗教である事を知りぬくであろう。かのスーフィーも、凡て愛の詩人であった。愛とは交りである、「一」である。我は既に「一」に対する我ではない。愛において人は自らを忘れるのである。凡ては「一」に流れ「一」の深みに沈むのである。「一」は前に置かれる事によって知られるのではない。内に味わわれる事によって知られるのである。知識ではなく体験が「一」を心に活かすのである。思うことによるのではなく、信じることによって「一」は吾々に交わるのである。究竟は信じらるべき「一」である。否、信じ入るのほかないが故の窮竟である。

二

私はこれ等の言葉によって、読者の心を驚くべき世界に誘い得たかと思う。しかし何となく捕捉し得ない想いが尚も残るかも知れない。数の意味なき「一」であるとか、限りなき「不」であるとか、又は前には見えない姿であるとか云う時、それが意味をなさないかの様にとれる。判断に余り、思惟に映らないものに、信を置くとは不条理とさえ思えるであろう。古くテルトリアヌスが「不条理なるが故に吾れ信ず」と云い切った大胆さの前に、人は只々驚き訝る様である。しかし私は又読者の心に直接訴える道をとって、明るい理解へと尚も誘おうと思う。

試みに考えてみよう。もしここに人があって貴方に向い、何故恋するかと尋ねるなら、貴方はその問いを愚かだと思うであろう。恋に説明はないからである。接吻に理由の暇はないであろう。愛は「何故に」と云う疑いを持たぬ。説明の絶える世界において二つの心が一つに交るのである。恋は心を厳粛にし、しばしば人を宗教の世界に誘ったではないか。人は何故神を信ずるかと問うてはならぬ。信仰は「何故」と云う疑いの世界を持たぬ。愛は説明を越える。神は霊の恋人である。恋は心を温める。判断せられた恋と云う如き冷やかさを想うことは出来ぬ。人は判断に余る世界を直ちに意味のないものと思ってはならぬ。否、判断を越える所に、疑い得ない信の世界が開けている。「思議し得ざる何事かは、それ自身に価値がある」と古人は書いた。この「非思量」の世界に「一」があるのである。「愛」があるのである。

だが吾々はかかる「非思量」の世界を、何事か吾々に縁遠いものと思ってはならぬ。心が浄い時吾々は人情において自然において、常に「一」に交っている。読者も野に咲く花や、夕べに沈む太陽に心を奪われて眺め入る事があるであろう。かかる美に打たれる時、心は如何なる状態に居るであろうか。深い美感のその刹那においては呼吸すら尚止むであろう。まだ一言の言葉すらなく、美と云う考えすら浮ばぬであろう。我とか花とか云う区劃すらあらぬ。凡てが「一」に流れている。いわんや何の批判が何の智慧がその場合にあり得よう。凡ては沈黙する。かかる刹那を後に想い返しても、如何なる叙述が充分にそれを示し得よう。美とは多くの形容詞を受けるが故の美ではなく、一言をすら許さぬ故の美であろう。美は言葉以前の世界にあり、思惟を越える世界にある。「一」や「美」や「愛」が判断の世界にはない事を吾々は知るであろう。知り得ないものを凡て虚であると云って退けるならば、吾々は究竟な世界をも否定し去らねばならぬ。だが究竟は知り得ないにしても味わわれている世界である。不条理と云われても、信じ入り得る世界である。よく説き得なくとも愛は愛である。破り得ない愛である。

私は今思惟に余り説明し難い世界の美に就て、多少の暗示を読者の心に贈ったかと思う。しかし説明し得ない世界が、どうして確実であり得るかを疑う人があるであろう。人々は論証し得られる事によってのみ、唯一な確実な世界に導かれるのであると考えている。又かかる道のみが普遍な客観な真理を示すのであると考えている。しかし少しく反省するならば、かかる絶対の信頼が毀たれる時は早くも来るであろう。論理はその本質上矛盾律を基本とする。二つの相一致し得ない世界を予想してのみ論理は可能である。かかる二つとは真偽の対立である。判断するとは真偽を分ける事である。断案とはかくて偽に対して真を選ぶに過ぎない。真理の世界はかくして確立されるであろうが、それは偽に対する相対的意味に過ぎぬ。偽なくしてあり得るそれ自身の真と云うが如きものは、最初から論理の法則によって排斥される。論証による確実は自律する性を持たぬ。「一」が究竟の意においてそれ自身の「一」であるなら、論理の域に現われる「一」は何処にもないであろう。私は論理の世界の限界に就て疑うべき余地を持たぬ。よしそれは相対界において確実であろうとも「一」に向っては何の保証をも持たぬ。人々は論証せらる真理は法則に基く故に客観的であると見做している。又客観的である事は、それが打破し得ない確実さを持つ所以であると見做している。だが私の考えでは客観と云うが如きは既に二に堕した見方に過ぎぬ。それは相対の世界においては真に確実であろう。しかし一歩相対の域を越える時、それは多くの意味を持たぬであろう。客観的である事はものの確実さを決定する最後の根拠とはならぬ。ある内容が絶対に確実であるとは、それが客観的な故ではなく、主客を越えるが故でなければならぬ。主客の二もなき一の世界を究竟の世界と呼ぶのである。真に確実な世界は、説き得る世界ではなくして、説く主もなく説かるる客もなき「一」の世界であろう。吾々は二の世界に最後の信頼をおく事は出来ぬ。知り得る世界よりも、知るを許さぬ世界こそ一心を委ねるに足りるのである。信仰は知識よりも一層確実である。確実ならざる信仰と云うが如きは、私にとってはそれ自身意味をなさぬ。説くを許さぬ何事かは、説き得るものよりも一層堅固である。

　人は彼が持つ充分な知識に就て誇りを感じてもいい、しかし或る一事において彼の知識が停止すると云う謙譲な承認を持たなくてはならぬ。充分な人知が究竟をも説き得ると思うのは妄想である。「一」を分別の二において裂く時、人は「一」でないものを想いつつあるに過ぎぬ。判断に審かるる「一」は何処にもあらぬ。「一」は真ではない、いわんや偽ではない。「一」は真偽の別を越えるのである。「一」において吾々は矛盾する二を持たない。それは否定される何ものでもなく、又肯定される何ものでもない。又比較し得べき何ものでもなく、分析し得る何ものでもない。吾々は究竟を省る思惟を持たず、それを現わす言葉を持たぬ。「一」に向っての饒舌は無益である。沈黙が如何ばかり優れた理解であろう。充分な人知も、そこにおいては不充分である事を承認せねばならぬ。「神は世の智慧をして愚かならしめ給えるに非ずや」とパウロは書いた（コリント前一ノ二十）。神を信ずるとは、人の智慧を去る意である。人の智慧を去るとは、神の智慧に活きるとの意である。人が彼自身の知識を最も少く持つ時、彼は神の叡智に最も厚く保たれている。「神は沈黙によって最もよく敬われ、無知によって最もよく知られ、否定によって最もよく説かれる」と、聖アウグスティヌスは書いた。驕る知には神は姿を匿し給うであろう。イエスは神の能《ちから》ある業を讃えて、美しくも次の言葉を神に献げた。

「天地の主なる父よ、これ等のことを賢き者と聡《さと》き者とに匿し給いて、しかも嬰児に示現《あらわ》し給うことを、われ御身に感謝す。父よ、然りかくの如きは御意《みこころ》に適えるなり」（マタイ十一ノ二五）。

何事をも説き得ない境が、又は一事をも説かない心がこの世に許されているとは、如何ばかり深い恩寵であろう。空しき心に、我を忘れる心に、説き得ない何ものか無上なものが降るのである。吾が知識と云うが如きは、神の智慧を妨げるに過ぎぬ。我れが黙する時、神は私に語るのである。我れがなすなき時、神が私に凡てをなすのである。我れが空しき刹那が、神に満たさるる刹那である。

想う一念なく、語る一字なき境が宗教の世界である。昔荷沢大師は次の様に彼の「顕宗記」を書いた。（彼は禅門六祖慧能の法嗣であって、これは唐の天宝四年、彼が五十九歳の時の作である。「顕宗記」とは宗風の傾く時代に向って、宗旨を顕揚する意味である）。私はここにその初めの重要な一部を抜粋しよう。

「無念を宗となし、無作を本となす。真空を体となし、妙有を用となす。夫れ真如は無念なり。想念に非ずして、しかも能く知る。実相は無生なり。豈に色心をもて能く見んや。

無念の念は念に即して真如なり。無生の生は生に即して実相なり。無住にしてしかも住するときは、常に涅槃に住す。無行にしてしかも行ずるときは、即ち彼岸を超ゆ。如々不動にして動用窮《きわま》りなし。念々無求《むぐ》なれば、求むるともと無念なり。菩提は無得なり。般若は無知なり。ここに知りぬ、我が法体は空にして有無双《なら》び泯ずることを。心はもと無作なり。道は常に無念なり。念なく思なく、求むる事も無く得ることもなし。彼にあらずこれにあらず、去らず来らず、不二の門に入って一乗の理を獲たり」。

究竟の世界においては思議し得る一もなく、疑い得る愛もない。それは思う事なくして味わわれるのである。語る事なくして示されるのである。判く事なくして与えられるのである。この時「知ろうとする意志」が吾々にあるのではない。「信ぜんとする意志」が吾が心に湧き上るのである。信仰において人は無念である。信じ入る世界故に一念を挿むべき余地を持たぬ。無念に入る刹那が神を味わう刹那である。

三

二なきそれ自身の一であるとか、無とすら云うを許さぬ無であるとか、知る余地なき信であるとか、又は思う主なく思わる客なき境とか云う時、その意味が吾々の知識に対して永えに匿されている事を知るであろう。かかる究竟な相に就ての最後の知識とは、一つだに知識を持ち得ないと云う事であろう。「一者」は外に見ゆる姿では来ない。それは無限の黙意（Implicit）である。私は匿されたその姿を、昔ギリシャの人々が名づけた様に「神秘」（Mystery）と呼ぼう。これは語源からすれば、目や口を閉じる意である。又はそれを東洋の人々が慕った「奥義」（Esoterics）と解そう。語義は内なる教と云う意を示している。スエデンボルグが「密意」（Arcanum）と呼んだのも同じである。凡て密教で云う密は、宗門に入る事を許されたものにのみ示される秘密の密ではあるが、それは又親密の密であって、内に深く入り親しむ意がある。「一」は匿されてあるが故に、その中に密に入る者のみ、その姿を見るのである。スーフィーが歌った様に、神は密房において人を迎えるのである。あらわな言葉において示し得る神はないであろう。私はパウロが次の様に告げたのを深い心だと思う。

「我等は智慧を語る、されどそはこの世の智慧に非ず。我等は神秘において肺の智慧を語る。即ち隠れたる智慧にして、そは神が我等の栄光の為に、世の創めより予じめ定め給いしものなり」（コリント前二ノ六—七）。

知が知り得るものは二の世界に過ぎぬ。又口が説き得るものも二の言葉に過ぎぬ。無限の黙意である「一」を追い尽し得る思惟は何処にもあらぬ。如何に巧みに如何に細かく説くも、達し得る「一」はないのである。南岳懐譲がよく云った様に、「説いて一物に似たれども即ち中《あた》らず」である。如何にあばくとも現わし得ない何ものかが常に内に包まれている。吾々の智慧からは匿されているが故に神秘である。二なき一は論理の律で判く事は出来ぬ。何事かの奥義をそこに見出さない限りは、その密意を解く事は出来ぬ。

しかし神秘であると告げても、それが「一」への解明にはならぬと人は思うであろう。説き得ないが故に、神秘に遁れるのであるとも思うであろう。知識に破れた者が、忍ぶ隠れ家であるとも考えるであろう。神秘とはものを開くのではなくして閉じるのであるとも評するであろう。神秘と云う言葉によって聯想されるものは、明るい世界ではなく模糊とした不明な暗黒の世界である。神秘に封じる事によって、何事が理解せられるかを人々は訝るであろう。

神秘と云う言葉に集るこれ等の不幸な聯想を解き去る為に、私は次の様に考え起そう。パウロは智慧を二つに分けた。「この世の智慧」と云い「神の智慧」と呼んだ。そうして更に後者を神秘と呼んだ。この世の智慧とは判き定める知識を呼ぶのである。論理の律による判断である。しかしこれ等のものが二相を示すとも、究竟を「一」の相において解し得ない事は明かである。「一」は分たれずして解かねばならぬ。故に、そは判かれざる理解を待たねばならぬ。神の智慧とは思惟以前の智慧である。そは概念なき理解の世界である。知る事なくして味わわるる了解である。かかるものを吾々は信仰とこそ呼んでいる。信仰は知られたる信仰ではない。知ろうとする暇をすら持たぬ信仰である。判かれて後与えられる知識ではなく、判かるる時を持たぬ知慧である。信仰は時間を越える。神の世は永劫である。

かかる世界は知に余る故に、知にとっては不可思議である。神秘はかくして封じられた秘密として考えられる。しかし知にとって秘められてあるとは、それが直ちに不安定なものとの意にはならぬ。知の立場からすれば暗黒であろう。しかしそれは神秘そのものが暗黒であるとの意にはならぬ。神秘が知にとって不明であるとは、知が尽きるとの意である。知を挿む余地を持たぬ意である。知の否定に神秘があるのではない。知を越えるが故に神秘である。そは解き「能わぬ」不可能の世界ではなく、解くを「許さぬ」権威の世界である。不可解は不明を残すであろう。しかし不許解は自明との意である。自明なるが故に知を要せぬのである。知を挿むべき僅かの余地をも残さぬのである。神秘は暗い隠れ家ではなくして、光り輝く神の宮居である。知を恐れる故の神秘ではなく、知が犯し得ない故の神秘である。消極の意において神秘を解く者は、神秘の何処をも見ないのである。神秘において程、積極の相を鮮かに見得る場合がない。神秘は不明なる何ものでもない。知こそ神秘に対しては不明である。不明なるが故の神秘ではなく、自明なるが故の神秘である。自明とは自証との意である。究竟は何ものにも依存するのではない。それ自身がそれ自身を承認するのである。

人知に支えられる分明の世界に対して、私は神に守らるる自明の世界を想う。私は証明せらるる真理よりも、証明をすら許さぬ真理の深さを想う。論議せらるる知識よりも論議の余地なき知慧の静けさを想う。他より立証せらるる真理よりも、自証する真理の権威を想う。知り得るものよりも、信ぜねばならぬものの確実さを想う。差別せらるる二よりも、未だ分ち難い一の根本さを想う。かく想うならば明るいと思われる知識よりも、より明るいものが神秘である。人はそれを暗い様に思う。しかしそれはあの太陽の眩ゆさを見る時、眼が何ものをも見得ないのと同じである。かかる暗さは、強い光に堪えない者が叫ぶ嘆きに過ぎぬ。

人は知識の限界に就て明晰な承認を持たねばならぬ。論理の律が矛盾の世界を越える時、意味を持たない事を知らねばならぬ。凡てを知り得ると思い、又《も》は凡てを知の対象となし得ると思うのは、「主知主義」(Intellectualism)の無謀な考想に過ぎぬ。知るを許さぬ何ものかを有ち、対象となし得ぬ境を味わうとは、知の否定ではなく、その解脱である。汎論理の主張は、一切が有限であると云う貧しい結果を与えるに過ぎぬ。論理の限界を認めるとは、非論理の世界や、反論理の世界を認めると云う事ではない。否定の非や、対立の反を許さぬ究竟の世界を認める意である。それは論理に背くのではなく、論理を超えるのである。真偽とだに分ち得ない無上な相を見る悦びである。偽を退け、真を選ぶと云うが如きは、未だ第二次の境である。争いの域である。しかし宗教は愛の心であり、平和の教えである。

かつてヒュームは「奇蹟の証明が不可能である事を証明し得る」と云って、奇蹟を否定した。しかしこの否定には見逃し得ない弱味がある。この場合不可能として否定されたのは「奇蹟の証明」であって、「奇蹟そのもの」ではない。実際主知主義の人が行った様な神の証明は望み得べき事ではあらぬ。否、ヒュームの言葉を用いれば、神の証明が不可能である事をこそ吾々は証明し得るであろう。しかしこの事は、神の否定ではなくむしろ証明を許さぬ自体が神であるとの意があろう。証明を越える何事かは、究竟な性の是認であろうとも否定にはならぬ。これに反して証明に依拠する真理こそ自律の性を欠くであろう。しかし吾々が求めるものは、自らが自らにおいて立つ権威ある真理であらねばならぬ。人は証明を許さぬ究竟の真理に就て認得する所がなくてはならぬ。無条件に承認せらるる真理こそ動かし得ない真理である。正しき故の、又は誤りなき故の、更に又客観的なるが故の真理と云うが如きは、真理の凡てではなく、僅かその一部を占めるに過ぎぬ。疑う暇すらなく、無条件に無心に受け入れられる真理こそ、凡ての真理の根であり本であろう。判かる事なき真理、自澄の真理、かかるものを宗教的真理と呼ぶのである。

しかし究竟なものを真に知り得ないと云う時、吾々は「不可知論」(Agnosticism)に陥る様に見える。しかし「不可知論」は究竟なものを無限の彼岸に封じ去る教えに過ぎぬ。それは自明自証な究竟に就てほとんど何等の理解をも持たぬ。「不可知論」は遂に宗教の否定に終る一種の「懐疑論」(Skepticism)に過ぎぬ。知識の限界に対する理解においてそれは正しい教えであろう。しかし知識を超越する世界に就て、それが全く盲目である事を看過してはならぬ。吾々は神に就て何事をも知り得ないと云っていい。しかしそれが故に信じ得ないと云うなら、その人は有限な知識の中に自殺するよりも仕方がない。知り得ない事が信じ得ない根拠と見做されている。しかし私には知り得ない事が、信ずべき世界へ進む抑え得ない衝動である。何となれば知り得ないとは、知るを許さぬ意であって、そこに私は規範の世界がゆらぐのを見る事が出来る。「私は知らない」と云う私の言葉よりも前に、無上な声があって「知るを許さぬ」と私に告げている。私が究竟の世界で知の権利を主張し得ないのは、そこが知を以て犯し得ない権威の世界だからである。私が「知らない」とは、信ずる世界が示されているからである。判くを許さぬ境がある故に、私は知の働きを止めるのである。知らないと云う事は信じ得ない根拠とはならぬ。否、知らないと云う声は、既に信ずる世界が内にある事を語っている。不明とは私の声であって、神の声ではない。神は自明であるが故に、分明にされる要を持たぬ。それは権威を以て私に知の近づきを許さぬのである。知らない故にそれが暗いのではない。限りない明さの故に知り得ないのである。不可思議な故にそれが神秘なのではない。自明な故に神秘なのである。

かかるものは疑いの場所を残さぬ。神秘はそのままにして無心に味わわれねばならぬ。神は賢しき者には匿れ、嬰児に現われるとイエスは云った。そこには只無条件な是認があるばかりである。試み得るものは何処にもあらぬ。「御心のままに」と信仰は吾々に云わしめている。かくして我が全てを神に献げ尽す時、神と吾々との間に僅かの間をも残さぬ時、即ち神と直下に心が交る時、神秘の経験が喜ばしくも果されるのである。宗教の帰趣は常に又必ず神と人との直接な交合にある。そは即ち神への没入であり、神の啓示である。

理知を越えたかかる啓示を讃える時、私は再び昔から憂慮せられた一つの誤謬を犯すかの様に見える。それは云う迄もなくそれが遂に理性を否定すると云う非難である。よしカントが期待した様な「理性の宗教」が、歴史の背景を欠いた抽象の宗教に終る事を承認しても、ともかく理性が重要な宗教の要素であらねばならぬ事を、人々は主張する。特に宗教認識の問題に入るにつれて、宗教的真理が理性のアプリオリに依る事が力説される。かくして理性に背反する啓示の主張は、宗教から堅固な基礎を奪う様に見えるであろう。しかし私はこれ等の非難に対して次の様な明白な単純な答えを送ろうと思う。即ち啓示が純であれば純である程、それが理性の要求を充たす事を私は指摘したい。

私は主知主義者と共に、理性に背反する啓示を許す事が出来ぬ。しかし同時に超自然主義者と共に、啓示を否定する理性を承認する事が出来ぬ。私は啓示と理性とを分ち得ない関係において見ようと思う。最初からこれ等を対立の二において解することが、凡ての誤謬の基であると思う。

理知を超越する世界の承認は、理知への否定でもなく、又理知への反逆でもない。只理知の限界に就ての是定である。故にかかる世界を越えるとは、理知以下に降る謂ではあらぬ。神秘を信ずるとは、理知に背く如何なる行でもあらぬ。否、ここに吾が知の有限を棄てるとは、やがて神の知の無限に迎えらるる意を含むのである。この時「世の智慧」は尽きるのである。しかしその時「神の智慧」が降るのである。「世の智慧」は理性の僅かな一部に過ぎぬ。「神の智慧」こそ全き理性であろう。啓示とは神をまともに見る意である。それなら啓示において程、神の智慧をじかに知る場合はないであろう。啓示においてこそ理性の要求は、その全き実現を得るのである。信仰が全き知識を意味する様に、啓示は全き理性を意味する。かかる意において神秘より深く合理的なものを想う事は出来ぬ。論理性と云うが如きは、合理性の一部に過ぎぬ。宗教的真理が確実であるとは、それが論理上に置かれるが故ではなく、神秘の内に安らうからである。神秘は神の智慧である。昔フランチェスコが聖貧を讃えた様に、吾が知に貧しき時、人は神の智に富むのである。一事をだに知らない事を真に感じぬく時、彼に凡ての事が知られるのである。ニコラス・クザヌスは「無知の知」を説いた。深く宗教の心を知りぬいていた中世の人々には「不知の雲」が慕わしい象徴であった。「汝の無知は欠如ではなく、無上な完全である。汝の無為こそ汝の無上な動作である」とエックハルトは云った。

読者よ、貴方がたが神に就て問われた時、それに対して返事が出来ないと云う事を恥じてはいけない。説明を許さない何事かを、貴方が味わっていると云う事程、貴方にとっての強味はない。貴方は「知らない」と一言力強く答えていい。実際神に就てこれに優る答えを持つ事は出来ない。神が何であるかは、かかる答えのなかに、最も鋭く説かれている。

四

カントが認識対象を現象界に限ったのは、単に彼の理知が定めた冷静な結果であったと云うよりも、むしろ信仰の世界を確立しようとした温い志によったのであると云う事は、彼自身の言葉によっても知る事が出来る。「信仰に位置を与える為に、知識の不当な要求を制限せざるを得なかった」と彼は書いた。この主旨は今日も尚継承されて、文化上における宗教の位置を確立する事が、宗教哲学者のなさねばならぬ最後の任務とも思われている。私もまた、宗教の権威に関するこの問題に就て私の考えを述べ、この一篇を閉じようと思う。

私は宗教の根柢を尋ね、究竟性にその不動な相を求めたのである。しかも究竟をその本来の意義において解する事が、直ちに宗教を解し、信仰を解する所以であると私は考えたのである。かくして宗教が究竟性によって自存する故に、それは文化上に一つの権利を占めると云うが如きものではなく、一切がこれに帰依すべき権威の王国であるとの予想を述べたのである。

今日最も進んだ認識論の特点は、「かくある」と云う事実問題から「かくあらねばならぬ」と云う権利問題に真理内容を移した事にあると云われる。即ち経験的知識が一つの客観的真理となる為には、単に「かくある」との経験に先だった、「かくあらねばならぬ」との当為が働くからであると云われる。経験は個々であるが経験に先だつ当為は普遍である。それは単なる事実ではなく価値であり意味である。即ちかかる先験A prioriの基礎に則る事によって、経験は整理され一つの妥当的知識に構成されるのである。よく宗教的真理が普遍となり宗教が客観的位置を占め得るのは、その背後に一般的な宗教的アプリオリが働くからであると云われる。即ちかかる先天的条件を有する事によって、それは理性的基礎を得、文化の中に一つの客観的位置を占め、他から独立する特異性を保つのであると云われる。近世宗教哲学の任務はかくの如く論理学や倫理学においてと同じ様に、理性的価値体系の中に宗教も属する事を見出すにあったのである。

しかし私はこれ等の考えが宗教のよき説明であっても、説明を越える宗教の神秘的要素に就ては、遂に何事をも闡明し得ないかを恐れている。かかる見解は宗教やその真理に客観的基礎を与える事において成功したであろうが、しかし宗教の根柢は主客の別を越えた究竟性にあらねばならぬ。客観的根拠と云うが如きは未だ相対的理解を出でぬ見解であろう。相対に理解が終るならば、理解され得る宗教はないであろう。近世の認識論は後験と先験とを区劃する。経験と規範とを区劃する。事実と意味とを差別する。しかし本来あるがままの所与には、未だかかる区別はないであろう。経験と云う時人は早くも先験を予想する。しかしこれは経験に加えられた最初からの独断であって、経験をその純粋の相において解しているのではない。直接なる経験即ち体験には未だ主客の別なく、先後の分ちがないであろう。経験に前後を考えると云うが如きは、既に反省せられた二に堕した考である。先験的と云うが如きは、たかだか客観性を与えるに過ぎぬ。主客を絶した究竟性に就ては何事をも語り得ないであろう。主観客観の別を越えたものを客観によって守るとは何の意味であるか。真理の性を相対の義に解そうとするなら、それも意味があろう。しかし真理を宗教の相において、即ちスピノザが求めた「永遠の相」において解こうとするなら、かかる相対の理解は吾々に何事をも闡明しない。現代の認識論は論理的要求から知識の成立を論じようとする。しかし宗教認識論は超論理的要求に発せねばならぬ。究竟の認識は論理的反律の制約によって解し得ないからである。宗教的真理が永遠であって、万民の帰依を受けるとは、それが先験的論理の法則に依るからではない。又それがかかる法則によって客観となり得るが為でもない。凡ての思惟の反省を越え論理の判断が尽きる自証の真理だからである。それはアプリオリの条件をすら必要としない。無条件にして自ら立つ犯し得ない権威の上に、真理はその安泰な基礎をおくのである。宗教的神秘は論理の地平線を越える。永遠な真理の基礎は論理ではなく神秘である。先験の性にあるのではなく、前後もなき究竟の性にあるのである。かかる神秘を却って論理によって基礎附けようとするが如きは本末の顚倒に過ぎぬ。論理は何人からも承認される条件を持つ客観的真理を与える。しかし神秘は何人からも無条件に承認せらるべき究竟的真理を与える。真理は客観の境から究竟の域に入るに及んで、宗教的性質をおびる。それは細心に構成せられる真理ではなく、無心に是認せらるる真理である。それは或る資格をもつ権利の上に主張される真理ではなく、あらゆる資格を越えた権威を持つが故の真理である。それは価値 Value の世界であると云うよりも、評価を許さぬ Invaluable 境である。もしも認識を「権利の問題」に止めるなら、それは究竟の相を近づき得ない彼岸に葬らねばならぬ。権利とは或る一つの資格に過ぎぬ。全き資格ではあらぬ。「権利の問題」が「権威の問題」

に高められる時、吾々は始めて正当に宗教認識の問題に触れ得るのである。

ここ迄私が問題を導く時、宗教の文化における位置に就て私が如何なる見解を持つかと云う事が、ほぼ暗示されたであろう。今日の宗教哲学は、宗教的アプリオリを求める事によって、宗教の独立性と特異性とを認め、それを文化体系の一つに従属せしめる事によって、その位置を確定しようとするのである。しかしここに独立性とか特異性とか云う如きものは、他の文化に対する独立であり、又他の文化と差別せられた特異性である。しかし究竟なものは自存であって、他に対して区別せらるる事においてその位置を得るのではない。究竟性とは種々なる性質の一つと云う意ではあらぬ。一切の性質の根柢であると云う意である。宗教が究竟性に己れ自身を支えるのであるなら、宗教は文化体系中の一つの場所を占めるのでもなく、又はその体系に従属するものでもあらぬ。却ってそれは一切の体系の根柢であり、且つは文化をして可能ならしめる根拠であらねばならぬ。他の文化と並在Juxtaposeする宗教はあらぬ。宗教に一切の文化が依存する事によって、文化はその本来の意味を果すのである。私はかく考える事においてのみ、宗教の権威を解し得るのであると思う。宗教が将に万民の無上な帰服を求めるのは、文化における一つの妥当的権利による為ではなく、文化を統一し支配する権威によるのである。もしそれが文化体系中の一つのものに過ぎないなら、どうしてそれに無上な神聖な相を見出し得よう。究竟な宗教とは犯し得ない神聖との意であらねばならぬ。宗教は並在するものを左右に許さぬ。一切の文化がそれに帰入する事を喚求する。凡ての文化は宗教に方向を選ばねばならぬ。宗教の世界は目的それ自身の世界である。

私はしばしば思うのであるが、久しい間互いに敵視した宗教と科学との争いは多くの意味を含まぬと思う。もしも宗教の究竟性が理解せられているなら、最初から宗教対科学の関係はあり得ぬと思う。宗教が科学に対して自己の位置を占めると云うが如きものであるなら、争いもあろう。しかし宗教は究竟な宗教であって、争うべき何ものをも周囲に持たぬ。宗教とは晩年のシュライエルマッヘルも解した如く「絶対従属」を一切のものに喚求する。宗教は犯し難い神聖な宗教である。宗教と争い得る科学はなく、又科学と争おうとする宗教はあらぬ。

しばしば宗教と科学との調和を計ろうとして、種々なる見解が呈出された。或る時は心と物とに厳密な区別がないと云う故で、又或る時はこれ等の二つは同じものを両面から見ているに過ぎぬと云う故で、更に或る時は宗教の真理が科学によっても保証される日があるとの希望によって種々な調和的見解が試みられた。科学の圏内に宗教を入れ、入れる事によって宗教を合理的ならしめ得ると思う者も少なくない。今日の人々は宗教哲学よりも宗教学（Science of Religion）を求める様に見える。「実験神学」と云う題目さえ、余り奇異な感を起す事なく迎えられる。これを想うと時代が再び実証主義に戻るのではないかとさえ考えられる。かくして宗教の規範的意味は忘れられて、それが全く経験学の対象に移されたかの観がある。

しかしこれ等の見方が宗教と科学とを、争いの歴史から救い起して、その間に調和をもたらそうとするよき企てであるにせよ、それは遂に宗教から究竟性を否む矛盾に陥るであろう。理知の要求に適わせる為に、そこから権威や神聖な力を棄てるとは正しい宗教の理解であろうか。人は究竟な即ち神秘な境において、真に理性の要求が充されるのである事を認めないであろうか。私は究竟の性より、より合理的なものを空想する事が出来ぬ。私は究竟への全き帰依が、真に吾々の生活をして合理的ならしめる道であると考えている。宗教を科学の域において判こうとする時、吾々が得るものは単なる理知の満足に過ぎぬ。しかし論理的理知は合理性の僅か一部を占め得るに過ぎぬ。真に合理的な世界は理知の科学ではなくして、神秘の宗教である。宗教に合理性を与えるものは論理性ではなく、その究竟性である。宗教はそれ自身においての宗教である。

究竟の世界においては対峙すべき他がなく、故に矛盾すべき世界がない。真に究竟の性において宗教を理解するなら、「宗教対科学」の関係はあらぬ、いわんやその間に争うべき撞着はあらぬ。しかしこれは宗教と科学とが同一であると云う意ではあらぬ。同一とは既に科学と宗教とを対立せしめる事によって得らるる概念である。いわんや又これ等二つのものは差別せられたものではあらぬ。差別とは同じく二つのものを相対せしめる考想に過ぎぬ。宗教は究竟の宗教であるが故に、それは他と差別せられたものでもなく、又他と同一たり得るものでもない。宗教は唯一なるそれ自身の世界である。他に対する一個の世界ではあらぬ。科学は文化の一部を占める。しかし宗教は何処にもかかる一部的場所を持たぬ。科学は一端を占める。しかし宗教は両端なき中心を占める。科学は種々なる世界の一個である。しかし宗教は種々なる世界を越えた「一」である。「一」とは種々なる部分の総和ではない。プロクラスが解した如き「統体」である。

かく見る事によって、宗教と科学とを互いに傷つけず理解する事が出来るであろう。科学は宗教の聖さを犯す事は出来ぬ。宗教もまた科学を斥ける心を持たぬ。科学は宗教に対するのではない。いわんや叛く事は出来ぬ。否、宗教こそ科学が遂に帰りゆくべき故郷であろう。文化の凡ての方向が、宗教の中心に帰る時、文化は真に全き文化となるであろう。究竟である宗教こそは人文の目途である。如何なる道も神の都へとつながれている。人はその道を歩む順礼者であり、人生とは神の故郷へ帰り行くその歴程である。

（一九二一、三、一五）

神に就て

亡き宗法に

神に関するこの小さな本を、今神の御許にいる吾が子に贈る。短かかりしお前の一生を、この書において紀念する事は、お前の父のせめてもの希いである。

お前が生れたのは去年の暮の二十一日の晩であった。月足らずで生れたお前は、弱い躰をもって小さな床に横たえられた。寒い折であったから、お前の体温を冷すまいと様々に心を尽した。しかしお前の唇はお前の命をつなぐ乳房を吸う力がなかった。止むなく搾っては匙でお前の口に少しずつ注いだ。泣く度は少なく又その声には勢いがなかった。私達は早くもお前の小さな顔に痙攣が来たのに気附いた。医者は度々私達に呼ばれた。だが、それは二十四日の晩おそくであった、僅か三日の命で、お前は苦しみを小さな胸に残し果なくもお前の父母から去っていった。生前のお前の顔を見た人も僅か十の指で数えられる。吾々身内のものと、その他には私の二人の女の友とだけであった。凡ての時は余りに早く流れた。私達はお前の生や死が何を意味すべきかを想い惑った。死にし罪は凡て吾々が負うべきものであると考えられて、吾々はお前にすまない気がしている。

お前のお母さんはお前を抱きしめて泣き悲しんだ。生前お前に子守唄すら聞かせて上げる折がなかったからと云って、棺にお前を納める時、シューベルトの曲を書き写してお前の胸の中に入れておいた。私がその紙きれを開いて見た時、終りの方に「これを神様に唱ってお頂きなさい」と記してあった。お前の二人の小さな兄さん達も同じ唄で幾年かの宵を過ごしてきたのだ。

お前には生前名をつける暇すらなかった。死んだ折その室の床に「妙法蓮華経」と題した軸が掛けてあったから、その中から一字をとって宗法《ムネノリ》と名づけた。神もこの名を嘉し給い又お前もこの名を悦んでくれる事を望んでいる。法名は清心院宗法水子と呼ばれた。お前の亡き骸は青山にある私の兄姉達の墓に列べて葬られた。

お前のお母さんは、お前が私に非常に似ていたと幾度か云っている。私にもそう思えて嬉しい気がする。いつか又お前に逢う折が来るのである。その日までの絶えない私からの便りのしるしとしてこの本をお前に届ける。お前はもうこの世においてはこの本を読む事は出来ない。だけれどもお前はここに書かれた数々の真理を、神様からもっと深くもっと温い言葉でじかに聞いているにちがいない。そう思ってこの本も、既にお前にとって親しみ深いものである様に感じている。神の御許にいるお前が神に関するこの本を受けてくれるなら、私もこの上なく嬉しい。

神様の膝の上で遊んでいてくれ。そこから遠くに離れてくれるな。そこよりも安全な場所はない。そうして私が私の仕事を終えて、お前の所に行く日が来るのを待っていてくれ。お前のお母さんも同じ様に云っている。

千九百二十三年二月十六日

若き父より

序

私はこの小著において、今迄に得た私の宗教的思想をもう一度顧み、その中心をなす神の問題のみを選んできて、与えられた理解を有機的順序に編もうとしたのである。

私は筆を執るに当って学的な正しさを保留しようとはしたが、それに止まらず出来るだけ叙述に親しさを欠かない様にと希ったのである。もしもこの単純な書翰体の書き現わしによって、私と読者との心を互いに近づける事が出来るなら、私にとってはこの上なく幸いである。しかし書き慣れない文体の為に、却って真意を傷つける所が多かった様にも感じている。

如何なる著者も彼の神に関する思想を、躊躇なくして読者に送る事は出来ない。だが同時に凡ての読者が、心において最も求めているのはこの問題への答えである。吾々の凡ての思想は直接間接この問題に干与するとも云い得よう。神に就て書かれた本は既に甚だ多い。凡ての宗教書はこの問題から遠ざかる事が出来ない。然るに私がこの著書を更に加えるのは、私に与えられた理解が少からず今の人々のそれと異っているのを見出したからである。異ると云っても、それが独創の凡てであるからではない。私は過去の偉大な思索者、特に神秘思想家と名附けられる一群の人々に負う所が甚だ多い。

省ると近代における神の思想は、ほとんど皆私達の一個の立場から、又は所属する宗派の主張から説かれた神観に過ぎない。これ等の見方も特殊な意味においてそれぞれに価値がある。特にそれが深い体験を経由している場合には、それが誤った云い方において現わされているにしろ、大きな価値がある。しかし私は神に関する思想を、私達の立場から構成するのを止めて、神の立場に帰って神を見ようと欲した。

「神が神を見たらどうであろう。私が見る神と神が見る神とは違う筈だ。そうして前者よりも後者の方が一層本質的だ。神に帰って神から神を見なければならない。これが最も基礎的な理解を私に与える」。

或る日突如としてこの単純な考想に入った時、私の思想は実に流れる様に急速な転換を受けた。私は今もその折の経験を忘れる事が出来ない。

私は最初「究竟なもの」を理解する為には、厳密に相対的理解を越えなければならないのを感じ、その根本的出発を得る為に、所謂「否定道」や「空観」をとって進み、私の思想からあらゆる二元的痕跡を拭おうと欲した。一度「不」によって洗滌されていない凡ての思想は相対であり独断である。そうしてこれが実に私にとって新しい一転換を準備してくれた。カーライルの言葉を借りれば「永遠の否定」'The Everlasting Nay'は「永遠の肯定」'The Everlasting Yea'に入る門であった。私の立場を放棄すると云う事は、神の立場に帰る事であった。神を私達の意識の中に求めるべきでないと云う事は、神の意識の中に神を求むべきだと云う事を私に要求した。私の思想の否定において解された神は、神の思想の肯定において解される神でなければならぬ。私を棄てると云う事は神に活きると云う事である。私を離れるのは神に帰るのである。神に帰らずしては、神に関して肯定される思想はない。否定の道において凡てを浄めようとした私には、既にここに到達すべき準備が幸いにも用意せられてあった。私の神観は一転した。私はそれに伴う驚愕や喜悦を幾分なりこの著述において現わす事が出来たかと思う。

古きディオニシウス・アレオパジテの言葉を当て嵌めれば、私は「肯定神学」から「否定神学」に進み、更に「神秘神学」へ入ったのである。私の見る所によれば、多くの神観は肯定神学に尚止っている所が甚だ多い。しかし真の肯定は否定を経由する事なくしては現われてこない。そうしてかかる否定は、より高き肯定へと私達を進ませてくれる。しかし私達はかかる最後の肯定を、もはや「世の智慧」をもて語る事は出来ない。パウロが云った様に「神秘」において、「隠れたる智慧」において語らねばならぬ。私は神秘神学に深い意義を見出している。

神への理解はその発足において決定される。如何なる第一歩を踏むべきかが常に重要である。そうして神に到る為に、何れの道を選ぶかを私は注意しなければならない。門出におけるかかる注意は、いつも順礼の足を守ってくれる。かくして私は歩みゆく旅路において眼に触れる幾多の光景を記しておかねばならぬ。又かつてそこを過ぎ去った者が、残していってくれた道しるべの文字を読んでゆかねばならぬ。ここに書き記すものは順礼の途上に今尚歩みつつある者が、故郷の友に送る幾つかの書翰である。

それは決して私の本旨ではなかったが、宗教への誤認に対する幾多の弁明と説明とにおいて、これ等の便りを書き起す事を私は余義なくされた。私はともかく宗教に疎遠な想いを抱く人々の為にも、この書を準備しなければならないからだ。しかし弁明に費される言葉は常に煩雑であって潤いを持たない。信仰を知る人々にとって、如何にそれが無用な迂遠なものであるかを私は熟知している。それ故私は読者がこの書の半ば頃に来る迄、それを耐え忍んで終りまで読み続けられる事を切に望む。終りに近づくに従って、私はその好意ある忍耐に向って、きっと何ものかを酬ゆる事が出来るであろう。よし私の筆がそれを美しき装いにおいて贈る事が出来ないにしても、語られた真理の秘義は、読者に何ものかを暗示するであろうと思う。私はその望みにおいて、ここにこの書を私の知れる又見知らざる読者の手に委ねる。

千九百二十三年晩春、東京にて

柳　宗悦

追伸

この書に納めたものの内、第一信と第二信の或る個所は今年の正月号「新潮」に所載。第三信の一部は三月号の「思想」に、第四信は四月号「文化生活」に、第五信の過半は「東京日々新聞」（自一月廿七日至二月二日）に、第六信は四月号「白樺」に、第七信の大部分は五月号「婦人公論」に所載。ここにそれ等を一冊に編むに当って、凡てを増補訂正した。

無味な校正の凡ての労を湯浅宣子姉の厚き好意に負うた事を忘れる事は出来ない。又索引の編製は高橋文子姉の労によったのである。ここに深き感謝の心をお送りする。

神に就て私の友に書き送れる書翰

第一信　神への懐疑に就て

私はこれから幾つかの書翰において、神に関する思想を書き列ね、それを貴方がたにお送りしようとするのです。いつも私の心から離れていない貴方がたに、この便りを書く折が来た事を嬉しく思います。私は貴方がたとは常に逢う事は出来ないのです。時と処とは私達を隔てます。ですけれど神の心づかいによって、いつも彼の御許においては逢う事が出来るのです。地における別れの寂しさを、神は彼の御膝において逢う悦びに更え給うのです。彼を離れるなら、私達は逢うべき場所を見失うでしょう。神は常によき仲立なのです。神においてのみ私達は温き挨拶と固き愛とを交わす事が出来るのです。私は今神を想う事によって、最も厚く貴方がたを想う悦びを受ける事が出来るのです。

しばしば神が見失われるのは、神が吾々に現われないからではなく、吾々が神を見失うからだと云い得るでしょう。何か私達に暗きものがあって、心の眼を閉ざしているのです。神への理解を得ようとする者は、先ず自らの思想を浄めなければなりません。不浄な思想の中に神を迎える事は出来ないのです。私はこの便りにおいて、神の都を訪ねる為に如何なる出発が用意されねばならぬかを語ろうとするのです。出発を誤るならば、順礼の終りは永えに来ることがないでしょう。或る者はそれを見失うが故に、進んでは神そのものを否定しようとするのです。しかし私達はかくする前に、私達の踏んでいる道が、果して神の御許に導く正しい道であるかを吟味しなければならないのです。

私達は神に向って様々な問いを掛けます。問う事に誰も躊躇を感じてはいないのです。しかし私達はかく問う前に、問いそれ自身が何を意味し、又問い方それ自身が正しいかを反省しなければならないのです。直ちに神への疑いから出発すべきではなく、疑いに対する疑いから発足しなければならないのです。疑うとか思うとか云う事は如何なる性質を意味するのであるか。私はこの基礎的な問題から出立しようとするのです。即ち人々が呼んで認識論的領域と見做すものに入ってゆくのです。私はさきに神を見失わない為には、私達の思想を浄めねばならないと云いました。この浄めると云う事を学的に云うならば、認識論的な根本的発足を得ると云う事を意味するのです。

私はここに貴方がたへお送りする長き書翰を書き起そうと思います。

一

あの日向葵が光を慕って、その短い一夏の一生を太陽に捧げているのと同じ様に、吾々もまた永遠なものを憧れて、人生の道を旅してゆきます。この短い変易の多い一生を越えて、何か不変な常住な世界に活きたい希願を懐きます。これは私達の気ままな求めではないのです。何かこの小さな自我を越えた見知らぬ力があって、私達にかく求めよと迫っています。日向葵になぜ日の光を慕うのかと尋ねたら、恐らく何事をも答えずに、只あの黄金の豊かな花弁を以て、憧るる日の方向を指し示すでしょう。私達は神を求めると云いますけれど、むしろ神が私達を呼んでいるのだと云う事が出来るでしょう。それは人の要求であるよりも、神からの喚求なのです。私達が生れる事によって、神を求める心が生じたのではなく、神を求める為に私達が生れて来たのだと云う事が出来るでしょう。

永遠なものへの思慕、ここに宗教心の出発があると私は思うのです。有限なものに心を満たし得ない吾々の熱情、相対の絆を破り出ようとする自由への憧れ、凡ての変易を越えて不滅なものを捕えようとする吾々の希願。私達はかかる思慕の中に私達の一生を見出しているのです。私達は今有限の世に招かれてここに生れています。しかしこれは無限の世に憧がれるが為だとも云い得るでしょう。かつてプラトーも考えた様に、神は吾々を神から離さす事によって、神に帰る心を吾々に覚まさせています。凡ての者は神へ向う衝動に活きているのです。吾々はよし凡ての問題を忘れる事に成功しても、神の問題だけは忘れる事が許されていないのです。

「凡ての道はローマに集る」と云われました様に、凡ての思想や凡ての行為は神に向って集められて来ると云い得るでしょう。しかもローマを見ない者は、世界を見ないのであると云い得た様に、神を解せずしては一切を解していないと、云い切る事が出来るのです。なぜならそれは礎を置かずして家を建てるのと等しいからです。人は彼が持つ神への理解において、彼の凡ての思想が何ものであるかを懺悔するのです。

そもそも神とは如何なるものであるか。実に人類に反省の歴史が始まると共にこの問いは出発しました。そうして恐らく人間の歴史が続く限り、この問題は終る事なく提出せられるでしょう。私達は神に向って絶え間なく、かずかずの疑いを掛けて来ました。それは幾度か問われ幾度か考えられ、又幾度か答えられ幾度か争われました。そうして今後も又決定せられる日が来ると誰も保証する事は出来ないのです。その長い苦しみの歴史を省ると、もしや吾々は望むまじき答えを望むでいるのではないかとさえ思えるでしょう。問題は無窮であり至難であり、又累積し錯雑しているのです。それは絶望と拋棄と、進んでは否定をさえ吾々に促す様に見えるのです。しかしあらゆる難渋も、人類からその問題を抹殺せよと云う意味を伴いはしないのです。いわんや廻避せよと云う弱い声を伴いはしないのです。吾々には只生命が与えられているのではなく、考える生命が与えられているのです。もし神が考えに余る問題であるなら、何故に考えに余るかを考えなければならないのです。私達は神の前に私達の思想を殺す事は出来ないのです。至難であればある程私達はその問題に呼ばれているとも云い得るでしょう。神への思想において、吾々は最も深く試練の一生に入るのです。人類は彼等の思索を進めるべき運命の許にあるのです。私のこれ等の書翰もまた、その窮りない神への思想史の一断面を占めるのです。

私がここに見ゆる有限の世界を越えて、見えない無限の世界があると是認する時、それが甚だ独断的な云い方であると誰でも思うでしょう。どうして相対な自然の彼岸に、究竟な神を承認するのであるか。それを承認する為には理由を持たなければならぬと考えられます。誰しもそう思うのです。問わずしては知る事は出来ないのです。知る事なくしては是認する事が出来ないのです。神を許す前に、神への問いが起らなければならないのです。誰もこれが神へ近づく正当な道だと云う事を疑いません。人類が神に加えた種々な疑問を省みる時、それが常に三個の大きな形を以て現われているのを気附くでしょう。

第一は神の性質に関する問いなのです。神そのものを知りたいと云う願いなのです。この希いは神とは何であるかと云う問いを呼び起します。神とは何を意味するのであるか。神の本質は如何なるものであるか。何を指して神と呼ぶのであるか。私達は知りたいのです、神とはかくかくのものであり、又はかくかくのものであってはならぬと云う事を。これ等は神に関して何人にも起る基本的な疑問なのです。

第二は神の有無に関する問いなのです。神の問題として古来から最も重要視せられた存在の問題がここに現われてきます。果して神は居るかどうか。如何にして吾々は神の存在を認許する事が出来るのであるか。神を信ずべきか否かの方向はこれによって決定されると考えられます。神に関する思索者が最も心を苦しめるのはこの存在の問題です。

第三は神の現実に関する問いなのです。何処に私達は神を見る事が出来るのであるか。如何なる姿において彼を目撃する事が出来るのであるか。神の徴《しるし》を何処に求むべきであるか。彼は如何なる場所に彼自身を現わしているか。何処に活きつつある彼があるのであるか。見ゆる彼の姿、聞こゆる彼の声、もし神が在るなら、かかるものがなければならぬ。私達はかくして形ある神をと求めてゆきます。

第一の問いは、私達に神に関する知識を要求します。神が何であるかと云う事は合理的に説明せられる事を求めるのです。第二の問いは私達から証明を期待します。神の存在は論理的保証に依らなければならないのです。存在を否定する場合においてもそれは同じなのです。そうして第三の問いは私達に実証を与えよと請求します。神は理論において在る神であるのみならず、実際の具象な神でなければならないと云われます。人は神が現存する証拠をと求めるのです。合理的知識と論理的証明と具体的実証とこれ等の三個の保証の上に、人類は長い間神を見出そうと努力して来ました。もしこれ等の保証を欠くならば、神の存在は否定せられ、従って神の問題もまた消滅すべきものだと主張されているのです。もとよりこの否定への保証もまた以上の三つの基礎に依存しているのは言うを俟たないのです。

神への理解は、神を問う事によって出発します。問うと云う事は、疑うとか思うとか云う意なのです。思う事なくしては答えを得る事は出来ないと云われます。断案は判断を経由して後与えられるのです。神が何であるかを知ろうとするなら、神が何であるかと云う問いを以て始まらねばならないのです。多くの者はこれが至当な又必然な道であると云う事を疑いません。もし私が人に向って、神は何であるかとどうして尋ね得るのだと聞くなら、その人は私の問いを訝しく思うでしょう。問うてはいけない事柄はこの世にはないと思うからです。万一この世に問う事の出来ないものがあるなら、何故問うかと云うその事だけが問う事の出来ない問題だとも答えるでしょう。神を問わずしては神への理解に至る事は出来ないと人々はきめている様に見えます。

しかし私は神を問題とする前に、少くとも尋ねねばならぬ二個の問題がある事を注意したいのです。これを無批判的に前以て仮定しておいて、神を何であるかと尋ねても、それは丁度砂上に楼閣を築く様な危険を犯すに過ぎないでしょう。決定されなければならない先決の二問題とは次のことを指すのです。

神を思うと云うなら、思うと云う事がそもそも何を意味しているかを定めなければなりません。即ち思惟の性質は如何なるものであるか。果して思惟の世界において神が認識され得るかどうか。人は批判する事なくして神を思惟の問題としていますけれど、果して神が思惟の対象となるかどうか。神を思うと云う事が如何にして許されているのであるか。神に思惟を加えると云う事がどうして可能となるか。又は思い得る神が果して神そのものであるか。もしや思惟と云う事が、神に向っては成立しないのではあるまいか。もし成立しないなら神を思うと云う事は意味を失うではないか。吾々は極めて重大なこの基本的問題を解決しておかなければならないのです。これを等閑に附して神を思惟すると云う事は、少くとも哲学的良心が許していない事なのです。神を問題とすると云いますが、神を問題化するのは思惟なのです。それ故神の問題の前に、思惟の問題がなければなりません。これが定められなければならない最初の問題です。

第二には吾々の神に対する問い方が正しいかどうかを吟味する必要があります。正しい答えは正しい問い方を経由しなければなりません。東方にある都に行くのに、西方に向って歩むなら到達すべき日は来ないのです。私達は今迄様々な問い方を神に加えました。前にも書いた様に第一の問いはこうでした。神は何であるかと。又は神とは何を意味するか。如何なるものが神の性質であるか。吾々は別に怪しむ事なくかかる問い方をします。しかしここには既に多くの仮定が入っているのです。神が何であるかと云う事は、既に神が「何ものかである」事を予想しています。神を知らない前に、どうしてそれが既に「何ものかである」と云い得るのですか。又吾々は神には神たるべき或る意味があり性質がある事を仮定しています。よし性質がないと云う結論を得たとしても、「性質がない」と云う一つの性質がある事になるのです。しかし性質があると云う事を如何にして最初から許すのであるか。神への第二の問いはこうでした。神は存在するかどうかと。しかしこの問いにも存在と云う事が最初から預想されているのです。よし存在を否定する場合でも、それは神への否定ではなく、「存在する神」への否定なのです。何故存在する神を最初から問題とするのであるか。もし神が存在の範疇を越えたものだとしたら、かかる問いが無意味なものとして棄てられる時が来るでしょう。神の有無と云う様な事を人は問います。しかしその問い方それ自身が既に問題とせらるべきものだと云わねばなりません。神への第三の問いはこうでした。神を何処に見得るのであるか、又は何処に神が住むのであるか。又は何が神の徴であるか。何処に彼の具象的な実証があるか。しかしこれ等の問いにも幾多の独断が含まれています。神がいるなら彼には徴とか姿とか、見ゆる形とか云うものがなければならないと、どうして云い得るのですか。又は彼に「何処に」と云う様な場所があるとどうして仮定するのですか。目撃し得られない世界は、どうして不確実であると云い得るのですか。これ等の問い方が正しくして誤りがないと誰が保証したのですか。もし誤りがあったら、かかる問いによって、誤りなき答えを得ると云う事は望む事が出来ないのです。人は神に就て問う前に、先ず問う事それ自身を反省すべきなのです。そうして次にはその問い方に誤りがないかを吟味すべきなのです。今迄神に加えられた問いも問い方も、ほとんどそれ等の独断に掩われていないものはないのです。

私は前に神に関する三つの問いが、一つは合理的説明を求め、一つは論理的証明を待ち、一つは実証的保証に依ると云う事を注意しました。そうしてこれ等の三つの保証が、凡ての思想への確証であると云う一般の考えをも述べたのです。しかし私達は確実だと思われるこれ等の三つの保証に向ってすら、疑問の矢を向けなければならないのです。果して理知的説明と云う事が、最後の確かなものであるか。果して知は絶対な知であるかどうか。又は論理的証明と云う事が、動かす事の出来ない世界を示すか。論理性は相対性を越えたものであろうか。又は証明と云う事が究竟な意味を伴うであろうか。更に又眼に見、耳に聞く具象的事実と云うが如きものが、絶対に確実なものであろうか。実証と云う事が、どれだけ不変な内容を示し得るか。これ等の事を私達は熟知しておかねばならないのです。神を問おうとする者は、最初にかかる問いが何を意味するかを問うべき義務を持っているのです。

二

疑う事はどうあっても疑う事が出来ぬとデカルトは主張します。彼は循環論証を用いたのです。吾々は既に疑うと云う事なくしては、疑いを疑う事すら出来ないのです。疑いを疑う時、やはり疑うと云う事が残ります。疑いを疑い得るのも、疑うからなのです。故に疑うと云う事だけは疑い得る何ものでもないと主張されます。吾々は凡てを疑う事が出来ても、疑うと云うその事だけは疑う事は出来ないと云われます。かく考えて来ると思うとか疑うとか云う事は、確かな不動な出発となるわけです。かくして思惟すると云う事は、どうしても許されねばならぬ必然的な仮定となってきます。思惟の学である認識論はかかる基礎の上に立って凡てを判こうとするのです。

この出発には誤りはないと目されています。しかし私達はもうこれ以上反省する事は出来ないでしょうか。疑うと云う事が疑いようのない事であると云う半面には、疑いと云う事が永えに疑われていいのであると云う事をも意味するでしょう。疑い得ると云う事は、言下にそれが疑われ得ると云う事の可能をも意味します。疑いと云う事が確かなら、疑いが疑いで疑われ得る事も確かです。疑いに向って疑うと云う働きが中止するのではなく、疑いが無限に連続するのです。絶えず疑われ得る疑いに過ぎないのです。疑いそれ自身は疑うを許さないものではなく、やはり疑いの対象となるのです。疑いが可能なのは疑いが無限に続くと云う意味において可能なのです。疑いを許さない確実さを持つから、それが可能となるのではないのです。疑いが得ないと云う事と疑うを許さないと云う事とを混同してはならないのです。私達は疑う事によって疑いを越える事は出来ないのです。疑いの限りなき循環が残るのです。循環するが故に、その軌道から脱れる事は出来ないのです。丁度二個の鏡を相対して置く時、互いが互いを反射して、極まる事がないのと同じです。その場合写すと云う働きも確かですが、同時に写されると云う事も確かです。疑い得る事が肯定されるなら、それが疑われ得る事も肯定されねばなりません。疑いは疑いを超越する事は出来ません。疑いと云う事は、疑うを許さない確実なものではないのです。常に疑われる事が許されているのです。もし循環論証が「疑う」と云う能動の一面を保証するなら、同時にそれは「疑われる」と云う受動の一面をも保証します。それ故疑いと云う事は決して疑う事を許さないものだと云う事は出来ないのです。私は疑いと云う事に不動な基礎を見出すことは出来ません。それは動揺の世界なのです。真に確実なものは、疑いの対象たるを許さぬものでなければなりません。疑いは又疑いの一個の対象に過ぎないのです。

疑いは凡ての思想の出発だと云われます。認識論はこの事を前提として進む様に見えます。しかし疑いと云う事が、ものの基礎となり発足となる事が出来るでしょうか。そこには何等の作為がなく仮定がないでしょうか。私達は果して疑いの上に、神の思想を建設する事が出来るでしょうか。疑い思う事が、宗教的思想の礎となり得るでしょうか。この問題は重大なのです。なぜならもしそれが許されるなら、私達は知識のほかに信仰を是認する必要を持たないからです。疑うと云う事と信ずると云う事とは異るのです。もし信仰と云う事が宗教において奪い去る事の出来ない位置を保っているなら、私達は信仰の栄誉の為に、思惟の主張に向って或る限界を規定しなければならないのです。カントは次の記念すべき言葉においてこのことに云い及びました、「信仰に位置を与える為に、知識の不当な要求を制限せざるを得なかった」と。私達は今神を思おうとします。しかし果して思う事によって神を理解し得るか、よし理解し得るとしてもそれには明確な限界がありはしまいか。「神を思う」と云う事より「神を信ずる」と云う事の方が本質的な理解を与えはしまいか。神への理解は思惟を通して進むべきであろうか。知識のうちに神への理解が成立するであろうか。もしや知識の任務は、神に向って知識それ自身が不充分であると云う事を謙譲に承認する事にありはしまいか。私達は私達の知識によって、先ず知識そのものが何を意味するかを知らなければならないでしょう。思惟は自らに向って、その性質を解剖すべき義務を持っているのです。

疑うと云う事は反省する事です。反省とはものを離れてものを見る事です。ものに即した智慧ではなく、ものに関する知識なのです。反省と云う事が分離の世界にあると云う事を気附きます。ものから離れずしてはものを省みる事は出来ないのです。そこには常に二つの世界が成立してくるのです。一般にこれを主客の世界と名づけます。即ち疑いと云う働きが可能となるのは、疑う主体と疑わるる客体とがあるのです。神を思うと云う場合、思う人が主であり、思わるる神は客の位置にあるのです。ここに主客の二つが必ず予想されるなら、疑いの世界は二の世界だと云う事が云い得るでしょう。しかも疑いにまつわる二の性質はこれに止らないのです。

疑うと云う事は思う事です。思うとは判く事です。分別すると云う事です。ものを彼か是かに分けるのです。分つ事なくしては思う事は出来ないのです。右と云う事を思うのは左に対して思うのです。左右の二に分たずば、右とか左とか云う観念は得られないのです。従って思惟にはいつも分析と比較との性質が伴うのです。分ち得るものがなく比べ得るものがないなら、そこには一つの観念も成立しないでしょう。仮りに世界が白の一色となったと仮定します。その時吾々はもはや白と云う観念を持つ事が出来ないでしょう。白と云う色を他から分つべき必要がないので、白と云う言葉も白と云う意識も失われるでしょう。白と云う事を云い得るのは、何か他の白でない色と区別されるからです。思惟が成立すると云う事は、それが二の世界にあると云う事を予想します。

又思惟すると云う事は判断する事です。判断によって得られる断案は然りと否との二つに分れます。これを常には肯定と否定と云う言葉で言い現わします。凡ての答えは半面を持つのです。「ある」と云う事は「あらぬ」と云う事への対辞です。そうして吾々はその二つの内の一つを選びます。選ばれたものを真と呼び、捨てられるものを偽と呼びます。答えは常に真偽の二に分れるのです。私達は一つの断案が論理的保証による時、それを絶対に確実なものだと思いますけれど、しかしそれは二の世界において確実だと云う事に過ぎないのです。凡ての断案は相対的断案なのです。思惟が可能となるのは、それが必ず二元の世界にあると云う事を前提とします。相対立するものがない所に、思惟は全く成立しないのです。

多くの者は証明と云う事が論理的基礎を持つ時、それはもはや疑い得る何ものでもないと云います。そうしてその確実な内容に向って、人々は客観的とか普遍的とか云う名を贈ります。しかし私達はかかる一般性をも究竟的なものだと云う事は出来ないのです。なぜならそれは相対界においてのみ一般的だと云う事に止るからです。いくら真であっても偽でないと云う迄で、偽に対する真に過ぎないのです。客観的と云う様な内容それ自身が既に相対義を出ないでしょう。真に確実なものは、主観とか客観とかの名において示し得るものではないのです。それ等の二元的性質を越えたものでなければなりません。論理性は確実なるものの最後でもなく又唯一なものでもないのです。

思惟の法則である論理を省みる時、益々この二元的性質が明らかとなるでしょう。同一律（甲は甲なり）、矛盾律（甲は非甲に非ず）、排中律（甲か然らざれば非甲）、これを思惟の三法則と呼んでいます。思惟が誤りに陥らない為には、必ずこの法則に牴触しない事を必要とします。即ちこの法則に基礎附けられるものを真なる知識、即ち真理と呼びます。しかしこれ等の法則は如何にして可能となるのですか。それが再び二律の世界を預件として成立している事を誰も気附くでしょう。「同一」と云う事は、二つのものがあって始めて云い得るのです。「矛盾」と云う事も、矛盾する二つのものがなければ意味を持ち来しません。論理においてはこれ等の二つのものを甲と非甲との二字で示します。そうして第二法則は、これ等の二つのものが互いに反撥し矛盾し、一致するものでないと云う事を告げるのです。第三に「排中」と云う事も左右の二を許すから云い得るのです。即ちこの法則は一切のものは「甲か然らざれば非甲」かの何れかであって、その中間のものたるを許さぬと云う意を示すのです。この場合「然らざれば」と云う字に、なくてはならぬ意味が保たれています。この字は二つの異る世界を予想せずしては出て来ない字です。私達は論理の確実さを信じます。信ずべきなのです。又信じていいのです。ですけれどそれが相対の世界においてのみ確実なのだと云う事を知り添える必要があるのです。対辞のない世界には、論理の律を加うべき個所がないのです。分別された二の世界においてのみ、その律は不変な効果をもたらすのです。私達は神を思う前に、思惟に纏わるこれ等の性質を思いみる必要があるのです。そうしてかかる思惟の道が、果して神を理解する道であるかどうかを考える必要があるのです。

これ等の叙述によって私は如何なる結果に導かれているでしょうか。凡ての性質は思惟が二元的であると云う事を示しています。この事は思惟の対象となり得るものは、凡て二の世界にあらねばならぬと云う事を予想します。二を越えるものを論理的思惟の圏内に入れる事は許されていないのです。私は今神を思うと云う事から、何が意味されるかを省みるべき順次に来たのです。

思う事によって神を客体とする時、私達は神を二の世界に移植して了います。思惟の対象に神を入れる時、私達は神を相対化しているのです。神に分別を加える時、私達は神を差別の相において観じるのです。神を断案において得る時、私達は相対な神を得るのです。証明において神を守る時、神は只有限な確実さにおいて保証されているのです。論理の律を神に加える時、私達は神を二律の世界に降しているのです。思わるる神が如何なるものであるか、又如何なる神が、思われ得る神であるか。ここに私達はこの事を深く省みる必要があるでしょう。思惟がかかるものであり、又思惟の世界に移された神がかくの如きものであるなら、神を思うと云う言葉を、私が如何に躊躇《ためら》わなければならないかを、貴方がたも察して下さるでしょう。神の理解は神を思う事なくしては得られないと人は云います。しかし思う事によって、神への理解は得られないのだとこそ云い得ないでしょうか。思うと云う事がどうして神に向って許されているでしょう。神においては成立すべき一つの思惟もないのではないでしょうか。私はこの問題の中に更に深く私自身を入れなければならないのです。

三

凡てを疑うと云う事に哲学の本質的な出発があると云われます。ここに疑うと云う事が疑いの為の疑いではなく、それが疑い得ない確実なものを得ようとする意志によるのは云うまでもないのです。近世哲学の祖と云われるデカルトはこの事を最も深く考えた哲学者でした。彼は彼の思想から凡ての独断を去る為に、先ず凡てを疑ったのです。疑うべきだと考えたのです。もとより彼のこの考の中には、凡ては疑われていいものだと云う事が約束されてあります。彼は一切を彼の疑いの対象としたのです。彼は神をも疑ってみたのです。疑わずしては確かなものは見出し得ないと考えたのです。彼は合理論の主張者でした。

しかしことごとくのものが、吾々の思惟の対象となり得るとする彼の予想に誤りはないでしょうか。又は例外の場合がないでしょうか。果して一切のものは疑われ得るものでしょうか。又疑いの前に置かれているでしょうか。更に又疑いと云う作用を、どこまでも働かし得るでしょうか。それがどこかで阻止される場合はないでしょうか。

人類は神に向って様々な問いを重ねているのです。神を思惟の対象とする事に何等の矛盾をも感じていないのです。神を信ずる前に神は知られなければならないと思うのです。知ると云う事は思うと云う事を要求します。故に「神を思う」と云う言葉に、少しの撞着もないと考えています。即ち神もまた疑いの対象の一つであると見做されているのです。神は何であるかと、どうして問い得るのだと私が尋ねたら、その問いをこそ訝しく思うでしょう。

しかし人々はかく問う前に、神に向ってそう尋ねていいかを、もう一度内省しなければならないのです。即ち一切のものに向ってそれが「何であるか」と尋ねる権利が吾々にあるかどうかを考えてみるべきなのです。そうして神もまた思惟の権利によって審かるべきものの一つであるや否やを反省しなければならないのです。

思考と云う作用が吾々に与えられているのですから、当然凡てを考えていい権利が吾々にある様に見えます。そうです、考えると云う事は許されているのです。只その権利が無制限であるかどうか。この事だけは考え直してみなければなりません。吾々は凡てのものを疑っていいと思います。疑う権利があり、一度は疑ってみる義務さえあると云います。疑っていけないと云う様なものは、一つだにない筈だと考えます。考えると云う与えられた権利を破り得るものはないと主張します。しかしもしやそこに例外がないでしょうか。一つの例外もないと云い切っていいでしょうか。私はそう云い切る事が出来ないと卒直に云いたいのです。鮮かな声でかく言明する事を躊躇しないのです。それは恐らく一つの事においてでしょうが、かかる例外が現われてくる場合があるのです。

ここにいくら疑ったと思っても、実は少しも疑っていないものが一つあるのです。疑おうとしても疑う事が許されていない場合が一つあるのです。単に疑う事が出来ないのではなく、疑いと云う作用をいくら働かそうとしても、働きかける余地がないものが一つあるのです。一層適切に云えば疑う事がどうあっても許されていない、疑いそれ自身が成立しない場合が一つあるのです。即ち何であるかを問うことが意味を成さない場合が一つあるのです。たった一つあるのです。他の一面から云えばこうも云い得るでしょう。その一つのものはいくら対象としようと思っても、対象化し得ないものなのです。即ち思わるる客体とすることがどうしても出来ないのです。又いくら分別を加えても、それを二つに分ける事が出来ないのです。それ故分析する事も出来ず又他と比較する事も出来ないのです。かくしていくらそれを断案によって示しても、示されるものが示そうとするものではなくなるのです。即ち吾々が証明したと思っている時、既にその証明の圏内にいないものがあるのです。又それを或る言葉によって伝えても、伝えているものの中にそれが見えなくなるものがあるのです。もう一度短く約言するなら、思ったと思っても実は少しも思っていないものが一つあるのです。

吾々は神を知ろうとして、神が何であるかをいつも尋ねます。しかしもしやそれは私が云うたった一つの例外のその場合に当りはしないでしょうか。かりにその場合だったとしたら、神は何であるかと尋ねるその問いが意味を失ってくるわけでしょう。貴方がたは意外に思うかもしれませんけれど、実に私達がいつも尋ねるその問いは、私の云うたった一つの例外のその場合に当るのです。しかし私がそう云う時、多くの方はすぐこう詰るでしょう。私達は現に神を思っている。よしそれを否定する場合でも、神を思わずしては、神を思うと云う事を否定する事は出来ないではないか。神もまた吾々の思惟の対象の一つに過ぎない。もし神が思い得ないものなら、凡ての者は遂に神を棄てねばならぬと云う哀れな結果に導かれるに過ぎない。思わずしては神への理解はなく、神に関する思想はないではないかと。

しかしそうではないのです。そう思うなら却って神を永えに見失うに至るでしょう。私はその理由を述べる事によって、神への正しい理解に歩を進めたいと思うのです。要求せられる神は究竟な神との意を含みます。究竟なものでないならば、それは神たるの意をなさないからです。宗教の心は無限なものへの帰依であり永遠なものへの思慕なのです。そうしてかかる無上なものを私達は神と云う言葉で云い現わしてきました。無上とは並びなき謂です。それ故それは相対するものを四囲に許さない筈です。それは唯一なものです。プロティヌスが云った様にそれを「一」とも呼ぶ事が出来るでしょう。言い換えれば無上にして究竟なものはあらゆる相対の性を超越します。「一」であるとは、それが二の世界にも終らず、又自らも二でない事を意味します。二に在り又二であるなら、既に相対であって究竟の意を持ちません。無上なものはこれを相対化する事が出来ず、又これを二に分ける事が許されていないのです。二に数え得る「一」はなく、分ち得る「一」もないのです。

神を思う時、私達はかかる究竟なものを思惟の対象としているのです。しかし思惟の世界が全く二元を基礎として成立していると云う事が明らかにされているのです。それ故究竟な神をその対象とする時、私達は「一」であるべきものを二の世界に降しているのです。故に対象化せられている「一」は「一」ではなくして二なのです。私達が究竟なものを疑っていると思っている時、実は究竟なものの如何なる個所をも疑ってはいないのです。それは単に二に移植せられた「一」、即ち「一」ならざる二を疑っているに過ぎないのです。神を思う時、人は神を判いているのです。しかし判く事によって神が二つに分たれる時、神は既に「一」なる本質を失っているのです。「一」ならざる神は神ではないのです。それ故分別を加え得る神は何処にもないのです。二つに裂き得る神があるなら、それを神と思ってはならないのです。神はかくかくのものであると人は云います。よしそれが真であるとしても、それは単に偽でないと云う様な消極的意味に過ぎないのです。それは対辞の世界を越えた内容を示してはいないのです。或る断案に神を入れ得たと思っても、人はその断案の中に神の何ものをも見出す事は出来ないのです。それは対象なきものに向って考えられた意味なき答えに過ぎないのです。それ故「何ぞや」と問い得る神は神ではなく、「何々である」と答えられる神は神ではないのです。

吾々は確実な真理を得る為に、凡ての事を先ず疑わなければなりません。しかし一切が例外なく思惟の対象となると思うなら間違いです。吾々には肯定する事も否定する事も出来ない一つの世界があるのです。肯定する事によって拡大もされず、又否定する事によって縮小もされない一つの世界があるのです。否、少しの思惟の働きをすら許さない世界があるのです。単に思惟する事が出来ないのではなく、思惟する事がそこにおいては認許されていないのです。それ故思ったと思っても、実はその何ものをも思っていない結果に終るのです。そこにおいては思惟は何等の権利をも主張する事が出来ず、又何等の作用をも働かせる事が出来ないのです。思惟からは匿されていますが故に、吾々はしばしばそれを知られざる世界とか見えない世界とか名づけます。それは「何であるか」と問う事によって理解し得るものではないのです。かかる問い方を離脱し、又かかる問いの世界を超越する事においてのみ味わい得る世界だと云わねばならないのです。

かくして神に向い思惟によって呼び起された諸々の疑問は意味淡い結果に終るのです。又神に向い理知によって与えられる諸々の解答は何事をも闡明する事がないのです。思惟は神の前に慎み深く沈黙を守らねばならないのです。あの誇り顔に神を説く者の、賢《さか》しい知識の中に神を見る事は出来ないのです。同じ様に傲る風情において神を否む者の、あの冷やかな理知の中にも神は居ないのです。思い得る神はないが故に、思惟によって肯定さるる神も又否定さるる神も、共に神の何ものでもないのです。神への懐疑は長い間その歴史を続けました。しかしその長い歴史も、それによって堆積せられた理論も、神の宮居を建て又は毀す僅かの力にもなってはいないのです。神を疑うと云う言葉それ自身が成立しないのです。疑われている神は神ではなく、又神を疑い得る疑いもこの世にはないのです。

これ等の事は私達に一つの決断を促します。私達は今思惟の道を通しては神に到る事が出来ないと云う事を悟るべきなのです。しかし私達はここに思惟の価値を否定するのではないのです。只その権利に限界がある事だけはどこ迄も承認しなければならないのです。凡てを理知によって判き、又理知のみが正しい世界を与えると見做すのは、主知主義 Intellectualism から来る謬見に過ぎないのです。理知はその与えられた分野に就て明確な反省を持たねばなりません。それを越えて不当な要求に出る時、それは自らの為に自らを害《そこな》うでしょう。思惟の道が唯一の認識の道ではないのです。論理性が合理性の凡てではないのです。理知のみが分明なものの一切ではないのです。この事を深く気附いている凡ての思索者は、理知を越えた智慧を認めました。ギリシャ人はこれを「霊智」'Gnosis' と呼び、仏教の人々は「慧」と呼んでこれを三学の一つに数えました。スピノザが「知的愛」と云ったのも同じ心を語るのです。近代の人は好んで直観と云う言葉を愛しています。論理的知識の世界を唯一の確実な世界だと思う人々に向って、神は彼の顔を永えに匿すでしょう。論理の道によって肯定される神もなく又否定される神もないのです。神は思惟の世界を越えるが故に、私達もまた神に逢う為に思惟の世界を越えなければならないのです。

思うと云う世界に全き神の姿が現わるる場合はないのです。思われた神は局限せられた神なのです。即ち全き神ではないのです。全きものを失う時、神は神たる事を抛棄しているのです。思惟はいつも限定であって、ものをそのままな自由の相において見る事が出来ないのです。それ故私達は神に逢う幸いを受ける為に、思うとか思わぬとか云う事を越えなければならないのです。私達は神の全てを受け容れる為に、私達自身を拭い浄めなければならないのです。いわんや思惟によって究竟なものを判くと云う様な事は不当な権利の主張なのです。思惟の上に立つと云う様な事は既に不純なのです。まして何々の主義においいて、又は一個の立場と云う様なものから解され得る究竟はないのです。エックハルトは「何等の方法なくして神を解せよ」と云いました。実に宗教哲学はこの方法なき認識と云う様な事を解明すべき任務があるのです。

私は古人が書き遺した二三の句を終りに添えておきましょう。「分別はこれ凡愚の事にして、賢聖の事に非ず」と楞伽経は強く書いています。分別を欠くものを私達は弁護する必要はないのです。しかし分別に終るものを私達は賢明であると讃える事は出来ないのです。分別を越える領域に入らない間、私達は神を認得する事が出来ないのです。分別に終って神を見失うなら、それは凡てを見失っている事を意味するのです。荘子は大胆に発言しました、「未だ始めより是非あらざるなり。是非の彰わるるは、道の虧《か》くる所以なり」と。神を然りにおいて又否において解く者は、神ならぬ神を説く矛盾に陥るのです。神の眼にとって、賢《さか》しい分別の智慧も如何に愚かに見えるでしょう。「神は世の智慧をして愚かならしめ給えるに非ずや。世は己の智慧をもて神を知らず、これ神の智慧に適えるなり」とパウロは書いています。彼がよく云った様に世の智慧を愚かならしめた摂理に、私達は深き神の智慧を読まなければならないのです。終りに私は私の愛する「信心銘」の句を添えておきましょう。著者鑑智禅師は彼とか是とか相争うのは「心病」であると云ったあとで、こう書いています、「二見に住せず、慎んで追尋すること勿れ。わずかに是非あれば、紛然として心を失す」。少しでも二見に住する間、解き得る神はないのです。少しでも分別を加えるなら、私達は神をも私達の心をも永えに見失うのです。それならば如何にしてこの二見の道を越えて、神に至る事が出来るでしょうか。私はこの事を次の便りに譲ろうと思います。

第二信　神への理解に就て

ここに神に就ての二度目の便りをお送りします。神を見出し得ないのは、神に行くべき道が見出されていないからです。又は通るべき門が閉ざされているからです。如何なる道が私達をエルサレムへと導いてくれるのでしょうか、又如何なる躓きが私達の歩みを妨げているのでしょうか。「二」としての神を見ようとする者は、あらゆる二を越えねばならないのです。凡ての二を空しくする時、全てなる「一」が現われるのです。神への理解は空への理解を要求します。私はここに順礼の門出に当って、凡ての信徒が踏み出さねばならぬ「否定の道」を明らかにしようとするのです。私はこれによって空の思想に対する多くの誤解をも拭う事が出来るでしょう。なぜなら空の思想は私達をして只何もなき虚《むな》しさに陥れるのではなく、却って神への不動な是認に私達を導くからです。何ものもなき空しき心の室が、全てなる神を容れ得る室となるのです。私達は全てなる肯定を得る為に、先ず凡てへの否定を準備しなければならないのです。

そうして私は何が神への理解を妨げているかを注意しようとするのです。古来信徒は加えねばならぬ三個の否定がある事を説きました。否定せねばならぬものの一つは思惟であり、一つは私慾であり、一つは言葉でした。即ち吾々を相対の淵に沈ませるものをこれ等の三つに数えたのです。神へ到ろうとする者は、浄らかな心を用意しなければならないのです。

かくして私を離れる道のみが神に帰る道なのです。神を見失うのは、私を離れずして神を見るからなのです。それ故神を見ようとする者は、神において神を見ねばならないのです。神は神が見る神でなければならないのです。神への理解は常に神彼自身の御手に握られています。私を神に返さない間、私に許される神への理解はないのです。私は閉ざされたこれ等の真理を啓く為にこの一つの便りを書き起そうとするのです。

一

かつてパウロがアテネの町を過ぎた時、彼はふと一つの祭壇に眼を引かれていました。そこには文字が読まれて、「知られざる神に」'To an Unknown God' と記されてあったと云います。二千年の時は流れ去りましたけれども、この文字は今も消えてはいないのです。今は名を失した著者の「不知の雲」と題した本にも、次の言葉を読む事が出来ます、「貴方は私に向って、如何に神を解し、又神が何であるかを尋ねようとなさる。しかし私は只一言「知らない」と云うよりほか、貴方にお答えする事が出来ない」。あの菩提達磨が梁の武帝に道を聞かれた時、「不識」と答えたと世に伝えられています。

或る人はこれを答ではないと云うでしょう。しかしこれよりも優れた答を、神に就て与える事は出来ないのです。もしも思惟を超越した彼岸に神があるならば、それは思惟にとって「知られざる神」であり、見えない神なのです。知り得る神ならば、それは既に神ではないのです。あらゆる知は神に向って成立しないのです。知に答を望む者は、遂に一つの答をも得る事が出来ないでしょう。「知らない」と云う答ほど、神を知っている答はないと云い得るのです。知り得ないものを人は冷やかに見過す傾きを持ちます。知らずして信ずるのは、理性への背反であると見做します。又知り得ざる世界は暗き世界であると云います。知の解明を待たずしては、何ものも明るくないと云い張ります。しかしここに知らないと云う事は、知への単なる否定ではないのです。知と不知とを越える意を持つのです。それは知から見れば暗黒だと思われるでしょう。しかしこの事は神そのものが暗黒だと云う事を意味するのではなく、却って知が神に向っては暗黒だと云う意味を伴うのです。神が自らを封じているのではなく知が自らを封じているのです。「知られざる神」は暗き神ではないのです。只知から見て暗く見えるのです。それも知に神を見る明るさがないからなのです。これを誤認する時、私達はしばしば不可知論 Agnosticism に陥り、又懐疑論 Skepticism に終るでしょう。それは只不知と云う暗黒な淵に神を見棄てる主張に過ぎないのです。

「知られざる神」は私の知識を封じるでしょう。しかしそれは彼を抛棄すべき何等の理由にもならないのです。単なる知への否定なら信を伴わないでしょう。しかし知を越えるものは、私に信への道を指し示してくれるのです。神は知に戻る世界にあるのではないのです。又知なき世界にもないのです。又知に終る世界にもないのです。それ故神を知らないと云う時、それは不合理な背理な又は無知な神を弁護しているのではないのです。神が知によっても解明出来ないなら、いわんや無知によって解明する事は出来ないのです。真に「知られざる神」は、知る事によっても知らない事によっても、知るを許さない神なのです。南泉の有名な句に、「道は知にも属せず、不知にも属せず。知はこれ妄覚、不知はこれ無記」と云われています。知る事によっても神は知られず、知らない事によっても神は知られないのです。一転換が吾々に来ない間、私達は神を理解する事は出来ないのです。

私達はこの転換を得る為に、応わしい準備をしなければなりません。何が私達をして神を見失わしめているのでしょうか。私達を二の世界に縛るものは、如何なるものなのでしょうか。どうしたらばその拘束から離脱して自由を得る事が出来るでしょうか。如何なる道を経たら、究竟は認識されるのでしょうか。将来の宗教哲学はこれ等の事を明らかにする任務があるのです。もし思惟と云う基礎を認識論が固守するなら、それは遂に宗教の諸問題をその圏内から抛棄するに至るでしょう。宗教をその本来の相において解する為に、私達は思惟よりも更に深い認識の道を求めなければならないのです。

私達は神と云います。そうして神と云う観念を持っていると云います。そうしてこれは否定出来ない事だと云われます。何故なら神と云う観念を否定し得るとしても、神と云う観念を持たずしては、それを否定する事が出来ないからです。それ故吾々は神と云う観念をどうしても持っていると主張されます。この主張を保持している論理には誤りがないと云い得るでしょう。しかしここに見逃がす事の出来ない一点があるのです。ここに云う神とは思われている神であって、神そのものではないと云う事なのです。さきにも明らかにした様に、対象化され得る神はないのです。それ故思惟の対象となっている神は神そのものではないのです。吾々によって神と云われているものは、いつも或る考えにおいて考えられている神に過ぎないのです。吾々は神に向って何等かの性質を画きます。しかしかかる性質は、神そのものの所有ではなく、思惟の世界に移植された神の性質に過ぎないのです。或る性質において神を画く時、それはむしろ私達の持つ性質を画いているに過ぎないのです。私達は私達を越えた神を画く事は出来ないのです。神を語る時、それはむしろ自らを語っているのです。かくして私達は次の重要な事実を了解することが出来るでしょう。即ち私達は神と云う観念を持っていると云いますが、しかし私達のもつその観念の中に神は住んでいないのです。

私達は神を知ろうと思って、神の事を考えます。しかし私達は私達の神の観念において、神を解する事は出来ないのです。それが如何に精細な思想であるにせよ、肯定や否定の断案に入り来る神はないのです。入っているものは神ならざる神に過ぎないのです。私達は神に与えられる然りをも否をも共に抛棄しなければなりません。ここに「思惟の沈黙」と云う事が要求されてきます。古人も云った様に認め得る神があったら、神と認めてはならないのです。「考え得る凡てのものを棄て、考え得ないものをこそ愛そう」と古書は率直に書いています。仏徒は所謂「非思量」の境をどんなに慕ったでしょう。その境界をこそ「仏境界」と名づけました。思惟において可能な凡ての事は、只哲学の領域にのみあるのです。しかし宗教の世界はかかるものを許してはいないのです。有名なニコラス・クザーヌスは究竟の学を「無学の学」と云いました。仏教において「無義の義」と云うのも同じ心から発した言葉と云い得るでしょう。

神を解し得る思惟の道がないとしたら、吾々は思惟にまつわる諸々の性質から解放されねばならないのです。与えられる第一の道は彼是の二に神を封じない事にあるのです。即ち肯定否定の二を共に抛棄する事にあるのです。もし論理の道を「彼か是か」によって云い現わし得るなら、私達は今「彼にも非ず、これにも非ざる」道に入ってくるのです。古来かかる道は基教においては「否定道」'Via Negativa' と名づけられました。もとよりこの「空観」と呼びなすものが、仏教において異常な発達を遂げた事は云うを俟たないでしょう。仏徒は「倶絶」とか「双泯」とか云う字をよく用いました。彼是の二が共に絶える境を指すのです。即ち一切の思考への否定を意味します。相対への全き否定なのです。故にその否定をも否定する謂です。それ故「百非を絶す」と云う様な言葉も用いられました。単なる否定は、やはり「かくかくでない」と云う一つの性質を断定しているに過ぎません。究竟なものに達する為に、吾々はあらゆる断定を否定し尽さねばならないのです。かくして「不」とか「無」とか云う字が僅かに残されて来ます。しかしかかる字もまた新たな束縛なのです。それは僅かに与え得た仮名に過ぎないのです。故に名づけ得べき名がないのです。止むなく古人は「無名」とそれを呼びました。しかし無名を又名だと思うなら、再び有名の二義に堕するのです。

究竟を追い求める心において、最初に現われるのはいつもこの否定の考えでした。それは遠い昔から始まったのです。ウパニシャッドにはこう書かれています、「かくして教うるところは「否、否」なり。故如何となれば「否、否」との声より優れたるものはなきが故に」。この思想に育くまれた大乗の仏典は、如何に多く「非ず非ず」との語を繰り返し用いたでしょう。竜樹の「中論」に、「生せずまた滅せず、常ならずまた断ならず、一ならずまた異ならず、来らずまた去らず」と云う句がありますす。これは所謂「八不」と云って後世における空観の要旨となっています。私達の常識は「神は有にして無に非ず」と告げるでしょう。しかし思索に深いものは注意してこう云います、「神は有に非ず無に非ず、又非有に非ず非無に非ず」と。東洋の宗教はかかる思索において特に異常な発達を遂げています。「空」は仏法の要諦であると見做す事が出来るでしょう。不注意にも今日の人はそれを単なる消極の教えに過ぎないと見做す様です。虚無からは何ものも生れてこないと云う様です。しかし「空」を何ものでもないと云う時、そこに無と云う性質が「有る」事を断定する矛盾に陥るでしょう。いわんや有に背き有に非ざるものを空と呼ぶのではないのです。真の空は空をすら許さないのです。空が正しいと云って空に著するなら、再び空に背くのです。今迄かかる批評は多く基教の人々から放たれました。しかし基教もまたこの空の思想において、著しい発達を遂げているる事を注意しなければならないのです。以下の句を読んでそれが東洋の思想ではないかを誇る方さえあるでしょう。

「神は言語を絶し知解を絶する。大に非ず小に非ず、同一に非ず類似に非ず区別に非ず、彼は止に非ず動に非ず静に非ず、又力に非ず無力に非ず。一に非ず他に非ず、神性に非ず至善に非ず。彼は又存在する何ものでもなく、存在しない何ものでもあらぬ。暗に非ず明に非ず、真に非ず偽に非ず、彼は肯定され得べくもなく、又否定され得べくもない」。これはディオニシウス・アレオパジテの著「神秘神学」からの僅かな抜萃なのです。彼は他の個所でこうも云いました、「この神の聖なる頂きに達する時、能見と所見とに煩う事なく、神秘な無知の暗黒に入るのである。そこにおいては一切の知解は根絶され、触るべからず見るべからざる境に住むのである、この時一切を超越する神の裡に没入し、自己なく他人なく、凡ては不可知なる彼に結合される。凡ての理知を離れるが故に、却って凡ての知解を越える彼を知見し得るのである」。彼は又巧みな比喩を以て否定の道を説きました。彼はそれを彫刻に譬えたのです、「丁度石像を刻む時の様に、無用の個所を削り、有り余る部分を取り去り、かくして内に匿された美を光にもたらすのである」。神の姿を見る為に、私達は不用な凡てのものを取り去らねばならないのです。

この否定の思想を現わした言葉は、基教においては多様を極めています。ヴィクトルの聖フーゴーはこれを「中止」と「沈黙」と「睡眠」との言葉で語りました。神の前に一切の思惟は停止されますから、或る時は「啞」とも「聾」とも云われ、「無知」とも「無住」とも云われ、東洋においてと同じ様に「寂」とか「暗」とか「静」とか呼ばれました。それ等は凡て理知が通ぜず言葉が絶える境を指すのです。今は名を失いましたが或る僧の書翰にこう書かれています、「さかしい智慧を以て神を語り試みてはならぬ。只汝にひそむ神源によって信ぜよ。その暗黒をして汝の鏡とし汝の全てなる心とせよ。神をも汝をも思わざれよ。かかる時汝は霊において思念において神と一体にして、不離不二である。何となれば彼は汝の存在であり、彼に汝の存在がある」。同じ十四世紀頃書かれた「浄心鏡」と云われる本にも書いてあります、「誰からも知り得ぬ又知られ得ぬ神のほかに、あり得る神はあらぬ。否、否、真に例外はあらぬ。神に就て一言すら云い得ぬその神が、只唯一の吾が神である」。やはり同じ頃に書かれた「不知の雲」と云う本もこう記しています、「汝の智慧がこの無に就て思議し得ないとも、それを思い煩ってはならぬ。私は実にその無をこそより愛するのである。思議し得ざる何事かは、それ自身に価値がある」。

最も深き知識は豊かな知識も尚貧しいと云うその知識でなければならないのです。神がこの哀れな知識に向って、かかる反省を許したと云う事は、知識に与えられた幸いな恵みであると思わねばなりません。知が知に高ぶる事に知の美があるのではないのです。知が知に加える謙譲な反省にその美があるのです。次の言葉はトマス・アクイナスの著書から選んだのです、「吾々がこの世において神に関して持ち得る最高の知識とは、神に関して吾々の知り能う一切の知識をすら神は尚越えると云う事を知るにある」。十字の聖ヨハネが書いた次の言葉もここに添えるべきかと思います、「この人生の上にしばし与えられる神の恩寵のうちで最大なものの一つは、吾々が神に就て全く何事をも知り得ぬと云う事を、かくも明晰にかくも深遠に吾等に知る事を許し給うたと云う事にある」。

私達は神を知る事は出来ないのです。知る事が出来ないと云うことを知る事に、新たな神への智慧が始まるのです。究竟なものを判く時に、究竟に関する知識が成立するのではないのです。判くを許されない事に新たな認識の出発があるのです。確実なる知識に対する理解よりも、かかる知識すら尚局限があると云う理解の方が一層根本的なのです。神への道はかくして思惟の力の無限な拡張にあるのではないのです。思惟への無限な否定に本質的な道が見出されるのです。ここに否定とはもとより、不合理とか反理知とか云う意ではありません。理知すら不充分であるなら、知に背く道が更に不充分であるのは云うを俟たないでしょう。宗教の理解は知識以下であってはならないのです。同時に知識に止ってもならないのです。私達は神の前に知識の有限性を認得しなければなりません。そうしてこの認得はやがて一切の理知を越ゆべき事を私達に要求します。越ゆる為に私達は一切の否定をそれに加えねばなりません。しかしこれは否定の為の否定ではないのです。限りなき否定を経由せずしては、限りなき肯定に転回する事は出来ないのです。否定道は私達に神への新たな肯定を準備します。「不」によって洗滌されていない凡ての思想は、まだ不純なのです。

二

「言葉によらず、慾望によらず、思惟によらず、真にして全き神秘なる沈黙に達する時、神はそのさ中において、自らを霊に語り霊に交え給う。かくしてその奥深き淵において、神は最全にして最高なる彼の智慧をそれに授け給う」。僧モリノはかくの如くに書き遺しました。彼はここに守らねばならぬ三つの沈黙を教えたのです。第一は言葉の沈黙、第二は私慾の沈黙、第三は思惟の沈黙なのです。そうしてその沈黙において、神が彼自らを示し語り又交える事を教えたのです。そうして又それ等の沈黙の中に、神は彼の限りなき智慧を充たし給う事を説いたのです。私は思惟の沈黙に就ては既に書き終りました。私達をして神への理解から遠ざけしめる残りの二つ、即ち言葉と私慾とに就て私は今筆を改めようとするのです。もしこれ等のものが私達の心を塞ぐなら、神は永えに解されずして終るのです。なぜなら私達をいつも相対の岩に縛る綱は、思想と行為と言葉との三つの紐によってよじられているからです。仏教においても「三学」が説かれました。即ち慧と戒と定とを指すのです。それは丁度モリノの云う三つの沈黙に該当すると見ていいのです。

恐らく思惟よりも尚私達をして神から遠ざけしめるものは私慾なのです。それは常に神への理解を塞ぐ暗い幕なのです。私達の多くはその蔭にあって、それを取り除く力を持たないのです。それは常に罪として吾々に意識せられて来ました。そうして凡ての罪は「私」とか「吾がもの」とか云う事に基いているのです。もし「私」と云う事を越え得たら、如何に広き神への道が目前に開けてくるでしょう。仏教は法空と共に我空を説いたのです。吾が知識が神の知識への妨げであった様に、私に向って集るもろもろの慾が、いつも神と私とを裂き又私と他人とを分けているのです。

私は常に他に対して意識せられる私です。しかしかかる意識は二の世界に私を閉じるに過ぎないのです。他に対し自らを愛する者は、二に沈むのです。二に沈むなら見得る「一」の姿はないのです。自己に自己を封じる時、人は神をも封じているのです。何ものをも「吾がもの」と云わない時、人は始めて神を我れの裡に持つ事が出来るのです。「テオロギア・ゲルマニカ」は微妙な云い方を以て、罪によって楽園を追われた者の事を書いています、「アダムが楽園から追われ、そこから墜落したのは林檎を喰べたからだと云われています。しかし私はこう云いたいのです。それは彼が林檎を吾がものだと云ったからなのです。「吾れ」とか「吾がもの」とか「吾れに」とか云う心があったからなのです。よし彼が七つの林檎を喰べたにしても、それを吾がものとさえ云わなかったら、彼は決して墜落はしなかったのです。しかしそれを彼のものと呼ぶや否や、彼はたちまち墜落しました。よし林檎に触れなかったにしても彼は墜落したでしょう」。神への理解を私達から妨げるものは、「吾がもの」と呼ぶ心なのです。利己心は常に破宗門でした。

罪と云う事は二と云う事なのです。自他の二に分れる時に罪が起るのです。罪は二の世界にあるのです。二には欠ける処があるのです。二に分れるが故に罪は生じるのです。二は罪なのです。神への理解に対して、思惟が妨げとなるのは、思惟がいつも二の相を示すからなのです。同じ様に凡ての私慾は二を示すが故に、慾に沈む時神の「一」が見失われて了うのです。神に逢う幸いを受けようとするものは、私慾を断たなければなりません。利慾に心が充ちる時、神を迎える場所はなくなっているのです。心を浄めない者は、神を見る事は出来ないのです。浄罪の階段は神の宮居へ登る人生の階段なのです。「悔い改めぬ者は天国に入る事は出来ないのです」。何故悔恨とか懺悔とかが宗教的意識のうちで、重要な意味を持つかを熟知しなければなりません。私達は罪の意識なくして神への意識に至る事は出来ないのです。神彼自らは罪ある私達の胸をも、彼の訪れの場所とするでしょう。しかし罪への意識が私達になかったら、神のその恵みある訪れを意識する時は決して来ないでしょう。罪への意識が強ければ強いほど、神への理解が彼に明らかとなってくるのです。吾々が罪によって神から遠く離れているのを悲しむ時、吾々は実に神が真近くに在ることを知る悦びを受けるでしょう。自己に向けられる悲しみと、神が彼に与える慰めとは同時であると云わねばならないのです。「悲しむ者は慰められる」とイエスは温く教えました。「私慾の沈黙」なくしては、心に解さるる神はないのです。人は神と財とに兼ね仕える事は出来ないのです。二人の主に仕える者は、二人の主と自らとの三人を共に裏切るでしょう。利己の念はいつも神の理解への敵なのです。この敵を制御する事なくしては、神に交る日は死すとも尚来ないでしょう。罪への意識が薄い時、彼の神への意識もまた薄いのです。聖者とは罪なき人を指すのではないのです。罪の意識の極めて強い人をこそ聖き者と呼ぶのです。

罪の意識は私達に罪の制御を要求します。再び罪に陥らない為に、私達は自身の行いを戒めねばならないのです。戒律を説かない宗教はこの世にはないのです。苦行 Asceticism は今の世では誤った不自然な行いだと云われます。恐らくそれを神へ至る唯一の又最後の道だと云う事は出来ないでしょう。しかしほとんど凡ての吾々はその不必要を説くほど、不純な物慾から超脱してはいないのです。戒めを誇るのはしばしば自己の弱さへの都合よき弁護でした。苦行に現われる驚くべき意志は、私達の心を厳粛にします。よしそれが誤っている場合でも、安逸な自由よりも如何に多くの真実さが含まれているでしょう。総ての現実主義者は、やがて時間の潮流の為に押し流されてしまうのです。神に信じ入る事によって、この世を越える事が出来る者は、あのノアの様に救われて残るでしょう。信仰はその生命を乗せる確かな船なのです。

神の理解をして暗からしむる第三のものは言葉であると云われています。私は「言葉の沈黙」に就て書くべき順次に来たのです。言葉が神の理解を妨げるとは、それが再び二の言葉である事を意味するからです。畢竟言葉は対辞に過ぎないのです。相対を越える言葉は許されていないのです。しかも言葉はものを限るのです。自由な世界がそこに開かれているのではないのです。言葉はものを定義します。定義に示さるる神はないのです。言葉によって神を説こうとする者は、神の何ものをも説かないのと等しいでしょう。神を伝え得る一語もこの世にはないのです。

「文字を立せず」と禅家は標榜しました。吾が教えは「不言の教」であると老子は教えたのです。「知者は言わず、言う者は知らず」と彼は簡潔に云い去りました。「天何をか言わんや」とは孔子の温き述懐でした。神の深さは常に私の口を塞ぐのです。言うならば神の言葉を吾が言葉において潰すのです。有名な洞山の四句に「言は事を展《の》ぶるなく、語は機に投ぜず、言を承《う》くる者は喪い、句に滞る者は迷う」と。神は多くの言葉のうちに彼の美しさを現わしてはいないのです。真に美しきものは、一つの言葉をも許さぬでしょう。否、美に打たれる時、呼吸すら奪われるのです。言葉によって語り得る時、人は既に美を持ってはいないのです。よき芸術はいつも不言の作なのです。沈黙の美なき表現は浅い世界を示し得るに過ぎないのです。「もし人あり、如来に所説の法ありと云わば、即ち仏を謗る事なり。説法とは法の説くなきこれを説法と名づくるなり」とは金剛経の句でした。よく語り得る神はないのです。人は多く神に就て語るほど、少く神に就て語っているのです。言葉の中に神はいないのです。福音書は文字によって読まれてはならないのです。あの夥しい経巻は、文字を越えようとする文字なのです。言葉なき境にその言葉を読まないなら、真理の扉を開く事は出来ないのです。凡ての経典は言わざる言葉なのです。人は字義に捕われるにつれて字義から離れてきます。深き言葉は常に言葉なき言葉なのです。仏陀は驚くべき事を明言しました、「某夜に正覚を生じてより、某夜に涅槃するに至るまで、この二つの中間において、我れすべて説く所なし」と。経はこう書きました、「如来は文字に堕するの法を説き給わず。我は一字を説かず一字を答えずと説く。何となれば一切の諸法は文字を離るるが故なり。言説は即ち変異あり、真理は即ち文字を離る」。中世に書かれた「尼僧清規」は「言葉は刃よりも多く殺す」と記しました。

説くべき一語もなく、聞くべき一語もない無字の境は、只黙してのみ静かに味わわれねばならないのです。沈黙と寂静と静慮と安息と、神はかかる境に彼自らを現わす事を好むのです。かつて維摩居士が如何にして不二の法門に入るべきかを問われた時、黙然として答えなかったと云います。文殊はこれを見、嘆じて云いました、「善いかな、善いかな、ないし文字言語あるなき、これ真に不二の法門に入るなり」と。ベタニアの姉妹がイエスを家に迎えた時、マルタは饗応に忙しく、マリアは只イエスの足許に黙していたと云います。マリアも働く様にとマルタがイエスに頼んだ時、イエスは答えました、「なくてはならぬ一つの事をマリアは選んでいる」と。私達は彼女の沈黙を何事をもなしていなかったと解してはならないのです。自らが黙する時ほど、人は多く神と語り得る事はないでしょう。マリアは彼女の沈黙において神と共に忙しかったのです。心が神に忙しい時ほど、忙しい場合は他にないのです。マリアはマルタよりも多忙なのです。「神の仕事と生活とに至る最善にして最高な道は、沈黙を守って神自らをして働き又語らしめるにある」とエックハルトは説いています。私が黙する事と神が語る事とは同じ意なのです。私が口を閉じる刹那は、神が私の耳に囁くその刹那なのです。

吾々は吾々の言葉によって、神の言葉を奪ってはならないのです。吾々が黙する事において、神の言葉を聞かねばならないのです。吾が言葉に神を現わすべきではなく、神の言葉に自らを見出さねばなりません。何事かの文字を私してはいけないのです。我が名において語る言葉に、神を包む事は出来ないのです。沈黙より、より深く神を説き得る言葉はないのです。思惟を空しくし我を空しくし言葉を空しくする時、神への理解が固く吾々の手に握られているのです。沈黙が神に至る道なのです。空において神の有が解される様に、沈黙において神の言葉が聞かれるのです。

仏徒は禅定を尊びました。定を説かない仏教はないのです。基教においてもまた「静慮」'Contemplation'が厚く慕われました。静慮において人と神との全き結合を見たのです。沈黙なき生活は神の生活からは遠いのです。神は人里を離れたもの静かな谿間の僧庵において人と神と逢う事を求めているのです。そこは神が人の霊を引見するに応わしい個所なのです。物慾に掩われた喧しい現世の巷において、彼の浄い顔を見る事はほとんど出来ないのです。凡てを越える神は隠る神なのです。静けさを愛し給う神なのです。

信徒は言葉なき世界を愛しました。そこに活きようと努めました。言葉なくして神を味わおうとしました。彼等はその時一つの道を見出していたのです。彼等が選んだ道を今日吾々は象徴の道と名づけています。彼等は象徴において言葉を越ゆる神を理解していたのです。宗教において、特に宗教の芸術において、象徴の意義は極めて重要な位置を占めています。これに就て私もここに数言を添えようと思います。

言葉はものを定義します。それはしかじかの性質にものを限定します。神が無辺な神なら、限らるる言葉のうちに彼を理解する事は出来ないのです。包み得る神はないのです。私達は限らずして神を解さねばならないのです。もし定義する事が許されていないなら、私達に残る道は一つよりないでしょう。それは彼を限りなき自由の相において味わう事なのです。かくして信徒は、何事をも定義する事なき暗示において神を味わおうとしたのです。神は尽きる事のない黙意なのです。彼を追えども追い尽し得る言葉はないのです。「説いて一物に似たれども即ち中《あた》らず」と懐譲は云いました。示されるものよりも更に多くを示すものが彼なのです。神は限りなく内に包まるる神なのです。神は暗示の相において示現されるのです。彼は象徴の衣を身に纏うのです。言葉で説かるる如きあらわな彼の姿はないのです。

もしかくかくのものとして解し得る彼がないなら、彼は常に「かかるが如し」とこそ云われねばならないのです。かくして「如」の一語が如何に深き意味を含むで来るでしょう。誰も知っている通り、この一語は仏徒の愛した言葉でした。「如来」とか「真如」とか、「一如」とか「如語者」とか、彼等はこれ等の言葉によって限りなき神を解していたのです。「如」とはかくして不変不動の意を持つ様になったのです。「如」の一字に究竟な常住なものが示し出されています。

「如」においてものを観ずるとは、判く事なき理解を意味するのです。定義は神への作為なのです。作為の二に分つ事なくして神を味わう時、「一如」としての神が解されているのです。故に「如」とは「そのまま」なる意味を示します。仏徒は「如々自然」なりと云いました。「如」として神を味わうのは、神をそのままに味わう意なのです。象徴の道は、思惟なき道なのです。二相の絶ゆる道なのです。それは概念なき理解です。象徴において、人は神を彼是の二に分つ事なく味わうのです。神を神において味わうのです。象徴においてこそ限られざる神が示されているのです。

神の宮居である寺院は、神を示すに応わしき象徴の美を纏いました。その絵画も彫刻も又は音楽も、象徴において神の心を告げたのです。宗教の芸術において如何に豊かに様々な象徴が用いられているでしょう。凡ての宗教に伴う儀式もかつては活きた神の象徴として、深き真理と感激とを信徒の心に贈ったのです。宗教を語る凡ての作には、未だ言わざる言葉が包まれています。凡ては意味に支えられている事を告げるのです。象徴は見えざるものの見ゆる姿なのです。理知に終る者は、外なる形よりほか見る事は出来ないでしょう。象徴は彼等にとって封じられた巻物なのです。冷たき心は神からは遠いのです。宗教的理解が如何に想像と直観とに深き関係を持つかを認得しなければならないのです。感情を失う者は神を失うのです。

思惟において「一」は二に裂かれるのです。私慾において神と人とは遠く隔るのです。言葉において限りなきものが限らるるものに移されるのです。私達は二の不自然な勢いから脱れなければならないのです。私達は神を神のままにおいて受けねばならないのです。象徴は判く事なき理解を示してくれます。神はそのままな相において見られる事を求めます。この事は私達に何を示唆しているでしょうか。相対な凡ての束縛を越えねばならぬと云う事は、やがて神そのものに凡てを返せよと告げているのです。二を離れよと云う事は「一」に帰れよと云う事を示します。私達が一切を空じるのは、神に帰入するが為なのです。そうして私を棄てて神に入るとは、神に入って私を見出す事を意味します。神を見る為に私の眼を棄てた私は、今や神の眼によって神と私自身と又この世の一切のものとを見るべき時に来ているのです。

三

神をそのままに受け容れようとする者は、彼の為に浄き心を準備しなければならないのです。私達は多くの不浄な雑念に被われて、彼の姿を見る悦びを持たないのです。心が二に裂かれている為に、全き彼を迎えるにしては余りに小さなものとなっているのです。彼を拒み彼を汚しているものが、私達の思想と行為と言葉とである事を私は考えてきました。そこから引き起されるあらゆる二元の汚れを拭おうとして、私は否定の道をと進んだのです。しかしそれは否定に私を終えしめるのではなく、新たな肯定へと私を導いてくれるのです。否定をも否定し尽すと云う事は、新たな世界への廻転を私達に準備します。

私を空しくすると云う事は、神に私が充たされる事を意味します。私への無限の否定は、やがて神への無限の肯定なのです。私を棄てると云う事は神に活きる謂です。私を越えると云う事と神に帰ると云う事とは結ばれているのです。私を去って神を見ると云う事は、神に入って神を見る事を意味します。私に拘束を受けない時、私は神の自由を受けているのです。私が活きているのではなく神が私に活きているのです。

神の前に吾が知を棄てると云う事は、神に新たな知を得る事を意味します。知への否定は、神への理解の抛棄ではないのです。決してそうではないのです。私達は彼を理解するが為に、私達の理知を拭うのです。一度「私」とか「吾がもの」とか云う世界を越えるならば、神への道が目前に現われて来るのです。神を解し得ないのは、彼に向って有限な理知の権利を不当に主張するからなのです。私が神への判き手となるが故に彼を解し得ないのです。あつかましくも審判の席に己れ自身を置くからなのです。もし私が謙遜な心を以て、かかる審判の座を神に返してしまうならば、凡ての思想は突如として一変化を受けるでしょう。私達は永い間神への理解に就て私達を苦しめていたのです。それは神のものを神に返す事を怠っていたからなのです。「カイザルのものはカイザルに、神のものは神に返せよ」とイエスは教えました。「凡ての権《ちから》は神より出づ」とパウロも教えています。神の事は神に委ぬべきなのです。神への理解は私達が持ち得るものではないのです。私達の有限な知の保証に、神への理解は依托されていないのです。神はそれを吾々に与えたい為に、私をして彼自らに帰る事を求めているのです。神のみが神への理解を私に与えるのです。

私はここに秘められた意味を次の様にも述べることが出来るでしょう。私が神を判くと云う事は、「一」なる彼を二に分つ事を意味します。言い換えればかくして解された「一」には作為が加わっているのです。もし「一」そのものを解そうとするなら、何等の人為を加える事なく、彼をそのままに解さねばならないのです。思惟によって判かれたものは、歪められ傷つけられた神に過ぎないのです。そのままに解されない限り、神は正しく解されてはいないのです。正しき理解へと私達を進める為に、私は否定の道を経由しました。そうしてこの事が凡ての作為から私達を自由にさせてくれるのです。それは私達を神にへと帰らせます。今や私達は神に帰って神を見るべき時に来たのです。思惟はものを外から見ます。しかし真の見方はものに即する事によって与えられるのです。今迄私達は私達の知識によって神の事を保証しようとしたのです。しかし神自身によって保証された知識のみが神を解し得るのです。宗教を哲学によって基礎附ける時に宗教哲学があるのではなく、宗教に基礎づけられる哲学を宗教哲学とこそ呼ぶべきなのです。

又はこうも言い換える事が出来るでしょう。私達が神自らを解し得ないのは、私達が或る立場に立ってそれを解こうとするからなのです。しかしそれが常に或る立場だと云う事を忘れてはならないのです。凡ての立場をとる自由は私達に許されていないのです。故に選ばれた立場は常に一個の立場に過ぎないのです。一個とは種々なるものの中の一個であって、唯一と云う意味を伴いません。それは他の立場の可能をも予想します。唯一な立場は吾々の採り得る立場ではないのです。もとより選ばれた立場は他より優れたものであると云う主張の許に発足します。しかしそれは比較上の意味に止るのであって、絶対な立場と云う事を意味しないのです。吾々の立場に究竟的な立場はないのです。神に関する論争が絶えないのは立場の相違に基くのです。立場は自由に変易すべきものではなく、固守すべき事を要求します。固守するが故に争いは更に激しさを増してきます。かくして私達は如何に優れた立場を選ぶとも、そこには自由と唯一性と絶対性とが欠けている事を承認しなければならないのです、この事はあらゆる立場が相対的立場に過ぎぬと云う事を示します。かくして私達は一つの窮地に陥らねばならないでしょう。立場を採るなら神を解し得る日は来ないのです。絶対なものを相対の尺度で量る事は出来ないからです。神を理解しようと思うなら、あらゆる立場を越えねばならないのです。なぜなら相対に封じらるる究竟はないからです。凡ての立場を採る自由は許されていないと云います。しかし幸にも凡ての立場を抛棄する自由は許されているでしょう。私達は立場を越えずしては、神を解する事は出来ないのです。

立場なくしては如何なる思想も成立しないと或る人は云うでしょう。しかし私は躊躇なくこう答える事が出来るのです。立場を棄てると云う事は、単に立場を否むとか立場に背くとか云う意ではないのです。それは一個と云う如き相対的立場を越える事を意味するのです。一個を越えると云う事は唯一に帰ると云う事なのです。あらゆる立場からの解放は、唯一の立場への帰入を意味するのです。立場への否定が、真なる立場への肯定を促すのです。

唯一なる神を一個の立場から解く事は出来ないのです。唯一な立場のみが唯一な神を保証するのです。私達は私達の宗教的思想を、唯一な立場の上に建設しなければなりません。もしこの基礎を失うなら私達は正当に神や人生や永遠の問題を解くことは出来ないでしょう。しかし唯一なる立場を如何にして私達は採る事が出来るでしょうか。それがもはや吾々の有し得る立場の何れでもない事を承認しなければならないのです。もしそれを私達が採ろうとするなら、それは再び一個の立場に戻るでしょう。唯一な立場は只神のみが持ち得る立場なのです。それはどうあっても私達の所有とはならないのです。かくして私達に残る道は一つよりないでしょう。私にそれを採ろうとすべきではなく、私をそこに帰入しなければならないのです。神は常に私をして神に帰る事を求めています。私には神を招く力はないのです。しかし神は常に私を招いているのです。それ故彼と交る事が出来るのです。私の立場において神を判く事は出来ないのです。彼の立場に帰る事によってのみ、神に就ての智慧を

対の証明は只神のみが持ち得るのです。そうして神を保証し得るものは、この絶対な証明をおいて他にないのです。故に神を証明しようとする者は、思惟の証明を棄てて、神自身の証明に凡てを委ねねばなりません。かかる絶対的証明を仏徒は「自証」と呼んだのです。自証にまで深められない間、神を保証し得る保証はないのです。詮ずる所私達は私達の思惟の力を主張する事によって、神の問題を解決する事は出来ません。私達の立場から見た神は神そのものではないのです。神を知ろうとするなら神の智慧を借らねばならないのです。神の持つ唯一の立場に入らねばならないのです。自律し自証する智慧に凡ての審きを任ずべきなのです。その時こそ見えない神は見ゆる彼の姿を人に示すでしょう。私が神を見得るのではなく、神が私に神を見せてくれるのです。それ故始めて私は神を見る事が出来るのです。私は私だけの力で神を見る事は出来ません。神を見得ないのは、私達が自分の力で彼を見ようとするからなのです。見る力があると傲るからなのです。それ故に見えなくなるのです。もし私達がかかる力に誇らないなら、神が常に彼自らを私達に現わしている事を知るでしょう。私が見得ない神を見得るのではなく、見得ない神が私を見る故に、私は見得ない神を見得るのです。

私達は考えると云う事から出発して神を判くべきではなく、考えを許さぬ神そのものから出発して、神への智慧を得ねばならないのです。考えられた神と、神そのものとは区別されねばなりません。私が見る神と、神が見る神とは異っている筈です。吾々の思想の中に神を見るべきではなく、神の思想の中に吾々を見出さねばならないのです。神を吾々が見るべきでなく、神に吾々を見るべきなのです。それ故神を思うと云う事が意味を持ち来す場合は、神が私の中に神を思うのであると解さねばなりません。更に又私が神の中に在って、神が神を語る声を聞くのであるとも解していいでしょう。神から離れて神を思う事は出来ないのです。

正しき思想の上に神が知らるるのではなく、神の上に正しき思想が許さるるのです。証明するから神の証明が可能となるのではなく、神によるから神の証明が可能となるのです。私達の手に神への証明が握られてあるのではないのです。証明が神の手に握られる時に、神の証明が私達に与えられるのです。神に関する思想の基礎は常に彼自身の裡になければなりません。他の凡ての基礎は神を支え得る力を持たないのです。神自らの基礎に帰らない限り、私達の凡ての思想は不純なのです、か弱いのです。神への思想を「吾がもの」と思う時、解さるる神そのものはないのです。私達が神に関する真理を保証すべきではなく、神が保証する真理を私達が受け容れるべきなのです。宗教的真理とは神に保証される真理との謂なのです。神を合理化する事に宗教哲学が成立するのではなく、神に合理化される時にそれが可能となるのです。神の上に築かれる学を宗教哲学と呼ぶのです。同じ様にイエスの教に哲学的基礎を与える時、基教の神学が成立するのではなく、イエスの教えに基礎づけられた哲学を、基教神学と呼ぶのです。

吾々は神を経由せねば、神に就て何事をも知る事は出来ないのです。正しき神への認識は神が神自らに加える意識の中にあるのです。神に私達の思想を浄める時、浄められた思想に神が映るのです。吾々は吾々の眼で神を見る事は出来ないのです。神を見得るのは只神の眼のみなのです。アラビヤの詩人イブンは美しく歌いました。

'When my Beloved appears,
With what eye do I see Him?
With His eye, not with mine,
For none sees Him except Himself.'

「吾が恋人たる神が、吾が前に現われる時、如何なる眼で彼を見るのでしょうか。それは私のではなく、彼の眼で彼を見るのです。何故なら彼のほかに彼を見得る者はないからです」。

スピノザがかつて云った様に、「永遠の相」においてものを理解する事が、宗教的理解を意味するのです。言葉を換えて云えば、究竟の立場に帰ってものを観じることを指すのです。この自己もこの自然も又は神自らも、神の眼を通してのみ見られねばならないのです。それよりも深い本質的な見方はないのです。この出発を得る為に、私達は私達を二元の淵に沈ませる凡ての暗い力を制御せねばなりません。一つは思惟を、一つは私慾を、一つは言葉を、そうしてこれ等のものを空しくする時、私達はやがて神彼自らに招かれているのです。その時私達は只私達を超越しているのみではなく進んで神へ帰入しているのです。そうして今は神が彼自らを見るその眼によって、彼を見ているのです。

神は私に思い得る神を与えてはくれないのです。しかしその代り神そのものを与えてくれるのです。神は私に彼を判く事を許してはくれないのです。しかし彼を愛する事を許してくれたのです。私は彼を知る事は出来ないのです。しかし彼を味わう事は出来るのです。私は以下のクラショーの詩句を美しく思う者の一人です。詩句の中に「彼女」とあるのはこの詩人が愛し慕っていた聖女テレザを指すのです。

'She never undertook to know
What death with love should have to doe,

Nor has she e're yet understood
Why to shew love, she should shed blood
Yet though she cannot tell you why,
She can Love, and she can Dy'.

「彼女は愛による死が、何をなすかを決して知ろうとはしませんでした。又は愛を示す為に、なぜ血を流さねばならないかをも、かつて知ろうとはしませんでした。彼女はそれがなぜだかを語る事は出来ないのです。ですけれど彼女は愛し、彼女は死ぬ事が出来るのです。」

神に活き切る者は、知らるる神に活きているのではないのです。彼の神は彼の愛する神なのです。そうして知る事にはあらで、愛する事が神への全き理解なのです。

第三信　神自らと彼の神秘に就て

私はここに神自らに就て語ろうとするのです。必然凡ての思想の帰趣であり、兼ねて又基礎である自体の問題に就て筆を起さねばならないのです。私はここに不浄な凡ての作為を去って、神そのものに帰るのです。私は今見方を一転し神の立場から、与えられた神に関する種々な問題を吟味しようとするのです。至難だと云われる存在の問題や又は求められる神の徴に就て、如何にそれが考え改められねばならぬかを見ようとするのです。しかし神に関する凡ての思想は、もはや思議し得る何ものでもないが故に、それ等は神秘においてのみ語り得るのです。私は誤られた多くの聯想を、この神秘の語義から取り去ろうと努めるのです。神秘における理解よりも、明るき神への理解はない事を明らかにしようとするのです。又古来如何なる神秘において神が説かれたかをも云い添えたく思うのです。宗教において神秘の理解が如何に重要なものであるかを、貴方がたは了解して下さるでしょう。しかし私は今知からは知る事の出来ない神に就て語るのです。故に私は貴方がたの知識を頼りにこの一文を書く事は出来ないのです。知識が煩わしく働くなら、却って凡ては見失われてくるでしょう。私は貴方がたの感情の自由な翼を頼りに書いてゆきたいのです。その感情が純であればある程、神秘はその明るさを貴方がたに示すでしょう。

神への理解は神自体への理解を要求します。私達は思われたもしくは思い得る神を去って、神自らに私達の思想を入れねばならないのです。凡ての哲学的思想は、常に自体の問題に帰ってゆきます。帰ってくると云う事は、それが必然的な帰趣であると云う事を意味します。しかも帰趣と云う事は、凡ての事から帰納された終局と云う事ではなくして、却ってかかる帰納の一切の根拠である事を意味します。何故なら私達はそれよりもより本質的な世界を見出す事は出来ないからです。帰るとは基に帰る事を意味します。一切のものの基礎を求める時、私達は自体の問題に入るのです。神への理解は神自体への理解から出発しなければなりません。自体に発足しない凡ての思想は不純なのです。即ち神彼自らに基礎を持たないあらゆる神への思想は不浄なのです。思惟する事によって画かれた神は、神そのものではないのです。それは思惟によって基礎附けられた神の思想に過ぎないのです。思惟は神を解すべき発足とはならないのです。神自体に帰らずしては、解さるる神はないのです。古人が神にまつわる諸々の不浄な性質を洗滌して、神そのものに帰りたい為に、神性 Godhead への理解に溯った事を、私は意味深く想う者の一人です。冥想と思索とに豊かであった大乗の仏徒が、神においてではなしに「真如」において究竟を解こうとした主旨を、誤ったものと評する事は出来ないのです。神性即ち神自らに帰らずしては、神をも正しく理解する事は出来ないのです。

出エジプト記に神が自らの事を告げた言葉があります、「我はあるにてある也」。'I am that I am.' 易しく見えるこの言葉の中に、凡ての密意が包まれています。恐らくそれは「神にてある神」即ち「神自らにてある神」、「自体としての神」の義に解すべきが最も正しいのであると云い得るでしょう。説くを許さぬ神自らを、より単純な言葉において現わす事は出来ないのです。しかもここに用いられた「あり」と云う現在は、「永遠の今」に在る事を示すのです。自体は永遠の相において解さるるものでなければなりません。永劫な神自らは凡ての時間を越えます。不滅と云う事は自体と云う事と結ばれてのみ、正しく解する事が出来るのです。

エックハルトはいつもの如く大胆に発言しました、「貴方がたは神を神自体として愛さねばならぬ。彼を非神、非霊、非人、非相として愛せよ。一切の二元を離脱せる単一至純にして自明なる一としての神を愛せよ。かくしてかかる一の裡に自らを没入し、永遠に無から無にへと進まねばならぬ」。或る者はこれを読んで、虚無に神を求める者として彼を誇るでしょう。しかし彼の主旨には犯す事の出来ない冴え澄んだ所があるのです。もろもろの不純な思想を拭い尽そうとした彼は、凡てのものの浄さにおいて神そのものを受けようとしたのです。彼が無を説くのは、無において真の神の有を見ようとする熱情によったのです。神自らを理解しようとする者は、何よりも先ず神への一切の思想を、一旦は抛棄してしまわねばならないのです。神は彼自らを人に示そうとして、彼に帰る事を常に求めています。

しかし私は尋ねられるでしょう、神への思想を神自らに発足せよと云う時、どうして神自らと云う事を最初から許すのであるか。又何の理由によってそれが許されるのであるか。結論において見出すべきものを前提において既に仮定し、そこから出発しようとするのは明らかな矛盾ではないかと。しかし前提されている神なら、そこには既に思惟が働いているが故に、かかるものを神自らと認める事は出来ないのです。前提される神自らと云うが如き命題こそ、矛盾に陥っているでしょう。神自らに帰ると云う事は、前提に立つ謂ではなく、却って無前提に帰る事を意味するのです。あらゆる前提から自由でありたい為に神自らに帰るのです。エックハルトの言葉を反復すれば「非神」としての神自らに入る事なのです。「無」に没入する事を意味するのです。神自らに帰る場合ほど、神への不浄な思考から自由に開放される時はないのです。一切の前提を許さぬものをこそ神自らと呼ぶのです。何等かの仮定が加わっているなら、かかるものを神自らと認めてはならないのです。

しかし神自らを認めるのは何の理由によるのかを尋ねるでしょう。しかし理由によって保証されるが如きものに神はいないのです。知的理由と云うが如きものによって神を基礎附けようとするのは、思惟の僭越な要求に過ぎないのです。証明されるから神自体が認許されるのではないのです。却って神自体に基礎附けられる時に、神に関する凡ての知識が保証されるのです。自体よりも、より深い根拠と云うが如きものを求める事は出来ません。自体それ自らが根拠それ自らなのです。故に自体は依って立つ理由と云うが如きものを許さないのです。自体の承認は理由があるからではないのです。理由による承認は思う世界での出来事に過ぎません。理由によるが如きものは、自体の承認とはならないのです。そこは思うを許さぬ境なのです。残るものは無心な承認があるばかりなのです。思惟による認識は私達を神に導いてはくれないのです。

しかし私は更にこうも尋ねられるでしょう。自体がもし真に思惟の認識を超越するなら、どうしてかかるものがある事を許し得るのであるか。自体が思い得ないものなら、自体と云う言葉もあり得ないではないかと。しかし私は既に神が文字の中にない事を書いたのです。神自らと云う事は思惟の言葉ではないのです。字義に終るなら、それを神自らと認める事は出来ないのです。それは思惟する事が出来ず又言葉では現わし得ないものに与えた仮名に過ぎないのです。神と云う語義に陥り、自体と云う字義に堕するなら、既に神自らを遠く離れて了うのです。

しかし尚もこう問われるでしょう。神自らと云う前に、既に神への思惟が働いているではないか。思惟せずしては神に就て何事をも云う事は出来ないではないかと。私はこれにこう答える事が出来るでしょう。神を許す前に、神と云う思惟が先に働いていると云いますけれど、前の便りにも書いた様に、思惟されている神は二としての神に過ぎないのです。思惟にはどうあっても「一」としての彼自からを思惟する事が許されていないのです。思惟によって「一」を考えると云う事は、思惟なくして「一」を考えるより一層困難であると云う事が出来るでしょう。「一」を思惟する時、「一」でないものを思惟しているに過ぎないのです。思惟されている神自らがあるなら、それは決して神自らではないのです。それは古人が「意路到らず、言詮及ばず」と云った境なのです。否、かかる言葉すら入り得ない境なのです。

一般に自体の世界は、思うと否とに拘わらず自存するものと解されています。それ故自体の世界は主観によって左右されないものだと云われます。言い換えれば客観性と云う事が自体の本質であると主張されているのです。故に方処と時間と個性とに関係せず、常に一定不変の性質を持つものとして解されています。只それを思惟する場合は、常にかくあらねばならぬと云う、妥当的性質を持つものとして解さるべきだと云う意味を伴います。例えばニュートンの法則は、彼がそれを考えたと否とに拘わらず、客観的に存在しているのです。只それを考える場合は、ニュートンが考えた如く考えねばならぬと云う意を含みます。自体は客観的妥当的普遍的自体である、否、客観的である故によく自体たり得るのであると、そう今日の認識論は教えているのです。

しかし私はかく解されている自体の考を、神そのものに当て嵌める事が出来るでしょうか。それは出来ないと私は確信を以て答えようとするのです。今日では、客観とか妥当とか先験 a priori とか云う言葉が、至上な意味を持つものとして愛されています。かかる性質を持つ場合、凡てのものは不動な確実な世界に入ると見做されています。しかし私はそこに多くの作為や独断が、尚も残されていると云う事を見過ごす事が出来ないのです。何故私達は経験を前後に分けなければならないのですか。何故規範と事実とを峻別しなければならないのですか。かかる区別は思惟につれて必然に伴う人為的所産だと云うに過ぎないのです。しかもかく差別されるに及んで、畢竟それが相対的意味を出ないと云う事を誰が否み得るでしょう。客観と云う事は主観に対する客観に過ぎないのです。妥当すると云うが如きも、何ものかに対する権利の主張に過ぎないのです。それを無上な権威と見誤ってならないのです。先験も後験への対辞に過ぎないのです。凡べてカント学派の人は a priori と云う字を愛しますけれど、しかしそこには尚差別の相が残されています。かかる差別によって、差別を越える宗教の世界に基礎附けを与えようとするのは、不自然なしかも不当な処置であると私は思うのです。客観的と云う様な言葉は、神自らを保証し得る何等の基礎にもならないのです。神自体はもとより主観に左右さるるが如きものではありません。しかし同時に客観に終るものでもないのです。神自体を客観性において説くが如きは、一種の主観に堕した考想に過ぎないのです。あることが真に確実であるのは、それが客観的たる為ではなく、主客の二を越えるが故でなければなりません。究竟なものを、分たれた主観客観の二相において量る事は出来ないのです。客観的である神自体はなく、神自体に主客の別はないのです。客観性において神自体を説く時、人は神そのものに就て何事をも解明してはいないのです。

自体は思われると否とに拘わらず、不動な性質を持つと云われます。只思われる場合は、かくかくなものとして思わるべきだと云う意を伴うと主張されます。この主張は自体に向って思惟の働きが可能である事を許しています。そうして正しき思惟には、その客観性が認識される事を預想しているのです。しかし私がしばしば云った様に、思惟の対象は常に相対界にあるのです。故に自律の世界は対象の世界ではないのです。自体に向っては思惟は成立しないのです。それは単に思うと否とに拘わらず存在すると云うが如きものではなく、実に一つの思惟をすら許さないのが自体なのです。思惟の有無は自体に向って何の意味をも持たないのです。自体は思い得る何ものでもなく、又思い得ない何ものでもないのです。否、思うを許さず、思わざるを許さぬ自体なのです。

私はここにあの徳山の有名な言葉を思い起さざるを得ないのです。「道《い》い得るもまた三十棒、道《い》ひ得ざるもまた三十棒」と。神そのものに就て、云い得とも云い得なくとも又云わなくとも、私達は三十棒と云わず百棒も二百棒も打たるるのであると思わねばならないのです。同じ徳山から「問えば即ち過《とが》めあり、問わざるも又乖《そむ》く」と云われる時、私達は如何にすべきかを知らないのです、否、かく躊《ため》らう事だに許されていないのです。かつて馬祖道一は地上に一円相を画いて、「入るもまた打ち、入らざるもまた打たん」と云ったと云います。宗門に入れようとするこれほど驚くべき活きた手段が他にあり得るでしょうか。私はこれ等の言葉ほど、誇る知に向って神自体の秘義を深く示した句は他にないだろうと思うのです。思っても神を見失うのです。思わなくとも神を見失うのです。一飛躍がない限り私達は私達の思惟において死なねばならぬと覚悟せねばならないのです。

勝ち誇る今日の認識論も、これ等の句の前に立つ時、発すべき一言もないのです。

二

私達は神が何であるかを問う事によって、神を理解しようと試みます。しかし問う道は神に至る道ではない事を知ったのです。同じ様に問わない道もまた吾々に何事をも解明しない事を知ったのです。知も無知も私達を神へ近づけては呉れないのです。今迄知識は神の究竟性を証明し得たのではなく、自らの有限性を証明し得たに過ぎないのです。何であるかと云ぅ問いそれ自身が神に向って許されていないのです。「何もの」かである神は限られた神に過ぎないのです。神が何ものであるかを問ぅ時、人は限られた何ものかを神に求めるに過ぎないのです。神はしかじかのものであると云ぅ事は出来ないのです。それは思われた神であって、神そのものではないのです。かつて聖女ラビアは如何にして神を知るべきかを問われた時、こぅ答えたと云います、「貴方は神をかくかくのものとして知ろぅとなさる。しかし私はかくかくでないものとして知ろぅとするのです」。アウグスティヌスも同じ様に云いました、「吾々は神が何でないかを知り得るのみで、何であるかを知る事は出来ない」と。もとよりここに「何でないかを知る」と云ぅ事を、「何ものでもない」と云ぅ一つの断定を得ると云ぅ意にとってはならないでしょぅ。「不」として知ると云ぅ事は、かかる「不」をも棄てる意を含むのです。即ち一つの断定にも神を封じない事を示すのです。云い換えれば断定に封じ得る神はない事を告げるのです。神は何ものでもないのです。故にその何ものでもないと云ぅ事もまた、神を云い現わしてはいないのです。

神とは何を意味するかとか、又如何なる性質を持つかとか云ぅ事を人は尋ねます。しかし吾々が云ぅ意味とか性質とかは、再び吾々の思惟の所産に過ぎないのです。かかるものを最初から神の裡に予想するのは、誤られた期待に過ぎないのです。私達が神に就て何等かの性質を画く時、それはむしろ私達自身を画いているのであって、神そのものを画いているのではないのです。丁度私達が楽園を画く様なものです。それは天国の光景だと云われますけれど、美しき花も豊かな木の実も、又囀る小鳥も皆地上から集められたに過ぎないのです。それは地を越えた景色ではなく、只よりよき、或いは又最もよき地上の景色に過ぎないのです。私達は神に向って最高な性質を考えます。しかし最高と云ぅ事も、地上の相対的な性質を出ないのです。それは「高き」とか「より高き」とか云ぅ事に対する比較を越えないのです。いわんやそれは低きものへの対辞に過ぎないでしょぅ。神が真に無上なものなら、凡ての高さを越えたものでなければならないでしょぅ。いわんや高低の二律を越えたものでなければならない筈です。如何なる善美を尽した形容詞も、尚神の前には貧しさとか、弱さとかを示すに過ぎないのです。それは太陽を示そぅとして灯火をつけるに等しいでしょぅ。その弱々しい光によって、強い光の何処をも照らす事は出来ないのです。

故に神に向って私達は如何なる属性をも画くことは出来ないのです。属性に依存する如きものを究竟なものと見做す事は出来ないのです。なぜなら一切の属性は只地上の事物から抽象し来った性質に過ぎないからです。それはいつも相対的性質を越える事は出来ないのです。最高な属性を示すが故にそれが神なのではなく、属性の有無を越えるが故の神であると見ねばならないのです。或る属性によって示される神は、神そのものではないのです。只私達の立場から見る時、神が属性において解されるに過ぎないのです。しかしそれは神そのものが何であるかを語るのではなく、むしろ私達が如何なる立場にいるかを告げるのです。人類は長い間神に向って、存在と云う性質を求め又は見ゆる姿を得ようとしてきました。そうしてこれ等の有無に信仰の是否を委ねようとして来たのです。しかし如何にこれ等の企図が意味淡いかを熟知すべき時は来ているのです。

多くの哲学者は存在が当然神の持つべき属性であると考えたのです。そうしてこの存在の証明に向って種々な思索を重ねたのです。しかし考えられる又考え得る存在が、相対の義を越え得ないと云う事は明らかなのです。仮りに「神は存在する」と云う一つの文章があったとします。又は「神は存在しない」と云う文章においても同じですが、この場合存在するしないは、神と云う主辞への賓辞なのです。そうしてあらゆる賓辞は主辞への属性を示します。それならこの場合神は賓辞によって示される性質に依存する神となるのです。然るに何ものかに依存する神は神ではないのです。いわんや属性と云う相対的内容に限られる神はないのです。存在と云う属性は神を肯定する理由ともならず、又非存在と云う属性も神を否定する根拠とはならないのです。属性を越える神は、属性によって保証もされず又否認もされないのです。存在の有無は私達をして神を信じ又疑わしむる何等の基礎附けともならないのです。

いわんや私達の思惟が画く存在は単に非存在への対辞に過ぎないのです。存在を肯定すると云う事は、非存在を否定すると云う意以上には出ないのです。論理の言葉によれば凡ては甲か然らざれば非甲なのです。甲にも非ず非甲にも非ざるものは、思惟の世界には入って来ないのです。神の存在に向って如何に精緻な論証が加えられてあるにせよ、論証せられたものは究竟な内容を持たないのです。もし神に存在があるなら、それは論証に依存するが如きものではない筈です。判かるる神の存在はないのです。故に神における存在とは、思惟における存在非存在の範疇を越えたものでなければならない筈です。私達が考え得る存在の中に神の存在はないのです。木が存在すると云う文章と、神が存在すると云う文章とは同一の形式において云い現わされていますけれど、存在と云う字の内容は全然異ると云い切らねばなりません。

かくして私は恐らく誤りに陥る事なく、次の様にこれを云い改める事が出来るでしょう。存在が神にあるならば、それは既に神の属性たる事を許さないのです。神があって存在なる性質が伴うのでもなく、存在と云う性質があるから神が認められるのでもないのです。又重ねてこうも云い得るでしょう。もし神に存在があるなら、かかる存在には、有無の対辞が許されていないのです。故に存在が有るが故に肯定される神となるのでもなく、存在が無いが故に否定される神となるのでもないのです。この事は相対義において解さるる神の存在はないと云う事を示唆します。言い換えれば究竟の義において解さるるよりほか、解さるる彼の存在はないのです。

存在を究竟義において解すとは、如何なる事を意味するでしょうか。それは存在を自律の相において解すると云う事なのです。今迄私達は神の存在を私達の立場から、即ち相対の相において考えていたのです。しかしそれは神の立場に帰って、即ち「永遠の相」において観じられねばならないのです。私達はここに考えられる存在を越えて、存在それ自体と云う事を解さねばならないのです。神においては存在の問題はなく自存の問題のみがあるのです。存在があって神があるのではなく、存在自体に神が見出さるるのです。故に自存と云う事を神の属性と考えてはならないのです。属性として解されるならば、それは何等自律の意味を持たないでしょう。自律の世界には対峙する二つのものがないのです。故に自律する存在、即ち自存には有無の二がないのです。存在には非存在と云う対辞があるのです。しかし自存は対辞を許さないのです。故に自存と云う事は最早思惟の対象とはならないのです。従ってそれは是否し得る何ものでもないのです。如何に疑うとも、疑いによって破らるる神の自存はないのです。

しかし何故神が自存すると云い得るかを人は尋ねるでしょう。しかし「何故」と云う様な理由によって解さるるなら、それは最早自存の意の何ものをも解してはいないのです。自存の承認を理論の上に見出そうとするのは徒労なのです。否、証明を許すが如き有限な姿に彼は彼自身を現わす事はないのです。神の自存と云う事は私達の証明を許してはいないのです。見出さるるならその時既に自存の意は失われているのです。神の自存と云う事は私達の証明を許してはいないのです。見出さるる確かなものとなるのです。究竟なる神は彼自身において彼自身の自存を自証しているのです。それに向って私達の知的保証を求めると云うが如きは、何等の意味をも伴わないでしょう。自然は拙ない画工に向って、自然の美しさを示してくれと頼んではいないのです。人が存在と云う観念において神の確かさを保証しようとする時、神の確かさは既に自存する事によって、人の保証を待たないのです。自存の境を保証し得る論証はなく、論証に入り来る如き自存はないのです。神は自らを弁護しはしないのです。いわんや人の弁護を必要とはしないのです。

神の自存には存在も非存在もないのです。私達は何の愚さを以て、再び見ゆる神の姿を求めようとするのですか。又は徴を示せよと神に迫るのですか。イエスはしばしば嘆きました、「悪しき不義なる代は徴を求める」と。実証に傾いた今日の人は、具象の姿を愛します。形あるもののみが確かなものだと信じます。しかしこの世に木や石が存在するのと同じ意味において、神の存在を見ようとするのですか。それは余りに貧しい余りに粗野な期待に過ぎないのです。人は眼に見え、耳に聴えるものを確かなものだと云います。しかしそれは或る個所に或る時間に起る出来事に過ぎないのです。それ等のものは生滅の世界を越える事が出来ないのです。無常にして変易ある命数から離れる事は出来ないのです。凡ては流るる時間に浮ぶ過ぎゆく存在に外ならないのです。見ゆる形において神を見ようとする心は、神の何ものをも見ないようにしようとする心と等しいのです。実証主義 Positivism を奉じる者は、神を永えに見忘れるのです。

神は「何処に」と云う場所を持たないのです。神の住家を見ようとする者は、いつも見えない淋しさに苦しむでしょう。しかし見ゆる神の住所があったら、それを神のものだと認めてはならないのです。神を限る空間もなく、彼を限る時間もないのです。神の境においては、形ある何ものも住まないのです。彼は凡ての形を越えるからです。神に住所はないのです。云い得べくば仏徒が云った様に「無住所」がひとり神の住所なのです。仏心とは「無住心」であると美しく云いました。見えないが故に神を疑う心は、見ゆるものが何ものであるかをも知らずに終るでしょう。イエスは明瞭な言葉を以て教えました、「見ずして信ずる者は幸である」と。見えないと云う事は、信仰への躓きにはならないのです。見ゆる神があるなら、その時こそ人類は永えに神を見失うでしょう。

全てなる神に、限られた一つの姿はないのです。又全てなる彼に限られた一つの場所はないのです。神の国がいつ来るかをパリサイ人に問われた時、イエスは次の様に答えました、「神の国は顕わな様にては来らず、又「見よ、此処に」、「見よ、彼処に」と人々の云い得べきものにも非ず。神の国は汝等の裡にあればなり」。私達が神への理解から離れるのは、神に求めてならないものを求めるからなのです。神そのものが私達の理解にとって至難なのではなく、私達の理解が彼を至難なものに封じて了うのです。何ものをも越ゆる神に、強いて何ものかを求めようとするが故に、凡ての正しい答えが私達から離れてゆくのです。又は存在を越ゆる彼に、存在を見出そうとするが故に、理解には不自然さが伴ってくるのです。又は姿なき彼に姿を捜すが故に、永えに彼の姿が見失われてくるのです。方処なき神を此処に彼処にと尋ねる時、見出し得る彼の住所はなくなるのです。もし吾々が「永遠の相」において神を観じる事が出来るなら、再び時間と方処とにおいて神を解しようとする愚かさを繰り返す事はないでしょう。眼なくして見えない境に神を見得ない者は、神を永えに見る事は出来ないのです。見ようとする者に神はその姿を現わす日はないでしょう。そうして見えない境に神を見る者に向って、神は彼自身を現わさない日はないでしょう。神はモーゼにこう云ったと云います、「汝は私の後姿を見る事は出来る。だが私の顔を見る事は出来ない」と。パウロはこう云いました、「吾等が見んとするものは、見ゆるものにはあらで、見えざるものにあるなり。見ゆるものは無常にして、見えざるものは永劫なればなり」と。神が単に存在なく形なきものであるなら不確かであるとも云い得るでしょう。しかし彼は存在をすら越え、形の有無をすら越えるのです。どうして存在なく形なき事が神を否む理由となり得るでしょう。否、私達を知るを許されないからこそ、彼が永劫な無窮な神である事を益々確かめ得るのです。見るを許されない彼であればこそ、私達をして彼への信仰をいや燃やさしめるのです。

三

ダビデの詩篇はこう歌いました、「主は智者の念《おもい》の虚しきを知り給う」。句は賢き知もまた神の御前には暗きことを告げるのです。「そはこの世の智慧は神の前に愚かなればなり」とパウロはこれに云い添えました。彼は又コリントに在る教会に宛てて書き送りました、「吾等は智慧を語る。これこの世の智慧に非ず。吾れ等は神秘において神の智慧を語る。即ち隠れたる智慧にして、神吾等の栄光の為に世の創めより預《あらかじ》め定め給いしものなり」。私達はもはや人の智慧を以て、神の智慧を審く事は出来ないのです。相対の尺度によって量らるる究竟はないのです。神はこの世の智慧からは永えに隠されているのです。その深さを追い尽し得る思惟の力はないのです。神は限りなき黙意なのです。知にとっては包まれた秘義なのです。故に古くギリシャ人はそれを「神秘」'Mystery'と名づけました。それを奥義とも密意とも云う事が出来るでしょう。真言は秘密であると云われます。凡ての思量を絶するが故に、仏徒は「不思議」と云う三字において、又は「妙」と云う一語においてこの境を現わそうとしました。神は思惟によって、あばき得る何ものでもないのです。そこには常に内に包まれる匿れた秘義があるのです。

しかしこれ等の句は不幸にも、長い間の誤認によって、暗さとか不明とかを聯想させます。特に理知の時代において、神秘において神を説く時、彼は理性を抛棄する者だとさえ評されています。又そこは知に破れた者の最後の隠れ家であるとも思われています。かくして神秘において真理を説く者は、凡てを隠蔽する事によって凡てを解明せずに終るとさえ云われています。しかし決してそうではないのです。そう思えるのはこの世の智慧からのみ見ようとするからなのです。理知が最後の明さだと誤認しているからなのです。又理知のみが凡ての理解であると誤信しているからなのです。神秘には無知とか無明とかの意は一つだにないのです。それはパウロも云った様に「神の智慧」をこそ意味するのです。智慧を欠く故に神秘と云うのではないのです。全き智慧をこそ呼んで「神秘」と名づけたのです。それを暗いと見做すのは、この世の智慧の力弱い嘆きに過ぎないのです。又は自らを高ぶる者の愚かなる声に過ぎないのです。暗きが故の神秘ではなく、明るいが故の神秘なのです。自明な境であって知の明るさをさえ許さない故の神秘なのです。

多くの者は神秘道 Mysticism を非合理的な世界への是認に過ぎぬと思います。そうしてそれが解明を旨とする哲学としては力弱いものに過ぎぬと考えます。しかし私は神秘と云われるものよりも、より完全な合理的世界を空想する事は出来ません。

何となれば神の智慧よりも、より深き智慧はこの世にないからです。理知の世界は明るいものの凡てでもなく、又最後でもないのです。明るいと思われる理知も神の前には尚暗いのです。神秘とは原語の字義からすれば、口を閉じ眼を被う謂なのです。即ち神に向っては語るべき一語も許されず、見得べき一相もないからです。知にとって神が暗いとは、神に向って知が暗い事を意味するのです。明るいと思われる知も、暗いと思われる神の前に、その明るさを云い張る事が出来ないのです。それを知で解き得ない故に神が暗いのではなく、神が自らにおいて明るいが故に、一つの知の挿入をすら必要としないのです。知る明るさをも尚暗からしむるが故に、それが「不思議」であると云われるのです。私達は知よりも明るい世界を指してこそ、神秘であると呼ぶのです。人は神において理知に破れるのではなく、理知が神に破れるのです。

「モーゼは神が在す深き闇に彼を近づけたり」と旧約聖書は記しました。隠れたる神秘を「暗黒」の象徴において説き始めたのは、紀元五世紀頃にいたディオニシウス・アレオパジテの神学から始まると云われています。ここに暗黒とは聖なる暗黒を意味するのです。光なき暗さを指すのではないのです。「太陽よりも、より明るき暗さ」だと彼は書きました。又好んで「赫々たる暗黒」と云う句を用いました。「聖なる暗黒は不可得の光明にして、神はそのうちに住み給う。彼は神異の光を夥しく注ぐが故に、見得べくもないのである」。「吾等は最も輝くこの暗黒に住まわんと希う。不見不知によって、知見を越える当体を知見し得たいのである」。彼はかくの如くに書いたのです。

神秘を不明な世界に封じ去るのは、むしろ暗き理知が自らに与える力弱き弁護に過ぎないのです。神に信じ入る者は、それが如何に輝く神秘であるか、又その前に知が如何に不明であるかを深く味わうでしょう。同じ「暗」と云う言葉を東洋の思想に求めるなら、「玄」とか「幽」とかの字がこれに該当してくるのです。玄は黒に通じ、幽は冥を意味します。それは隠された境を示すのです。老子は道を「玄之又玄」であると呼びました。幽玄とか幽妙とか玄妙とか云う言葉を如何に吾々は多く用いて来たでしょう。それは知より見れば暗黒なのです。しかし神において凡ては輝いているのです。余りに輝くが故に、明るい知にも暗く見えるのです。太陽の眩さに打たれる時、眼が何ものをも見えず、凡てが暗くなるのと同じなのです。

遠くアレオパジテの流れを汲む十字の聖ヨハネは、「聖暗」の教えに具象の衣を着せて、これを「暗夜」と名づけました。云う迄もなくそこに包まれる秘義は「照り輝く暗夜」なのです。それは「日の光よりも尚輝かしく」、「暁よりも尚美しき夜」と歌われました。彼は三つの理由によって神の境を「暗夜」と呼んだのです。第一はもろもろの慾望に対する暗夜を意味します。宗門に入るとは「地上の凡ての快楽に対する慾望の根絶」を意味するからです。第二は理知に対する暗夜を指すのです。「信仰は理知から見れば夜の如く見える」と聖者は記しました。第三夜は最後の暗黒です。何となれば「超絶無限の神は、この世においては霊の暗夜」を意味するからです。

さきに私は「不知の雲」と題した本がある事を書きました。著者は凡てを包む雲において神の深さを表徴したのです。「汝は暗黒のほか何ものをも見る事は出来ぬ。それは不知の雲であるが故に、何であるかを知る事は出来ぬ。只汝の意志において神に対する切な熱情を感ずるばかりである。この暗黒とこの雲とが汝と神との間に蟠《わだかま》るのである。かくして汝の理性における知の光によってそれを知る事も出来ず、又は汝の情愛における美しき愛によってすら感ずる事が出来ぬ」。知は神に向って盲目なのです。不知の雲に蔽われているのです。誰か神に就て知り得るでしょう。知において神を説く時、人は神に就て何事をも説いてはいないのです。「神は彼自身に就て不可知である。永遠の光なる父は只暗き内にのみ輝く」とはエックハルトの言葉でした。

特に神の神秘を深く味わった中世紀の信徒は、同じ主旨を様々な言葉において語りました。究竟の世界にはこの世の一物もないが故にそれはしばしば「荒野」であると呼ばれました。又は「沙漠」であるとか「空耗」であるとか呼ばれました。エックハルトの法裔であったタウレルの次の言葉は、ここに引用するのに応わしいものだろうと思います。「人々は一つの言葉すらない静かな寂寞の内に聖い性質を認めねばならぬ。凡てのものはそこにおいて静かに神秘に又寂しげである。そこには一物もなく只神のみが鮮かにある。如何なる事物も影像も空想すらもそこには入り得ない。この荒野に就て主は預言者ホゼアの口をしてかく云わしめている。「我れは彼を荒野に導き、彼の心に語りなむ」と。この荒野は神聖な静かな沙漠である。神は永えに彼の啓示を受くる者をこの内に導くのである。人々は無知と空しい心とを以て、この静かな活ける神性の荒野に入らねばならぬ」。「この聖なる暗黒を見つめよ。それは人々の知解に余る輝き渡る暗さである」。詩人であり隠者であったリチャード・ロールも「この荒野において恋人は恋人の心に語る」と書いています。同じ頃にいたヒルトンもこう書きました、「この夜が暗ければ暗いほど、イエスの愛の真の日が近いのである」と。

神秘において凡ての知は尽きるのです。知を挿んでそれを啓く程の暗き場所が何処にもないのです。それは単に解き能わぬ世界ではなく、解く事が許されぬ世界なのです。知を待つほどの不明な個所がないのです。明るいが故の神秘なのです。知を恐れるが故の神秘ではないのです。知によっては犯し得ない故の神秘なのです。神秘において私達は神の暗さを思うべきではないのです。神秘において程明るく神を語り得る場合はないのです。只その折私達はもはや理知の言葉を用いているのではないのです。明るき理知の言葉も、神に向ては暗い言葉に過ぎないからです。かくして神を語る者に、言葉なき言葉が求められました。それは常に心を以て心に伝えられねばならないのです。

四

宗教の世界はいつも文字を越ゆる文字によって示されるのです。それは最早思惟の言葉ではないのです。神秘を語る言葉は、矛盾を恐れはしないのです。逆理もそこには自然なのです。それを意味なき言葉と取るのは理知の判きに過ぎないのです。二なき神の境には既に矛盾もなく逆理もないのです。そこでは矛盾のままにして凡てが調和なのです。神への理解はいつも思惟を越える事を要求します。これを概念なき理解とも、又は言葉なき智慧とも呼ぶ事が出来るでしょう。それは分別を許さざる認識なのです。私はかかる神秘な理解において、如何に究竟な神が云い現されて来たかをここに語ろうとするのです。

論理は矛盾を厭いますが、宗教は矛盾をもそのままに摂取するのです。分別においては常に「彼か是か」の区別があるのです。しかし宗教が教える世界はいつも「彼にしてしかも是」なのです。これを相即の見方と呼ぶ事が出来るでしょう。「一」の境においては彼即ち是なのです。仏教は如何に「有即是無」とか「色即是空」とか云う真理を深く説いたでしょう。「不二」と云う句が愛されているのもこれを語るのです。「天堂地獄一相なり」とか「仏と衆生と不二なり」とか、又は「極小は大に同じ、境界を忘絶す。極大は小に同じ、辺表を見ず」とか書かれています。吾々の眼には善があり悪があり、迷いがあり悟りがあります。しかし神の眼には「善悪不二」なのです「迷悟不二」なのです。只この世において吾々がそれを二相に分つのです。それは私達の所業に過ぎないのです。神は地と天とを裂く神ではないのです。天と地との固い結合に神の心があるのです。ブレークは「天国と地獄との婚姻」を歌いました。分別するが故に凡と聖とは別れるのです。分別を越ゆるならば「凡聖一如」を観ずる事が出来るでしょう。一切は神において結合されているのです。結合なるが故にそこは相即の境なのです。しかしここに結合とか相即とか云う事を、単に「離れていない」とか「同じである」とか云う一面の意に解すべきではないのです、そこにはいつも「神してしかも即せず」とか「離れてしかも離れず」とか云う意が含まれています。故に仏者は注意深く「不即不離」と云ったのです。「即」の一字に堕するなら、それは再び不即の世界に入るのです。「即」即ち「不即」、「不即」即ち「即」が相即の真義であると云わねばなりません。

真に究竟な境に活き切る者にとって、一切は自由なのです。生もまた彼を活かし、死もまた彼を活かすのです。彼を妨げる二つのものはないのです。二を嫌って「一」を愛する者は、「一」に活きる事は出来ないのです。故に二に在ってしかも二から自由なのです。二を嫌う時、人は新しく二に沈むのです。この世を厭う事によって神が愛されるのではないのです。この世に在ってしかもこの世に束せられない者が真に神に活きるのです。「無礙」とか「自在」とかがこの境地を現わすべき言葉なのです。作為なき自然のままな境を離れて神を見出す事は出来ないのです。分別には作為があるのです。「一」であるべきものが多に分たれているのです。かくして二相のこの世においては絶えざる争いが続きます。しかし神において凡ては安息に入るのです。如何なる風波もその静けさを乱す事は出来ないのです。流れに随って彼の心は自由なのです。煩悩を断除する事に平和があるのではないのです。煩悩に在ってしかも煩悩に乱れない境地に平和があるのです。私は摩拏羅尊者の作だと云われる次の偈に、真に神を認得したものの心が歌い出されていると思うのです。

「心は万境に随て転ず。転処実に能く幽なり。
流に随って性を認得すれば、喜びも無く復《また》憂いも無し」。

私はこの句を吟じていつも倦む事を知りません。彼是の二にものを分つ間、吾々に了得される神はないのです。彼即是が神の境なのです。もはやそれは論理の道によって近づき得るものではないのです。いわんや論理を避ける事によって認得されるものではないのです。神の認識は思う事にもなく思わない事にもないのです。思惟の有無は私達に神を味わせてはくれないのです。

私は今相即の教えに神の秘義を説いたのです。続いて現われる教えを、私は一律の密意において説く事が出来るでしょう。もし前者が「彼にしてしかも是」と云う言葉によって現わし得るなら、後者を「彼なくしてあり得る是」と云う云い現わしにおいて示す事が出来るでしょう。これは論理的には逆理と呼びなされるものです。私達は左を考える事なくして右を思う事は出来ないからです。しかし思惟の批評は、思惟を越ゆる世界においては何の力ともならないのです。神は依存の神ではないのです。究竟なものは自律するのです。神を認得しようと思うなら、吾々は二律の境を越えて一律の境に入らなければなりません。再び論理の道が、そこに私達を案内してくれないと云う事は明らかなのです。冷い理知の人は彼の聡明さを以ていつも神を見失っています。

基教を霊において深く味わいぬいていた中世紀の人でなければ、とても云えない句であると思うものが、いつも私の口に繰り返されてきます。「神は至る所に中心を持つが、周囲を何処にも持たぬ」と。私は基教に現われた宗教書において、この句ほど鋭く神の神秘を云い破ったものは他に多くはないと思うのです。神は無上な神なのです。何ものもそれに対比するものはないのです。神は対辞を許さないのです。対辞なき境に神を認得する事が出来ない者に、神への理解が与えられる日は来ないでしょう。いつも鋭き洞察を私達に示してくれる禅宗において、この云い現わし方は美しく又豊かにせられています。彼等は琴を奏でよとは云いませんでした。糸なき琴を奏でよと云ったのです。又は孔なき笛を吹くとも云いました。白隠禅師が与えた有名な公案である「隻手の声」も、この秘義を認得せしめようとする非常な手段であったのです。思惟なくしてこれを解こうとし、解こうとして思議しているなら、解かれるものは何ものもないのです。答のうちに「没絃琴」の美しさはないのです。インドの詩人カビールも鮮かに歌いました。神の舞踏は「手なくして足なくして行われ」、神の音楽は「指なくして弾ぜられ、耳なくして聞かれるのである」。或る坐禅の銘に次の句があります。むしろ突梯とも見られるこの句が、すなおに受けとられるまで、私達の思想は高められねばならないのです。「来る時門に入らず、去る時戸を出でず。正座の座は座せず、正去の去は去らず」。人はこれを逆理であると云って笑うでしょう。しかしかかる笑いは二相に座する者の口に浮ぶのであって、「一」の境においては、逆理と思われる噪音がそのままに美しい和音なのです。

一律の世界を最も深く解していたあのプロティヌスは、彼の書の終りを次の句を以て結びました、「神又は聖にして福祉ある人々の生涯は、一切の地的拘束からの解脱にある。それは地への執念なき生活、即ち唯一から唯一への飛翔である」。特に最後の一句に凡ての密意が包まれています。私達の生涯は二から一への方向をとるのではないのです。二もまた一によってあるのです。それは一から一への帰入なのです。唯一なる世界を離れて、この世もなく又私もないのです。神は唯一な神なのです。「一」としての神なのです。荘子はこれを「独」と呼び、「彼是その偶を得る莫《な》し」と云いました。ここに唯一とは一個の意味ではないのです。「一」とは数え得る一ではないのです。数の一は二に対する相対的一に過ぎないのです。故にそれは一種の二だとも云い得るでしょう。唯一の境に一二の対句はないのです。一律の境に二はなく、二に一律の境はないのです。しかもまた二に非ざるものが「一」でもないのです。二の否定としての一は相対的一に過ぎないのです。いわんや二に対し二に反する「一」はないのです。しかも「一」を理解しようと思うなら「一」の世界に執着があってもならないのです。「一もまた守る勿れ」と「信心銘」は教えています。「一」に活きる者は「一」をすら忘れる境に入らねばならないのです。「一」が何ものかである限り、又「一」に何ものかが残る限り、「一」は体認されてはいないのです。私達は「一」の中に一物をも将《も》ち来たしてはならないのです。しかも僧趙州が鋭く云った様に、その「一物不将来」をも持ち来してはならないのです。「一」はものの中の一つのものではあらぬ。「一」は「一」である事をも必要とせぬ。何となればそれは既に「一」であるから」とプロティヌスは云っています。遺された中世紀の或る宗教書に、「神をも汝をも思うな」と云う句がありました。それが神に活きていた信徒の口から出た句であるのを、よくよく省みていいのです。私達は神を解そうとします。しかし吾々の持つ神と云う観念が、如何に多くその理解を妨げているでしょう。自らに陥り神に堕する時、神から吾々は離れるのです。あの「十牛の図」が教える様に、神を尋ねる私達は、神を見、神を得、神に活きるに止らず、遂には神をも又自らをも忘れるその境に進んでゆかねばならないのです。「成仏を求めんと欲せば、一物にも染まる勿れ」と「心王銘」は記しています。
私は今「一」の中に神を見守ってきたのです。彼是の二を越えて「一」に至るとは、彼是が未だ分れない境に帰る事を意味します。かくして古くから未生の神秘において神は説かれてきたのです。「中」とは何であるかを問われた時、子思は「未発」であると答えました。深き答であると私はいつも思うのです。「未発」の境よりも更に深き源はないのです。神は多くの者からは創る神として意識せられています。しかしそれは只この世における神の姿に過ぎないのです。未生の基礎において解されない限り、創生の神を解する事は出来ないのです。かくして中世紀の人々は、創る神を更に溯って、未だ創らざる神性へと思索を深めたのです。哲学的組織においてこれを最も明らかに説いたのは、第九世紀におけるスコトゥス・エリゲナでした。彼の思索は「自らは創られず、しかも凡てを創る」神を説くに止らず、実に「何ものによっても創られず、しかも何ものをも未だ創らない」神性にまで帰っていったのです。創と云い有と云い動と云うのは、既に分別において神を判くのです。吾々は凡てを包み凡てを発せぬ未生の念に、吾々の思想を浄めねばならないのです。創る神と云う時、既に吾々は神を限るのです。神性は未だ動を発しない静なのです。限りない寂静なのです。まだ凡ての行為に分れない無為の境なのです。
エックハルトは明瞭に云いました、「一切は神性において一である。故にそれに就て一言をも云う事は出来ぬ。彼は凡ての名字を越え性質を越える。神は動く、しかし神性は動かぬ。即ち有為と無為とに彼等の相違がある。万有の帰趣は、知るべくも又知らるべくも非ざるこの永遠の神性の匿れたる暗黒にこそ在るのである」。ルイスブレークも「聖なるものは動作しない、それは純一なる本質であって常に安静する」と云いました。この「動かぬ神性」に凡ての秘義が包まれているのです。それは一切を含む無であり、多忙な休息なのです。ヤコブ・ベーメも如何にして神を見神を聞くべきかを問われた時、こう答えました、「万有未住の境に一瞬時でも貴方を没し得たら、その時こそ貴方は神が語るのを聞き得るでしょう」と。ヨハネによればイエスはかく祈ったと云われます、「まだ世のあらぬ前にわが汝と共にありし栄光をもて、今御前に我に栄光あらしめ給え」と。詩篇にも美しい句があります、「山未だ造られず、汝未だ地と世界とを創り給わざりし時、永遠より永遠まで汝は神にて在しき」。聖アウグスティヌスの言葉もここに添えるべきかと思います。「世の創の前に、又「前」と呼ばるべき凡てのものの前に、汝いませり」。仏徒もまた「仏未だ出世せざる時如何」と尋ねました。生れし仏に究竟の姿を求めるのではないのです。未だ生れない仏にこそ仏を観じようとするのです。私はそれが深き問い方であるのを感じないわけにはゆきません。「空」とか「即」とか「一」とかに究竟の神が最も深く説かれた様に、この「未」の一字にもまた神の神秘が温く包まれているのです。「超我は
私はここにカータ奥義書の句を添えようと思うのです。これ等の多くの秘義がここに凡て集められているのです。

生ぜず滅せず、何ものよりも造られず、何ものをも造らず。そは太古にして未生、常住、永劫である。身は殺さるるとも殺されず。その我は微より更に微にして、大より更に大」。「坐ながらにして遠く歩み、臥して諸方を遍歴する。誰か吾れをおいて悦び悦ばぬ神を知り得よう。彼は形体なきに形体あり、無常に在ってしかも常住、この広大無辺なる超我を知る時、その賢者には何の憂いもあらぬ」。理知はかかる句を矛盾に充ちるものとして、棄て去るでしょう。しかし知には余る智慧がここに溢れているのです。「易」にもこう書かれています。「疾《はや》からずしてしかして速かに、行かずしてしかして至る」と。意味なしと思われるかかる句より、多くの意味を含む句はないのです。神秘において神を説いた句として、私は終りにヒルトンの言葉を添えようと思います。彼は驚くべき云い現わし方をしました、「霊の眼を開く時、そこには輝き渡る暗黒と、豊かなる無とがある。それを又浄き霊又は霊の安息、内なる静けさ、良心の平和、高き思念、魂の寂しさ、恵への活ける意識、心の退隠、恋人の目覚むる眠り、天上の香の味わい、燃ゆる愛、光における輝き、静慮の門、又はこれを心情の革新と呼びなす事が出来るでしょう」。神の美と彼の深さとを示す為に、この一思想家はこれ等の驚くべき句を選んで来たのです。「休みつつある働き」又は「忙しき休み」、「聖き怠惰」、「慧き無知」、「豊かなる貧しさ」、「饒舌なる沈黙」、「よき暗さ」、「照り輝ける夜」。これを只不思議なる句であると云い過ごす者に、神は永く封じられて了うでしょう。しかし心ある者にとって、これより明るき神への理解はないとこそ云い得るのです。もしもこれ等の神秘が神にないならば、神は神である事を失うでしょう。

第四信　神への信仰に就て

私はこの音づれで信仰が何を意味すべきかを語ろうとするのです。如何にして吾々は知識のほかに信仰を是認すべきであるか。又どうしたら信仰を正しく理解する事が出来るのであるか。果して知識によってそれが置き換えられる日が来るであろうか。又は知識によっても決して左右せられない不動な基礎があるであろうか。知が将に信の位を奪おうとしている今日、信仰の意義に対する是定は、どうしても明晰にされねばならぬと私は考えるのです。

しかし私はここに知識が有限であるからと云う様な消極的理由に、信仰の位置を保とうとするのではないのです。どうあっても動かす事の出来ぬ積極的な意味をつきつめない限り、その弁護には強い力を伴いません。私はこの便りが貴方がたの信念

が必然であろうかと思います。
この問題を神の問題から離して考える事は出来ないのです。私は神に関する思想を述べるに際して、この便りを一つ添える事が必然であろうかと思います。

この問題は極めて重要なのです。なぜなら信仰への理解は、直ちに神への理解に私達を導いてくれるからです。故に私達はこの問題を神の問題から離して考える事は出来ないのです。私は神に関する思想を述べるに際して、この便りを一つ添える事が必然であろうかと思います。

一

書き起すに際して、私はあのパウロの記した巧みな言い現わし方を、もう一度ここに紀念しようと思います、「ユダヤ人は徴《しるし》を請い、ギリシャ人は智慧を求む」と。恐らく彼が今それを書いたなら、もう一句をこれに添えたでしょう、「されど今の人は証《あかし》を求める」と。

顧ると人々の愛を今集めているのは証《あかし》せられる知であって、長く保持せられた信仰の位は見失われているかの観がありまず。知の明るさにおいて説かれる信仰はないが故に、人はそこに暗さを思うのです。人は今や知を崇めてそれを祭壇の上に安置します。そうして凡てを彼の審きに委ねようとしています。私はこれを見て正しい行いであると考える事が出来ません。

私達は私達の企てる証《あかし》が限りある力であると云う事を既に熟知しています。如何にそれが委しい論理的保証を得ても、相対な保証に外ならない事を知っています。砂上に家を建てる事を人は愚かだと云います。それならかかる証の上に神を見出そうとするのを、更に愚かだと云い得ないでしょうか。私達はもはや望みなき望みを重ねてはならないのです。私達は再び私達の力で神を保証しようとすべきではなく、一切の保証を神自らに委ぬべきなのです。なぜなら絶対の証明と云うが如きものがあるなら、既にそれは私達の所有ではなくして、神のみが持ち得るのです。神を保証し得る保証があるなら、それは神自らが持つ保証でなければならないのです。実にこの単純な考想は私に一つの新しい世界を開いてくれました。

東洋の思索者は巧みにもそれを「自証」と云う二字で呼び慣らわして来ました。しかしそれは証明せられる世界を云うのではないのです。証明される事をすら必要としない境を指すのです。私達の証明に少しも依存していないが故に、自証と呼ばれたのです。自ら証しするものは他に証しされる事を必要としないのです。証しされるものが確かであるなら、証しするをすら許さぬものを尚確かだと云い得ないでしょうか。否、比較し得ないほど確かであると云い切る事が出来るでしょう。私達は安心して証しし得るものよりも、証しするを許さないものを頼っていいのです。証明が無限に確実なのではないのです。いわんや証明されるものが絶対に確実なのではないのです。進んでかかる証明を必要としないものこそ確実だと云う事が出来るでしょう。証明されなくとも不変な動かない本質を持つものこそ、破り得ない確かさがあると云い切れるのです。真に確実な証明を求めようとするなら、それは証明のうちに求むべきものではなくして、証明をすら許さぬものに求むべきなのです。私は証明されるものに私の全てを委ねる事は出来ないのです。それは余りに不確かなのです。一つの証明をすら許さぬものに私が頼ろうとするのを貴方がたも自然であると思って下さるでしょうか。私がしばしば云った様に、神は思い得る何ものでもないが故に、又は証し得る何ものでもないが故に、却ってその確実な事を吾々に示しているのです。証明される何ものでもないと云う事は、証明の否定を意味するのではなくして、自証を意味するのです。なぜなら神は単に証明し「能わぬ」ものではなくして、一つの証明をも「許さぬ」からなのです。単に証明出来ないものであるなら、いつか出来る事もあり得るでしょう。しかしそうではなくして、如何なる証明をも許さないのです。許さぬと云う事は必要を持たないと云う事です。必要を持たないのは、証明を必要とする必要がない程、完き理由を既に持っているからです。自証であればこそ証明を必要としないのです。私達は証明を許さぬ神の厳命的 Imperative 本質からして、それが自証の神であると云う事を了得し得るのです。証明に確かさがあるなら自証には尚確かさがあります。吾々はそこに疑いを挿む余地を持たないのです。私はここに証明による智慧を知識と呼び、自証による智慧を信仰と見做す事が出来るのです。

私は又これを逆に次の様な言葉に置き換える事も出来るでしょう。神が究竟なものであるなら、それはその本質上自律するものでなければならない筈です。即ち明不明の別を超えた自明なものとして解されるべき筈なのです。それならばなぜ私達は自明な神を明らかにしようと企てるのでしょう。それはおかしいのです。自明なるが故に分明にされる余地を残さないのです。明らかにし得る様なものであるなら、自明な本質を持たないのです。自明でなければそれは究竟な神ではないのです。明らかにし得たからと云って神が解かれるのでもなく、明らかにし得ないからと云って、神が解かれないのでもないのです。私達は再び私達の知で神を明らかにしようと云う様な矛盾に陥るべきではなく、神に神自らの明るさを語ってもらうべきなのです。神は分明にされる神ではなく、自明な神である筈です。自明であるが故に私達の企てる解明を待つが如きものではないのです。いわんや不明に対する分明と云うが如き相対の性質に、神は自らを拘束するものではないのです。

人は分明な神を知って神を信じようとするのです。しかしこの企ては何ものをももたらさないでしょう。分明にされる神は神ではないからです。私達は分明にされる事をすら許さぬ自明な神を訪ねるべきなのです。それは自明な神ですから、既に知り得る神ではなくして、知る必要をすら持たぬ神なのです。人は一と一との加が二である事を疑いません。それは自明だからと云われます。それならなぜ自明な神を疑おうとするのでしょうか。疑い得る何ものも神にはないのです。私達はこれを卒直に信ずるよりほかないのです。自明なものへの信頼、私はこれより必然にして確実なものを空想する事は出来ません。分明への信頼を知識と云うならば、自明への信頼を信仰とこそ呼ぶべきです。それなら信仰こそ知識よりも確実な不動な智慧だと断言する事が出来るでしょう。不確かな信仰と云うが如きは、自家撞着な命題であると云わねばなりません。

二

永えに神は自らを弁護しないのです。神は神の自存に向って何等の理由をも述べないのです。否、理由を許さないのです。必要としないのです。理由あって存在する如きものであるなら、それはもともと神ではないのです。何ごとかの理由に依拠する神はないのです。いわんや理由なくしてある神はないのです。単なる理由への否定は、神を支える力ではないのです。否、神は支えらるる力を一つだに必要としないのです。如何なる事にも依存しないのです。神は神自らにおいて全き神なのです。神は理由の有無に左右さるるが如きものではないのです。理由に依拠するが如き神であってはならないのです。いわんや理由なき為に否まれるが如き神であるなら、かかるものを最初から神と認める事は出来ないのです。神を肯定しようとする理由も、神を否定しようとする理由も、共に神の前には何等の力をも持ち来す事が出来ません。それは私達が企てる傲慢にしてしかも微弱な声に過ぎないのです。

神が理由に依存していないなら、理由に依存して神を信じる事は出来ないのです。理由を越えたものを理由によって解する事は許されていません。又それよりも意味の淡い企てはないでしょう。テルトゥリアヌスは大胆にも「不条理なるが故に吾れ信ず」とさえ云いました。語気には過ぎた所もあるでしょう。しかしその真意には深い洞察が閃めいています。神の事に関してのみは、理由はものを闡明し得る道とはならないのです。却って理由を加える事によって、吾々は自明な神を暗黒に封じて了うに過ぎないのです。私達は理由が解明にならない場合がこの世にあると云う事を、認得しなければならないのです。

多くの者は理由があれば神を信じようとします。同時に理由がなければ神を疑おうとします。しかしかかる態度からは何ものも生じて来ないのです。知って後解される神はないのです。神は知るよりも前に是認せらるべきものなのです。知るを許さず、理由を待たない神を、知って後に理解しようとする如きは、大きな錯誤であると云わねばなりますまい。信ずる事によって神を知り得るのです。逆に知る事によって信じようとするなら、そこに現われる神の姿はないのです。ルーテルが非常に愛した中世の古書「テオロギア・ゲルマニカ」は次の様に書きました、「信ずるよりも前に知ろうとする者は、全き知識を得る事は出来来ぬ」と。この言葉は宗門の扉を開くべき鍵を与えているのです。

知の時代に生れた私達は余り多く理窟を愛しています。理窟がない事は深さを伴わぬ事の様にさえ考えています。しかし信徒は信ずる理窟があるから信ずるのではないのです。又そうであってはならないのです。理窟の余地を余さない程明るいから信じるのです。かくかくの信ずべき理由があるから信じると云うなら、それは真実な信仰の何ものにも触れていないのです。同じ様にかくかくの理由があるから信じないと云う者が現われても、彼の声は弱いのです。それは信仰を覆し得る少しの力をも持たないのです。パウロは彼の宣教が智慧の言葉によらずして、御霊《みたま》に依るのである事を語りました。「信仰は人の智慧によらず、神の能力《ちから》による」とは彼の言葉でした。理由を越えたものを建設し得る理由もなく又破壊し得る理由もないのです。神は理由によって信じられもせず又否定されもしないのです。同じ様に信仰もまた理由によって強められ又弱められる何ものでもないのです。

私はこの真理を以下の様に約言する事が出来るでしょう。私達は理由があるから神を信ずるのではないのです、同時に理由がないから信ずるのでもないのです。私達は知り得るから信ずるのではないのです。又知り得ないから信ずるのでもないのです。私達は賢いから信ずるのではないのです。又愚かだから信ずるのでもないのです。いわんや理由がないから信じないと云うが如きは、神に関する如何なる理解をも構成しないのです。説明し得る故に神を信じるなら、それは単なる知識です。説明し得ない故に信ずるなら、それは貧しい迷信です。そうして説明し得ない故に神を疑うならそれは哀れな迷誤です。私達はむしろ説明し得る神があったら、かかる神をこそ当然疑っていいのです。

吾々は神を説明し得ないからと云って失望すべきではないのです。否、それは失望すべき僅かの根柢にもならないのです。貴方がたが神に就て問われた時、答え得ないと云ってそれを恥じてはならないのです。説くを許さぬ何事かを持っている事を貴方がたは心強く思っていいのです。理由を許さぬものにこそ、むしろ全き理由があるのだと云い得るのです。理由を越えたものを信ずると云う事ほど、深い理由を持つものはないのです。理由あって信ずると云う場合ほど理由に乏しいものはないのです。

求むべき理由が何処にもなく、加うべき理由が何処にもない神に向って、私達はどうしようとするのですか。知り得るとか知り能わぬとか云う余地を残さない世界、即ち自らが自らを保証している世界、自明にして疑いを入れる一つの場所をさえ許さない世界、かかるものに向って私達はどうすべきなのですか。否、どうすべきかの躊躇もここには許されていない筈です。もはや単純に信じ入るよりほか何ごとも吾々には起ってこないのです、私達は既に一つの理知をも働かす瞬間を持たないのです。単純な卒直な信頼のみが私達に托されてあるのです。信仰に複雑な過程はない筈です。あるなら真の信仰ではないのです。美しき信仰は無心な信仰です。一つの疑いだにない純な信仰です。正しき信仰には躊躇と云う事がない筈です。私達は余りに多く理由を経て信じようとします。しかしそれは嘘なのです。真実な信仰ではないのです。

神の密意を味わう者は、いつも嬰児の美を讃えました。「嬰児の如くならずば天国に入る事は出来ない」とはイエスの言葉でした。単純な卒直な信仰に優る神への知識はないのです。傲る理知こそ神に就ては無知なのです。冷たく又煩わしい知に向って、神は彼の顔を匿します。私の常々忘れ得ないイエスの言葉に、「天地の主なる父よ、われ感謝す。これ等のことを賢き者、慧き者に匿して、しかも嬰児に顕わし給えり。父よ、然り、かくの如きは御意《みこころ》に適えるなり」と。特に終りの句が私の口に繰り返えされて来ます。神の限なき御意による摂理を想うて、慕わしき心に充たされています。

三

信仰の密意を更に深く味わう為に、私は一転して次の如くに考え起してみましょう。恐らく私は信仰の動かす事の出来ない確かさを、これによって更につきつめる事が出来るでしょう。

私達はいつも神の姿を高く祭壇の中央に仰ぐのです。試みに西面するゴシックのカセドラルを心に浮べて下さい。あの高いテインパナムの中央にはいつもイエスが座を占めて、左の手には真理の文を、そうして右の手は福音を語る風情を告げています。又は仏寺の金堂に身を置いてみて下さい。信徒はいつも高い玉座に仏をおいて、正しく中央のやや奥深き所に彼を安置するのです。時には黙想するかの如く彼は手を休め、時には祝福するが如くそれを静かに挙げています。この位置は決してくずされた事がないのです。なぜなら信徒は神において又宗祖において、権威あるものの姿を仰いでいるからです。それは必ず中央に置かれるのです。高き所にあるのです、そうして奥深き位置にあるのです。吾々は下にいるのです。彼等を仰ぐのです。私達はその前に脆まずくのです。まともに見る事さえ出来ないのです。眼を閉じ声を閉じ、彼等の前に頭を下げるのです。私達はその威厳に打たれるからです。厳粛な畏敬の念が胸を抑えるからです。凡ての寺院は神聖な宮居を語るのです。そこに入るのは神の国に入るのです。権威の世界に自らを見出すのです。

私は吾々の宗教的意識がいつも「神聖なるもの」と呼ぶその世界に就て書くべき場合に来たのです。そうしてこの事が信仰の凡ての密意の基礎をなすと私は思うのです。神は無上な神です。並びなき神です。何ものも彼の前に立つ事が出来ず、何ものも彼の傍らに比べる事が出来ないのです。神は唯一な神です。神の外に神に対し得るものは何一つないのです。それは究竟な至上な神なのです。犯す事の出来ない神なのです。「神聖なるもの」と名附けるほか、彼の力を云い示す事は出来ないのです。聖なるものを犯す事は一度だに許されていず、又一人にだに許されていないのです。それは「権威の世界」だと呼び慣わされています。権威は無上な権威です。逆らっても逆らう事が出来ないと云う様なものではないのです。逆らいと云う事それ自らが許されていないのです。疑うとか躊うとか思議するとか云う時間をさえ許さないのです。人はよくこの瞬間を省みて、「権威に打たれる」と云いました。真にそうです。打たれたままにおいて、逆らうと云う一つの意志すら起らないのです。私達は動く事すら出来ないのです。呼吸すら止むのです。只神が打つ激動の為に私達の心臓が波打っているのです。もはや私達が活きているのではないのです。パウロが云った様に、神が私達に活きているのです。私達は私達の凡てを彼に捧げ尽しているのです。

こう云う場合に私達に何が許されているでしょうか。神に逆らう凡ての事が許されていないが故に、只々彼に従う事のみが許されている唯一のことなのです。信徒はかかる服従を「帰依」と名づけました。神に帰服し神に依存する事よりほか何ものも吾々に残されていないのです。神は私達に常に服従と奉仕とを喚求するのです。しかも私達はそれによって強いられているのではないのです。強いられると云う様な逆らいの感情が一つだに伴ってこないのです。神への服従は必然なのです。そこには無理がないのです。帰依は義務の感を持たないのです。否、帰依は感激なのです。悦びの感激なのです。私達は法悦に入りつつ奉仕するのです。神へのこの従属の感より、より深い福祉の感は他にないのです。

しかし服従と云う言葉は、快い響きを吾々に送りません。それは屈辱であると思われるでしょう。時としては自由の否定であると考えられるでしょう。しかし服従と云う事が積極的意味を持ち来す場合が只一つあるのです。只一つの場合とはこの神への服従の場合なのです。あの聡明なエックハルトはこう云いました、「完全な霊は神の欲する以外の事を欲しない。これこそ奴隷たるの意ではなくして、真の自由を意味するのである」と。神に一切を捧げ、神に自らを没する時、人は神自らの自由に甦るのです。丁度自然を征服しようと思うならば、自然に服従しなければならないのと同じ様に、真の自由を得ようとするならば、全き服従を神に捧げなければならないのです。自己を神に奉仕する時が、自己から開放せられる時なのです。自由と云う事は吾々の持っている権利を無限に拡大する事によって得られるのではないのです。神をおいて他に絶対の自由はないのです。故に神に自らの凡てを捧げ尽す時のみが、真に自由を得る唯一の場合です。私達は神に従属すればする程、自由の感を味わう事が出来るのです。そうして神に逆らって自らの自由を保とうとすればする程、不自由な感に攻められるでしょう。自我の跳梁は自己への拘束です。神への全き服従は全き自由の獲得です。神に凡てを任じる時、任じ切る時、すがすがしい感じが凡てを被うでしょう。悟りを開いた刹那「身心脱落す」と禅者が云ったのは、偽らない叙述です。

もはや貴方がたはかかる絶対な信頼が、即ち信仰であると云う事を感じぬいて下さった事と思います。信仰を別の言葉で書き現わすなら、それは無条件な承認と云う事です。無条件にと云う句は異様に又強過ぎる響きがあると思われるかもしれません。しかし決してそうではないのです。この言葉でもまだ弱いとさえ云い得るでしょう。条件があって承認すると云うが如きは単なる知識に過ぎません。条件なくして信ずるのは迷信だと或る人は訝るでしょう。しかしここに云う無条件とは単なる条件の否定の意ではありません。いわんや条件がないから承認するのではないのです。ここに無条件と云う事は、何等の条件をすら必要としない、即ち一つの条件をすら許さぬ意なのです。私は一つの条件をすら持ち来す必要のないものほど、全き条件を具備しているものはないと思うのです。全き条件を持てばこそ、一つの条件をも必要としないのです。或る条件のもとに信ずると云うが如きは、完き条件を欠いているのです。無条件な承認ほど、確実な承認はないと云い切る事が出来ます。それが只この現世の出来事である場合には、強制せられた承認となるでしょう。しかし神の世界には強制はないのです。強制は権利の世界にだけある事であって、権威の許にかかる拘束は少しだにないのです。信仰とはかかる無条件な是認を意味します。確実な不動な全き神への承認を意味するのです。信仰を離れて神への理解と云う事は成立しません。神を信じると云う事は、神を知ると云う事より、どんなに深い神への智慧であるかを、よくよく了得しなければならないのです。

しかし無条件にと云う事は、盲目的にと云う事を意味しはしないかを、危ぶむ方もあるでしょう。しかし決して決してそうではありません。神は一切のものの目的です。目的に無条件に信じ入る時、吾々は目的に即するのであって、目的を離れるのではないのです。いわんや無目的な承認ではないのです。目的それ自身の中に没入する場合、どうして目的に逆らう事があり得るでしょう。どうして盲目的だと云い得るでしょう。神への無条件な承認ほど、目的々な場合はないのです。神への服従は盲従ではありません。信仰は神へ私達を結ぶのです。そうして神に融合し神と合一する事のほか、見出し得べき人生の帰趣はないのです。

信仰はかく理由を越えた無条件な承認です。それは真に無心な信仰なのです。神は多くの細心な解説の後に理解せられるのではなく、無心にして受け容れられる時に体認せられるのです。無心を直ちに幼稚《ようち》であると誤認してはならないのです。無心は無知ではないのです。この無心な受け容れほど、深い智慧を包むものはないのです。浄められた無垢な心に入る事が神に入る謂です。無心なもののみが天国に入る事を許されているのです。吾々の知を空しくする時が、神の智に充たされる時なのです。

信仰の問題は微妙な問題です。私は私の心に気附かれている一つの注意をここに添えておきたく思います。私達は神を信ずると云いますが、しかし私達は注意してこの言葉を用いなければならないのです。なぜなら信仰はさきにも云った様に無条件な承認です。故に私が信じる力があって信じるのではなく、神が私に信仰を与えてくれるのだと考えねばなりません。私が信じるのではないのです。神が私に信じさせて下さるのです。それ故私が信じるのです。信じ得るのは私の力ではなく、神の力によるのです。私の信仰だと云い張るならばそれは再び不浄なものに沈むでしょう。信仰を「吾がもの」と呼ぶ事は出来ないのです。私達はかかる言葉を神の前に慎まなければなりません。「吾がもの」と呼ぶならばそれは神に対して自己を主張する事なのです。真の帰依はかかる不遜な態度を許さないでしょう。私達は神の前にどこ迄も謙譲でなければならないのです。もし私が私の力で信じているなら、かかる信仰に確実な基礎を見出す事は出来ないのです。或いは信じ誤り或いは信を失うのは、皆私達が私達の力で信じようとするからなのです。しかしそれは驚くべき錯誤であると云わねばなりません。信仰は敬虔の念なのです。信仰に入ると云う事は、もはや自己に活きる事ではなくして、神に活きる謂でなければならないのです。私が信じるのではないのです。神が私のうちに神を信じさせてくれるのです。私が在って信じるのではないのです。信じる事によって始めて神から私の存在が許されるのです。信仰は私を基礎とするのではないのです。神から与えられる恩寵なのです。信仰は私の左右し得るものではないのです。私を空しくすればこそ、信仰が与えられるのです。それはもはや私が獲得するものではなく、神からの賜物なのです。私には信じる力がないのです。力がないからこそ神がそれを与えて下さるのです。

かくして私は次の言葉で信仰の意味を最も簡明に云い現わす事が出来るでしょう。信仰とは我における神の啓示です。私が信ずる故に神が私の心に現われるのではないのです。信ずることそれ自身に既に神が現われているのです。私達が神を信ずるのだと云いますけれど、既に神の力が働かずしては信ずる事は出来ないのです。信仰には私の力が働いてはいないのです。私のものだと云うなら、それは既に神への全き信頼ではないのです。信仰に入るとは神が私に入る意味を持つのです。信仰は私の信仰ではなく私なき信仰なのです。神に対する信仰と云うよりも、神における信仰と云うべきなのです。又は私が神に自らを抛棄するのだとも云い得るでしょう。自らの解脱と神の啓示とは同時に果されるのです。信ずる時、私は私においてあるのではなくして、神においてあるのです。信仰は私の心に在るのではなくして、既に神の心に在るのです。神の心を離れて信仰はないのです。この神の心が吾々に啓示されたものを信仰と呼ぶのです。仏者は「信心は仏心である」と云いました。この言葉より正しく信仰の密意を云い現わす事は出来ないでしょう。

真なる帰依において、私達は一切を神の御心に任せきる喜びを受けるのです。如何なる境遇に置かれても、それは私達の心を乱す力とはならないのです。凡てを彼に委ねる時、私達は何処においても神の御許にあるのです。よし地獄に落ちるとも、尚神に任せてあるが故に私達は安心して活きる事が出来るのです。「御意のままになさせ給え」とイエスは祈りました。親鸞の言葉は冴えています、「念仏は誠に浄土に生るる種にてやはんべらん。又地獄に落つべき業にてやはんべるらん。総じてもて存知せざるなり」。誰かこの言葉よりも真実に帰依の意を伝え得るでしょう。

私達は受け容れる位置に立っているのです。神は常に授ける位置におられるのです。それも私達に受け容れる力があるから、受け容れる事が出来るのではないのです。罪深い私達の胸は浄い神を迎える室とはならないのです。しかし私達にかかる力がないからこそ神は進んで私達を訪れて下さるのです。受け容れる力が自らにないと真に悲しめばこそ、神は私達を慰める事を忘れないで下さるのです。神は恩寵としての神なのです。真に受け容れる者は、受け容れ得る力があるとは思わないでしょう。どこまでもどこまでも自らを空しくし謙譲にし、如何なる力をも誇らないからこそ、真に神を受け容れる事が出来るのです。自らの力を驕るものはそれだけ神を受け容れる事が出来ないのです。神に向って受動である時程、私達は神の能動的な力に活きる場合はないのです。信仰とは純に無心に神の全てを受け容れる事を指すのです。詩篇にはこう記されてあります、

「吾がたましいは黙して只神を待てり。そは吾が救い彼より来ればなり」。

私達は神を待つ心に、それも断えず彼を待つ心に活きなければならないのです。神もまた私達に常に逢おう逢おうとしているのです。否、彼は私達の室の戸を叩いていない時はないのです。只私達が私達の愚さの故にその音を聞かず、彼の為に扉を開かないでいるのです。神はきっと私達が迎えるのを待ちあぐんでおられるのです。

四

知識と信仰との関係は長い間争いの歴史を残しました。今も尚それは止まないのです。しかしその不幸な間柄を正しい平和に結ぶ為に、私もまたここに私の考えをこの便りの終りに書き添えておこうと思います。

知識は確実な知識だと云う意味を伴います。それが論理的要求に依拠すればする程、正しさを加えてきます。私達は先天的法則に基く知識を私達の主観において左右する事は出来ないのです。知識は従って客観的性質をそなえています。真理は時と所とによって変易を受けない普遍な真理である事を意味します。その妥当する資格は私達に一般的承認を要求します。特に科学的真理と云う様なものにおいて、その明晰な場合に逢い得るのです。客観的知識に背き又は論理性を無視する凡ての思想は私達から弁護せらるべき何ものでもないのです。もしここに宗教の世界を是認しようとするなら、少くとも論理的知識に背反するものであってはならないのです。知識に矢を向ける者は、自殺しなければならないのです。宗教への是認が理性を排斥す

る事によって得らるべきものでない事は、明瞭な事であると云わねばなりません。

しかしかかる理知の権利を無限に拡張していいかと云う問題に来る時、私達は再考しなければならないのです。客観性と云う事が確実なものの最後の基礎であり又出発であるか。論理性と云う事は究竟性を伴うのであるか、私達はこの重要な問いに来る時、カントがかつて明らかにした様にその限界を是定しなければならないのです。汎論理主義や又は主知主義がやがて陥るべき自家撞着に就て、預知する所がなければならないのです。私は理知の二元性に就てそれをここに反復する必要がないと思います。それが客観的であるのも、只相対界において客観的であると云う意に止るのです。私達は無限にその能力を働かす事が出来ないのです。知の作用それ自身が二元性を出ないが故に、一度究竟の世界に来る時、それは既に何等の力をも持たないのです。理知は遂に止るべき個所に止らねばならぬ場合に来るのです。私達はその確実を信じていいのです。只それに限界がある事を忘れてはならないのです。理知は究竟なものの前には沈黙を余義なくされるのです。理知によって一切を解く事は出来ないのです。神の問題に向って理知は何ものをも私達に解明し得ないのです。

先便において書いた様に知識は最後の明るさではないのです。凡てが理知で明るくなるのではないのです。明るいと思われる理知も神の問題の前には尚暗いのです。なぜなら理知の明るさは有限の性質を出ないからです。客観的と云う事は明るさの最後の根拠ではないのです。真に究竟なものは主客の二をすら越えたものでなければならない筈です。論理的知識は確実なものの凡てではなく僅かその一部なのです。知る世界と云うが如きは吾々の認識の一断片に過ぎないのです。しかもそれは相対的に確実だと云う意味に止まるのです。論理性は合理性の一切ではありません。

私達は第一には究竟の世界が判き得る何ものでもない事を学んだのです。それを論理の肯定や否定に入れる事が許されていない事を知ったのです。第二にはそれが自律の世界であって自証自明なものである事を味わったのです。私達はもはやそう云う世界に向て理知を主張する事が出来ず、又その作用を加える事さえ必要とならない事を学んだのです。従ってそれは知解し得る何ものでもないと同時に、知識に反する何ものでもない事を知ったのです。知識に背くものであるなら、知識が判いていい筈です。そこに知識を加える事が出来る筈です。しかし自証するものは何等の証明を待たないのです。証明されていないからではなくして、自らが全き証明を自らにおいて果しているからです。明らかにし得ないのは、明らかにさるる必要を見ないほど自明であるからです。宗教は知識に止まる世界ではありません、しかし同時に知識に背く何れの世界でもないのです。科学対宗教と云う様な問題は成立しないのです。科学に背く宗教はもともと宗教ではないからです。又宗教に背く科学は科学ではないからです。

自証するものへの信頼を私達は信仰と名づけました。それなら信仰は分明な知識よりも、より明るいものだと云い得るでしょう。証明に依存するものを知識と呼ぶなら、自証に依存する信仰を「全き知識」だと呼び得るでしょう。知るよりも多くを知るものが信仰だと云い得るでしょう。信仰は知識に背反するものではなくして、むしろ知識を飽和するものです。私は知の完了を信の中に見る事が出来るのです。信仰は知識よりも完全なる認識です。

然るに信仰はしばしば理知に悖るものとして非難されました。無用視されました。しかしそれは浅い見方に過ぎないのです。単に知り能わぬものを信ずるなら、それを妄信とも迷信とも又盲信とも云い得るでしょう。しかし再度ならず云った様に、知り能うとか知り能わぬとか云うことを越えた世界が神の世界なのです。信仰は知識の世界に止まる事を許さないのです。いわんや不合理な世界に止まる事を許しません。知をすら越えたものを、知によって判く事は出来ないのです。ましてそれを無知であるとか不明であるとか評する事は許されていません。信仰が不明に思えるのは只理知からしては不明に見えると云う極めて弱々しい声に過ぎないのです。あの太陽を見て、眩さの余り何ものも見えず、遂にそれを暗きものであると嘆くのと、何のかわる所がないのです。

知は分析せずしては働きかける事が出来ません。そこには作為があるのです。二に割いてその一つを選ぶに過ぎないのです。しかし信仰は判く事なき理解です。ものを「一」の相において観じるのです。そこに何等の工夫や作為を挿む事がないのです。知の世界にはたえず矛盾があります。それは真と偽との絶えない争いなのです。しかし信の世界には判かれる二がないが故に矛盾する何ものもないのです。そこには真偽の二がないのです。いわんや誤りはないのです。私は不確実な信仰と云う様なものを空想する事すら出来ません。知識が確実なら信仰は比較し得ぬほどに確実です。信念の人は強大な人でした。死もその生を乱す事が出来ないのです。信は何ものよりも強い力です。「なし得ばと云うや、信ずる者には、凡ての事なし得らる」とさえイエスは断言しました。

知識の否定に信仰があるのではないのです。いわんや信仰を否定し得る知識はないのです。信仰は知識ではありません。知識に止まるが如き信仰はないのです。まして知識より降る信仰はないのです。否、知識をすら越える信仰です。知識に背く信仰ではありません。信仰こそは知識よりも全き知識なのです。否、自証への信仰であるが故に全き知識をこそ信仰に見出す事が出来るのです。有名な般若の偈にはこう記されています、「般若は無知、事として知らざるなく、般若は無見、事として見ざるなし」と。ここに深き省察があると云う事を私は否定する事が出来ません。私達は知識によって信仰の位を犯してはならないのです。否、犯され得る信仰はないのです。犯さるるが如きものなら信仰とは呼び得ないのです。信仰の世界が却って全き理性の世界であると云う事を、私は疑う事が出来ません。
私は又筆を改め、次の便りには、この世に啓示さるる神に就て語りたく思います。

第五信　神の現れに就て

私はもっと貴方がたと親しく語り合いたい為に、再びこの便りをお送りします。更に又もっと神に就て親しく語りたい為に筆を続けてゆくのです。私は今迄の四つの書翰において、神自らに就て語ったのです。エックハルトの言葉を用いれば「動かぬ神性」を究竟の相において見守ってきたのです。この出発を得た私は、ここに「動く神」に就て語るべき順次に来たのです。私はここに出来得るだけ簡明な言葉において、現われ給う神に就て私の心に刻まれた姿を写し出してゆきたいのです。神の現れ、即ちこの世における神の啓示が何を意味すべきであるか、又は何を意味すべきではないか。特に空としての神が如何にして有としての世界に自らを示現するか。哲学上しばしば至難な問いであると見做されるこの問題に入ってゆくのです。引いては創る神と創られたる万有とが如何なる関係にあるか。これ等の事がこの便りを書くに就て私の心の中に往き来している主題なのです。

従って超越としての神が、如何に内在としての神となるか。その間における微妙な関係に私は触れてゆかねばならないのです。しばしば争われた超神論と汎神論との是否に就ても、私の考を述べる機会を得たく思います。この便りが、貴方がたのこれ等の諸問題に対する理解への補助ともなり得るなら嬉しく思います。

一

神自らを理解する為に、吾々は凡ての有限な知識を拭い去らねばならなかったのです。神に関する正しき思想は、一度は否定を経由したものでなければなりません。無限の不において神は彼自らを示すのです。故に彼には名づくべき名字がなく、与うべき性質がないのです。彼は思惟の波によって動かされる何ものでもないのです。故に彼は「動かぬ神性」であると呼ばれました。彼は聖なる休息なのです。沈黙のさなかに在るのです。否、これ等の否定の言葉でさえ彼への新たな拘束となるでしょう。彼は空としての彼なのです。その空をすら更に絶する彼なのです。

しかしかかる空としての神自体が、どうしてこの世と交り得るか。どうして吾々に関与する神となる事が出来るか。創られず創らぬ神性がどうして万有の中に創る神として示現されるのであるか。如何にして無が有と成り得るのであるか。如何にして空が実に彼自らを現わし得るか。現わすと云うなら、それは既に空を失うではないか。一と多との二が不二であると云うのは、明らかな矛盾ではないか。実にこの問いは哲学上の秘義の秘義として、常に吾々の知識から匿されている深き謎だと云われています。

しかしそれが至難な問題であると否とに拘らず、必然私は私自身をその問いの中に置かなければなりません。神を想うほどの凡ての者は、長く閉ざされているこの暗い哲理の幕を、あけねばならぬ使命をおびています。この便りがその満足な答えではないにしても、貴方がたを同じ深き問いの中に誘う事が出来るなら、それは互いに光に近づくよき準備となるでしょう。

私はこう思うのです。この問題が至難であるのは、やはり私達の有限な立場からそれを見るからではないでしょうか。又は相対的な見方を充分に越え得ないからではないでしょうか。又は有無の二見において空を判いているからではないでしょうか。この問題は直接究竟な神それ自らの事に関わるのです。私は私の相対的な理知を審判の座に置いてはならないのです。もしや私がこの問題に向って有限な私自身を謙譲にするならば、新しい解答が私に与えられはしないでしょうか。凡てを神自らに委ねて、彼の審きを私が受けたら、必然な理解がこれに伴いはしないでしょうか。有に座して空を見るべきではなく、空に帰って空を見、更に又有を見るならば、異った視野が開展されはしないでしょうか。この造られたる自然は、私の見る自然であるよりも、神が見る自然でなければならない筈です。神自らと自然、即ち空と有との関係が解き難いのは、まだ私達が自身を頼って、凡てを神の判きに委ねないからではないでしょうか。私はこれ等の位置の転換において、新しき答えを得ようとするのです。凡ての神に関する真理は、神から私に与えらるべきものであって、私から神に与えるべきものでないと云うのが、私の信念です。

私達は訝ります。何ものもない空から、どうして何ものかが生ずるのであるか。神が空ならどうしてかかる神とこの世とに関わりがあるか。しかしかかる声は、有無の二相において空を判ずるからです。空が実に対し実に叛くものなら、それはもともと究竟な空ではなくして、まだ相対の空なのです。相対の凡てを空しくせずして、空に至る事は出来ないのです。いわんや「何ものもない」と云うが如き空は、既に空ではないのです。それは「何ものもない」と云う一つの性質がある事を言下に主張する矛盾に陥っています。故に空に何ものもないと云う時、それは純な空ではなくして、却って何ものかがある有を説いているに過ぎないのです。

単に実と対立する空であるなら、かかるものは実に反し実に矛盾するが故に、かかる空から実が生ずる謂われがないのです。それは実と反撥する空に過ぎないのです。しかし対立の関係を超越した彼岸に空を認める時、吾々の理解には一変化が伴うでしょう。空そのものの思想が悪いのではなく、空に対する吾々の理解がまだ不純な事に凡ての躓ずきがあるのです。空を虚無だと見做す様な吾々の理解に、救い難い欠陥があるのです。何ものもないと云うが如き性質を空に画くが故に、凡ての答えが隠蔽されてくるのです。

何ものもないものから、どうして何ものかが生ずるのかと人は尋ねます。しかし私はその反対を考える事によって、かかる問い方が意味をなさない事を注意したいのです。人はさながらこう主張する様に見えます。何ものかがあるから、何ものかが生ずるのであると。しかし何故有から有が生ずるのですか。無に対する有は有限なのです。有限なものは、ものの基礎となる事は出来ないのです。何ものかがあるなら、何ものも生じないのです。有は有の母たる事はないのです。有は既に分たれたものであって、分つものではないのです。有は創造されたものであって、創造するものではないのです。それなら何ものかが有るから、何ものかを生ずると云うのは誤りです。いわんや何ものもないものからは、何ものも生じないと云うのは明らかな誤りです。

凡ては空に対する理解の不徹底から来るのです。空には有無の二性がないのです。有無の別がないからこそ空なのです。何ものかが有るなら空ではないのです。同時に何ものも無いなら空ではないのです。空においては二性が未分なのです。これを反面から云うならば二性を具足するのです。これを次の様に例える事も出来るでしょう。水は形を持たないのです。それ故に凡ての形に順応するのです。形なき水は、凡ての形を含む水なのです。真に多を越える「一」であるからこそ、一切の多を包むのです。仏者はかかる境地を指して「一切を含む無」と名附けました。真に静でないならば動を内に含む事もないでしょう。分れるのは未だ分れない境から分れるのです。空に非ざれば実を生む事は出来ないのです。空は二性未分であるが故に、よく二性を分化し得るのです。老子は無為こそ真の有為であると考えました。「なす無くして為さざる無し」と云う彼の句には、尽きない真理の水が溢れています。空には「多忙な休息」があるのです。それは饒舌な沈黙なのです。赫々たる暗黒なのです。輝く夜なのです。「無名は天地の始」であると「道徳経」は記しました。

相対の心から空が判かれる時、それは分別の上に置かれるが故に、実に対する空となるのです。吾々の立場から見るならば、空は依然として実の反律たる意味を越えないのです。二つのものは永えに異って、その間に渡り難い溝があると考えられます。かくして吾々には空から実を生ずると云う事が、不可能な又不可解な結果として現われてきます。しかし一度私達の二元的見方を放棄して「一」の境に帰るなら、実に背く空はないのです。否、これに反して凡ての実を未生において含む空のみが吾々に現われてくるのです。一切を含まぬ一は、もともと多に対し多に背く一であって、究竟な「一」ではないのです。空こそ真に実なのです。空よりほか真実なものはないのです。吾々が云う有こそ相対であって、究竟的実在を伴わないのです。神の眼にはかかる有こそ無と見えるでしょう。一切の二元を絶する空こそ神には真の実なのです。

空は未発なるが故に、凡ての発足がそこに用意されています。一見して何ものもないと云われる空よりも、より多くを含むものは他にないのです。私達は空よりも、より本質的な出発を他に求める事は出来ません。それよりも深き万象の基礎はないのです。私が神は有でないと云う時、私は凡てのものを神から奪い去るのではないのです。却って凡ての有を彼によって基礎づけようとするのです。有を越えると云う事は、有と分るる意味ではなくして、有に内在する事を意味します。もし私達がこの究竟な出発に帰らないなら、どうして有の本質を理解する事が出来得るでしょう。「動かぬ神性」を味わう事によってのみ、「動く神」が正当に理解されるのです。限りなき静止において限りなき動律があるのです。自らが創造を越えるが故に、よく自らに発展があり創造があるのです。私は空より、より合理的な発足を他に期待する事は出来ないのです。エリゲナは創る神を越えて「創られもせず。創りもしない」神性へ溯りました。かくする事によって彼は真に「創る」神を正当に認得する事が出来たのです。空を有から説く事は出来ないのです。しかし有は空からによってのみ説かれるのです。自然を通して神が了得されるべきではなく、神を通して自然が了得されるのです。物質よりほか愛しない者は無神論者となるでしょう。しかし信徒は常に自然への讃美を忘れてはいないのです。空よりより深く有に交るものはないのです。空への正しき認識のみが実への正しき認識を伴うのです。

空は有ではないのです。しかも有の基礎なのです。空は無ではないのです。しかも無を内に包むのです。空に有無はないのです。そこには区別された二性がないからです。しかも空は非有非無でもないのです。二性を未分の境において具備するからです。

古人は如何にして空が実と成り、一が多に交り、神が自然に自らを現わすかを、次の様に譬えました、「明鏡の中に像なしといえども、能く一切の像を見る」と。鏡が浄らかであればある程、ものは細かに映るのです。しかも如何に多く映すとも鏡は彼の浄さを失う事がないのです。明浄なるによって鏡は像を明らかに現わし、像を明らかに現わすによって、鏡はその明浄なる事を示すのです。空なるが故に、実を包み、実を包むによって益々それが空である事を現わすのです。不変な神は常に彼自らを、変化する万有に示現するのです。隠れたる神であるからこそ、顕わるる神となるのです。神がよく有に交るのは彼が空たる事を語るのです。アウグスティヌスが「神は、不変にしてしかも凡ての変化、常に動き常に休む」と云った句には、彼の並ならぬ洞察が現われています。「内なる彼が外に在り」とか「形なきが形に在り」とか歌ったカビールの句にも尽きない味わいが包まれてきます。

空が明鏡に譬えられた如く、或いはこれを七色に未だ分れない白光に比べる事も出来るでしょう。それは凡ての色を含む白光なるが故に、よく凡ての色を分化するのです。色なきが故によく色を示すのです。未だ色を持たない白光ほど、凡ての色を持つものはないのです。詩人シェリーは彼の鋭い直覚を以て、美しくもこの白光の美を歌いました。

"The One remains; the many change and pass;
Heaven's light for ever shines; earth's shadows fly;
Life like a dome of many-coloured glass,
Stains the white radiance of eternity."

句は下の様な意味を示しています、「一は残り、多は変り過ぎゆくのです。天の光は永えに輝き、地の影は消え去ってゆきます。生命はあの寺院の色様々な硝子の様に、永劫の白光に染められています」。始めの二句は恐らく誰にでも歌えるでしょう。しかし終りの二句は誰にでも歌い得るものではないのです。そうして最後の二行がなかったら、最初の二行を真に活かす事は出来ないのです。

禅僧は「蓮華未だ水を出でざる時」に、「蓮華」を認めたと云います。彼等は「未だ磨かざる古鏡」を愛したと云います。「空」を慕った東洋の人は「未」の一字を又愛しました。「未」において不動と動との融合を見たのです。未生において未発において、凡ての成生と凡ての発生とを温く認識していたのです。中世における基教の思索者は「既成自然」'Natura naturata' の真意を「未成自然」'Natura naturans' において解していました。空なくば実なく、実あるによって空の益々空たる事を認め得るのです。しかもそれが真に空たる事によって、それが益々実と深く交る事を味わい得るのです。私は空としての神の有としての現れに就て、更に筆を改めたく思います。

二

事実に意味を与えるものは、事実を超越したものでなければなりません。この事は恐らく哲学が私達に示してくれた永遠な真理の一つだと私は考えています。他の言葉に書き換えるなら、こうもくだいて云い得るでしょう。私達や事物が存在していると云う事は、何かそれを支える基礎があるからだと解さねばなりません。そうして支える基礎と支えられる存在とが同一なものでないと云う事は、誰にでも許されるでしょう。存在はその基礎に依存しているのです。基礎は基礎自身で立つのです。故に基礎は存在を越えた性質を持つのです。ここに万有が存在していると云う事には、何かその根柢に意味がなければなりません。この意味の世界を考える時、私達は遂に有限の問題を越えて無限の問題に入ってゆきます。思索を内へと進めるならば、私達は有限な世界の内面に、有限を越えた究竟な世界を認許するに至るでしょう。そうしてこの両者の関係を解する事に、凡ての形而上学の問題が集まるのです。実在と現象、意味と事実、神と自然、一と多、これ等のものは離れられない有機的な問題として、吾々の眼前に現われて来ます。

　私は既に空が如何にして実と交るかに就て書いて来たのです。しかしもう一度この問題を他の一角から眺めて、自らを啓示する神への正しい認識に進みたいと考えるのです。自然は神と如何なる縁《ゆかり》において結ばれているでしょうか。神が一切のものの根柢であると見做されるなら、それは如何なる意味を伴ってくるでしょうか。私は分たるる多が、未だ分れない一に基礎を持つ事を書いたのです。そうして未分は区分に対するものではなくして、区別を越えたものであると云う事を明らかにしたのです。従って究竟な基礎は常に超越性において解されなければならないのです。正しき神観が常に導く様に、神は一切のものを超越する神なのです。神と物とを同一視する思想は、私達の文化がまだ開けない階段において現われるに過ぎないのです。人が「物神論」‘Fetishism’と呼び慣わしてきたものは、その場合を指すのです。事物そのものは神ではないのです。どこ迄も有限な変易のある存在なのです。全き神は無限であるが故に、あらゆる相対性を超越したものでなければならない筈です。事物の内に神を仰ぐ事は至当であっても、事物を神と認める事は出来ないのです。神は超越神なのです。超越と云う事がその本質だと解していいのです。

　この理解は直接宗教的生活に関与する事において、重要な意味を常にもたらしています。何故なら神を超越神と解する事によって、私達の宗教的生活が当然何を意味すべきかが示されてくるからです。神に交ろうとする者は、即ちこの現世の拘束から離脱しなければならないのです。そうして諸々の妄心から超越すべき事を教えています。事物に心を費す者は、神に活き切る事は出来ないのです。信仰の生活は、出世間的な生活を意味します。現実の有限な世界に執着が残るなら、それだけ神を味わう事が出来ないのです。超越する神に活きようとする者は、まず超越する世界に入らなければならないのです。この岸を越える彼岸に、無窮な世界が横たわっているのです。私は多くの仏者が無常なこの世を越えて、常住な境を慕い求めた心の必然さを思わないわけにはゆきません。世を厭うことを神は嘉し給わぬでしょう。しかし世に溺れる心を神は尚嘉し給わぬでしょう。安逸な楽天は宗教の心からは遠いのです。厳粛な悲哀には神は涙を頒つ事を忘れ給わぬでしょう。

しかし私達は超越と云う事を、正しき意味において解しておかなければなりません。なぜなら又この字ほど神を私達から遠ざけるものはないからです。超越と云う事はしばしば隔離を意味しました。それは何か遠く達し得ないものに与えた性質の様に考えます。それはほとんど凡ての場合、空間的距離をさえ聯想します。超越した神と云えば、人間や事物から独立した全く別個の存在であるとすぐ考えるのです。即ち超越と云う事において私達は神と自然との間に、渡る事の出来ない溝を作って了うのです。彼岸と云えば、丁度涯もない海や又は渡り難い河の向う岸であるかの様に思います。天と云えばこの地から幾億里を隔てた窮りもない境であると考えるのです。人は超越の思想において、しばしば神と自然とを劃然と区別して、それを二つの極に置いて了ったのです。

しかしかく考える時、吾々は大きな誤りの中に吾々を見出さなければならないのです。超越と云う事が隔離を意味するなら、吾々は自然の外に神を追放しなければならないのです。かくしてこの二つのものが如何にして交るかに就て、何事をも闡明にすることがないのです。それは恐らく交り得ない彼岸に神を葬るに過ぎないでしょう。よし高く仰ぎ得る神であっても、内に活き得る神とはならないでしょう。

超越と云う事は分離を意味してはならないのです。少しでも距離を聯想する事があってはならないのです。隔りは対立を意味します。対立なら依存であって超越ではないのです。越えると云う事に離れると云う意は伴っていないのです。否、これに反して近づく意をこそ含むのです。近きのみならず距りを持たない事を意味するのです。前にも述べた様に超越と云う事は、ものの基礎であり根柢である事を内意します。事実に潜む意味としての超越性を語るのです。それ故超越とはものを離れる謂ではなく、却ってものに潜む謂であると考えねばなりません。それは外に在るのではなくして内にあるのです。一言で云うならば、内在と云う意なくして超越と云う事を考える事は出来ないのです。超越と内在との二つの観念は、しばしば反撥し矛盾するものと解されてきました。しかしそれは大きな哲学的誤謬なのです。離れているが故に超越するのではなく、結ばれているが故に超越していると云わねばならないのです。超越するものは内在するのです。内在を持たぬ超越は、単なる分離に過ぎないのです。正しき神観は常に内在としての神を説く事を忘れてはいないのです。

内在において神を見守る時、私達は再び神の本質に就て温い理解を持つ事が出来るでしょう。神は遠きに在す神ではなくして、今や近きに在す神として意識せられるのです。私達はこれによって神と自然との距離を絶する事が出来るのです。只超越の一面において神を解する時吾々は神を外に求めます。さながら彼が無限な直線上の一端にあるかの様に考えます。私達は私達を出て、外に彼を訪ねようとするのです。しかし超越と云う事が内在の観念と結ばれる時、かくしてて私達は新しい驚愕を以て、外に求めた神を内に見出すのです。イエスの福音は温く教えました、「神の王国は汝等の裡に在る」と。内在の意なき超越は、只凡てのものから隔離されるに過ぎないのです。同時に超越の意なき内在は、只凡てのものとの混同に過ぎないのです。超越として意識せらるる神は、内在として意識せらるる神でなければならないのです。私達はかくして有限を越ゆる無限を知り、無限を宿す有限を解する事が出来るのです。神は一切のものの基礎の基礎であるが故に、よく万物を超越ししかも万物に内在するのです。自らの不変を失う事なく、よく変化に彼自らを示現するのです。物と混ずる事なく、よく物を支えるのです。私達は自然を愛していいのです。しかしそれは自然の中の神を愛すると云う意と結ばれなければならないのです。私達は神を愛すべきなのです。しかしそれを自然から離れたものとして愛すべきではないのです。同じ様に神を見忘れて、自然を愛するのは誤です。それは単なる「自然主義」'Naturalism' にも又「無神論」'Atheism' にも私達を陥らすでしょう。又は自然に彼の現れを見忘れて、神を愛するのも誤りです。それは単なる「超神論」'Deism' に私達を誘うでしょう。神を離れた自然はなく、自然を離れる神はないのです。科学的自然と云うが如きものは、抽象的自然に過ぎないのです。私達が単に私達の作為によって、自然だけを神から引き離して見たものに過ぎないのです。真に具象的な自然は、常に神に住み神が住む自然でなければなりません。自然は私達が見る自然ではなく、神が見ている自然なのです。神を去って、自然のみにその真意を求める事は出来ないのです。正しく理解せられた超越と内在との二つの観念は、いつも結合せられた一つの観念として吾々の前に現われて来ます。そうしてこの新たな観念は只神彼自身の中においてのみ見出し得る事を気附くでしょう。超越する神が内在する神なのです。私達はもはや遠く隔った涯もない彼岸に神を追うのではないのです。幸いにもかかる彼岸がこの岸に在る事を驚きつつあるのです。否、彼から離れていると思われたこの岸が、彼岸の裡に横たえられている事に、気附かざるを得ないのです。

三

私は又超越と内在との関係を、次の様にも言い現わす事が出来るでしょう。人々はしばしばこれ等の言葉を差別と同一との二つの言葉を以て置き換えました。超越性においてのみ神を説く者はこう考えるのです。神と自然とは同一ではない、この事はそこに差別があると云う事を内意すると。同じ様に単に内在性によってのみ神を説くものは、こう考えるのです。神と自然とに差別を立てる事は出来ない、差別し得ないと云う事はそれが同一であると云う事を告げると。しかし私達はこの二つの言葉を神に当て嵌める時、深き注意を払わねばならないのです。果して神において差別と云う事と同一に非ずと云う事とが同じ意であるか、又は同一と云う事が直ちに無差別を意味するのであるか。更に又対辞であるこの二つの言葉を、神に適応する事が出来るのであるか。或いは又究竟な神においては、差別と同一とが一つに結合せられてはいないだろうか。

神と自然とを同一であると見做す見解を私は容れる事が出来ないのです。しかしこの事は直ちに神と自然とに差別があると云う意にはならないのです。なぜなら自然と差別する事によって考えられた神なら、やはり相対の神に過ぎないのです。差別と云う観念は只相対の世界においてのみ適応し得るものに過ぎないのです。私達は神と自然との関係を、差別の相において見る事は出来ないのです。かかる見方は究竟な神から、その究竟性を奪うと云う哀れな結果に私達を導くばかりです。

同じ様に私達は神と自然とを同一であると見る事は出来ないのです。よしこれが一元においてものを観じようとする温い希願を伴うにしても、そこには思想における不注意が伴うのです。なぜなら差別と云う事が二つのものを預想するのと同じ様に、同一と云う事も二つのものを仮定する事によって許される概念に過ぎないからです。然るに神は唯一な神なのです。「一」としての神なのです。それ故に私達はものを分つあらゆる二元的な言葉を神に当て嵌める事が出来ないのです。同一とか差別とか云う相対の言葉によって説き得る神はないのです。それ故与えられる正しい答えは、次の様になるでしょう。神は吾々や事物と同一なものでないと共に、それ等のものから差別せられたものでもないのです。神は常に同一に非ず差別に非ざる境に在るのです。仏者はしばしば「一相に非ず異相に非ず」と云う様な言葉でこれを言い現わしました。

神には同異の二がないのです。凡ての二が彼においては未分なのです。即ち彼において同と異とが未だ結合せられているのです。それ故「同一に非ず差別に非ず」と云う事は、神においては「同一にしてしかも差別」と云う事を意味するのです。私達はこの間における微妙な関係に就て細かな注意を払わなければなりません。

自然は神と離れていると云う事も出来ないし、又離れていないと云う事も出来ないのです。なぜなら神の世界には離れるとか離れないとか云う対辞がないからです。これを裏から云うならば、同一にしてしかも差別、差別があってしかも同一であるとも云い得るでしょう。神は自然に住ししかも住せず、住せずしてしかも住するのです。彼は変易に在って不変を保ち、不変において変易を容れるのです。神は神自らを失う事なく自然に現われ、自然に現われる事によって彼自らを保つのです。かかる考えは逆理であり矛盾であると評されるかもしれません。しかし逆理とか矛盾とかは、只二の世界においてのみ起り得る事に過ぎないのです。「一」の境においては凡ては未分なのです。争うべき二つのものがないのです。それを逆理であると云うのは、再び私達の相対な立場から見るからです。二に立って見るならば「一」は不可能であり不可解となるでしょう。しかしこの事は「一」が直ちに誤りであると云うことを伴いません。一度私達が二の世界を越えるなら、同一にしてしかも差別と云う様な事が、如何によき調和の美を示してくるでしょう。矛盾と云う事は只この世においての出来事なのです。神の世界には矛盾するものがないが故に、矛盾と云う事がないのです。神に矛盾はないのです。矛盾に神はないのです。

神は自然の内に在ってしかも内になく、内になくしてしかも内にあるのです。もしも神と吾々とに区別がなかったら、吾々は神を求めはしないでしょう。同時にもしも神と同一な所がなかったら神を求める事も出来ないでしょう。私は再びここに内在するものは超越し、超越するものは内在すると云う結論に導かれてきます。内在せざる超越は差別に終るのです。超越せざる内在は同一に終るのです。私は内在と超越と云う事を結合せられたものとして解する時にのみ、差別とか同一とか云う二元的思想から離脱し得るのであると考えます。

今迄の神観は何れにか傾く癖があったのです。超神論は余りに渡り得ない間隔を、神と自然との間に画いて了いました。それは神を高遠な無上な位に置く事においては正しいでしょう。しかし如何なる縁が彼と自然との間にあるかに就ては、何事をも解く事が出来ないのです。自然は神から孤立し、神もまた自然から孤立するのです。しかし差別の相において満足に説き得る神の究竟性はないのです。同じ様に内在をのみ主張する者は、しばしば極端な「汎神論」'Pantheism' に陥ったのです。そうして神と自然との意味を朧ろげにして了ったのです。そこにおいては意味と事実とが混合されているのです。凡てを「神格化」'Deification' する事は、凡てを神聖にするのではなくして、凡てを不敬な考想に陥れる結果に終っています。罪の意識や謙譲な心を、それが害った事は歴史的な事実です。汎神論は神と自然との関係を限りなく密にする事においては正しいのです。しかしそれを同一視する事において、却って自然の中に神を見失って了ったとも云い得るでしょう。

自然は神と混同されるべきではないのです。しかも神から分離されるべきものでもないのです。神は自然を超越する事によって、よく自然に内在しているのです。神は匿れた神なのです。しかも顕われている神なのです。見えざる姿を失う事なくして、見ゆる事物に現われ給う神なのです。只有限な相から見るならば、自然は神から離れた存在なのです。しかし神に帰って見るならば、自然は神から離れていない幸いな存在なのです。無常なものの中に常住なものがあるのです。常住なものの中に無常なものが摂取されているのです。事物は有限なのです。しかし有限な事物も、無限な神の絶えざる住家となっているのです。否、事物が彼等の住家を神に持っているとも云い得るでしょう。凡てのものは分れてゆきます。しかし神は凡てのものを離さないのです。地には争いがあるのです。しかし神に帰るに及んで凡てのものには平和な運命が与えられるのです。生滅する現世の裡には、不滅なものが宿っているのです。変化は時間の浪の上に起伏する出来事です。しかし時間の流れに流されない永劫な不変なものがその彼岸にあるのです。しかもそれは遠い彼岸ではなくして、この岸よりも尚近い彼岸なのです。自然を超越している神が、自然に内在しているのです。

木や石は神そのものではないのです。この言い方に誤りはないのです。ですけれど同時に木や石に神の心が働いていないと云うなら、それは誤りなのです。碑はそれ等のものの存在の基礎なのです。科学が対象とする自然は、単に事物だけを抽象したものに過ぎないのです。しかし正しい事物の理解は、神を通して理解すると云う事でなければならないのです。自然は私達が見ている自然であるよりも、更に尚神が見ている自然なのです。正当に自然を理解する為に、私達は科学から宗教にまで進まなければなりません。なぜなら事物の存在の意味は、直接神の思想に干与しているからです。私達は事物を先に考えるべきではなく、神を先に考えるべきなのです。否、神を離れて事物を考えるのは、全く抽象的理解に過ぎません。自然から神の基礎を除去するならば、自然には認め得る具象的存在がないのです。賢明な思索者エリゲナは次の記念すべき言葉を私達に遺しました、「神は事物があるから彼等を考えるのではなく、神が彼等を考えるから事物があるのである」と。

凡てに神の面影を見た時、エリゲナは好んで「神現」'Theophany' と云う字を以て、彼の思想を伝えようとしました。彼は最も深く超越する神が一切に内在する事を解していた思想家の一人でした。「存在するものの本質をなすものは、聖なる智慧である」、「神がもつ一切の事物への認識が、一切の事物の本質である」、「思う事と行う事とは神において同一である」。これ等の言葉は吾々に驚くべき真理のかずかずを示してくれます。

凡ては神に思われる事によって生れたのです。そうして神において思うと云う事は、直ちに創る事であり現わす事であるのを意味します。創造と云う事は、神の思想における創造なのです。一つのものも彼の思想から離れてはいないのです。彼に思われずしては、現わるる何ものもないのです。凡ての存在は神の思想において準備せられた存在なのです。神が事物を想う事によって事物が造られたのです。故によく私達は事物の内に神の御業を見る事が出来るのです。自然への驚異は神への驚異なのです。

自然を讃えた多くの詩歌は、神への讃歌でした。花に見とれる時、人は神の顔に見とれているのです。もしその花が神の褥に座っているのを気附くなら、彼はもう凡ての自然の密意を捕えているのです。花も神の美しさを啓示する可憐な存在の一つです。そこには神の想いが包まれているのです。美しき神の思想の肉附けられたものの一つを吾々は花と呼びなすのです。花にも神のサクラメントがあるのです。それは象徴せられた存在なのです。吾々さえ耳を浄めるならば、花にも権化の教を聞く事が出来るのです。

私がよく神に帰るならば、花も又神の愛する憩いの場所である事を知り得るでしょう。人は花を地上に咲くと云います。しかし更に尚天国で咲いていると云う事が出来るでしょう。

地における花にはいつか凋落があるのです。しかしそれは単に状態の変化に過ぎないのです。神が意識している花そのものは永劫なのです。花に包まる神の思想にはかつて凋落がないのです。それは時を越えるが故に、未来にも凋落がないのです。私達が持つ花の観念には変化が伴うでしょう。しかし神が持つ花の観念は不動なのです。プラトーの愛した言葉を用いれば、花はイデアの世界において不変なのです。事物は神ではないのです。しかし凡ての事物は神から想われているのです。神の想いから離れている事物は一つだにないのです。事物には流転があっても、神のイデアにおいてそれは永劫の生命を約束せられているのです。無限に繋がれていない有限はないのです。変化ある自然もその象徴の意義においては不変なのです。絶え間なき神の啓示を相対の世界に射影して見る時、吾々の前に自然と名づけられる存在が与えられてくるのです。

かつてホイットマンは彼のいつもの健全さを以て歌いました、「私は物質を歌う、なぜならそれよりも精神的なものはないから」と。エリゲナもこう書いています、「私は想う、見ゆる物質の世界の中に、非物質的な精神的な何ものかを現わしていないものは一つもない」と。神を見棄てて物質のみを愛する者は、いつか時間の潮流によって押し流されるでしょう。同時に、物質の中に神の心を認めずして、物質を誇り忌む者は、自然から避け難い罰を受けるでしょう。私達は物質を受け容れていいのです。しかしそれは只神を受け容れる意味においてのみ許されているのです。それ故に私達がそれによって神を見忘れる場合は、物質を避けなければならないのです。か弱き私達には禁慾も意味深い教えなのです。しかしそれは過ぎゆかねばならぬ階段なのです。人はいつかそこを過ぎて自然に在ってしかも自然に束せられない自由さに到達しなければならないのです。その時は物質もまた彼に神を知らせる縁となるでしょう。

私達は超越を説く神観を常に受け容れていいのです。しかし同時に内在を説く汎神論の主旨をも受け容れるべきなのです。何れかに片寄る時、吾々は狭い不当な誤った考想に、吾々の神観を埋めて了うのです。超越と内在とは個々に論ぜらるべきものではなくして、それが結合せられる時にのみ、正しく理解せられるのです。神は限りなく遠くしかも限りなく近くに在す神なのです。

四

自然は多様な自然です。神が自然に自らを啓示する時、彼は如何なる姿をその個々に現わすでしょうか。神はこの処に濃く又彼処に薄く現われるでしょうか。又は一様に差別なく彼を現わすでしょうか。彼の現れもまた自然の多様と共に多種であると見るべきでしょうか。この問題は内在する神を想うにつれて必然に伴ってくる問題なのです。しかし今迄に吾々に与えられた解答は充分なものとは云えないのです。凡ての躓きは恐らく事物を通して神の内在を読むからであって、神の内在を通して事物を見る事を忘れているからです。神と自然との関係に就てのこれ等の二つの見方は、本質的に異った解答を吾々に示して来るでしょう。前者もまた一つの理解を構成します。しかし私は真に正しい内在への理解は、後者にのみ求むべきものだと云う事を信じる一人です。私は自然を理解する事によって神を理解する前に、神を理解する事によって自然を理解しておくべきだと考えるのです。神の泉から発しない凡ての思想は、永く持続する事は出来ません。

神の眼を通して自然を見る事が出来るならば、如何に見慣れない幾多の光景が吾々の前に示現されて来るでしょう。かつては知らなかった驚異や神秘が吾々を囲繞することの厚いのに心を忙殺されるでしょう。しかし私達は自然を見るのに私達の眼を頼るのです。頼るのみならずしばしばそれがたしかである事を訝らないのです。そうして凡てを神の眼に任じたらばと云う単純な考想にさえ私達を運ぶ事がないのです。神自らの自然における示現をさえ、私達の眼で見ようとするのです。かくしてあるがままの自然に、多くの作為を加えて解釈しようとするのです。この不純な人為的思想の挿入の為に、如何にしばしば私達は神の姿を見失っているでしょう。

例えば自然に内在する神を私達の心の中に想い浮べるとします。その時吾々は自然の事物が持つ性質に順じて、神の内在の度を思うのです。人と石とは異るのです。一つは高き位置を、一つは低き位置をこの自然に占めています。故に吾々は神が前者において多く現われ、後者において少く現われると云う事を訝りません。もし私が人と石とにおいて神の現れに相違がないと云ったら、聞く者は私の考えを無謀なものだと云うでしょう。それこそ私一個の眼を通しての理解だと呼ぶでしょう。しかし神の内在に程度の差を考えると云う事は果して正しい見解でしょうか。かかる考えは事物を通して神を量るからであって、神を通して事物を見る事を怠っているからです。

実際この自然においては人と石とに差別があり等級があるのです。自然が多様であると云う事は、それぞれのものが同一でないと云う事を意味します。自然には未だかつて同一なものはなく、今後もまたないと云う事が出来るでしょう。同じ人においても同じ石においてもその変化には尽きる処がないのです。しかしかかる異質性は事物にあるのであって、かかる差別が神にもあると思うのは誤りです。何故なら神は「一」としての神であって、そこには二がないが故に差別を設ける何ものもないのです。多少とか深浅とか高低とか云う事は、吾々の用いる相対界の言葉であって、神の世界にそれ等の言葉を当て嵌め得るとどうして云い得るでしょう。神は彼処に多く現われ、此処に少なく現われると云う様な事を持たないのです。或るものは厚く愛され或るものは冷やかに見られると誰が定め得るでしょう。神の想いは全き想いなのです。神は人間にも石塊にも彼の全き志を示し給うのです。神の愛に深浅を量るのは、私達の持つ愛から推度するからなのです。濃淡とか上下とか云う事は私達の世界にのみあるのです。神は常にかかる二元の性質を越えています。人は神の全き愛を受けているのです。石もまた神の全き愛を受けているのです。凡てのものは彼の愛において平等の世界に摂取されています。差別は只この世の事に過ぎません。差別の相において彼の愛を判く事は許されていないのです。多様な自然を通すが故に、神の愛にさえも差別があると見えるのです。しかし神の事は神を通して見られるべきです。「一」としての神は、彼の示現においても又「一」としての本質を失う事がないのです。自然は多なのです。しかし凡ての多に彼の「一」が示されているのです。

私がかく云う時、それなら一切の事物に同量に神が現われているのかと尋ねるでしょう。しかしそうではないのです。神の現れには差違がないと共に、同量である事もないのです。神における「一」とか「全」とか云う事は、量り得る世界ではないのです。彼の愛に度はないのです。量は神の心をはかる尺度とはならないのです。量は彼の世界には何の意味をも持ちません。量り得るものは相対のものに過ぎないからです。違量とか同量とかは再びこの自然での出来事であって、神はかかる性質を遥かに越えるのです。神においては、凡ての愛と云う事と一片の愛と云う事とが同意義なのです。何故なら、彼の愛は時と処と物とに拘わらず常に全き愛を意味するからです。全き愛のほかに、彼の愛はないのです。そこには多いとか少いとか同じとか云う性質を見出す事がないのです。神は事物の性質に応じて彼の愛を拡張する事もなく短縮する事もないのです。同じ様に一切のものに同量に彼の愛を分割するものではないのです。人に多く現われ石に少く現われると云う事が誤りであるのと同じ様に、人と石とに同じ様に神が現われると云うのも誤りです。神には同一とか差違とか云う事がないのです。量とか度とか云う事もないのです。彼の思想は全き思想なのです。神は一切の事物を全き彼の思想において準備したのです。吾々は自然の如何なる一部においても、彼の全き思想を学ぶ事が出来るのです。人も神へ吾々を結ぶのです。しかし一粒の砂も吾々を神に結ぶ愛の絆となるのです。私達は石に小さく貧しき神を見出す事は出来ないのです。

しかしかく云う時、私に向って二つの反論が呼び起されるかと思います。自然の個々のものに、神が全き彼を現わすなら、神は万物の多いと共に多くなければならぬ。それは「多神論」'Polytheism'と云う幼稚《ようち》な神観に陥ってくると。次にはこうも詰られるでしょう。全きものは唯一であって、数個ではあらぬ。故に自然の各々のものに全き彼を示すと云う事は矛盾である。もし神が一切のものに内在するなら、彼は全き彼を各々に与えるのではなくして、その一部を各々に与えているのであると。

しかしこれ等の実らしき批評も、やはり相対的な吾々の立場から、神を判く事から起る誤りに過ぎないのです。神は常に「一」を意味しています。それは宗教的な「一」でありますから、数えられる一でないと共に、数えられる多でもないのです。一とか多とか云う数は「一」の理解の何ものにも力を添える事が出来ないのです。多神論に対して人は「一神論」'Monotheism'を立てます。しかし一人の神と云う様な意味においての一神なら、それは極めて幼稚な思想に過ぎないのです。何故なら一人とか一とか云う事は、二人や二に対するものであって、相対的内容に過ぎないのです。それ故かかる一は一種の二だとも云い得るでしょう。「一」の世界に向っては、数における一とか二とか云う事を当て嵌める事が出来ないのです。神は数個の神ではないのです。しかし同時に又一個の神でもないのです。神は唯一な神なのです。唯一と一個とを混同する時、吾々は思想の混乱に陥るのです。もし神が一個の神なら、一切のものに一個の彼を現わすと云う事は不可能となるでしょう。もし出来るなら彼は数個の神とならねばなりません。しかし神は一個でもなく数個でもなく唯一の神なのです。彼は唯一性を失う事なくして万物に彼を示現するのです。

第二の非難に対してはこう答える事が出来るでしょう。神は部分的に現われる事はないのです。自然における個々のものは神の一部を分有するのではないのです。何となれば神は部分の総和ではないからです。否、神には部分とか総和とか云う別はないのです。彼処とか此処とか云う一部的個所を神は持たないのです。神には分つべきものがないのです。分割し得べき神はないのです。彼には一部なるものがないのです。彼は部分から成立しているものではないからです。彼は全き彼なのです。故に神は如何なる時においても所においても、「一」としての全き彼を啓示するのです。神は全一です。全一としての神なのです。しかし全一と総体とを同一視してはならないのです。これを混合するなら神の本質は見失われるでしょう。総体は部分の加によって成立するでしょう。しかし有限と有限との加は無限にはならないのです。全一は常に部分の加を越えるのです。全一に部分はないのです。それは分ち得る何ものでもないからです。神が自然に自らを示現すると云う事は、彼を無数に分割すると云う事ではないのです。神は自らを分割する事なく、万物の各々に彼の全一を示現するのです。事物は個々です。しかし神の示現は個々ではないのです。彼は如何なる時においても、如何なる物においても全一なる彼なのです。全一なる彼が、自然の個々にきざまれるが如き事はないのです。有限に破らるる無限はないのです。多に犯さるる「一」はないのです。神は彼の表現において、彼自身を乱す事はないのです。

個々の自然を通して神を見るならば、さながら彼は一部から成り立つ如く思えるでしょう。しかしそれは有限な立場から見る貧しい思想に過ぎないのです。部分は自然のものであって、神のものではないのです。かかる言葉は只私達にばかりあるのです。神は一部に自らを限定する事はないのです。自然の一部に在っても、彼は彼の全一を失う事はないのです。神を正しく解そうとする者は、私達の性質や事物の持つ性質を通して、神を思いみてはならないのです。自然には全体があり、部分があり、多寡があり、高低があるのです。しかし神にかかる二元的な性質はないのです。それ等は私達の用いる言葉なのです。神の字引に見出し得る言葉ではないのです。

神は全体や一部を超越する全一であり、一個や数個を離脱する唯一な神なのです。私達は全一な彼を通して、部分的な事物を観ずべきなのです。内在する神と神に内在せらるる自然とを、只かくする事によってのみ理解する事が出来るのです。反対に事物から神へと進もうとするなら、私達は神をも二元の相に封じるに至るでしょう。凡て私達の思惟を中心として廻転する思想は、相対の循環から永えに外に出る事が出来ないのです。

神の全き想いに深浅はないのです。或るものに強く或るものに弱いと云うが如きは、彼の全き性質から遠く離れるのです。そうです、有限な自然においては人と石とに階梯があるのです。しかし彼等を支える神の思想には等級はないのです。彼の思想は常に最上級なものをも越えるのです。吾々の思惟の中には大もあり小もあるのです。しかし神には大もなく小もないのです。神の国においては一切のものは兄弟であり姉妹なのです。アシジの寺の壁に、フランチェスコが「わが兄弟よ」と云って、小鳥に話かけている画があります。その画においてジオットーの筆は、宗教の王国が如何なる場面を吾々に示すかを鮮かに語っています。そこには全一なる神に抱容せられている万物が現わし出されているのです。

かく考えるならば事物の裡に神が居ると云うよりも、全一なる神の裡に個々の事物が在ると云うべきなのです。万有は神の王国に育ちつつあるのです。その王国からは一瞬時でも離れる事の出来ない存在を受ているのです。自然は神から去ろうとしても、去る事は出来ないのです。神は自然の存在の原理なのです。さながら影を身から離す事が出来ない様に、自然から神を除去する事は出来ないのです。なぜなら神を奪い去る時、私達は自然をも奪い去る結果に陥るからです。否、自然を取り去っても、尚神だけは取り去る事が出来ないのです。神が自然の中にいるなら、どこか隅の方に彼を追いやる事も出来るでしょう。しかし神の中に自然が在るのです。どこに自然を持ち去っても、何処にも全き神がいるのです。それも一部分な神なら何かで被い匿す事も出来るでしょう。しかし神に部分の姿はないのです。限りなき宇宙の大も彼を掩い去る事は出来ないのです。否、神の或る部分を匿したと思う時、他の部分に全き彼が現われているのです。如何なる一部も彼においては全一なのです。全一なる神の中に個々の自然が摂取せられているのです。これを他の言葉で云えば、超越している神に自然が内在しているとも云い得るでしょう。

自然は神に想われつつある自然なのです。しかも自然が美しいから、神が自然を想うのではないのです。神が自然を想うから、自然が美しく創られているのです。自然に神の思想を読まない者は、まだ自然を見てはいないのです。

第六信　神と吾々との関係に就て

貴方がたにお送りしたこの前の音づれで、見えない神を見ゆる自然の内に見てきたのです。更に又見ゆる自然を見えない神の内に見つめてきたのです。この神と自然との関係から私は転じて、神と吾々との関係が、如何なる縁によって結ばれているかを見ようとするのです。私はこれによって一層神が吾々にとって如何なる意味を持つかを深く認得する事が出来るでしょう。私はここに始めて人格的な神に触れて来るのです。「知られざる神」を解く者は、しばしば彼を吾々とは無関係な遠い世界に埋めて了いました。しかし神の問題はいつも吾々に活きてくるものでなければならないのです。進んでは私達の活きているその事が、私達の世界における出来事ではなく、むしろ神の世界における出来事であると感じねばならないのです。神に就てのこれ等の書翰は必然吾々に活きる神に就ての書翰でなければならないのです。

私は今親しく彼を真近くに想い回して述べてゆきたいのです。出来る事なら神様が私達の傍らに共に座って下さって、私の語る言葉に色々言い添えて下さる様に希っているのです。かくして私は私達の心に働きかける神を、まともに想いつつ筆を執る事が出来るでしょう。

しかしこれは単なる幸福な空想ではないのです。恐らく神に就て何事かを語り得るなら、それは私が語り得るのではなく、神の能《ちから》が私に働く事によって語り得るのです。神が私の側に、否、私の内にいなければ、私は神に就て正しい一言をも語り得ないでしょう。或る僧がこう教えたと云います、「貴方は貴方が外に求めるものを、既に貴方の内に持っている」と。私はこの真理を深く味わいたい為に、この一つの便りを自らの為に書き起し、そうしてそれを貴方がたにもお届けしようとするのです。

神と吾々、凡ての問題は遂にはこの二つの謎に向って集められてきます。人類は長い間この事に対して様々な思索を重ねてきました。恐らく今後もこの追尋が終息する時は来ないでしょう。生れ来る人の子は、この事を知る為にこの世に来るのだとも云い得るでしょう。早くも二人の人類の師の二つの言葉によって、この事が言い現わされました。

「汝自身を知れよ」。

「神を愛せよ」。

一つはアテネの賢者ソクラテスの言葉であり、一つはユダヤの聖者イエスの教えでした。味わわねばならぬ一切の哲理は、恐らくこれ等の二つの短い言葉の中に含まれるとも云い得るでしょう。この教えを如何に解すべきか、又これが何を意味しているかを味わう事に、人間の凡ての思想は集中せられて来るのです。

「汝自身を知れよ」、二千何百年の間この言葉は如何に平易な音を以て、吾々の耳に慣れ響いてきたでしょう。これこそ正しい明瞭な真理であると他人も許し自らも許すのです。しかしここに「汝自身」とは何を意味するでしょうか。少しくこの事を考える時、如何に誤られた理解において、この言葉が一般から受け取られているかを、想わざるを得ないのです。多くの人は自分自身と云う事を常識以外には解していないのです。いつも「自ら」とは他人に対する自らとして解されています。自己は自己が所有する一つの存在であると考えられているのです。即ち自身の性情や、自身の境遇や、自身の思想や又は自身の肉体が、他人のそれ等のものから区別されるものとして意識されているのです。そうして他人のものとは異った自らの個性が、何を意味するかを知れと云うのが、ソクラテスの教えだと、そう考えているのです。しばしばそれは自分の持つ特殊な性質を理解せよと云う意味にさえ、書き換えられて了うのです。

しかし果してそう云う意味に止まるでしょうか。そう解しても尚味わいがある言葉でしょう。ですけれどその真意には、かかる意味では測りきれない深さがあると私には思えるのです。そうしてその真意が見失われるなら、この貴重な言葉の大部分は抹殺されたのと等しいのです。

いつも私達は自我と云うものを私達自身から眺めます。そうしてこの事は反面に他の存在を預想しますから、それは自他の意識において吾々の前に現われてきます。自分の自己と他人の自己とは対立します。自己は差別せられた自己なのです。神に対し自然に対し、他人に対する一個の存在なのです。私達は自他の間に明晰な区劃をつける事によって、自我を意識します。

それは何ものにも所属しない自己が所有する自己なのです。この対立性と所有性とにおいて意識される自己は如何なる性質を伴うでしょうか。それは既に自他の世界にあるが故に、二元的な相対的な自我なのです。アテネの賢者は果してかかる相対我を知れよと教えたのでしょうか。もしそうなら私はそれが賢明な且つ深遠な教えだと考える事を躇うものの一人なのです。

これは私達が相対の世界において、相対の眼を通して見た自我なのです。しかし一度この見方を棄て、もし神の眼を通してこの自我を見るとしたらどうなるかを考えてみましょう。俄然として光景は一転して来るのです。神の世界には間隔と云う事がないのです。二つのものを分つ空間と時間とがないからです。否、分別すべき二つのものが既に許されていないのです。対立するものがないが故に、主もなく客もなく、自もなく他もないのです。神の世においては「吾がもの」と称え得べき一つのものもないのです。自我が一度神の眼に映る時、それは分たれた何ものでもなく、又私し得べき何ものでもなくなるのです。この境に入る時私達は自我を自己の所有であると主張し得る何等の権利をも持たないのです。それ故にしばしば信徒は真の自我は無我であると説きました。或いはこれを大我であるとも、超我であるとも名づけました。相対の自我を超越した究竟の自我がここに示現されてくるからです。宗教において忘我と云う事が深い意味をもたらすのも、この境に入るに及んで、神をまともに見得るからです。

私達の心に判かる自我と、神の心に受け取られる自我と、何れが真実な自我を語るでしょうか。私はそれが後者だと云う事を云い切る為に、次の様に考え起してみましょう。

個性と云う事に自我の念が最も鮮かに浮ぶとしても、それは常に「与えられた」個性と云う意味があるでしょう。自我の存在の前に、何か存在をして可能ならしめる意味が働いているわけです。自他と云う主客の二が凡ての事の出発ではなくして、未だ二に分れない境が、ものの基礎であると考えねばなりません。自我は自ら創る自我ではないのです。創られ与えられた自我なのです。私達は自我の彼岸に自我を越えた力がある事を認許しないわけにはゆきません。自我は何ものかに支えられる自我なのです。自我は超我に基礎づけられている自我なのです。私達は自身で立っているのではありません。それならどうしてそれを私のものだと云う事が出来るでしょう。自我は私の自我ではなく、公な自我なのです。それを私の所有だと云い切る事は出来ないのです。しかも又それを他のものから差別する事も出来ないのです。差別され得る自我は相対の自我に過ぎないのです。相対義に止まるものを、神は私の自我となしたでしょうか。私達はどうして差別された自我を主張しようとするのですか。相対の自我が真我だと云い得るでしょうか。どうして自我が自己の私有であると称え得るでしょう。私達は動かす事の出来ない基礎を私達を越えた世界に持っているのです。私達はその力に従属しているのです。それに支持される事によって存在しているのです。私達は私達自身で存在しているのではないのです。

「我れあり」と云う事は私達の用い得る言葉ではないのです。エックハルトは驚くべき内省を以て次の様な明確な言葉を遺しました。「我ありと真に云い得るのは神のみである」と。これは決して消える事のない濃い墨を以て、人類の経巻に鮮かに記さるべき不滅な文字の一つです。

かつてデカルトは「我思う、故に我あり」と云う有名な命題を遺しました。もし思うと云う事が一切のものの発足であり基礎であるならば、彼のこの言葉は真理として受け容れる事が出来るでしょう。しかし思うと云う事は分別する事なのです。分け判く事なのです。思惟の世界は必ず二を預想するのです。比較し分析するものなくしては思惟は成立しないのです。私達はかかる分たれた二の世界を一切のものの発足とする事は出来ないのです。二と云う事それ自身が未分の境に依存するものは基礎とはならないのです。私達は二を更に越えた世界に溯らねばならないのです。いわんや「我れ思う」と云う時、それは他に対する我であって、相対の意味を出ないのです。かかる基礎に立って許さるる自我の存在に、私は究竟な確証を期待する事は出来ません。

ここにエックハルトの思索を当て嵌めるなら、我思うと云う事を真に云い得るのも神のみなのです。彼をおいて他にこの言葉を究竟義において用いる事は出来ないのです。それ故自我の存在と云う事が許されるなら、それは我思う故ではなくして、神思う故でなければならないのです。私は言葉を次の様に置き換える事によってのみ、真の自我の意味を解く事が出来るのです。「神思う、故に我あり」と。

私が活きるから私が存在するのではないのです。私が思うとか私が行うとか私が語るとか云う事から、究竟な意味は導かれてはこないのです。「私」と云う事は、只相対の世界にのみあるのです。相対なものは、ものの基礎となる事は出来ないのです。敬虔深い凡ての信徒は「吾れ」とか「吾がもの」とか云う言葉を慎みました。自我への執着や、自我の跋扈は人を神から遠ざけるに過ぎません。完き私の行いと云うが如きは矛盾する命題だと云わねばなりません。完き人であったと見做し得る程のイエスすらこう云いました、「何故我を善しと言うや、神ひとりの他に善き者なし」と。正しき行いは只神の行いにのみあるのです。古い「民数紀略」にも信心に厚い言葉を読む事が出来ます。「我はエホバの言葉を越えて己れの心のままに善きも悪きもなすことを得ず。我はエホバの宣う事のみを言うべし」と。

私達は「我あり」と云う言葉を神の所有から私達の所有に奪ってはならないのです。否、奪う事は許されていないのです。それ故ソクラテスが「汝自身を知れよ」と云った時、それは「神自身を知れよ」と云う事と結ばれているのです。それは決して他に対する自我とか、神を離れた自己とか、又は己れの所有する自我とか云う意に解すべきではないのです。「汝に潜む神を知れよ」、「神に支えらるる汝を知れよ」、「汝を知る事において神を知れよ」、又は「神を知る事によって汝を知れよ」。言葉はかかる意味を含むでいます。「自身を知る」と云う事が「神を知る」と云う事と結合されていないならば、それは恐らく意味淡い教えに過ぎないのです。私の愛する尼僧ジュリアンの句に、「かくして私には自己の霊を知るよりも、神を知ることの方がよりよく準備されている事を確信する。実に神を知るまでは自らの霊を知り得ない程、神は吾々の霊の中に深い根柢を持っている」。シエナの聖女カタリナは云いました、「私はもはや私と云うものを見出していない。神を除いた私と云うが如きものは存在していない」と。私の裡に神のみを見出す時ほど、真に私自身を見出している場合は決してないのです。

聖ヴィクトルのフーゴーに次の句があったのを覚えています、「神に登る道は、自己に降る道である」と。私達は神を深く知る事によって自己を深く知り得るのです。そうして又自己を深く知る事は、神を深く知る事に吾々を導くのです。「神への意識と自己への意識とは離す事が出来ぬ」とはシュライエルマッヘルの言葉でした。私達は神の問題と自己の問題とを分けて論ずる事は出来ないのです。アルベルト・マグヌスは彼の著「神への帰依」にこう書いています、「神に登るとは、自己に入るとの謂である。何となれば自己に入る者は自己に徹し、自己を越え、真に神に昇るからである」。

自己を深く知ると云う事は、自己を越えた世界を知ると云う意味を伴うべきです。自己を正しく見る事は、自己の中に神を正しく見る事を意味するのです。仏教はそれ故しばしば「見性」と云う事を云いました。そうして「見性」と云う事が「成仏」であると教えました。私達は自己を熟視し、自己に透徹し、自己を超越する事によって、神そのものに真の自己を見出す事が出来るのです。自己と神とが二相である時、私達は自己をも又神をも知る事は出来ないのです。

二

存在の根柢に意味があり、自我の内面に神があると云う事は何を吾々に告げるでしょうか。それはこの有限の存在が無限の世界と深い縁《ゆかり》を持つと云う事を暗示するのです。無常だと思われるこの一生が常住なものに常に触れているのです。変化するものの奥深くに不変なものが包まれているのです。中世紀の人々は吾々の裡に神の「素種」が播かれていると考えました。それは暗きに輝く「小さな火花」であるとも名づけました。クエーカーの言葉を借りれば隠れたその力を「内なる光」と呼ぶ事も出来るでしょう。それは既に私達のものではないのです。むしろ私達こそそれ等のものに依属していると云わねばならないのです。それは神が私達の中に彼自らを現わしているのだとも云い得るでしょう。又は神のかかる力に吾々が宿り得ているのいのだと云い切る事が出来るのです。

人性と云う事と神性と云う事とには固い結合があるのです。仏徒の巧みな言い現しを借りれば「自性」と云う事なのです。涅槃経には「一切の衆生、ことごとく仏性あり。如来常住、変易あること無し」と記されてあります。所謂「心外に仏なく、仏外に心なし」と云う真理を、私達は受け容れなければなりません。心性を見ると云う事は仏性を見ると云う事を意味します。遠い梁の時代に書かれた傅大士の「心王銘」は、「即心神仏、即仏即心」、「心を離るれば仏に非ず、仏を離るれば心に非ず」と記しました。自らの内面に見えない神を見ない者は、自らに対する正しい思想を得る事は出来ないのです。更に又神の内に自らの見えない姿を見出さない者は、神をすら見失っているのです。

私はこの二つのものの間にある密かな関係を、更に進んでこう考えなければならないのです。私達は神を思うと云いますが、しかしそれよりも一層確実な事は神が私達を思うと云う事なのです。思うと云う事を全き意において云い得るのは只神のみなのです。私達の思惟の世界には真偽の二があるのです。しかし彼の「思い」には誤りはなく洩れはなく、欠くる所がなく又薄らぐ時がないのです。私達の観念の中に神があるのではなくして、却って神の観念の中に私達があるのです。私達の存在は彼の全き思いの中に包まれているのです。彼が私を思う事によって、私の存在が与えられるのです。人類は神の思想の中に在るのです。神が私達を思うと云う事が、私達の存在そのものになるのです。なぜなら神において思うと行うとは同一なのです。私と云うものが在って、神が私を思うのではないのです。神が私を思う事によって私が在るのです。私の存在は神の意識の裡に創られているのです。私は神から思われている存在なのです。否、彼に思われる事から離れられない運命にあるのです。私は私自身を殺す事は出来るでしょう。しかし私の内にいる神を殺す事は出来ないのです。彼が私を思うその心を断つ事は出来ないのです。私の見ゆる存在よりも、見えない神の基礎が、私にとってより確実な、より密接な関係を持っているのです。私が消え失せるとも、私の上にふり注がれている神の愛を消す事は出来ないのです。私の生命は神と結ばれている事において不死なのです。私は死すとも、神に活きる私の霊に死はないのです。

私の存在が神の思想の裡に在ると云う事は、神が絶え間なく彼自身を私の裡に啓示すると云う事を意味します。エックハルトの言葉を用いれば、「神は彼の子を私のうちに産むのです」。私の裡に私が在ると云うよりも、更に神が在るとこそ云うべきなのです。それは私が所有しているものではないのです。パウロはコリントに在る教会に宛ててこう書き送りました、「汝らの身は、その内にある神より受けたる聖霊の宮にして、汝らは己の者にあらざるを知らぬか」と。

凡ての存在は神の意志から単独に孤立する事は出来ないのです。私はここに私達の存在が神の意志の現れであると云う考えに導かれて来ます。彼の意志の肉附けられたものを私達の存在と呼びなすのです。聖ヨハネは彼の伝えた福音書に記念すべき言葉を遺しました、「ロゴス肉体となりて、吾等の中に宿り給えり」。外なる形は常に内なる心の象徴なのです。権化の思想は、最も正しく最も深い存在への理解であると云わねばなりません。権化の意なき存在は、只の形骸に過ぎないのです。それは抽象せられた存在に外ならないのです。権化と云う事より、より具体的な意味を存在のうちに見出す事は出来ないのです。「創生記」は匿す事なくあらわな筆でこう書きました、「神言い給いけるは、我らに象《かたど》りて我らの像《かたち》の如くに人を創造《つく》れり」。

自己への正しき反省は、自己の裡にある神への反省を意味しなければならないのです。自らへの驚きは直ちに神への驚きである筈です。神に象《かたど》られて創られた己れに対する驚異の情でなければならないのです。しかも私達は何故神が私達に降生するかを顧みる時、再び異常な驚嘆に入ってゆくでしょう。アウグスティヌスはこう云いました、「神は神自らの為に吾々を創り給うたのである」と。ブレークはこうも云いました、「吾々が神の如くなる為に、神が吾々の如くになり給うたのである」と。神から私が出づると云う事は、神に私が帰ると云う事を意味しているのです。私は神が神自らを思うその思想の中に置かれてあるのです。神は自らを出づる事によって私に入り、私は自らを出づる事によって神に入るのです。神が私に降ると云う事と、私が神に昇ると云う事とは同一の意味を持っているのです。神が自らの為に私達を創ったと云う事は、私達が神の為に自らを捧ぐべき事を意味します。エックハルトはこの密意を巧みにも次の様な言葉で云い現わしました、「子を産む事は神なる父の性質である。同じ様に神のうちに生れる事が神の子の性質である」と。彼より出づる者は彼に甦るべき者たる事を内意します。神の啓示と云う事と、私の帰依と云う事とは同一なのです。私達の一生は神から生れ出で、神に生れ入るこの二つの間の歴程を指すのです。

存在は象徴せられた存在です。内なる意味の外なる現れなのです。外によって内が生ずるのではないのです。内自らが自らを発展する時、外なる姿が伴うのです。吾々の肉体があるが故に、神がそこに宿るのではないのです。神が宿る事によって肉体が呼び求められてくるのです。見えない力の肉附けられたものを見ゆる姿と呼ぶのです。在るものは一つとしてサクラメントを現わさぬ場合はないのです。内によって呼ばれた外なのです。

貴方がたはあのイエスがメッシヤとなったのだとお思いですか。断じてそうではありません。メッシヤが地の衣を着た時、それがイエスと名づけられたのです。クリストと云う意味がなかったら、イエスと云う存在は許されていないのです。地上においてて彼の名はイエスと云われています。しかし神は常にイムマヌエルと云う名において彼を呼んでいるのです。彼は人の子なのです。しかしそれよりも以上に神の子なのです。彼は神を常に「父よ」と呼びました。ヨセフが彼のまがう事なき父であるなら、神は更に確かな彼の実の父なのです。イエスの母マリアはヨセフの妻マリアであるよりも、一層処女マリアであったのです。ヨセフがマリアに交った事が確かなら、神は更に深くマリアに交ったのです。神の妻をこそ処女と云うのです。イエスが処女から生れたと云う事に少しの誤謬もないのです。処女への信仰を棄てるのは神への新たな懐疑に過ぎないのです。イエスがヨセフを父として生れたと云う事は、彼が処女を母として生れたと云う事への何の妨げにもならないのです。イエスが人の子であると云う事によって、彼が神の子であると云う事を否む事は出来ないのです。真に具体的なものは神の子としての存在なのです。イエスには生死があったのです。しかしクリストには永生のみがあるのです。故にクリストとしてのイエスは、今尚メッシヤとして吾々の間に活きているのです。メッシヤの意なきイエスは只の名目に過ぎません。メッシヤとしてこの世に呼ばれた人を、イエスと名づけたのです。イエスが生れる前に、クリストとの意味が既に約束されていたのです。いつもイエスは、「創生よりも前に神と偕《とも》にありし御栄え」を想い慕っていたと云われます。彼はまだ彼とならない前に既に神と共にいたのです。私は彼が「アブラハムよりも前に在るなり」と云った言葉に尽きない味わいを感じています。

私は信仰がイエスの誕生の地をナザレからベツレヘムに移した事にも、深い意味があると思うのです。地上で書かれる伝記は、イエスの生地をナザレと書くでしょう。しかし神の手記にはベツレヘムで生ると書いてあるのです。なぜなら彼はイエスたるよりも更にクリストたる事を意味するからです。もしも彼がベツレヘムに生れていないなら、ナザレに生れる事も許されていなかったでしょう。人の子としての彼は、ガラリヤの町に生れたでしょう。しかし神の子としての彼は、ユダヤの都に生れたのです。そうしてその両者の間には何の矛盾もないのです。否、密な関係よりほか、見出し得る何ものもないのです。クリストと云う意味があればこそイエスの一生が与えられているのです。クリストに呼ばれた人をイエスと云うのです。イエスはクリストに基礎附けられているのです。イエスとイエスとの距離よりも、イエスとクリストとの距離の方が近いのです。否、イエスはクリストから外に出る事は出来ないのです。クリストもまたイエスを彼から離す事を許していないのです。イエスはクリストの現れなのです。彼の三十三年の生涯において、永劫の生命が啓示せられたのです。彼においては活くる事がクリストたる事なのです。もしイエスと云う存在が歴史から抹殺する事が出来ないなら、彼が救主であると云う意味は尚更抹殺する事が出来ないのです。なぜならイエスが救主と云う資格を得たのではなくして、救主がイエスとして生れたからなのです。

彼はこの遣わされた彼の存在を如何に深く意識していたでしょう。ヨハネの筆によって彼自らの言葉としてこう記されています、「我は己より来るに非ず。真《まこと》の者ありて我を遣し給えり」。「我は一人ならず、我と我を遣し給いし者と偕《とも》なるに因る」。「わが汝等に云う言葉は己によりて語るに非ず。父われに在して御業を行い給うなり」。「我は父におり、父は我に居給うなり」。「それわが天より降りしは、我が意をなさん為にあらず。我を遣し給いし者の御意《みこころ》をなさん為なり」。彼自らが云った様に、イエスを信ずる事は直ちに神を信ずる事を意味するのです。

私達は自覚しませんけれど、私達に対して人性と云う事よりも神性と云う事の方が、より根本的な基礎をなしているのです。私は私の体や私の心の何処の部分からも、神を外に逐いやる事は出来ないのです。私は私の中に居ると云うよりも、一層彼の中に居るのです。私の一部に彼が居るのではないのです。彼の中に私の各部が在るのです。私は何処に私の存在を持って行くとも、只彼の中でそれを置き換えると云う事に過ぎないのです。それ故彼から外に出る事は出来ないのです。それも彼の外に別の世界があるなら、或いは彼から逃れる事も出来るでしょう。しかし凡ての世界が又彼の中に在るのです。それ故何処の世界に入っても彼の中に入るに外ならないのです。これが私達の運命に賦与せられた驚くべき神秘なのです。

三

私は今、自己への正しき認識は、必然神への認識を意味すべきだと云う事を説いてきたのです。むしろ神への認識によって、初めて自己への正しき認識が可能となる事を書いたのです。神と吾々との離れ難い関係に就て考えてきたのです。転じて私が「神を愛せよ」と云うイエスの教えに来る時、私は一層この間における微妙な関係を学ぶ事が出来るのです。

智慧を慕ったギリシャ人は自己への省察を求め、信仰を味わったユダヤ人は神への愛慕を求めました。しかし「自己を知れ」と云う言葉が、深き反省もなく迎えられるのと同じ様に、「神を愛せ」と云う教えが如何に安逸な句として解されているでしょう。誰からもこれは清い句だと思われるに及んで、その真意は益々遠ざかっているのです。或る場合誰でも用いる言葉だと云う事は、一面誰からも解されていない言葉だと云う事を意味します。何故なら易しいと思うが故に、その至難な意味が見失われているからです。神とか愛とか、これ程深い問題はこの世にはないのだと云う事が出来るでしょう。この句を真に解き得たら私達は即刻に死すとも尚幸いなのです。

人も「神を愛せよ」と教えます。又吾々も「神を愛する」と云います。しかしどうして吾々に神を愛すると云う事が可能となるのでしょうか。人は神を愛する力が吾々にあると最初から許している様です。しかしどうしてこの事が許されているのですか。人は無反省にも神は吾々から愛せらるべきものであり、吾々は彼を愛すべきものだと云います。よしこの言葉が正しい敬念を以て云われたとしても、私達は極めて細心な注意をここに払わねばならないのです。凡て神のことはしばしば云った様に、私達の立場から考えるべきではなくして、神自らの立場から見られるべきなのです。神は愛せらるべきものだとか、又は愛すべきものだとか云いますけれど、それは私達の立場による不敬な云い現わしだと思うのです。私達は私達の愛で神を包み得るでしょうか。私達は彼を愛し得るほどの完き愛を持ち得るでしょうか。私達の浅き愛は却って彼を愛していない事を示してはいないでしょうか。吾々は如何なる資格を以て彼を愛すると云い得るでしょうか。どうして聖き愛を私が所有し得るでしょうか。又は神への愛を私の愛だと主張し得るでしょうか。

凡てこれ等の考えは、神への理解の不足に因ると私には思えるのです。又は私の立場から神を見ようとする不遜な慎みを欠いた態度だと考えるのです。なぜなら「愛す」と云う事を真に行い得る者は、神のほかにないからです。全き愛は神のみが持ち得る所有なのです。彼は愛せらるる神であるよりも愛する神なのです。私から愛せられる事によって神と私とが繋がれるのではないのです。神が私を愛する事によって、私と神とが繋がれるのです。私が神を愛するよりも前に、神が私を愛しているのです。愛によって私と神とは結ばれます。しかしその愛は私の力が持ち得るものではなくして、ひとり神のみが支え能う愛なのです。

かくして私は一つの温い神秘の前に立っている事を気附きます。即ち愛の中に私が活きるとは、神が私を愛するからなのです。私が持つ愛に依るからではないのです。私に愛が許されるのは神が私を愛するからです。故に私が神を愛し得るなら、それは神の愛によってのみ愛し得るのです。私が神を愛し得るのではなく、神が私をして神を愛させるのです。さもなくば私は神を愛する事は出来ないのです。神を愛し得るのも神の力に依るのです。彼の助けなくしては、彼を愛する事が出来ないのです。丁度太陽の光なくして太陽を見る事が出来ないのと同じです。私が単独で太陽を見ているのではないのです。私が見ているのではなく、光に助けられてのみ見得るのです。

それ故「私が神を愛する」と云う言葉は、「神が彼自らを私の中に愛する」と云う句に書き換えられねばなりません。私の愛によって神が愛されるのではなく、神の愛によって、私に神を愛する事が許されるのです。神を愛し得るのは私の行いではなく、神から許さるる恵みなのです。それ故それを私の愛だと呼ぶ事は出来ないのです。

もし私の愛なら、それは有限な浅き愛に過ぎないでしょう。どうしてかかるもので神をよく愛し得るでしょう。神への愛を私の愛だと呼ぶ限り、かかる愛によって全く愛さるる神はないのです。人は「私が愛する」と云う様な言葉を慎まねばなりません。「神を愛せよ」と云う事を私において果し得ると思ってはならないのです。かかる資格が私にあると考えてはならないのです。「神を愛す」と云ぅ事は、「神に愛されている」と云ぅ意識と常に結合するものでなければならないのです。神の愛によってのみ神を愛し得るのです。神への愛は私が左右し得るものではないのです。いわんや私が完うし得るものではないのです。

「神を愛す」と云ぅ事には、敬虔な態度が伴わねばなりません。それは既に神に対する私の行いではなく、私に対する神の行いにおいてのみ満たされる事なのです。愛はひとり神の御手にあるのです。彼の愛なくしては彼を愛する事すら出来ないのです。彼は私達から愛せらるると云うよりも、彼自らによって愛されているのです。全き愛は神が彼自らに加えるその愛の裡にあるのです。彼は私達の愛を借りるのではないのです。私達が神に愛を借りているのです、彼は私達から愛せられる幸いを受けようとするのではなく、彼を愛する幸いを私達に与えようとするのです。彼と私達との間に通う愛は、彼によってのみ許さるる恵みなのです。人はみだりに「私は神を愛している」と云うが如き慎みなき言葉を用いてはならないのです。私は彼の愛なくしてどうして彼を愛し得るでしょう。

私は今神と吾々との関係に就て考えているのです。そうしてその関係が吾々によって保たれているのではなく、彼の御手によって支えられているのだと云う事を明らかにしようとするのです。そうしてかく解する事より、より深く又より近くその関係を考え得る場合が他に決してない事を説こうとするのです。もしその関係が私達に委ねられているなら、吾々の限りある力で、どうして神を私達の真近くに常に置く事が出来るでしょう。彼から離れ、彼に叛き、彼を見失う事もあるでしょう。しかしよし私達が見失うとも、幸いその関係が彼の御手に委ねられているのです。それ故私達は彼から決して離れる事のない幸いを受けつつあるのです。神と吾々との関係は実に神の保証によるのです。それは究竟的な保証なのです。よし私達が彼を愛さなくとも、彼は私達を愛していない場合がないのです。故に神と吾々との密な関係は常にくずされた事がないのです。しかもその固い結合は、彼の愛による結合なのです。神の愛が神と吾々との関係そのものなのです。

私達はしばしば神を遼遠な彼岸にいる者と思います。神と私達とはさながら両端の相逢う事のない直線上の、各々の極に置かれてあるものの如くに解します。その二つのものの存在には地と天との間にある涯もない距離が置かれています。しかし神と吾々とは限りない直線上の両端に座しているのではないのです。遠き神は同時に近き神たる事を意味するのです。神においては遠近の二が一に結ばれているのです。この密意を知ろうとする者は、神と私達とを直線の上にではなく、円周の上に見出さねばならないのです。この事によって私達は幾多の謎を解く事が出来るのです。円周において左に進む事は直ちに右に入る事を意味します。「神は彼に入《はい》りに彼を出る」とエックハルトは云いました。そうして神はその出入の途上に私達を置いているのです。神は神を出づる事によって人に入り、人は人を出づる事によって神に入るのです。タウレルは短い言葉のうちにこの深い秘義をこう云い現わしました、「神が彼から出る扉は、神が人に入るその扉である」と。そうして私はこれに附け加えて云い得るでしょう。私が私を出る扉は、私が神に入るその扉であると。神は円の上に私達を置く事によって、常に彼自身に私達を帰らせているのです。私達は円輪を廻るが故に神を離れると共に神に近づくのです。昔瀉仰宗《いぎょうしゅう》の人々は円相においてのみ宗教の密意を説きあかしたと云います。神と私達とを繋ぐ線は円なのです。それ故私達は神と離れ得ない関係に在るのです。

詩人ブレークは、この深き意味を次のやさしい言葉を以てこう歌いました。

'I give you the end of golden string;
　Only wind it into a ball,
It will lead you in at Heaven's gate,
　Built in Jerusalem's wall'

「私は金の糸の端を貴方にあげる。それを只球に巻いて下さい。それはあのエルサレムの壁の中に建っている天国の門において、貴方を内へと案内してくれるでしょう」。

貴方がたの身が故郷から遠く離れれば離れるほど、貴方がたの心は故郷へといや近づいてゆくでしょう。私達が神を離れると云う事は、神を慕う心を強めるのです。プラトーは彼の美しき哲学において「思慕の説」を唱えました。私達がこの有限の世に降ったと云う事は、再び無限へ帰るが為だとも云い得るでしょう。人生の旅は神へ憧れる心のうちにあるのです。しかも終りなき旅に私達の運命が置かれているのではないのです。神は円輪の道を私達の為に設ける事によって、常に彼の許に私達を帰らせて下さるのです。彼を出でた私達は今や彼に帰りつつある旅にあるのです。そうして彼への思慕に吾々の心は今充されているのです。ノヴァリスはかつてこう云いました、「哲学は懐郷に病む心である」と。哲学と限らず、宗教もまた限りなき神への追慕の中に在るのです。たえざる神への意識が、宗教の心なのです。再びノヴァリスの言葉を借りれば「至る処に吾が家を求めたい衝動」をこそ宗教心と呼ぶのです。そうしてここに「吾が家」とは「神の家」と云う事を指すのです。なぜなら「神の家」よりもより真の「吾が家」はないからです。私達は神から遠く離れているのです。しかし神は常に私達を彼に近づかせているのです。否、彼は彼の心を私達から離した事がないのです。それ故私達もまた彼から少しも離れ得ない関係にあるのです。

四

私は今神と吾々との近き関係に就て書いてきたのです。しかし「近い」と云う様な間柄において、その関係が終るのではないのです。私は更に進んで近いと云う距離すらないと云う事を明らかにすべきなのです。その間には一つの空間もなく時間もなく、又間と云う字すらないと云うべきなのです。私はこれによって、吾々の運命に用意されている不可思議な摂理を更に深く味わう事が出来るでしょう。

私達は神を求めると云います。しかし前にも明らかにした様に神を求め得るのも、神の力に依るのです。それ故私が神を想うよりも、神が私を想う方が前なのです。私が神を求めると云う事は、私が神から喚ばれている事を意味するのです。私が神を求めると云うよりも、神が私の中に神を求めているのです。神への要求は神からの喚求なのです。「吾々が神を訪ね、神を目撃する事は、神自身の意志である」とジュリアンは書きました。人は神を外に求めますけれども、既に神が内にいずしては神を求める事は出来ないのです。しかも私が如何に強く彼を求めても、彼が私を求める度に及ぶ事は出来ないのです。私が神を求める叫びよりも、神が私を呼ぶ声の方が遥かに強く遥に冴えているのです。神を求めて外に出る私は既に彼の心において彼の内に入っているのです。パスカルはこう云いました、「悦べよ、汝は既に神を持たずして、神を求めはしないのである」と。神は私達に求められ、又私達が求めるものであるよりも、私達が神に呼ばれ、又神が私達を呼んでいるのだと云わねばならないのです。

聖書には「求めよ、さらば与えられん」と書いてあります。しかしよもやイエスは「さらば」と云う字を挿し入れはしなかったでしょう。私の行いが因で神の行いが果である筈がないのです。求めるが故に与えられるのではなくして、与えられているが故に求めるのだと云う方が真実なのです。神は私達に与えると云う事を約束せずして、私達に求めると云う心を許しはしないのです。否、更に徹して云えば、その間に因果の関係すらないでしょう。時間の経過はなく只同時があるのみなのです。求めると云う事と、与えられると云う事とは同一なのです。人が「神よ」と求める声を、神は常に「汝よ」と云う彼自身の声に響かせているのです。神は凡ての人の声を彼自身の声において受取るのです。回教の詩人ジャラルディンはこう歌いました、「汝がアラーよと云う叫びは、我れここに在りと云う神の叫びである」と。

アウグスティヌスも云いました、「神を真に求めると云う事が、神を持つその事である」と。エックハルトの言葉に、「汝が神に心を開くのと、神が汝に入るのとは同時である」と。又「神と私とは、私が神を識るその働きにおいて同一である」と。

更に又「私が神を見る眼は、神が私を見るその眼と同じである」と。「神に酔うた人」と云われるスピノザに次の言葉があった事を私はいつも想い起します。「神に対する心の知的愛は、神が彼自身を愛するその愛である」。

かくして私は次の真理を述べる事が出来るでしょう。有限な私達にとって、有限と云う事よりも無限と云う事の方が、遥に深い関係を持っているのです。私達の一生は現世における出来事なのです。しかし現世における出来事の凡てが、神の世における出来事となっているのです。しかし多くの者は只この世の立場にのみ立つ為に、この驚くべき真理を見失っています。しかし一度神の立場に帰って人生を眺めるならば、視野は急速に転換するのです。近いと思われた地は却って遠く、遠いと思われた天は近きに在るのです。否、天国のその中に彼は一切を見出すのです。聖アウグスティヌスは云いました、「神は余の最も内部なる個所よりも、更に内部にある」。神は常に内の内にあるのです。彼よりも更に近く私に関係するものはないのです。エックハルトは実に鋭くこの真理を云い破りました、「何ものも神より余に近いものはない。神は余が余におけるよりも更に余に近い。余の存在は、神が余に近く、常に余のうちに現在すると云う事に依拠している」と。神よりも更に私達に近いものはないのです。否、その近さよりも近いものはないが故に、近いと云う距離すらないのです。神と吾々とは二つではないのです。神と吾々とと云う言葉が既に不充分なのです。

「吾々は真に地上に在るよりも、天国に在る」とはノルウィッチの尼僧ジュリアンの言葉でした。私達はこの世と云う言葉を単独でつかう事すら出来ないのです。なぜならこの世は孤立したものではないからです。彼岸から隔離された此岸はないからです。浄土から切り離して現世を見るならば、凡ては無常なのです。しかし一度浄土をその内面に見る事が出来るなら、無常なものもまた常住なものに摂取されて来るのです。地に死ぬるとも天に活きるのです。なぜなら彼岸が此岸よりも尚密に私達の生活に交っているからです。

ノヴァリスはこうも云いました、「吾々は知見のものよりも、未見のものに、より多く関係する」と。見えない世界が見える世界よりも、より明らかに見えない間、私達は神の神秘を味わう事は出来ないのです。古人が穴なくして響き出づる笛の音に、耳をすませたと云う事を私は奥床しく感じています。私達は見える世界や触れ得る世界が最も確かなものだと思う事は出来ないのです。見えず触れ得ない世界が却って凡てのものの基礎なのです。

神から離れるならば私の存在は許されていないのです。私は私の存在を自らにおいて左右する事は出来ないのです。それは既に神の所有に依属するのです。そうしてこの神への依属においてのみ、私と神との完き一が可能となってくるのです。もしも私が神を私に結ぶのであるなら、どうして完き結合を保証する事が出来るでしょう。「私が神に固く縋る事は常にいいのです。なぜなら、私がもし彼の裡に宿らないなら、私は私の裡にも宿る事が出来ないからです」、アウグスティヌスは敬虔な念をもってこう書きました。又或る個所では同じ意をこうも述べました、「されば吾が神よ、もしも御身が私の内に在さざりしならば、更に又私が御身の内に在らざりしなば、私は存在する事が出来なかったのです。全く存在する事が出来なかったのです。万物は御身より出で、万物は御身に依り、寓物は御身の裡に在るのです」。神が私達の存在を保証していないならば、私達は私達自身をすら保つ事が出来ないのです。しかしもはや私達は私達自身をすら棄てる事が出来ないのです。なぜなら神が固く私達を保留しているからです。私達は神自らの意志に呼ばれて、常に神と一体である命数を受けているのです。私は次の傅大士の句を非常に美しいものだといつも想います。

「夜々仏を抱いて眠り、
朝々還《また》共に起く。
起座鎮《つね》に相随い、
語黙同じく居止す。
纖毫も相離れず、
身と影との如く相似たり。
仏の去処を識らんと欲せば
祇這《ただこ》の語声是なり」。

回教の詩人ハーラジの次の句も私には忘れられないものの一つです。

「私は私が愛する彼なのです。そうして私が愛する彼は私なのです。
吾々は一つの体に住むでいる二つの霊なのです。
もしも貴方が私を見ているなら、それは彼を見ているのです。
そうしてもし貴方が彼を見ているなら、貴方は吾々二人を見ているのです」。

「我と父とは一つなり」とイエスは云いました。又「父我れにおり、我父におる」とも云いました。神と吾々とを一如において観じる時、凡ての思想はその頂に達するのです。仏徒は如何に「相即」の念を深く解し又慕っていたでしょう。「即」と云う一字に凡ての哲学は集るのです。神と私とと云う対句を神は私に許してはいないのです。「一即ち一切であり、一切即ち一」であると「信心銘」は歌いました。

神は私達にこの一如の福祉を味わわせようと希っているのです。一に凡てが交る事に神の愛が注がれているのです。私が神と一つとなる為に、神は私と一つとなっているのです。神はたえず彼自身を私に与えているのです。既に私をして彼を離れる事を許さないのです。それが神の疲れる事のない望みであり、契いであり、且つ又行いなのです。私達と離れない事に神自身の生活があるのです。只私達が愚かである為に、彼の尽きないこの愛を知らずにいるだけなのです。彼がかほど迄に私を離さない事を意識せずに、私は彼と関係なき者の如くに暮しているのです。エックハルトはいつもの鋭さで書いています、「神は彼自身を吾々に与えるまで休む事はないのです……神は常に吾々と偕《とも》に居ようと熱中しているのです。そうして吾々さえ信ずるなら、彼自身を吾々に持ち来すのであると吾々に教えているのです。神が人を彼自身に持ち来す事によって、彼を知らしめようと求めているほどに、人は何物をも熱心に求めてはいないのです。神は常に準備しています、しかし吾々は準備していないのです。神は吾々に近いのです、只吾々が彼から遠くにいるのです。彼は内に在るのです、だが吾々が外に在るのです。神は家の中に居るのです、しかし吾々が見慣れぬ客となっているのです」、「神は彼自らを吾々と一つならしめんと急いでいるのです」。

私はここに神と吾々との間に潜む深き関係を説いてきました。しかしそれは関係と云う様な言葉で言い現わさるべきであるよりも、むしろ一体とこそ云うべきなのです、私達はそれを最も近き距離に見出すと云うよりも、進んで距離なきに、結合せられたる神と吾々とを見出すのです。最早語るべき二つの問題が残されていないのです。私も必然にこの便りの筆を洗うべき終りに来たのです。

第七信　神の愛と救いとに就て

これは今度私から貴方がたへお送りする終りの便りです。それ故私も凡ての神学の終りの章を形造る救済の問題に就て、私に許されている理解を述べようと思います。私は今吾等を愛し救い給う恩寵の神に、心を引かれて筆を執るのです。私は恐らくこの便りにおいて最も厚く神を想い慕いつつ筆を続ける事が出来るでしょう。なぜなら神を想う事は、神の愛を想う事において最も深い感激を受けるからです。その時神は彼の高い御座を降りて私達の心を訪れて下さるからです。それは見えない神ではなくして私達に親しく語る神なのです。私達の為に落涙し私達の為に微笑し私達の為に罪をさえ負うて下さる神なのです。私はここに最も厚く人格としての神の温かさを見出す事が出来るでしょう。しかしかかる彼の温かさをよく伝え得る筆はないのです。もし愛としての又救い手としての神が、この便りによってもう一度貴方がたに親しく意識せられるなら、それはもはや私の力ではないのです。この便りを出す私の事を想わずに私に力添えて下さる神の事を想いめぐらして下さい。彼を慕う事は常にいいのです。私達は地上の多くのものを愛し恋します。しかしかかる愛が是認される場合があるならそれによって神への愛がいや強まる場合においてのみです。神への愛を奪う凡ての愛を私達は慎まねばなりません。彼より少しでも小さき者に私達は私達の愛を費してはならないのです。真に慕わしきものは神のみなのです。彼を愛さずしては、正しく他のものを愛する事は出来ないのです。ここに愛としての神を語るのは、神を愛したい心に依るのです。更に又彼の愛を悟りたい希いに依るのです。この筆を続ける間、かかる願いが乱れない様にと、心のうちに念じています。

一

私はここに愛と云う字を、私が神を愛するその愛に用ゆべきではなく、神が私を愛するその愛に用ゆべきなのです。この字から呼び起される最も深き意味を尋ねようとするなら、私達は神の愛に行かなければなりません。彼の愛のほか誠の愛を見出し得る場合はないのです。私が如何に純に神を愛したとて、神が私を愛するその浄さを越える事は出来ないのです。しかもヨハネが彼の書翰で云った様に、私が神を愛するのは、神がまず私を愛しているからです。私達に愛と云う事が許されるのは、それが神の愛を受けるからなのです。「吾れ愛す」と云う言葉は只神のみが正当に用い得るのです。私は神の助なくしては正しく愛する事は出来ないのです。故に愛と云う字を真に使い得るのは、只神の愛の場合においてのみなのです。他のことごとくの愛は全き愛とは云えないのです。全き愛、即ち神の愛とは何を意味するでしょうか。私はこの事を解したいのです。

再び私達は神の愛を想うに際して、私達の愛を通して考うべきではないのです。人の愛がそこに交ってくるなら、どんなにか理解は不純にされるでしょう。神の事は私を離れる事によって見なければならないのです。それで私は神の愛を味わう為に、問題を次の様に書き換えて尋ねる事が出来るでしょう。

神的な愛とは究竟的な愛との意を含みます。それ故私達は神の愛を正しく理解する為に、それを究竟の相において観じねばならないのです。裏から云うならばどこ迄も相対の義を離れて見ねばならないのです。それ故に先ず私達の愛を以てそれを測る事は出来ないのです。なぜなら人間の愛はいつも二元の間に彷徨っています。この世における愛は反面に憎みを預想します。私達の愛は只憎愛の世界に在るのです。多く愛するものはしばしば多く憎むのです。神の愛を想う者は、私達の愛によってそれを判じてはならないのです。相対の義に陥るなら解し得る神の愛はないのです。それは私達の愛に例え得るものでもなく、又並び得るものでもないのです。私達の強き愛も、彼の愛の前には力がないのです。

私達はこう考えなければなりません。彼の愛は究竟な愛なのです。それ故そこには憎愛の二がないのです。憎みを反面に持つ愛ではないのです。彼の愛には対辞がないのです。憎みを許さざる愛なのです。愛それ自らにおける愛なのです。私達の持ち得る愛ではないのです。如何なる事も彼に憎みの情を起さす事は出来ないのです。憎みを起させる程の力がこの世にはないからです。彼を怒らせようとしても彼はそれを愛で受けて了うのです。彼の愛を乱し得る程の人はないのです。彼は愛それ自身なのです。愛が神なのです。

憎む神と云う事を思っても、それは吾々の愛を通して見た神に過ぎないのです。神彼自らと、私達の見る神とを同じであると思うのは誤りです。私達は憎悪と云う観念を神の所有の中に見出す事は出来ないのです。神は或る者を好み或る者を嫌うと云う様な神学を、私は受け容れる事が出来ません。それは人間の相対な性情から作為した考想に過ぎないのです。私達の不浄な心から判じる結果に過ぎないのです。単に私達が憎みなき愛を持つ事が出来ないのに起因しているのです。神の愛をかかる弱さにおいて思う事に私の心は堪える事が出来ません。愛の神学はもっと究竟な無上な基礎の上に建つべきものだと私は思います。

神は愛なのです。愛が神なのです。愛とは彼においてはそれ自らにおける愛なのです。愛のほかに何ものをもその傍らに立つ事を許さないのです。全き愛なのです。充つる愛なのです。溢れ出づる愛なのです。どこに憎みを容れる余地があるでしょう。彼は愛し愛するのです。愛する事が、彼なのです。彼は愛自体です。彼が在って愛すると云うよりも、「愛する彼」があるのです。愛である彼には憎むと云う場所がなく暇がなく又性質がないのです。かく想う時、実に私達の目前に現われる場面は一変します。私達自らも私達を囲む自然も、彼の愛から固く守られている運命にあるのです。否、彼の愛からは決して脱れ得ない命数にあるのです。私はこの奇しき事実を想うて胸の躍るのを覚えます。

人は神に向って愛を希願します、特に苦しき時悲しき時に彼の愛を頼み求めます。ですけれど神は人の求めを待って人を愛するのではないのです。いわんや求められるから愛するのではないのです。人が求めるよりも遥か先に、神は彼の愛をふり注いでいるのです。否、彼の愛には時間もなく方処もないのです。彼は彼の愛を一度でも棄てた事がないのです。かつて休めた事がなく未来にも休める事はないのです。否、彼の愛を求めない人にすら、彼は常に全き彼の愛を示しているのです。彼の愛は私達の態度によって左右されるが如きものではないのです。

しかし人はしばしば詰問します。神がかくの如き深き愛であるなら、何故多くの人類は飢え苦しみ、破れ悲しまねばならないのであるか。何故人は病いに痛み死に悩まねばならないのであるか。どうして彼等の悲嘆や彼等の苦痛をそのままに繰り返させつつあるのであるか。神は人を愛し救うと教えは云う。しかし未だかつて人類の苦しみは癒されず悲しみは慰められていないではないか。それは私達が愛されていないと云う活きたしるしではないか。

私はこの苦い声に向ってこう答え得るでしょう。それ等の悲しみを彼の愛の薄さに帰す事は出来ないのです。それは長い間人類が神の愛を忘れた罪によるのです。今尚人は神の愛を離れて浅き愛や濃き憎みの間に彷徨うからです。その苦しみは人自らが産んだのです。産みつつある罪なのです。神の愛の深さを忘れた罪であって、彼の愛が浅いからではないのです。否、人類が今悲しい命数に泣くのを見ればこそ、神は彼の愛をいや強めているのです。苦い出来事があるから神の愛が否まれるのではなく、却って強まっているのを知るべきなのです。最も深く神の愛を意識する場合があれば、それは恐らく悲しさや苦さに私達がもだえている時です。かかる経験のない人から神は却って見失われているのです。富んだ人で信仰に深い人は何処の国においても稀なのです。聖書が云う様に、心に貧しき者や悲しむ者に、神は天国の喜びや慰めを約束しているのです。地上においては悲しみや悦びがあるでしょう。生や死があるでしょう。しかし未だかつて神の王国にかかる変易はないのです。それ等の出来事の為に、神が人類に用意している全き愛に変りはないのです。地上において吾々がかかる命数から離脱し得ないからこそ、神は彼の愛において凡ての者の運命を守護しているのです。

私達はこの世において苦しみ悶えます。その時私達は神の愛を見捨てようとします。彼を呪おうとさえします。しかしそれは大きな大きな誤りです。私達が苦しむよりも前に神は私達の為に自らの心を苦しめているのです。私達が淋しさの為に涙にくれる時、神は更に多くの涙を私達の為に流しているのです。私達が地上において不運な命数に逢えば逢うほど、又かかる命数から免かれ得ないからこそ、彼は私達をそのままの状態において救おうとするのです。彼は冷やかな神ではないのです。温かき人格としての神なのです、親しく吾々に話しかけ吾々を慰め吾々を励まして下さる神なのです。この世に痛ましい事があるから彼の愛を疑うべきではなく、いや深く彼の愛に信じ入るべきなのです。かかる痛ましき出来事は私達の罪にこそ帰すべきものであって、彼の罪に負わすべきものではないのです。全き神に一つの罪をも見出す事は出来ません。人は如何なる境遇においても神を讃美していいのです。そうしてこの讃美の心を一度固く捕え得たら、吾々の環境は未だかつてない光景を開展するでしょう。喜びも神への感謝であり悲しみも神への感謝となるでしょう。生においても人は神の愛を知り、死においても彼の愛を感じるでしょう。なぜなら如何なる時においても処においても人に対しても神は常に全き彼の愛を現わしていない事はないからです。過日私は十四世紀頃ドミニカンの僧が書き遺していった草稿に、次の物語りがあるのを見出しました。或る日御告げによって或る僧が会堂の入口に行った時、一人の乞食に逢いました。余りに憐れな姿なので僧は憐みの心を感じ、その乞食の為に神が幸いや御救いを与えるようにと祈ってやったのです。しかし乞食の答えは思いがけないものでした。私には悪い日が一日だってあった事がなく、不運だった事が一度だってないと即座に答えるのです。僧はこの答えの前にうろたえました。彼はその意味を話す様にと頼んだのです。乞食は喜んで次の如く答えたと記されてあります。

「貴方は私に好き日を望んで下さった。しかし私には一つの悪い日もないとお答えしました。なぜなら私は飢える時でも神を讃えています。寒くとも霰が降るとも又は雪や雨が降るとも又は空が晴れている時も霧がある時も、私はいつも神を讃美しています。私が人から温くされようが、嫌われようが私は等しく神を讃美します。それ故私は一日でも悪い日を持った事がないのです。貴方は私に幸運が来る様にと祈って下さった。しかし私には不運と云う事がないと貴方にお答えしました。なぜなら私は神と一緒に暮しています。そうして彼がなす凡ての事は最善なものであると確信しています。それ故に私に起る凡ての出来事が、悦ばしいものにしろ然らざるものにしろ、楽しくとも苦しくとも、それは神が私に与えてくれる最上のものだとして受けているのです。貴方は私に幸いを希って下さった。しかし私は不幸だった事はかつてないとお答えしました。なぜなら私は一切の私の愛情を只神の御意にのみ注ぐ様に決心しているからです。それ故私は只神の欲する事のみを欲しているのです」。

苦さにおいて神を呪う者は、神の愛が何であるかを知らないのです。神の愛が何であるかを知っている人は、この乞食の様に苦さの中において最も深く神を讃美するでしょう。なぜなら吾々の苦さによって彼の愛の薄さを知り得るのではなく、却って厚さをこそ味わい得るからです。この世の苦悶は彼の愛を疑わしむる何等の力ともならないのです。却って固き神への信仰をこそその時見出し得るのです。悲しみのない人は神を感じる事が最も薄い人なのです。

二

私は次に神の愛に包まるる吾々の命数に就て考えてゆきたく思います。吾々は常にはてしもない相対の波上に漂う身なのです。私達の心は時として高き愛の波に乗りますけれど、すぐ低き憎みの波に沈んでゆきます。しかもその憎愛や好悪はそれ自身多寡の二に分れ、濃淡や浄穢の別を持つのです。それ故私達の神に対する心はいつもこの二元の間を上下します。或る者は神を濃く愛し或る者は神を薄く愛します。又同じ者でも或る時は強く或る時は弱く、或る場合には多く或る場合には少く愛するのです。時や処や個性の世界から吾々は越える事が出来ずにいます。否、ただに神への愛が有限であるのみならず、私達はしばしば神を忘れています。忘れるのみならず、愛そうとする志さえ持たず、進んでは彼を憎み嫌い、更に又彼を拒け彼に逆らい、遂には神を呪い彼を殺そうとさえするのです。

ですけれどもかかる変易が神の愛には未だかつてあった事がないのです。愛そのものである神は、愛のほかに彼の行いを示す事はないのです。その愛は究竟な愛です。それ故如何に人類から彼が薄く愛せられ嫌われ、又むごく取扱われても、彼は未だかつて彼の愛を止めた事がないのです。神にはかつて愛したとか、今だけ愛するとか、未来に愛するとか云う事がないのです。彼の愛に時間は入って来ないのです。同じ様に此処においてとか彼処においてとか云う限られた場所に彼の愛が集る事はないのです。彼の愛に向って空間は一つの意味をも持たないのです、同じ様に或る人を少く或る人を多く愛すると云う事は決してないのです。彼の愛の眼の中に万有はその差別を映す事が出来ないのです。彼の愛は全き愛です。彼はその全き愛において一切を摂取するのです。

しかしかく云う時或る人はこう詰るかも知れません。かかる愛は却って不公平な愛ではないか、なぜ神は正しき者に多くの愛を注ぎ、邪まな者に憎みを送らないのであるか。善き人と悪しき人とが共に神の寵児であると、どうして云い得るであろうと。しかしかかる疑いは神の愛の聖さを知らないから起るのです。人には善悪の差があるのです。彼は賢愚の別から脱れる事が出来ないのです。しかし神の愛に二面はないのです。その愛は全き愛なのです。神はその愛を差別する事なく、差別せられた凡てのものを、全き彼の愛の内に摂取するのです。この世において差別せらるる凡ては、神に入る事において平等の幸いを受けるのです。有限な吾々がこの地上において差別の境遇を脱れ得ないからこそ、神はそれを差別のままに受け容れ、平等の温みに包むのです。人は神の差別なき境においてのみ、差別の衣をぬぎ得るのです。

私達は神を愛する資格を得る事によって、神に愛されるのではないのです。もしそうなら誰がこの世においてかかる全き資格を持ち得るでしょう。想えば私達は神から愛される何等の資格もないのです。資格があると傲る人があっても、傲るその事が既に資格を持たない事を意味しています。誰も神の前に自らの正しさを全く主張する事は出来ないのです。もし正しき資格を持つが故に神から愛を受けるなら、地上から神の寵児は永えに出ないかもしれないのです。神が私達に愛を注ぐのは、私達が自らにおいて彼に愛さるる資格を得る事が出来ないからなのです。誰も神の愛なくしては神に愛される事はないのです。自らが愛される正しさを持つからではないのです。神に愛されると云う事は、神の行いであって、私の行いに原因するものではないのです。愛は恵みなのです。私達自身にどうして愛される資格があり得るでしょう。資格がなければ愛を受け得ないと云うなら、私達は永えに神の愛に浴する事は出来ないでしょう。

私達が正しいから愛されるのではないのです。又正しくないから愛されないのでもないのです。愛すると云う事は神自らの意志なのです。私達の行為の上下によって左右する事は出来ないのです。人は自らを顧み愛されるだろうか、又は愛されないだろうかと云って迷います。しかし即刻に愛される資格がないのだと云う事を深く深く省みるべきなのです。どうしても自らにおいてはその穢れをとる事が出来ないのだと悲しみ悲しむべきなのです。しかし同時に想い廻らして下さい。愛される資格は私達にないのですけれども、愛すと云う神の意志をそれによって乱してはいないのです。否、否、愛すと云う彼の無上な意志を破る資格もまた私達にはないのです。私はあの親鸞の驚くべき言葉を想い起さざるを得ません、「悪をも恐るべからず、弥陀の本願をさまたぐる程の悪なきが故に」と。

これは驚くべき言い現わし方です。愛すと云う事が神の本願なのです。そうしてどんな力もこれを破る事は出来ないのです。全く愛される資格のない私達の不浄な一生すらも、彼の愛の本願をさまたげる力にはならないのです。私達は彼の愛から脱れる事は出来ないのです。資格があって愛されるのでもなく、資格がないから嫌われるのでもないのです。神が愛するから愛されるのです。無条件に愛されているのです。愛は神のものであって、私達が所有しているのではないのです。否、所有し得るものではないのです。そうして所有する事が出来ないからこそ、神はいや強く私達を愛して下さるのです。

私達は自身においては神の手を握る事は出来ないのです。ですけれど神が私の手を握って下さるのです。それ故彼の手を離す事が出来ないのです。決して彼から離れる場合がないのです。彼がかつて一度も私の手を手離した事がないからです。神と私達との愛は彼の愛であって、私達の愛ではないのです。

私達はどうしてしばしば神を愛する事が出来ないのでしょうか。それは私が愛そうとするからなのです。しかし神の助けなくしては神を愛する事は出来ないのです。私達が神を愛し得るのも、神が私達を愛するのも、共に神の愛によるのです。私達が愛そうとするから、私達は神を愛する事が出来ないのです。

私達は神を忘れます、しかし神は私達を忘れる事はないのです。時として神を私達は嫌います、しかし神が私達を嫌う場合はないのです。彼を私達はしばしば拒けます、しかし拒けたと思っても彼は私達により近く接してくるのです。離れたい離れたいと思っても、近づきたい近づきたいと彼が想うので、私達はどうする事も出来ないのです。彼がそれを只想っているだけなら、実際に離れる事も出来るでしょう。しかし神においては思うと云う事と行うと云う事とが同一なのです。離れたいと私が思っている時、神は既に近づいて了っているのです。私達が一歩離れたと思う時、神は二歩近づいているのです。それ故離れようとする行為が、即座に神に近づく行為となって了うのです。私達と神との距離より、より短いものはないのです。否、一すじの溝すらないのです。神は彼の愛によって未だかつて私達を手離した事がないのです。

エックハルトは短い言葉の中に、かいつまんでこう云いました、「神から脱れようとする者は只彼の胸に近づくに過ぎぬ。何となれば凡ての隅は神に向って開いている」。貞信と云う尼が三十一文字の中にこう歌いました。「西へゆく御法をすてて東路へ、帰る我が身を迎えとるとは」。私は過日「禅林類聚」巻の九に心を誘う次の物語を読んだのです。

「昔、城東に一老母ありき。仏と同生してしかも仏に見《まみ》ゆるを欲せず。毎《つね》に仏の来るを見ては即ち廻避す。しかもかくの如くなりといえども、東西を回顧すれば総て皆これ仏なり。遂に手を以て面を掩う。十指の掌中においてもまた総てこれ仏なり」。

かかる句は私に深い真理を示してくれました。何処にゆくも神が私達を待っていてくれるその驚くべき事実を、この様に卒直に言い現わしてくれる句は、他に多くはないだろうと思います。

私が愛していない場合ですら、神が私を愛するのですから、私は彼の愛から脱れようがないのです。私が断わっても神は彼の愛を止めないのです。いやだと云うと、尚その愛を強めるのです。「畏るべき恋人」だと詩人トムスンは呼びました。貴方がたは彼の宗教詩「御天《みそら》の猟犬」を読んだ事がおありですか。驚くべき言葉の中に驚くべきこの真理が歌い出されているのです。いくら逃げても逃げても神は逃げるものを追いかけて来るのです。ふりむくも彼がいるし、前をむくも彼が待っているのです。神は私達を恋しているのです。私達はたえず恋されているのです。彼の恋に固く捕えられているのです。それなのに人は神を忘れるのです。彼に冷やかなのです。彼を恋しないのです。神はきっと失恋の苦しみを嘗めておられるのです。淋しいにちがいないのです。彼には断え間ない恋の悶えがあるのです。しかし如何に淋しくとも苦しくとも彼はその恋を思い止る事は出来ないのです。絶えざる失恋によって、彼は恋の焔をいや燃やしているのです。

想いみて下さい。私達は神の恋を受ける程の価はないのです。私達の心の顔は美しくないのです。それなのに神は私達を恋して下さるのです。それも並ならぬ恋なのです。それなのに私達は神を冷やかに取り扱うのです。私達は神の苦しさを察しなければならないのです。そうして、もったいない私達の運命を想わなければならないのです。

神は今や花嫁の装いをして凡ての男の霊を訪れています。そうして花聟の装いをして凡ての女の霊を訪れています。それなのに私達は私達の心を動かす事なく、それを冷やかに見過ごしています。しかしかつてソロモンが歌った様に、神は凡てのも

事なのです。その貴方が誰であろうとも、凡ての愛が貴方に注がれているのです。

忘れないで下さい」。神が凡ての人を愛するとは、一人を愛すると云う事なのです。そうしてその一人は誰でもなく貴方と云う

るのです、「愛する友よ、貴方が誰であろうとも、どうかこの接吻を受けて下さい。私は特にそれを貴方に上げるのです。私を

のです。貴方がどの人であろうとも、貴方が神に恋されているのです。ホイットマンが歌った様に、神はこう貴方に告げてい

しかも神が人を恋する時、彼は彼の恋を貴方と他の人とに分けているのではないのです。彼の凡ての愛を貴方に集めている

のに言寄せて、「行いて我れ恋い悩む」と告げよと囁いているのです。

三

愛としての神への理解は、遂に御救いとしての神への理解に私達を進めてくれます。私はゆき亙る神の愛に就て想い廻していたのです。恋によって未だかつて私達を手離した事のない彼に就て心を躍らせていたのです。罪の暗きに沈む吾等に向って、今やかかる神は如何なる力として現われ給うでしょうか。私は遂に救済の問題にまで導かれてきたのです。ここに凡ての宗教はそれが教え示す最後の真理に来るのです。私達の霊は罪の苦悩を脱して、どうして救われる事が出来るのであるか。神はこの事に向って如何なる愛を吾々に示し給うのであるか。救済は如何にして果されるのであるか。浄土は如何にして約束せられるのであるか。吾々はどうして天国に甦る事が出来るのであるか。宗教の終りの問題であるこの大きな如実な事項に就て、触れねばならぬ場合に私は到達したのです。

私は再びこの問題を解くに当って、それを私達の問題として取り扱うべきではなく、直接神の問題の一つとして考うべきであると思うのです。私達はしばしばこう尋ねます、救いと云う事があるであろうか。どうしたら吾々は救われるのであるか。果して救われると云う事があるであろうか。救われる為にはどうしたらいいのであるか。もしや私達は救われないのではあるまいか。救いと云う事を私達の問題として考える時、かかる疑いが次を追うて現われてきます。しかし私達が一度それを神の問題として見る時、如何に異った世界へと導かれてくるでしょう。この問題を神の手から奪って私達において考えるなら、恐らく私達は望みなき暗黒の中に私達を葬らなければならないでしょう。私達は自ら罪を浄める事によってこの事を解決し得ると思うかもしれません。しかし私達自身で自身を全く浄め得ると誰が云い得るでしょう。有限な吾々にかかる力が許されているでしょうか。罪の問題を自ら解き得る程の力が吾々にあるでしょうか。いわんや自らを救い得る保証が吾々の手にあるでしょうか。誰もそれを肯定しきる事は出来ないのです。依然として私達は不浄な罪から助かるかどうかを自問しなければなら

ないのです。

問題は私達をしてその答えを神に委ぬべき事を求めています。そうして満足なる答えの密意が、彼の手にのみ握られている事を感じないわけにはゆきません。罪ある吾等が又罪なくしてどうして罪を取り除き得るでしょう。罪やその赦しやその救いは、私達が解き得るものでもなく、又解くべきものでもなく、只ひとり神のみが解いてくれる問題なのです。神を離れては何ものをも闡明する事が出来ないのです。神に帰るならば凡ては彼において解き得ることのみとなるでしょう。神の問題と救済の問題とを分ける事は出来ないのです。

限なく愛し、全き愛を以て愛する神は、その愛において常に赦しを用意しています。そうしてこの事は神が凡ての罪を贖って、人を救済し、その安息を準備している事を意味するのです。愛は赦しの心であり、赦しは救いの心です。そうして救いは休らいの固い契いなのです。愛としての神は救い手としての神なのです。救うと云うことに神は彼自らの意味を深く見出しているのです。彼は救う神なのです。ここに救うと云う事が神の行いであると云う事を忘れてはならないのです。それは究竟な救いであって、吾々が持つ救いの力をこれにたとえる事は出来ないのです。彼の救いは無上であって、救わないと云う様な場合を持たないのです。救い自らなのです。救うと云うその意志を何ものも枉《ま》げる事は出来ないのです。救ったとか、救うかも知れないとか、救うだろうとか云う意味がそこにはないのです。彼の救いは「永遠の今」において働いているのです。救いつつある神なのです。

人はしばしば果して救われるか救われまいかを訝ります。又救いと云う事があるかどうかを疑います。しかし救いを約束する者は、神なのです、私達ではないのです。もしそれが私達の行いに依存しているなら、誰も絶対な救済を保証する事は出来ないのです。いわんや浄土を約束する事は出来ないのです。しかし私達にこの事を契う者は神なのです。救いは救い自らである神による保証なのです。それはもはや私達によって左右する事の出来ない力の示現なのです。

私達はただに自らにおいて救う力がないと云う事を自覚すべきのみならず、更に救われる資格があるから救われるのではないと云う事を内省せねばなりません。神は資格を待って救おうとするのではないのです。又吾々に資格があるが故に救うのでもないのです。更に又救いを人から求めらるるから救うのでもないのです。救う神は処と時と人とを彼の救済の預件とはしないのです。救うその事が神の希願なのです。そうして神における救済の誓願は、直ちに衆生の救済を意味するのです。如何なる人といえども彼の救いから見逃される事はないのです。しかも凡ての時間が彼の救いの心によって満されているのです。更に尚一切の場所が彼の救いの中に横たわっているのです。僅かの空間もそこから外に出されてはいないのです。

神は未だかつて救わるべき資格を人に要求した事はないのです。又救われたいと云う求めを待っていた事はないのです。又正しき者のみを救おうとするのではないのです。凡てそれ等の事に依拠する必要を待たず、彼は彼の救済の希願を残りなく果しているのです。救いつつある神の力によって、凡てのものは救われている状態に在るのです。只吾々の信仰が乏しい為に、この驚くべき出来事が、正しく認められていないに過ぎないのです。

私達は救われようとします。救われたいとあせります。しかし自らにおいてその事を計ろうとするならそれは誤りです。救いは神の御手にあるのであって、私達のものではないのです。私達のものだと誤認する時、救い得る自分はないでしょう。私達自らでは救い得ない故に、神は私達を救おうとする希望を尚強めているのです。神を忘れて自らを頼るものに向って、光りはその輝きを匿して了うでしょう。

一蓮院と云う師がかつてこう簡単に尋ねたと云います。「助かるつもりか、助けられるつもりか」と。こんな短い言葉の中に、よくも深い真理を煮つめたものだといつも想い廻らします。或る日のこと貞信尼が同じ師に向ってこう尋ねたと云います。

「私の胸のうちは薄紙《うすがみ》一重がとれ兼ねてこまっております」。

師の仰せに、「誰でも、ここまではやっと仕終せたが、ここで薄紙一重がとれたならといつも思う。しかしそれは思い違いだ。助かる身になって助かるのではない。助かられぬものを如来様が助けて下さるのだ」。

薄紙一重がとれ兼ねるのも、自らで取ろうとするからです。それが取れきれないのも、取ったら神から愛されると思うからです。自らで何事かをなし得ると思うからです。神に頼る事が如何に正しい事であるかを知らないからです。助からぬものをこそ助けようとする彼の求めを思い当らないからです。

吾々の眼から見るならば、或る場合は救わるべきであり、或る場合は救われる筈がないと思えるでしょう。併し神の心には「或る場合」と云う様なものがないのです。罪ある者は自らを省みて、もしや救われないのではあるまいかと危ぶむでしょう。しかし「もしや」と云う様な言葉は神の字引にはないのです。神は彼の救済の本願において、何等の条件にも依拠する事がないのです。条件によるが如きものが、彼の本願となる謂われがないのです。

神はその救おうとする意志に対して、吾々の状態が如何なるものであるかに躊躇しないのです。凡ての人類をあるがままの状態において、彼の救いの心に摂取するのです。私達にとっては救われないと云う事の方が不可能なのです。そうして一切のものの救済は神の御意によって動かす事の出来ない事実となっているのです。もうこの幸いな神の約束を破る事は出来ないのです。どうしても出来ないのです。

前に書いた同じ一蓮院師の言葉の中に、こう云う事があったと伝えられています、「もし仏様が吾々にどうにかなって救われる様にせよと仰せられたら、どうにもなられませぬと云って仏様から逃れる事も出来ようが、そのままでいいと仰せられるので逃げようはないではないか」。教えがここまで来る時、私達にはもはや云うべき事も残っていないのです。このままにして神の限りなき御恵に受けとられてゆく命数を想い、もはや感謝のほか何ものもない様に思います。

もう一つ私はこの驚くべき師一蓮の言葉を引用しましょう。或る折弟子であった貞信尼がこう尋ねたのです、「ひょっとして地獄に落ちましたらどう致しましょう」。その時の師の仰せに「ひょっと所ではない、必ず落ちる者を如来様が必ず助けてやろうと仰せられているのだ」。

神はたえずこう囁いているのです。私に救わせてくれ救わせてくれ、お前が救われる幸いを私に委せてくれお前に救われる資格を得よと求めはしない。それはお前にとっては無理なのだ。それだから私に救わせてくれ。そのままでいいのだ。安心して私の胸に頼ってくれ。救いたい救いたいと想うこの心が、お前に通じてくれる事を念じている。神はきっとこう私達に話しかけているのです。

四

聖書に記された数多い物語の中で「放蕩息子」の話は、私にいつも忘れられないものの一つです。罪の子に対する親の愛が、胸に迫る様に響いてきます。なかんずくそこに記された教えよりも、次の様な言葉に私の心が動かされています、「なお遠く隔りたるに、父これを見て憫み、走りゆき、その頸を抱きて接吻せり」。「なお遠く隔りたるに……走りゆき」、私は思わずも涙に誘われています。神の愛を身にしみて味わいぬいていたイエスの口からこそ、生れ出た言葉だといつも思うのです。

私達が罪に泣くよりも先に、神はもう私達を抱て涙にぬれておられるのです。私達が神に近づくよりも前に、神はもう私達へ走り寄って私達に口吻《(マヽ)》しているのです。遠くに隔っていればいる程、彼は私達の側を離れじと念じておられるのです。私達からはまだ見えない程の遠くに神が離れていても、神はいつも彼の目の前に私達をつれてきているのです。片輪の子は、いつも親にとってはいとし子であると云われます。「盗みする吾が子が憎うのうて、縄かける人がうらめし」と人情は告げています。いわんや神はどれ程に罪ある者の為に彼の愛を強く注いでいるでしょう。彼の愛は憎む事を知らない愛なのです。彼の赦しは咎める事のない赦しなのです。彼の救いは陥る事を許さぬ救いなのです。一切は彼において救われているのです。神とは救主としての神なのです。如何なる罪も彼の赦しの心に躊らいを起さす事はないのです。それを疑うのは、神の愛を私達の愛から考えるからなのです。

罪への容赦は神においては即刻なのです。そこには時間さえないのです。しかも罪の軽重にすら動かされていないのです。否、罪が重ければ重いほど、神は全き憫みと赦しの心とを彼等に送るのです。送る事を忘れる場合がないのです。彼は彼の愛においてそれを契っているのです。私はここに有名な親鸞の言葉を思い出さざるを得ません。「善人なおもて往生を遂ぐ、いわんや悪人においてをや」。これ程大胆なしかもこれ程真実な言葉があり得るでしょうか。これは最も高い宗教書の中に金の文字で記さるべき言葉です。

神は実にこの救済の発願を果す為に、自らをさえ犠牲にする事を躊わないのです。血を流す事をさえ惜しまないのです。神は凡ての者に自らの死をさえ用意しているのです。凡ての殉教者の一生には神の血が交っているのです。私は神が彼の一人子を十字架につけて、人類の罪を贖おうとしたと云う教えに、動かす事の出来ない真理を感じています。罪から脱れ得ない吾等であるから、神は常にその罪を贖い給うのです。吾れ等を浄めようとする本願のために、神は彼の浄き身に凡ての罪を背負おうとしているのです。神は吾れ等を活かさんが為に、吾等の中にたえず死んでおられるのです。イエスの死はそのまがう事のない現れなのです。吾等を救う為には神は彼の死を恐れてはいないのです。救主としての神は贖罪としての神なのです。もしも神が罪を負ってくれないなら、人類は暗き地獄に永えな呻きを重ねなければならないのです。そうしてこの苦しみを想えばこそ、神は私達に救いを契って下さったのです。今も契っておられるのです。未来もこの契いに変りはないのです。

神のかかる限りなき愛に摂取されているその世界を、私達は浄土と呼び天国と呼ぶのです。人は天国の有無に今尚思い迷います。しかしそれは私達が地上において判いているからなのです。地上における私達は天国の存在を約束する事は出来ないのです。私達がそこに徴《しるし》を求めたり証《あかし》を求めたりする事はどうしても出来ないのです。天国は私達のものではないのです。浄土は神の国なのです。神に帰らずしてはその意味を解く事は出来ないのです。私達の立場から見るが故に、それは解き得ない謎となるのです。しかしそれは私達の知解の中に入り来る何ものでもないのです。それは神のものなのです。それ故神の理解に凡てを委ねなければならないのです。私は天国を約束する事は出来ないのです。しかし神が私に約束しているのです。私が説くものなら疑う事も出来るでしょう。しかし神の契うものを疑う事は出来ないのです。よし吾々が疑ったとしても、天国は疑い得る何ものでもないのです。疑う事によって左右せらるるが如きものではないのです。それは裏切る事を知らない神からの固い契約なのです。そうしてその契約を破り得る程の力はこの世に一つだにないのです。如何に不浄なものも、天国の浄さを穢す程汚れてはいないのです。究竟な悪はないのです。究竟と云う事は只神の世においてのみ許されている事なのです。

神は今凡ての者を彼の愛において受けているのです。凡てを赦し凡てを救い、罪を贖い安らいを与え、一切のものを彼の温い膝の上に抱容しているのです。私達は今地上に在ると云います。しかし確かな言い方を以て、より多く今天国に居るのだと云う事が出来るのです。私達と浄土との関係は、私達と現世との関係よりも、遥かに密に結ばれています。私達は此岸に居ると云うよりも、この此岸が既に彼岸の中に包まれているのだと云い得るのです。地と天とは遼遠な間隔の端に置かれているのではないのです。地はどうしても天から離れられない命数のうちに安在しているのです。凡ての宗教は天国の福音を語るべき宗教でなければならないのです。この事が私の知識によるならば貴方がたは疑って下さってもいいのです。ですけれど天国を約束しているものは神なのです。私ではないのです。貴方がたも又私も、この真理を疑う何等の権利をも持っていないのです。神が私達を浄土に保留しているのです。決して手離した事がないのです。離れようと思っても神様は許して下さいません。どうして私達は浄土に居ないと云い切る事が出来るのですか。そう云おうとしても、神様はもう私達を抱き、熱い口吻を以て私達の唇を封じているのです。

凡ての者は神のいとし子です。私達はいつも神の膝の上に抱き上げられているのです。その場所より安全な場所はないのです。そこは安息の膝なのです、仏者が云った様に「安心」の境なのです。安心が仏心なのです。アウグスティヌスが記した様に、吾々の心は神を離れては憩いの枕を持たないのです。神は彼の膝の上に、人類の平和と安息とを永えに約束しているのです。

それ故愛も赦しも贖いも救いも又安らいも、純に神からの恵みなのです。賜物なのです。吾々はそれ等のものを受けるに足りないのです。足りないからこそ神は彼の恵みを注ぐ心をいや強くしているのです。神は恩寵の神なのです。正しき行いの故に私が愛さるるのではないのです。いわんや悪しき行いの故に愛さるるのではないのです。私達の行いから愛が導き出されるのではないのです。それは凡て神からふり注がるる贈物なのです。彼は愛を贈る事によって凡てを救おうとする誓いを立てているのです。吾々を救うと云う事が、神が神自らを成就する事なのです、彼は正しき者を救うのです。救いは常に神の御手にあって私達の手にはないのです。それ故にこそ救いが全うせられるのです。いわんや悪しき者を救うのです。救いは常に神の御手にあって私達の手にはないのです。それ故にこそ救いが全うせられるのです。赦しや救いがもし恵みでなかったら、私達は永劫に苦界のうちに彷徨うでしょう。救済は神から人間へ与えらるる恩寵です。救いにおいて神は自らを人間に啓示するのです。神は狭き吾等の胸をも、その愛する訪れの場所となし給うのです。

この祝福せられた命数は、私達に如何なる心を誘うでしょう。私達にはもはや神への感謝と神への讃美のほか何ものもないのです。嬉しさと有難さとが心にこみ上げてくるのです。あの善男善女の口から洩れる「有難い」、「もったいない」と云う声の中に、私達の最後の心が示し出されているのです。或る僧が信仰の生活を顧みて、「うれし、はずかし」であると言ったと云います。この二言の懐述は、真にゆかしい響きを包んでいます。

救わるべき身であらざるに、救われている身となっているのを想う時、嬉しさと、恥しさと、そうして勿体なさとが私の心に漲ってきます。捧げ得る神への言葉があるなら、それはもはや希願の祈りではなくして、讃美と感謝との祈りのみであると云わねばなりません。神の前にぬかずいて礼拝する姿は、この世における最も美しい姿なのです。私達の一生は神への絶えざる礼讃でなければならないのです。

私はここにこれ等の長き音信の終りに来ました。私にも又神への讃歌のほか、もはや綴るべき言葉が残っていないのです。

限りなきかな、神の飽く事なき愛。

彼のゆきわたる愛から脱れ得ない吾等の運命。裏切る事のないその恋人から、絶えざる接吻《くちづけ》を受くる吾等の一生。値なきに神の値を受くる吾等の命数。罪の重荷を吾等からとりて、自らに背負い給う彼の瀆い。赦されざるべきに、赦しを契い給う神の御赦。救わるる身に非ざるに、常に救われつつある吾等の生命。遠く離《さか》りぬるに、離さじと抱かるる吾等の肉体。苦界に沈むべき者を、安息の枕に休ましめ給う彼の恵。地に朽つべき者を、天において受け取り給う彼の慈念。そも何が故に神はかく迄に、ふつつかなる吾等をいとも愛し給うや。

驚くべきかな、神の測り難き御業《みわざ》。

吾等よりも尚吾等に近き神の御座。見ゆるものよりも、更に明るき彼の見えざる姿。吾等をして彼とならしめん為に、まず吾等となり給いし彼。彼より出でし子を彼に帰らしめんとて、設け給いし円輪の旅路。彼より離るる門を、常に彼に入る門となし給いし彼の御意《みこころ》。彼が自らを出づる扉と、彼が吾等に入る扉とを一つになし給いし彼の気遣い。「神よ」と云う吾が声を、直ちに「吾れなり」と云う彼の声に響かせ給う彼の密意。おお、何が故に神はかくも厚く、吾等の為にこれ等の秘義を示し給うや。

賞むべきかな、凡てを正しく準備し給う神の配慮。

限りなく遠くに在し、しかも限りなく近くに在す彼。何処にも無くしてしかも何処にも在る彼の住家。吾等を越ゆる事によって、常に吾等に降り給う彼。自らを分つ事なく、しかも個々のものに全き彼を現わし給う彼の姿。彼を現わす事なくしては、現わるる事なき彼の事物。彼に想わるる事なくしては、創らるる事を許されざりし凡ての自然。彼の王国から永えに外に出づることなき宇宙の運命。神は如何なればかくも深き摂理において万物を創り給いしにや。

讃ゆべきかな、神の畏るべき叡智。

明らかなるものをも尚暗からしむる彼の明るさ。否まるるとも、否まるるものの何処にもなき彼の確かさ。理由なきに並びなき理由を含ましむる彼。自ら証《あかし》する事によって、凡ての証を待たざる彼。一つの知もなき信において、全き知を得させ給う彼。彼への全き服従において、吾れに全き自由を贈り給う彼。吾れを彼に失わしむる事において、彼に吾れを活かしめ給う彼。そも如何なれば神は、かくも不思議なる能《ちから》を吾等に現わし給うや。

妙えなるかな、神の神秘。

糸なきに美しく奏《かな》で出づる神の琴の音。水なきに濡るる彼の潤い。永えに輝き渡る彼の聖暗。言葉なきに言葉を語る彼の沈黙。実に在って実に在らず、空に還って空に止らず。なすなくして凡てをなし、知らるる事なくして凡てを知らす。一たるによって一を要せず、二に在って二に乱されず。名なきにおいて名を止め、動く事なくして常に動く。そも神は如何なればかくも豊かに、匿れたる智慧を吾等の前に啓き給うや。

美しきかな、神によって果さるる行い。

凡ての吾が問いを、問いなき境において答え給う。知らるることを待たずして、彼そのものを吾に示し給う。彼を吾が思想に入れずして、彼の中に吾が思想を見出させ給う。限りなく吾が知識を棄てしめ、限りなき彼の知慧を得させ給う。彼は吾が口を閉じる事によって、彼の口によって吾れに語らせ給う。彼れは吾れの余すなき否定と、彼の残りなき肯定とを固く結ばせ給う。彼は彼に死す吾れを、彼において活かしめ給う。しかもこれ等のことを吾等に委ねず、凡てを彼において計らい給う。そも如何なれば彼はかくまでに、休む事なく彼自らを吾等にふり注ぎ給うや。

ああ感謝すべきかな、彼の慈み。

彼は吾等の為に常に彼を犠牲にし給う。彼は彼自らを棄つる事によって、吾れを活かしめ給う。ああ、吾等が神に死すと思いしは、神が吾等の為に死に給うたのである。吾等が彼に活きしと思いしは、彼が吾等に活き給うたのである。おお、彼の朽ちざる生命に支えらるる吾等の朽ちざる生命。吾等の為に計らい給いし彼の驚くべきこれ等の企て。

神よ。御身に感謝す。御身の一人の僕《しもべ》より、捧げまつるこれ等の讃美と、これ等の感謝との足らざる言葉が、再び御身の御恵において、御身に受け容れらるる事を。希くは御意《みこころ》に適える日、更に多くの匿れたる驚異を、吾れに示す事を許し給え。更に尚御心に添うならば、それ等の驚異を、再び讃美と感謝との言葉において、綴る事を吾れに許し給え。

柳 宗悦（やなぎ・むねよし）

1889年生、1961年歿。民芸研究家・宗教思想家。東京帝国大学文科大学哲学科卒業。雑誌『白樺』創刊に参画。「民芸」という言葉を造り民芸運動を提唱。調査収集と各種の展覧会開催を推進。1936年東京駒場に日本民芸館を設立。

柳宗悦宗教思想集成　「一」の探究

刊　行　2015年11月
著　者　柳　宗 悦
刊行者　清 藤　洋
刊行所　書 肆 心 水

135-0016 東京都江東区東陽 6-2-27-1308
www.shoshi-shinsui.com
電話 03-6677-0101

ISBN978-4-906917-48-8 C0014

乱丁落丁本は恐縮ですが刊行所宛ご送付下さい
送料刊行所負担にて早急にお取り替え致します

仏教美学の提唱　柳宗悦セレクション　A5上製三二〇頁 本体五二〇〇円＋税

朝鮮の美　沖縄の美　柳宗悦セレクション　A5上製二八八頁 本体五二〇〇円＋税

清沢満之入門　絶対他力とは何か　暁烏敏・清沢満之著　A5上製三八四頁 本体六九〇〇円＋税

仏教哲学の根本問題　宇井伯寿著　A5上製二八八頁 本体五四〇〇円＋税

仏教経典史　宇井伯寿著　A5上製二八八頁 本体六三〇〇円＋税

インド哲学史　宇井伯寿著　A5上製二八八頁 本体六七〇〇円＋税

東洋の論理　空と因明　宇井伯寿著（竜樹・陳那・商羯羅塞縛弥著）　A5上製三二〇頁 本体五九〇〇円＋税

仏教思潮論　仏法僧三宝の構造による仏教思想史　宇井伯寿著　A5上製三五二頁 本体六三〇〇円＋税

禅者列伝　僧侶と武士、栄西から西郷隆盛まで　宇井伯寿著　A5上製二八八頁 本体六三〇〇円＋税

仏教統一論　第一編大綱論全文　第二編原理論序論　第三編仏陀論序論　村上専精著　A5上製三五二頁 本体五七〇〇円＋税

華厳哲学小論攷　仏教の根本難問への哲学的アプローチ　土田杏村著　A5上製一六〇頁 本体二七〇〇円＋税

仏　陀　その生涯、教理、教団　H・オルデンベルク著　木村泰賢・景山哲雄訳　A5上製三八四頁 本体六五〇〇円＋税

波多野精一宗教哲学体系　宗教哲学序論　宗教哲学　時と永遠　A5上製四八〇頁 本体六五〇〇円＋税